EHS란 Environment, health and safety로 환경보건안전 직무입니다.

로고의 그림은 출판업을 의미함과 동시에 책을 통해 저자의 획기적인 공부법을 구매자와 공유하고자 하는 의미입니다.

CONTENTS

목차

※ 2023년 1회차부터는 CBT로 변경되어 완벽한 복원이 절대 불가합니다.

INFORMATION

정보

(필독!) 작가 자기소개 및 8일 공부법 및 이 책의 특징 및 산업안전기사 기본정보

잠깐! 더 효율적인 공부를 위한 링크들을 적극 이용하세요~!

직8딴 홈페이지

- 출시한 책 확인 및 구매

직8딴 카카오오픈톡방

- 실시간 저자의 질문 답변
  (주7일 아침 11시~새벽 2시까지, 전화로도 함)
- 직8딴 구매자전용 복지와 혜택 획득
  (최소 달에 40만원씩 기프티콘 지급)
- 구매자들과의 소통 및 EHS 관련 정보 습득

직8딴 네이버카페

- 실시간으로 최신화되는 정오표 확인
  (정오표: 책 출시 이후 발견된 오타/오류를 모아놓은 표, 매우 중요)
- 공부에 도움되는 컬러버전 그림 및 사진 습득
- 직8딴 구매자전용 복지와 혜택 획득

직8딴 유튜브

- 저자 직접 강의 시청 가능
- 공부 팁 및 암기법 획득
- 국가기술자격증 관련 정보 획득

1 작가 자기소개

대기업에서 EHS(Environment, health and safety, 환경보건안전)관리를 해 오신 아버지 밑에 자라 자연스레 EHS에 대해 관심을 가지게 되었습니다.
그로 인해 수도권 4년제 환경에너지공학과를 나왔고, 최근 대기업에서 EHS관리를 직무로 근무했습니다.
저에겐 버킷리스트가 있습니다.
바로 EHS 관련 자격증을 전부 취득하는 것입니다.
2025년 1월 기준 29살에 12개의 EHS 자격증이 있으며 앞으로도 계속 취득할 것입니다.
여담으로 군대에서 기사 4개를 획득해 신문에도 나왔습니다.
기사 공부를 하다 문득 이런 생각이 들었습니다.
'내가 자격증을 적은 공부 시간으로 획득하는데 미래 EHS 관리인들에게 도움을 주는 방법이 있을까?'라는 생각이죠.
그로 인해 이렇게 저의 공부법과 요약법이 담긴 책을 만들기로 하였습니다.
보통 기사 하나를 취득하기 위해선 1~3달 걸린다고 하지만, 저는 필기 7일/실기 8일이면 충분합니다.
허나, 사람들에게 기사 공부하는데 8일 정도밖에 안 걸린다하니 아무도 믿지를 않습니다.
미래 EHS 관리인분들이 제 책으로 8일 만에 취득할 수 있다는 것을 보여주세요.

작가 SPEC

수도권 4년제 환경에너지공학과 졸업 (2014-2020)
군 복무 (2016~2018)
수질환경기사 취득 (2017.08)
산업안전기사 취득 (2017.11)
대기환경기사 취득 (2018.05)
신재생에너지발전설비기사(태양광) 취득 (2018.08)
소방설비기사(기계분야) 취득 (2021.08)
산업위생관리기사 취득 (2021.11)
폐기물처리기사 취득 (2021.12)
위험물산업기사 취득 (2021.12)
건설안전기사 취득 (2022.06)
대기업 근무(EHS 직무) (2021-2022)
환경보건안전 자격증 서적 전문 출판사(EHS MASTER) 창립 (2022.09)
환경기능사 취득 (2022.09)
소방안전관리사 1급 취득 (2023.03)
인간공학기사 취득 (2023.06)
토양환경기사 취득 (2023.09)
기사 취득 현재 진행 중 (2023.09~)

2 8일(실공부 60시간) 공부법

필기

1. 직8딴 필기 책을 산다.
2. 목차 8번의 3회차를 풀어본다. **(약 1시간)**
3. 자신의 밑바닥 점수를 알았으니 기출 중복문제 소거 정리 파트를 2회 푼다.
   오픈 카카오톡을 적극 활용하여 저자에게 질문을 많이 한다. 저자를 괴롭히자!
   취약한 문제나 계산 공식은 따로 적어서 암기한다. **(약 57시간)**
4. 시험 당일 일찍 기상하여 예상점수 파악 목적으로 목차 8번의 1회차를 풀어본다.
   불합격 점수가 나와도 좌절하지 않는다. **(약 1시간)**
5. 자신감 상승 목적으로 가장 점수가 잘 나온 회차를 푼다.
   시험은 **자신감**이 중요하다. **(약 1시간)**
6. 시험 현장에서는 자신이 따로 적은 취약한 문제나 계산공식을 훑어본다.

실기

1. 직8딴 실기 책을 산다.
2. 2024 실기 기출문제를 풀어본다.(단, 2024년 3회차는 풀지 않는다.) **(약 2시간)**
3. 자신의 밑바닥 점수를 알았으니 기출 중복문제 소거 정리 파트를 2회 푼다.
   오픈 카카오톡을 적극 활용하여 저자에게 질문을 많이 한다. 저자를 괴롭히자!
   모든 문제와 계산공식은 암기한다. **(약 57시간)**
4. 시험 당일 일찍 기상하여 예상점수 파악 목적으로 2024년 3회차를 풀어본다.
   불합격 점수가 나와도 좌절하지 않는다. **(약 0.5시간)**
5. 자신감 상승 목적으로 가장 점수가 잘 나온 회차를 푼다.
   시험은 **자신감**이 중요하다. **(약 0.5시간)**
6. 시험 현장에서는 자신이 따로 적은 취약한 문제나 계산공식을 훑어본다.

※ 시험장 관련 팁!

1. 09시 입실이라면 20분 정도 신원확인 및 주의사항 전파를 한다.
   즉, 진짜 시험 시작시간은 09시 20분이다. 그 사이 화장실 다녀오라고 한다.
2. 차를 타고 오는 응시자라면 최소 70분 일찍 도착한다.
   응시 경험상 60분 전부터 차들이 우루루 오거나 꽉 찬다.
3. 시험장 건물 오픈은 보통 1시간 전부터이며 PBT 경우는 바로 시험교실로 간다.
   CBT 경우는 대기실로 안내를 하고, 추후 시험교실로 안내를 한다.

※ 시험 응시 때 관련 팁!

0. 신분증/샤프/지우개/검은 펜/수험표(들고가는게 편함)을 준비하고 시험장으로 간다.
1. 일단 암기한 것들이 사라지면 안되니까 샤프로 휘갈기며 최대한 빨리 푼다.
2. 답을 못 적는 문제는 넘어간다.
3. 시험 문제를 다 풀었으면 다시 처음부터 재검토해본다. 계산이 맞는지, 답이 맞는지…
4. 이때 다 풀었다는 안도감에 못 적은 답들이 생각이 날 것이다.
5. 편안한 마음으로 샤프 자국을 매우 깨끗이 지우고 그 위에 검은 펜을 이용하여 정답을 작성한다.
6. 지워지는 펜, 기화펜 절대 금지하며 오타작성시 단순하게 두 줄 그으면 된다.

3 이 책의 특징

1. 기출문제 중복문제 소거

기출문제는 이미 다른 자격증 책에서도 볼 수 있습니다.
하지만 기출 중복문제를 소거해 요약한 책은 정말 없습니다.
국가기술자격증은 문제은행 방식이라 80%가 이미 나왔던 문제로 구성되어 있습니다.
산업안전기사 필기 경우 약 4,100문제를 약 2,100문제로 정리했습니다.
제 책은 그런 기출 중복문제들을 소거하여 괜한 시간 낭비를 하지 않게 만들었습니다.

2. 관련 키워드 문제들끼리 정리

예를 들면 1번 문제가 A의 장점이면 2번 문제도 B의 장점에 관한 것으로 만들었습니다.
그렇기에 실제 암기하실 때 혼동이 안 올 것입니다.
보통 다른 책들은 설비별로 또는 공법별로 정리하는데 외울 때 혼동만 오게 됩니다.
다른 책 풀어보시면 알 것입니다.

ex)

1. A 장점	2. A 주의사항	3. B 장점	4. B 주의사항 (X)
1. A 장점	2. B 장점	3. A 주의사항	4. B 주의사항 (O)

또한, 답변이 비슷한 것도 순서에 맞게 정리하였습니다.

3. 출제 빈도수 기재

문제 초반에 몇 번 출제되었는지 기재했습니다.
☆이 1개면 1번 출제이며 ★이 1개면 10번 출제되었다는 뜻입니다.
이를 통해서 암기 우선순위를 알 수 있게 하여 효과적으로 암기할 수 있게 했습니다.

4. 얇고 가벼운 책

이 책은 다른 출판사 책들처럼 두껍지도, 무겁지도 않습니다. 정말 좋죠.
하지만, 무시하면 큰 코 다칩니다. 이 책은 아주 밀도가 큰 알찬 책입니다.
실제 작년 구매자분들도 가볍게 생각하다 큰 코 다쳤습니다.

5. 저자의 실시간 질문 답변

저자는 현재 오픈 카카오톡을 통해 새벽 2시까지 질문에 대한 답변을 하고 있습니다.
이는 어떤 책 저자도 하지 않고 못하는 행동입니다. 많은 구매자들이 좋아합니다.
여담으로 저자분이 자기 옆자리에 있는 것 같다고 말하네요…
책 구매자분들은 책에 QR코드가 있으니 꼭 입장 부탁드립니다.

6. 이론이 없고 오로지 기출문제만 있다.

이론을 안 보고 필기를 합격할 수 있을지 의문이신가요?
전 실제로 필기든 실기든 이론은 보지 않고 기출문제부터 풉니다.
그 이유는 바로 시간 낭비이기 때문이죠. 알 사람은 압니다.
어차피 문제은행식이라 기출문제들만 풀고 외우면 그만입니다.
만약 그래도 이론 한 번은 봐야겠다 싶고, 시험목적이 아닌 직무에 초전문적인 지식을 습득하고 싶으시다면
다른 출판사 책을 사십시오. 부탁입니다.
하지만 문제 밑에 있는 해설만 보아도 충분할 겁니다.
즉, 기출문제만 봐도 합격하실 수 있습니다. 저를 믿고 따라오십시오.
어차피 제가 오픈카카오톡방에서 상세히 설명해드립니다.

7. 온라인으로 문제풀기 (feat. 모두CBT/유튜브 안전모/유튜브 도비전문가)

직장이나 학교, 버스나 지하철 또는 화장실에서 직8딴 문제를 풀어보고 싶나요?
모두CBT/유튜브 안전모, 도비전문가를 통해 온라인으로도 문제를 풀어볼 수가 있습니다!
모두CBT: 시간/장소 구애받지 않고 직8딴 문제를 직접 풀기 가능
유튜브 안전모: 시간/장소 구애받지 않고 직8딴 문제들을 암기법을 통해 재밌게 보기 가능
유튜브 도비전문가: 시간/장소 구애받지 않고 저자의 직8딴 강의 보기 가능

8. 실제 합격자의 책

이 책은 제가 직접 취득하여 낸 책으로 누구보다 응시자들의 맘을 잘 알고 있습니다.
어느 점이 공부할 때 어려운지, 어떻게 외워야 쉽게 외울 수 있는지 잘 알고 있지요.
그렇기에 믿고 보는 책이라 장담할 수 있습니다.
기사 자격증이 많은 만큼 세세한 것들도 잘 알죠…
저의 공부법과 요약방법들이 담긴 책으로 적은 시간을 소비하고 합격하시길 바랍니다.

4 산업안전기사 기본정보

1. 시행처

한국산업인력공단

2. 개요

생산관리에서 안전을 제외하고는 생산성 향상이 불가능하다는 인식속에서 산업현장의 근로자를 보호하고 근로자들이 안심하고 생산성 향상에 주력할 수 있는 작업환경을 만들기 위하여 전문적인 지식을 가진 기술인력을 양성하고자 자격제도제정

3. 수행직무

제조 및 서비스업 등 각 산업현장에 배속되어 산업재해 예방계획의 수립에 관한 사항을 수행 하며, 작업환경의 점검 및 개선에 관한 사항, 유해 및 위험방지에 관한 사항, 사고사례 분석 및 개선에 관한 사항, 근로자의 안전교육 및 훈련에 관한 업무 수행

4. 관련학과

대학 및 전문대학의 안전공학, 산업안전공학, 보건안전학 관련학과

5. 시험과목

-필기: 1. 산업재해 예방 및 안전보건교육 2. 인간공학 및 위험성평가관리
3. 기계기구 및 설비 안전관리 4. 전기설비 안전관리
5. 화학설비 안전관리 6. 건설공사 안전관리

-실기: 산업안전관리 실무

6. 검정방법

-필기: 객관식 4지 택일형 과목당 20문항(과목당 20분)

-실기: 복합형[필답형(1시간 30분, 55점) + 작업형(1시간 정도, 45점)]

7. 합격기준

-필기: 100점을 만점으로 하여 과목당 40점 이상, 전과목 평균 60점 이상

-실기: 100점을 만점으로 하여 60점 이상

8. 연도별 합격률

연도	필기			실기		
	응시	합격	합격률	응시	합격	합격률
2023	80,253	41,014	51.1%	52,776	28,636	54.3%
2022	54,500	26,032	47.8%	32,473	15,681	48.3%
2021	41,704	20,205	48.40%	29,571	15,310	51.80%
2020	33,732	19,655	58.30%	26,012	14,824	57%
2019	33,287	15,076	45.30%	20,704	9,765	47.20%
2018	27,018	11,641	43.10%	15,755	7,600	48.20%
2017	25,088	11,138	44.40%	16,019	7,886	49.20%
2016	23,322	9,780	41.90%	12,135	6,882	56.70%
2015	20,981	7,508	35.80%	9,692	5,377	55.50%
2014	15,885	5,502	34.60%	7,793	3,993	51.20%
2013	13,023	3,838	29.50%	6,567	2,184	33.30%
2012	12,551	3,083	24.60%	5,251	2,091	39.80%
2011	12,015	3,656	30.40%	6,786	2,038	30%
2010	14,390	5,099	35.40%	7,605	2,605	34.30%
2009	15,355	4,747	30.90%	7,131	2,679	37.60%
2008	11,192	3,670	32.80%	7,702	1,927	25%
2007	9,973	4,378	43.90%	6,322	1,645	26%
2006	8,911	3,271	36.70%	4,402	1,612	36.60%
2005	6,162	1,881	30.50%	2,639	1,168	44.30%
2004	4,821	1,095	22.70%	2,011	718	35.70%
2003	3,682	1,046	28.40%	1,854	343	18.50%
2002	3,064	588	19.20%	1,307	236	18.10%
2001	3,186	333	10.50%	1,031	114	11.10%
1977 ~2000	137,998	39,510	28.60%	56,770	16,096	28.40%
소 계	477,340	176,700	37%	255,059	107,093	42%

출처: 한국산업인력공단

산업안전기사 2012~22년

1과목

산업재해 예방 및 안전보건교육

(기출중복문제 소거 정리)

잠깐! 더 효율적인 공부를 위한 링크들을 적극 이용하세요~!

직8딴 홈페이지

- 출시한 책 확인 및 구매

직8딴 카카오오픈톡방

- 실시간 저자의 질문 답변
(주7일 아침 11시~새벽 2시까지, 전화로도 함)
- 직8딴 구매자전용 복지와 혜택 획득
(최소 달에 40만원씩 기프티콘 지급)
- 구매자들과의 소통 및 EHS 관련 정보 습득

직8딴 네이버카페

- 실시간으로 최신화되는 정오표 확인
(정오표: 책 출시 이후 발견된 오타/오류를 모아놓은 표, 매우 중요)
- 공부에 도움되는 컬러버전 그림 및 사진 습득
- 직8딴 구매자전용 복지와 혜택 획득

직8딴 유튜브

- 저자 직접 강의 시청 가능
- 공부 팁 및 암기법 획득
- 국가기술자격증 관련 정보 획득

1 산업재해 예방 및 안전보건교육

기출 중복문제 소거 정리

001 ☆

안전관리를 "안전은 (①)을(를) 제어하는 기술"이라 정의할 때 다음 중 ①에 들어갈 용어로 예방 관리적 차원과 가장 가까운 용어는?

① 위험 ② 사고 ③ 재해 ④ 상해

해 안전관리: 사고와 재해에 대한 보상 등 사후 처리와 이를 예방하기 위해 위험을 제거하는 예방적 관리활동

답 ①

002 ☆☆

다음 중 인사관리의 목적을 가장 올바르게 나타낸 것은?

① 사람과 일과의 관계
② 사람과 기계와의 관계
③ 기계와 적성과의 관계
④ 사람과 시간과의 관계 접속

해 인사관리의 목적: 사람과 일과의 관계를 연결함

답 ①

003 ☆☆

다음 재해사례에서 기인물에 해당하는 것은?

> 기계작업에 배치된 작업자가 반장지시를 받기 전에 정지된 선반을 운전시키면서 변속치차의 덮개를 벗겨내고 치차를 저속으로 운전하면서 급유하려 할 때 오른손이 변속치차에 맞물려 손가락이 절단되었다.

① 덮개 ② 급유 ③ 선반 ④ 변속치차

해 기인물: 선반
가해물: 변속치차

답 ③

004 ☆

다음 중 산업재해조사표를 작성할 때 기입하는 상해의 종류에 해당하는 것은?

① 낙하 · 비래 ② 유해광선 노출
③ 중독 · 질식 ④ 이상온도 노출 · 접촉

해 산업재해조사표 상해종류(질병명)
골절/절단/타박상/찰과상/중독 · 질식/화상/감전/뇌진탕/고혈압/뇌졸중/피부염/진폐/수근관증후군

답 ③

005 ☆☆

산업재해 기록·분류에 관한 지침에 따른 분류기준 중 다음의 (　　) 안에 알맞은 것은?

재해자가 넘어짐으로 인해 기계 동력 전달부위 등에 끼이는 사고가 발생해 신체부위가 절단되는 경우는 (　　)으로 분류한다.

① 넘어짐　② 끼임　③ 깔림　④ 절단

해 재해자가 「전도」(넘어짐)로 인하여 기계의 동력전달부위 등에 「협착」(끼임)되어 신체부위가 「절단」된 경우는「협착」(끼임)으로 분류한다.

답 ②

006 ☆☆

산업재해의 발생형태 중 사람이 평면상으로 넘어졌을 때 사고 유형은 무엇이라 하는가?

① 비래(맞음)　② 전도(넘어짐)
③ 도괴(무너짐)　④ 추락(떨어짐)

해

비래(맞음)	설비 등으로부터 물질이 분출되어 사람을 가해하는 경우
전도(넘어짐)	사람이 거의 평면 또는 경사면, 층계 등에서 구르거나 넘어짐 또는 미끄러진 경우
도괴(무너짐)	토사, 건축물 주요 부분이 꺾어져 무너지는 경우
추락(떨어짐)	사람이 인력(중력)에 의하여 건축물, 수목, 사다리 등의 높은 장소에서 떨어지는 것

답 ②

007 ☆

제조물 책임법에 명시된 결함의 종류에 해당되지 않는 것은?

① 제조상의 결함　② 표시상의 결함
③ 사용상의 결함　④ 설계상의 결함

해 결함 종류
제조상 결함/설계상 결함/표시상 결함

답 ③

008 ☆

다음 중 안전관리조직의 목적과 가장 거리가 먼 것은?

① 조직적인 사고예방활동
② 위험제거기술의 수준 향상
③ 재해손실의 산정 및 작업통제
④ 조직간 종적 · 횡적 신속한 정보처리와 유대강화

해 안전관리조직의 목적
1. 조직적인 사고예방활동
2. 위험제거기술의 수준 향상
3. 조직간 종적 · 횡적 신속한 정보처리와 유대강화
4. 위험 방지 및 제거활동
5. 재해사고 시 사고조사, 긴급조치

답 ③

009 ☆☆☆

라인(Line)형 안전관리조직에 대한 설명으로 옳은 것은?

① 명령계통과 조언이나 권고적 참여가 혼동되기 쉽다.
② 생산부서와의 마찰이 일어나기 쉽다.
③ 명령계통이 간단명료하다.
④ 생산부분에는 안전에 대한 책임과 권한이 없다.

해 ①: 라인 – 스태프형
②: 생산부서와의 마찰이 일어나기 어렵다.
④: 스태프형

종류	라인(직계)형
구성도	경영자 → 관리자 → 감독자 → 작업자 (범례) ──── 생산지시 / ------- 안전지시
정의	안전관리 계획부터 실시에 이르기까지 모든 안전 업무를 생산라인 통해 수직적으로 이뤄지는 조직
규모	소규모(100명 이하)
장점	• 안전 지시 및 명령계통 철저 • 신속한 안전대책 실시 • 명령 보고 일원화, 간단명료
단점	• 안전지식 및 기술 축적 어려움 • 안전 정보 수집, 신기술개발 미흡

답 ③

010 ☆☆

라인(Line)형 안전관리 조직의 특징으로 옳은 것은?

① 안전에 관한 기술의 축적이 용이하다.
② 안전에 관한 지시나 조치가 신속하다.
③ 조직원 전원을 자율적으로 안전활동에 참여 시킬 수 있다.
④ 권한 다툼이나 조정 때문에 통제수속이 복잡해지며, 시간과 노력이 소모된다.

해 ①: 라인 – 스태프
③: 라인 – 스태프
④: 스태프형
윗 해설 참조

답 ②

011 ☆

다음 그림과 같은 안전관리 조직의 특징으로 틀린 것은?

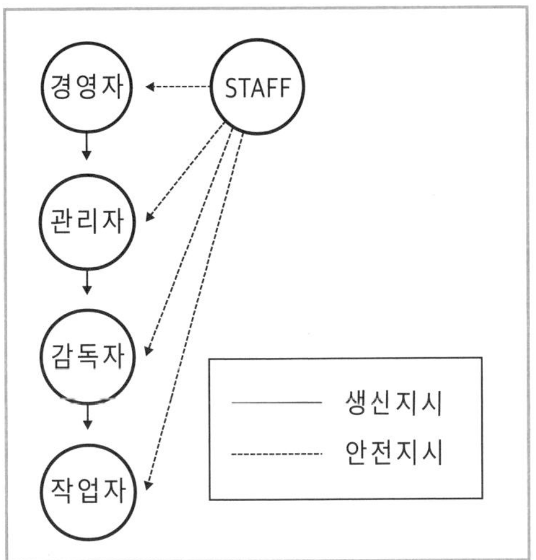

① 1,000명 이상의 대규모 사업장에 적합하다.
② 생산부분은 안전에 대한 책임과 권한이 없다.
③ 사업장의 특수성에 적합한 기술연구를 전문적으로 할 수 있다.
④ 권한다툼이나 조정 때문에 통제수속이 복잡해지며, 시간과 노력이 소모된다.

해 해당 그림은 스태프형이다.
①: 라인 – 스태프형 조직 특징

종류	스태프(참모)형
구성도	경영자 / STAFF / 관리자 / 감독자 / 작업자 / 생산지시 / 안전지시
정의	• 안전업무 감독하는 참모를 두고 안전관리 계획조정/조사/검토 등 업무와 현장기술지원을 담당하도록 편성된 조직 • 스태프 주역할 (1) 실시계획의 추진 (2) 안전관리 계획안의 작성 (3) 정보수집과 주지, 활용
규모	중규모(100~1,000명)
장점	• 사업장의 특수성에 적합한 기술 연구를 전문적으로 할 수 있다. • 경영자의 자문/조언 역할 • 빠른 안전정보 수집 • 안전전문가가 안전계획을 세워 문제해결 방안을 모색하고 조치한다. • 안전업무가 표준화되어 직장에 정착하기 쉽다.
단점	• 신속, 정확하지 않은 작업자에게까지의 안전 지시 • 생산부분에는 안전에 대한 책임과 권한이 없다. • 권한다툼으로 인한 시간 소비 생산부분에 협력하여 안전명령 전달, 실시하므로 안전지시가 용이하지 않으며 안전과 생산을 별개로 취급하기 쉽다.

답 ①

012 ☆☆

안전관리조직의 참모식(staff형)에 대한 장점이 아닌 것은?

① 경영자의 조언과 자문역할을 한다.
② 안전정보 수집이 용이하고 빠르다.
③ 안전에 관한 명령과 지시는 생산라인을 통해 신속하게 전달한다.
④ 안전전문가가 안전계획을 세워 문제해결 방안을 모색하고 조치한다.

해 ③: 라인형 조직
윗 해설 참조

답 ③

013 ☆

안전보건관리조직의 유형 중 스탭형(Staff) 조직의 특징이 아닌 것은?

① 생산부문은 안전에 대한 책임과 권한이 없다.
② 권한 다툼이나 조정 때문에 통제 수속이 복잡해지며 시간과 노력이 소모된다.
③ 생산부분에 협력하여 안전명령을 전달, 실시하므로 안전지시가 용이하지 않으며 안전과 생산을 별개로 취급하기 쉽다.
④ 명령 계통과 조언 권고적 참여가 혼동되기 쉽다.

해 ④: 라인 – 스태프형 특징
윗 해설 참조

답 ④

014 ☆☆

스탭형 안전조직에 있어서 스탭의 주된 역할이 아닌 것은?

① 실시계획의 추진
② 안전관리 계획안의 작성
③ 정보수집과 주지, 활용
④ 기업의 제도적 기본방침 시달

해 스태프의 주 역할
1. 실시계획의 추진
2. 안전관리 계획안의 작성
3. 정보수집과 주지, 활용

답 ④

015 ☆☆

안전조직 중 라인 – 스태프 조직의 특징으로 옳지 않은 것은?

① 라인형과 스태프형 장점을 취한 절충식 조직형태이다.

② 안전 활동과 생산업무가 분리될 가능성이 낮기 때문에 균형을 유지할 수 있다.

③ 중규모 사업장에 적합하다.

④ 라인의 관리감독자에게도 안전에 관한 책임과 권한이 부여된다.

해 ③: 대규모 사업장에 적합하다.

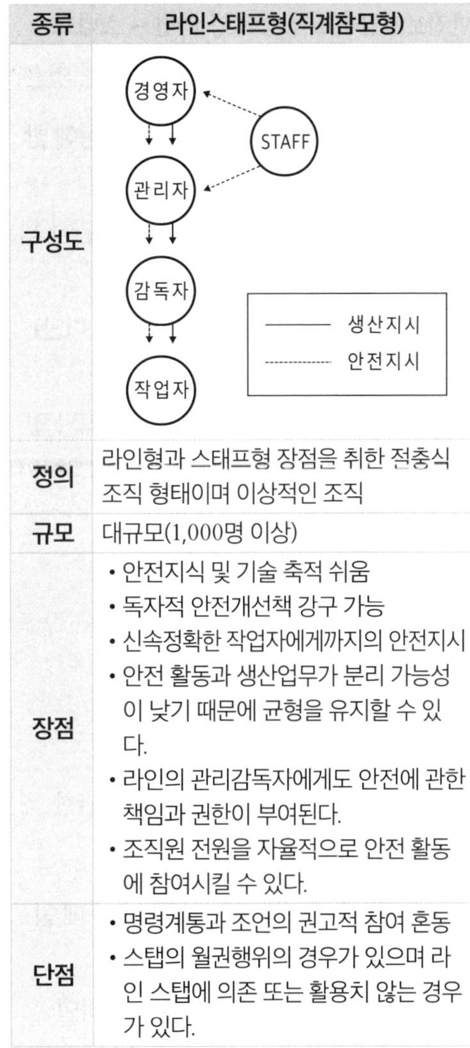

종류	라인스태프형(직계참모형)
구성도	경영자, 관리자, 감독자, 작업자, STAFF / —— 생산지시, ------ 안전지시
정의	라인형과 스태프형 장점을 취한 절충식 조직 형태이며 이상적인 조직
규모	대규모(1,000명 이상)
장점	• 안전지식 및 기술 축적 쉬움 • 독자적 안전개선책 강구 가능 • 신속정확한 작업자에게까지의 안전지시 • 안전 활동과 생산업무가 분리 가능성이 낮기 때문에 균형을 유지할 수 있다. • 라인의 관리감독자에게도 안전에 관한 책임과 권한이 부여된다. • 조직원 전원을 자율적으로 안전 활동에 참여시킬 수 있다.
단점	• 명령계통과 조언의 권고적 참여 혼동 • 스탭의 월권행위의 경우가 있으며 라인 스탭에 의존 또는 활용치 않는 경우가 있다.

답 ③

016 ☆

안전보건관리조직 형태 중 라인 – 스태프 (Line – Staff)형에 관한 설명으로 틀린 것은?

① 조직원 전원을 자율적으로 안전 활동에 참여시킬 수 있다.
② 라인의 관리, 감독자에게도 안전에 관한 책임과 권한이 부여된다.
③ 중규모 사업장(100명 이상~500명 미만)에 적합하다.
④ 안전 활동과 생산업무가 유리될 우려가 없기 때문에 균형을 유지할 수 있어 이상적인 조직형태이다.

해 ③: 대규모 사업장에 적합하다.
윗 해설 참조

답 ③

017 ☆☆

Line – Staff형 안전보건관리조직에 관한 특징이 아닌 것은?

① 조직원 전원을 자율적으로 안전활동에 참여시킬 수 있다.
② 스탭의 월권행위의 경우가 있으며 라인 스탭에 의존 또는 활용치 않는 경우가 있다.
③ 생산부문은 안전에 대한 책임이 없다.
④ 명령계통과 조언 권고적 참여가 혼동되기 쉽다.

해 ③: 스태프형
윗 해설 참조

답 ③

018 ☆

직계 – 참모식 조직의 특징에 대한 설명으로 옳은 것은?

① 소규모 사업장에 적합하다.
② 생산조직과는 별도의 조직과 기능을 갖고 활동한다.
③ 안전계획, 평가 및 조사는 스탭에서, 생산기술 안전대책은 라인에서 실시한다.
④ 안전업무가 표준화되어 직장에 정착하기쉽다.

해 ①: 라인형(직계형)
②: 스태프형(참모형)
④: 스태프형(참모형)
윗 해설 참조

답 ③

019 ☆

근로자 1,000명 이상의 대규모 사업장에 적합한 안전관리 조직의 유형은?

① 직계식 조직 ② 참모식 조직
③ 병렬식 조직 ④ 직계참모식 조직

해 윗 해설 참조

답 ④

020 ☆

산업안전보건법령상 사업장에서 산업재해 발생 시 사업주가 기록 · 보존하여야 하는 사항을 모두 고른 것은?
(단, 산업재해조사표와 요양신청서의 사본은 보존하지 않았다.)

ㄱ. 사업장 개요 및 근로자 인적사항
ㄴ. 재해 발생 일시 및 장소
ㄷ. 재해 발생 원인 및 과정
ㄹ. 재해 재발방지 계획

① ㄱ, ㄹ ② ㄴ, ㄷ, ㄹ
③ ㄱ, ㄴ, ㄷ ④ ㄱ, ㄴ, ㄷ, ㄹ

해 사업주는 산업재해가 발생한 때에는 법에 따라 다음 각 호의 사항을 기록 · 보존해야 한다. 다만, 산업재해조사표의 사본을 보존하거나 요양신청서의 사본에 재해 재발방지 계획을 첨부하여 보존한 경우에는 그렇지 않다.
1. 사업장의 개요 및 근로자의 인적사항
2. 재해 발생의 일시 및 장소
3. 재해 발생의 원인 및 과정
4. 재해 재발방지 계획

답 ④

021 ☆

산업안전보건법령에 따라 자율검사프로그램을 인정받기 위한 충족 요건으로 틀린 것은?

① 관련 법에 따른 검사원 고용하고 있을 것
② 관련 법에 따른 검사 주기마다 검사할 것
③ 자율검사프로그램의 검사기준이 안전검사기준에 충족할 것
④ 검사를 할 수 있는 장비를 갖추고 이를 유지관리할 수 있을 것

해 사업주가 법에 따라 자율김사프로그램을 인정받기 위해서는 다음 각 호의 요건을 모두 충족해야 한다. 다만, 자율안전검사기관에 위탁한 경우에는 제1호 및 제2호를 충족한 것으로 본다.
1. 검사원을 고용하고 있을 것
2. 고용노동부장관이 정하여 고시하는 바에 따라 검사를 할 수 있는 장비를 갖추고 이를 유지관리할 수 있을 것
3. 안전검사 주기의 2분의 1에 해당하는 주기(크레인 중 건설현장 외에서 사용하는크레인 경우에는 6개월)마다 검사 할 것
4. 자율검사프로그램의 검사기준이 법에 따라 고용노동부장관이 정하여 고시하는 검사기준(이하"안전검사기준")을 충족할 것

답 ②

022 ☆☆

자율검사프로그램을 인정받기 위해 보유하여야 할 검사장비의 이력카드 작성, 교정주기와 방법 설정 및 관리 등의 관리 주체는?

① 사업주 ② 제조사
③ 안전관리전문기관 ④ 안전보건관리책임자

해 사업주는 고용노동부장관이 정하여 고시하는 검사장비를 다음 각 호와 같이 관리하여야 한다.
1. 검사장비의 이력카드를 작성하고 장비의 점검·수리 등의 현황을 기록할 것
2. 검사장비는 교정주기와 방법을 설정하고 관리할 것
3. 검사장비는 수시 또는 정기적으로 점검을 실시할 것
4. 검사원은 검사장비의 조작·사용 방법을 숙지할 것

답 ①

023 ☆

안전에 관한 기본방침을 명확하게 해야 할 임무는 누구에게 있는가?

① 안전관리자 ② 관리감독자
③ 근로자 ④ 사업주

해 회사의 대표이사는 회사의 정관에서 정하는 바에 따라 다음 각 호 내용을 포함한 회사의 안전 및 보건에 관한 계획을 수립해야 한다.
1. 안전 및 보건에 관한 경영방침
2. 안전보건관리 조직의 구성인원 및 역할
3. 안전 · 보건 관련 예산 및 시설 현황
4. 안전 및 보건에 관한 전년도 활동실적 및 다음 연도 활동계획

답 ④

024 ☆☆☆☆

산업안전보건법령상 산업안전보건위원회의 사용자위원에 해당되지 않는 사람은? (단, 각 사업장은 해당하는 사람을 선임하여야 하는 대상 사업장으로 한다.)

① 안전관리자
② 산업보건의
③ 명예산업안전감독관
④ 사업장 부서의 장

해 ③: 근로자위원

산업안전보건위원회의 사용자위원
• 해당 사업의 대표자 • 안전관리자 1명 • 보건관리자 1명 • 산업보건의 • 해당 사업의 대표자가 지명하는 9명 이내의 해당 사업장 부서의 장

산업안전보건위원회의 근로자위원
• 근로자대표 • 명예산업안전감독관이 위촉되어 있는 사업장의 경우 근로자대표가 지명하는 1명 이상의 명예산업안전감독관 • 근로자대표가 지명하는 9명(근로자인 제2호의 위원이 있는 경우에는 9명에서 그 위원의 수를 제외한 수) 이내의 해당 사업장의 근로자

답 ③

025 ☆

산업안전보건법령상 산업안전보건위원회의 구성·운영에 관한 설명 중 틀린 것은?

① 정기회의는 분기마다 소집한다.
② 위원장은 위원 중에서 호선(互選)한다.
③ 근로자대표가 지명하는 명예산업안전감독관은 근로자위원에 속한다.
④ 공사금액 100억원 이상의 건설업의 경우 산업안전보건위원회를 구성해야 한다.

해 공사금액 120억원 이상의 건설업의 경우 산업안전 보건위원회를 구성·운영해야 한다.

답 ④

026 ☆

산업안전보건법령에 따라 사업주가 사업장에서 중대재해가 발생한 사실을 알게 된 경우 관할지방고용노동관서의 장에게 보고하여야 하는 시기로 옳은 것은?
(단, 천재지변 등 부득이한 사유가 발생한 경우는 제외한다.)

① 지체없이 ② 12시간 이내
③ 24시간 이내 ④ 48시간 이내

해 사업주는 중대재해가 발생한 사실을 알게 된 경우에는 법에 따라 지체없이 사업장 소재지를 관할하는 지방고용노동관서의 장에게 전화 · 팩스 또는 그 밖의 적절한 방법으로 보고해야 한다.

답 ①

027 ☆☆

산업안전보건법령상 협의체 구성 및 운영에 관한 사항으로 ( )에 알맞은 내용은?

> 도급인은 관계수급인 근로자가 도급인의 사업장에서 작업을 하는 경우 도급인과 수급인을 구성원으로 하는 안전 및 보건에 관한 협의체를 구성 및 운영하여야 한다. 이 협의체는 ( ) 정기적으로 회의를 개최하고 그 결과를 기록, 보존해야 한다.

① 매월 1회 이상 ② 2개월마다 1회
③ 3개월마다 1회 ④ 6개월마다 1회

해 협의체는 매월 1회 이상 정기적으로 회의를 개최하고 그 결과를 기록 · 보존해야 한다.

답 ①

028 ☆☆

산업안전보건법상 안전보건개선계획의 수립 · 시행명령을 받은 사업주는 고용노동부장관이 정하는 바에 따라 안전보건개선계획서를 작성하여 그 명령을 받은 날부터 며칠 이내에 관할 지방고용노동관서의 장에게 제출해야 하는가?

① 15일 ② 30일 ③ 45일 ④ 60일

해 안전보건개선계획서를 제출해야 하는 사업주는 법에 따른 안전보건개선계획서 수립 · 시행 명령을 받은 날부터 60일 이내에 관할 지방고용노동관서의 장에게 해당 계획서를 제출(전자문서로 제출하는 것을 포함한다)해야 한다.

답 ④

029 ☆☆☆

산업안전보건법령상 근로자에 대한 일반건강진단의 실시 시기 기준으로 옳은 것은?

① 사무직 종사하는 근로자: 1년에 1회 이상
② 사무직 종사하는 근로자: 2년에 1회 이상
③ 사무직 외의 업무에 종사하는 근로자: 6월에 1회 이상
④ 사무직 외의 업무에 종사하는 근로자: 2년에 1회 이상

해 사업주는 상시 사용하는 근로자 중 사무직에 종사하는 근로자에 대해서는 2년에 1회 이상, 그 밖의 근로자에 대해서는 1년에 1회 이상 일반건강진단을 실시해야 한다.

답 ②

030 ☆

안전검사기관 및 자율검사프로그램 인정기관은 고용노동부장관에게 그 실적을 보고하도록 관련법에 명시되어 있는데 그 주기로 옳은 것은?

① 매월 ② 격월 ③ 분기 ④ 반기

해 안전검사기관은 별지에 따라 분기마다 다음 달 10일까지 분기별 실적과, 매년 1월 20일까지 전년도 실적을 고용노동부장관에게 제출하여야 하며, 공단은 별지에 따라 분기마다 다음 달 10일까지 분기별 실적과, 매년 1월 20일까지 전년도 실적을 고용노동부장관에게 제출하여야 한다.

답 ③

031 ☆☆

크레인, 리프트 및 곤돌라는 사업장에 설치가 끝난 날부터 몇 년 이내에 최초의 안전검사를 실시해야 하는가? (단, 이동식 크레인, 이삿짐운반용 리프트는 제외한다.)

① 1년 ② 2년 ③ 3년 ④ 4년

해 크레인(이동식 크레인은 제외한다), 리프트(이삿짐운반용 리프트는 제외한다) 및 곤돌라: 사업장에 설치가 끝난 날부터 3년 이내에 최초 안전검사를 실시하되, 그 이후부터 2년마다(건설현장에서 사용하는 것은 최초로 설치한 날부터 6개월마다)

답 ③

032 ☆☆

산업안전보건법상 고용노동부장관은 자율안전확인대상 기계 · 기구 등의 안전에 관한 성능이 자율안전기준에 맞지 아니하게 된 경우 관련사항을 신고한 자에게 몇 개월 이내의 기간을 정하여 자율안전확인표시의 사용을 금지하거나 자율안전기준에 맞게 개선하도록 명할 수 있는가?

① 1 ② 3 ③ 6 ④ 12

해 고용노동부장관은 신고된 자율안전확인대상기계등의 안전에 관한 성능이 자율안전기준에 맞지 아니하게 된 경우에는 신고한 자에게 6개월 이내의 기간을 정하여 자율안전확인표시의 사용을 금지하거나 자율안전기준에 맞게 시정하도록 명할 수 있다.

답 ③

033 ☆☆☆☆☆

산업안전보건법령상 안전보건관리규정 작성 시 포함되어야 하는 사항을 모두 고른 것은? (단, 그 밖에 안전 및 보건에 관한 사항 제외한다.)

ㄱ. 안전보건교육에 관한 사항
ㄴ. 재해사례 연구, 토의결과에 관한 사항
ㄷ. 사고 조사 및 대책 수립에 관한 사항
ㄹ. 작업장 안전보건 관리에 관한 사항
ㅁ. 안전 및 보건에 관한 관리조직과 그 직무에 관한 사항

① ㄱ, ㄴ, ㄷ, ㄹ ② ㄱ, ㄴ, ㄹ, ㅁ
③ ㄱ, ㄷ, ㄹ, ㅁ ④ ㄴ, ㄷ, ㄹ, ㅁ

해 사업주는 사업장의 안전 및 보건을 유지하기 위하여 다음 각 호의 사항이 포함된 안전보건관리규정을 작성하여야 한다.
1. 안전 및 보건에 관한 관리조직과 그 직무에 관한 사항
2. 안전보건교육에 관한 사항
3. 작업장 안전 및 보건 관리에 관한 사항
4. 사고 조사 및 대책 수립에 관한 사항
5. 그 밖에 안전 및 보건에 관한 사항

답 ③

034 ☆

산업안전보건법령에 따른 안전보건관리규정에 포함되어야 할 세부 내용이 아닌 것은?

① 위험성 감소대책 수립 및 시행에 관한 사항
② 하도급 사업장에 대한 안전·보건관리에 관한 사항
③ 질병자의 근로 금지 및 취업 제한 등에 관한 사항
④ 물질안전보건자료에 관한 사항

해 ①: 위험성 평가에 관한 사항 내용
②: 총칙 내용
③: 작업장 보건관리 내용

답 ④

035 ☆☆☆

안전보건교육 계획에 포함해야 할 사항이 아닌 것은?

① 교육지도안
② 교육장소 및 교육방법
③ 교육의 종류 및 대상
④ 교육의 과목 및 교육내용

해 안전보건교육 계획 시 포함사항
대상/종류/과목/내용/기간/장소/방법/강사

답 ①

036

☆☆

안전보건교육의 교육지도 원칙에 해당되지 않은 것은?

① 피교육자 중심의 교육을 실시한다.
② 동기부여를 한다.
③ 오감을 활용한다.
④ 어려운 것부터 쉬운 것으로 시작한다.

해 교육지도의 8원칙반복/동기부여/인상강화/오감활용/기능적 이해/한번에 하나씩/피교육자 중심 교육 실시/쉬운 것에서 어려운 순으로

답 ④

037

☆

교육계획 수립 시 가장 먼저 실시하여야 하는 것은?

① 교육내용의 결정
② 실행교육계획서 작성
③ 교육의 요구사항 파악
④ 교육실행을 위한 순서, 방법, 자료 검토

해 안전보건교육 계획의 수립 순서

1. 교육의 요구사항 파악
2. 교육내용의 결정
3. 교육 준비
4. 교육 실시
5. 교육의 성과 평가

답 ③

038

☆☆☆

다음 중 안전보건교육계획을 수립할 때 고려할 사항으로 가장 거리가 먼 것은?

① 현장의 의견을 충분히 반영한다.
② 대상자의 필요한 정보를 수집한다.
③ 안전교육 시행체계와 연관성을 고려한다.
④ 정부 규정에 의한 교육에 한정하여 실시 한다.

해

안전·보건 교육계획 수립 시 고려사항
• 현장의 의견을 충분히 반영한다. • 대상자의 필요한 정보를 수집한다. • 안전교육 시행체계와 연관성을 고려한다. • 지도안은 교육대상을 고려하여 작성한다. • 법령에 의한 교육에만 그치지 않아야 한다.

답 ④

039 ☆

다음 중 안전점검을 실시할 때 유의 사항으로 옳지 않은 것은?

① 안전점검은 안전수준의 향상을 위한 본래의 취지에 어긋나지 않아야 한다.

② 점검자의 능력을 판단하고 그 능력에 상응하는 내용의 점검을 시키도록 한다.

③ 안전점검이 끝나고 강평을 할 때는 결함만을 지적하여 시정 조치토록 한다.

④ 과거에 재해가 발생한 곳은 그 요인이 없어졌는가를 확인한다.

해

안전점검 시 유의사항
• 안전점검은 안전수준의 향상을 위한 본래의 취지에 어긋나지 않아야 한다. • 점검자의 능력을 판단하고 그 능력에 상응하는 내용의 점검을 시키도록 한다. • 안전점검이 끝나고 강평을 할 때는 결함만이 아니라 잘한 점도 칭찬하여 동기부여시킨다. • 과거에 재해가 발생한 곳은 그 요인이 없어졌는가를 확인한다.

답 ③

040 ☆☆☆

안전점검 보고서 작성내용 중 주요 사항에 해당되지 않는 것은?

① 작업현장의 현 배치 상태와 문제점

② 재해다발요인과 유형분석 및 비교 데이터 제시

③ 안전관리 스텝의 인적사항

④ 보호구, 방호장치 작업환경 실태와 개선 제시

해 안전점검보고서 작성내용

1. 작업현장의 현 배치 상태와 문제점
2. 재해다발요인과 유형분석 및 비교 데이터 제시
3. 보호구, 방호장치 작업환경 실태와 개선 제시
4. 안전교육 실시현황
5. 안전방침과 중점개선 계획

답 ③

041 ☆

안전점검표(체크리스트) 항목 작성 시 유의사항으로 틀린 것은?

① 정기적으로 검토하여 설비나 작업방법이 타당성 있게 개조된 내용일 것
② 사업장에 적합한 독자적 내용을 가지고 작성할 것
③ 위험성이 낮은 순서 또는 긴급을 요하는 순서대로 작성할 것
④ 점검항목을 이해하기 쉽게 구체적으로 표현할 것

해

안전점검표(체크리스트) 작성 시 유의사항
• 위험성 높은 순으로 작성 • 점검항목 이해하기 쉽게 구체적으로 표현 • 사업장에 적합한 독자적 내용 가지고 작성 • 정기적으로 검토하여 설비나 작업방법이 타당성 있게 개조된 내용일 것

답 ③

042 ☆☆

안전점검표(check list)에 포함되어야 할 사항이 아닌 것은?

① 점검대상 ② 판정기준
③ 점검방법 ④ 조치결과

해 안전점검표 포함사항
점검대상/점검부분/점검항목/점검기간/점검방법/판정기준/조치사항

답 ④

043 ☆☆

다음 중 산업안전보건법령에 따라 사업주가 안전보건 조치의무를 이행하지 아니하여 발생한 중대재해가 연간 2건이 발생하였을 경우 조치하여야 하는 사항에 해당하는 것은?

① 보건관리자 선임
② 안전보건개선계획 수립
③ 안전관리자 증원
④ 물질안전보건자료 작성

해 사업주가 안전보건 조치의무를 이행하지 아니하여 발생한 중대재해가 발생하였을 경우 안전보건개선계획을 수립하여 시행할 것을 명할 수 있다.

답 ②

044 ☆

산업안전보건법령상 안전보건개선계획서에 개선을 위하여 포함되어야 하는 중점개선 항목에 해당되지 않는 것은?

① 시설 ② 안전보건교육
③ 작업방법 ④ 보호구 착용

해 안전보건개선계획서에는 시설, 안전보건관리체제, 안전보건교육, 산업재해 예방 및 작업환경의 개선을 위하여 필요한 사항이 포함되어야 한다.

답 ④

045 ☆

산업안전보건법령상 안전보건진단을 받아 안전보건개선계획의 수립 및 명령을 할 수 있는 대상이 아닌 것은?

① 누출 사고 등으로 사업장 주변까지 피해가 확산된 사업장으로서 고용노동부령으로 정하는 사업장
② 산업재해율이 같은 업종 평균 산업재해율의 2배 이상인 사업장
③ 사업주가 필요한 안전조치 또는 보건조치 이행하지 않아 중대재해가 발생한 사업장
④ 상시근로자 1천명 이상인 사업장에서 직업성 질병자가 연간 2명 이상 발생한 사업장

해

안전보건진단을 받아 안전보건개선계획의 수립 및 명령을 할 수 있는 대상
• 산업재해율이 같은 업종 평균 산업재해율의 2배 이상인 사업장 • 사업주가 필요한 안전조치 또는 보건조치를 이행하지 아니하여 중대재해가 발생한 사업장 • 직업성 질병자가 연간 2명 이상(상시근로자 1천명 이상 사업장의 경우 3명 이상) 발생한 사업장 • 그 밖에 작업환경 불량, 화재 · 폭발 또는 누출 사고 등으로 사업장 주변까지 피해가 확산된 사업장으로서 고용노동부령으로 정하는 사업장

답 ④

046 ☆☆

산업안전보건법령상 중대재해의 범위에 해당하지 않는 것은?

① 1명의 사망자가 발생한 재해
② 1개월의 요양을 요하는 부상자가 동시에 5명 발생한 재해
③ 3개월의 요양을 요하는 부상자가 동시에 3명 발생한 재해
④ 10명의 직업성질병자가 동시 발생한 재해

해 중대재해
1. 사망자가 1명 이상 발생한 재해
2. 3개월 이상의 요양이 필요한 부상자가 동시에 2명 이상 발생한 재해
3. 부상자 또는 직업성 질병자가 동시에 10명 이상 발생한 재해

답 ②

047 ☆☆

다음 중 "Near Accident"에 관한 내용으로 가장 적절한 것은?

① 사고가 일어난 인접지역
② 사망사고가 발생한 중대재해
③ 사고가 일어난 지점에 계속 사고가 발생하는 지역
④ 사고가 일어나더라도 손실을 전혀 수반하지 않는 재해

해 아차사고: Near Accident, 사고가 일어나더 라도 손실을 전혀 수반하지 않는 재해

답 ④

048 ☆

산업안전보건법령상 지방고용노동관서의 장이 사업주에게 안전관리자 · 보건관리자 또는 안전보건관리담당자를 정수 이상으로 증원하게 하거나 교체하여 임명할 것을 명할 수 있는 경우의 기준 중 다음 (   ) 안에 알맞은 것은?

> 1. 중대재해가 연간 (㉠)건 이상 발생한 경우
> 2. 해당 사업장 연간재해율이 같은 업종 평균재해율의 (㉡)배 이상인 경우

① ㉠ 3, ㉡ 2　　② ㉠ 2, ㉡ 3
③ ㉠ 2, ㉡ 2　　④ ㉠ 3, ㉡ 3

해

안전관리자 · 보건관리자 또는 안전보건관리담당자를 정수 이상으로 증원하게 하거나 교체하여 임명할 것을 명할 수 있는 경우
• 해당 사업장의 연간재해율이 같은 업종의 평균재해율의 2배 이상인 경우 • 중대재해가 연간 2건 이상 발생한 경우. 다만, 해당 사업장의 전년도 사망만인율이 같은 업종의 평균사망만인율 이하인 경우는 제외한다. • 관리자가 질병이나 그 밖의 사유로 3개월 이상 직무를 수행할 수 없게 된 경우 • 화학적 인자로 인한 직업성 질병자가 연간 3명 이상 발생한 경우

답 ③

049 ☆

재해원인 분석 시 고려해야 할 4M에 해당하지 않는 것은?

① Man　　② Mechanism
③ Media　　④ Management

해 4M 분석법

Man	동료나 상사, 본인 이외의 사람
Machine	설계, 제작 착오/고장
Media	작업정보, 작업방법 및 작업환경 부적절
Management	안전조직미비/안전교육부족

답 ②

050 ☆☆

다음 중 재해 원인의 4M에 대한 내용이 틀린 것은?

① Media : 작업정보, 작업환경
② Machine : 기계설비의 고장, 결함
③ Management : 작업방법, 인간관계
④ Man : 동료나 상사, 본인 이외의 사람

해 윗 해설 참조

답 ③

051 ☆☆

플리커 검사(flicker test)의 목적으로 가장 적절한 것은?

① 혈중 알코올농도 측정
② 체내 산소량 측정
③ 작업강도 측정
④ 피로의 정도 측정

해 플리커테스트: 피로 정도 측정방법 중 하나

답 ④

052 ☆☆

다음 중 피로검사 방법에 있어 심리적인 방법의 검사 항목에 해당하는 것은?

① 호흡순환기능 ② 연속반응시간
③ 대뇌피질 활동 ④ 혈색소 농도

해 피로측정법

생리학적	근전도/심전도/호흡순환기능/대뇌피질 활동
생화학적	혈색소 농도/혈액수분 측정
심리학적	연속반응시간/피부저항/집중력

답 ②

053 ☆

다음 중 일반적으로 피로의 회복대책에 가장 효과적인 방법은?

① 휴식과 수면을 취한다.
② 충분한 영양(음식)을 섭취한다.
③ 땀을 낼 수 있는 근력운동을 한다.
④ 모임 참여, 동료와의 대화 등을 통하여 기분을 전환한다.

해

피로회복과 예방대책
• 작업부하 적게 할 것 • 정적 동작 피할 것 • 작업속도 적절히 할 것 • 근로시간과 휴식 비율 적절히 할 것 • 목욕/체조할 것 • 수면 충분히 취할 것(가장 효과적)

답 ①

054 ☆☆

산업안전보건법령상 프레스를 사용하여 작업을 할 때 작업시작 전 점검사항으로 틀린 것은?

① 방호장치의 기능
② 언로드밸브의 기능
③ 금형 및 고정볼트 상태
④ 클러치 및 브레이크의 기능

해 ②: 공기압축기 이용 작업시작 전 점검사항

작업의 종류	점검내용
프레스 등을 사용해 작업을 할 때	• 클러치 및 브레이크의 기능 • 크랭크축 · 플라이휠 · 슬라이드 · 연결봉 및 연결 나사 풀림 여부 • 1행정 1정지기구 · 급정지장치 및 비상정지장치의 기능 • 슬라이드 또는 칼날에 의한 위험 방지 기구의 기능 • 프레스의 금형 및 고정볼트 상태 • 방호장치의 기능 • 전단기(剪斷機)의 칼날 및 테이블의 상태

답 ②

055 ☆☆

다음 중 산소결핍이 예상되는 맨홀 내에서 작업을 실시할 때 사고 방지대책으로 적절하지 않은 것은?

① 작업시작 전 및 작업 중 충분한 환기실시
② 작업 장소의 입장 및 퇴장시 인원점검
③ 방독마스크의 보급과 착용 철저
④ 작업장과 외부와의 상시 연락을 위한 설비 설치

해 ③: 송기마스크의 보급과 착용 철저

답 ③

056 ☆☆

다음 중 보호구에 관한 설명으로 옳은 것은?

① 차광용 보안경의 사용구분에 따른 종류에는 자외선용, 적외선용, 복합용, 용접용이 있다.
② 귀마개는 처음에는 저음만을 차단하는 제품부터 사용하며, 일정 기간이 지난 후 고음까지를 모두 차단할 수 있는 제품을 사용한다.
③ 유해물질이 발생하는 산소결핍지역에서는 필히 방독마스크를 착용해야 한다.
④ 선반작업과 같이 손에 재해가 많이 발생하는 작업장에선 장갑착용을 의무화한다.

해 ②: 귀마개는 고음만 차단하거나 저음과 고음 모두 차단하는 것이 있다.
③: 유해물질이 발생하는 산소결핍지역에서는 필히 송기마스크를 착용해야 한다.
④: 선반작업과 같이 손에 재해가 많이 발생하는 작업장에서는 장갑 착용을 절대 하지 않는다.

답 ①

057 ☆

고무제 안전화의 구비조건이 아닌 것은?

① 유해한 흠, 균열, 기포, 이물질 등이 없어야 한다.
② 바닥, 발등, 발 뒤꿈치 등의 접착부분에 물이 들어오지 않아야 한다.
③ 에나멜 도포는 벗겨져야 하며, 건조가 완전하여야 한다.
④ 완성품의 성능은 압박감, 충격 등의 성능 시험에 합격하여야 한다.

해 에나멜을 칠한 것은 에나멜이 벗겨지지 않아야 하고 건조가 충분하여야 한다.

답 ③

058 ☆

안전인증대상 방음용 귀마개의 일반구조에 관한 설명으로 틀린 것은?

① 귀의 구조상 내이도에 잘 맞을 것
② 귀마개를 착용할 때 귀마개의 모든 부분이 착용자에게 물리적인 손상을 유발시키지 않을 것
③ 사용 중에 쉽게 빠지지 않을 것
④ 귀마개는 사용수명 동안 피부자극, 피부질환, 알레르기 반응 혹은 그 밖에 다른 건강상의 부작용을 일으키지 않을 것

해 귀의 구조상 외이도에 잘 맞을 것

답 ①

059 ☆

보호구 안전인증 고시에 따른 방음용 귀마개 또는 귀덮개와 관련된 용어의 정의 중 다음 (　　)안에 알맞은 것은?

> "음압수준"이란 음압을 다음 식에 따라 데시벨(dB)로 나타낸 것을 말하며 적분평균소음계(KS C1505) 또는 소음계(KS C1502)에 규정하는 소음계의 (　　) 특성을 기준으로 한다.

① A　② B　③ C　④ D

해 "음압수준"이란 음압을 다음 식에 따라 데시벨(dB)로 나타낸 것을 말하며 적분평균소음계(KS C 1505) 또는 소음계(KS C 1502)에 규정하는 소음계 "C" 특성을 기준으로 한다.

답 ③

060 ☆

산업안전보건법령상 주로 고음을 차음하고, 저음은 차음하지 않는 방음보호구의 기호로 옳은 것은?

① NRR ② EM ③ EP-1 ④ EP-2

해

종류	등급	기호	성능	비고
귀마개	1종	EP-1	저음부터 고음까지 차음하는 것	귀마개의 경우 재사용 어부를 제조특성으로 표기
	2종	EP-2	주로 고음을 차음하고 저음(회화음영역)은 차음하지 않는 것	
귀덮개	-	EM	-	-

답 ④

061 ☆

보호구 안전인증 고시상 전로 또는 평로 등의 작업 시 사용하는 방열두건의 차광도 번호는?

① #2~#3 ② #3~#5 ③ #6~#8 ④ #9~#11

해

차광도 번호	사용 구분
#2~#3	고로강판 가열로, 조괴(造塊) 등의 작업
#3~#5	전로 또는 평로 등의 작업
#6~#8	전기로의 작업

답 ②

062 ☆☆☆

안전인증 절연장갑에 안전인증 표시 외에 추가로 표시하여야 하는 등급별 색상의 연결로 옳은 것은? (단, 고용노동부 고시를 기준으로 한다.)

① 00등급: 갈색 ② 0등급: 흰색
③ 1등급: 노란색 ④ 2등급: 빨강색

해 절연장갑 등급 및 색상

등급	최대 사용전압(V)		색상
	교류(실횻값)	직류	
00	500	750	갈색
0	1,000	1,500	빨간색
1	7,500	11,250	흰색
2	17,000	25,500	노란색
3	26,500	39,750	녹색
4	36,000	54,000	등색

답 ①

063 ☆

보호구 자율안전확인 고시상 자율안전확인 보호구에 표시하여야 하는 사항을 모두 고른 것은?

ㄱ. 모델명 ㄴ. 제조번호
ㄷ. 사용기한 ㄹ. 자율안전확인번호

① ㄱ, ㄴ, ㄷ ② ㄱ, ㄴ, ㄹ
③ ㄱ, ㄷ, ㄹ ④ ㄴ, ㄷ ,ㄹ

해 자율안전확인 제품에는 다음 각 목의 사항을 표시한다.
가. 형식 또는 모델명
나. 규격 또는 등급 등
다. 제조자명
라. 제조번호 및 제조연월
마. 자율안전확인 번호

답 ②

064 ☆

안전인증 대상 보호구 중 AE, ABE종 안전모의 질량 증가율은 몇% 미만이어야 하는가?

① 1% ② 2% ③ 3% ④ 5%

해 AE, ABE종 안전모는 질량증가율이 1% 미만이어야 한다.

답 ①

065 ☆

ABE종 안전모에 대하여 내수성 시험을 할 때 물에 담그기 전의 질량이 400g이고, 물에 담근 후의 질량이 410g이었다면 질량 증가율과 합격 여부로 옳은 것은?

① 질량증가율 : 2.5%, 합격여부 : 불합격
② 질량증가율 : 2.5%, 합격여부 : 합격
③ 질량증가율 : 102.5%, 합격여부 : 불합격
④ 질량증가율 : 102.5%, 합격여부 : 합격

해 AE, ABE종 안전모는 질량증가율이 1% 미만이어야 한다.
질량증가율(%)

$$= \frac{\text{담근 후 질량} - \text{담기 전 질량}}{\text{담기 전 질량}} \cdot 100$$

$$= \frac{410 - 400}{400} \cdot 100$$

= 2.5%(불합격)

답 ①

066 ☆☆☆

산업안전보건법령상 안전모의 시험성능기준 항목으로 옳지 않은 것은?

① 내열성 ② 턱끈풀림
③ 내관통성 ④ 충격흡수성

해 안전모 시험 항목
턱끈풀림/내관통성/충격흡수성/내전압성/내수성/난연성

답 ①

067 ☆☆

다음 중 안전모의 성능시험에 있어서 AE, ABE종에만 한하여 실시하는 시험은?

① 내관통성시험, 충격흡수성시험
② 난연성시험, 내수성시험
③ 난연성시험, 내전압성시험
④ 내전압성시험, 내수성시험

해 AE, ABE종에만 한하여 실시하는 시험
내전압성시험, 내수성시험

답 ④

068 ☆☆

다음 중 근로자가 물체 낙하 또는 비래 및 추락에 의한 위험을 방지 또는 경감하고, 머리부위 감전에 의한 위험을 방지하고자 할 때 사용해야 하는 안전모 종류로 가장 적합한 것은?

① A형 ② AE형 ③ AB형 ④ ABE형

해

종류(기호)	사용 구분	비고
AB	물체의 낙하 또는 비래 및 추락에 의한 위험을 방지 또는 경감시키기 위한 것	-
AE	물체의 낙하 또는 비래에 의한 위험을 방지 또는 경감하고, 머리부위 감전에 의한 위험을 방지하기 위한 것	내전압성(주1)
ABE	물체의 낙하 또는 비래 및 추락에 의한 위험을 방지 또는 경감하고, 머리부위 감전에 의한 위험을 방지하기 위한 것	내전압성
(주1) 내전압성이란 7,000V 이하의 전압에 견디는 것을 말한다.		

답 ④

069 ☆

AE형 안전모에 있어 내전압성이란 최대 몇 V 이하의 전압에 견디는 것을 말하는가?

① 750 ② 1,000 ③ 3,000 ④ 7,000

해 **내전압성**: 7,000V 이하 전압에 견디는 것

답 ④

070 ☆

보호구 안전인증 고시상 추락방지대가 부착된 안전대 일반구조에 관한 내용 중 틀린 것은

① 죔줄은 합성섬유로프를 사용해선 안된다.
② 고정된 추락방지대의 수직구명줄은 와이어로프 등으로 하며 최소지름 8mm 이상이어야 한다.
③ 수직구명줄에서 걸이설비와의 연결부위는 훅 또는 카라비너 등이 장착되어 걸이설비와 확실히 연결되어야 한다.
④ 추락방지대를 부착하여 사용하는 안전대는 신체지지의 방법으로 안전그네만을 사용하여야 하며 수직구명줄이 포함되어야 한다.

해 죔줄은 합성섬유로프, 웨빙, 와이어로프일 것

답 ①

071 ☆

다음 중 방독마스크의 성능기준에 있어 사용 장소에 따른 등급의 설명으로 틀린 것은?

① 고농도는 가스 또는 증기의 농도가 100분의 2 이하의 대기 중에서 사용하는 것을 말한다.
② 중농도는 가스 또는 증기의 농도가 100분의 1 이하의 대기 중에서 사용하는 것을 말한다.
③ 저농도는 가스 또는 증기의 농도가 100분의 0.5 이하의 대기 중에서 사용하는 것으로서 긴급용이 아닌 것을 말한다.
④ 고농도와 중농도에서 사용하는 방독마스크는 전면형(격리식, 직결식)을 사용해야 한다.

해

등급	사용장소
고농도	가스 또는 증기의 농도가 100분의 2(암모니아에 있어서는 100분의 3) 이하의 대기 중에서 사용하는 것
중농도	가스 또는 증기의 농도가 100분의 1(암모니아에 있어서는 100분의 1.5)이하의 대기 중에서 사용하는 것
저농도 및 최저농도	가스 또는 증기의 농도가 100분의 0.1 이하의 대기 중에서 사용하는 것으로서 긴급용이 아닌 것

답 ③

072 ☆

산업안전보건법령상 보호구 안전인증 대상 방독마스크의 유기화합물용 정화통 외부 측면 표시 색으로 옳은 것은?

① 갈색 ② 녹색 ③ 회색 ④ 노랑색

해 정화통 외부 측면 표시 색

종류	표시 색
유기화합물용	갈색
할로겐용	회색
황화수소용	회색
시안화수소용	회색
아황산용	노란색
암모니아용	녹색
복합용 및 겸용	복합용: 해당가스 모두 표시(2층 분리) 겸용: 백색과 해당가스 모두 표시(2층 분리)

답 ①

073 ☆

보호구 안전인증 고시상 안전인증 방독마스크의 정화통 종류와 외부 측면의 표시 색이 잘못 연결된 것은?

① 할로겐용-회색 ② 황화수소용-회색
③ 암모니아용-회색 ④ 시안화수소용-회색

해 윗 해설 참조

답 ③

074 ☆☆☆☆

유기화합물용 방독마스크의 시험가스가 아닌 것은?

① 증기(Cl_2)
② 디메틸에테르(CH_3OCH_3)
③ 시클로헥산(C_6H_{12})
④ 이소부탄(C_4H_{10})

해

종류	시험가스
유기화합물용	시클로헥산
	디메틸에테르
	이소부탄
할로겐용	염소가스
황화수소용	황화수소가스
시안화수소용	시안화수소가스
아황산용	아황산가스
암모니아용	암모니아가스

답 ①

075 ☆☆

다음 중 방독마스크의 종류와 시험가스가 잘못 연결된 것은?

① 할로겐용 : 수소가스(H_2)
② 암모니아용 : 암모니아가스(NH_3)
③ 유기화합물용 : 시클로헥산(C_6H_{12})
④ 시안화수소용 : 시안화수소가스(HCN)

해 윗 해설 참조

답 ①

076 ☆

방진마스크의 형태에 따른 분류 중 그림에서 나타내는 것은 무엇인가?

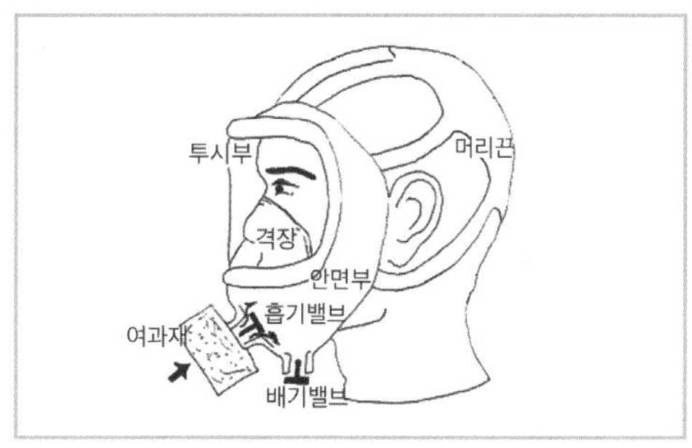

① 격리식 전면형 ② 직결식 전면형
③ 격리식 반면형 ④ 직결식 반면형

해 방진마스크 형태

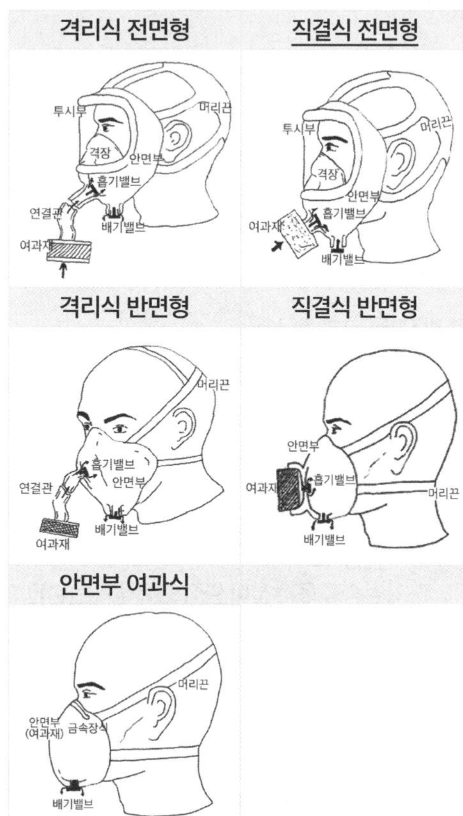

답 ②

077 ☆

다음의 방진마스크 형태로 옳은 것은?

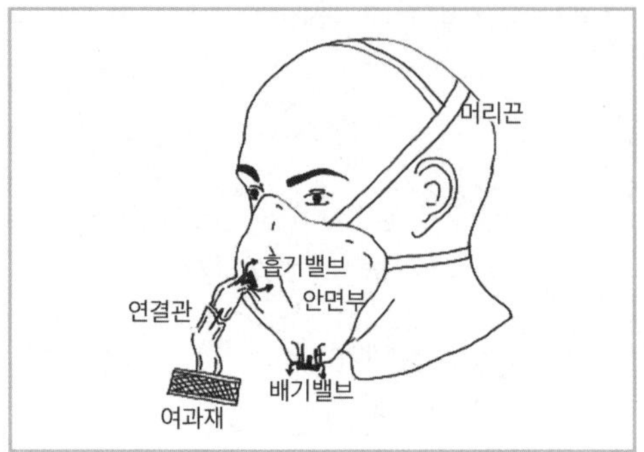

① 직결식 전면형 ② 직결식 반면형
③ 격리식 전면형 ④ 격리식 반면형

해 윗 해설 참조

답 ④

078 ☆

석면 취급장소에서 사용하는 방진마스크의 등급으로 옳은 것은?

① 특급 ② 1급 ③ 2급 ④ 3급

해 방진마스크의 등급

등급	사용장소
특급	1. 베릴륨등과 같이 독성이 강한 물질들을 함유한 분진 등 발생장소 2. 석면 취급장소
1급	1. 특급마스크 착용장소를 제외한 분진 등 발생장소 2. 금속흄 등과 같이 열적으로 생기는 분진 등 발생장소 3. 기계적으로 생기는 분진 등 발생장소(규소등과 같이 2급 방진마스크를 착용하여도 무방한 경우는 제외)
2급	1. 특급 및 1급 마스크 착용장소를 제외한 분진 등 발생장소

답 ①

079 ☆

보호구 안전인증 고시에 따른 분리식 방진마스크의 성능기준에서 포집효율이 특급인 경우, 염화나트륨(NaCl) 및 파라핀 오일(Paraffin oil)시험에서의 포집효율은?

① 99.95% 이상 ② 99.9% 이상
③ 99.5% 이상 ④ 99.0% 이상

해 여과재 분진 포집효율

형태 및 등급		염화나트륨(NaCl) 및 파라핀 오일(Paraffin oil) 시험(%)
분리식	특급	99.95 이상
	1급	94.0 이상
	2급	80.0 이상
안면부 여과식	특급	99.0 이상
	1급	94.0 이상
	2급	80.0 이상

답 ①

080 ☆☆

방진마스크의 사용 조건 중 산소농도의 최소 기준으로 옳은 것은?

① 16% ② 18% ③ 21% ④ 23.5%

해 사용조건은 산소농도 18% 이상인 장소에서 사용하여야 한다.

답 ②

081 ☆

공기 중 산소농도가 부족하고, 공기 중에 미립자상 물질이 부유하는 장에서 사용하기에 가장 적절한 보호구는?

① 면마스크 ② 방독마스크
③ 송기마스크 ④ 방진마스크

해 산소부족하고 분진이 있는 장소에는 송기마스크를 착용한다.

답 ③

082 ☆

방진마스크의 선정기준으로 적합하지 않은 것은?

① 배기저항이 낮을 것
② 흡기저항이 낮을 것
③ 사용적이 클 것
④ 시야가 넓을 것

해 사용적이 작을 것

답 ③

083 ☆

다음 중 방진마스크의 구비조건으로 적절하지 않은 것은?

① 흡기밸브는 미약한 호흡에 대하여 확실하고 예민하게 작동하도록 할 것
② 쉽게 착용되어야 하고 착용하였을 때 안면부가 안면에 밀착되어 공기가 새지 않을 것
③ 여과재는 여과성능이 우수하고 인체에 장해를 주지 않을 것
④ 흡 · 배기밸브는 외부의 힘에 의하여 손상되지 않도록 흡 · 배기 저항이 높을 것

해 흡 · 배기밸브는 외부의 힘에 의하여 손상되지 않도록 흡 · 배기 저항이 낮을 것

답 ④

084 ☆

산업안전보건법령상 유해위험 방지를 위한 방호 조치가 필요한 기계·기구가 아닌 것은?

① 예초기 ② 지게차
③ 금속절단기 ④ 금속탐지기

해

유해·위험 방지를 위한 방호 조치가 필요한 기계·기구
예초기/원심기/공기압축기/금속절단기/지게차/포장기계(진공포장기, 래핑기)

답 ④

085 ☆☆

산업안전보건법령상 안전검사 대상 유해위험 기계 등에 해당하는 것은?

① 정격 하중이 2톤 미만인 크레인
② 이동식 국소 배기장치
③ 밀폐형 구조 롤러기
④ 산업용 원심기

해 안전검사 대상 유해위험 기계
1. 프레스
2. 전단기
3. 크레인(정격 하중이 2톤 미만인 것은 제외한다)
4. 리프트
5. 압력용기
6. 곤돌라
7. 국소 배기장치(이동식은 제외한다)
8. 원심기(산업용만 해당한다)
9. 롤러기(밀폐형 구조는 제외한다)
10. 사출성형기[형 체결력 294kN 미만은 제외]
11. 고소작업대(화물자동차 또는 특수자동차에 탑재한 고소작업대로 한정한다)
12. 컨베이어
13. 산업용 로봇
14. 혼합기
15. 파쇄기 또는 분쇄기

답 ④

086 ☆

다음 중 산업안전보건법상 안전검사 대상 유해·위험 기계의 종류가 아닌 것은?

① 곤돌라　② 압력용기
③ 리프트　④ 아크용접기

해 ④: 자율안전확인대상기계
윗 해설 참조

답 ④

087 ☆☆☆

산업안전보건법령상 안전인증대상 기계등에 포함되는 기계, 설비, 방호장치에 해당하지 않는 것은?

① 롤러기
② 크레인
③ 동력식 수동대패용 칼날 접촉 방지장치
④ 방폭구조(防爆構造) 전기기계기구 및 부품

해 ③: 자율안전확인대상기계 방호장치

안전인증대상	기계 또는 설비	• 프레스 • 전단기 및 절곡기(折曲機) • 크레인 • 리프트 • 압력용기 • 롤러기 • 사출성형기 • 고소(高所)작업대 • 곤돌라
안전인증대상	방호장치	• 프레스 및 전단기 방호장치 • 양중기용(揚重機用) 과부하 방지장치 • 보일러 압력방출용 안전밸브 • 압력용기 압력방출용 안전밸브 • 압력용기 압력방출용 파열판 • 절연용 방호구 및 활선작업용 기구 • 방폭구조(防爆構造) 전기기계기구 및 부품 • 추락 · 낙하 및 붕괴 등의 위험 방지 및 보호에 필요한 가설기 자재로서 고용노동부장관이 정해 고시하는 것 • 충돌 · 협착 등의 위험 방지에 필요한 산업용 로봇 방호장치로서 고용노동부장관이 정하여 고시하는 것
안전인증대상	보호구	• 추락 및 감전 위험방지용 안전모 • 안전장갑 • 방진마스크 • 방독마스크 • 송기(送氣)마스크 • 전동식 호흡보호구 • 보호복 • 안전대 • 안전화 • 차광 및 비산물 위험방지용 보안경 • 용접용 보안면 • 방음용 귀마개 또는 귀덮개

답 ③

088 ☆☆

산업안전보건법령상 안전인증대상 기계·기구 및 설비가 아닌 것은?

① 연삭기 ② 롤러기
③ 압력용기 ④ 고소(高所) 작업대

해 ①: 자율안전확인대상
윗 해설 참조

답 ①

089 ☆☆

다음 중 산업안전보건법상 안전인증대상 기계 · 기구 등의 안전인증 표시로 옳은 것은?

① ②
③ ④

해

안전인증 표시	
KS 마크	
안전인증대상기계등이 아닌 유해위험기계등의 안전인증 표시	
KPS 안전인증마크	

답 ①

090 ☆

안전보건교육 중 판매업무에 직접 종사하는 근로자 외의 근로자를 대상으로 실시해야 할 정기교육 교육시간은?

① 2시간 이상　② 1시간 이상
③ 4시간 이상　④ 매반기 12시간 이상

해

교육과정	교육대상		교육시간
정기교육	사무직 종사 근로자		매반기 6시간 이상
	그 밖의 근로자	판매업무에 직접 종사하는 근로자	매반기 6시간 이상
		판매업무에 직접 종사하는 근로자 외의 근로자	매반기 12시간 이상
채용시 교육	일용근로자 및 근로계약기간이 1주일 이하인 기간제근로자		1시간 이상
	근로계약기간이 1주일 초과 1개월 이하인 기간제근로자		4시간 이상
	그 밖의 근로자		8시간 이상
작업내용 변경시 교육	일용근로자 및 근로계약기간이 1주일 이하인 기간제근로자		1시간 이상
	그 밖의 근로자		2시간 이상
특별교육	**일용근로자 및 근로계약기간이 1주일 이하인 기간제근로자**: 별표 5 제1호라목(타워크레인을 사용하는 작업시 신호업무를 하는 작업 제외)에 해당하는 작업에 종사하는 근로자에 한정한다.		2시간 이상
	일용근로자 및 근로계약기간이 1주일 이하인 기간제근로자: 타워크레인을 사용하는 작업시 신호업무를 하는 작업에 종사하는 근로자에 한정한다.		8시간 이상
	일용근로자 및 근로계약기간이 1주일 이하인 기간제근로자를 제외한 근로자: 별표 5 제1호라목에 해당하는 작업에 종사하는 근로자에 한정한다.		가)16시간 이상(최초 작업에 종사하기 전 4시간 이상 실시하고 12시간은 3개월 이내에서 분할하여 실시 가능) 나)단기간 작업 또는 간헐적 작업인 경우에는 2시간 이상
건설업 기초안전·보건 교육	건설 일용근로자		4시간 이상

답 ④

091 ☆

산업안전보건법령상 근로자 안전보건교육 대상에 따른 교육시간 기준 중 틀린 것은? (단, 상시작업이며, 일용근로자이다.)

① 건설업 기초안전보건교육 - 4시간 이상
② 채용 시 교육-1시간 이상
③ 작업내용 변경 시 교육-2시간 이상
④ 특별교육 - 2시간 또는 8시간 이상

해 작업내용 변경 시 교육: 1시간 이상
윗 해설 참조

답 ③

092 ☆☆

산업안전보건법령상 근로자 안전보건교육 중 작업내용 변경 시의 교육을 할 때 일용근로자 및 근로계약기간이 1주일 이하인 기간제근로자를 제외한 근로자의 교육시간으로 옳은 것은?

① 1시간 이상 ② 2시간 이상

③ 4시간 이상 ④ 8시간 이상

해 작업내용 변경 시의 교육을 할 때 일용근로자를 제외한 근로자의 교육시간: 2시간 이상
윗 해설 참조

답 ②

093 ☆☆☆

산업안전보건법령상 사업 내 안전보건교육의 교육시간에 관한 설명으로 옳은 것은?

① 일용근로자의 작업내용 변경 시의 교육은 2시간 이상이다.

② 사무직에 종사하는 근로자의 정기교육은 매반기 6시간 이상이다.

③ 일용근로자의 채용 시 교육은 4시간 이상이다.

④ 관리감독자의 지위에 있는 사람의 정기 교육은 연간 8시간 이상이다.

해 ①: 일용근로자의 작업내용 변경 시의 교육은 1시간 이상이다.
③: 일용근로자의 채용 시 교육은 1시간 이상이다.
④: 관리감독자의 지위에 있는 사람의 정기 교육은 연간 16시간 이상이다.

교육과정	교육시간
정기교육	연간 16시간 이상
채용 시 교육	8시간 이상
작업내용 변경 시 교육	2시간 이상
특별교육	16시간 이상(최초 작업에 종사하기 전 4시간 이상 실시하고, 12시간은 3개월 이내에서 분할하여 실시 가능)
	단기간 작업 또는 간헐적 작업인 경우에는 2시간 이상

윗 해설 참조

답 ②

094 ☆

산업안전보건법상 근로시간 연장의 제한에 관한 기준에서 아래의 (　　)안에 알맞은 것은?

> 사업주는 유해하거나 위험한 작업으로서 높은 기압에서 하는 작업 등 대통령령으로 정하는 작업에 종사하는 근로자에게는 1일 (　㉠　)시간, 1주 (　㉡　)시간을 초과하여 근로하게 해서는 아니 된다.

① ㉠ 6, ㉡ 34　② ㉠ 7, ㉡ 36
③ ㉠ 8, ㉡ 40　④ ㉠ 8, ㉡ 44

해 사업주는 유해하거나 위험한 작업으로서 높은 기압에서 하는 작업 등 대통령령으로 정하는 작업에 종사하는 근로자에게는 1일 6시간, 1주 34시간을 초과하여 근로하게 해서는 아니 된다.

답 ①

095 ☆☆

산업안전보건법령상 잠함(潛函) 또는 잠수작업 등 높은 기압에서 작업하는 근로자의 근로시간 기준은?

① 1일 6시간, 1주 32시간 초과금지
② 1일 6시간, 1주 34시간 초과금지
③ 1일 8시간, 1주 32시간 초과금지
④ 1일 8시간, 1주 34시간 초과금지

해 윗 해설 참조

답 ②

096 ☆☆☆

산업안전보건법령상 안전보건관리책임자 등에 대한 교육시간 기준으로 틀린 것은?

① 보건관리자, 보건관리전문기관의 종사자 보수교육: 24시간 이상
② 안전관리자, 안전관리전문기관의 종사자 신규교육: 34시간 이상
③ 안전보건관리책임자 보수교육: 6시간 이상
④ 건설재해예방전문지도기관의 종사자 신규교육: 24시간 이상

해

교육 대상	교육 시간	
	신규 교육	보수 교육
안전보건관리책임자	6시간 이상	6시간 이상
안전관리자 안전관리전문기관 종사자	34시간 이상	24시간 이상
보건관리자 보건관리전문기관 종사자	34시간 이상	24시간 이상
건설재해예방전문지도기관 종사자	34시간 이상	24시간 이상
석면조사기관 종사자	34시간 이상	24시간 이상
안전보건관리담당자	-	8시간 이상
안전검사기관 자율안전검사기관 종사자	34시간 이상	24시간 이상

답 ④

097 ★☆☆

산업안전보건법령상 관리감독자 대상 정기 안전보건교육의 교육내용으로 옳은 것은?

① 작업 개시 전 점검에 관한 사항
② 정리정돈 및 청소에 관한 사항
③ 작업공정의 유해 · 위험과 재해 예방대책에 관한 사항
④ 기계 · 기구의 위험성과 작업의 순서 및 동선에 관한 사항

해 ①: 근로자, 관리감독자 채용 시 교육 및 작업내용 변경 시 교육내용
②: 근로자 채용 시 교육 및 작업내용 변경 시 교육내용
④: 근로자, 관리감독자 채용 시 교육 및 작업내용 변경 시 교육내용

관리감독자 정기교육 내용
• 산업안전 및 사고 예방에 관한 사항 • 산업보건 및 직업병 예방에 관한 사항 • 위험성평가에 관한 사항 • 유해 · 위험 작업환경 관리에 관한 사항 • 산업안전보건법령 및 산업재해보상보험 제도에 관한 사항 • 직무스트레스 예방 및 관리에 관한 사항 • 직장 내 괴롭힘, 고객의 폭언 등으로 인한 건강장해 예방 및 관리에 관한 사항 • 작업공정의 유해 · 위험과 재해 예방대책에 관한 사항 • 사업장 내 안전보건관리체제 및 안전 · 보건조치 현황에 관한 사항 • 표준안전 작업방법 결정 및 지도 · 감독 요령에 관한 사항 • 현장근로자와의 의사소통능력 및 강의능력 등 안전보건교육 능력 배양에 관한 사항 • 비상시 또는 재해 발생 시 긴급조치에 관한 사항 • 그 밖의 관리감독자의 직무에 관한 사항

답 ③

098 ☆☆☆☆☆

산업안전보건법령에 따른 근로자 안전보건교육 중 근로자 정기 안전보건교육의 교육 내용에 해당하지 않는 것은? (단, 산업안전보건법 및 일반관리에 관한 사항은 제외한다.)

① 건강증진 및 질병 예방에 관한 사항
② 산업보건 및 직업병 예방에 관한 사항
③ 유해·위험 작업환경 관리에 관한 사항
④ 작업공정의 유해·위험과 재해 예방대책에 관한 사항

해 ④: 관리감독자 정기교육내용

근로자 정기교육 내용
• 산업안전 및 사고 예방에 관한 사항 • 산업보건 및 직업병 예방에 관한 사항 • 위험성 평가에 관한 사항 • 건강증진 및 질병 예방에 관한 사항 • 유해 · 위험 작업환경 관리에 관한 사항 • 산업안전보건법령 및 산업재해보상보험제도에 관한 사항 • 직무스트레스 예방 및 관리에 관한 사항 • 직장 내 괴롭힘, 고객의 폭언 등으로 인한 건강장해 예방 및 관리에 관한 사항

답 ④

099 ☆☆☆☆

산업안전보건법령상 근로자 안전보건교육 중 채용 시의 교육내용에 해당되지 않는 것은?

① 사고 발생 시 긴급조치에 관한 사항
② 산업보건 및 직업병 예방에 관한 사항
③ 기계 · 기구의 위험성과 작업의 순서 및 동선에 관한 사항
④ 작업공정의 유해 · 위험과 재해 예방대책에 관한 사항

해 ④: 관리감독자 정기교육내용

근로자 채용 시 교육 및 작업내용 변경 시 교육내용

- 산업안전 및 사고 예방에 관한 사항
- 산업보건 및 직업병 예방에 관한 사항
- 위험성 평가에 관한 사항
- 산업안전보건법령 및 산업재해보상보험 제도에 관한 사항
- 직무스트레스 예방 및 관리에 관한 사항
- 직장 내 괴롭힘, 고객의 폭언 등으로 인한 건강장해 예방 및 관리에 관한 사항
- 기계 · 기구의 위험성과 작업의 순서 및 동선에 관한 사항
- 작업 개시 전 점검에 관한 사항
- 정리정돈 및 청소에 관한 사항
- 사고 발생 시 긴급조치에 관한 사항
- 물질안전보건자료에 관한 사항

답 ④

100 ☆

산업안전보건법령상 거푸집 동바리의 조립 또는 해체작업 시 특별교육 내용이 아닌 것은?(단, 그 밖에 안전·보건관리에 필요한 사항은 제외한다.)

① 비계의 조립순서 및 방법에 관한 사항
② 조립 해체 시의 사고 예방에 관한 사항
③ 동바리조립방법 및 작업절차에 관한 사항
④ 조립재료 취급방법 및 설치기준에 관한 사항

해 ①: 비계의 조립·해체 또는 변경작업 시 특별교육내용

거푸집 동바리 조립 또는 해체작업 특별교육 내용

1. 동바리의 조립방법 및 작업 절차에 관한 사항
2. 조립재료의 취급방법 및 설치기준에 관한 사항
3. 조립 해체 시의 사고 예방에 관한 사항
4. 보호구 착용 및 점검에 관한 사항
5. 그 밖에 안전·보건관리에 필요한 사항

답 ①

101 ☆

산업안전보건법상 특별안전보건교육에서 방사선 업무에 관계되는 작업을 할 때 교육내용으로 거리가 먼 것은?

① 방사선의 유해·위험 및 인체에 미치는 영향
② 방사선 측정기기 기능 점검에 관한 사항
③ 응급처리 및 보호구 착용에 관한 사항
④ 산소농도측정 및 작업환경에 관한 사항

해 ④: 밀폐작업 시 교육내용

방사선 업무에 관계 작업 특별교육 내용

1. 방사선의 유해·위험 및 인체에 미치는 영향
2. 방사선의 측정기기 기능의 점검에 관한 사항
3. 방호거리·방호벽 및 방사선물질의 취급 요령에 관한 사항
4. 응급처치 및 보호구 착용에 관한 사항
5. 그 밖에 안전·보건관리에 필요한 사항

답 ④

102 ☆

산업안전보건법령상 명시된 타워크레인을 사용하는 작업에서 신호업무를 하는 작업 시 특별교육 대상 작업별 교육 내용이 아닌 것은? (단, 그 밖에 안전보건관리에 필요한 사항은 제외한다.)

① 신호방법 및 요령에 관한 사항
② 걸고리 · 와이어로프 점검에 관한 사항
③ 화물 취급 및 안전작업방법에 관한 사항
④ 인양물이 적재될 지반의 조건, 인양하중, 풍압 등이 인양물과 타워크레인에 미치는 영향

해 ②: 1톤 이상의 크레인을 사용하는 작업 또는 1톤 미만의 크레인 또는 호이스트를 5대 이상 보유한 사업장에서 해당 기계로 하는 작업 시 특별교육내용

타워크레인 신호업무 작업 시 교육내용

1. 타워크레인의 기계적 특성 및 방호장치 등에 관한 사항
2. 화물 취급 및 안전작업방법에 관한 사항
3. 신호방법 및 요령에 관한 사항
4. 인양 물건의 위험성 및 낙하·비래·충돌재해 예방에 관한 사항
5. 인양물이 적재될 지반의 조건, 인양하중, 풍압 등이 인양물과 타워크레인에 미치는 영향
6. 그 밖에 안전·보건관리에 필요한 사항

답 ②

103 ☆☆☆

산업안전보건법령에 따라 환기가 극히 불량한 좁은 밀폐된 장소에서 용접작업을 하는 근로자를 대상으로 한 특별안전 · 보건교육 내용에 포함되지 않는 것은? (단, 일반적인 안전 · 보건에 필요한 사항은 제외한다.)

① 환기설비에 관한 사항
② 질식 시 응급조치에 관한 사항
③ 작업순서, 안전작업방법 및 수칙에 관한 사항
④ 폭발 한계점, 발화점 및 인화점 등에 관한 사항

해 ④: 폭발성·물반응성·자기반응성·자기발열성 물질, 자연발화성 액체·고체 및 인화성 액체의 제조 또는 취급작업 시 특별교육 내용

밀폐된 장소(탱크 내 또는 환기가 극히 불량한 좁은 장소를 말한다)에서 하는 용접작업 또는 습한 장소에서 하는 전기용접 작업 특별 교육 내용

1. 작업순서, 안전작업방법 및 수칙에 관한 사항
2. 환기설비에 관한 사항
3. 전격 방지 및 보호구 착용에 관한 사항
4. 질식 시 응급조치에 관한 사항
5. 작업환경 점검에 관한 사항
6. 그 밖에 안전·보건관리에 필요한 사항

답 ④

104 ☆☆

산업안전보건법상 안전보건총괄책임자의 직무에 해당되는 것은?

① 업무수행 내용의 기록 · 유지
② 근로자를 보호하기 위한 의료행위
③ 위험성평가에 관한 보좌 및 지도 · 조언
④ 안전인증대상 기계 · 기구등과 자율안전 확인대상 기계 · 기구 등 사용 여부 확인

해 ①: 안전관리자 직무
②: 보건관리자 직무
③: 보건관리자 직부

안전보건총괄책임자 직무
• 위험성평가의 실시에 관한 사항 • 작업의 중지 • 도급 시 산업재해 예방조치 • 산업안전보건관리비의 관계수급인 간의 사용에 관한 협의 · 조정 및 그 집행의 감독 • 안전인증대상기계등과 자율안전확인대상기계등의 사용 여부 확인

답 ④

105 ☆

산업안전보건법상 안전보건관리책임자의 업무에 해당되지 않는 것은? (단, 기타 근로자의 유해 · 위험 예방조치에 관한 사항으로서 고용노동부령으로 정하는 사항은 제외한다.)

① 근로자의 안전 · 보건교육에 관한 사항
② 사업장 순회점검 · 지도 및 조치에 관한 사항
③ 안전보건관리규정의 작성 및 변경에 관한 사항
④ 산업재해의 원인조사 및 재발 방지대책 수립에 관한 사항

해 ②: 안전관리자, 보건관리자 직무

안전보건관리책임자 직무
• 사업장의 산업재해 예방계획의 수립에 관한 사항 • 안전보건관리규정의 작성 및 변경에 관한 사항 • 안전보건교육에 관한 사항 • 작업환경측정 등 작업환경의 점검 및 개선에 관한 사항 • 근로자 건강진단 등 건강관리에 관한 사항 • 산업재해의 원인 조사 및 재발 방지대책 수립에 관한 사항 • 산업재해에 관한 통계의 기록 및 유지에 관한 사항 • 안전장치 및 보호구 구입 시 적격품 여부 확인에 관한 사항 • 그 밖에 근로자의 유해 · 위험 방지조치에 관한 사항으로서 고용노동부령으로 정하는 사항

답 ②

106 ☆

산업안전보건법령상 관리감독자의 업무내용에 해당되는 것은?(단, 기타 해당 작업의 안전 · 보건에 관한 사항으로서 고용노동부령으로 정하는 사항은 제외한다.)

① 사업장 순회점검 · 지도 및 조치의 건의
② 물질안전보건자료의 게시 및 또는 비치에 관한 보좌 및 조언 · 지도
③ 해당 작업의 작업장 정리 · 정돈 및 통로 확보에 대한 확인 · 감독
④ 근로자의 건강장해의 원인조사와 재발 방지를 위한 의학적 조치

해 ①: 안전관리자, 보건관리자 업무
②: 보건관리자 업무
④: 산업보건의 업무

관리감독자 직무
• 사업장 내 관리감독자가 지휘 · 감독하는 작업과 관련된 기계 · 기구 또는 설비의 안전보건 점검 및 이상 유무의 확인 • 관리감독자에게 소속된 근로자의 작업복 · 보호구 및 방호장치의 점검과 그 착용 · 사용에 관한 교육 · 지도 • 해당 작업에서 발생한 산업재해에 관한 보고 및 이에 대한 응급조치 • 해당 작업의 작업장 정리 · 정돈 및 통로 확보에 대한 확인 · 감독 • 산업보건의/안전관리자/보건관리자/안전 보건관리담당자의 지도조언에 대한 협조 • 위험성평가에 관한 다음 각 목의 업무 - 유해 · 위험요인의 파악에 대한 참여 - 개선조치의 시행에 대한 참여 • 그 밖에 해당작업의 안전 및 보건에 관한 사항으로 고용노동부령으로 정하는 사항

답 ③

107 ☆☆☆☆☆☆☆

산업안전보건법상 안전관리자의 업무는?

① 물질안전보건자료의 게시 또는 비치에 관한 보좌 및 지도 · 조언
② 해당 사업장 안전교육 계획의 수립 및 안전교육 실시에 관한 보좌 조언 · 지도
③ 근로자의 건강장해의 원인조사와 재발방지를 위한 의학적 조치
④ 당해 작업에서 발생한 산업재해에 관한 보고 및 이에 대한 응급조치

해 ①: 보건관리자 업무
③: 산업보건의 업무
④: 관리감독자 업무

안전관리자 직무
• 업무 수행 내용의 기록 · 유지 • 사업장 순회점검, 지도 및 조치 건의 • 위험성평가에 관한 보좌 및 지도 · 조언 • 산업재해에 관한 통계의 유지 · 관리 · 분석을 위한 보좌 및 지도 · 조언 • 해당 사업장 안전교육 계획의 수립 및 안전교육 실시에 관한 보좌 및 지도 · 조언 • 산업재해 발생의 원인 조사 · 분석 및 재발 방지를 위한 기술적 보좌 및 지도 · 조언 • 법 또는 법에 따른 명령으로 정한 안전에 관한 사항 이행에 관한 보좌 및 지도 · 조언 • 안전인증대상기계등과 자율안전확인대상 기계등 구입 시 적격품의 선정에 관한 보좌 및 지도 · 조언 • 산업안전보건위원회 또는 안전 및 보건에 관한 노사협의체에서 심의 · 의결한 업무와 안전보건관리규정 및 취업규칙에서 정한 업무 • 그 밖에 안전에 관한 사항으로서 고용노동부장관이 정하는 사항

답 ②

108 ☆

산업안전보건법상 안전관리자의 업무는?

① 직업성질환 발생의 원인조사 및 대책수립
② 산업재해 발생의 원인 조사 · 분석 및 재발방지를 위한 기술적 보좌 및 지도
③ 근로자의 건강장해의 원인조사와 재발방지를 위한 의학적 조치
④ 당해 작업에서 발생한 산업재해에 관한 보고 및 이에 대한 응급조치

해 ②: 안전관리자, 보건관리자 업무
윗 해설 참조

답 ②

109 ☆

산업안전보건법령상 유해위험 방지계획서 제출 대상 공사에 해당하는 것은?

① 깊이가 5m 이상인 굴착공사
② 최대지간거리 30m 이상인 교량건설 공사
③ 지상 높이 21m 이상인 건축물 공사
④ 터널 건설 공사

해

유해위험 방지계획서 제출 대상 공사
(1) 다음 각 목의 어느 하나에 해당하는 건축물 또는 시설 등의 건설 · 개조 또는 해체공사 ① 지상높이가 31미터 이상인 건축물 또는 인공구조물 ② 연면적 3만제곱미터 이상인 건축물 ③ 연면적 5천제곱미터 이상인 시설로서 다음의 어느 하나에 해당하는 시설 • 문화 및 집회시설(전시장 및 동물원 · 식물원은 제외한다) • 판매시설, 운수시설(고속철도의 역사 및 집배송시설은 제외한다) • 종교시설 • 의료시설 중 종합병원 • 숙박시설 중 관광숙박시설 • 지하도상가 • 냉동 · 냉장 창고시설 (2) 연면적 5천제곱미터 이상인 냉동 · 냉장 창고시설 설비공사 및 단열공사 (3) 최대 지간(支間)길이(다리의 기둥과 기둥의 중심사이의 거리)가 50미터 이상인 다리의 건설 등 공사 (4) 터널의 건설등 공사 (5) 다목적댐, 발전용댐, 저수용량 2천만톤 이상의 용수 전용 댐 및 지방상수도 전용 댐의 건설등 공사 (6) 깊이 10미터 이상인 굴착공사

답 ④

110 ☆

산업현장에서 재해 발생 시 조치 순서로 옳은 것은?

① 긴급처리 → 재해조사 → 원인분석 → 대책수립
② 긴급처리 → 원인분석 → 대책수립 → 재해조사
③ 재해조사 → 원인분석 → 대책수립 → 긴급처리
④ 재해조사 → 대책수립 → 원인분석 → 긴급처리

해 재해조사 단계

단계	구분	내용
1 단계	긴급처리	• 재해발생기계 정지 및 피해확산 방지 • 재해자 구조 및 응급조치 • 관계자에게 보고 • 2차 재해방지 • 현장보존
2 단계	재해조사	• 6하원칙에 의거해 조사 실시 • 잠재재해 위험요인 색출
3 단계	원인분석	• 4M(Man/Machine/Media/Management) 관점에서 원인분석 • 4M - Man : 동료나 상사, 본인 이외의 사람 - Machine : 기계설비의 고장, 결함 - Media : 작업정보, 작업방법 및 작업환경 부적절 - Management : 안전조직 미비/안전교육 부족
4 단계	대책수립	3E(Engineering/Education/Enforcement) 관점에서 대책수립
5 단계	대책실시계획	-
6 단계	실시	-
7 단계	평가	-

답 ①

111 ☆

재해발생시 조치순서 중 재해조사 단계에서 실시하는 내용으로 옳은 것은?

① 현장보존
② 관계자에게 통보
③ 잠재재해 위험요인 색출
④ 피해자의 응급조치

해 ①/②/④: 1단계(긴급처리)
윗 해설 참조

답 ③

112 ☆☆

재해조사의 목적과 가장 거리가 먼 것은?

① 재해예방 자료수집
② 재해관련 책임자 문책
③ 동종 및 유사재해 재발방지
④ 재해발생 원인 및 결함 규명

해 책임자 문책은 재해조사 목적은 아니다.
재해조사의 목적
재해예방 자료수집/동종 및 유사재해 재발방지/재해발생 원인 및 결함 규명

답 ②

113 ☆

재해조사에 관한 설명으로 틀린 것은?

① 조사목적에 무관한 조사는 피한다.
② 조사는 현장을 정리한 후에 실시한다.
③ 목격자나 현장 책임자의 진술을 듣는다.
④ 조사자는 객관적이고 공정한 입장을 취해야 한다.

해 조사는 현장을 보존하며 실시한다.

답 ②

114 ☆☆

재해통계를 포함하여 산업재해조사 보고서를 작성하는 과정 중 유의해야 할 사항으로 가장 적절하지 않은 것은?

① 설비상의 결함 요인을 개선, 시정하는데 활용한다.
② 관리상 책임 소재를 명시하여 담당자의 평가 자료로 활용한다.
③ 재해의 구성요소와 분포상태를 알고 대책을 수립할 수 있도록 한다.
④ 근로자 행동결함을 발견하여 안전교육 훈련 자료로 활용한다.

해 관리상 책임 소재를 명시하여 담당자의 평가 자료로 활용하지 않는다.

답 ②

115 ☆

다음 중 산업재해 통계에 있어서 고려해야 할 사항으로 틀린 것은?

① 산업재해 통계는 안전 활동을 추진하기 위한 정밀자료이며 중요한 안전 활동 수단이다.
② 산업재해 통계를 기반으로 안전조직이나, 상태를 추측해서는 안 된다.
③ 산업재해 통계 그 자체보다는 재해 통계에 나타난 경향과 성질의 활동을 중요시 해야 한다.
④ 이용 및 활용가치가 없는 산업재해 통계는 그 작성에 따른 시간과 경비의 낭비임을 인지하여야 한다.

해 산업재해 통계는 안전 활동을 추진하기 위한 기초자료이며 안전 활동 수단이 될 수 없다.

답 ①

116 ☆

다음 중 산업재해 통계의 활용 용도로 가장 적절하지 않은 것은?

① 제도 개선 및 시정 ② 재해의 경향 파악
③ 관리자 수준 향상 ④ 동종업종과의 비교

해 산업재해 통계 활용 용도
제도 개선 및 시정/재해 경향 파악/동종업종과의 비교

답 ③

117 ☆☆☆

재해사례연구 순서로 옳은 것은?

재해 상황 파악 →(㉠)→(㉡)→ 근본적 문제점 결정 →(㉢)

① ㉠ 문제점발견 ㉡ 대책수립 ㉢ 사실확인
② ㉠ 문제점발견 ㉡ 사실확인 ㉢ 대책수립
③ ㉠ 사실확인 ㉡ 대책수립 ㉢ 문제점발견
④ ㉠ 사실확인 ㉡ 문제점발견 ㉢ 대책수립

해 재해사례연구 순서
재해 상황 파악 → 사실 확인 → 문제점 발견 → 근본적 문제점 결정 → 대책수립

답 ④

118 ☆

다음 중 재해 사례 연구의 순서를 올바르게 나열한 것은?

① 직접원인과 문제점의 확인 → 근본적 문제의 결정 → 대책수립 → 사실의 확인
② 근본적 문제의 결정 → 직접원인과 문제점의 확인 → 대책수립 → 사실의 확인
③ 사실의 확인 → 직접원인과 문제점의 확인 → 근본적 문제점 결정 → 대책수립
④ 사실의 확인 → 근본적 문제점의 결정 → 직접 원인과 문제점의 확인 → 대책 수립

해 윗 해설 참조

답 ③

119 ☆☆

다음 중 산업재해가 발생하였을 때 [보기]의 각 단계를 긴급처리의 순서대로 가장 적절하게 나열한 것은?

① 재해자 구출	② 관계자 통보
③ 2차 재해 방지	④ 관련 기계 정지
⑤ 재해자 응급처치	⑥ 현장보존

① ① → ④ → ② → ⑤ → ③ → ⑥
② ② → ① → ④ → ⑤ → ③ → ⑥
③ ④ → ① → ⑤ → ② → ③ → ⑥
④ ⑤ → ① → ④ → ③ → ② → ⑥

해 긴급처리의 순서
관련 기계 정지 → 재해자 구출 → 재해자 응급처치 → 관계자 통보 → 2차재해 방지 → 현장보존

답 ③

120 ☆

안전교육방법 중 구안법(Project Method)의 4단계의 순서로 옳은 것은?

① 계획수립 → 목적결정 → 활동 → 평가
② 평가 → 계획수립 → 목적결정 → 활동
③ 목적결정 → 계획수립 → 활동 → 평가
④ 활동 → 계획수립 → 목적결정 → 평가

해 구안법 학습단계
목적결정 → 계획수립 → 활동 → 평가

답 ③

121 ☆☆

불안전한 행동을 예방하기 위하여 수정해야 할 조건 중 시간 소요가 짧은 것부터 장시간 소요되는 순서대로 올바르게 연결된 것은?

① 집단행동 - 개인행위 - 지식 - 태도
② 지식 - 태도 - 개인행위 - 집단행위
③ 태도 - 지식 - 집단행위 - 개인행위
④ 개인행위 - 태도 - 지식-집단행위

해 불안전 행동 예방위한 수정 조건 소요시간
지식 < 태도 < 개인행위 < 집단행위

답 ②

122 ☆

불안전 상태와 불안전 행동을 제거하는 안전관리의 시책에는 적극적인 대책과 소극적인 대책이 있다. 다음 중 소극적인 대책에 해당하는 것은?

① 보호구의 사용
② 위험공정의 배제
③ 위험물질의 격리 및 대체
④ 위험성평가를 통한 작업환경 개선

해

구분	내용
적극적인 대책	위험공정의 배제 위험물질의 격리 및 대체 위험성평가를 통한 작업환경 개선
소극적인 대책	보호구의 사용

답 ①

123 ☆

재해원인을 직접원인과 간접원인으로 분류할 때 직접원인에 해당하는 것은?

① 물적 원인 ② 교육적 원인
③ 정신적 원인 ④ 관리적 원인

해 직접 원인

구분	내용
불안전한 행동 (인적 원인, 전체 재해원인 88% 차지)	• 위험장소 접근 • 안전장치 기능 제거 • 기계 및 보호구 오사용 • 불안전한 속도조작/자세/인양 • 운전 중에 기계 점검 • 감독 및 연락 미흡 • 보호구 미착용
불안전한 상태 (물적 원인)	• 물건 자체 결함 • 안전방호장치/보호구 결함 • 기계 배치/작업 장소 결함 • 생산 공정 결함 • 경계 표시 결함 • 보호구 부적절
불안전한 행동 일으키는 내적요인/외적요인 발생형태 및 대책	-내적요인 • **소질적 조건**: 적성배치 • **의식 우회**: 상담 • **경험 및 미경험**: 교육 -외적요인 • **작업 및 환경조건 불량**: 환경 개선 • **작업순서 부적당**: 작업 순서 개선

간접 원인

구분	내용
기술적 원인	• 기계기구 등 방호설비 • 경계설비 • 보호구 정비 • 구조재료 부적당
교육적 원인	무지/경시/불이해/훈련미숙/나쁜습관
신체적 원인	질병/피로/수면부족/스트레스
정신적 원인	태만/반항/불만/초조/긴장/공포
관리적 원인	• 책임감 부족(작업준비 불충분) • 점검 결함 • 작업기준/작업지시 불명확 • 부적절 인사 배치 • 안전장치 기능 제거

답 ①

124 ☆☆☆☆

다음 중 산업재해의 원인으로 간접적 원인에 해당되지 않는 것은?

① 기술적 원인 ② 물적 원인
③ 관리적 원인 ④ 교육적 원인

해 윗 해설 참조

답 ②

125 ☆

산업재해의 원인 중 기술적 원인에 해당하는 것은?

① 작업준비의 불충분
② 안전장치 기능 제거
③ 안전교육의 부족
④ 구조재료의 부적당

해 ①: 관리적 원인
②: 관리적 원인
③: 교육적 원인
윗 해설 참조

답 ④

126 ☆

재해발생의 직접원인 중 불안전한 상태가 아닌 것은?

① 불안전한 인양
② 부적절한 보호구
③ 결함 있는 기계설비
④ 불안전한 방호장치

해 윗 해설 참조

답 ①

127 ☆

다음 중 불안전한 행동에 속하지 않는 것은?

① 보호구 미착용
② 위험장소 접근
③ 생산 공정 결함
④ 안전장치 기능 제거

해 윗 해설 참조

답 ③

128 ☆☆☆

아담스(Edward Adams)의 사고연쇄 반응이론 중 관리자가 의사결정을 잘못하거나 감독자가 관리적 잘못을 하였을 때의 단계에 해당되는 것은?

① 사고 ② 작전적 에러
③ 관리구조 결함 ④ 전술적 에러

해 아담스의 사고연쇄 반응이론
1. 관리구조
2. 작전적 에러(관리자에 의해 생성된 에러)
3. 전술적 에러(불안전한 행동, 불안전한 상태)
4. 사고(앗차사고, 상해 발생)
5. 상해 또는 손해(대인, 대물)

답 ②

129 ☆☆☆☆☆

버드(Bird)의 재해발생에 관한 연쇄이론 중 직접적인 원인은 몇 단계에 해당되는가?

① 1단계 ② 2단계 ③ 3단계 ④ 4단계

해 버드의 신 도미노이론 5단계
관리/제어 부족(근원 원인/관리) →
기본원인(기원) → 직접원인(징후) →
사고(접촉) → 상해(손해)

답 ③

130 ☆

하인리히의 재해발생과 관련한 도미노 이론으로 설명되는 안전관리의 핵심단계에 해당되는 요소는?

① 외부 환경
② 개인적 성향
③ 재해 및 상해
④ 불안전한 상태 및 행동

해 하인리히의 도미노 이론
1. 사회적 환경 및 유전적 요소(기초 원인)
2. 개인적 결함(간접 원인)
3. 불안전한 행동 및 불안전한 상태(직접 원인/중요한 요인)
4. 사고
5. 재해

답 ④

131 ☆☆☆☆☆☆☆

다음 중 매슬로우(Maslow)의 욕구 5단계 이론에 해당되지 않는 것은?

① 생리적 욕구 ② 안전 욕구
③ 감성적 욕구 ④ 존경의 욕구

해 매슬로우의 욕구 5단계 이론

단계	욕구	내용
1단계	생리적 욕구	기아/갈증/호흡/배설/성욕
2단계	안전 욕구	안전을 확보하려는 욕구
3단계	사회적 욕구	친화 욕구, 소속 및 애정에 대한 욕구
4단계	존경 욕구	• 안정/자기존중 욕구 • 명예/성취/자존심에 대한 욕구
5단계	자아 실현 욕구	• 타인과의 거리를 유지하며 사생활을 즐기거나 창의적 성격으로 봉사, 특별히 좋아하는 사람과 긴밀한 관계를 유지하려는 인간의 욕구 • 성취 욕구, 잠재적 능력 실현시키려는 욕구

답 ③

132 ☆☆

매슬로우의 욕구단계이론에서 편견없이 받아들이는 성향, 타인과의 거리를 유지하며 사생활을 즐기거나 창의적 성격으로 봉사, 특별히 좋아하는 사람과 긴밀한 관계를 유지하려는 인간의 욕구에 해당하는 것은?

① 생리적 욕구 ② 사회적 욕구
③ 자아실현의 욕구 ④ 안전에 대한 욕구

해 윗 해설 참조

답 ③

133 ☆☆

매슬로우의 욕구단계이론 중 자기의 잠재력을 최대한 살리고 자기가 하고 싶었던 일을 실현하려는 인간의 욕구에 해당하는 것은?

① 생리적 욕구 ② 사회적 욕구
③ 자아실현의 욕구 ④ 안전의 욕구

해 윗 해설 참조

답 ③

134 ☆

다음 중 알더퍼(Alderfer)의 ERG 이론에서 제시한 인간의 3가지 욕구에 해당하는 것은?

① Growth욕구 ② Rationalization욕구
③ Economy욕구 ④ Environment욕구

해 알더퍼의 ERG 이론
1. 생존욕구(existence needs)
2. 관계욕구(relatedness needs)
3. 성장욕구(growth needs)

답 ①

135 ☆

하인리히 안전론에서 (   )안에 들어갈 단어로 적합한 것은?

> 1. 안전은 사고예방
> 2. 사고예방은 (   )와(과) 인간 및 기계의 관계를 통제하는 과학이자 기술이다.

① 물리적 환경 ② 화학적 요소
③ 위험요인 ④ 사고 및 재해

해 하인리히 안전론: 안전은 사고예방이며, 사고예방은 물리적 환경과 인간 및 기계의 관계를 통제하는 과학인 동시에 기술(art)이라고 하였다.

답 ①

136 ☆☆

하인리히의 재해발생 이론이 다음과 같이 표현될 때, α가 의미하는 것으로 옳은 것은?

> 재해 발생 = 설비적 결함 + 관리적 결함 + α

① 노출된 위험의 상태
② 재해의 직접적인 원인
③ 물적 불안전 상태
④ 잠재된 위험의 상태

해 하인리의 재해발생 이론
재해발생 = 물적 불안전상태 + 인적 불안전행위
+ 잠재된 위험의 상태
= 설비적 결함 + 관리적 결함
+ 잠재된 위험의 상태

답 ④

137 ☆

하인리히 사고예방대책의 기본원리 5단계로 옳은 것은?

① 조직 → 사실의 발견 → 분석 → 시정책 선정 → 시정책의 적용
② 조직 → 분석 → 사실의 발견 → 시정책 선정 → 시정책의 적용
③ 사실의 발견 → 조직 → 분석 → 시정책 선정 → 시정책의 적용
④ 사실의 발견 → 분석 → 조직 → 시정책 선정 → 시정책의 적용

해 하인리히 사고예방대책의 기본원리

1단계	조직(안전관리조직)	지도경영층 안전목표 설정/안전관리조직 구성/안전활동 및 계획 수립
2단계	사실발견(현상파악)	작업분석/사고조사/안전점검/안전회의/사고 및 안전활동 기록
3단계	분석평가(원인규명)	사고조사 결과 분석/불안전 행동 및 상태 분석/작업공정 분석/교육분석
4단계	시정책 선정	기술 개선/교육 및 훈련 개선/안전수칙 개선/인사조정/이행 감독과 제재 강화
5단계	시정책 적용	목표설정/3E(기술/교육/관리) 적용

답 ①

138 ☆

사고예방대책의 기본원리 5단계 중 틀린 것은?

① 1단계 : 안전관리계획
② 2단계 : 현상파악
③ 3단계 : 분석평가
④ 4단계 : 대책선정

해 윗 해설 참조

답 ①

139 ☆☆

하인리히의 사고예방원리 5단계 중 교육 및 훈련의 개선, 인사조정, 안전관리규정 및 수칙의 개선 등을 행하는 단계는?

① 사실의 발견 ② 분석 평가
③ 시정 방법의 선정 ④ 시정책의 적용

해 윗 해설 참조

답 ③

140 ☆

다음 중 재해예방을 위한 시정책인 "3E"에 해당하지 않는 것은?

① Education ② Energy
③ Engineering ④ Enforcement

해 **시정책의 3E**
Education(교육적)/Engineering(기술적)/Enforcement(관리적)

답 ②

141 ☆☆☆☆☆☆

재해예방의 4원칙에 해당하지 않는 것은?

① 손실우연의 원칙 ② 사전준비의 원칙
③ 원인연계의 원칙 ④ 대책선정의 원칙

해 재해예방 4원칙

손실우연 원칙	한 사고 결과로 생긴 재해 손실은 우연성에 의해 결정 된다.
원인연계(계기) 원칙	재해 발생에는 무조건 원인이 있다.
대책선정 원칙	재해예방을 위한 안전대책은 무조건 있다.
예방가능 원칙	재해는 원칙적으로 원인만 제거하면 예방가능하다.

답 ②

142 ☆☆☆☆☆☆

재해예방 4원칙에 관한 설명 중 틀린 것은?

① 재해 발생에는 반드시 원인이 존재한다.
② 재해는 원인 제거 불가능하니 예방만이 최선이다.
③ 재해 발생과 손실 발생은 우연적이다.
④ 재해 예방할 수 있는 안전대책은 반드시 존재한다.

해 윗 해설 참조

답 ②

143 ☆☆

학습정도(Level of learning)의 4단계를 순서대로 나열한 것은?

① 인지 → 이해 → 지각 → 적용
② 인지 → 지각 → 이해 → 적용
③ 지각 → 이해 → 인지 → 적용
④ 지각 → 인지 → 이해 → 적용

해 학습정도 4단계: 인지 → 지각 → 이해 → 적용

답 ②

144 ☆☆☆

교육훈련의 4단계를 올바르게 나열한 것은?

① 도입 → 적용 → 제시 → 확인
② 도입 → 제시 → 적용 → 확인
③ 도입 → 확인 → 제시 → 적용
④ 적용 → 확인 → 제시 → 도입

해 교육훈련의 4단계

1단계 (도입)	• 학습할 준비를 시킨다. • 작업에 대한 흥미 제공한다. • 동기부여와 마음안정을 시킨다.
2단계 (제시)	• 작업 설명한다.(이해시키고,납득시킴) • 한번에 하나씩 나눠 확실히 이해시킨다. • 강의 순서대로 진행하고 설명한다.
3단계 (적용)	• 작업을 지휘한다.(작업습관 확립과 토론을 통한 공감 생성) • 직접 작업해본다.
4단계 (확인)	• 가르친 뒤 살펴본다. • 잘못된 것 수정한다. • 복습한다.

답 ②

145 ☆☆

다음 중 안전교육 지도안의 4단계에 해당되지 않는 것은?

① 도입 ② 적용 ③ 제시 ④ 보상

해 윗 해설 참조

답 ④

146 ☆☆

다음 중 강의안 구성 4단계 가운데 "제시(전개)"에 해당되는 설명으로 옳은 것은?

① 관심과 흥미를 가지고 심신의 여유를 주는 단계
② 과제를 주어 문제해결을 시키거나 습득 시키는 단계
③ 교육내용을 정확하게 이해하였는가를 테스트 하는 단계
④ 상대의 능력에 따라 교육하고 내용을 확실하게 이해시키고 납득시키는 설명단계

해 ①: 도입 ②: 적용 ③: 확인 ④: 제시
윗 해설 참조

답 ④

147 ☆

바람직한 안전교육을 진행시키기 위한 4단계 가운데 피교육자로 하여금 작업습관의 확립과 토론을 통한 공감을 가지도록 하는 단계는?

① 도입 ② 제시 ③ 적용 ④ 확인

해 윗 해설 참조

답 ③

148 ☆☆

강의식 교육지도에서 가장 많은 시간을 소비하는 단계는?

① 도입 ② 제시 ③ 적용 ④ 확인

해

교육훈련	강의식	토의식
도입	5분	5분
제시	40분	10분
적용	10분	40분
확인	5분	5분

답 ②

149 ☆☆

다음 중 학습의 전개단계에서 주제를 논리적으로 체계화함에 있어 적용하는 방법으로 적절하지 않은 것은?

① 적게 사용하는 것에서 많이 사용하는 것으로
② 미리 알려져 있는 것에서 미지의 것으로
③ 전체적인 것에서 부분적인 것으로
④ 간단한 것에서 복잡한 것으로

해 많이 사용하는 것에서 적게 사용하는 것으로

답 ①

150 ☆☆☆

안전교육방법 중 강의법에 대한 설명으로 옳지 않은 것은?

① 단기간의 교육 시간 내에 비교적 많은 내용을 전달할 수 있다.
② 다수의 수강자를 대상으로 동시에 교육할 수 있다.
③ 다른 교육방법에 비해 수강자의 참여가 제약된다.
④ 수강자 개개인의 학습진도를 조절할 수 있다.

해 강의법

정의	안전 지식을 강의식으로 전달하는 방법이며 초보적 단계에서 효과적이다.
특징	• 강사 입장에서 시간 조정이 가능하다. • 다수 수강자를 대상으로 동시에 교육 가능하다. • 단시간에 많은 내용 가르칠 수 있다. • 다른 교육방법에 비해 수강자의 참여가 제약된다. • 수강자 개개인의 학습진도를 조절할 수 없다.

답 ④

151 ☆

다음 중 준비, 교시, 연합, 총괄, 응용시키는 사고과정의 기술교육 진행방법에 해당하는 것은?

① 듀이의 사고과정
② 태도 교육 단계이론
③ 하버드학파의 교수법
④ MTP(Management Training Program)

해 하버드학파의 교수법 5단계
준비 → 교시 → 연합 → 총괄 → 응용

답 ③

152 ☆☆☆

기술교육의 형태 중 존 듀이(J.Dewey)의 사고과정 5단계에 해당하지 않는 것은?

① 추론한다. ② 시사를 받는다.
③ 가설을 설정한다. ④ 가슴으로 생각한다.

해 듀이의 사고과정 5단계
시사 → 지식화(머리로 생각한다) → 가설설정 → 추론 → 행동에 의해 가설 검토

답 ④

153 ☆☆

교육의 형태에 있어 존 듀이(Dewey)가 주장하는 대표적인 형식적 교육에 해당하는 것은?

① 가정안전교육 ② 사회안전교육
③ 학교안전교육 ④ 부모안전교육

해 형식적 교육: 학교안전교육
비형식적 교육: 가정, 사회, 자연교육

답 ③

154 ☆

다음 중 교육형태의 분류에 있어 가장 적절하지 않은 것은?

① 교육의도에 따라 형식적교육, 비형식적 교육
② 교육성격에 따라 일반교육, 교양교육, 특수교육
③ 교육방법에 따라 가정교육, 학교교육, 사회교육
④ 교육내용에 따라 실업교육, 직업교육, 고등교육

해 교육형태 분류

분류기준	종류
교육의도	형식적/비형식적
교육성격	일반/교양/특수
교육방법	시청각/실습/방송통신
교육내용	초등/중등/고등/실업/직업
교육장소	가정/학교/사회
교육대상	유아/아동/성인

답 ③

155 ☆

파블로프(Pavlov)의 조건반사설에 의한 학습이론의 원리가 아닌 것은?

① 일관성의 원리 ② 계속성의 원리
③ 준비성의 원리 ④ 강도의 원리

해 ③: 손다이크(Thorndike)의 시행착오설

파블로프(Pavlov)의 조건반사설
• 종소리를 통해 개의 소화작용에 대한 실험을 실시해 훈련을 통해 반응에 적응한다. • **계속성 원리**: 자극과 반응의 관계는 횟수가 거듭될수록 강화가 잘된다. • **일관성 원리**: 일관된 자극 사용해야 한다. • **강도 원리**: 자극 강도는 점점 강해져야 강화가 잘된다. • **시간 원리**: 조건자극을 무조건자극보다 조금 앞서거나 동시에 줘야 강화가 잘 된다.

답 ③

156 ☆

안전교육의 학습경험선정 원리에 해당되지 않는 것은?

① 계속성의 원리 ② 가능성의 원리
③ 동기유발의 원리 ④ 다목적 달성의 원리

해 ①: 파블로브의 조건반사설
학습경험선정 원리
다목적달성 원리/가능성 원리/동기유발 원리

답 ①

157 ☆☆

교육심리학의 기본이론 중 학습지도의 원리가 아닌 것은?

① 직관의 원리 ② 개별화의 원리
③ 계속성의 원리 ④ 사회화의 원리

해 ③: 파블로브의 조건반사설
학습지도의 원리

직관 원리	구체적인 사물 제시나 경험을 통해 학습효과를 거둘 수 있다는 원리
개별화 원리	학습자가 지니고 있는 각자의 요구와 능력 등에 알맞은 학습활동의 기회를 마련해줘야 한다는 원리
사회화 원리	공동학습을 통해 협력과 사회화를 도와준다는 원리
통합 원리	학습을 종합적으로 지도하는 것으로 학습자 능력을 균형있게 발달시키는 원리
자발성 (자기활동) 원리	학습자 스스로 학습에 참여한다는 원리

답 ③

158 ☆☆

다음 설명에 해당하는 학습지도의 원리는?

> 학습자가 지니고 있는 각자의 요구와 능력 등에 알맞은 학습활동의 기회를 마련해줘야 한다는 원리

① 직관의 원리 ② 자기활동의 원리
③ 개별화의 원리 ④ 사회화의 원리

해 윗 해설 참조

답 ③

159 ☆

성인학습의 원리에 해당되지 않는 것은?

① 간접경험의 원리 ② 자발학습의 원리
③ 상호학습의 원리 ④ 생활적응의 원리

해 성인학습의 원리
자발학습의 원리/자기주도적 학습의 원리/상호학습의 원리/생활적응의 원리

답 ①

160 ☆☆☆

교육과정 중 학습경험조직의 원리에 해당하지 않는 것은?

① 기회의 원리 ② 계속성의 원리
③ 계열성의 원리 ④ 통합성의 원리

해

타일러의 학습 경험 선정원리	기회/만족/경험/성과/가능성
타일러의 학습 경험 조직원리	계속성/계열성/통합성

답 ①

161 ☆

Thorndike의 시행착오설에 의한 학습의 원칙이 아닌 것은?

① 연습의 원칙 ② 효과의 원칙
③ 동일성의 원칙 ④ 준비성의 원칙

해 손다이크(Thorndike)의 시행착오설
1. 연습의 원칙
2. 효과의 원칙
3. 준비성의 원칙

답 ③

162 ☆☆

학습이론 중 자극과 반응이론이라 볼 수 없는 것은?

① Kohler의 통찰설
② Thorndike의 시행착오설
③ Pavlov의 조건반사설
④ Skinner의 조작적 조건화설

해

자극과 반응 이론	• 손다이크 시행착오설 • 파블로프 조건반사설 • 스키너 조작적 조건형성 이론
인지이론	• 톨만의 기호형태설 • 쾰러의 통찰설 • 레윈의 장설(이론)

손다이크 시행착오설	인간과 동물은 차이가 없다고 보고 동물연구를 통해 인간심리를 발견하고자 했으며 동물의 행동이 자극 S와 반응R의 연합에 의해 결정된다고 하는 것을 말한다.
파블로프 조건반사설	훈련을 통해 반응이나 행동에 적응할 수 있다.
스키너 조작적 조건형성 이론	특정 반응에 대해 체계적이고 선택적인 강화를 통해 그 반응이 반복해서 일어날 확률을 증가시키는이론
톨만의 기호형태설	학습자 머리 속에 인지적 지도같은 인지구조를 바탕으로 학습하는 것
쾰러의 통찰설	문제 상황에서 문제요소를 재구성해 갑작스럽게 문제가 해결된다는 것으로 형태주의 심리학에 근거한 인지주의 학습이론
레윈의 장설(이론)	인간은 목적 지향적으로 행동하고, 달성법에 대해 인지구조를 통찰해 재구성한다.

답 ①

163 ☆☆☆

교육심리학의 학습이론에 관한 설명 중 옳은 것은?

① 파블로프(Pavlov)의 조건반사설은 맹목적 시행을 반복하는 가운데 자극과 반응이 결합하여 행동하는 것이다.
② 레윈(Lewin)의 장설은 후천적으로 얻게 되는 반사작용으로 행동을 발생시킨다는 것이다.
③ 톨만(Tolman)의 기호형태설은 학습자의 머리 속에 인지적 지도 같은 인지구조를 바탕으로 학습하려는 것이다.
④ 손다이크(Thorndike)의 시행착오설은 내적, 외적의 전체구조를 새로운 시점에서 파악하여 행동하는 것이다.

해 윗 해설 참조

답 ③

164 ☆

다음 중 학습목적을 세분하여 구체적으로 결정한 것을 무엇이라 하는가?

① 주제 ② 학습목표
③ 학습정도 ④ 학습성과

해 ①/②/③: 학습의 3요소
학습성과: 학습목적을 세분해 구체적으로 결정한 것
학습정도: 주제를 학습시킬 범위와 내용의 정도

답 ④

165 ☆

다음 중 재해를 한번 경험한 사람은 신경과민 등 심리적인 압박을 받게 되어 대처능력이 떨어져 재해가 빈번하게 발생된다는 설(說)은?

① 기회설 ② 암시설 ③ 경향설 ④ 미숙설

해 재해빈발성 이론

기회설 (상황설)	재해 발생확률은 개인적 특성이 아니라 그 사람이 종사하는 작업의 위험성에 기초한다는 이론
암시설 (습관설)	재해를 한번 경험한 사람은 신경과민 등 심리적인 압박을 받게 되어 대처능력이 떨어져 재해가 빈번하게 발생된다는 설
경향설 (성향설)	근로자 중 재해가 빈발하는 소질적 결함자가 있다는 설

답 ②

166 ☆☆

재해의 발생확률은 개인적 특성이 아니라 그 사람이 종사하는 작업의 위험성에 기초한다는 이론은?

① 암시설 ② 경향설 ③ 미숙설 ④ 기회설

해 윗 해설 참조

답 ④

167 ☆☆☆

레윈(Lewin.K)에 의하여 제시된 인간의 행동에 관한 식을 올바르게 표현한 것은? (단, B는 인간의 행동, P는 개체, E는 환경, f는 함수관계를 의미한다.)

① $B=f(P \cdot E)$ ② $B=f(P+1)^E$

③ $P=E \cdot f(B)$ ④ $E=f(P \cdot B)$

해 레윈(레빈)의 법칙

정의: 인간 행동(B)은 그 사람이 가진 자질 즉, 개체(P)와 심리적 환경(E)과의 상호함수관계에 있다.

$B = f(P \cdot E)$

B: Behavior(행동)

f: Function(함수)

P: Person(개체:연령/경험/성격/소질/지능/심적상태)

E: Environment(환경:감독/직무안정/작업조건/인간관계)

답 ①

168 ☆☆☆

레윈(Lewin)의 법칙 $B = f(P \cdot E)$ 중 B가 의미하는 것은?

① 행동 ② 경험 ③ 환경 ④ 인간관계

해 윗 해설 참조

답 ①

169 ☆☆☆☆

레윈(Lewin)의 인간 행동 특성을 다음과 같이 표현하였다. 변수 'P'가 의미하는 것은?

$B=f(P \cdot E)$

① 행동 ② 소질 ③ 환경 ④ 함수

해 윗 해설 참조

답 ②

170 ☆☆☆

레윈(Lewin)의 인간 행동 특성을 다음과 같이 표현하였다. 변수 'E'가 의미하는 것은?

B=f(P • E)

① 연령 ② 성격 ③ 환경 ④ 지능

해 윗 해설 참조

답 ③

171 ☆

허즈버그(Herzberg)의 위생 – 동기 이론에서 동기요인에 해당하는 것은?

① 감독 ② 안전 ③ 책임감 ④ 작업조건

해 허즈버그의 위생 – 동기 이론

위생 요인	• 임금/지위/작업조건/대인관계/안정된 직업/회사 정책/감독 • 상황요인/주변요인/일과 관련없는 주변적 요인
동기 요인	• 발전/도전/성취감/안정감/책임감/성장감/자아실현 기회 • 일 자체와 직결된 요인

답 ③

172 ☆☆

허즈버그(Herzberg)의 일을 통한 동기부여 원칙으로 틀린 것은?

① 새롭고 어려운 업무의 부여

② 교육을 통한 간접적 정보제공

③ 자기과업을 위한 작업자의 책임감 증대

④ 작업자에게 불필요한 통제를 배제

해 일을 통한 동기부여 원칙

1. 새롭고 어려운 업무의 부여
2. 작업자에게 불필요한 통제를 배제
3. 자기과업을 위한 작업자의 책임감 증대
4. 자연스럽고 완전한 작업 제공
5. 특정 직무의 전문가가 되도록 전문화된 임무 배당

답 ②

173 ☆☆

인간관계 관리기법에 있어 구성원 상호간의 선호도를 기초로 집단 내부의 동태적 상호관계를 분석하는 방법으로 가장 적절한 것은?

① 소시오매트리(sociometry)
② 그리드 훈련(grid training)
③ 집단역학(group dynamic)
④ 감수성 훈련(sensitivity training)

해

소시오 매트리	구성원 상호간의 선호도를 기초로 집단 내부의 동태적 상호관계를 분석하는 방법
그리드 훈련	경영자의 리더십을 함양시킴으로써 인간관계의 개선을 도모할 수 있도록 개발된 훈련기법
집단 역학	조직의 정체성을 탈피하여 동태적으로 상호작용하는 집단의 특성을 설명하고 집단행동의 유효성을 높이기 위해 등장한 개념
감수성 훈련	소집단 모임의 상호작용을 통하여 인간관계에 대한 이해와 기술을 향상시키고자 하는 사회성 훈련기법

답 ①

174 ☆

학습지도의 형태 중 토의법에 해당되지 않는 것은?

① 패널 디스커션(panel discussion)
② 포럼(forum)
③ 구안법(project method)
④ 버즈 세션(buzz session)

해 구안법: 안전교육방법

대집단 토의법 종류
• **포럼**: 새로운 자료나 교재를 제시하고, 문제점을 피교육자로 하여금 제기하도록 하거나 피교육자 의견을 여러 가지 방법으로 발표하게 하고 청중과 토론자간 활발한 의견 개진과정을 통해 합의를 도출하는 방법 • **심포지엄**: 몇 사람의 전문가가 주제에 대한 견해를 발표하고 참가자 하여금 의견을 내거나 질문을 하게 하는 토의방식 • **사례연구법**: 어떤 상황의 판단 능력과 사실의 분석 및 문제의 해결 능력을 키우기 위하여 먼저 사례를 조사하고, 문제적 사실들과 그의 상호 관계에 대하여 검토하고, 대책을 토의하도록 하는 교육기법 • **버즈세션**: 6-6 회의라고도 하며 6명씩 소집단으로 구분하고, 집단별로 각각의 사회자를 선발해 6분간씩 자유토의를 행해 의견을 종합하는 방법 • **패널디스커션**: 특정 주제에 대해 의견을 달리하는 4~5인의 참가자들이 사회자의 진행에 따라 청중 앞에서 토의 • **자유토의법**: 공동학습의 한 형태로 학습조직을 비형식적인 토의 집단으로 구성해서 자유로운 토론을 통하여 문제 해결에 협력하여 집단사고를 통한 결단적 결론으로 이끌어가는 학습 방법

답 ③

175 ☆☆☆☆☆☆☆

학습지도의 형태 중 몇 사람의 전문가가 주제에 대한 견해를 발표하고 참가자로 하여금 의견을 내거나 질문을 하게 하는 토의방식은?

① 포럼(Forum)
② 심포지엄(Symposium)
③ 버즈세션(Buzz session)
④ 자유토의법(Free discussion method)

해 윗 해설 참조

답 ②

176 ☆☆☆

토의법의 유형 중 다음에서 설명하는 것은?

> 새로운 자료나 교재를 제시하고, 문제점을 피교육자로 하여금 제기하도록 하거나 피교육자 의견을 여러 가지 방법으로 발표하게 하고 청중과 토론자간 활발한 의견 개진과정을 통해 합의를 도출하는 방법

① 포럼　② 심포지엄
③ 자유토의　④ 패널 디스커션

해 윗 해설 참조

답 ①

177 ☆☆☆☆☆

학습지도의 형태 중 참가자에게 일정한 역할을 주어 실제적으로 연기를 시켜봄으로서 자기 역할을 보다 확실히 인식시키는 방법은?

① 포럼(Forum)
② 심포지엄(Symposium)
③ 롤 플레잉(Role playing)
④ 사례연구법(Case study method)

해 롤 플레잉: 참가자에게 일정한 역할을 주어 실제적으로 연기를 시켜봄으로서 자기의 역할을 보다 확실히 인식시키는 방법
윗 해설 참조

답 ③

178 ☆☆☆☆☆

다음 설명의 학습지도 형태는 어떤 토의법 유형인가?

> 6-6 회의라고도 하며 6명씩 소집단으로 구분하고, 집단별로 각각의 사회자를 선발해 6분간씩 자유토의를 행해 의견을 종합하는 방법

① 포럼(Forum)
② 버즈세션(Buzz session)
③ 케이스 메소드(case method)
④ 패널 디스커션(Panel Discussion)

해 윗 해설 참조

답 ②

179 ☆

안전교육방법 중 학습자가 이미 설명을 듣거나 시범을 보고 알게 된 지식이나 기능을 강사의 감독 아래 직접적으로 연습하여 적용할 수 있도록 하는 교육방법은?

① 모의법 ② 토의법 ③ 실연법 ④ 반복법

해

구분	내용
모의법	실제 상황을 만들어 두고 학습하는 방법
토의법	10~20인 정도 모여 토의하는 방법
실연법	학습자가 이미 설명을 듣거나 시범을 보고 알게 된 지식이나 기능을 강사의 감독 아래 직접적으로 연습해 적용할 수 있도록 하는 교육방법
반복법	학습한 내용을 반복해서 이야기하거나 실연하는 방법

답 ③

180 ☆☆

학습자가 자신의 학습속도에 적합하도록 프로그램 자료를 가지고 단독으로 학습하도록 하는 안전교육 방법은?

① 실연법 ② 모의법
③ 토의법 ④ 프로그램 학습법

해 컴퓨터 수업 = 프로그램 학습법

구분	내용
정의	학습자가 자신의 학습 속도에 적합하도록 프로그램 자료를 가지고 단독으로 학습하도록 하는 교육 방법
장점	• 개인차를 최대한 고려할 수 있다. • 학습자가 능동적으로 참여하고, 실패율이 낮다. • 교사와 학습자가 시간을 효과적으로 이용할 수 있다. • 학생의 학습과 과정의 평가를 과학적으로 할 수 있다. • 학습자 학습과정을 쉽게 알 수 있다. • 매 반응마다 피드백이 주어지기 때문에 학습자가 흥미를 가질 수 있다.
단점	• 여러 수업 매체를 동시에 활용하기엔 한계가 있다.

답 ④

181 ☆

수업매체별 장 · 단점 중 '컴퓨터 수업(computer assisted instruction)'의 장점으로 옳지 않은 것은?

① 개인차를 최대한 고려할 수 있다.
② 학습자가 능동적으로 참여하고, 실패율이 낮다.
③ 교사와 학습자가 시간을 효과적으로 이용할 수 없다.
④ 학생의 학습과 과정의 평가를 과학적으로 할 수 있다.

해 윗 해설 참조

답 ③

182 ☆☆☆

안전교육 중 프로그램 학습법의 장점이 아닌 것은?

① 학습자 학습과정을 쉽게 알 수 있다.
② 지능, 학습속도 등 개인차를 충분히 고려 할 수 있다.
③ 매 반응마다 피드백이 주어지기 때문에 학습자가 흥미를 가질 수 있다.
④ 여러 가지 수업 매체를 동시에 다양하게 활용할 수 있다.

해 윗 해설 참조

답 ④

183 ☆

다음 중 안전보건교육의 단계별 교육과정 순서로 옳은 것은?

① 안전 태도교육→안전 지식교육→안전 기능교육
② 안전 지식교육→안전 기능교육→안전 태도교육
③ 안전 기능교육→안전 지식교육→안전 태도교육
④ 안전 자세교육→안전 지식교육→안전 기능교육

해 안전보건교육의 3단계

단계	내용
1단계 (지식교육)	• 근로자가 지켜야 할 규정의 숙지를 위한 교육 • 강의/시청각 교육을 통한 지식을 전달하고 이해시킴. • 작업 종류나 내용에 따라 교육범위가 다름
2단계 (기능교육)	• 교육대상자가 스스로 행해서 얻음 • 반복적 시행착오로 얻음 • 실습을 통한 경험 체득과 이해를 함
3단계 (태도교육)	• 생활지도, 작업동작지도, 적성배치 등을 통한 안전의 습관화 • 안전한 마음가짐을 몸에 익히는 심리적인 교육방법 • 공구, 보호구 등의 관리 및 취급태도 확립 • 들어본다. → 이해한다. → 모범을 보인다. → 평가한다. → 칭찬 또는 벌을 준다.

답 ②

184 ☆☆

안전보건교육의 단계에 해당하지 않는 것은?

① 지식교육 ② 기초교육
③ 태도교육 ④ 기능교육

해 윗 해설 참조

답 ②

185 ☆

안전보건교육의 단계별 교육과정 중 근로자가 지켜야 할 규정의 숙지를 위한 교육에 해당하는 것은?

① 지식교육 ② 태도교육
③ 문제해결교육 ④ 기능교육

해 윗 해설 참조

답 ①

186 ☆☆☆

안전교육 중 같은 것을 반복하여 개인의 시행착오에 의해서만 점차 그 사람에게 형성되는 것은?

① 안전기술의 교육 ② 안전지식의 교육
③ 안전기능의 교육 ④ 안전태도의 교육

해 윗 해설 참조

답 ③

187 ☆☆

안전교육의 단계에 있어 교육대상자가 스스로 행함으로서 습득하게 하는 교육은?

① 의식교육 ② 기능교육
③ 지식교육 ④ 태도교육

해 윗 해설 참조

답 ②

188 ☆☆

다음의 교육내용과 관련 있는 교육은?

1. 작업 동작 및 표준작업방법 습관화
2. 공구, 보호구 등 관리 및 취급태도 확립
3. 작업 전후 점검, 검사요령 정확화 및 습관화

① 지식교육 ② 기능교육
③ 태도교육 ④ 문제해결교육

해 윗 해설 참조

답 ③

189 ☆☆

다음 중 태도교육을 통한 안전태도 형성요령과 가장 거리가 먼 것은?

① 이해한다. ② 칭찬한다.
③ 모범을 보인다. ④ 금전적 보상을 한다.

해 윗 해설 참조

답 ④

190 ☆☆

데이비스(K.Davis)의 동기부여 이론에 관한 등식에서 그 관계가 틀린 것은?

① 지식×기능=능력
② 상황×능력=동기유발
③ 능력×동기유발=인간의 성과
④ 인간의 성과×물질의 성과=경영의 성과

해 지식 × 기능 = 능력
상황 × 태도 = 동기유발
능력 × 동기유발 = 인간 성과
인간 성과 × 물질 성과 = 경영 성과

답 ②

191 ☆☆

데이비스(Davis)의 동기부여이론 중 동기유발의 식으로 옳은 것은?

① 지식×기능　　② 지식×태도
③ 상황×기능　　④ 상황×태도

해 윗 해설 참조

답 ④

192 ☆

다음 중 데이비스(K. Davis)의 동기부여 이론에서 인간의 성과(human performance)를 가장 적합하게 나타낸 것은?

① 지식(knowledge)×기능(skill)
② 기능(skill)×상황(situation)
③ 상황(situation)×태도(attitude)
④ 능력(ability)×동기유발(motivation)

해 윗 해설 참조

답 ④

193 ☆☆☆☆

제일선의 감독자를 교육대상으로 하고, 작업을 지도하는 방법, 작업개선방법 등의 주요 내용을 다루는 기업 내 교육방법은?

① TWI　② MTP　③ ATT　④ ATP

해

ATT	기업 내 정형교육 중 대상으로 하는 계층이 한정되어 있지 않고, 한번 훈련을 받은 관리자는 그 부하인 감독자에 대해 지도원이 될 수 있는 교육방법
MTP	12~15명 단위로 편성하여 구체적인 문제를 토론방식으로 검토하는 방법인데, 보통 1회 평균 2시간, 합계 20회의 강습을 계통적으로 행한다.
ATP	경영자를 대상으로 하는 교육이다.
TWI	제일선의 감독자를 교육대상으로 하고, 작업을 지도하는 방법, 작업개선방법 등의 주요 내용을 다루는 기업내 교육방법

답 ①

194 ☆☆☆

관리감독자를 대상으로 교육하는 TWI의 교육내용이 아닌 것은?

① 문제해결훈련　② 작업지도훈련
③ 인간관계훈련　④ 작업방법훈련

해 TWI 교육내용

JIT(Job Instruction Training)	• 작업지도훈련 • 부하 직원 가르침
JMT(Job Method Training)	• 작업방법훈련 • 작업개선방법
JRT(Job Relation Training)	• 인간관계훈련 • 부하통솔기법
JST(Job Safety Training)	• 안전작업방법 • 안전작업위한훈련

답 ①

195 ☆☆☆☆

기업 내 정형교육 중 TWI(Training Within Industry)**의 교육내용이 아닌 것은?**

① Job Method Training
② Job Relation Training
③ Job Instruction Training
④ Job Standardization Training

해 윗 해설 참조

답 ④

196 ☆

TWI**의 교육 내용 중 인간관계 관리방법 즉 부하 통솔법을 주로 다루는 것은?**

① JST(Job Safety Training)
② JMT(Job Method Training)
③ JRT(Job Relation Training)
④ JIT(Job Instruction Training)

해 윗 해설 참조

답 ③

197 ☆☆

모랄서베이(Morale Survey)**의 주요방법 중 태도조사법에 해당하지 않은 것은?**

① 질문지법 ② 면접법
③ 통계법 ④ 집단토의법

해 모랄서베이 실시방법
1. 통계법
2. 사례연구법
3. 관찰법
4. 실험법
5. 태도조사법: 질문지법/면접법/집단토의법/투사법

답 ③

198 ☆☆☆☆☆☆☆

OFF.J.T(Off the Job Training)**의 특징으로 옳은 것은?**

① 훈련에만 전념할 수 있다.
② 상호신뢰 및 이해도가 높아진다.
③ 개개인에게 적절한 지도훈련 가능하다.
④ 직장의 실정에 맞게 실제적 훈련이 가능하다.

해

구분	내용
O.J.T (On the Job Training)	• 직장 내 교육훈련 • 직장 실정에 맞게 실제적 훈련 가능 • 개개인에게 적절한 훈련 가능 • 효과가 바로 업무에 나타남 • 직속상사에 의한 교육가능 • 훈련에 필요한 업무의 계속성이 끊어지지 않는다. • 현장의 관리감독자가 강사가 되어 교육을 한다.
OFF.J.T (Off the Job Training)	• 직장 외 교육훈련 • 훈련에만 전념 가능 • 다수 근로자에게 조직적 훈련 가능 • 외부 강사 초청 가능 • 특별 교재 사용 가능 • 많은 지식, 경험을 교류할 수 있다.

답 ①

199 ☆☆☆☆☆☆☆

OJT(On Job Training)의 특징에 대한 설명으로 옳은 것은?

① 특별한 교재·교구·설비 등을 이용하는 것이 가능하다.
② 외부의 전문가를 위촉하여 전문교육을 실시할 수 있다.
③ 직장의 실정에 맞는 구체적이고 실제적인 지도 교육이 가능하다.
④ 다수의 근로자들에게 조직적 훈련이 가능하다.

해 윗 해설 참조

답 ③

200 ☆

사고의 원인분석방법에 해당하지 않는 것은?

① 통계적 원인분석 ② 종합적 원인분석
③ 클로즈(close)분석 ④ 관리도

해 재해 통계적 원인분석법 종류

파레토도	분류항목 큰 순서대로 도표화한 분석법
클로즈 분석도	데이터를 집계하고 표로 표시해 요인별 결과 내역을 교차한 클로즈 그림을 작성하는 분석법
특성 요인도	특성과 요인관계를 도표로 하여 어골상으로 세분화한 분석법
관리도	산업재해의 분석 및 평가를 위하여 재해발생건수 등의 추이에 대해 한계선을 설정하여 목표관리를 수행하는 재해통계 분석기법

답 ②

201 ☆☆

재해원인 분석방법의 통계적 원인분석 중 사고의 유형, 기인물 등 분류항목을 큰 순서대로 도표화한 것은?

① 파레토도 ② 특성요인도
③ 크로스도 ④ 관리도

해 윗 해설 참조

답 ①

202 ☆☆☆☆

산업재해의 분석 및 평가를 위하여 재해발생건수 등의 추이에 대해 한계선을 설정하여 목표관리를 수행하는 재해통계 분석기법은?

① 관리도 ② 안전 T점수
③ 파레토도 ④ 특성 요인도

해 윗 해설 참조

답 ①

203 ☆

재해분석도구 중 재해발생의 유형을 어골상(魚骨像)으로 분류하여 분석하는 것은?

① 파레토도 ② 특성요인도
③ 관리도 ④ 클로즈분석

해 윗 해설 참조

답 ②

204 ☆

재해원인 분석기법의 하나인 특성요인도의 작성 방법에 대한 설명으로 틀린 것은?

① 큰 뼈는 특성이 일어나는 요인이라고 생각되는 것을 크게 분류하여 기입한다.
② 등뼈는 원칙정에서 우측에서 좌측으로 향하여 가는 화살표를 기입한다.
③ 특성의 결정은 무엇에 대한 특성요인도를 작성할 것인가를 결정하고 기입한다.
④ 중뼈는 특성이 일어나는 큰뼈의 요인마다 다시 미세하게 원인을 결정해 기입한다.

해 특성요인도 작성 방법

1. 큰 뼈는 특성이 일어나는 요인이라고 생각되는 것을 크게 분류하여 기입한다.
2. 등뼈는 원칙정에서 좌측에서 우측으로 향하여 가는 화살표를 기입한다.
3. 특성의 결정은 무엇에 대한 특성요인도를 작성할 것인가를 결정하고 기입한다.
4. 중뼈는 특성이 일어나는 큰뼈의 요인마다 다시 미세하게 원인을 결정해 기입한다.

답 ②

205 ☆

다음 중 육안점검과 가장 관련이 깊은 것은?

① 테스트 해머 점검 ② 부식, 마모 점검
③ 가스검지기 점검 ④ 온도계 점검

해 육안점검: 부식, 마모 점검 및 재료 표면 결함점검

답 ②

206 ☆☆☆☆☆☆☆☆

다음 중 안전점검 종류에 있어 점검 주기에 의한 구분에 해당하는 것은?

① 육안점검 ② 수시점검
③ 형식점검 ④ 기능점검

해 안전점검 종류

종류	내용
일상(수시)점검	작업 전 · 중 · 후에 수시로 실시하는 점검
정기점검	정해진 기간에 정기적으로 실시하는 점검
특별점검	• 기계기구 신설 및 변경 또는 고장 등에 의해 부정기적으로 실시하는 점검 • 안전강조기간에 실시하는 점검 • 태풍, 폭우 등에 의한 침수, 지진 등의 천재지변이 발생한 경우나 이상사태 발생 시
임시점검	재해발생 시 임시로 실시하는 점검

답 ②

207 ☆

안전점검을 점검시기에 따라 구분할 때 다음에서 설명하는 안전점검은?

> 작업담당자 또는 해당 관리감독자가 맡고 있는 공정의 설비, 기계, 공구 등을 매일 작업 전 또는 중에 일상적으로 실시하는 안전점검

① 정기점검 ② 수시점검
③ 특별점검 ④ 임시점검

해 윗 해설 참조

답 ②

208 ☆☆☆

안전점검의 종류 중 태풍, 폭우 등에 의한 침수, 지진 등의 천재지변이 발생한 경우나 이상사태 발생 시 관리자나 감독자가 기계, 기구, 설비 등의 기능상 이상 유무에 대하여 점검하는 것은?

① 일상점검 ② 정기점검
③ 특별점검 ④ 수시점검

해 윗 해설 참조

답 ③

209 ☆

다음 중 정기점검에 관한 설명으로 가장 적합한 것은?

① 안전강조 기간, 방화점검 기간에 실시하는 점검
② 사고 발생 이후 곧바로 외부 전문가에 의하여 실시하는 점검
③ 작업자에 의해 매일 작업 전, 중, 후에 해당 작업설비에 대하여 수시로 실시하는 점검
④ 기계, 기구, 시설 등에 대하여 주, 월, 또는 분기 등 지정된 날짜에 실시하는 점검

해 윗 해설 참조

답 ④

210 ☆

일상점검 중 작업 전에 수행되는 내용과 가장 거리가 먼 것은?

① 주변의 정리 · 정돈
② 생산 품질 이상 유무
③ 주변의 청소 상태
④ 설비의 방호장치 점검

해 생산품질의 이상 유무: 작업 후에 수행

답 ②

211 ☆

안전교육에 대한 설명으로 옳은 것은?

① 사례중심과 실연을 통하여 기능적 이해를 돕는다.
② 사무직과 기능직은 그 업무가 판이하게 다르므로 분리하여 교육한다.
③ 현장 작업자는 이해력이 낮으므로 단순반복 및 암기를 시킨다.
④ 안전교육에 건성으로 참여하는 것을 방지하기 위하여 인사고과에 필히 반영한다.

해 ②: 사무직과 기능직은 동시에 교육한다.
③: 단순반복 및 암기는 피한다.
④: 인사고과 반영을 하지 않는다.

답 ①

212 ☆☆

다음 중 안전교육의 기본 방향과 가장 거리가 먼 것은?

① 생산성 향상을 위한 교육
② 사고사례 중심의 안전교육
③ 안전작업을 위한 교육
④ 안전의식 향상을 위한 교육

해 안전교육의 기본방향
1. 사고사례 중심의 안전교육
2. 안전작업(표준작업)을 위한 안전교육
3. 안전의식 향상을 위한 안전교육

답 ①

213 ☆

안전교육의 3요소에 해당되지 않는 것은?

① 강사 ② 교육방법 ③ 수강자 ④ 교재

해 교육의 3요소
주체: 강사, 객체: 수강자, 매개체: 교재

답 ②

214 ☆

안전교육에 있어서 동기부여방법으로 가장 거리가 먼 것은?

① 책임감을 느끼게 한다.
② 관리감독을 철저히 한다.
③ 자기 보존본능을 자극한다.
④ 물질적 이해관계에 관심을 두도록 한다.

해 안전교육을 함에 있어 관리감독을 철저히 하여 교육을 제대로 받는지를 감시하는 것은 동기부여를 저하시킨다.

답 ②

215 ☆

안전교육 훈련에 있어 동기부여 방법에 대한 설명으로 가장 거리가 먼 것은?

① 안전 목표를 명확히 설정한다.
② 안전활동 결과를 평가, 검토하도록 한다.
③ 경쟁과 협동을 유발시킨다.
④ 동기유발 수준을 과도하게 높인다.

해 동기유발 수준을 최적 수준으로 유지한다.

답 ④

216 ☆☆☆

다음 중 구체적인 동기유발요인과 가장 거리가 먼 것은?

① 작업 ② 성과 ③ 권력 ④ 독자성

해

내적 동기유발 요인	독자성/욕구/기회/참여/책임/사명감/적응도
외적 동기유발 요인	성과/권력/인정/경쟁/경제적 보상

답 ①

217 ☆☆

다음 중 한번 학습한 결과가 다른 학습이나 반응에 영향을 주는 것으로 특히 학습효과를 설명할 때 많이 쓰이는 용어는?

① 학습의 연습 ② 학습곡선
③ 학습의 전이 ④ 망각곡선

해

학습 전이
• 한번 학습한 결과가 다른 학습이나 반응에 영향을 주는 것 • 조건 학습자 태도/학습자 지능/학습자료 유사성/선행학습 정도/시간적 간격

답 ③

218 ☆

다음 중 학습 전이의 조건과 가장 거리가 먼 것은?

① 학습자의 태도 요인
② 학습자의 지능 요인
③ 학습 자료의 유사성의 요인
④ 선행학습과 후행학습의 공간적 요인

해 윗 해설 참조

답 ④

219 ☆☆☆

관리 그리드 이론에서 인간관계 유지에는 낮은 관심을 보이지만 과업에 대해서는 높은 관심을 가지는 리더십의 유형은?

① 1.1형 ② 1.9형 ③ 9.1형 ④ 9.9형

해 관리그리드

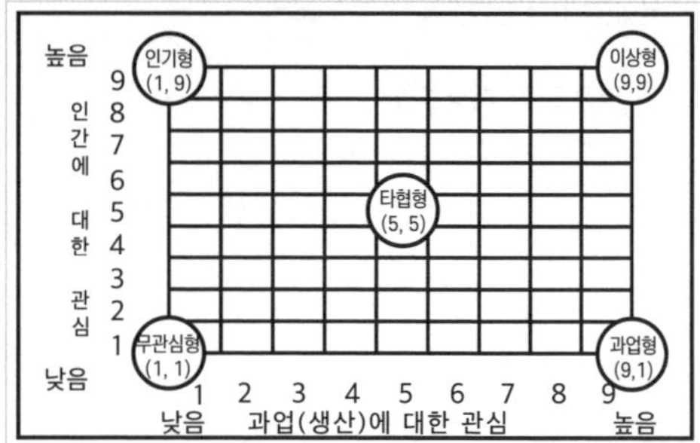

무관심형 (1,1)	인간관계 유지에는 낮은 관심을 보이고 과업에 대해서도 낮은 관심을 가지는 리더십의 유형
타협형 (5,5)	인간관계 유지에 대한 관심과 과업에 대해서 보통적인 관심을 가지는 리더십의 유형
인기형 (1,9)	인간관계 유지에는 높은 관심을 보이지만 과업에 대해서는 낮은 관심을 가지는 리더십의 유형
과업형 (9,1)	인간관계 유지에는 낮은 관심을 보이지만 과업에 대해서는 높은 관심을 가지는 리더십의 유형
이상형 (9,9)	인간관계 유지에 대한 관심과 과업에 대해서 높은 관심을 가지는 리더십의 유형

답 ③

220 ☆☆

리더십 이론 중 관리 그리드 이론에 있어 대표적인 유형의 설명이 잘못 연결된 것은?

① (1.1) : 무관심형　② (3.3) : 타협형
③ (9.1) : 과업형　④ (1.9) : 인기형

해 윗 해설 참조

답 ②

221 ☆

Y – K(Yutaka–Kohate) 성격검사에 관한 사항으로 옳은 것은?

① C,C'형은 적응이 빠르다.
② M,M'형은 내구성, 집념이 부족하다.
③ S,S'형은 담력, 자신감이 강하다
④ P,P'형은 운동, 결단이 빠르다.

해 Y – K(Yutaka - Kohate) 성격검사

CC형 (담즙질)	• 운동, 결단, 기민 빠르다 • 적응 빠름 • 세심하지 않음 • 내구, 집념 부족 • 자신감 강함
MM형 (흑담즙질, 신경질)	• 운동 느리고 지속성 풍부 • 적응 느림 • 세심, 억제, 정확 • 내구성, 집념 강함 • 담력, 자신감 강함
SS형 (다형질, 운동성)	• CC형과 동일하나 자신감 부족
PP형 (점액질, 평범 수동)	• MM형과 동일하나 자신감 부족
AM형 (이상질)	• 극도로 나쁨, 느림, 결핍, 강하거나 약함

답 ①

222 ☆☆

Y · G 성격검사에서 "안전, 적응, 적극형"에 해당하는 형의 종류는?

① A형　② B형　③ C형　④ D형

해 Y · G 성격검사 유형

A형(평균형)	조화적/적응적
B형(우편형)	정서불안적/활동적/외향적
C형(좌편형)	안전소극형
D형(우하형)	안전/적응/적극형
E형(좌하형)	불안정/부적응/수동형

답 ④

223 ☆☆☆

주의 수준이 Phase 0인 의식상태는?

① 무의식 상태　② 과긴장 상태
③ 명료한 상태　④ 의식 이완 상태

해

단계	의식 상태
Phase 0	무의식/실신
Phase Ⅰ	의식 몽롱/둔화
Phase Ⅱ	의식 이완 상태
Phase Ⅲ	명료한 상태
Phase Ⅳ	과긴장 상태

답 ①

224 ☆☆

인간의 의식 수준을 5단계로 구분할 때 의식이 몽롱한 상태의 단계는?

① Phase Ⅰ　② Phase Ⅱ
③ Phase Ⅲ　④ Phase Ⅳ

해 윗 해설 참조

답 ①

225 ☆

인간의 심리 중 안전수단이 생략되어 불안전 행위가 나타나는 경우와 가장 거리가 먼 것은?

① 의식과잉이 있는 경우
② 작업규율이 엄한 경우
③ 피로하거나 과로한 경우
④ 조명, 소음 등 주변 환경영향 있는 경우

해 안전수단 생략되는 경우
의식과잉 상태/피로 상태/조명, 소음 등 주변 환경영향 있는 상태

답 ②

226 ☆

주의의 특성에 해당되지 않는 것은?

① 선택성 ② 변동성 ③ 가능성 ④ 방향성

해 주의 특성

선택성	• 한 지점에 주의를 집중하면 다른 곳에의 주의는 약해진다. • 여러 자극을 지각할 때 소수의 현란한 자극에 선택적 주의를 기울이는 경향 있다.
방향성	• 주의의 초점에 합치된 것은 쉽게 인식되나 초점에서 벗어난 부분은 무시된다.
변동성	• 고도의 주의는 장시간 지속하기 어렵다. • 장시간 주의를 집중하려 해도 주기적으로 부주의의 리듬이 존재한다.

답 ③

227 ☆

주의의 특성에 관한 설명 중 틀린 것은?

① 한 지점에 주의를 집중하면 다른 곳에의 주의는 약해진다.
② 장시간 주의를 집중하려 해도 주기적으로 부주의의 리듬이 존재한다.
③ 의식이 과잉상태인 경우 최고의 주의집중이 가능해진다.
④ 여러 자극을 지각할 때 소수의 현란한 자극에 선택적 주의를 기울이는 경향 있다.

해 의식 과잉상태는 부주의 원인이다.
윗 해설 참조

답 ③

228 ☆☆

직무적성검사 특징과 가장 거리가 먼 것은?

① 재현성 ② 객관성 ③ 타당성 ④ 표준화

해 직무적성검사 특징

표준화	검사의 관리를 위한 조건과 절차의 일관성과 통일성
신뢰성	검사결과의 일관성을 의미하는 것으로 동일한 문항을 재측정 할 경우 오차 값이 적어야 한다.
객관성	검사결과의 채점에 있어 공정한 평가가 이루어져야 한다.
타당성	검사에 있어 가장 중요한 요소로 측정하고자 하는 것을 실제로 측정하고 있는가를 나타내는 것.
규준	검사결과의 해석에 있어 상대적 위치를 결정하기 위한 척도

답 ①

229 ☆

다음 중 인간의 적성과 안전과의 관계를 가장 올바르게 설명한 것은?

① 사고를 일으키는 것은 그 작업에 적성이 맞지 않는 사람이 그 일을 수행한 이유이므로, 반드시 적성검사를 실시하여 그 결과에 따라 작업자를 배치하여야 한다.

② 인간의 감각기별 반응시간은 시각, 청각, 통각순으로 빠르므로 비상시 비상등을 먼저 켜야한다.

③ 사생활에 중대한 변화가 있는 사람이 사고를 유발할 가능성이 높으므로 그러한 사람들에게는 특별한 배려가 필요하다.

④ 일반적으로 집단의 심적 태도를 교정하는 것보다 개인의 심적 태도를 교정하는 것이 더 용이하다.

해 ①: 단지 적성이 안 맞아서만 사고가 발생하는 것은 아니다.
②: 인간의 감각기별 반응시간은 청각, 시각, 통각순으로 빠르다.
④: 일반적으로 개인의 심적 태도를 교정하는 것보다 집단의 심적 태도를 교정하는 것이 더 용이하다.

답 ③

230 ☆

부주의에 대한 사고방지대책 중 기능 및 작업 측면의 대책이 아닌 것은?

① 작업표준의 습관화 ② 적성배치
③ 안전의식의 제고 ④ 작업조건의 개선

해 부주의 원인과 대책

내적 원인 및 대책	• 소질적 조건(적성에 따른 배치) • 경험 및 미경험(교육) • 의식 우회(상담, 카운슬링)
외적 원인 및 대책	• 작업환경조건 불량(환경정비) • 작업순서 부적절(인간공학적 접근)
정신적 측면 대책	• 안전의식의 제고 • 스트레스 해소
기능 및 작업적 측면 대책	• 작업표준의 습관화 • 적성배치 • 작업조건의 개선
설비 및 환경적 측면 대책	• 설비 및 작업환경 안전화 • 긴급 시 안전대책 • 표준작업제도 도입

답 ③

231 ☆

다음 중 부주의의 발생 원인별 대책방법이 올바르게 짝지어진 것은?

① 소질적 문제 - 안전교육
② 경험, 미경험 - 적성배치
③ 의식의 우회 - 작업환경 개선
④ 작업순서의 부적합 - 인간공학적 접근

해 윗 해설 참조

답 ④

232 ☆☆☆

부주의의 발생 현상에 포함되지 않는 것은?

① 의식의 단절 ② 의식의 우회
③ 의식수준의 저하 ④ 의식의 지배

해 부주의 현상

의식 우회	의식의 흐름이 옆으로 빗나가 발생하는 경우
의식 단절	지속적인 흐름에 공백이 발생하며 질병이 있는 경우에만 발생
의식 과잉	작업을 하고 있을 때 긴급 이상상태 또는 돌발 사태가 되면 순간적으로 긴장하게 되어 판단능력의 둔화 또는 정지상태가 되는 것
의식 혼란	외부 자극이 애매하거나 자극이 강하거나 약할 때 같이 외적 조건에 의해 의식이 혼란하거나 분산돼 위험요인 대응 할 수 없을 때 발생
의식수준 저하	혼미한 정신상태에서 심신의 피로나 단조로운 반복작업 시 일어나는 현상

답 ④

233 ☆

다음 중 부주의의 발생 현상으로 혼미한 정신상태에서 심신의 피로나 단조로운 반복작업 시 일어나는 현상은?

① 의식의 과잉 ② 의식의 집중
③ 의식의 우회 ④ 의식 수준의 저하

해 윗 해설 참조

답 ④

234 ☆☆

작업을 하고 있을 때 긴급 이상상태 또는 돌발 사태가 되면 순간적으로 긴장하게 되어 판단능력의 둔화 또는 정지상태가 되는 것은?

① 의식의 우회 ② 의식의 과잉
③ 의식의 단절 ④ 의식의 수준저하

해 윗 해설 참조

답 ②

235 ☆☆

단조로운 업무가 장시간 지속될 때 작업자의 감각기능 및 판단능력이 둔화 또는 마비되는 현상을 무엇이라 하는가?

① 의식의 과잉 ② 망각현상
③ 감각차단현상 ④ 피로현상

해 감각차단현상에 대한 설명이다.

답 ③

236 ☆

억측판단이 발생하는 배경으로 볼 수 없는 것은?

① 정보가 불확실할 때
② 타인의 의견에 동조할 때
③ 희망적인 관측이 있을 때
④ 과거에 성공한 경험이 있을 때

해 억측판단 발생 배경

1. 정보가 불확실할 때
2. 희망적인 관측이 있을 때(경보기가 울려도 기차가 오기까지 아직 시간이 있다고 판단하여 건널목을 건너다가 사고를 당했다.)
3. 과거에 성공한 경험이 있을 때
4. 초조할 때

답 ②

237 ☆

경보기가 울려도 기차가 오기까지 아직 시간이 있다고 판단하여 건널목을 건너다가 사고를 당했다. 다음 중 이 재해자의 행동성향으로 옳은 것은?

① 착오, 착각　② 무의식 행동
③ 억측판단　④ 지름길반응

해 윗 해설 참조

답 ③

238 ☆

위치, 순서, 패턴, 형상, 기억오류 등 외부적 요인에 의해 나타나는 것은?

① 메트로놈　② 리스크테이킹
③ 부주의　④ 착오

해 착오

종류	위치/순서/패턴/모양(형)/기억 착오	
원인	인지과정 착오 요인	정서불안정 정보량한계 감각차단현상 생리·심리적 능력한계
	판단과정 착오 요인	정보·능력 부족 자신과잉(과신) 자기합리화 작업조건불량
	조치과정 착오 요인	피로 기능 미숙 작업경험 부족

답 ④

239 ☆

대뇌의 human error로 인한 착오요인이 아닌 것은?

① 인지과정 착오　② 조치과정 착오
③ 판단과정 착오　④ 행동과정 착오

해 윗 해설 참조

답 ④

240 ☆☆☆☆

인간의 동작특성 중 판단과정의 착오요인이 아닌 것은?

① 합리화　② 정서불안정
③ 작업조건불량　④ 정보부족

해 윗 해설 참조

답 ②

241 ☆

사고요인이 되는 정신적 요소 중 개성적 결함 요인에 해당하지 않는 것은?

① 방심 및 공상
② 도전적인 마음
③ 과도한 집착력
④ 다혈질 및 인내심 부족

해 사고요인 중 개성적 결함요인
- 도전적인 마음
- 과도한 집착력
- 다혈질 및 인내심 부족
- 자만심

답 ①

242 ☆☆☆

스트레스 요인 중 외부 자극 요인에 해당하지 않는 것은?

① 자존심 손상 ② 경제적 어려움
③ 대인관계 갈등 ④ 가족의 죽음, 질병

해 스트레스

내적 요인	자존심 손상/업무상 죄책감/현실 부적응 등
외적 요인	경제적 어려움/대인관계 갈등/가족의 죽음, 질병

답 ①

243 ☆

적성요인에 있어 직업적성을 검사하는 항목이 아닌 것은?

① 지능 ② 촉각 적응력
③ 형태식별능력 ④ 운동속도

해 직업적성검사 요인
지능/형태식별능력/운동속도

답 ②

244 ☆☆☆

작업자 적성 요인이 아닌 것은?

① 지능 ② 연령 ③ 흥미 ④ 인간성

해 적성 요인: 직업적성/지능/흥미/인간성

답 ②

245 ☆☆☆

다음 중 산업안전심리의 5대 요소에 포함되지 않는 것은?

① 습관 ② 동기 ③ 감정 ④ 지능

해 산업안전심리의 5대 요소

동기	능동력은 감각에 의한 자극에서 일어나는 사고 결과로 사람 마음 움직이는 원동력
감정	희로애락(기쁨/노여움/슬픔/즐거움)의 의식
기질	성격/능력 등 개인적 특성을 말하는 것
습성	동기/기질/감정 등이 밀접한 관계를 형성해 인간 행동에 영향을 미칠 수 있도록 하는 것
습관	습관의 영향인자는 동기/기질/감정/습성이다.

답 ④

246 ☆

인간오류에 관한 분류 중 독립행동에 의한 분류가 아닌 것은?

① 생략오류 ② 실행오류
③ 명령오류 ④ 시간오류

해 인간오류 분류

심리적(행위) 인간오류 (독립행동에 의한 분류)	생략오류/실행오류/과잉행동오류/시간오류/순서오류
원인 레벨 인간오류	1차 오류(Primary Error) 2차 오류(Secondary Error) 지시(명령)오류(Command Error)

답 ③

247 ☆

휴먼에러(Human Error) 원인의 레벨(Level)을 분류할 때 작업조건이나 작업형태 중에서 다른 문제가 생겨서 그것 때문에 필요한 사항을 실행할 수 없는 에러를 무엇이라고 하는가?

① Command Error ② Primary Error
③ Secondary Error ④ Third Error

해 원인 레벨적 분류

Primary Error	1차 오류, 작업자 자신으로부터 생긴 에러
Secondary Error	2차 오류, 작업조건이나 작업 형태 중에서 다른 문제가 생겨서 그것 때문에 필요한 사항을 실행할 수 없는 에러
Command Error	지시(명령)오류, 정보 공급이 되지 않아 작업자가 움직이려 해도 못 움직여 발생하는 에러

답 ③

248 ☆

다음 중 맥그리거 X이론과 Y이론에 관한 관리 처방으로 가장 적절한 것은?

① 목표에 의한 관리는 Y이론의 관리 처방에 해당된다.
② 직무의 확장은 X이론의 관리 처방에 해당된다.
③ 상부책임제도의 강화는 Y이론의 관리 처방에 해당된다.
④ 분권화 및 권한의 위임은 X이론의 관리 처방에 해당된다.

해 맥그리거 X이론과 Y이론에 관한 관리 처방

X이론(후진국/성악설)	Y이론(선진국/성선설)
• 엄격한 감독과 통제 • 권위주의적 리더십 확립 • 통제에 의한 관리 • 경제적 보상체제 강화 • 상부책임제도 강화	• 자율적 통제 • 민주적 리더십 확립 • 목표에 의한 관리 • 직무 확장 • 분권화 및 권한 위임 • 책임과 창조력 • 인간관계 관리방식 • 인간은 정신적 욕구를 우선시

답 ①

249 ☆☆☆

다음 중 맥그리거(McGregor)의 인간해설에 있어 X 이론적 관리 처방으로 가장 적합한 것은?

① 직무의 확장
② 분권화와 권한의 위임
③ 민주적 리더쉽의 확립
④ 경제적 보상체계의 강화

해 윗 해설 참조

답 ④

250 ☆☆☆☆

맥그리거(McGregor)의 Y이론과 관계가 없는 것은?

① 직무확장
② 책임과 창조력
③ 인간관계 관리방식
④ 권위주의적 리더십

해 윗 해설 참조

답 ④

251 ☆☆☆☆☆☆

상황성 누발자의 재해 유발원인과 가장 거리가 먼 것은?

① 작업이 어렵기 때문이다.
② 심신에 근심이 있기 때문이다.
③ 기계 설비의 결함이 있기 때문이다.
④ 도덕성이 결여되어 있기 때문이다.

해 상황성 누발자
1. 작업에 어려움이 많은 자
2. 기계 설비의 결함이 있을 때
3. 심신에 근심이 있는 자
4. 환경상 주의력 집중이 혼란되기 쉬울 때

답 ④

252 ☆

헤링(Hering)의 착시현상에 해당하는 것은?

①
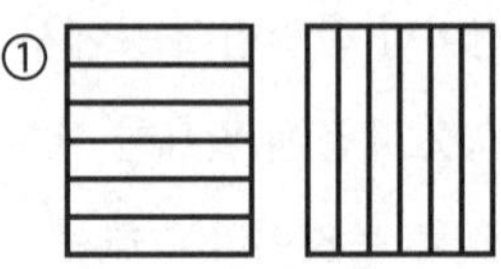

②

③

④

해 ① Helmholtz
② Kohler
③ Muller Lyer
④ Hering

답 ④

253 ☆☆☆

재해의 빈도와 상해의 강약도를 혼합하여 집계하는 지표로 옳은 것은?

① 강도율 ② 종합재해지수
③ 안전활동율 ④ Safe-T-Score

해 ① 강도율: 근로시간 1,000시간당 요양재해로 인해 발생하는 근로손실일수
③ 안전활동율: 100만 시간당 안전활동건수
④ Safe – T – Score: 과거와 현재의 안전성적을 비교하는 방법으로 단위가 없다.

답 ②

254 ☆☆☆

강도율에 관한 설명 중 틀린 것은?

① 사망 및 영구 전노동불능(신체장해등급 1~3급)의 근로손실일수는 7,500일로 환산한다.

② 신체장해등급 중 제14급은 근로손실일수를 50일로 환산한다.

③ 영구 일부 노동불능은 신체 장해등급에 따른 근로손실일수에 300/365를 곱하여 환산한다.

④ 일시 전노동 불능은 휴업일수에 300/365를 곱하여 근로손실일수를 환산한다.

해 영구 일부 노동불능은 신체 장해등급에 따른 근로손실일수를 직접 산입한다.

답 ③

255 ☆☆

재해통계에 있어 강도율이 2.0인 경우에 대한 설명으로 옳은 것은?

① 재해로 인해 전체 작업비용의 2.0%에 해당하는 손실이 발생하였다.

② 근로자 100명당 2.0건의 재해가 발생하였다.

③ 근로시간 1,000시간당 2.0건 재해가 발생했다.

④ 근로시간 1,000시간당 2.0일의 근로손실일수가 발생하였다.

해 강도율: 근로시간 1,000시간당 요양재해로 인해 발생하는 근로손실일수

답 ④

256 ☆☆

상해 정도별 분류 중 의사의 진단으로 일정 기간 정규 노동에 종사할 수 없는 상해에 해당하는 것은?

① 영구 일부노동 불능상해

② 일시 전노동 불능상해

③ 영구 전노동 불능상해

④ 구급처치 상해

해 상해 정도별 분류

구분	내용
사망	안전 사고로 죽거나 사고 시 입은 부상 결과로 일정 기간 이내에 생명을 잃는 것
영구 전노동 불능상해	부상 결과로 근로기능을 완전히 잃는 상해 정도(신체장해등급 1~3급)
영구 일부노동 불능상해	부상 결과로 신체 일부가 영구적으로 노동 기능을 상실한 상해 정도(신체장해등급 4~14급)
일시 전노동 불능상해	의사 진단으로 일정 기간 정규노동에 종사할 수 없는 상해 정도
일시 일부노동 불능상해	의사 진단으로 일정 기간 정규노동에 종사할 수 없으나 휴무 상해가 아닌 상해 정도
응급조치 상해	응급 처치 또는 자가 치료(1일 미만)를 받고 정상작업에 임할 수 있는 상해 정도

답 ②

257 ☆

국제노동기구(ILO)의 산업재해 정도 구분에서 부상 결과 근로자가 신체장해등급 제12급 판정을 받았다면 이는 어느 정도의 부상을 의미하는가?

① 영구 전노동불능 ② 영구 일부노동불능
③ 일시 전노동불능 ④ 일시 일부노동불능

해 1. 사망
2. 영구 전노동 불능: 1 ~ 3급
3. 영구 일부노동 불능: 4 ~ 14급
4. 일시 전노동 불능: 휴업상해
5. 일시 일부노동 불능: 통원상해
6. 응급조치 상해: 구급조치 받은 후 노동 가능

답 ②

258 ☆☆☆☆

산업안전보건법령상 안전보건표지의 색채와 사용사례의 연결로 틀린 것은?

① 노란색-정지신호, 소화설비 및 그 장소, 유해 행위의 금지
② 파란색-특정 행위의 지시 및 사실의 고지
③ 빨간색- 화학물질 취급장소에서의 유해 위험 경고
④ 녹색-비상구 및 피난소, 사람 또는 차량의 통행표지

해 노란색: 화학물질 취급장소에서의 유해 · 위험 경고 이외의 위험 경고, 주의표지 또는 기계방호물

답 ①

259 ☆☆

산업안전보건법령상 안전보건표지의 색채와 색도기준의 연결이 틀린 것은? (단, 색도기준은 한국산업표준(KS)에 따른 색의 3속성에 의한 표시방법에 따른다.)

① 빨간색 - 7.5R 4/14
② 노란색 - 5Y 8.5/12
③ 파란색 - 2.5PB 4/10
④ 흰색-N0.5

해

색채	색도기준	용도
빨간색	7.5R 4/14	금지
		경고
노란색	5Y 8.5/12	경고
파란색	2.5PB 4/10	지시
녹색	2.5G 4/10	안내
흰색	N9.5	-
검은색	N0.5	-

답 ④

260 ☆

산업안전보건법령상 특정행위의 지시 및 사실의 고지에 사용되는 안전보건표지의 색도기준으로 옳은 것은?

① 2.5G 4/10 ② 5Y 8.5/12
③ 2.5PB 4/10 ④ 7.5R 4/14

해 윗 해설 참조

답 ③

261 ☆

다음 중 산업안전보건법상 "화학물질 취급장소에서의 유해 · 위험 경고 이외의 위험 경고"에 사용되는 안전보건표지의 색도 기준으로 옳은 것은?

① 7.5R 4/14 ② 5Y 8.5/12
③ 2.5PB 4/10 ④ 2.5G 4/10

해 윗 해설 참조

답 ②

262 ☆

산업안전보건법령상 (   )에 알맞은 기준은?

> 안전보건표지 제작에 있어 안전보건표지 속의 그림 또는 부호의 크기는 안전보건표지의 크기와 비례해야 하며, 안전보건표지 전체 규격의 (   ) 이상이 되어야 한다.

① 20% ② 30% ③ 40% ④ 50%

해 안전보건표지 제작에 있어 안전보건표지 속의 그림 또는 부호의 크기는 안전보건표지의 크기와 비례해야 하며, 안전보건표지 전체 규격의 30퍼센트 이상이 되어야 한다.

답 ②

263 ☆

산업안전보건법령상 그림과 같은 기본 모형이 나타내는 안전보건표지의 표시사항으로 옳은 것은?(단, L은 안전보건표지를 인식할 수 있거나 인식해야 할 안전거리를 말한다.)

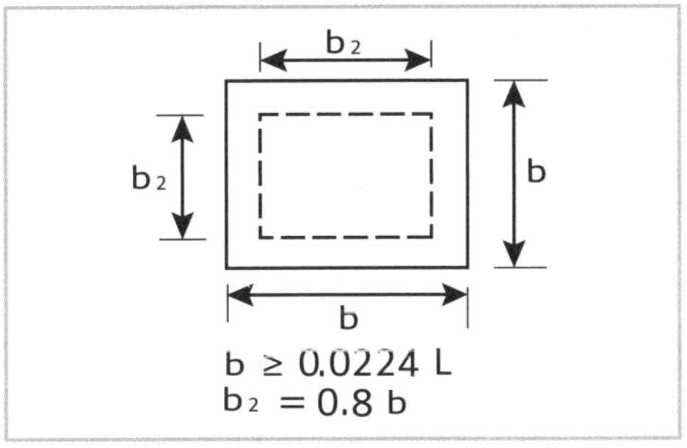

① 금지 ② 경고 ③ 지시 ④ 안내

해 안전보건표지 기본모형

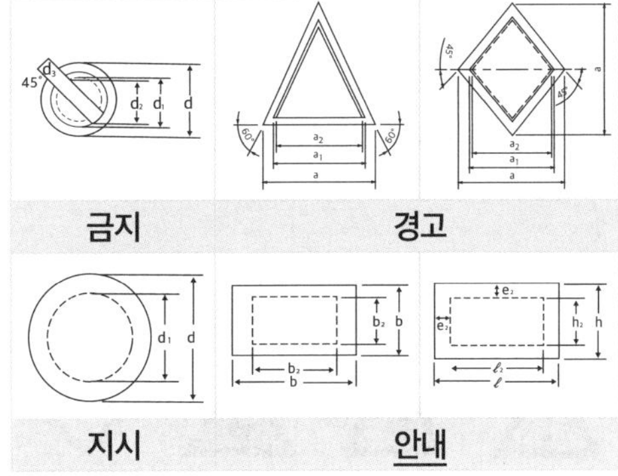

답 ④

264 ☆

안전표시의 종류와 분류가 올바르게 연결된 것은?

① 금연 - 금지표지
② 낙하물경고 - 지시표지
③ 안전모착용 - 안내표지
④ 세안장치 - 경고표지

해 낙하물경고: 경고표지
안전모착용: 지시표지
세안장치: 안내표지

답 ①

265 ☆

산업안전보건법령상 다음의 안전보건표지 중 기본모형이 다른 것은?

① 위험장소 경고 ② 레이저 광선 경고
③ 방사성 물질 경고 ④ 부식성 물질 경고

해

215 위험장소 경고	213 레이저광선 경고	206 방사성물질 경고	205 부식성물질 경고

답 ④

266 ☆☆☆

산업안전보건법령상 안전보건표지의 종류 중 경고표지의 기본모형(형태)이 다른 것은?

① 고압전기 경고 ② 방사성물질 경고
③ 폭발성물질 경고 ④ 매달린 물체 경고

해

207 고압전기 경고	206 방사성물질 경고	203 폭발성물질 경고	208 매달린 물체 경고

답 ③

267 ☆

산업안전보건법령상 안전보건표지의 종류 중 기본모형(형태)이 다른 것은?

① 방사성물질 경고 ② 폭발성물질 경고
③ 인화성물질 경고 ④ 급성독성물질 경고

해

206 방사성물질 경고	203 폭발성물질 경고	201 인화성물질 경고	204 급성독성물질 경고
		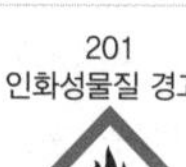	

답 ①

268 ☆☆

산업안전보건법령상 안전보건표지의 종류 중 경고표지에 해당하지 않는 것은?

① 레이저광선 경고 ② 급성독성물질 경고
③ 매달린 물체 경고 ④ 차량통행 경고

해 차량통행 금지(금지표지)
경고표지 종류
인화성물질 경고/산화성물질 경고
폭발성물질 경고/급성독성물질 경고
부식성물질 경고/방사성물질 경고
고압전기 경고/매달린 물체 경고
낙하물 경고/고온 경고/저온 경고
몸균형 상실 경고/레이저광선 경고
발암성·변이원성·생식독성·전신독성·호흡기 과민성 물질 경고/위험장소 경고

답 ④

269 ☆

다음 중 산업안전보건법령상 안전보건표지에 있어 금지표지의 종류가 아닌 것은?

① 금연 ② 접촉금지
③ 보행금지 ④ 차량통행금지

해 접촉금지는 안전보건표지에 없다.
금지표지 종류
출입금지/보행금지/차량통행금지/사용금지
탑승금지/금연/화기금지/물체이동금지

답 ②

270 ☆

산업안전보건법상 금지표지의 종류에 해당하지 않는 것은?

① 금연 ② 출입금지
③ 차량통행금지 ④ 적재금지

해 적재금지는 안전보건표지에 없다.
윗 해설 참조

답 ④

271 ☆

다음 중 산업안전보건법령상 안전보건표지의 종류에 있어 금지표지에 해당하지 않는 것은?

① 금연 ② 사용금지
③ 물체이동금지 ④ 유해물질접촉금지

해 유해물질접촉금지는 안전보건표지에 없다.
윗 해설 참조

답 ④

272 

산업안전보건법령상 안전보건표지의 종류와 형태 중 관계자 외 출입금지에 해당하지 않는 것은?

① 관리대상물질 작업장
② 허가대상물질 작업장
③ 석면취급 · 해체 작업장
④ 금지대상물질의 취급 실험실

해 관계자 외 출입금지 종류

501 허가대상물질 작업장	502 석면취급/해체 작업장	503 금지대상물질의 취급 실험실 등
관계자외 출입금지 (허가물질 명칭) 제조/사용/보관 중 보호구/보호복 착용 흡연 및 음식물 섭취 금지	**관계자외 출입금지** 석면 취급/해체 중 보호구/보호복 착용 흡연 및 음식물 섭취 금지	**관계자외 출입금지** 발암물질 취급 중 보호구/보호복 착용 흡연 및 음식물 섭취 금지

답 ①

273 ☆☆

산업안전보건법상의 안전보건표지 종류 중 관계자 외 출입금지 표지에 해당되는 것은?

① 안전모 착용

② 폭발성물질 경고

③ 방사성물질 경고

④ 석면취급 및 해체·제거

해 ①: 지시표지
②: 경고표지
③: 경고표지

답 ④

274 ☆☆

산업안전보건법령상 안전보건표지의 종류 중 안내표지에 해당하지 않은 것은?

① 들것 ② 비상용기구 ③ 출입구 ④ 세안장치

해 출입구가 아닌 비상구 표지가 있다.

안내표지 종류
녹십자표지/응급구호표지/들 것/세안장치
비상용기구/비상구/좌측비상구/우측비상구

답 ③

275 ☆☆

산업안전보건법상 안전보건표지의 종류 중 바탕은 파란색, 관련 그림은 흰색을 사용하는 표지는?

① 사용금지 ② 세안장치

③ 몸균형상실경고 ④ 안전복착용

해

사용금지	세안장치	몸균형 상실경고	안전복 착용
104 사용금지	404 세안장치	212 몸균형 상실 경고	309 안전복 착용

표지별 색채

종류	색채
금지 표지	바탕: 흰색 기본모형: 빨간색 관련부호/그림: 검은색
경고 표지	바탕: 노란색 기본모형/관련부호/그림: 검은색 다만, 인화성물질 경고/산화성물질 경고/폭발성물질 경고/급성독성물질 경고/부식성물질 경고/발암성 · 변이원성 · 생식독성 · 전신독성 · 호흡기과민성 물질 경고 경우 바탕은 무색, 기본모형은 빨간색(검은색도 가능)
지시 표지	바탕: 파란색 관련그림: 흰색
안내 표지	바탕: 흰색 기본모형/관련부호: 녹색
	바탕: 녹색 관련부호/그림: 흰색
출입 금지 표지	바탕: 흑색 글자: 흰색 다음 글자는 적색 - ○○○제조/사용/보관 중 - 석면취급/해체 중 - 발암물질 취급 중

답 ④

276 ☆☆

산업안전보건법령상 보안경 착용을 포함하는 안전보건표지의 종류는?

① 지시표지 ② 안내표지
③ 금지표지 ④ 경고표지

해 보안경 착용은 지시표지이다.

301
보안경 착용

답 ①

277 ☆

산업안전보건법령상 안전보건표지의 종류 중 다음 표지의 명칭은? (단, 마름모 테두리는 빨간색이며, 안의 내용은 검은색이다.)

① 폭발성물질 경고 ② 산화성물질 경고
③ 부식성물질 경고 ④ 급성독성물질 경고

해

203 폭발성물질 경고	202 산화성물질 경고	205 부식성물질 경고

답 ④

278 ☆☆

산업안전보건법령상 안전보건표지의 종류 중 다음 안전보건 표지의 명칭은?

① 화물적재금지 ② 차량통행금지
③ 물체이동금지 ④ 화물출입금지

해

화물적재 금지표지는 없음.	103 차량통행금지 	108 물체이동금지	화물출입 금지표지는 없음.

답 ③

279 ☆

다음 중 산업안전보건법령상 [그림]에 해당하는 안전보건표지의 명칭으로 옳은 것은?

① 물체이동 경고 ② 양중기운행 경고
③ 낙하물 경고 ④ 매달린물체 경고

해

108 물체이동금지	양중기 운행경고 표지는 없음.	209 낙하물 경고	208 매달린 물체 경고

답 ④

280 ☆

집단의 기능에 관한 설명으로 틀린 것은?

① 집단의 규범은 변화하기 어려운 것으로 불변적이다.
② 집단 내에 머물도록 하는 내부의 힘을 응집력이라 한다.
③ 규범은 집단을 유지하고 집단의 목표를 달성하기 위해 만들어진 것이다.
④ 집단이 하나의 집단으로서의 역할을 수행하기 위해서는 집단 목표가 있어야 한다.

해 집단의 규범은 변화 가능하다.
집단의 기능

응집력	집단 내부에 머물도록 하는 내부의 힘
행동 규범	집단을 통제하고 목표 달성하기 위한 것으로 집단에 의해 지지되며 통제가 된다.
집단 목표	집단이 한 집단으로서 역할을 다하기 위해서는 집단 목표가 있어야 한다.

답 ①

281 ☆☆☆

집단에서의 인간관계 메커니즘(Mechanism)과 가장 거리가 먼 것은?

① 분열, 강박 ② 모방, 암시
③ 동일화, 일체화 ④ 커뮤니케이션, 공감

해 인간관계 메커니즘

동일화	다른 사람 행동양식이나 태도를 투입시키거나 다른 사람 가운데서 자기와 비슷한 점을 발견하는 것
투사	자기 속의 억압된 것을 다른 사람의 것으로 생각하는 것
모방	남의 행동이나 판단을 표본으로 해 그것과 같거나 그것에 가까운 행동 또는 판단을 하는 것
암시	다른 사람으로부터의 판단이나 행동을 무비판적으로 논리적/사실적 근거 없이 받아들이는 것
커뮤니케이션	갖가지 행동양식이나 기호를 매개로 해 어떤 사람으로부터 다른 사람에게 전달하는 과정

답 ①

282 ☆☆

인간관계의 메커니즘 중 다른 사람의 행동 양식이나 태도를 투입시키거나 다른 사람 가운데서 자기와 비슷한 것을 발견하는 것은?

① 공감 ② 모방 ③ 동일화 ④ 일체화

해 윗 해설 참조

답 ③

283 ☆☆

사회행동의 기본 형태가 아닌 것은?

① 모방 ② 대립 ③ 도피 ④ 협력

해 사회행동 기본형태: 대립/도피/협력/융합

답 ①

284 ☆☆☆

적응기제 중 도피기제 유형이 아닌 것은?

① 합리화 ② 고립 ③ 억압 ④ 퇴행

해

방어적기제	• 정의: 자신의 약점을 위장하여 유리하게 보임으로써 자기를 보호하려는 것 • 보상: 자신의 약점이나 무능력, 열등감을 위장하여 유리하게 보호함으로써 안정감을 찾으려는 것 • 승화: 억압당한 욕구가 사회적 · 문화적으로 가치 있는 목적으로 향하여 노력함으로써 욕구 충족하는 것 • 투사: 자기 속의 억압된 것을 다른 사람의 것으로 생각하는 것 • 동일시: 자기가 되고자 하는 대상을 찾아내 동일시해 만족을 얻는 행동 • 합리화: 자기 약점을 그럴듯한 이유로 남에게 비난받지 않도록 하는 것
도피적기제	• 정의: 욕구불만이나 압박으로부터 벗어나기 위해 현실을 벗어나 안정을 되찾으려는 것 • 고립: 열등감을 의식해 다른 사람과 접촉을 피해 자기 내적 세계로 들어가 현실 억압에서 피하려는 것 • 퇴행: 위험이나 불안을 일으키는 상황에 만족했던 시기를 생각하는 것 • 억압: 나쁜 것을 잊고 더 이상 행하지 않겠다는 것 • 백일몽: 현실에서 만족할 수 없는 것을 상상 속에서 얻으려는 것
공격적기제	• 정의: 욕구불만이나 압박에 대해 반항해 적대시하는 감정이나 태도를 취하는 것 • 직접적 공격기제(폭행/기물파손) • 간접적 공격기제(욕설/비난)

답 ①

285 ☆☆☆☆

적응기제의 형태 중 방어적 기제에 해당하지 않는 것은?

① 고립 ② 보상 ③ 승화 ④ 합리화

해 윗 해설 참조

답 ①

286 ☆

다음 중 억압당한 욕구가 사회적 · 문화적으로 가치 있는 목직으로 향하여 노력함으로써 욕구를 충족하는 적응기제(Adjustment Mechanism)를 무엇이라 하는가?

① 보상 ② 투사 ③ 승화 ④ 합리화

해 윗 해설 참조

답 ③

287 ☆

특정 과업에서 에너지 소비수준에 영향을 미치는 인자가 아닌 것은?

① 작업방법 ② 작업속도
③ 작업관리 ④ 도구

해 특정 과업에서 에너지 소비수준에 영향을 미치는 인자
작업방법/작업속도/작업자세/도구설계

답 ③

288 ☆☆

바이오리듬(생체리듬)관한 설명 중 틀린 것은?

① 안정기(+)와 불안정기(-)의 교차점을 위험일이라 한다.
② 감성적 리듬은 33일을 주기로 반복하며, 주의력, 예감 등과 관련되어 있다.
③ 지성적 리듬은 "I"로 표시하며 사고력과 관련이 있다.
④ 육체적 리듬은 신체적 컨디션의 율동적 발현, 즉 식욕·활동력 등과 밀접한 관계를 갖는다.

해 바이오리듬 종류

구분	내용
육체적 리듬 (P, Physical)	23일을 주기로 반복되며, 신체적 컨디션의 율동적 발현, 즉 식욕·활동력 등과 밀접한 관계를 갖는 리듬
감성적 리듬 (S, Sensitivity)	28일을 주기로 반복되며, 주의력 · 창조력 · 예감 · 통찰력 등을 좌우하는 리듬
지성적 리듬 (I, Intellectual)	33일을 주기로 반복되며, 상상력, 사고력, 기억력 또는 의지, 판단 및 비판력 등과 깊은 관련성을 갖는 리듬

답 ②

289 ☆

생체 리듬(Bio Rhythm)중 일반적으로 33일을 주기로 반복되며, 상상력, 사고력, 기억력 또는 의지, 판단 및 비판력 등과 깊은 관련성을 갖는 리듬은?

① 육체적 리듬 ② 지성적 리듬
③ 감성적 리듬 ④ 생활 리듬

해 윗 해설 참조

답 ②

290 ☆☆☆

생체리듬 변화에 대한 설명으로 틀린 것은?

① 야간에는 체중이 감소한다.
② 혈액 수분과 염분량은 주간에 증가하고 야간에 감소한다.
③ 야간에는 말초운동 기능이 저하된다.
④ 혈압, 체온, 맥박수는 주간에 상승하고 야간에 감소한다.

해 생체리듬 변화

구분	주간	야간
혈압	증가	감소
체온	증가	감소
체중	증가	감소
맥박수	증가	감소
말초운동기능	증가	감소
염분	감소	증가
혈액수분	감소	증가
피로자각증상	감소	증가

답 ②

291 ☆☆☆

일반적으로 시간의 변화에 따라 야간에 상승하는 생체리듬은?

① 혈압 ② 맥박수 ③ 체중 ④ 혈액의 수분

해 윗 해설 참조

답 ④

292 ☆☆

다음 중 리더쉽(Leadership)에 관한 설명으로 틀린 것은?

① 각자의 목표를 위해 스스로 노력하도록 사람에게 영향력을 행사하는 활동
② 어떤 특정한 목표달성을 지향하고 있는 상황 하에서 행사되는 대인 간의 영향력
③ 공통된 목표달성을 지향하도록 사람에게 영향을 미치는 것
④ 주어진 상황 속에서 목표 달성을 위해 개인 또는 집단의 활동을 미치는 과정

해 조직의 목표를 위해 영향력을 행사하는 활동

답 ①

293 ☆

다음 중 리더십 이론에서 성공적인 리더는 어떤 특성을 가지고 있는가를 연구하는 이론은?

① 특성이론 ② 행동이론
③ 상황적합성이론 ④ 수명주기이론

해 리더십 이론 종류

특성이론	성공적인 리더는 어떤 특성을 가지고 있는가를 연구하는 이론
행동이론	리더의 특성과 더불어 여러 상황에서 리더가 어떻게 행동하는가를 연구하는 이론
상황적합성이론	리더와 추종자간 상호작용에 미치는 환경요인을 연구하는 이론

답 ①

294 ☆

다음 중 리더의 행동스타일 리더십을 연결시킨 것으로 잘못 연결된 것은?

① 부하 중심적 리더십 - 치밀한 감독
② 직무 중심적 리더십 - 생산과업 중시
③ 부하 중심적 리더십 - 부하와의 관계 중시
④ 직무 중심적 리더십 - 공식권한과 권력에 의존

해 의사결정에 따른 리더십 종류

권위형(독재형)(전제형)	• 직무 중심적 리더십 • 치밀한 감독 • 생산과업 중시 • 공식권한과 권력 의존 • 지도자가 모든 정책 결정
민주형	• 부하 중심적 리더십 • 부하와의 관계 중시
위임형	• 부하직원에게 권한 부여 • 의사결정 시 개인 통찰력보다 조직 통찰력 존중
개방형(자유방임형)	• 리더십 의미 찾기 힘듦 • 방치/무질서 • 업무회피현상 발생

답 ①

295 ☆

리더십의 유형에 해당되지 않는 것은?

① 권위형 ② 민주형 ③ 자유방임형 ④ 혼합형

해 윗 해설 참조

답 ④

296 ☆

다음 중 직원들과의 원만한 관계를 유지하며 그들의 의견을 존중하여 의사결정에 반영하는 리더쉽은?

① 변혁적 ② 설득적 ③ 지시적 ④ 참여적

해 참여적 리더십에 대한 설명이다.

답 ④

297 ☆☆☆☆☆☆☆

헤드십(headship)의 특성에 관한 설명으로 틀린 것은?

① 지휘 형태는 권위주의적이다.
② 상사의 권한 증거는 비공식적이다.
③ 상사와 부하의 관계는 지배적이다.
④ 상사와 부하의 사회적 간격은 넓다.

해

헤드십
• 집단 구성원이 아닌 외부에 의해 선출된 지도자로 권한을 행사
• 지휘형태 권위적 • 부하와 사회적 간격 넓음 • 상사와 부하 관계가 종속적(지배적) • 법에 의한 권한 가지며 조직으로부터 위임 받음 • 부하직원 활동 감독 • 상사의 권한 증거는 공식적

답 ②

298 ☆

경험한 내용이나 학습된 행동을 다시 생각하여 작업에 적용하지 아니하고 방치함으로서 경험의 내용이나 인상이 약해지거나 소멸되는 현상을 무엇이라 하는가?

① 착각 ② 훼손 ③ 망각 ④ 단절

해

착각	물리현상 왜곡하는 지각현상
망각	경험한 내용이나 학습된 행동을 다시 생각하여 작업에 적용하지 아니하고 방치함으로서 경험의 내용이나 인상이 약해지거나 소멸되는 현상

답 ③

299 ☆☆

운동의 시지각(착각현상) 중 자동운동이 발생하기 쉬운 조건에 해당하지 않는 것은?

① 광점이 작은 것
② 대상이 단순한 것
③ 광의 강도가 큰 것
④ 시야의 다른 부분이 어두운 것

해 자동운동 생기기 쉬운 조건
– 광점 · 광강도 작을 것
– 시야의 다른 부분이 어두울 것
– 대상이 단순할 것

답 ③

300 ☆

다음 중 인간의 착각현상에서 움직이지 않는 것이 움직이는 것처럼 느껴지는 현상을 무엇이라 하는가?

① 유도운동　　② 잔상운동
③ 자동운동　　④ 유선운동

해

유도운동	움직이지 않는 것이 움직이는 것처럼 느껴지는 현상
잔상운동	어떤 방향의 운동을 계속 관찰하고나서 정지한 것을 보면 그때까지와 역방향의 운동을 느끼게 되는 현상
자동운동	암실 내 정지된 소광점 응시하면 광점이 움직이는 것처럼 보이는 현상

답 ①

301 ☆☆

재해의 발생형태 중 다음 그림이 나타내는 것은?

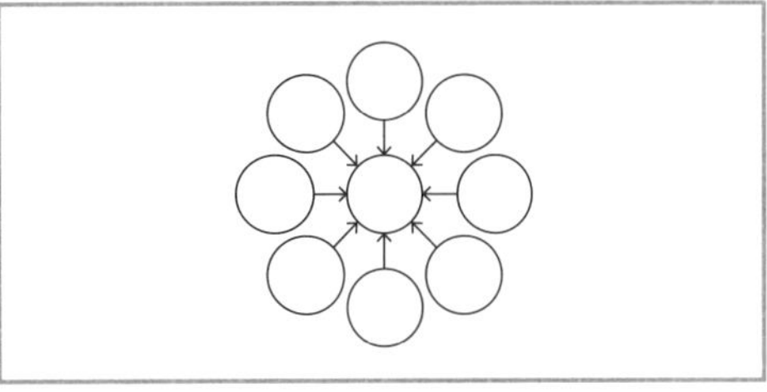

① 단순연쇄형　　② 복합연쇄형
③ 단순자극형　　④ 복합형

해 재해발생 형태

단순자극형(집중형)	연쇄형(사슬형)	복합형
상호자극에 의해 순간적으로 재해가 발생하는 유형으로 재해발생 장소에 일시적으로 요인 집중한다.	한 사고요인이 또다른 사고요인 발생시켜 재해 발생하는 유형으로 단순연쇄형과 복합연쇄형이 있다.	단순자극형 + 연쇄형 유형으로 일반적인 산업재해의 유형이다.

답 ③

302 ☆

산업재해보상보험법령상 보험급여의 종류가 아닌 것은?

① 장례비 ② 간병급여
③ 직업재활급여 ④ 생산손실비용

해 보험급여 종류
요양급여/휴업급여/장해급여/간병급여/유족급여/상병보상연금/장례비/직업재활급여

답 ④

303 ☆

다음 중 하인리히의 재해 손실비용 산정에 있어서 1:4 비율은 각각 무엇을 의미하는가?

① 치료비의 보상비의 비율
② 급료와 손해보상의 비율
③ 직접손실비와 간접손실비의 비율
④ 보험지급비와 비보험손실비의 비용

해 하인리히 재해손실비용
총 재해비용 = 직접비 + 간접비
(직접비:간접비 = 1:4)
직접비: 법에 따른 산재보상비
요양급여/휴업급여/장해급여/간병급여/유족급여/상병보상연금/장례비/직업재활급여
간접비: 생산손실비/인적손실비/시간손실비

답 ③

304 ☆☆

다음 손실비용 중 성격이 다른 하나는?

① 요양급여 ② 생산손실급여
③ 상병보상연금 ④ 간병급여

해 윗 해설 참조

답 ②

305 ☆☆

하인리히 방식의 재해코스트 산정에서 직접비에 해당되지 않은 것은?

① 휴업보상비 ② 병상위문금
③ 장해특별보상비 ④ 상병보상연금

해 윗 해설 참조

답 ②

306 ☆☆☆

다음 중 하인리히 방식의 재해코스트 산정에 있어 직접비에 해당되지 않은 것은?

① 간병급여 ② 신규채용비용
③ 직업재활급여 ④ 상병(傷病)보상연금

해 윗 해설 참조

답 ②

307 ☆☆☆☆

재해 코스트 산정에 있어 시몬즈(R.H. Simonds)방식에 의한 재해코스트 산정법으로 옳은 것은?

① 직접비+간접비
② 간접비+비보험코스트
③ 보험코스트+비보험코스트
④ 보험코스트+사업부보상금 지급액

해 시몬즈방식에 의한 재해코스트 산정법
총 재해비용 = 보험비용 + 비보험비용
비보험비용 = 휴업상해건수 • A
+ 통원상해건수 • B
+ 응급조치건수 • C
+ 무상해사고건수 • D
(A/B/C/D: 장해정도별에 의한 비보험비용 평균치)
휴업상해: 영구 부분노동 불능 및 일시 전노동 불능
통원상해: 일시 부분노동 불능 및 의사 통원조치를 필요로 한 상해
응급조치상해: 응급조치상해 또는 8시간 미만 휴업 의료조치상해
무상해사고: 의료조치를 필요로 하지 않은 상해사고

답 ③

308 ☆

시몬즈(Simonds)의 재해코스트 산출방식에서 A, B, C, D는 무엇을 뜻하는가?

총 재해코스트=보험코스트+A×휴업상해건수+B×통원상해건수+C×응급조치건수+D×무상해사고건수

① 직접손실비
② 간접손실비
③ 보험 코스트
④ 비보험 코스트 평균치

해 윗 해설 참조

답 ④

309 ☆☆

시몬즈(Simonds)의 재해 손실비용 산정 방식에 있어 비보험 코스트에 포함되지 않는 것은?

① 영구 전 노동불능 상해
② 영구 부분 노동불능 상해
③ 일시 전 노동불능 상해
④ 일시 부분 노동불능 상해

해 윗 해설 참조

답 ①

310 ☆

시몬즈(Simonds) 방식의 재해손실비 산정에 있어 비보험 코스트에 해당되지 않는 것은?

① 소송관계 비용
② 신규작업자에 대한 교육훈련비
③ 부상자의 직장 복귀 후 생산 감소로 인한 임금 비용
④ 산업재해보상보험법에 의해 보상된 금액

해 ④: 보험 코스트

답 ④

311 ☆

근로손실일수 산출에 있어서 사망으로 인한 근로손실연수는 보통 몇 년을 기준으로 산정하는가?

① 30 ② 25 ③ 15 ④ 10

해 기본 근로시간: 8시간 근무, 300일 근무
사망 시 근로손실일수: 7,500일
$\rightarrow \frac{7,500}{300} = 25$년

답 ②

312 ☆

500명의 근로자가 근무하는 사업장에서 연간 30건의 재해가 발생하여 35명의 재해자로 인해 250일의 근로손실이 발생한 경우 이 사업장의 재해 통계에 관한 설명으로 틀린 것은?

① 이 사업장의 도수율은 약 29.2이다.
② 이 사업장의 강도율은 약 0.21이다.
③ 이 사업장의 연천인율은 70이다.
④ 근로시간이 명시되지 않을 경우에는 연간 1인당 2,400시간을 적용한다.

해 $\text{도수율} = \frac{\text{재해건수}}{\text{연근로시간수}} \cdot 10^6$
$= \frac{30}{500 \cdot 2,400} \cdot 10^6 = 25$

$\text{강도율} = \frac{\text{총요양근로손실일수}}{\text{연근로시간수}} \cdot 10^3$
$= \frac{250}{500 \cdot 2,400} \cdot 10^3 = 0.21$

총요양근로손실일수
$= \text{장해등급에 따른 근로손실일수} + \text{휴업일수} \cdot \frac{\text{연근로일}}{365}$

$\text{연천인율} = \frac{\text{연재해자수}}{\text{연평균근로자수}} \cdot 10^3$
$= \frac{35}{500} \cdot 10^3 = 70$

답 ①

313 ☆

산업재해보험 적용 근로자 1,000명인 플라스틱 제조 사업장에서 작업 중 재해 5건이 발생하였고, 1명이 사망하였을 때 이 사업장의 사망만인율은?

① 2 ② 5 ③ 10 ④ 20

해 사망만인율 $= \frac{\text{사망자수}}{\text{산재보험적용근로자수}} \cdot 10^4$

$= \frac{1}{10^3} \cdot 10^4 = 10$

답 ③

314 ☆

1년간 80건의 재해가 발생한 A사업장은 1,000명의 근로자가 1주일당 48시간, 1년간 52주를 근무하고 있다. A사업장의 도수율은? (단, 근로자들은 재해와 관련 없는 사유로 연간 노동시간의 3%를 결근하였다.)

① 31.06 ② 32.05 ③ 33.04 ④ 34.03

해 도수율 $= \frac{\text{재해건수}}{\text{연근로시간수}} \cdot 10^6$

$= \frac{80}{1,000 \cdot 48 \cdot 52 \cdot 0.97} \cdot 10^6$

$= 33.04$

답 ③

315 ☆

1일 근무시간이 9시간이고, 지난 한 해 동안의 근무일이 300일인 A 사업장의 재해건수는 24건, 의사 진단에 의한 총 휴업일수는 3,650일이었다. 해당 사업장의 도수율과 강도율은 얼마인가? (단, 사업장의 평균근로자수는 450명이다.)

① 도수율: 0.02, 강도율: 2.55
② 도수율: 0.19, 강도율: 0.25
③ 도수율: 19.75, 강도율: 2.47
④ 도수율: 20.43, 강도율: 2.55

해 도수율 $= \frac{\text{재해건수}}{\text{연근로시간수}} \cdot 10^6$

$= \frac{24}{450 \cdot 9 \cdot 300} \cdot 10^6 = 19.75$

강도율 $= \frac{\text{총요양근로손실일수}}{\text{연근로시간수}} \cdot 10^3$

$= \frac{3650 \cdot \frac{300}{365}}{450 \cdot 9 \cdot 300} \cdot 10^3 = 2.47$

총요양근로손실일수
$=$ 장해등급에 따른 근로손실일수 $+$
휴업일수 $\cdot \frac{\text{연근로일}}{365}$

답 ③

316 ☆

어떤 사업장의 상시근로자 1,000명이 작업 중 2명 사망자와 의사진단에 의한 휴업일수 90일 손실을 가져온 경우의 강도율은? (단, 1일 8시간, 연 300일 근무)

① 7.32 ② 6.28 ③ 8.12 ④ 5.92

해 사망 = 7,500일

$$\text{강도율} = \frac{\text{총요양근로손실일수}}{\text{연근로시간수}} \cdot 10^3$$

$$= \frac{7{,}500 \cdot 2 + 90 \cdot \frac{300}{365}}{1{,}000 \cdot 8 \cdot 300} \cdot 10^3$$

$$= 6.28$$

총요양근로손실일수

$$= \text{장해등급에 따른 근로손실일수} + \text{휴업일수} \cdot \frac{\text{연근로일}}{365}$$

답 ②

317 ☆

근로자수 300명, 총 근로 시간수 48시간 • 50주이고, 연재해건수는 200건일 때 이 사업장의 강도율은? (단, 연 근로 손실일수는 800일로 한다.)

① 1.11 ② 0.90 ③ 0.16 ④ 0.84

해

$$\text{강도율} = \frac{\text{총요양근로손실일수}}{\text{연근로시간수}} \cdot 10^3$$

$$= \frac{800}{300 \cdot 48 \cdot 50} \cdot 10^3 = 1.11$$

총요양근로손실일수

$$= \text{장해등급에 따른 근로손실일수} + \text{휴업일수} \cdot \frac{\text{연근로일}}{365}$$

답 ①

318 ☆

A사업장의 현황이 다음과 같을 때 이 사업장의 강도율은?

> **근로자수**: 500명
> **연근로시간수**: 2,400시간
> **신체장해등급**: 2급(3명), 10급(5명)
> **휴업일수**: 1,500일

① 0.22 ② 2.22 ③ 22.28 ④ 222.88

해

구분	사망	신체장해자등급										
	1~3	4	5	6	7	8	9	10	11	12	13	14
근로손실일수(일)	7,500	5,500	4,000	3,000	2,200	1,500	1,000	600	400	200	100	560

$$\text{강도율} = \frac{\text{총요양근로손실일수}}{\text{연근로시간수}} \cdot 10^3$$

$$= \frac{7{,}500 \cdot 3 + 600 \cdot 5 + 1{,}500 \cdot \frac{300}{365}}{500 \cdot 2{,}400}$$

$$\cdot 10^3 = 22.28$$

총요양근로손실일수

$$= \text{장해등급에 따른 근로손실일수} + \text{휴업일수} \cdot \frac{\text{연근로일}}{365}$$

답 ③

319 ☆☆☆

도수율이 24.5이고, 강도율이 1.15인 사업장에서 한 근로자가 입사하여 퇴직할 때까지의 근로손실일수는?

① 2.45일 ② 115일 ③ 215일 ④ 245일

해 근로자가 입사하여 퇴직할 때까지의
근로손실일수 = 환산강도율
= 강도율 • 100 = 1.15 • 100 = 115일

답 ②

320 ☆

강도율 7인 사업장에서 한 작업자가 평생 동안 작업을 한다면 산업재해로 인한 근로손실일수는 며칠로 예상되는가? (단, 이 사업장의 연근로시간과 한 작업자의 평생근로시간은 100,000시간으로 가정한다.)

① 500 ② 600 ③ 700 ④ 800

해 근로자가 입사하여 퇴직할 때까지의
근로손실일수 = 환산강도율
= 강도율 • 100 = 7 • 100 = 700일

답 ③

321 ☆

A사업장의 조건이 다음과 같을 때 A사업장에서 연간재해발생으로 인한 근로손실일수는?

강도율: 0.4
근로자 수: 1,000명
연근로시간수: 2,400시간

① 480 ② 720 ③ 960 ④ 1,440

해 $강도율 = \frac{총요양근로손실일수}{연근로시간수} \cdot 10^3$

$\rightarrow 총요양근로손실일수$

$= \frac{강도율 \cdot 연근로시간수}{10^3}$

$= \frac{0.4 \cdot 1,000 \cdot 2,400}{10^3}$

$= 960$

답 ③

322 ☆☆

연간 근로자수 1,000명인 공장 도수율이 10일 때 이 공장의 연간발생 재해건수는? (단, 연근로시간은 2,400시간)

① 10건 ② 18건 ③ 24건 ④ 35건

해 $도수율 = \frac{재해건수}{연근로시간수} \cdot 10^6$

$\rightarrow 10 = \frac{재해건수}{1,000 \cdot 2,400} \cdot 10^6$

$\rightarrow 재해건수 = \frac{10 \cdot 1,000 \cdot 2,400}{10^6} = 24$

답 ③

323 ☆

도수율이 12.5인 사업장에서 근로자 1명에게 평생동안 약 몇 건의 재해가 발생하겠는가? (단, 평생근로년수는 40년, 평생근로시간은 잔업시간 4,000시간을 포함하여 80,000시간으로 가정한다.)

① 1건 ② 2건 ③ 4건 ④ 12건

해 $\text{도수율} = \frac{\text{재해건수}}{\text{연근로시간수}} \cdot 10^6$

$\rightarrow 12.5 = \frac{\text{재해건수}}{80,000} \cdot 10^6$

$\rightarrow \text{재해건수} = \frac{12.5 \cdot 80,000}{10^6} = 1$

답 ①

324 ☆

연평균 500명의 근로자가 근무하는 사업장에서 지난 한해 동안 20건의 재해가 발생하였다. 만약 이 사업장에서 한 근로자가 평생동안 작업을 한다면 약 몇 건의 재해를 당할 수 있겠는가? (단, 1인당 평생근로시간은 120,000시간으로 한다.)

① 1건 ② 2건 ③ 4건 ④ 6건

해 $\text{도수율} = \frac{\text{재해건수}}{\text{연근로시간수}} \cdot 10^6$

$= \frac{20}{500 \cdot 8 \cdot 300} \cdot 10^6$

$= 16.67$

도수율 = 100만 시간당 재해건수

근로시간 미기재시 일8시간, 연300일 근무

→ 100만: 16.67 = 12만: x

$x = \frac{16.67 \cdot 12\text{만}}{100\text{만}} = 2\text{건}$

답 ②

325 ☆

베어링을 생산하는 사업장에 300명의 근로자가 근무하고 있다. 1년에 21건의 재해가 발생하였다면 이 사업장에서 근로자 1명이 평생 작업 시 약 몇 건의 재해를 당할 수 있겠는가? (단, 1일 8시간씩, 1년에 300일 근무하며, 평생근로 시간은 10만시간으로 가정한다.)

① 1건 ② 3건 ③ 5건 ④ 6건

해 $\text{도수율} = \frac{\text{재해건수}}{\text{연근로시간수}} \cdot 10^6$

$= \frac{21}{300 \cdot 8 \cdot 300} \cdot 10^6$

$= 29.16$

도수율 = 100만 시간당 재해건수

→ 100만: 29.16 = 10만: x

→ $x = 2.916 \fallingdotseq 3$건

답 ②

326 ☆☆

A사업장의 강도율이 2.5이고, 연간 재해발생건수가 12건, 연간 총 근로시간수가 120만 시간일 때 이 사업장의 종합재해지수는 약 얼마인가?

① 1.6 ② 5.0 ③ 27.6 ④ 230

해 $\text{종합재해지수(FSI)} = \sqrt{\text{도수율} \cdot \text{강도율}}$

$= \sqrt{10 \cdot 2.5} = 5$

$\text{도수율} = \frac{\text{재해건수}}{\text{연근로시간수}} \cdot 10^6$

$= \frac{12}{1,200,000} \cdot 10^6$

$= 10$

강도율 = 2.5

답 ②

327 ☆

상시근로자수가 100명인 사업장에서 1일 8시간씩 연간 280일 근무하였을 때, 1명의 사망사고와 5건의 재해로 인하여 180일의 휴업일수가 발생하였다. 이 사업장의 종합재해지수는 약 얼마인가?

① 22.32 ② 27.59 ③ 34.14 ④ 56.42

해 종합재해지수(FSI) = $\sqrt{\text{도수율} \cdot \text{강도율}}$

$= \sqrt{22.32 \cdot 34.1} = 27.59$

도수율 $= \dfrac{\text{재해건수}}{\text{연근로시간수}} \cdot 10^6$

$= \dfrac{5}{100 \cdot 8 \cdot 280} \cdot 10^6 = 22.32$

강도율 $= \dfrac{\text{총요양근로손실일수}}{\text{연근로시간수}} \cdot 10^3$

$= \dfrac{7{,}500 + 180 \cdot \dfrac{280}{365}}{100 \cdot 8 \cdot 280} \cdot 10^3 = 34.1$

총요양근로손실일수

= 장해등급에 따른 근로손실일수 + 휴업일수 $\cdot \dfrac{\text{연근로일}}{365}$

답 ②

328 ☆

[표]는 A작업장을 하루 10회 순회하면서 적발된 불안전한 행동건수이다. A작업장의 1일 불안전한 행동률은 약 얼마인가?

순회 횟수	1회	2회	3회	4회	5회	6회	7회	8회	9회	10회
근로자수	100	100	100	100	100	100	100	100	100	100
불완전 행동 적발 건수	0	1	2	0	0	1	2	0	0	1

① 0.07% ② 0.7% ③ 7% ④ 70%

해 불안전 행동률(%)

$= \dfrac{\text{불안전 행동 적발건수}}{\text{평균근로자수} \cdot \text{순회횟수}} \cdot 100$

$= \dfrac{1+2+1+2+1}{100 \cdot 10} \cdot 100$

$= 0.7\%$

답 ②

329 ☆

다음 중 하인리히가 제시한 1:29:300의 재해구성비율에 관한 설명으로 틀린 것은?

① 총 사고발생건수는 300건이다.

② 중상 또는 사망은 1회 발생된다.

③ 고장이 포함되는 무상해사고는 300건 발생된다.

④ 인적, 물적 손실이 수반되는 경상이 29건 발생된다.

해 총 사고발생건수는 330건이다.

답 ①

330 ☆☆

재해로 인한 직접비용으로 8,000만원의 산재보상비가 지급되었을 때, 하인리히 방식에 따른 총 손실비용은?

① 16,000만원 ② 24,000만원
③ 32,000만원 ④ 40,000만원

해 하인리히 방식
총 재해비용 = 직접비 + 간접비(= 4 • 직접비)
= 8,000 + 4 • 8,000
= 40,000만원

답 ④

331 ☆☆

하인리히의 재해구성비율 "1:29:300"에서 "29"에 해당되는 사고발생비율은?

① 8.8% ② 9.8% ③ 10.8% ④ 11.8%

해 $\frac{29}{1+29+300} \cdot 100 = 8.79\%$

답 ①

332 ☆

하인리히 재해 구성 비율 중 무상해사고가 600건이라면 사망 또는 중상 발생 건수는?

① 1 ② 2 ③ 29 ④ 58

해 1(사망/중상해) : 29(경상해) : 300(무상해)
x : : 600

$\rightarrow x = 1 \cdot \frac{600}{300} = 2$

답 ②

333 ☆☆

어느 사업장에서 당해년도에 총 660명의 재해자가 발생하였다. 하인리히의 재해구성비율에 의하면 경상의 재해자는 몇 명으로 추정되겠는가?

① 58 ② 64 ③ 600 ④ 631

해 1(사망/중상해) : 29(경상해) : 300(무상해)
2 : X : 600

경상해 : 58명

답 ①

334 ☆

하인리히(Heinrich)의 재해구성비율에 따른 58건의 경상이 발생한 경우 무상해 사고는 몇 건이 발생하겠는가?

① 58건 ② 116건 ③ 600건 ④ 900건

해 1(사망/중상해) : 29(경상해) : 300(무상해)
58 : x

$\rightarrow x = 300 \cdot \frac{58}{29} = 600$

답 ③

335 ☆☆☆

버드(Bird)의 재해분포에 따르면 20건의 경상(물적, 인적상해)사고가 발생했을 때 무상해·무사고(위험순간) 고장 발생 건수는?

① 200 ② 600 ③ 1,200 ④ 12,000

해 중상, 폐질 : 경상 : 무상해사고 : 무상해, 무사고
1 : 10 : 30 : 600
20 X

→ 경상 2배니 무상해, 무사고도 2배해서 1,200이다.

답 ③

336 ☆

어느 사업장에서 물적손실이 수반된 무상해 사고가 180건 발생하였다면 중상은 몇 건이나 발생할 수 있는가? (단, 버드의 재해구성 비율법칙에 따른다.)

① 6건 ② 18건 ③ 20건 ④ 29건

해 버드의 법칙(1 : 10 : 30 : 600)
1: 중상, 폐질
10: 경상
30: 무상해사고
600: 무상해, 무사고 고장)
무상해사고 : 중상 = 30 : 1
30 : 1 = 180 : x
$x = 6$

답 ①

MEMO

산업안전기사 2012~22년

2과목

인간공학 및 위험성평가관리
(기출중복문제 소거 정리)

잠깐! 더 효율적인 공부를 위한 링크들을 적극 이용하세요~!

직8딴 홈페이지
- 출시한 책 확인 및 구매

직8딴 카카오오픈톡방
- 실시간 저자의 질문 답변
(주7일 아침 11시~새벽 2시까지, 전화로도 함)
- 직8딴 구매자전용 복지와 혜택 획득
(최소 달에 40만원씩 기프티콘 지급)
- 구매자들과의 소통 및 EHS 관련 정보 습득

직8딴 네이버카페
- 실시간으로 최신화되는 정오표 확인
(정오표: 책 출시 이후 발견된 오타/오류를 모아놓은 표, 매우 중요)
- 공부에 도움되는 컬러버전 그림 및 사진 습득
- 직8딴 구매자전용 복지와 혜택 획득

직8딴 유튜브
- 저자 직접 강의 시청 가능
- 공부 팁 및 암기법 획득
- 국가기술자격증 관련 정보 획득

2012~2022년 | 2과목

2 인간공학 및 위험성평가관리

기출 중복문제 소거 정리

001 ☆☆☆

다음 중 인간공학을 나타내는 용어로 적절하지 않은 것은?

① ergonomics
② human factors
③ human engineering
④ customize engineering

해 ergonomics(인간공학)
ergon(작업) + nomos(법칙) + ics(학문)조합된 단어로 human factors, human engineering 라고도 한다.

답 ④

002 ☆☆

다음 중 인간공학에 대한 설명으로 틀린 것은?

① 인간이 사용하는 물건, 설비, 환경의 설계에 작용된다.
② 인간의 생리적, 심리적인 면에서의 특성이나 한계점을 고려한다.
③ 인간을 작업과 기계에 맞추는 실제 철학이 바탕이 된다.
④ 인간-기계 시스템의 안전성과 편리성, 효율성을 높인다.

해 작업과 기계를 인간에 맞추는 실제 철학이 바탕이 된다.

답 ③

003 ☆

인간공학에 있어 기본적인 가정에 관한 설명으로 틀린 것은?

① 인간 기능의 효율은 인간-기계 시스템의 효율과 연계된다.
② 인간에게 적절한 동기부여가 된다면 좀 더 나은 성과를 얻게 된다.
③ 개인이 시스템에서 효과적으로 기능을 하지 못해도 시스템의 수행도는 변함없다.
④ 장비, 물건, 환경 특성이 인간의 수행도와 인간-기계 시스템의 성과에 영향을 준다.

해 개인이 시스템에서 효과적으로 기능을 하지 못하면 시스템을 개인에게 맞춰 재설계한다.

답 ③

004 ☆☆

사업장에서 인간공학의 적용분야로 가장 거리가 먼 것은?

① 제품설계
② 설비의 고장률
③ 재해·질병 예방
④ 장비·공구·설비의 배치

해 인간공학 적용분야
제품설계/재해·질병 예방/장비·공구·설비의 배치/작업장 연구

답 ②

005 ☆

다음 중 인간공학적 설계 대상에 해당되지 않은 것은?

① 보전(Maintenance)
② 기계(Machinery)
③ 환경(Environment)
④ 물건(Objects)

해 인간공학적 설계 대상: 물건/기계/환경

답 ①

006 ☆

인간공학의 궁극적인 목적과 가장 관계가 깊은 것은?

① 경제성 향상
② 인간 능력의 극대화
③ 설비가동율 향상
④ 안전성, 효율성 향상

해 인간공학의 궁극적인 목적은 안전성 및 효율성 향상이다.

답 ④

007 ☆

다음 중 인간공학의 목표와 가장 거리가 먼 것은?

① 에러 감소 ② 생산성 증대
③ 안전성 향상 ④ 신체 건강 증진

해 신체 건강 증진 목적은 아니다.

답 ④

008 ☆

인간공학을 기업에 적용할 때의 기대효과로 볼 수 없는 것은?

① 노사 간의 신뢰 저하
② 작업손실시간의 감소
③ 제품과 작업의 질 향상
④ 작업자의 건강 및 안전 향상

해 인간공학 적용 시 기대효과
1. 산업재해의 감소
2. 작업자의 건강 및 안전 향상
3. 이직률 및 작업손실시간의 감소
4. 직무 만족도의 향상
5. 제품과 작업의 질 향상
6. 노사 간의 신뢰 상승

답 ①

009 ☆☆

시스템 분석 및 설계에 있어서 인간공학의 가치와 가장 거리가 먼 것은?

① 훈련비용의 절감
② 인력 이용률의 향상
③ 생산 및 보전의 경제성 감소
④ 사고 및 오용으로부터의 손실 감소

해 체계분석 및 설계의 인간공학적 가치
1. 성능의 향상
2. 훈련비용의 절감
3. 인력이용률의 향상
4. 사고 및 오용으로부터의 손실 감소
5. 생산 및 보전의 경제성 증대
6. 사용자의 수용도 향상

답 ③

010 ☆☆

인간의 정보처리 과정 3단계에 포함되지 않는 것은?

① 인지 및 정보처리단계
② 반응단계
③ 인식 및 감지단계
④ 행동단계

해 인식과 자극의 정보처리 과정 3단계
1. 인지 및 정보처리단계
2. 인식 및 감지단계
3. 행동단계

답 ②

011 ☆☆☆

인간공학 연구조사에 사용되는 기준의 구비조건과 가장 거리가 먼 것은?

① 적절성 ② 다양성 ③ 무오염성 ④ 신뢰성

해 연구조사의 기준척도 종류

신뢰성 (반복성)	대표 표본 선정에 관계없이 변수 측정의 일관성, 안정성이 있어야된다.
타당성 (적절성)	어느 것이나 공통적으로 변수가 실제로 의도하는 바를 어느 정도 측정하는 가를 결정해야 된다.
순수성 (무오염성)	기준 척도는 측정하고자 하는 변수 외의 다른 변수들의 영향을 받아서는 안된다.
민감도	피실험자 사이에서 볼 수 있는 예상 차이점에 비례하는 단위로 측정해야 한다.

답 ②

012 ☆

인간공학적 연구에 사용되는 기준 척도의 요건 중 다음 설명에 해당하는 것은?

> 기준 척도는 측정하고자 하는 변수 외의 다른 변수들의 영향을 받아서는 안 된다.

① 신뢰성 ② 적절성 ③ 검출성 ④ 무오염성

해 윗 해설 참조

답 ④

013 ☆

연구 기준의 요건과 내용이 옳은 것은?

① 무오염성 : 실제로 의도하는 바와 부합해야 한다.
② 적절성 : 반복 실험 시 재현성이 있어야 한다.
③ 신뢰성 : 측정하고자 하는 변수 이외의 다른 변수의 영향을 받아서는 안 된다.
④ 민감도 : 피실험자 사이에서 볼 수 있는 예상 차이점에 비례하는 단위로 측정해야 한다.

해 윗 해설 참조

답 ④

014 ☆☆☆

다음 중 시스템 신뢰도에 관한 설명으로 옳지 않은 것은?

① 시스템의 성공적 퍼포먼스를 확률로 나타낸 것이다.
② 각 부품이 동일한 신뢰도를 가질 경우 직렬 구조 신뢰도는 병렬 구조에 비해 신뢰도가 낮다.
③ 시스템의 병렬구조는 시스템의 어느 한 부품이 고장나면 시스템이 고장나는 구조이다.
④ n중 k구조는 n개의 부품으로 구성된 시스템에서 k개 이상의 부품이 작동하면 시스템이 정상적으로 가동되는 구조이다.

해 시스템의 직렬구조는 시스템의 어느 한 부품이 고장나면 시스템이 고장나는 구조이다.

답 ③

015 ☆

시스템의 수명 및 신뢰성에 관한 설명으로 틀린 것은?

① 병렬설계 및 디레이팅 기술로 시스템의 신뢰성을 증가시킬 수 있다.
② 직렬시스템에서는 부품들 중 최소 수명을 갖는 부품에 의해 시스템 수명이 정해진다.
③ 수리가 가능한 시스템의 평균수명(MTBF)은 평균 고장률(λ)과 정비례관계가 성립한다.
④ 수리가 불가능한 구성요소로 병렬구조를 갖는 설비는 중복도가 늘어날수록 시스템 수명이 길어진다.

해 수리가 가능한 시스템의 평균수명(MTBF)은 평균 고장률(λ)과 반비례 관계가 성립한다.

$$\text{MTBF} = \frac{1}{\text{평균고장률}(\lambda)}$$

답 ③

016 ☆

병렬 시스템의 대한 특성이 아닌 것은?

① 요소의 수가 많을수록 고장의 기회는 줄어든다.
② 요소의 중복도가 늘어날수록 시스템의 수명은 길어진다.
③ 요소의 어느 하나라도 정상이면 시스템은 정상이다.
④ 시스템의 수명은 요소 중에서 수명이 가장 짧은 것으로 정해진다.

해 시스템의 수명은 요소 중에서 수명이 가장 긴 것으로 정해진다.

답 ④

017 ☆

다음에서 설명하는 용어는?

> 유해위험요인을 파악하고 해당 유해위험요인에 의한 부상 또는 질병의 발생 가능성과 중대성을 추정 및 결정하고 감소대책을 수립하며 실행하는 일련의 과정

① 위험성 결정 ② 위험성평가
③ 위험빈도 추정 ④ 유해위험요인 파악

해 위험성평가란 사업주가 스스로 유해위험요인을 파악하고 해당 유해위험요인의 위험성 수준을 결정하여, 위험성을 낮추기 위한 적절한 조치를 마련하고 실행하는 과정을 말한다.

답 ②

018 ☆☆☆

다음 그림에서 시스템 위험분석 기법 중 PHA(예비위험분석)가 실행되는 사이클의 영역으로 맞는 것은?

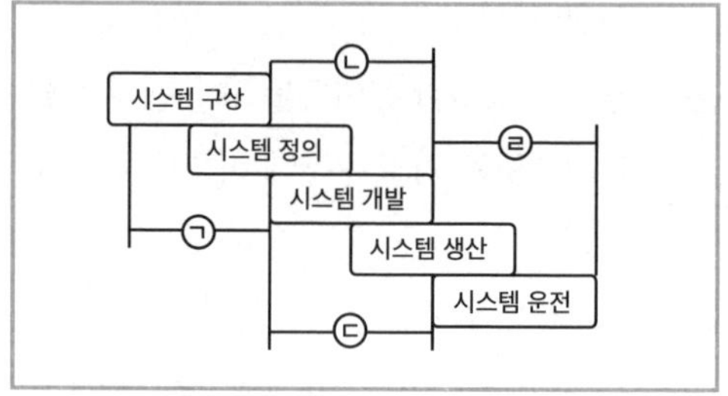

① ㉠ ② ㉡ ③ ㉢ ④ ㉣

해 시스템 수명주기

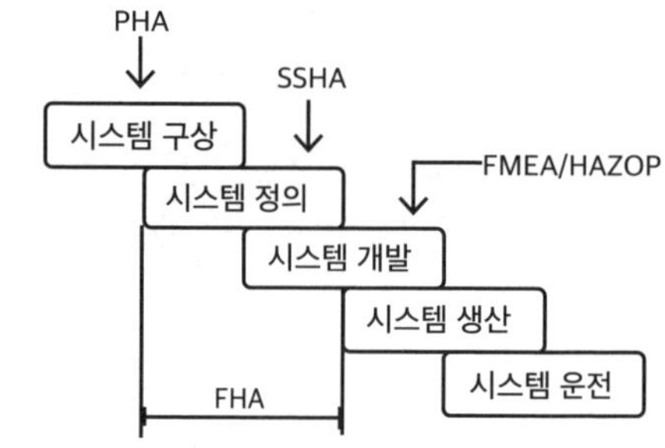

답 ①

019 ☆

다음 중 시스템 안전 프로그램의 개발단계에서 이루어져야 할 사항의 내용과 가장 거리가 먼 것은?

① 교육훈련을 시작한다.
② 위험분석으로 주로 FMEA가 적용된다.
③ 설계의 수용가능성을 위해 보다 완벽한 검토를 한다.
④ 이 단계의 모형분석과 검사결과는 OHA의 입력자료로 사용된다.

해 시스템 수명주기

구상	PHA 적용
정의	• SSHA 적용 • 예비설계와 생산기술 검토 • 생산물 적합성 검토
개발	• 위험분석으로 주로 FMEA 적용 • 설계 수용가능성을 위해 보다 완벽한 검토 시행 • 모형분석과 검사결과가 OHA 입력 자료로 사용
생산	• 교육훈련 시작
운용(운전)	• 사고 또는 사건으로부터 축적된 자료에 대해 실증을 통한 문제를 규명하고 이를 최소화하기 위한 조치를 마련하는 단계 • 안전점검 기준에 따른 평가를 내림

답 ①

020 ☆☆

시스템 안전 프로그램에 있어 시스템의 수명주기를 일반적으로 5단계로 구분할 수 있는데 다음 중 시스템 수명주기의 단계에 해당하지 않는 것은?

① 구상단계 ② 생산단계
③ 운전단계 ④ 분석단계

해 윗 해설 참조

답 ④

021 ☆☆

시스템의 운용단계에서 이루어져야 할 주요한 시스템 안전 부문의 작업이 아닌 것은?

① 생산시스템 분석 및 효율성 검토
② 안전성 손상 없이 사용설명서의 변경과 수정을 평가
③ 운용, 안전성 수준유지를 보증하기 위한 안전성 검사
④ 운용, 보전 및 위급 시 절차를 평가하여 설계 시 고려사항과 같은 타당성 여부 식별

해 시스템 운용단계의 안전 부문 작업
1. 안전성 손상 없이 사용설명서의 변경과 수정을 평가
2. 운용, 안전성 수준유지를 보증하기 위한 안전성 검사
3. 운용, 보전 및 위급 시 절차를 평가하여 설계 시 고려사항과 같은 타당성 여부 식별
4. 위험상태의 재발방지를 위해 적절한 개량 조치를 강구할 것

답 ①

022 ☆

다음 중 시스템 안전(system safety)에 대한 설명으로 가장 적절하지 않은 것은?

① 주로 시행착오에 의해 위험을 파악한다.
② 위험을 파악, 분석, 통제하는 접근방법이다.
③ 수명주기 전반에 걸쳐 안전을 보장하는 것을 목표로 한다.
④ 처음에는 국방과 우주항공 분야에서 필요성이 제기되었다.

해 시행착오에 의해 위험을 파악하면 물적손실이 매우 크니 사전예방을 중요시 해야 된다.

답 ①

023 ☆☆

시스템 안전분석 방법 중 예비위험분석(PHA)단계에서 식별하는 4가지 범주에 속하지 않는 것은?

① 위기상태 ② 무시가능상태
③ 파국적상태 ④ 예비조치상태

해 4가지 범주

파국적	시스템 성능 저하되어 심각한 손실 초래한 상태
중대적(위기)	작업자 부상 및 시스템의 중대한 손해를 초래하거나 작업자 생존 및 시스템 유지를 위해 즉시 수정 조치를 필요로 하는 상태
한계적	작업자 부상 및 시스템의 중대한 손해를 초래하지 않고 대처 또는 제어할 수 있는 상태
무시가능	시스템 성능이나 인원 손실이 전혀 없는 상태

답 ④

024 ☆

다음 설명 중 ㄱ과 ㄴ에 해당하는 내용이 올바르게 연결된 것은?

> 예비위험분석(PHA)의 식별된 4가지 사고 카테고리 중 작업자 부상 및 시스템의 중대한 손해를 초래하거나 작업자 생존 및 시스템 유지를 위해 즉시 수정 조치를 필요로 하는 상태를 (ㄱ), 작업자 부상 및 시스템의 중대한 손해를 초래하지 않고 대처 또는 제어할 수 있는 상태를 (ㄴ)이라 한다.

① ㄱ-파국적, ㄴ-중대
② ㄱ-중대, ㄴ-파국적
③ ㄱ-한계적, ㄴ-중대
④ ㄱ-중대, ㄴ-한계적

해 윗 해설 참조

답 ④

025 ☆

Chapanis의 위험수준에 의한 위험발생률 분석에 대한 설명으로 맞는 것은?

① 자주 발생하는(frequent) > 10^{-3}/day
② 가끔 발생하는(occasional) > 10^{-5}/day
③ 거의 발생하지 않는(remote) > 10^{-6}/day
④ 극히 발생하지 않는(impossible) > 10^{-8}/day

해 Chapanis의 위험수준에 의한 위험발생률
자주 발생하는(frequent) > 10^{-2}/day
가끔 발생하는(occasional) > 10^{-4}/day
거의 발생하지 않는(remote) > 10^{-5}/day
극히 발생하지 않는(impossible) > 10^{-8}/day

답 ④

026 ☆☆

FMEA의 특징에 대한 설명으로 틀린 것은?

① 서브시스템 분석 시 FTA보다 효과적이다.
② 시스템 해석기법은 정성적·귀납적 분석법 등에 사용된다.
③ 각 요소간 영향 해석이 어려워 2가지 이상 동시 고장은 해석이 곤란하다.
④ 양식이 비교적 간단하고 적은 노력으로 특별한 훈련 없이 해석이 가능하다.

해 고장형태와 영향분석법(FMEA)

- 제품 설계와 개발단계에서 고장 발생을 최소로 할 때 유효한 분석방법
- 특징
  - 서브시스템 분석 시 FTA보다 덜 효과적이다.
  - 시스템 해석기법은 정성적·귀납적 분석법 등에 사용된다.
  - 각 요소간 영향 해석이 어려워 2가지 이상 동시 고장은 해석이 곤란하다.
  - 서식이 비교적 간단하고 적은 노력으로 특별한 훈련 없이 해석 가능하다.
  - 요소 간 상세 관계나 정보가 없어 논리적 배경이 약하다.
  - 해석영역이 물체로 한정되어 있다.
  - 두 가지 이상의 요소가 동시에 고장나는 경우에는 분석이 힘들다.
- FMEA 고장 발생확률별 고장 영향

발생확률	고장 영향
$\beta = 0$	손실의 영향이 없음
$0 < \beta \leq 0.1$	손실 발생 가능성이 있음
$0.1 < \beta < 1$	실제 손실이 예상됨
$\beta = 1$	실제 손실이 발생됨

답 ①

027 ☆☆

다음 중 FMEA(Failure Mode and Effect Analysis)가 가장 유효한 경우는?

① 일정 고장률을 달성하고자 하는 경우
② 고장 발생을 최소로 하고자 하는 경우
③ 마멸 고장만 발생하도록 하고 싶은 경우
④ 시험 시간을 단축하고자 하는 경우

해 윗 해설 참조

답 ②

028 ☆☆

FMEA의 장점이라 할 수 있는 것은?

① 분석방법에 대한 논리적 배경이 강하다.
② 물적, 인적요소 모두가 분석대상이 된다.
③ 서식이 간단하고 비교적 적은 노력으로 분석이 가능하다.
④ 두 가지 이상의 요소가 동시에 고장나는 경우에도 분석이 용이하다.

해 윗 해설 참조

답 ③

029 ☆

FMEA에서 고장의 발생확률 β가 다음 값의 범위일 경우 고장의 영향으로 옳은 것은?

$0.1 < \beta < 1$

① 손실의 영향이 없음
② 실제 손실이 예상됨
③ 실제 손실이 발생됨
④ 손실 발생의 가능성이 있음

해 윗 해설 참조

답 ②

030 ☆

신호검출이론(SDT)에서 두 정규분포 곡선이 교차하는 부분에 판별기준이 놓였을 경우 Beta값으로 맞는 것은?

① Beta = 0 ② Beta < 1
③ Beta = 1 ④ Beta > 1

해

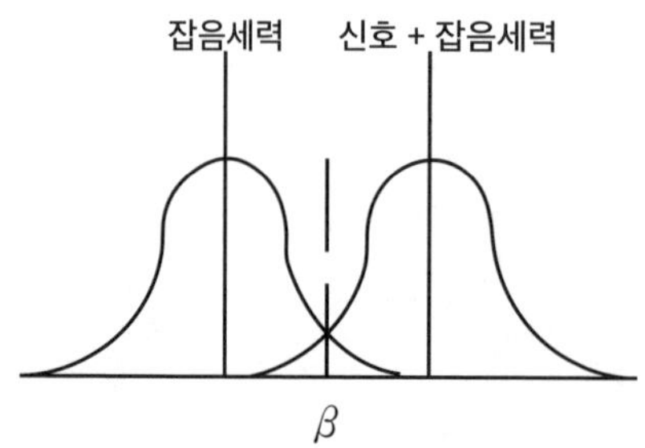

해 신호검출이론(SDT)에서 두 정규분포 곡선이 교차하는 부분은 Beta = 1이다.

답 ③

031 ☆☆

다음 중 시스템이나 기기의 개발 설계단계에서 FMEA의 표준적인 실시 절차에 해당되지 않는 것은?

① 비용 효과 절충 분석
② 시스템 구성의 기본적 파악
③ 상위 체계에의 고장 영향분석
④ 신뢰도 블록 다이어그램 작성

해 FMEA의 표준적인 실시 절차

1. 대상 시스템 분석	• 시스템 구성의 기본적 파악 • 신뢰도 블록 다이어그램 작성
2. 고장형태와 영향해석	• 상위 체계에의 고장 영향분석 • 고장등급 평가
3. 치명도 해석과 개선책 검토	• 치명도 해석 • 해석결과 정리

답 ①

032 ☆☆☆

시스템 위험분석 기법 중 고장형태 및 영향분석(FMEA)에서 고장 등급의 평가요소에 해당되지 않는 것은?

① 고장발생의 빈도
② 고장의 영향 크기
③ 기능적 고장 영향의 중요도
④ 영향을 미치는 시스템의 범위

해 FMEA 고장 등급 평가요소

1. 고장발생의 빈도
2. 기능적 고장 영향의 중요도
3. 신규설계 여부
4. 영향을 미치는 시스템의 범위
5. 고장방지 가능성

답 ②

033 ☆☆☆

다음 중 모든 시스템 안전 프로그램에서의 최초단계 해석으로 시스템의 위험요소가 어떤 위험 상태에 있는가를 정성적으로 평가하는 분석 방법은?

① PHA ② FHA ③ FMEA ④ FTA

해 시스템 위험분석기법 종류

예비위험분석 (PHA, Preliminary Hazard Analysis)	모든 시스템 안전프로그램에서의 최초(구상)단계 해석으로 시스템의 위험요소가 어떤 위험상태에 있는가를 정성적으로 평가하는 분석방법
운용 위험성 분석 (OHA, Operating Hazard Analysis)	시스템이 저장되어 이동되고 실행됨에 따라 발생하는 작동 시스템의 기능이나 과업, 활동으로부터 발생되는 위험에 초점을 맞춘 위험분석 차트
운용 안정성 분석 (OSA, Operation Safety Analysis)	안전 요건을 결정하기 위해 실시하는 분석법
결함위험분석 (FHA, Fault Hazards Analysis)	시스템 정의에서부터 시스템 개발 단계를 지나 시스템 생산 단계 진입 전까지 적용되는 것
결함수분석법 (FTA, Fault Tree Analysis)	연역적/정성적/정량적이며 재해원인을 규명하며 재해 정량적 예측이 가능한 탑다운(하향식) 분석방법
사건수 분석(ETA, Event Tree Analysis)	-사고 시나리오에서 연속된 사건들의 발생경로를 파악하고 평가하기 위한 귀납적이고 정량적인 시스템 안전 프로그램 -사고의 발단이 되는 초기 사상이 발생할 경우 그 영향이 시스템에서 어떤 결과(정상 또는 고장)로 진전해 가는지를 나뭇가지가 갈라지는 형태로 분석하는 방법
고장형태와 영향분석 (FMEA, Failure Modes & Effect Analysis)	제품 설계와 개발단계에서 고장 발생을 최소로 할 때 유효한 분석방법
치명도 분석법 (CA, Criticality Analysis)	• 고장 유형 및 영향 분석에서 식별된 고장 유형 및 원인에 대하여 상대적인 치명도 값을 산출하여 분석하는 정량적 분석방법 • 고장이 시스템의 손실과 인명의 사상에 연결되는 높은 위험도를 가진 요소나 고장의 형태에 따른 분석법
FMECA(Failure Modes Effects and Criticality Analysis)	고장영향분석인 FMEA와 치명도분석인 CA가 결합된 형태
위험성 및 운전성 검토(HAZOP, Hazard & Operability Analysis)	장비의 잠재된 위험이나 기능저하 등의 영향을 평가하기 위해 공정이나 설계도 등에 체계적으로 검토하는 것
인간과오율 예측기법(THERP, Technique for Human Error Rate Prediction)	인간 과오를 정량적으로 평가하기 위해 개발된 기법
모트(MORT, management oversight and risk tree)	원자력 산업과 같이 상당한 안전이 확보되어있는 장소에서 추가적인 고도의 안전 달성을 목적으로 하고 있으며, 관리, 설계, 생산, 보전 등 광범위한 안전을 도모하기 위하여 개발된 분석기법
DT (Decision tree)	요소 신뢰도 이용해 시스템 신뢰도 나타내는 것

답 ①

034 ☆☆

다음 중 복잡한 시스템을 설계, 가공하기 전의 구상단계에서 시스템의 근본적인 위험성을 평가하는 가장 기초적인 위험도 분석기법은?

① 예비위험분석(PHA)
② 결함수 분석법(FTA)
③ 운용 안전성 분석(OSA)
④ 고장의 형태과 영향분석(FMEA)

해 윗 해설 참조

답 ①

035 ☆

다음 중 톱다운(top – down) 접근방법으로 일반적 원리로부터 논리의 절차를 밟아서 각각의 사실이나 명제를 이끌어내는 연역적 평가기법은?

① FTA　② ETA　③ FMEA　④ HAZOP

해 윗 해설 참조

답 ①

036 ☆

시스템이 저장되어 이동되고 실행됨에 따라 발생하는 작동시스템의 기능이나 과업, 활동으로부터 발생되는 위험에 초점을 맞춘 위험분석 차트는?

① 결함수분석(FTA : Fault Tree Analysis)
② 사상수분석(ETA : Event Tree Analysis)
③ 결함위험분석(FHA : Fault Hazard Analysis)
④ 운용위험분석(OHA : Operating Hazard Analysis)

해 윗 해설 참조

답 ④

037 

위험분석기법 중 고장이 시스템의 손실과 인명의 사상에 연결되는 높은 위험도를 가진 요소나 고장의 형태에 따른 분석법은?

① CA　② ETA　③ FHA　④ FTA

해 윗 해설 참조

답 ①

038 

다음 중 인간의 과오(Human error)를 정량적으로 평가하고 분석하는데 사용하는 기법으로 가장 적절한 것은?

① THERP　② FMEA　③ CA　④ FMECA

해 윗 해설 참조

답 ①

039 ☆

THERP(Technique for Human Error Rate Prediction)의 특징에 대한 설명으로 옳은 것을 모두 고른 것은?

> ㉠ 인간-기계계에서 여러 가지 인간 에러와 이에 의해 발생하는 위험성의 예측과 개선을 위한 기법
> ㉡ 인간 과오 정성적 평가기법
> ㉢ 가지처럼 갈라지는 형태의 논리구조와 나무형태의 그래프 이용

① ㉠, ㉡ ② ㉠, ㉢ ③ ㉡, ㉢ ④ ㉠, ㉡, ㉢

해 THERP 특징
1. 인간 – 기계계에서 여러 가지 인간 에러와 이에 의해 발생하는 위험성의 예측과 개선을 위한 기법
2. 인간 과오를 정량적으로 평가하기 위해 개발된 기법
3. 가지처럼 갈라지는 형태의 논리구조와 나무형태의 그래프 이용한다.

답 ②

040 ☆

작업자가 계기판의 수치를 읽고 판단하여 밸브를 잠그는 작업을 수행한다고 할 때, 다음 중 이 작업자의 실수 확률을 예측하는 데 가장 적합한 기법은?

① THERP ② FMEA ③ OSA ④ MORT

해 윗 해설 참조

답 ①

041 ☆

원자력 산업과 같이 상당한 안전이 확보되어 있는 장소에서 추가적인 고도의 안전 달성을 목적으로 하고 있으며, 관리, 설계, 생산, 보전 등 광범위한 안전을 도모하기 위하여 개발된 분석기법은?

① DT ② FTA ③ THERP ④ MORT

해 윗 해설 참조

답 ④

042 ☆

다음 설명 중 (   )안에 알맞은 용어가 올바르게 짝지어진 것은?

> (㉠): FTA와 동일의 논리적 방법을 사용해 관리, 설계, 생산, 보전 등에 대한 넓은 범위에 걸쳐 안전성 확보하려는 시스템 안전 프로그램
> (㉡): 사고 시나리오에서 연속된 사건들의 발생경로를 파악하고 평가하기 위한 귀납적이고 정량적인 시스템 안전 프로그램

① ㉠ PHA, ㉡ ETA
② ㉠ ETA, ㉡ MORT
③ ㉠ MORT, ㉡ ETA
④ ㉠ MORT, ㉡ PHA

해 윗 해설 참조

답 ③

043 ☆

'화재 발생'이라는 시작사상에 대하여, 화재 감지기, 화재경보, 스프링클러 등의 성공 또는 실패 작동여부와 확률에 따른 피해 결과를 분석하는데 가장 적합한 위험분석기법은?

① FTA ② ETA ③ FHA ④ THERP

해 ETA: 사고 시나리오에서 연속된 사건들의 발생경로를 파악하고 평가하기 위한 귀납적이고 정량적인 시스템 안전 프로그램

답 ②

044 ☆

다음 중 인간 신뢰도(Human Reliability)의 평가 방법으로 가장 적합하지 않은 것은?

① HCR ② THERP ③ SLIM ④ FMECA

해 인간 신뢰도 평가방법
HCR/OAT/THERP/SLIM

답 ④

045 ☆

인간실수확률에 대한 추정기법으로 가장 적절하지 않은 것은?

① CIT(Critical Incident Technique): 위급사건기법
② FMEA(Failure Mode and Effect Analysis): 고장형태 영향분석
③ TCRAM(Task Criticality Rating Analysis Method): 직무위급도 분석법
④ THERP(Technique for Human Error Rate Prediction): 인간실수율 예측기법

해 인간실수확률에 대한 추정기법 종류

CIT	위급사건기법
FTA	결함수 분석법
HERB	인간실수 자료은행
HES	인간실수 모의실험
OAT	조작자 행동나무
TCRAM	직무위급도 분석법
THERP	인간실수율 예측기법

답 ②

046 ☆

인간 신뢰도 분석기법 중 조작자 행동 나무(Operator Action Tree) 접근 방법이 환경적 사건에 대한 인간의 반응을 위해 인정하는 활동 3가지가 아닌 것은?

① 감지 ② 추정 ③ 진단 ④ 반응

해 OAT의 인정하는 활동: 감지/진단/반응

답 ②

047 ☆☆

다음 중 결함수 분석의 기대효과와 가장 관계가 먼 것은?

① 사고원인 규명의 간편화
② 시간에 따른 원인 분석
③ 사고원인 분석의 정량화
④ 시스템의 결함 진단

해 결함수 분석법(FTA, Fault Tree Analysis)
- 연역적/정성적/정량적이며 재해원인을 규명하며 재해 정량적 예측이 가능한 분석 방법
- 특징
  ① Top Down(하향식) 형식
  ② 특정사상에 대한 해석
  ③ 논리기호를 사용한 해석
  ④ 기능적 결함의 원인을 분석하는데 용이하다.
  ⑤ 비전문가라도 쉽게 할 수 있다.
  ⑥ 계량적 데이터가 축적되면 정량적 분석이 가능하다.
  ⑦ 짧은 시간에 점검할 수 있다.
- 기대효과
  ① 사고원인 규명 간편화
  ② 사고원인 분석 일반화
  ③ 사고원인 분석 정량화
  ④ 시스템 결함 진단
  ⑤ 노력과 시간 절약
- 재해사례 연구 순서
  톱(TOP)사상의 선정 → 사상의 재해 원인규명 → FT도의 작성 → 개선 계획의 작성 → 개선안 실시계획

답 ②

048 ☆

결함수분석법(FTA)의 특징으로 볼 수 없는 것은?

① Top Down 형식
② 특정사상에 대한 해석
③ 정량적 해석의 불가능
④ 논리기호를 사용한 해석

해 윗 해설 참조

답 ③

049 ☆☆

다음 중 결함수분석(FTA)에 관한 설명으로 틀린 것은?

① 연역적 방법이다.
② 버텀-업(Bottom-Up) 방식이다.
③ 기능적 결함 원인 분석하는데 용이하다.
④ 계량적 데이터가 축적되면 정량적 분석이 가능하다.

해 윗 해설 참조

답 ②

050 ☆

FTA에 대한 설명으로 틀린 것은?

① 정성적 분석만 가능하다.
② 하향식(top-down) 방법이다.
③ 짧은 시간에 점검할 수 있다.
④ 비전문가라도 쉽게 할 수 있다.

해 윗 해설 참조

답 ①

051 ☆

다음의 각 단계를 결함수분석법(FTA)에 의한 재해사례의 연구 순서대로 나열한 것은?

㉠ 톱사상의 선정 ㉡ FT도 작성 ㉢ 개선계획 작성 ㉣ 사상의 재해원인 규명

① ㉠→㉡→㉢→㉣　② ㉠→㉣→㉢→㉡
③ ㉠→㉢→㉡→㉣　④ ㉠→㉣→㉡→㉢

해 윗 해설 참조

답 ④

052 ☆☆

다음 중 FTA에 의한 재해사례 연구 순서에서 가장 먼저 실시하여야 하는 사항은?

① FT도의 작성
② 개선 계획의 작성
③ 톱(TOP)사상의 선정
④ 사상의 재해 원인 규명

해 윗 해설 참조

답 ③

053 ☆☆

다음 중 FT의 작성방법에 관한 설명으로 틀린 것은?

① 정성, 정량적으로 해석. 평가하기 전에는 FT를 간소화해야 한다.
② 정상(Top)사상과 기본사상과의 관계는 논리게이트를 이용해 도해한다.
③ FT를 작성하려면, 먼저 분석대상 시스템을 완전히 이해하여야 한다.
④ FT 작성을 쉽게 하기 위해서는 정상(Top)사상을 최대한 광범위하게 정의한다.

해 ④: FT 작성을 쉽게 하기 위해서는 먼저 정상사상을 선정을 한다.

답 ④

054 ☆

다음 중 FTA(Fault Tree Analysis)에 관한 설명으로 가장 적절한 것은?

① 복잡하고, 대형화된 시스템의 신뢰성 분석에는 적절하지 않다.
② 시스템 각 구성요소의 기능을 정상인가 또는 고장인가로 점진적으로 구분짓는다.
③ "그것이 발생하기 위해서는 무엇이 필요한가"라는 것은 연역적이다.
④ 사건들을 일련의 이분(binary) 의사 결정 분기들로 모형화한다.

해 ①: 복잡하고, 대형화된 시스템의 신뢰성 분석에는 적절하다.
②: 각 기본사상 간 독립 여부는 공분산으로 판단한다.
④: 사건들을 나무 구조로 모형화한다.

답 ③

055 ☆

FTA를 수행함에 있어 기본사상들의 발생이 서로 독립인가 아닌가의 여부를 파악하기 위해서는 어느 값을 계산해 보는 것이 가장 적합한가?

① 공분산 ② 분산 ③ 고장률 ④ 발생확률

해 **공분산**: 2개의 확률변수 상관정도를 나타내는 값으로 FTA 수행 시 기본사상들의 발생이 서로 독립인가 아닌가의 여부를 파악하는데 적합하다.

답 ①

056 ☆

다음 중 각 기본사상의 발생확률이 증감하는 경우 정상 사상의 발생확률에 어느 정도 영향을 미치는가를 반영하는 지표로서 수리적으로는 편미분계수와 같은 의미를 갖는 FTA의 중요도 지수는?

① 구조 중요도 ② 확률 중요도
③ 치명 중요도 ④ 비구조 중요도

해 FTA 중요도 지수 종류

확률 중요도	각 기본사상의 발생확률이 증감하는 경우 정상 사상의 발생확률에 어느 정도 영향을 미치는가를 반영하는 지표
구조 중요도	구조에 따라 발생하는 시스템 고장 영향 평가 지표
치명 중요도	치명중요도는 기본적으로 기본사상 발생확률의 변화율에 대한 정상사상 발생확률 변화율의 비

답 ②

057 ☆☆☆☆

결함수 분석법에서 Path set에 관한 설명으로 옳은 것은?

① 시스템의 약점을 표현한 것이다.
② Top 사상을 발생시키는 조합이다.
③ 시스템이 고장 나지 않도록 하는 사상 조합이다.
④ 시스템고장을 유발시키는 필요불가결한 기본사상들의 집합이다.

해 ①/②/④: 컷셋/미니멀 컷셋
컷셋/미니멀 컷셋/패스셋/미니멀 패스셋

컷셋	• FTA에서 특정 조합의 기본사상들이 동시에 결함을 발생하였을 때 정상사상(Top사상)을 일으키는 기본사상의 집합 • 시스템 고장을 유발시키는 필요불가결한 기본사상들의 집합이다. • 시스템 약점(위험성)을 표현한 것이다.
미니멀 컷셋	• 정상사상(Top event)을 일으키는 최소한의 집합 • 컷셋 중에 타 컷셋을 포함하고 있는 것을 배제하고 남은 컷셋들을 의미 • 일반적으로 시스템에서 최소 컷셋 개수가 늘어나면 위험 수준이 높아진다. • 일반적으로 Fussell Algorithm을 이용한다. • 반복되는 사건이 많은 경우 Limnios와 Ziani Algorithm을 이용하는 것이 유리하다. • 시스템 약점(위험성)을 표현한다.
패스셋	• 기본사상이 일어나지 않을 때 정상 사상(Top event)이 일어나지 않는 기본사상의 집합 • 시스템이 고장 나지 않도록 하는 사상 조합이다. • 어느 고장이나 에러를 일으키지 않으면 재해가 일어나지 않는 시스템의 신뢰성이다.

미니멀 패스셋	• 시스템에 고장이 발생하지 않도록 하는 최소한의 셋 • 시스템 신뢰성을 표시하는 것이다.

답 ③

058 ☆☆

결함수 분석법(FTA)에서의 미니멀 컷셋과 미니멀 패스셋에 관한 설명으로 맞는 것은?

① 미니멀 컷셋은 시스템의 신뢰성을 표시하는 것이다.

② 미니멀 패스셋은 시스템의 위험성을 표시하는 것이다.

③ 미니멀 패스셋은 시스템의 고장을 발생시키는 최소의 패스셋이다.

④ 미니멀 컷셋은 정상사상(top event)을 일으키기 위한 최소한의 컷셋이다.

해 ①: 미니멀 컷셋은 시스템의 약점을 표시하는 것이다.
②: 미니멀 패스셋은 시스템의 신뢰성을 표시하는 것이다.
③: 미니멀 패스셋은 시스템의 고장을 발생시키지 않는 최소의 패스셋이다.
윗 해설 참조

답 ④

059 ☆

다음 중 FTA에서 활용하는 최소 컷셋(Minimal cut sets)에 관한 설명으로 옳은 것은?

① 해당 시스템에 대한 신뢰도를 나타낸다.

② 컷셋 중에 타 컷셋을 포함하고 있는 것을 배제하고 남은 컷셋들을 의미한다.

③ 어느 고장이나 에러를 일으키지 않으면 재해가 일어나지 않는 시스템의 신뢰성이다.

④ 기본사상이 일어나지 않을 때 정상사상(Top event)이 일어나지 않는 기본사상의 집합이다.

해 ①/③/④: 패스셋/미니멀 패스셋
윗 해설 참조

답 ②

060 ☆☆☆

FTA에서 사용되는 최소 컷셋에 대한 설명으로 옳지 않은 것은?

① 일반적으로 Fussell Algorithm 이용한다.

② 정상사상(Top event)을 일으키는 최소한의 집합이다.

③ 반복되는 사건이 많은 경우 Limnios와 Ziani Algorithm을 이용하는 것이 유리하다.

④ 시스템에 고장이 발생하지 않도록 하는 모든 사상의 집합이다.

해 윗 해설 참조

답 ④

061 ☆

FTA에서 특정 조합의 기본사상들이 동시에 결합을 발생하였을 때 정상사상을 일으키는 기본사상의 집합을 무엇이라 하는가?

① cut set ② error set
③ path set ④ success set

해 윗 해설 참조

답 ①

062 ☆

다음 중 컷셋과 패스셋에 관한 설명으로 옳은 것은?

① 동일한 시스템에서 패스셋의 개수와 컷셋의 개수는 같다.
② 패스셋은 동시에 발생했을 때 정상사상을 유발하는 사상들의 집합이다.
③ 일반적으로 시스템에서 최소 컷셋의 개수가 늘어나면 위험수준이 높아진다.
④ 일반적으로 시스템에서 최소 컷셋 내의 사상 개수가 적어지면 위험 수준이 낮아진다.

해 ①: 동일한 시스템이라도 패스셋의 개수와 컷셋의 개수는 다를 수 있다.
②: 패스셋은 기본사상이 일어나지 않을 때 정상사상이 일어나지 않는 기본사상의 집합이다.
④: 일반적으로 시스템에서 최소 컷셋 개수가 늘어나면 위험 수준이 높아진다.

답 ③

063 ☆☆

FTA결과 다음과 같은 패스셋을 구하였다. 최소 패스셋(Minimal path sets)으로 옳은 것은?

$\{X_2, X_3, X_4\}$	$\{X_1, X_3, X_4\}$	$\{X_3, X_4\}$

① $\{X_3, X_4\}$
② $\{X_1, X_3, X_4\}$
③ $\{X_2, X_3, X_4\}$
④ $\{X_2, X_3, X_4\}$와 $\{X_3, X_4\}$

해 단순하게 공통으로 들어간 것 고르면 된다. 따라서, 최소 패스셋은 $\{X_3, X_4\}$이다.

답 ①

064 ☆

FTA에서 시스템의 기능을 살리는데 필요한 최소 요인의 집합을 무엇이라 하는가?

① critical set
② minimal gate
③ minimal path
④ Boolean indicated cut set

해 시스템의 기능을 살리는데 필요한 최소 요인의 집합(신뢰성): minimal path

답 ③

065 ☆

기계설비가 설계 사양대로 성능을 발휘하기 위한 적정 윤활의 원칙이 아닌 것은?

① 적량의 규정
② 주유방법의 통일화
③ 올바른 윤활법의 채용
④ 윤활기간의 올바른 준수

해 윤활의 4원칙
1. 기계에 알맞은 윤활유 선정
2. 적량의 규정
3. 윤활기간의 올바른 준수
4. 올바른 윤활법의 채용

답 ②

066 ☆

다음 중 인간공학에 있어 인체측정의 원칙으로 가장 올바른 것은?

① 안전관리를 위한 자료
② 인간공학적 설계를 위한 자료
③ 생산성 향상을 위한 자료
④ 사고 예방을 위한 자료

해 인간공학에 있어 인체측정의 원칙은 그야말로 인간을 위한 것이니 인간공학적 설계를 위한 자료이다.

답 ②

067 ☆

다음 설명은 어떤 설계 응용 원칙을 적용한 사례인가?

> 제어 버튼 설계에서 조작자 거리를 여성의 5 백분위수를 이용해 설계했다.

① 극단적 설계원칙 ② 가변적 설계원칙
③ 평균적 설계원칙 ④ 양립적 설계원칙

해

구분	내용
조절식 (가변적) 설계 (5~95tile)	• 어떤 조건의 인체든 그에 맞게 조절가능식으로 설계하는 것 예 사무실 의자 높이 조절
극단치 설계	• 모든 인체를 수용가능할 수 있도록 제일 작은 혹은 큰 사람을 기준으로 하는 원칙 • **최소치 설계**: 하위 백분위수 기준 1/5/10%tile 예 선반 높이/의자 좌면높이(5% 오금높이) • **최대치 설계**: 상위 백분위수 기준 90/95/99%tile 예 출입문 크기/울타리 • 강의용 책걸상 -**의자 높이**: 최소치 설계 -**의자 깊이**: 최소치 설계 -**의자 너비**: 최대치 설계 -**책상 높이**: 최소치 설계
평균치 설계	• 다른 기준 적용 어려울 때 최종적으로 적용하는 기준으로 평균자료 활용하는 원칙 예 은행 창구 높이/마트 계산대/공원 벤치

답 ①

068 ☆

다음 중 은행 창구나 슈퍼마켓의 계산대에 적용하기에 가장 적합한 인체 측정 자료의 응용 원칙은?

① 평균치 설계 ② 최대 집단치 설계
③ 극단치 설계 ④ 최소 집단치 설계

해 윗 해설 참조

답 ①

069 ☆☆

인체계측자료의 응용원칙 중 조절 범위에서 수용하는 통상의 범위는 얼마인가?

① 5 ~ 95 %tile ② 20 ~ 80 %tile
③ 30 ~ 70 %tile ④ 40 ~ 60 %tile

해 윗 해설 참조

답 ①

070 ☆☆

인체측정치의 응용원리에 해당하지 않는 것은?

① 조절식 설계 ② 극단치 설계
③ 평균치 설계 ④ 다차원식 설계

해 윗 해설 참조

답 ④

071 ☆

위험구역의 울타리 설계 시 인체 측정자료 중 적용해야 할 인체치수로 가장 적절한 것은?

① 인체측정 최대치 ② 인체측정 평균치
③ 인체측정 최소치 ④ 구조적 인체 측정치

해 윗 해설 참조

답 ①

072 ☆

사무실 의자나 책상에 적용할 인체 측정 자료의 설계 원칙으로 가장 적합한 것은?

① 평균치 설계 ② 조절식 설계
③ 최대치 설계 ④ 최소치 설계

해 윗 해설 참조

답 ②

073 ☆

여러 사람이 사용하는 의자 좌면 높이는 어떤 기준으로 설계하는 것이 가장 적절한가?

① 5% 오금높이 ② 50% 오금높이
③ 75% 오금높이 ④ 95% 오금높이

해 여러 사람이 사용하는 의자의 좌면높이는 5% 오금높이 기준으로 설계한다.

답 ①

074 ☆

강의용 책걸상을 설계할 때 고려해야 할 변수와 적용할 인체측정자료 응용원칙이 적절하게 연결된 것은?

① 의자 높이 : 최대 집단치 설계
② 의자 깊이 : 최대 집단치 설계
③ 의자 너비 : 최대 집단치 설계
④ 책상 높이 : 최대 집단치 설계

해 의자 높이: 최소 집단치 설계
의자 깊이: 최소 집단치 설계
의자 너비: 최대 집단치 설계
책상 높이: 최소 집단치 설계

답 ③

075 ☆

착석식 작업대의 높이 설계를 할 경우 고려해야 할 사항과 가장 관계가 먼 것은?

① 의자의 높이 ② 대퇴 여유
③ 작업의 성격 ④ 작업대의 형태

해 착석식 작업대 높이 설계 시 고려사항
의자 높이/대퇴 여유/작업대 두께/작업 성격

답 ④

076 ☆

인체측정에 대한 설명으로 옳은 것은?

① 인체측정치수는 동적 측정과 정적 측정이 있다.
② 인체측정학은 인체의 생화학적 특징을 다룬다.
③ 자세에 따른 인체지수 변화는 없다고 가정한다.
④ 측정항목에 무게, 둘레, 두께, 길이는 포함되지 않는다.

해 인체측정치수는 기능적(동적)치수와 구조적(정적)치수가 있다.

답 ①

077 ☆

인체 계측 중 운전 또는 워드 작업과 같이 인체의 각 부분이 서로 조화를 이루며 움직이는 자세에서의 인체치수를 측정하는 것을 무엇이라 하는가?

① 구조적 치수 ② 정적 치수
③ 외곽 치수 ④ 기능적 치수

해

구조적 인체 치수	• 고정상태에서 측정하는 측정으로 표준자세에서 정적 측정함 • 설계 표준이 되는 기초적인 치수를 결정 • 마틴측정기/실루엣 사진기
기능적 인체 치수	• 활동상태에서 측정하는 측정으로 움직임에 따른 동적 측정함 • 시네필름/사이클그래프

답 ④

078 ☆☆☆☆☆☆☆☆☆

다음 중 의자를 설계하는데 있어 적용할 수 있는 일반적인 인간공학적 원칙으로 가장 적절하지 않은 것은?

① 조절을 용이하게 한다.
② 요부 전만을 유지할 수 있도록 한다.
③ 등 근육의 정적 부하를 높이도록 한다.
④ 추간판에 가해지는 압력을 줄일 수 있도록 한다.

해 의자 설계 원칙
1. 조절을 용이하게 한다.
2. 요부 전만을 유지할 수 있도록 한다.
3. 등 근육의 정적 부하를 낮추도록 한다.
4. 추간판에 가해지는 압력을 줄일 수 있도록 한다.
5. 자세 고정을 줄인다.
6. 좌판의 깊이는 작업자의 등이 등받이에 닿을 수 있도록 설계한다.
7. 좌판은 엉덩이가 앞으로 미끄러지지 않는 재질과 구조로 설계한다.
8. 좌판의 넓이는 큰 사람에게 적합하도록, 깊이는 작은 사람에게 적합하도록 설계한다.
9. 등받이는 충분한 넓이를 가지고 요추 부위부터 어깨 부위까지 편안하게 지지하도록 설계한다.
10. 디스크가 받는 압력을 줄인다.

답 ③

079 ☆

의자 설계에 대한 조건 중 틀린 것은?

① 좌판의 깊이는 작업자의 등이 등받이에 닿을 수 있도록 설계한다.
② 좌판은 엉덩이가 앞으로 미끄러지지 않는 재질과 구조로 설계한다.
③ 좌판의 넓이는 작은 사람에게 적합하도록, 깊이는 큰 사람에게 적합하도록 설계한다.
④ 등받이는 충분한 넓이를 가지고 요추 부위부터 어깨부위까지 편안하게 지지하도록 설계한다.

해 ③: 좌판의 넓이는 큰 사람에게 적합하도록, 깊이는 작은 사람에게 적합하도록 설계한다.
윗 해설 참조

답 ③

080 ☆

다음 중 수공구 설계의 기본원리로 가장 적절하지 않은 것은?

① 손잡이의 단면이 원형을 이루어야 한다.
② 정밀작업을 요하는 손잡이 직경은 2.5 ~ 4cm로 한다.
③ 일반적으로 손잡이의 길이는 95%tile 남성의 손 폭을 기준으로 한다.
④ 동력공구의 손잡이는 두 손가락 이상으로 작동하도록 한다.

해 ②: 정밀작업용 수공구 손잡이는 직경을 5 ~ 12mm로 한다.

답 ②

081 ☆

다음 중 layout의 원칙으로 가장 올바른 것은?

① 운반작업을 수작업화 한다.
② 중간 중간에 중복 부분을 만든다.
③ 인간이나 기계의 흐름을 라인화 한다.
④ 사람이나 물건의 이동거리를 단축하기 위해 기계 배치를 분산화 한다.

해 ①: 운반작업을 자동화한다.
②: 최대한 중복부분을 만들지 않는다.
④: 사람이나 물건의 이동거리를 단축하기 위해 기계 배치를 집중화한다.

답 ③

082 ☆

동작경제의 원칙에 해당하지 않는 것은?

① 공구의 기능을 각각 분리하여 사용하도록 한다.
② 두 팔의 동작은 동시에 서로 반대방향으로 대칭적으로 움직이도록 한다.
③ 공구나 재료는 작업동작이 원활하게 수행되도록 그 위치를 정해준다.
④ 가능하다면 쉽고도 자연스러운 리듬이 작업동작에 생기도록 작업을 배치한다.

해 동작 경제의 3원칙

구분	내용
신체 사용의 원칙	• 두 손은 같이 시작하고 같이 끝나도록 한다. • 휴식시간을 제외하고 양손이 동시에 쉬지 않도록 한다. • 가능하다면 쉽고도 자연스러운 리듬이 작업동작에 생기도록 작업을 배치한다.(관성 이용) • 두 팔은 동시에 서로 반대로 대칭적으로 움직이도록 한다. • 손과 신체의 동작은 작업을 원만히 처리할 수 있는 범위 내에서 가장 낮은 동작등급을 사용하도록 한다.
작업장 배치의 원칙	• 가능하면 낙하방법을 이용한다. • 공구는 작업 동작이 원활히 수행 되도록 그 위치를 정해준다. • 모든 공구는 정해진 위치에 배치한다. • 공구는 사용자 가까이 배치한다.
공구 및 설비 디자인의 원칙	• 가능하면 두 가지 기능 이상이 조합된 공구를 사용한다. • 공구와 자세는 가능한 사용하기 쉽게 미리 위치를 잡아준다. • 공구를 효과적으로 사용할 수 있는 작업에서는 이러한 장치를 사용하도록 해 양손이 다른 일을 할 수 있도록 한다.

답 ①

083 ☆☆☆

다음 중 동작경제의 원칙으로 틀린 것은?

① 가능한 한 관성을 이용하여 작업을 한다.
② 공구 기능을 결합하여 사용하도록 한다.
③ 휴식시간을 제외하고는 양손이 같이 쉬도록 한다.
④ 작업자가 작업 중에 자세를 변경할 수 있도록 한다.

해 윗 해설 참조

답 ③

084 ☆☆

다음 중 동작의 효율을 높이기 위한 동작경제의 원칙으로 볼 수 없는 것은?

① 신체 사용에 관한 원칙
② 작업장의 배치에 관한 원칙
③ 복수 작업자의 활용에 관한 원칙
④ 공구 및 설비 디자인에 관한 원칙

해 윗 해설 참조

답 ③

085 ☆

다음 중 동작경제의 원칙에 있어 "신체사용에 관한 원칙"에 해당하지 않는 것은?

① 두 손의 동작은 동시에 시작해서 동시에 끝나야 한다.
② 손의 동작은 유연하고 연속적인 동작이어야 한다.
③ 공구, 재료 및 제어장치는 사용하기 가까운 곳에 배치해야 한다.
④ 동작이 급작스럽게 크게 바뀌는 직선 동작은 피해야 한다.

해 ③: 작업장 배치의 원칙
윗 해설 참조

답 ③

086 ☆

일반적으로 작업장에서 구성요소를 배치할 때, 공간의 배치 원칙에 속하지 않는 것은?

① 사용빈도의 원칙 ② 중요도의 원칙
③ 공정개선의 원칙 ④ 기능성의 원칙

해 부품 배치의 원칙(공간의 배치 원칙)

중요성의 원칙	부품을 작동하는 성능이 체계의 목표 달성에 중요한 정도에 따라 우선 순위 결정
사용빈도의 원칙	부품을 사용하는 빈도에 따라 우선 순위 결정
기능별 배치의 원칙	기능적으로 관련된 부품들을 모아서 배치
사용순서의 원칙	사용 순서에 따라 장치들을 가까이에 배치

답 ③

087 ☆

작업장 배치 시 유의사항으로 적절하지 않은 것은?

① 작업의 흐름에 따라 기계를 배치한다.
② 생산효율 증대를 위해 기계설비 주위에 재료나 반제품을 충분히 놓아둔다.
③ 공장 내외는 안전한 통로를 두어야 하며, 통로는 선을 그어 작업장과 명확히 구별하도록 한다.
④ 비상시에 쉽게 대비할 수 있는 통로를 마련하고 사고 진압을 위한 활동통로가 반드시 마련되어야 한다.

해 기계설비 주위에 재료나 반제품을 놓아두지 않는다.

답 ②

088 ☆

작업 자세로 인한 부하를 분석하기 위하여 인체 주요 관절의 힘과 모멘트를 정역학적으로 분석하려고 할 때, 분석에 반드시 필요한 인체 관련 자료가 아닌 것은?

① 관절 각도
② 관절 종류
③ 분절(segment) 무게
④ 분절(segment) 무게 중심

해 정역학적 분석 시 필요 인체 관련 자료
관절 각도/분절 무게/분절 무게 중심

답 ②

089 ☆

다음 중 좌식작업이 가장 적합한 작업은?

① 정밀 조립 작업
② 4.5kg 이상의 중량물을 다루는 작업
③ 작업장이 서로 떨어져 있으며 작업장 간 이동이 잦은 작업
④ 작업자의 정면에서 매우 높거나 낮은 곳으로 손을 자주 뻗어야 하는 작업

해 정밀조립작업은 세심함을 요하기에 좌식작업에 적합하다.

답 ①

090 ☆

다음 중 기계 설비의 안전성 평가 시 정밀진단기술과 가장 관계가 먼 것은?

① 파단면 해석 ② 강제열화 테스트
③ 파괴 테스트 ④ 인화점 평가 기술

해 인화점 평가 기술: 물리적 위험특성 진단술
안전성 평가 시 정밀진단기술 종류
파단면 해석/강제열화 테스트/파괴 테스트

답 ④

091 ☆

안전성 평가 항목에 해당하지 않은 것은?

① 작업자에 대한 평가
② 기계설비에 대한 평가
③ 작업공정에 대한 평가
④ 레이아웃에 대한 평가

해 시스템 안전성 평가 항목
1. 기계설비에 대한 평가
2. 작업공정에 대한 평가
3. 레이아웃에 대한 평가

답 ①

092 ☆

[보기]는 화학설비의 안전성 평가 단계를 간략히 나열한 것이다. 다음 중 평가 단계 순서를 올바르게 나타낸 것은?

① 관계자료 작성준비	② 정량적 평가
③ 정성적 평가	④ 안전대책

① ①→③→②→④ ② ①→②→④→③
③ ①→③→④→② ④ ①→②→③→④

해 안전성 평가

1. **관계자료 정비검토 (자료정리)**	입지에 대한 도표/화학설비 배치도/공정기기목록/공정계통도/운전요령/안전설비 종류
2. **정성적 평가**	준비된 기초자료를 항목별로 구분하여 관계법규와 비교, 위반사항을 검토하고 세부적으로 여러 항목의 가부를 살피는 단계 • **설계관계**: 건조물/입지조건/공장내 배치/소방설비/공정기기 • **운전관계**: 원재료/운송/저장/공정/수송/중간제품
3. **정량적 평가**	• **항목**: 온도/용량/압력/조작/취급물질 • 화학설비 정량평가 등급 -**위험등급 Ⅰ**: 16점 이상 -**위험등급 Ⅱ**: 11~15점 -**위험등급 Ⅲ**: 10점 이하
4. **안전대책 수립**	설비 대책, 관리적 대책, 보전
5. **재해정보에 의한 재평가**	-
6. **FTA에 의한 재평가**	위험등급 Ⅰ 해당 시 실시

답 ①

093 ☆☆

안전성 평가의 기본원칙 6단계에 해당되지 않는 것은?

① 안전대책 ② 정성적 평가
③ 작업환경 평가 ④ 관계자료 정비검토

해 윗 해설 참조

답 ③

094 ☆☆☆

화학설비의 안진성 평가 6단계 중 4단계에 해당하는 것은?

① 안전대책 ② 정성적 평가
③ 정량적 평가 ④ 재평가

해 윗 해설 참조

답 ①

095 ☆☆

화학설비의 안전성 평가단계 중 "관계 자료의 작성준비"에 있어 관계자료의 조사항목과 가장 관계가 먼 것은?

① 입지에 관한 도표 ② 온도, 압력
③ 공정기기목록 ④ 화학설비 배치도

해 ②: 정량적 평가
윗 해설 참조

답 ②

096 ☆

다음 중 일반적인 화학설비에 대한 안전성 평가(safety assessment) 절차에 있어 안전대책 단계에 해당되지 않는 것은?

① 보전 ② 설비 대책
③ 위험도 평가 ④ 관리적 대책

해 윗 해설 참조

답 ③

097 ☆☆☆☆☆☆

염산을 취급하는 A업체에서는 신설 설비에 관한 안전성 평가를 실시해야 한다. 다음 중 정성적 평가단계에 있어 설계와 관련된 주요 진단 항목에 해당하는 것은?

① 공장 내의 배치
② 제조공정의 개요
③ 재평가 방법 및 계획
④ 안전보건교육 훈련계획

해 윗 해설 참조

답 ①

098 ☆☆

화학설비에 대한 안전성 평가에서 정성적 평가 항목이 아닌 것은?

① 건조물 ② 취급물질
③ 공장 내의 배치 ④ 입지조건

해 ②: 정량적 평가
윗 해설 참조

답 ②

099 ☆☆

화학설비에 대한 안정성 평가(safety assessment)에서 정량적 평가 항목이 아닌 것은?

① 습도 ② 온도 ③ 압력 ④ 용량

해 윗 해설 참조

답 ①

100 ☆☆

화학설비의 안전성 평가에서 정량적 평가의 항목에 해당되지 않는 것은?

① 훈련 ② 조작
③ 취급물질 ④ 화학설비용량

해 윗 해설 참조

답 ①

101 ☆☆

다음 중 정량적 자료를 정성적 판독의 근거로 사용하는 경우로 볼 수 없는 것은?

① 미리 정해 놓은 몇 개의 한계범위에 기초하여 변수의 상태나 조건을 판정할 때
② 목표로 하는 어떤 범위의 값을 유지할 때
③ 변화경향이나 변화율을 조사하고자 할 때
④ 세부 형태를 확대하여 동일한 시각을 유지해 주어야 할 때

해 정량적 자료를 정성적 판독 근거로 사용하는 경우
- 미리 정해 놓은 몇 개의 한계범위에 기초하 여 변수의 상태나 조건을 판정할 때
  예 압력용기의 적정 압력상태
- 목표로 하는 어떤 범위의 값을 유지할 때
  예 오토바이 속력
- 변화경향이나 변화율을 조사하고자 할 때
  예 비행고도 변화율

답 ④

102 ☆☆

다음은 불꽃놀이용 화학물질 취급설비에 대한 정량적 평가이다. 해당 항목에 대한 위험등급이 올바르게 연결된 것은?

항목	A(10점)	B(5점)	C(2점)	D(0점)
취급물질	○	○	○	
조작		○		○
설비용량	○		○	
온도	○	○		
압력		○	○	○

① 취급물질 - Ⅰ등급, 화학설비의 용량 - Ⅰ등급
② 온도 - Ⅰ등급, 화학설비의 용량 - Ⅱ등급
③ 취급물질 - Ⅰ등급, 조작 - Ⅳ등급
④ 온도 - Ⅱ등급, 압력 - Ⅲ등급

해 위험등급 Ⅰ: 16점 이상
위험등급 Ⅱ: 11 ~ 15점
위험등급 Ⅲ: 10점 이하

취급물질: 10 + 5 + 2 = 17(Ⅰ)
조작: 5(Ⅲ)
설비용량: 10 + 2 = 12(Ⅱ)
온도: 10 + 5 = 15(Ⅱ)
압력: 5 + 2 = 7(Ⅲ)
윗 해설 참조

답 ④

103 ☆

부품에 고장이 있더라도 플레이너 공작기계를 가장 안전하게 운전할 수 있는 방법은?

① fail-soft ② fail - active
③ fail - passive ④ fail-operational

해 fail soft: 기계에서 고장이 발생해도 피해를 최소화한 다음 문제의 시스템을 완전히 정지시키지 않고 최소한의 기능을 유지한 후 계속 움직이는 설계

fail safe 구분

구분		
정의	기계 파손, 기능 불량이 발생해도 항상 안전하게 작동되는 방식	
종류	**fail active**	부품 고장 시 경보 울리며 잠시동안 가동됨
	fail passive	부품 고장 시 기기 정지
	fail operational	부품 고장나도 기기를 안전하게 가동시킴
예시	• 승강기 정전 시 마그네틱 브레이크 작동해 운전 정지시킴 • 난로가 일정각도 이상 기울어지면 자동으로 불이 꺼짐	

답 ④

104 ☆

산업현장의 생산설비의 경우 안전장치가 부착되어 있으나 생산성을 위해 제거하고 사용하는 경우가 있다. 설비 설계자는 고의로 안전장치를 제거하는 데에도 대비하여야 하는데 이러한 예방설계 개념을 무엇이라 하는가?

① fail safe ② fool proof
③ lock out ④ tamper proof

해 fail safe: 기계 파손, 기능 불량이 발생해도 항상 안전하게 작동되는 방식
fool proof: 인간이 실수해도 기계 측에서 정상적으로 사고를 방지해주는 방식
lock out: 어떤 장치가 동작 시 다른 장치의 동작을 억제하는 방식
tamper proof: 안전장치 제거 시 기계 작동 안되는 방식

답 ④

105 ☆

다음 중 작동 중인 전자레인지의 문을 열면 작동이 자동으로 멈추는 기능과 가장 관련이 깊은 오류 방지 기능은?

① lock - in ② lock - out
③ inter - lock ④ shift - lock

해 lock – in: 새로운 상품이 나와도 전환비용으로 인해 기존 상품을 계속 사용하게 되는 효과, 마케팅 용어
lock – out: 어떤 장치가 동작 시 다른 장치의 동작을 억제하는 방식
inter – lock: 작동 중인 기기를 조작할 시 작동이 자동으로 멈추는 기능
shift – lock: 자동차 이중주차를 가능하게 만드는 shift – lock release 버튼이 있다.

답 ③

106 ☆☆

다음 중 기계 또는 설비에 이상이나 오동작이 발생하여도 안전사고를 발생시키지 않도록 2중 또는 3중으로 통제를 가하도록 한 체계에 속하지 않는 것은?

① 다경로 하중구조 ② 하중경감구조
③ 교대구조 ④ 격리구조

해 fail safe 구조 종류
교대구조/중복구조/다경로 하중구조/하중 경감구조

답 ④

107 ☆☆

휴먼에러 예방 대책 중 인적 요인에 대한 대책이 아닌 것은?

① 설비 및 환경 개선
② 소집단 활동의 활성화
③ 작업에 대한 교육 및 훈련
④ 전문인력의 적재적소 배치

해 휴먼에러 예방대책

인적 요인	1. 소집단 활동의 활성화 2. 작업에 대한 교육 및 훈련 3. 전문인력의 직재직소 배치 4. 확실한 인수인계
물적 요인	1. 설비 및 환경 개선 2. 확실한 기기 및 밸브 표시

답 ①

108 ☆

다음 중 인간 오류에 관한 설계기법에 있어 전적으로 오류를 범하지 않게는 할 수 없으므로 오류를 범하기 어렵도록 사물을 설계하는 방법은?

① 배타설계(exclusive design)
② 예방설계(prevent design)
③ 최소설계(minimum design)
④ 감소설계(reduction design)

해 인간오류 배제를 위한 설계 종류

배타설계	인간 오류 가능성을 근원적 배제해 오류를 범할 수 없게 함
안전설계	기계 고장이나 기능 불량 있어도 안전하게 작동할 수 있게 설계함
예방설계	전적으로 오류를 범하지 않게는 할 수 없으므로 오류를 범하기 어렵도록 사물을 설계함

답 ②

109 ☆☆

다음 중 인간에러(human error)에 관한 설명으로 틀린 것은?

① omission error : 필요한 작업 또는 절차를 수행하지 않는데 기인한 에러

② commission error : 필요한 작업 또는 절차의 수행 지연으로 인한 에러

③ extraneous error : 불필요한 작업 또는 절차를 수행 함으로써 기인한 에러

④ sequential error : 필요한 작업 또는 절차의 순서 착오로 인한 에러

해

구분	에러	내용
심리적(독립 행위에 의한) 분류	생략(부작위적)에러 (omission error)	필요한 작업 또는 절차를 수행하지 않는데 기인한 에러
	실행(작위적)에러 (commission error)	작업을 정확히 수행하지 못해 발생한 에러
	과잉행동에러 (extraneous error)	불필요한 작업 내지 절차를 수행함으로써 기인한 에러
	순서에러 (sequence error)	필요한 작업 또는 절차의 순서 착오로 인한 에러
	시간(지연)에러 (timing error)	필요한 작업 또는 절차의 수행 지연으로 인한 에러
원인 레벨적 분류	1차 에러 (Primaryerror)	작업자 자신으로부터 발생한 에러
	2차 에러 (Secondary error)	작업형태나 작업조건 중에서 다른 문제가 생겨 그 때문에 필요한 사항을 실행할 수 없는 오류나 어떤 결함으로부터 파생하여 발생하는 에러
	지시과오 (Command error)	요구되는 것을 실행하고자 해도 정보 등이 공급되지 않아 작업자가 움직이지 않는 에러

답 ②

110 ☆☆

다음 설명에서 해당하는 용어를 올바르게 나타낸 것은?

> ㄱ : 요구되는 것을 실행하고자 해도 정보 등이 공급되지 않아 작업자가 움직이지 않는 에러
> ㄴ : 작업자 자신으로부터 발생한 에러

① ㄱ : Secondary Error
ㄴ : Command Error
② ㄱ : Command Error
ㄴ : Primary Error
③ ㄱ : Primary Error
ㄴ : Secondary Error
④ ㄱ : Command Error
ㄴ : Secondary Error

해 윗 해설 참조

답 ②

111 ☆

인간의 실수 중 수행해야 할 작업 및 단계를 생략하여 발생하는 오류는?

① omission error ② commission error
③ sequence error ④ timing error

해 윗 해설 참조

답 ①

112 ☆☆

다음 상황은 인간실수 분류 중 어느 것에 해당하는가?

> 한 청년이 물건을 조립하고 있다.
> 조립 외의 불필요한 작업을 행하여 결국 완성품에 문제가 생겼다.

① time error ② omission error
③ command error ④ extraneous error

해 윗 해설 참조

답 ④

113 ☆

인간의 에러 중 불필요한 작업 또는 절차를 수행함으로써 기인한 에러를 무엇이라 하는가?

① Omission error ② Sequential error
③ Extraneous error ④ Commission error

해 윗 해설 참조

답 ③

114 ☆☆

안전교육을 받지 못한 신입직원이 작업 중 전극을 반대로 끼우려고 시도했으나, 플러그의 모양이 반대로 끼울 수 없도록 설계되어 있어서 사고를 예방할 수 있었다. 작업자가 범한 오류와 이와 같은 사고 예방을 위해 적용된 안전설계 원칙으로 가장 적합한 것은?

① 누락(omission) 오류, fail safe 설계원칙
② 누락(omission) 오류, fool proof 설계원칙
③ 작위(commission) 오류, fail safe 설계원칙
④ 작위(commission) 오류, fool proof 설계원칙

해 • commission error: 작위적 오류, 작업을 정확히 수행하지 못해 발생한 에러
• fool proof: 인간이 실수해도 기계 측에서 정상적으로 사고를 방지해주는 방식

답 ④

115 ☆

가스밸브를 잠그는 것을 잊어 사고가 발생했다면 작업자는 어떤 인적오류를 범한 것인가?

① 생략 오류(omission error)
② 시간지연 오류(time error)
③ 순서 오류(sequential error)
④ 작위적 오류(commission error)

해 윗 해설 참조

답 ①

116 ☆

다음 상황은 인간실수 분류 중 어느 것에 해당하는가?

> 전자기기 수리공이 제품 분해와 조립과정을 거쳐서 수리를 마친 후 부품 2개가 남았다.

① time error ② omission error
③ command error ④ extraneous error

해 윗 해설 참조

답 ②

117 ☆

Swain에 의해 분류된 휴먼에러 중 독립행동에 관한 분류에 해당하지 않는 것은?

① omission error ② commission error
③ extraneous error ④ command error

해 ④: 원인 레벨적 분류
윗 해설 참조

답 ④

118 ☆☆☆

인간 – 기계 시스템에서 시스템의 설계를 다음과 같이 구분할 때 제3단계인 기본설계에 해당되지 않는 것은?

1단계: 시스템 목표와 성능명세 결정
2단계: 시스템 정의
3단계: 기본설계
4단계: 인터페이스 설계
5단계: 보조물 설계
6단계: 시험 및 평가

① 화면 실계 ② 작업 실계
③ 직무 분석 ④ 기능 할당

해 인간 – 기계 시스템에서 시스템의 설계 과정

1단계	시스템 목표와 성능 명세 결정	목적, 존재 이유에 대한 표현
2단계	시스템 정의	목표 달성에 필요한 기능 결정
3단계	기본 설계	작업 설계/정확성/사용자 만족/직무 분석/기능 할당/속도
4단계	인터페이스 설계	화면 설계/작업 공간/조종장치
5단계	보조물(촉진물) 설계	성능보조자료/보조물 설계
6단계	시험 및 평가	-

답 ①

119 ☆

인간 – 기계시스템 설계과정 중 직무분석을 하는 단계는?

① 제1단계: 시스템의 목표와 성능명세 결정
② 제2단계: 시스템의 정의
③ 제3단계: 기본 설계
④ 제4단계: 인터페이스 설계

해 윗 해설 참조

답 ③

120 ☆☆

인간 – 기계시스템의 설계를 6단계로 구분할 때, 첫 번째 단계에서 시행하는 것은?

① 기본설계
② 시스템의 정의
③ 인터페이스 설계
④ 시스템의 목표와 성능명세 결정

해 윗 해설 참고

답 ④

121 ☆

다음 중 인간 – 기계시스템의 설계 시 시스템의 기능을 정의하는 단계는?

① 제1단계: 시스템 목표와 성능명세서 결정
② 제2단계: 시스템의 정의
③ 제3단계: 기본 설계
④ 제4단계: 인터페이스 설계

해 윗 해설 참고

답 ②

122 ☆

인간 – 기계시스템 설계의 주요 단계 중 기본 설계 단계에서 인간의 성능 특성(human performance requirements)과 거리가 먼 것은?

① 속도　② 정확성
③ 보조물 설계　④ 사용자 만족

해 ③: 보조물 설계단계
윗 해설 참고

답 ③

123 ☆☆

자동화시스템에서 인간의 기능으로 적절하지 않은 것은?

① 설비보전
② 작업계획 수립
③ 조정 장치로 기계를 통제
④ 모니터로 작업 상황 감시

해

구분	내용
수동	• 자신의 신체적 힘을 동력원으로 사용해 작업 통제하는 인간과 결합(수공구)
반자동(기계화)	• 운전자가 조종장치 사용해 통제하고, 동력은 기계가 제공 • 동력기계화 체계와 고도로 통합된 부품으로 구성하고, 일반적으로 변화가 거의 없는 기능들을 수행한다.
자동	• 기계가 감지, 정보처리, 의사결정 등 행동을 포함한 모든 임무를 수행하고 인간은 설비보전, 작업 계획 수립, 작업 상황 감시 등을 하는 체계 • 인간요소를 고려해야 한다.

답 ③

124 ☆

다음 중 인간공학에 있어서 일반적인 인간 – 기계 체계 (Man – Machine System)의 구분으로 가장 적합한 것은?

① 인간 체계, 기계 체계, 전기 체계
② 전기 체계, 유압 체계, 내연기관 체계
③ 수동 체계, 반기계 체계, 반자동 체계
④ 자동화 체계, 기계화 체계, 수동 체계

해 윗 해설 참조

답 ④

125 ☆☆

다음 중 인간 – 기계 시스템을 3가지로 분류한 설명으로 틀린 것은?

① 자동 시스템에서는 인간요소를 고려해야 한다.
② 자동 시스템에서 인간은 감시, 정비유지, 프로그램 등의 작업을 담당한다.
③ 수동 시스템에서 기계는 동력원을 제공하고 인간의 통제하에서 제품을 생산한다.
④ 기계 시스템에서는 동력기계화 체계와 고도로 통합된 부품으로 구성된다.

해 ③: 자신의 신체적 힘을 동력원으로 사용해 작업 통제하는 인간과 결합(수공구)
윗 해설 참조

답 ③

126 ☆

인간 – 기계 통합 체계의 인간 또는 기계에 의해서 수행되는 기본기능의 유형에 해당하지 않는 것은?

① 감지 ② 환경 ③ 행동 ④ 정보보관

해 인간 – 기계 시스템 5대기능
감지(수용)/정보처리 및 의사결정/행동/정보보관(저장)/출력

답 ②

127 ☆

인간 – 기계시스템의 설계 원칙으로 볼 수 없는 것은?

① 배열을 고려한 설계
② 양립성에 맞게 설계
③ 인체 특성에 적합한 설계
④ 기계적 성능에 적합한 설계

해 인간 – 기계시스템 설계원칙
1. 배열을 고려한 설계
2. 양립성을 맞게 설계
3. 인체 특성에 적합한 설계

답 ④

128 ☆

인간 – 기계시스템에 관한 내용으로 틀린 것은?

① 인간 성능의 고려는 개발의 첫 단계에서 부터 시작되어야 한다.
② 기능 할당 시에 인간 기능에 대한 초기의 주의가 필요하다.
③ 평가 초점은 인간 성능의 수용가능한 수준이 되도록 시스템을 개선하는 것이다.
④ 인간 - 컴퓨터 인터페이스 설계는 인간보다 기계의 효율이 우선적으로 고려돼야한다.

해 인간 – 컴퓨터 인터페이스 설계는 기계보다 인간의 효율이 우선적으로 고려되어야 한다.

답 ④

129 ☆

인간 – 기계 시스템을 설계할 때에는 특정기능을 기계에 할당하거나 인간에게 할당하게 된다. 이러한 기능할당과 관련된 사항으로 옳지 않은 것은? (단, 인공지능과 관련된 사항은 제외한다.)

① 인간은 원칙을 적용하여 다양한 문제를 해결하는 능력이 기계에 비해 우월하다.
② 일반적으로 기계는 장시간 일관성이 있는 작업을 수행하는 능력이 인간에 비해 우월하다.
③ 인간은 소음, 이상온도 등의 환경에서 작업을 수행하는 능력이 기계에 비해 우월하다.
④ 일반적으로 인간은 주위가 이상하거나 예기치 못한 사건을 감지하여 대처하는 능력이 기계에 비해 우월하다.

해 인간은 소음, 이상온도 등의 환경에서 작업을 수행하는 능력이 기계에 비해 우월하지 못하다.

답 ③

130 ☆☆

인간 – 기계시스템의 연구 목적으로 가장 적절한 것은?

① 정보 저장의 극대화
② 운전 시 피로의 평준화
③ 시스템의 신뢰성 극대화
④ 안전의 극대화 및 생산능률의 향상

해 인간 – 기계시스템의 연구 주목적
→ 안전 극대화 및 생산능률의 향상

답 ④

131 ☆

고용노동부 고시의 근골격계부담작업의 범위에서 근골격계부담작업에 대한 설명으로 틀린 것은?

① 하루에 10회 이상 25kg 이상의 물체를 드는 작업
② 하루에 총 2시간 이상 쪼그리고 앉거나 무릎을 굽힌 자세에서 이루어지는 작업
③ 하루에 총 2시간 이상 집중적으로 자료입력 등을 위해 키보드 또는 마우스를 조작하는 작업
④ 하루에 총 2시간 이상 지지되지 않은 상태에서 4.5kg 이상의 물건을 한 손으로 들거나 동일한 힘으로 쥐는 작업

해
1. 하루에 4시간 이상 집중적으로 자료입력 등을 위해 키보드 또는 마우스를 조작하는 작업
2. 하루에 총 2시간 이상 목, 어깨, 팔꿈치, 손목 또는 손을 사용하여 같은 동작 반복하는 작업
3. 하루에 총 2시간 이상 머리 위에 손이 있거나, 팔꿈치가 어깨위에 있거나, 팔꿈치를 몸통으로부터 들거나, 팔꿈치를 몸통 뒤쪽에 위치하도록 하는 상태에서 이루어지는 작업
4. 지지되지 않은 상태이거나 임의로 자세를 바꿀 수 없는 조건에서, 하루에 총 2시간 이상 목이나 허리를 구부리거나 트는 상태에서 이루어지는 작업
5. 하루에 총 2시간 이상 쪼그리고 앉거나 무릎을 굽힌 자세에서 이루어지는 작업
6. 하루에 총 2시간 이상 지지되지 않은 상태에서 1kg 이상의 물건을 한손의 손가락으로 집어 옮기거나, 2kg 이상에 상응하는 힘을 가하여 한 손의 손가락으로 물건을 쥐는 작업
7. 하루에 총 2시간 이상 지지되지 않은 상태에서 4.5kg 이상의 물건을 한 손으로 들거나 동일한 힘으로 쥐는 작업
8. 하루에 10회 이상 25kg 이상의 물체를 드는 작업
9. 하루에 25회 이상 10kg 이상의 물체를 무릎 아래에서 들거나, 어깨 위에서 들거나, 팔을 뻗은 상태에서 드는 작업
10. 하루에 총 2시간 이상, 분당 2회 이상 4.5kg 이상의 물체를 드는 작업
11. 하루에 총 2시간 이상 시간당 10회 이상 손 또는 무릎을 사용하여 반복적으로 충격을 가하는 작업

답 ③

132 ☆

다음 중 작업관련 근골격계 질환 관련 유해요인조사에 대한 설명으로 옳은 것은?

① 사업장 내에서 근골격계 부담작업 근로자가 5인 미만인 경우에는 유해요인조사를 실시하지 않아도 된다.
② 유해요인조사는 근골격계 질환자가 발생할 경우에는 3년마다 정기적으로 실시해야 한다.
③ 유해요인조사는 사업장내 근골격계부담작업 중 50%를 샘플링으로 선정하여 조사한다.
④ 근골격계부담작업 유해요인조사에는 유해요인 기본조사와 근골격계질환 증상조사가 포함된다.

해 ①: 유해요인조사는 직원 수와 무관하다.
②: 유해요인조사는 근골격계 질환자가 발생할 경우 지체없이 실시해야 한다.
③: 유해요인조사는 사업장 내 모든 공정을 조사한다.

답 ④

133 ☆

손이나 특정 신체부위에 발생하는 누적손상장애(CTDs)의 발생인자와 가장 거리가 먼 것은?

① 무리한 힘 ② 다습한 환경
③ 장시간의 진동 ④ 반복도가 높은 작업

해 누적손상장애(CTDs)의 발생인자
1. 무리한 힘
2. 부적절한 작업자세
3. 장시간 진동
4. 한랭환경
5. 날카로운 면 신체접촉
6. 반복적인 동작

답 ②

134 ☆☆

NOISH lifting guideline**에서 권장무게한계(RWL) 산출에 사용되는 계수가 아닌 것은?**

① 휴식 계수 ② 수평 계수
③ 수직 계수 ④ 비대칭 계수

해 RWL = 23kg • 수평계수(HM) • 수직계수(VM) • 거리계수(DM) • 비대칭계수(AM) • 빈도계수(FM) • 결합(커플링)계수(CM)

답 ①

135 ☆

근골격계질환 작업분석 및 평가 방법인 OWAS의 평가요소를 모두 고른 것은?

ㄱ. 상지　ㄴ. 무게(하중)　ㄷ. 하지　ㄹ. 허리

① ㄱ, ㄴ　② ㄱ, ㄷ, ㄹ
③ ㄴ, ㄷ, ㄹ　④ ㄱ, ㄴ, ㄷ, ㄹ

해 OWAS 평가요소
→ 팔(상지)/다리(하지)/허리/무게

답 ④

136 ☆☆

시각적 부호의 유형과 내용으로 틀린 것은?

① 임의적 부호 - 주의를 나타내는 삼각형
② 명시적 부호 - 위험표지판의 해골과 뼈
③ 묘사적 부호 - 보도 표지판의 걷는 사람
④ 추상적 부호 - 별자리를 나타내는 12궁도

해 시각적 부호

임의적 부호	부호가 이미 있어 사용자가 배워야 하는 부호 예 안전보건표지 교통표지판의 삼각형
묘사적 부호	사물/행동을 단순 정확하게 묘사한 것 예 위험표지판의 해골과 뼈 보도 표지판의 걷는 사람 소화안전표지판의 소화기
추상적 부호	도식적으로 압축한 부호 예 별자리

답 ②

137 ☆

안전보건표지에서 경고표지는 삼각형, 안내표지는 사각형, 지시표지는 원형 등으로 부호가 고안되어 있다. 이처럼 부호가 이미 고안되어 이를 사용자가 배워야 하는 부호를 무엇이라 하는가?

① 묘사적 부호　② 추상적 부호
③ 임의적 부호　④ 사실적 부호

해 윗 해설 참조

답 ③

138 ☆

컴퓨터 스크린 상에 있는 버튼을 선택하기 위해 커서를 이동시키는데 걸리는 시간을 예측하는 가장 적합한 법칙은?

① Fitts의 법칙 ② Lewin의 법칙
③ Hick의 법칙 ④ Weber의 법칙

해

Fitts(피츠) 의 법칙	• 컴퓨터 스크린 상에 있는 버튼을 선택하기 위해 커서를 이동시키는데 걸리는 시간을 예측하는 가장 적합한 법칙 • 표적이 작고 이동거리가 길 수록 이동시간이 증가한다. • **변수**: 표적 너비/시작점에서 표적까지의 거리/작업 난이도/운동시간
Lewin(레윈) 의 법칙	인간의 행동이 개인과 환경의 상호함수관계에 있다.
Hick-Hyman (힉-하이만) 의 법칙	• 사람이 무언가를 선택하는 데 걸리는 시간은 선택하려는 가지 수에 따라 결정된 다는 법칙 • 자극을 예상하지 못할 경우 일반적으로 반응시간은 0.1 5초 증가된다.
Weber(웨버) 의 법칙	• 인간이 감지할 수 있는 외부의 물리적 자극 변화의 최소범위는 기준이 되는 자극의 크기에 비례하는 현상을 설명한 이론 • Weber비는 분별의 질을 나타낸다. • Weber비가 작을수록 분별력은 높아진다. • 변화감지역(JND)이 작을수록 그 자극차원의 변화를 쉽게 검출할 수 있다. • 변화감지역(JND)은 사람이 50%를 검출할 수 있는 자극차원의 최소변화이다. • 웨버 비 $= \frac{\Delta I}{I}$ ΔI : 변화감지역 I : 표준자극
신호검출이론 (SDT)	신호 탐지가 관찰자 민감도와 반응기준에 따라 다르다는 이론

답 ①

139 ☆

다음 중 인간이 감지할 수 있는 외부의 물리적 자극 변화의 최소범위는 기준이 되는 자극의 크기에 비례하는 현상 설명한 이론은?

① 웨버(Weber) 법칙
② 피츠(Fitts) 법칙
③ 신호검출이론(SDT)
④ 힉-하이만(Hick-Hyman) 법칙

해 윗 해설 참조

답 ①

140 ☆☆

자동생산시스템에서 3가지 고장 유형에 따라 각기 다른 색의 신호등에 불이 들어오고 운전원은 색에 따라 다른 조종장치를 조작하도록 하려고 한다. 이 때 운전원이 신호를 보고 어떤 장치를 조작해야 할지를 결정하기까지 걸리는 시간을 예측하기 위해서 사용할 수 있는 이론은?

① 웨버(Weber) 법칙
② 피츠(Fitts) 법칙
③ 힉-하이만(Hick-Hyman) 법칙
④ 학습효과(learning effect) 법칙

해 힉 – 하이만(Hick – Hyman) 법칙에 대한 설명이다.

답 ③

141 ☆

단순반응시간(simple reaction time)이란 하나의 특정한 자극만이 발생할 수 있을 때 반응에 걸리는 시간으로서 흔히 실험에서와 같이 자극을 예상하고 있을 때이다. 자극을 예상하지 못할 경우 일반적으로 반응시간은 얼마정도 증가되는가?

① 0.15초 ② 0.5초 ③ 1.5초 ④ 2.0초

해 윗 해설 참조

답 ①

142 ☆

다음 중 Fitts의 법칙에 관한 설명으로 옳은 것은?

① 표적이 크고 이동거리가 길수록 이동시간이 증가한다.
② 표적이 작고 이동거리가 길수록 이동시간이 증가한다.
③ 표적이 크고 이동거리가 짧을수록 이동시간이 증가한다.
④ 표적이 작고 이동거리가 짧을수록 이동시간이 증가한다.

해 윗 해설 참조

답 ②

143 ☆

다음 중 인간의 제어 및 조정능력을 나타내는 법칙인 Fitts' law와 관련된 변수가 아닌 것은?

① 표적의 너비
② 표적의 색상
③ 시작점에서 표적까지의 거리
④ 작업의 난이도(Index of Difficulty)

해 윗 해설 참조

답 ②

144 ☆

다음 중 Weber의 법칙에 관한 설명으로 틀린 것은?

① Weber비는 분별의 질을 나타낸다.
② Weber비가 작을수록 분별력은 낮아진다.
③ 변화감지역(JND)이 작을수록 그 자극차원의 변화를 쉽게 검출할 수 있다.
④ 변화감지역(JND)은 사람이 50%를 검출할 수 있는 자극차원의 최소변화이다.

해 Weber비가 작을수록 분별력은 높아진다.
윗 해설 참조

답 ②

145 ☆

주어진 자극에 대해 인간이 갖는 변화감지역을 표현하는 데에는 웨버(Webber)의 법칙을 이용한다. 이 때 웨버(Webber) 비의 관계식으로 옳은 것은? (단, 변화감지역을 ΔI, 표준자극을 I라 한다.)

① 웨버(Webber)의 비 $= \frac{\Delta I}{I}$
② 웨버(Webber)의 비 $= \frac{I}{\Delta I}$
③ 웨버(Webber)의 비 $= \Delta I \cdot I$
④ 웨버(Webber)의 비 $= \Delta I + I$

해 윗 해설 참조

답 ①

146 ☆

다음 중 변화감지역(JND : Just noticeable difference)이 가장 작은 음은?

① 낮은 주파수와 작은 강도를 가진 음
② 낮은 주파수와 큰 강도를 가진 음
③ 높은 주파수와 작은 강도를 가진 음
④ 높은 주파수와 큰 강도를 가진 음

해 변화감지역 가장 작은 음: 낮은 주파수와 큰 강도를 가진 음

답 ②

147 ☆

다음 중 시성능 기준함수(VLB)의 일반적인 수준 설정으로 틀린 것은?

① 현실상황에 적합한 조명수준이다.
② 표적 탐지 활동은 50%에서 99%이다.
③ 표적(target)은 정적인 과녁에서 동적인 과녁으로 한다.
④ 언제, 시계 내의 어디에 과녁이 나타날지 아는 경우이다.

해 언제, 시계 내의 어디에 과녁이 나타날지 모르는 경우이다.

답 ④

148 ☆

설비보전에서 평균수리시간의 의미로 맞는 것은?

① MTTR ② MTBF ③ MTTF ④ MTBP

해

구분	내용
MTTR (Mean time to repair)	• 평균수리시간 • MTTR $= \frac{\text{총 수리시간}}{\text{고장건수}}$
MTBF (Mean time between failure)	• 평균고장간격 • MTBF $= \frac{\text{가동시간}}{\text{고장건수}}$ • MTBF $= \frac{1}{\text{평균고장률}(\lambda)}$
MTTF (Mean time to failure)	• 평균동작시간(평균수명) • MTTF $= \frac{\text{부품수} \cdot \text{가동시간}}{\text{불량품수}}$
MTBP (Mean time between preservation)	• 평균보전예방
가용도	• 일정 기간 시스템이 고장없이 가동될 확률 • 가용도 $= \frac{\text{MTBF}}{\text{MTBF+MTTR}}$

답 ①

149 ☆

n개의 요소를 가진 병렬 시스템에 있어 요소의 수명(MTTF)이 지수분포를 따를 경우 이 시스템의 수명을 구하는 식으로 맞는 것은?

① $MTTF \cdot n$

② $MTTF(1+\frac{1}{2}+\cdots\frac{1}{n})$

③ $MTTF \cdot \frac{1}{n}$

④ $MTTF(1 \cdot \frac{1}{2}+\cdots \cdot \frac{1}{n})$

해 병렬일 때

$MTTF(1+\frac{1}{2}+\cdots+\frac{1}{n})$

직렬일 때

$MTTF \cdot \frac{1}{n}$

답 ②

150 ☆☆

욕조곡선의 설명으로 맞는 것은?

① 마모고장 기간의 고장형태는 감소형이다.

② 디버깅 기간은 마모고장에 나타난다.

③ 부식 또는 산화로 인하여 초기고장이 일어난다.

④ 우발고장기간은 고장률이 비교적 낮고 일정한 현상이 나타난다.

해 ①: 마모고장 기간의 고장형태는 증가형이다.

②: 디버깅 기간은 초기고장에 나타난다.

③: 부식 또는 산화로 인하여 마모고장이 일어난다.

욕조곡선

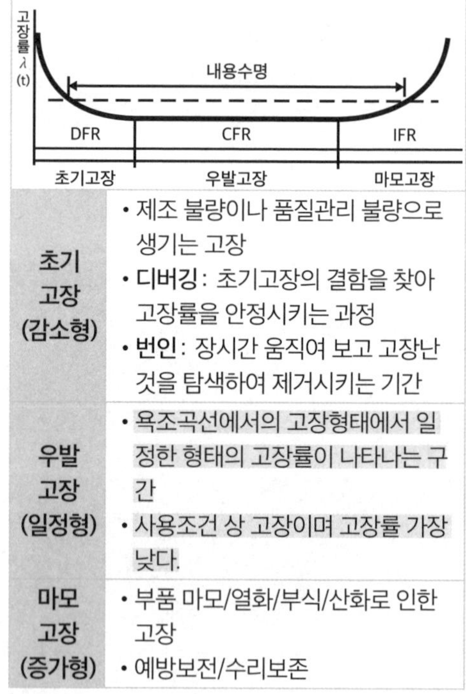

초기고장(감소형)	• 제조 불량이나 품질관리 불량으로 생기는 고장 • **디버깅**: 초기고장의 결함을 찾아 고장률을 안정시키는 과정 • **번인**: 장시간 움직여 보고 고장난 것을 탐색하여 제거시키는 기간
우발고장(일정형)	• 욕조곡선에서의 고장형태에서 일정한 형태의 고장률이 나타나는 구간 • 사용조건 상 고장이며 고장률 가장 낮다.
마모고장(증가형)	• 부품 마모/열화/부식/산화로 인한 고장 • 예방보전/수리보존

답 ④

151 ☆

욕조곡선에서의 고장형태에서 일정한 형태의 고장률이 나타나는 구간은?

① 초기 고장구간 ② 마모 고장구간
③ 피로 고장구간 ④ 우발 고장구간

해 윗 해설 참조

답 ④

152 ☆

초기고장과 마모고장 각각의 고장형태와 그 예방대책에 관한 연결로 틀린 것은?

① 초기고장 - 감소형 - 번인(Burn in)
② 마모고장 - 증가형 - 예방보전(PM)
③ 초기고장 - 감소형 - 디버깅(debugging)
④ 마모고장 - 증가형-스크리닝(screening)

해 스크리닝: 폐수의 물리적 처리방법 중 하나
윗 해설 참조

답 ④

153 

기계설비 고장 유형 중 기계의 초기결함을 찾아내 고장률을 안정시키는 기간은?

① 마모고장기간
② 우발고장기간
③ 에이징(aging)기간
④ 디버깅(debugging)기간

해 **에이징**: 설비 길들이기 위해 작동시키는 기간
윗 해설 참조

답 ④

154 ☆

시스템의 수명곡선(욕조곡선)에 있어서 디버깅(Debugging)에 관한 설명으로 옳은 것은?

① 초기 고장의 결함을 찾아 고장률을 안정시키는 과정이다.
② 우발 고장의 결함을 찾아 고장률을 안정시키는 과정이다.
③ 마모 고장의 결함을 찾아 고장률을 안정시키는 과정이다.
④ 기계 결함을 발견하기 위해 동작시험을 하는 기간이다.

해 윗 해설 참조

답 ①

155 ☆☆

설비의 고장과 같이 발생확률이 낮은 사건의 특정시간 또는 구간에서의 발생 횟수를 측정하는 데 가장 적합한 확률분포는?

① 이항분포(Binomial distribution)
② 푸아송분포(Poisson distribution)
③ 와이블분포(Weibulll distribution)
④ 지수분포(Exponential distribution)

해 확률분포 종류

구분	내용
이항분포	• 연속된 n번의 독립적 시행에서 각 시행이 확률 p이고 여사건이 일어날 확률이 q=1-p인 이산확 률분포
푸아송분포	• 설비의 고장과 같이 발생확률이 낮은 사건의 특정시간 또는 구간 에서의 발생횟수를 측정하는 데 가장 적합한 확률분포
와이블분포	• 부품 수명 추정할 때 사용되는 연속확률분포
지수분포	• 고장률이 설비 사용기간에 영향 을 받지 않는 일정한 수명 분포 • 설비의 시간당 고장률이 일정할 때의 확률분포
t분포	• 정규분포 평균측정 시 사용하는 분포
아이링분포	• 가속수명시험에서 수명과 스트레스 관계 구할 때 사용하는 분포
카이제곱분포	• 표준정규분포를 제곱한 값에 대한 분포

답 ②

156 ☆☆

어떤 설비의 시간당 고장률이 일정하다고 하면 이 설비의 고장간격은 다음 중 어떠한 확률분포를 따르는가?

① t분포　② 카이제곱분포
③ 와이블분포　④ 지수분포

해 윗 해설 참조

답 ④

157 ☆

인간이 낼 수 있는 최대의 힘을 최대근력이라고 하며 인간은 자기의 최대근력을 잠시동안만 낼 수 있다. 이에 근거할 때 인간이 상당히 오래 유지할 수 있는 힘은 근력의 몇% 이하인가?

① 15%　② 20%　③ 25%　④ 30%

해

인간이 오래 유지할 수 있는 힘의 근력(=지구력)	15% 이하
인간이 1분 정도 유지할 수 있는 힘의 근력	50% 정도
인간이 30초 정도 유지할 수 있는 힘의 근력	최대 근력

답 ①

158 ☆

다음 내용의 ( ) 안에 들어갈 내용을 순서대로 정리한 것은?

> 근섬유 수축단위는 (A)라 하는데, 이것은 두 가지 기본형 단백질 필라멘트로 구성되어 있으며, (B)이 (C) 사이로 미끄러져 들어가는 현상으로 근육 수축을 설명하기도 한다.

① A : 근막, B : 마이오신, C : 액틴
② A : 근막, B : 액틴, C : 마이오신
③ A : 근원섬유, B : 근막, C : 근섬유
④ A : 근원섬유, B : 액틴, C : 마이오신

해 근섬유 수축단위는 근원섬유라 하는데, 이것은 두 가지 기본형 단백질 필라멘트로 구성되어 있으며, 액틴이 마이오신 사이로 미끄러져 들어가는 현상으로 근육 수축을 설명하기도 한다.

답 ④

159 ☆

근섬유의 직경이 작아서 큰 힘을 발휘하지 못하지만 장시간 지속시키고 피로가 쉽게 발생하지 않는 골격근의 근섬유는 무엇인가?

① Type S 근섬유 ② Type Ⅱ 근섬유
③ Type F 근섬유 ④ Type Ⅲ 근섬유

해 근섬유 종류

구분	내용
타입 F	큰 힘을 장시간 지속시킬 수 있는 근섬유
타입 I (S)	직경이 작아 큰 힘 발휘하지 못하지만 장시간 지속시키고 피로가 쉽게 발생하지 않는 근섬유
타입 II	큰 힘 발휘할 수 있지만 피로가 쉽게 발생하는 근섬유

답 ①

160 ☆

아령을 사용하여 30분간 훈련한 후, 이두근의 근육 수축 작용에 대한 전기적인 신호 데이터를 모았다. 이 데이터들을 이용하여 분석할 수 있는 것은 무엇인가?

① 근육의 질량과 밀도
② 근육의 활성도와 밀도
③ 근육의 피로도와 크기
④ 근육의 피로도와 활성도

해 근전도 검사를 실시한 것이며 데이터로 근육의 피로도와 활성도, 근력 등을 분석할 수 있다.

답 ④

161 ☆

다음 중 근력에 영향을 주는 요인 중 가장 관계가 적은 것은?

① 식성 ② 동기 ③ 성별 ④ 훈련

해 근력 영향요인: 동기/나이/훈련/성별/활동성

답 ①

162 ☆

인체에서 뼈의 주요 기능으로 볼 수 없는 것은?

① 대사작용 ② 신체의 지지
③ 조혈작용 ④ 장기의 보호

해 대사작용은 간에서 한다.

답 ①

163 ☆

신체활동의 생리학적 측정법 중 전신의 육체적인 활동을 측정하는데 가장 적합한 방법은?

① Flicker측정
② 산소소비량 측정
③ 근전도(EMG) 측정
④ 피부전기반사(GSR) 측정

해 피로 측정법

구분	내용
생리학적 측정	근전도(EMG) • 근육활동 전위차 기록해 측정 • 국소적 근육 활동의 척도로 가장 적합한 변수
	심전도(ECG) • 심장근육활동전위차 기록해 측정
	뇌파도(EEG) • 뇌 내 전위차 기록해 측정
	점멸융합주파수(Flicker) • 플리커 검사로 정신 피로할 경우 주파수 값이 내려간다. • 암조응 시에는 주파수 영향없다. • 휘도 동일한 색은 주파수 값에 영향 주지 않는다. • 주파수는 조명강도 대수치에 선형 비례한다. • 표적과 주변의 휘도가 같을 때 최대가 된다. • 사람들 간에는 큰 차이가 있으나 개인의 경우 일관성이 있다.
	산소소비량(호흡) • 전신의 육체적인 활동을 측정하는데 가장 적합한 방법
	피부전기반사(GSR) • 외적인 자극이나 감정적인 변화를 전기적 피부 저항값 이용해 측정하는 방법
생화학적 측정	• 혈액농도 측정
	• 혈액수분 측정
	• 요전해질 측정
	• 요단백질 측정
심리학적 측정	• 동작분석
	• 집중력
	• 연속반응시간

답 ②

164 ☆

인간의 생리적 부담 척도 중 국소적 근육 활동의 척도로 가장 적합한 것은?

① 혈압 ② 맥박수
③ 근전도 ④ 점멸융합 주파수

해 윗 해설 참조

답 ③

165 ☆

다음 중 간헐적인 페달을 조작할 때 다리에 걸리는 부하를 평가하기에 가장 적당한 측정 변수는?

① 근전도 ② 산소소비량
③ 심장박동수 ④ 에너지소비량

해 근전도에 관한 설명이다.

답 ①

166 ☆

스트레스의 영향으로 발생된 신체 반응의 결과인 스트레인(strain)을 측정하는 척도가 잘못 연결된 것은?

① 인지적 활동 : EEG
② 육체적 동적 활동 : GSR
③ 정신 운동적 활동 : EOG
④ 국부적 근육 활동 : EMG

해 안구 반응(EOG): 망막질환 진단 수단
윗 해설 참조

답 ③

167 ☆☆☆

다음 중 점멸융합주파수에 대한 설명으로 옳은 것은?

① 암조응 시에는 주파수가 증가한다.
② 정신적으로 피로하면 주파수 값 내려간다.
③ 휘도가 동일한 색은 주파수 값에 영향을 준다.
④ 주파수는 조명강도 대수치에 선형 반비례 한다.

해 ①: 암조응 시에는 주파수 영향없다.
③: 휘도 동일한 색은 주파수 값에 영향 주지 않는다.
④: 주파수는 조명강도 대수치에 선형 비례한다.
윗 해설 참조

답 ②

168 ☆

격렬한 육체적 작업의 작업부담 평가 시 활용되는 주요 생리적 척도로만 이루어진 것은?

① 부정맥, 작업량
② 맥박수, 산소 소비량
③ 점멸융합주파수, 폐활량
④ 점멸융합주파수, 근전도

해

정신적 척도	뇌파도/부정맥지수/점멸융합주파수/심박수
육체적 척도	근전도/맥박수/산소 소비량/폐활량

답 ②

169 ☆☆

정신적 작업 부하에 관한 생리적 척도에 해당하지 않는 것은?

① 부정맥 지수 ② 근전도
③ 점멸융합주파수 ④ 뇌파도

해 윗 해설 참조

답 ②

170 ☆

불안전한 행동을 유발하는 요인 중 인간의 생리적 요인이 아닌 것은?

① 근력 ② 반응시간 ③ 감지능력 ④ 주의력

해 주의력은 심리적이다.

답 ④

171 ☆☆

인간공학의 연구를 위한 수집자료 중 동공확장 등과 같은 것은 어느 유형으로 분류되는 자료라 할 수 있는가?

① 생리지표 ② 주관적 자료
③ 강도 척도 ④ 성능 자료

해 생리지표 종류: 동공확장/심박수/호흡속도

답 ①

172 ☆

스트레스에 반응하는 신체의 변화로 맞는 것은?

① 혈소판이나 혈액응고 인자가 증가한다.
② 더 많은 산소를 얻기 위해 호흡이 느려진다.
③ 중요한 장기인 뇌·심장·근육으로 가는 혈류가 감소한다.
④ 상황 판단과 빠른 행동 대응을 위해 감각기관은 매우 둔감해진다.

해 ②: 더 많은 산소를 얻기 위해 호흡이 빨라진다.
③: 중요한 장기인 뇌·심장·근육으로 가는 혈류가 증가한다.
④: 상황 판단과 빠른 행동 대응을 위해 감각기관은 매우 민감해진다.

답 ①

173 ☆☆

쾌적환경에서 추운환경으로 변화 시 신체의 조절작용이 아닌 것은?

① 피부온도가 내려간다.
② 직장온도가 약간 내려간다.
③ 몸이 떨리고 소름이 돋는다.
④ 피부를 경유하는 혈액순환량이 감소한다.

해 추운 환경일 때 신체 조절작용
- 피부온도 저하
- 피부 경유하는 혈액순환량 감소
- 직장온도 상승
- 몸 중심으로 가는 혈액량 증가
- 오한(발한(= 땀샘에서 땀이 분비되는 현상) 아님) 시작
- 소름 돋고, 온몸 떨림

답 ②

174 ☆

적절한 온도의 작업환경에서 추운 환경으로 변할 때, 우리의 신체가 수행하는 조절작용이 아닌 것은?

① 발한(發汗)이 시작된다.
② 피부의 온도가 내려간다.
③ 직장온도가 약간 올라간다.
④ 혈액의 많은 양이 몸 중심부를 순환한다.

해 윗 해설 참조

답 ①

175 ☆

들기 작업 시 요통재해예방을 위하여 고려할 요소와 가장 거리가 먼 것은?

① 들기 빈도　② 작업자 신장
③ 손잡이 형상　④ 허리 비대칭 각도

해 들기 작업 시 고려요소
들기 빈도/손잡이 형상/허리 비대칭 각도/중량물 형태

답 ②

176 ☆

일반적으로 보통 작업자의 정상적인 시선으로 가장 적합한 것은?

① 수평선을 기준으로 위쪽 5° 정도
② 수평선을 기준으로 위쪽 15° 정도
③ 수평선을 기준으로 아래쪽 5° 정도
④ 수평선을 기준으로 아래쪽 15° 정도

해 영상표시단말기 취급근로자의 시선은 화면상단과 눈높이가 일치할 정도로 하고 작업 화면상의 시야는 수평선상으로부터 아래로 10도 이상 15도 이하에 오도록 하며 화면과 근로자의 눈과의 거리(시거리: Eye – Screen Distance)는 40센티미터 이상을 확보할 것

답 ④

177 ☆

정보수용을 위한 작업자의 시각 영역에 대한 설명으로 옳은 것은?

① 판별시야 : 안구운동만으로 정보를 주시하고 순간적으로 특정정보를 수용할 수 있는 범위
② 유효시야 : 시력, 색판별 등의 시각 기능이 뛰어나며 정밀도가 높은 정보를 수용할 수 있는 범위
③ 보조시야 : 머리 부분의 운동이 안구운동을 돕는 형태로 발생하며 무리 없이 주시가 가능한 범위
④ 유도시야 : 제시된 정보의 존재를 판별할 수 있는 정도의 식별능력 밖에 없지만 인간 공간좌표 감각에 영향을 미치는 범위

해 판별시야: 시력, 색판별 등의 시각 기능이 뛰어나며 정밀도가 높은 정보를 수용할 수 있는 범위
유효시야: 안구운동만으로 정보를 주시하고 순간적으로 특정정보를 수용할 수 있는 범위
보조시야: 인간의 시각적 감각을 측정하는 데 쓰이는 장비가 관측할 수 있는 범위 주변의 시야

답 ④

178 ☆

의도는 올바른 것이었지만, 행동이 의도한 것과는 다르게 나타나는 오류를 무엇이라 하는가?

① Slip ② Mistake ③ Lapse ④ Violation

해

착오 (Mistake)	인지과정과 의사결정과정에서 발생하는 에러, 상황해석을 잘못하거나 틀린 목표를 착각해 행하는 경우
실수 (Slip)	의도는 올바른 것이었지만, 행동이 의도한 것과는 다르게 나타나는 오류
건망증 (Lapse)	저장단계에서 발생하는 에러, 어떤 행동을 잊어버리고 안하는 경우
위반 (Violation)	규칙을 알고 있음에도 의도적으로 따르지않거나 무시한 경우

답 ①

179 ☆

인간의 오류모형에서 "알고 있음에도 의도적으로 따르지 않거나 무시한 경우"를 무엇이라 하는가?

① 실수(Slip) ② 착오(Mistake)
③ 건망증(Lapse) ④ 위반(Violation)

해 윗 해설 참조

답 ④

180 ☆

상황해석을 잘못하거나 목표를 잘못 설정하여 발생하는 인간의 오류 유형은?

① 실수(Slip) ② 착오(Mistake)
③ 위반(Violation) ④ 건망증(Lapse)

해 윗 해설 참조

답 ②

181 ☆

다음 중 감각적으로 물리현상을 왜곡하는 지각현상에 해당하는 것은?

① 주의산만 ② 착각 ③ 피로 ④ 무관심

해

구분	내용
주의산만	지속적 행동이 어렵거나 작업에 미집중하고 불필요한 자극에 반응하는 행동
착각	감각적으로 물리현상을 왜곡하는 지각현상
피로	작업으로 인해 육체적이나 정신적으로 지친 상태
무관심	작업에 대한 관심이나 흥미가 없는 상태

답 ②

182 ☆

차폐효과에 대한 설명으로 옳지 않은 것은?

① 차폐음과 배음의 주파수가 가까울 때 차폐효과가 크다.
② 헤어드라이어 소음 때문에 전화음을 듣지 못한 것과 관련이 있다.
③ 유의적 신호와 배경 소음의 차이를 신호/소음(S/N) 비로 나타낸다.
④ 차폐효과는 어느 한 음 때문에 다른 음에 대한 감도가 증가되는 현상이다

해 은폐효과(차폐효과, 마스킹효과)
- 어느 한 음 때문에 다른 음에 대한 감도가 감소되는 현상으로 예로는 헤어드라이어 소음 때문에 전화음을 듣지 못한 경우가 있다.
- 차폐음과 배음의 주파수가 가까울 때 차폐효과가 크다.
- 유의적 신호와 배경 소음의 차이를 신호/소음(S/N) 비로 나타낸다.

답 ④

183 ☆

경계 및 경보신호의 설계지침으로 틀린 것은?

① 주의를 환기시키기 위하여 변조된 신호를 사용한다.
② 배경소음의 진동수와 다른 진동수의 신호를 사용한다.
③ 귀는 중음역에 민감하므로 500~3,000Hz의 진동수를 사용한다.
④ 300m 이상의 장거리용으로는 1,000Hz를 초과하는 진동수를 사용한다.

해 300m 이상의 장거리용으로는 1,000Hz 이하의 진동수를 사용한다.

답 ④

184 ☆

다음 중 사람이 음원의 방향을 결정하는 주된 암시신호(cue)로 가장 적합하게 조합된 것은?

① 소리의 강도차와 진동수차
② 소리의 진동수차와 위상차
③ 음원의 거리차와 시간차
④ 소리의 강도차와 위상차

해 음원 방향은 소리의 강도차, 위상차, 시간차로 알 수 있다.

답 ④

185 ☆☆☆☆☆

제한된 실내 공간에서 소음문제의 음원에 관한 대책이 아닌 것은?

① 저소음 기계로 대체한다.
② 소음 발생원을 밀폐한다.
③ 방음보호구를 착용한다.
④ 소음 발생원을 제거한다.

해 소음원에 대한 방음 대책
- 저소음 기계로 대체
- 소음 발생원을 밀폐
- 소음 발생원을 제거
- 설비의 격리
- 적절한 재배치
- 소음원의 통제

방음보호구 착용은 소극적인 대책이다.

답 ③

186 ☆

소음방지 대책에 있어 가장 효과적인 방법은?

① 음원에 대한 대책
② 수음자에 대한 대책
③ 전파경로에 대한 대책
④ 거리감쇠와 지향성에 대한 대책

해 애초에 소리를 줄이면 가장 효과가 좋다.

답 ①

187 ☆

다음 중 제한된 실내 공간에서의 소음문제에 대한 대책으로 가장 적절하지 않는 것은?

① 진동부분의 표면을 줄인다.
② 소음에 적응된 인원으로 배치한다.
③ 소음의 전달 경로를 차단한다.
④ 벽, 천정, 바닥에 흡음재를 부착한다.

해 소음에 적응된 인원으로 배치한다는 건 누가 봐도 말이 안되는 대책이다.

답 ②

188 ☆

인간의 위치 동작에 있어 눈으로 보지 않고 손을 수평 면상에서 움직이는 경우 짧은 거리는 지나치고, 긴 거리는 못 미치는 경향이 있는데 이를 무엇이라고 하는가?

① 사정효과(Range effect)
② 간격효과(Distance effect)
③ 손동작효과(Hand action effect)
④ 반응효과(Reaction effect)

해

사정효과	인간의 위치 동작에 있어 눈으로 보지 않고 손을 수평 면상에서 움직이는 경우 짧은 거리는 지나치고, 긴 거리는 못 미치는 경향
간격효과	같은 내용을 장기적으로 일정 주기로 반복 학습하는 것, 기억력 극대화방법
반응효과	물건을 한정판이라 설정하여 구매자들의 소비심리를 자극하는 효과

답 ①

189 ☆

다음 중 청각적 표시장치의 설계에 관한 설명으로 가장 거리가 먼 것은?

① 신호를 멀리 보내고자 할 때에는 낮은 주파수를 사용하는 것이 바람직하다.
② 배경 소음의 주파수와 다른 주파수의 신호를 사용하는 것이 바람직하다.
③ 신호가 장애물을 돌아가야 할 때에는 높은 주파수를 사용하는 것이 바람직하다.
④ 경보는 청취자에게 위급 상황에 대한 정보를 제공하는 것이 바람직하다.

해 신호가 장애물을 돌아가야 할 때에는 낮은 주파수를 사용하는 것이 바람직하다.

답 ③

190 ☆☆☆☆

시각적 표시장치보다 청각적 표시장치의 사용이 바람직한 경우는?

① 전언이 복잡한 경우
② 전언이 재참조되는 경우
③ 전언이 즉각적인 행동을 요구하는 경우
④ 직무상 수신자가 한 곳에 머무는 경우

해 청각적 및 시각적 표시장치 비교

청각적 표시장치 사용이 유리한 경우	시각적 표시장치 사용이 유리한 경우
• 메시지 간단한 경우 • 메시지 짧은 경우 • 메시지 나중에 재참조 되지 않는 경우 • 메시지 시간적 사건 다루는 경우 • 메시지 즉각적 행동 요구하는 경우 • 수신자 시각 계통 과부하 상태인 경우 • 수신장소 너무 밝거나 암순응 요구될 경우 • 작업자 이동 많을 경우	• 메시지 복잡한 경우 • 메시지 긴 경우 • 메시지 나중에 재참조 되는 경우 • 메시지 공간적 위치 다루는 경우 • 메시지 즉각적 행동 요구하지 않는 경우 • 수신자 청각 계통 과부하 상태인 경우 • 수신장소 너무 시끄러 울 경우 • 작업자 이동 적을 경우

답 ③

191 ☆☆

다음 중 청각적 표시장치보다 시각적 표시장치를 이용하는 경우가 더 유리한 경우는?

① 메시지가 간단한 경우
② 메시지가 추후에 재참조되는 경우
③ 직무상 수신자가 자주 움직이는 경우
④ 메시지가 즉각적인 행동을 요구하는 경우

해 윗 해설 참조

답 ②

192 ☆

청각적 표시장치의 설계 시 적용하는 일반 원리에 대한 설명으로 틀린 것은?

① 양립성이란 긴급용 신호일 때는 낮은 주파수를 사용하는 것을 의미한다.
② 검약성이란 조작자에 대한 입력신호는 꼭 필요한 정보만을 제공하는 것이다.
③ 근사성이란 복잡한 정보를 나타내고자 할 때 2단계의 신호를 고려하는 것이다.
④ 분리성이란 두 가지 이상의 채널을 듣고 있다면 각 채널의 주파수가 분리되어 있어야 한다는 의미이다.

해 청각적 표시장치 설계원리

양립성	긴급용 신호일 때 높은 주파수를 사용하는 것을 의미한다.
근사성	복잡한 정보를 나타내고자 할 때 2단계의 신호를 고려하는 것이다.
분리성	두 가지 이상의 채널을 듣고 있다면 각 채널의 주파수가 분리되어 있어야 한다는 의미이다.
검약성	조작자에 대한 입력신호는 꼭 필요한 정보만을 제공하는 것이다.
불변성	동일한 신호는 항상 동일한 정보를 지정한다.

답 ①

193 ☆

후각적 표시장치(olfactory display)와 관련된 내용으로 옳지 않은 것은?

① 냄새의 확산을 제어할 수 없다.
② 시각적 표시장치에 비해 널리 사용되지 않는다.
③ 냄새에 대한 민감도의 개별적 차이가 존재한다.
④ 경보장치로서 실용성이 없기 때문에 사용되지 않는다.

해 ④: 경보장치로서 실용성이 있다.(예 부취제)

답 ④

194 ☆☆

산업안전보건법령에 따라 제조업 등 유해위험방지계획서를 작성하고자 할 때 관련 규정에 따라 1명 이상 포함시켜야 하는 사람의 자격으로 적합하지 않은 것은?

① 한국산업안전보건공단이 실시하는 관련교육을 8시간 이수한 사람
② 기계, 재료, 화학, 전기, 전자, 안전관리 또는 환경분야 기술사 자격을 취득한 사람
③ 관련분야 기사 자격을 취득한 사람으로서 해당분야에서 3년 이상 근무한 경력이 있는 사람
④ 기계안전, 전기안전, 화공안전분야의 산업안전지도사 또는 산업보건지도사 자격 취득한 사람

해 사업주는 계획서를 작성할 때에 다음 각 호의 어느 하나에 해당하는 자격을 갖춘 사람 또는 공단이 실시하는 관련교육을 20시간 이상 이수한 사람 중 1명 이상을 포함시켜야 한다.

1. 기계, 재료, 화학, 전기·전자, 안전관리 또는환경분야 기술사 자격을 취득한 사람
2. 기계안전·전기안전·화공안전분야의 산업안전지도사 또는 산업보건지도사 자격 취득한 사람
3. 제1호 관련분야 기사 자격을 취득한 사람으로서 해당 분야에서 3년 이상 근무한 경력이 있는 사람
4. 제1호 관련분야 산업기사 자격을 취득한 사람으로서 해당 분야에서 5년 이상 근무한 경력이 있는 사람
5. 「고등교육법」에 따른 대학 및 산업대학(이공계학과에 한정한다)을 졸업한 후 해당 분야에서 5년 이상 근무한 경력이 있는 사람 또는 「고등교육법」에 따른 전문대학(이공계 학과에 한정한다)을 졸업한 후 해당 분야에서 7년 이상 근무한 경력이 있는 사람
6. 「초·중등교육법」에 따른 전문계 고등학교 또는 이와 같은 수준 이상의 학교를 졸업하고 해당분야에서 9년 이상 근무한 경력이 있는 사람

답 ①

195 ☆

산업안전보건법령상 유해위험방지계획서의 제출 시 첨부하는 서류에 포함되지 않는 것은?

① 설비 점검 및 유지계획
② 기계·설비의 배치도면
③ 건축물 각 층의 평면도
④ 원재료 및 제품의 취급, 제조 등의 작업 방법의 개요

해 유해위험방지계획서 제출서류

구분	서류
건설업	1. 공사 개요서 2. 공사현장의 주변 현황 및 주변과의 관계를 나타내는 도면(매설물 현황을 포함한다) 3. 전체 공정표 4. 산업안전보건관리비 사용계획서 5. 안전관리 조직표 6. 재해 발생 위험시 연락 및 대피방법
제조업	1. 건축물 각 층의 평면도 2. 기계·설비의 개요를 나타내는 서류 3. 기계·설비의 배치도면 4. 원재료 및 제품의 취급, 제조 등의 작업방법의 개요 5. 그 밖에 고용노동부장관이 정하는 도면 및 서류

답 ①

196 ☆☆☆

산업안전보건법령에 따라 제조업 중 유해위험방지 계획서 제출대상 사업의 사업주가 유해위험방지 계획서를 제출하고자 할 때 첨부하여야 하는 서류에 해당하지 않는 것은? (단, 기타 고용노동부장관이 정하는 도면 및 서류 등 은 제외한다.)

① 공사개요서
② 기계·설비의 배치도면
③ 기계·설비의 개요를 나타내는 서류
④ 원재료 및 제품의 취급, 제조 등 작업방법 개요

해 ①: 건설업
윗 해설 참조

답 ①

197 ☆

다음 중 산업안전보건법 시행규칙상 유해위험방지 계획서의 제출 기관으로 옳은 것은?

① 대한산업안전협회
② 안전관리대행기관
③ 한국건설기술인협회
④ 한국산업안전보건공단

해 유해위험방지계획서 제출처: 한국산업안전보건공단

답 ④

198 ☆

다음은 유해위험방지계획서의 제출에 관한 설명이다. (   )안의 들어갈 내용으로 옳은 것은?

> 산업안전보건법령상 "대통령령으로 정하는 사업 종류 및 규모에 해당하는 사업으로서 해당 제품의 생산 공정과 직접적으로 관련된 건설물, 기계, 기구 및 설비 등 일체를 설치, 이전하거나 그 주요 구조부분을 변경하려는 경우"에 해당하는 사업주는 유해방지 계획서에 관련 서류를 첨부하여 해당 작업 시작 (㉠)까시 공단에 (㉡)부를 제출해야 한다.

① ㉠: 7일 전, ㉡: 2

② ㉠: 7일 전, ㉡: 4

③ ㉠: 15일 전, ㉡: 2

④ ㉠: 15일 전, ㉡: 4

해 사업주가 유해위험방지계획서를 제출할 때에는 사업장별로 제조업 등 유해위험방지계획서에 다음 각 호의 서류를 첨부하여 해당 작업 시작 15일 전까지 공단에 2부를 제출해야 한다.

답 ③

199 ☆☆☆

다음은 유해위험방지계획서의 제출에 관한 설명이다. (   ) 안의 내용으로 옳은 것은?

> 산업안전보건법령상 제출대상 사업으로 제조업 경우 유해위험방지계획서를 제출하려면 관련 서류를 첨부하여 해당 작업 시작 (㉠)까지, 건설업 경우 해당 공사 착공 (㉡)까지 관련 기관에 제출해야 한다.

① ㉠: 15일 전, ㉡: 전날

② ㉠: 15일 전, ㉡: 7일 전

③ ㉠: 7일 전, ㉡: 진날

④ ㉠: 7일 전, ㉡: 3일 전

해 1. 사업주가 유해위험방지계획서를 제출할 때에는 사업장별로 제조업 등 유해위험방지계획서에 다음 각 호의 서류를 첨부하여 해당 작업 시작 15일 전까지 공단에 2부를 제출해야 한다.
2. 사업주가 유해위험방지계획서를 제출할 때에는 별지의 건설공사 유해위험방지계획서에 서류를 첨부하여 해당 공사 착공 전날까지 공단에 2부를 제출해야 한다.

답 ①

200 ☆

산업안전보건법상 유해위험방지계획서를 제출한 사업주는 건설공사 중 얼마 이내마다 관련법에 따라 유해위험방지계획서의 내용과 실제공사 내용이 부합하는지의 여부 등을 확인받아야 하는가?

① 1개월 ② 3개월 ③ 6개월 ④ 12개월

해 유해위험방지계획서를 제출한 사업주는 해당 건설물·기계·기구 및 설비의 시운전단계에서, 법에 따른 사업주는 건설공사 중 6개월 이내마다 법에 따라 다음 각 호의 사항에 관하여 공단의 확인을 받아야 한다.

1. 유해위험방지계획서의 내용과 실제공사 내용이 부합하는지 여부
2. 유해위험방지계획서 변경내용의 적정성
3. 추가적인 유해위험요인의 존재 여부

답 ③

201 ☆☆☆☆

산업안전보건법령상 유해위험방지계획서의 심사 결과에 따른 구분·판정의 종류에 해당하지 않는 것은?

① 보류 ② 부적정 ③ 적정 ④ 조건부 적정

해 공단은 유해위험방지계획서의 심사 결과를 다음 각 호와 같이 구분·판정한다.

1. 적정: 근로자의 안전과 보건을 위하여 필요한 조치가 구체적으로 확보되었다고 인정되는 경우
2. 조건부 적정: 근로자의 안전과 보건을 확보하기 위하여 일부 개선이 필요하다고 인정되는 경우
3. 부적정: 건설물·기계·기구 및 설비 또는 건설공사가 심사기준에 위반되어 공사착공 시 중대한 위험이 발생할 우려가 있거나 해당 계획에 근본적 결함이 있다고 인정되는 경우

답 ①

202 ☆☆☆☆☆

산업안전보건법령상 유해위험방지계획서의 제출 대상 제조업은 전기 계약용량이 얼마이상인 경우에 해당되는가? (단, 기타 예외사항은 제외한다.)

① 50kW ② 100kW ③ 200kW ④ 300kW

해 유해위험방지계획서의 제출 대상 제조업은 전기 계약 용량이 300kW 이상인 경우에 해당된다.

답 ④

203 ☆☆☆

산업안전보건법령에 따라 기계·기구 및 설비의 설치·이전 등으로 인해 유해위험방지계획서를 제출하여야 하는 대상에 해당하지 않는 것은?

① 건조설비 ② 공기압축기
③ 화학설비 ④ 가스집합 용접장치

해 유해위험방지계획서 제출 설비

1. 금속이나 그 밖의 광물의 용해로
2. 화학설비
3. 건조설비
4. 가스집합 용접장치
5. 근로자의 건강에 상당한 장해를 일으킬 우려가 있는 물질로서 고용노동부령으로 정하는 물질의 밀폐·환기·배기를 위한 설비

답 ②

204 ☆

공정안전관리(Process Safety Management : PSM)의 적용대상 사업장이 아닌 것은?

① 복합비료 제조업
② 농약 원제 제조업
③ 차량 등의 운송설비업
④ 합성수지 및 기타 플라스틱물질 제조업

해 공정안전관리의 적용대상 사업장
1. 원유 정제처리업
2. 기타 석유정제물 재처리업
3. 석유화학게 기초화학물질 제조업 또는 합성수지 및 기타 플라스틱물질 제조업. 다만, 합성수지 및 기타 플라스틱물질 제조업은 별표에 해당하는 경우로 한정한다.
4. 질소 화합물, 질소·인산 및 칼리질 화학비료 제조업 중 질소질 비료 제조
5. 복합비료 및 기타 화학비료 제조업 중 복합비료 제조(단순혼합 또는 배합에 의한 경우는 제외한다)
6. 화학 살균·살충제 및 농업용 약제 제조업 [농약 원제(原劑) 제조만 해당한다]
7. 화약 및 불꽃제품 제조업

답 ③

205 ☆

신호검출이론(SDT)의 판정결과 중 신호가 없었는데도 있었다고 말하는 경우는?

① 긍정(hit)
② 누락(miss)
③ 허위(false alarm)
④ 부정(correct rejection)

해 긍정: 신호 있는데, 반응 있을 때
누락: 신호 있는데, 반응 없을 때
허위: 신호 없는데, 반응 있을 때
부정: 신호 없는데, 반응 없을 때

답 ③

206 ☆

신호검출이론에 대한 설명으로 틀린 것은?

① 신호와 소음을 쉽게 식별할 수 없는 상황에 적용된다.
② 일반적인 상황에서 신호 검출을 간섭하는 소음이 있다.
③ 통제된 실험실에서 얻은 결과를 현장에 그대로 적용 가능하다.
④ 긍정(hit), 허위(false alarm), 누락(miss), 부정(correct rejection)의 네 가지 결과로 나눌 수 있다.

해 통제된 실험실에서 얻은 결과를 현장에 그대로 적용 불가능하다.

답 ③

207 ☆

인간공학 연구방법 중 실제의 제품이나 시스템이 추구하는 특성 및 수준이 달성되는지를 비교하고 분석하는 연구는?

① 조사연구 ② 실험연구
③ 분석연구 ④ 평가연구

해 인간공학 연구방법

조사연구	집단 속성에 관한 연구 예 국민들의 자동차 안전장치 종류 선호도 여론조사
실험연구	실험실에서 실험의 목적에 맞는 환경을 구축하여 실험 수행 예 제일 선호한 안전장치 연구 및 실험
평가연구	실제의 제품이나 시스템이 추구하는 특성 및 수준이 달성되는지를 비교하고 분석 예 실제 여러 상황에서 안전장치 시험 및 평가

답 ④

208 ☆

실험실 환경에서 수행하는 인간공학 연구의 장·단점에 대한 설명으로 맞는 것은?

① 변수의 통제가 용이하다.
② 주위 환경의 간섭에 영향받기 쉽다.
③ 실험 참가자의 안전을 확보하기가 어렵다.
④ 피실험자의 자연스러운 반응을 기대할 수 있다.

해 ②: 주위 환경의 간섭에 영향 받기 어렵다.
③: 실험 참가자의 안전을 확보하기가 쉽다.
④: 피실험자의 자연스런 반응을 기대하기 힘들다.

답 ①

209 ☆

조사연구자가 특정한 연구를 수행하기 위해서는 어떤 상황에서 실시할 것인가를 선택하여야 한다. 즉, 실험실 환경에서도 가능하고, 실제 현장 연구도 가능한데 다음 중 현장 연구를 수행했을 경우 장점으로 가장 적절한 것은?

① 비용 절감
② 정확한 자료수집 가능
③ 일반화가 가능
④ 실험조건 조절 용이

해 완벽한 조건이 아닌 변수가 많은 현장에서 연구를 성공하면 일반화가 가능하다.

답 ③

210 ☆

재해예방 측면에서 시스템의 FT에서 상부측 정상사상의 가장 가까운 쪽에 OR 게이트를 인터록이나 안전장치 등을 활용하여 AND 게이트로 바꿔주면 이 시스템의 재해율에는 어떠한 현상이 나타나겠는가?

① 재해율에는 변화가 없다.
② 재해율의 급격한 증가가 발생한다.
③ 재해율의 급격한 감소가 발생한다.
④ 재해율의 점진적인 증가가 발생한다.

해 2개 중 한 안전조건만 만족하면 되었는데(OR), 갑자기 2개의 안전조건 모두 충족시켜야(AND) 작동된다하면 안전율이 증가하여 재해율이 감소된다.

답 ③

211 ☆

입력 B_1과 B_2의 어느 한쪽이 일어나면 출력 A가 생기는 경우를 논리합의 관계라 한다. 이때 입력과 출력 사이에는 무슨 게이트로 연결되는가?

① OR 게이트　② 억제 게이트
③ AND 게이트　④ 부정 게이트

해

구분	내용	기호
기본사상	더 이상 전개되지 않는 기본사상	
정상사상	재해 위험도를 고려해 결함수 분석을 하기로 결정한 사고나 결과	-
생략사상	불충분한 자료로 결론을 내릴 수 없어 더 이상 전개할 수 없는 사상	
통상사상	• 시스템의 정상적인 가동상태에서 일어날 것이 기대 되는 사상 • 통상의 작업이나 기계의 상태에서 재해의 발생 원인이 되는 사상	
결함사상	고장 또는 결함으로 나타나는 비정상적인 사건	
전이기호	다른 부분에 있는 게이트와의 연결관계를 나타내기 위한 기호	
위험지속기호	입력사상이 생겨 일정 시간 지속 시 출력사상 생기는 현상	
억제게이트	조건부 사건이 발생하는 상황 하에서 입력현상이 발생할 때의 출력현상	
부정(NOT)게이트	입력이 1이면 0을, 입력이 0이면 1을 출력하는 듯이 입력과 반대되는 현상으로 출력되는 게이트	
OR게이트(논리합)	입력사상이 어느 하나라도 발생할 경우 출력사상이 발생하는 게이트	
배타적 OR게이트	2개 또는 그 이상 입력이 동시 존재 시 출력 생기지 않는 현상	동시발생 안한다
AND게이트(논리곱)	두 개 입력 모두 발생 시 생기는 출력현상	
우선적 AND게이트	여러 개의 입력사상이 정해진 순서에 따라 순차적으로 발생해야만 결과가 출력	
조합 AND게이트	3개의 입력현상 중 임의의 시간에 2개가 발생하면 출력이 생기는 출력현상	

답 ①

212 ☆

결함수 분석의 기호 중 입력사상이 어느 하나라도 발생할 경우 출력 사상이 발생하는 것은?

① NOR GATE　② AND GATE
③ OR GATE　④ NAND GATE

해 NOR GATE: 모든 입력이 거짓인 경우 출력이 참이 되는 논리 게이트
NAND GATE: 입력 사상이 모두 발생 시 출력 사상 발생하지 않는 게이트
윗 해설 참조

답 ③

213 ☆☆☆☆

FT도에 사용하는 기호에서 3개의 입력현상 중 임의의 시간에 2개가 발생하면 출력이 생기는 기호의 명칭은?

① 억제게이트 ② 조합AND게이트
③ 배타적OR게이트 ④ 우선적AND게이트

해 윗 해설 참조

답 ②

214 ☆

FTA에 사용되는 논리게이트 중 조건부 사건이 발생하는 상황 하에서 입력현상이 발생할 때 출력현상이 발생하는 것은?

① 억제 게이트 ② AND 게이트
③ 배타적OR게이트 ④ 우선적AND게이트

해 윗 해설 참조

답 ①

215 ☆

FTA에서 사용되는 논리게이트 중 입력과 반대되는 현상으로 출력되는 것은?

① 부정게이트 ② 억제게이트
③ 배타적OR게이트 ④ 우선적AND게이트

해 윗 해설 참조

답 ①

216 ☆

FTA에 사용되는 논리 게이트 중 여러 개의 입력 사항이 정해진 순서에 따라 순차적으로 발생해야만 결과가 출력되는 것은?

① 억제 게이트
② 배타적 OR 게이트
③ 조합 AND 게이트
④ 우선적 AND 게이트

해 윗 해설 참조

답 ④

217 ☆

두 가지 상태 중 하나가 고장 또는 결함으로 나타나는 비정상적인 사건은?

① 톱사상 ② 정상적인 사상
③ 결함사상 ④ 기본적인 사상

해 윗 해설 참조

답 ③

218 ☆

FTA(Fault tree analysis)의 기호 중 다음의 사상기호에 적합한 각각의 명칭은?

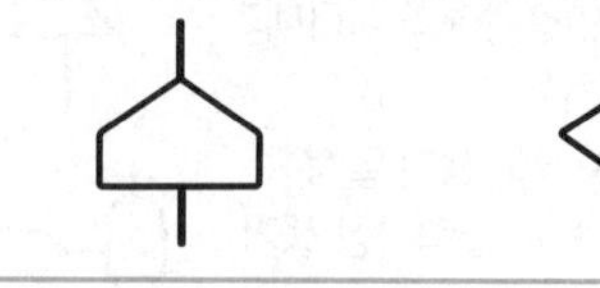

① 전이기호와 통상사상
② 통상사상과 생략사상
③ 통상사상과 전이기호
④ 생략사상과 전이기호

해 윗 해설 참조

답 ②

219 ☆☆

FTA(Fault Tree Analysis)에 사용되는 논리 기호와 명칭이 올바르게 연결된 것은?

① 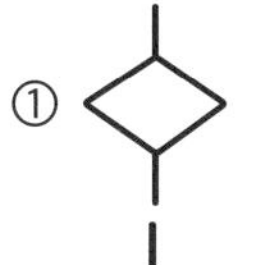 : 전이기호

② 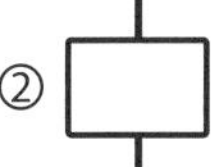 : 기본사상

③ 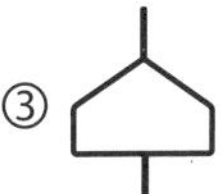 : 통상사상

④ 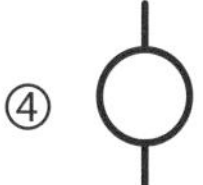 : 결함사상

해 윗 해설 참조

답 ③

220 ☆☆

FT에 사용되는 기호 중 더 이상의 세부적인 분류가 필요 없는 사상을 의미하는 기호는?

① 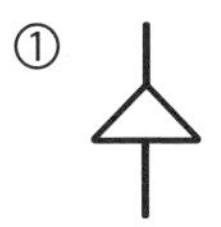

② 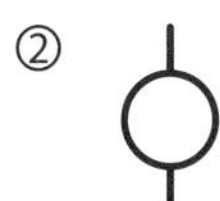

③ 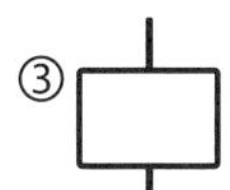

④ 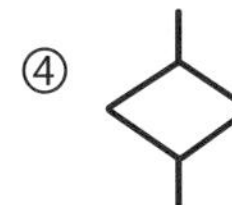

해 윗 해설 참조

답 ②

221 ☆☆

FTA에서 사용하는 다음 사상기호에 대한 설명으로 맞는 것은?

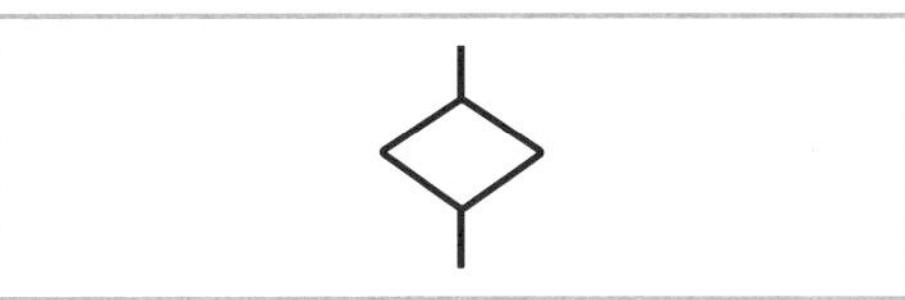

① 시스템 분석에서 좀 더 발전시켜야 하는 사상

② 시스템의 정상적인 가동상태에서 일어날 것이 기대되는 사상

③ 불충분한 자료로 결론을 내릴 수 없어 더 이상 전개할 수 없는 사상

④ 주어진 시스템의 기본사상으로 고장원인이 분석 되었기 때문에 더 이상 분석할 필요 없는 사상

해 윗 해설 참조

답 ③

222 ☆

FT 작성에 사용되는 사상 중 시스템의 정상적인 가동상태에서 일어날 것이 기대되는 사상은?

① 통상사상 ② 기본사상

③ 생략사상 ④ 결함사상

해 윗 해설 참조

답 ①

223 ☆

FTA(Fault Tree Analysis)에서 사용되는 사상 기호 중 통상의 작업이나 기계의 상태에서 재해의 발생 원인이 되는 요소가 있는 것은?

① 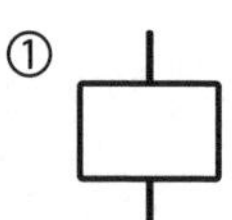 ② 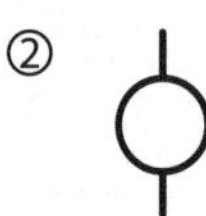

③ 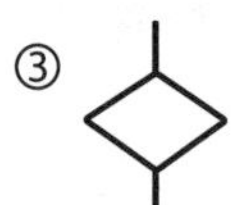 ④ 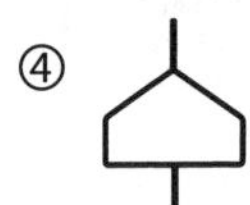

해 윗 해설 참조

답 ④

224 ☆☆

그림과 같이 FT도에서 활용하는 논리게이트의 명칭으로 옳은 것은?

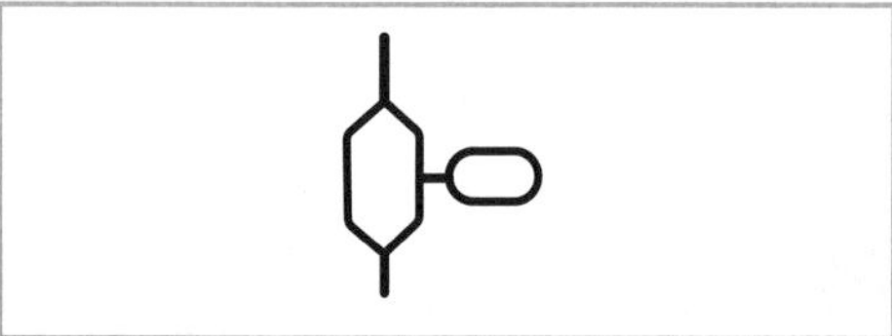

① 억제 게이트
② 제어 게이트
③ 배타적 OR게이트
④ 우선적 AND게이트

해 윗 해설 참조

답 ①

225 ☆

FT도에 사용되는 다음 게이트의 명칭은?

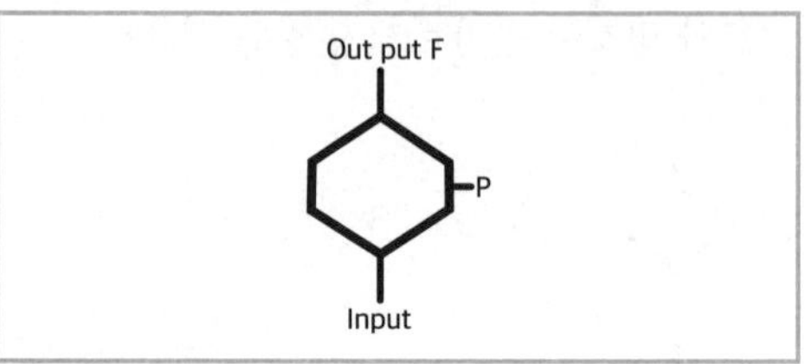

① 부정 게이트
② 억제 게이트
③ 배타적 OR게이트
④ 우선적 AND게이트

해 윗 해설 참조

답 ②

226 ☆

FT도에 사용되는 다음 기호의 명칭으로 옳은 것은?

① 억제게이트 ② 조합AND게이트
③ 부정게이트 ④ 배타적OR게이트

해 윗 해설 참조

답 ②

227 ☆

FT도에 사용되는 다음 기호의 명칭으로 옳은 것은?

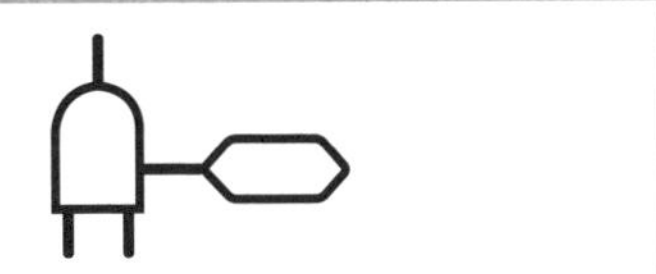

① 부정게이트 ② 수정기호
③ 위험지속기호 ④ 배타적 OR 게이트

해 윗 해설 참조

답 ③

228 ☆

다음 중 흐름 공정도(Flow Process Chart)에서 기호와 의미가 잘못 연결된 것은?

① □: 지체 ② ▽: 저장
③ ⇨: 운반 ④ ○: 가공

해 ASME 공정 기호

가공	가공	○	원료, 재료, 부품 형상 및 품질에 변화주는 과정
운반	운반	⇨	원료, 재료, 부품의 위치에 변화주는 과정
검사	수량검사	□	원료, 재료, 부품의 양을 측정해 결과를 기준과 비교하는 과정
	품질검사	◇	원료, 재료, 부품의 품질특성을 시험하고 결과를 기준과 비교하는 과정
정체	저장	▽	원료, 재료, 부품을 계획에 따라 저장하는 과정
	지체	D	원료, 재료, 부품이 계획과 달리 정체되어 있는 상태

답 ①

229 ☆

다음 중 성격이 다른 정보의 제어 유형은?

① action ② selection
③ setting ④ data entry

해 정보처리 단계
초기단계: setting
처리단계: action 행동, selection 선별, data entry 입력

답 ③

230 ☆

다음의 설명은 무엇에 해당되는 것인가?

1. 인간과오에서 의지적제어가 되지 않는다.
2. 결정을 잘못한다.

① 동작조작 미스(Miss)
② 기억판단 미스(Miss)
③ 인지확인 미스(Miss)
④ 조치과정 미스(Miss)

해 정보처리 과정에서 인간과오 분류

기억판단 미스	인간과오에서 의지적 제어가 되지 않는 것
동작조작 미스	정확한 지령 내렸으나 동작 중 과오를 일으키는 것
인지확인 미스	작업정보 입수 또는 감각중추 인지 기능에 과오가 생기는 것

답 ②

231 ☆

다음 중 직무의 내용이 시간에 따라 전개되지 않고 명확한 시작과 끝을 가지고 미리 잘 정의되어 있는 경우 인간 신뢰도의 기본단위를 나타내는 것은?

① bt ② HEP ③ $\lambda(t)$ ④ $\alpha(t)$

해 bt: 바이트
HEP: 인간실수확률, 인간신뢰도 단위

답 ②

232 ☆

Rasmussen은 행동을 세 가지로 분류하였는데, 그 분류에 해당하지 않는 것은?

① 숙련 기반 행동(skill-based behavior)
② 지식 기반 행동(knowledge-based behavior)
③ 경험 기반 행동(experience-based behavior)
④ 규칙 기반 행동(rule-based behavior)

해 Rasmussen의 인간행동 분류

숙련 (기능/기술) 기반 행동	실수, 망각으로 구분되는 오류
지식 기반 행동	부적절한 순서, 의사결정으로 발생하는 오류
규칙 기반 행동	잘못된 규칙을 기억하거나 정확한 규칙이어도 상황에 맞지않은 경우 발생하는 오류

답 ③

233 ☆☆

인지 및 인식의 오류를 예방하기 위해 목표와 관련하여 작동을 계획해야 하는데 특수하고 친숙하지 않은 상황에서 발생하며, 부적절한 분석이나 의사결정을 잘못하여 발생하는 오류는?

① 기능에 기초한 행동(Skill-based Behavior)
② 규칙에 기초한 행동(Rule-based Behavior)
③ 사고에 기초한 행동(Accident-based Behavior)
④ 지식에 기초한 행동(Knowledge-based Behavior)

해 윗 해설 참조

답 ④

234 ☆☆

다음 중 일반적으로 인간의 눈이 완전암조응에 걸리는데 소요되는 시간을 가장 잘 나타낸 것은?

① 3~5분 ② 10~15분
③ 30~40분 ④ 60~90분

해 암조응에 걸리는 시간: 30 – 40분
명조응에 걸리는 시간: 1 – 3분

답 ③

235 ☆☆

다음과 같은 실내 표면에서 일반적으로 추천 반사율의 크기를 맞게 나열한 것은?

㉠ 바닥	㉡ 천장	㉢ 가구	㉣ 벽

① ㉠ < ㉣ < ㉢ < ㉡
② ㉣ < ㉠ < ㉡ < ㉢
③ ㉠ < ㉢ < ㉣ < ㉡
④ ㉣ < ㉡ < ㉠ < ㉢

해 반사율 크기
바닥(20 ~ 40%) < 가구(25 ~ 45%) < 벽(40 ~ 60%) < 천장(80 ~ 90%)

답 ③

236 ☆

다음 중 광원의 밝기에 비례하고, 거리의 제곱에 반비례하며, 반사체의 반사율과는 상관없이 일정한 값을 갖는 것은?

① 광도 ② 휘도 ③ 조도 ④ 휘광

해

구분	내용
조도	• 어떤 물체에 도달하는 빛의 양 • 광원의 밝기에 비례하고, 거리의 제곱에 반비례하며, 반사체의 반사율과는 상관없이 일정한 값을 갖는 것 • 단위 lux
휘도	• 빛이 물체에서 반사되어 나오는 양 • 단위 nit
광도	• 광원에서 어느 특정 방향으로 나오는 빛의 세기 • 단위 cd
광속	• 광원에서 방출되는 빛의 총량 • 단위 lm
대비	• 표적과 배경의 광속 발산도 차이
광속 발산도	• 단위면적당 표면에서 반사 또는 방출되는 빛의 양 • 단위 lm/m^2

답 ③

237 ☆

음향기기 부품 생산공장에서 안전업무를 담당하는 김진돌은 공장 내부에 경보등을 설치하는 과정에서 도움이 될 만한 몇 가지 지식을 적용하고자 한다. 적용 지식 중 맞는 것은?

① 신호 대 배경의 휘도대비가 작을 때는 백색 신호가 효과적이다.
② 광원의 노출시간이 1초보다 작으면 광속발산도는 작아야 한다.
③ 표적의 크기가 커짐에 따라 광도의 역치가 안정되는 노출시간은 증가한다.
④ 배경광 중 점멸 잡음광의 비율이 10% 이상이면 점멸등은 사용하지 않는 것이 좋다.

해 ①: 신호 대 배경의 휘도대비가 작을 때는 주변 배경과 휘도 차가 큰 색의 신호가 효과적이다.
②: 광원의 노출시간이 1초보다 작으면 광속 발산도는 커야 한다.
③: 표적의 크기가 커짐에 따라 광도의 역치가 안정되는 노출시간은 감소한다.

답 ④

238 ☆

다음 중 작업면상의 필요한 장소만 높은 조도를 취하는 조명 방법은?

① 국소조명 ② 완화조명
③ 전반조명 ④ 투명조명

해 조명방법 종류

국소조명	작업면상의 필요한 장소만 높은 조도를 취하는 조명
완화조명	암순응을 고려해 휘도를 서서히 낮추면서 조절하는 조명
전반조명	특정 공간 전체 조명
투명조명	투광기에 의한 조명
직접조명	강한 음영 때문에 근로자의 눈 피로도가 큰 조명방법

답 ①

239 ☆

다음 중 강한 음영 때문에 근로자의 눈 피로도가 큰 조명방법은?

① 간접조명 ② 반간접조명
③ 직접조명 ④ 전반조명

해 윗 해설 참조

답 ③

240 ☆

산업안전보건기준에 관한 규칙상 작업장의 작업면에 따른 적정 조명 수준은 초정밀 작업에서 (㉠)lux 이상이고, 보통작업에서는 (㉡)lux 이상이다.
( )안에 들어갈 내용은?

① ㉠: 650, ㉡: 150
② ㉠: 650, ㉡: 250
③ ㉠: 750, ㉡: 150
④ ㉠: 750, ㉡: 250

해 사업주는 근로자가 상시 작업하는 장소의 작업면 조도(照度)를 다음 각 호의 기준에 맞도록 하여야 한다. 다만, 갱내(坑內) 작업장과 감광재료(感光材料)를 취급하는 작업장은 그러하지 아니하다.
1. 초정밀작업: 750럭스(lux) 이상
2. 정밀작업: 300럭스 이상
3. 보통작업: 150럭스 이상
4. 그 밖의 작업: 75럭스 이상

답 ③

241 ☆

매직넘버라고도 하며, 인간이 절대식별 시 작업 기억 중에 유지할 수 있는 항목의 최대 수를 나타낸 것은?

① 3±1 ② 7±2 ③ 10±1 ④ 20±2

해 밀러는 100개 숫자 중 인간이 최대로 외울 수 있는 것은 몇 개인지 실험한 결과 최대 7±2개 외우는 것을 확인했다. 이를 매직넘버라고 칭한다.
여담으로, 응시생분이 10개 이상 외운다면 천재다. 지금 당장 해보자!

답 ②

242 ☆

통화이해도를 측정하는 지표로서, 각 옥타브(octave)대의 음성과 잡음의 데시벨(dB)값에 가중치를 곱하여 합계를 구하는 것을 무엇이라 하는가?

① 명료도 지수　② 통화 간섭 수준
③ 이해도 점수　④ 소음 기준 곡선

해 통화이해도

정의	음성 메시지를 수화자가 얼마나 정확하게 인지할 수 있는지에 대한 것
명료도 지수	통화이해도를 측정하는 지표로서, 각 옥타브(octave)대의 음성과 잡음의 데시벨(dB)값에 가중치를 곱하여 합계를 구하는 것
이해도 점수	통화 내용 중 알아듣고 인식한 비율
통화 간섭 수준	통화이해도 영향 주는 잡음 영향 추정하는 지수
소음 수준 곡선	음의 크기 레벨(LL)과 회화 방해 레벨(SIL)의 2개의 요소를 조합한 실내 소음의 기준 곡선

답 ①

243 ☆

청각에 관한 설명으로 틀린 것은?

① 인간에게 음의 높고 낮은 감각을 주는 것은 음의 진폭이다.
② 1,000Hz 순음의 가청최소음압을 음의 강도 표준치로 사용한다.
③ 일반적으로 음이 한 옥타브 높아지면 진동수는 2배 높아진다.
④ 복합음은 여러 주파수대의 강도를 표현한 주파수별 분포를 사용하여 나타낸다.

해 인간에게 음의 높고 낮은 감각을 주는 것은 주파수이다.

답 ①

244 ☆☆☆

초음파 소음(ultrasonic noise)에 대한 설명으로 잘못된 것은?

① 전형적으로 20,000Hz 이상이다.
② 가청영역 위의 주파수를 갖는 소음이다.
③ 소음 3dB 증가하면 허용기간은 반감한다.
④ 20,000Hz 이상에서 노출 제한은 110dB이다.

해 소음이 2dB 증가하면 허용기간은 반감한다.

답 ③

245 ☆

중이소골(ossicle)이 고막의 진동을 내이의 난원창(oval window)에 전달하는 과정에서 음파의 압력은 어느 정도 증폭되는가?

① 2배 ② 12배 ③ 22배 ④ 220배

해 중이소골이 고막의 진동을 내이의 난원창에 전달하는 과정에서 음파의 압력은 22배 증폭된다.

답 ③

246 ☆☆

음성통신에 있어 소음환경과 관련하여 성격이 다른 지수는?

① AI(Articulation Index) : 명료도 지수
② MAA(Minimum Audible Angle) : 최소가청각도
③ PSIL(Preferred-Octave Speech Interference Level) : 음성간섭수준
④ PNC(Preferred Noise Criteria Curves) : 선호 소음판단 기준곡선

해 최소가청각도: 청각신호 위치 식별 척도

답 ②

247 ☆

1sone에 관한 설명으로 (　　) 에 알맞은 수치는?

> 1sone : (ㄱ)Hz, (ㄴ)dB의 음압수준을 가진 순음의 크기

① ㄱ : 1,000, ㄴ : 1
② ㄱ : 4,000, ㄴ : 1
③ ㄱ : 1,000, ㄴ : 40
④ ㄱ : 4,000, ㄴ : 40

해 40dB의 1,000Hz 순음 크기(40Phon)를 1Sone으로 한다.

답 ③

248 ☆☆

음량수준을 평가하는 척도와 관계없는 것은?

① HSI ② phon ③ dB ④ sone

해

HSI	열압박지수, 열평형 유지위해 증발되는 발한량
phon	특정음과 같은 음으로 들리는 1,000Hz 순음의 음압수준
sone	기준음의 몇배인가를 나타내는 것, 40dB의 1,000Hz 순음 크기(40Phon)를 1Sone으로 한다.

답 ①

249 ☆

음량수준을 측정할 수 있는 3가지 척도에 해당되지 않는 것은?

① sone ② 럭스 ③ phon ④ 인식소음수준

해 럭스: Lux, 조도 단위

답 ②

250 ☆☆

다음 중 소음에 의한 청력손실이 가장 크게 나타나는 주파수대는?

① 2,000Hz ② 4,000Hz
③ 10,000Hz ④ 20,000Hz

해 청력손실은 4,000Hz에서 나타난다.
이것을 C5 – dip현상이라 한다.

답 ②

251 ☆

소리의 크고 작은 느낌은 주로 강도의 함수이지만 진동수에 의해서도 일부 영향을 받는다. 음량을 나타내는 척도인 phon의 기준 순음 주파수(Hz)는?

① 1,000 ② 2,000 ③ 3,000 ④ 4,000

해 1,000Hz의 기준음과 같은 크기로 들리는 다른 주파수의 음의 크기를 Phon이라고 한다.

답 ①

252 ☆

음압수준이 70dB인 경우, 1,000Hz에서 순음의 phon치는?

① 50 ② 70 ③ 90 ④ 100

해 1,000Hz의 기준음과 같은 크기로 들리는 다른 주파수의 음의 크기를 Phon이라고 한다.
즉, 기준음이 70이니 답은 70phon!

답 ②

253 ☆

산업안전보건기준에 관한 규칙상 '강렬한 소음 작업'에 해당하는 기준은?

① 90데시벨 이상의 소음이 1일 2시간 이상 발생하는 작업
② 95데시벨 이상의 소음이 1일 8시간 이상 발생하는 작업
③ 90데시벨 이상의 소음이 1일 4시간 이상 발생하는 작업
④ 90데시벨 이상의 소음이 1일 8시간 이상 발생하는 작업

해 "강렬한 소음작업"이란 다음 각목의 어느 하나에 해당하는 작업을 말한다.

1. 90데시벨 이상의 소음이 1일 8시간 이상 발생하는 작업
2. 95데시벨 이상의 소음이 1일 4시간 이상 발생하는 작업
3. 100데시벨 이상의 소음이 1일 2시간 이상 발생하는 작업
4. 105데시벨 이상의 소음이 1일 1시간 이상 발생하는 작업
5. 110데시벨 이상의 소음이 1일 30분 이상 발생 하는 작업
6. 115데시벨 이상의 소음이 1일 15분 이상 발생하는 작업

답 ④

254 ☆

다음 중 소음의 1일 노출시간과 소음강도의 기준이 잘못 연결된 것은?

① 8hr : 90dB(A) ② 2hr : 100dB(A)
③ 1/2hr : 110dB(A) ④ 1/4hr : 120dB(A)

해 윗 해설 참조

답 ④

255 ☆

국내 규정상 1일 노출회수가 100일 때 최대 음압수준이 몇dB(A)를 초과하는 충격소음에 노출되어서는 아니 되는가?

① 110 ② 120 ③ 130 ④ 140

해 "충격소음작업"이란 소음이 1초 이상의 간격으로 발생하는 작업으로서 다음 각 목의 어느 하나에 해당하는 작업을 말한다.
1. 120데시벨을 초과하는 소음이 1일 1만회 이상 발생하는 작업
2. 130데시벨을 초과하는 소음이 1일 1천회 이상 발생하는 작업
3. 140데시벨을 초과하는 소음이 1일 1백회 이상 발생하는 작업

답 ④

256 ☆☆

국내 규정상 최대 음압수준이 몇 dB(A)를 초과하는 충격소음에 노출되어서는 아니 되는가?

① 110 ② 120 ③ 130 ④ 140

해 최대 음압수준이 140dB(A)를 초과하는 충격소음에 노출되어서는 안된다.

답 ④

257 ☆☆

인간의 귀의 구조에 대한 설명으로 틀린 것은?

① 외이는 귓바퀴와 외이도로 구성된다.
② 고막은 중이와 내이의 경계부위에 위치해 있으며 음파를 진동으로 바꾼다.
③ 중이에는 인두와 교통하여 고실 내압을 조절하는 유스타키오관이 존재한다.
④ 내이는 신체의 평형감각수용기인 반규관과 청각을 담당하는 전정기관, 와우로 구성되어 있다.

해 귀의 구조

구분	내용
바깥귀 (외이)	• 소리를 모으는 역할 • 귓바퀴와 외이도로 구성
가운데귀 (중이)	• 고막의 진동을 내이로 전달 • 인두와 교통하여 고실 내압을 조절하는 유스타키오관이 존재
속귀 (내이)	• 달팽이관에 청세포가 분포되어 있어 소리 자극을 청신경으로 전달 • 평형감각 수용기인 반규관과 청각을 담당하는 전정기관, 와우로 구성
고막	중이와 외이의 경계부위에 위치해 있으며 음파를 진동으로 바꾼다.
달팽이관	소리를 구분하고 구별하는 역할
유스타키오관	• 고막의 안과 밖의 기압을 같게 유지해 주고, 중이의 환기와 분비물 배출하는 역할

답 ②

258 ☆

위험 및 운전성 검토(HAZOP)에서의 전제조건으로 틀린 것은?

① 두 개 이상의 기기고장이나 사고는 일어나지 않는다.
② 조작자는 위험상황이 일어났을 때 그것을 인식 할 수 있다.
③ 안전장치는 필요할 때 정상동작하지 않는 것으로 간주한다.
④ 장치 자체는 설계 및 제작사양에 맞게 제작된것으로 간주한다.

해 HAZOP 전제조건
- 두 개 이상의 기기고장이나 사고는 일어나지 않는다.
- 안전장치는 필요시 정상작동하는 것으로 한다.
- 장치와 설비는 설계 및 제작사양에 적합하게 제작된 것으로 한다.
- 조작자는 위험상황이 일어났을 때 그것을 인식할 수 있다.
- 위험의 확률이 낮으나 고가설비를 요구할 시, 안전교육 및 직무교육으로 대체한다.
- 사소한 사항이라도 간과하지 않는다.

답 ③

259 ☆

HAZOP 분석기법의 장점이 아닌 것은?

① 학습 및 적용이 쉽다.
② 기법적용에 큰 전문성을 요구하지 않는다.
③ 짧은 시간에 저렴한 비용으로 분석이 가능하다.
④ 다양한 관점을 가진 팀 단위 수행이 가능하다.

해 ③: 긴 시간과 높은 비용으로 분석이 된다.

답 ③

260 ☆☆☆

다음 중 HAZOP 기법에서 사용되는 가이드 워드와 그 의미가 잘못 연결된 것은?

① As well as : 성질상의 증가
② More/Less : 정량적인 증가 또는 감소
③ Part of : 성질상의 감소
④ Other than : 기타 환경적인 요인

해 가이드 워드

No/Not	설계 의도의 완전한 부정
More/Less	정량적인 증기 또는 감소
As well as	성질상의 증가
Part of	성질상의 감소
Reverse	설계의도의 논리적인 역
Other Than	완전한 대체

답 ④

261 ☆☆

위험 및 운전성 검토(HAZOP)에서 사용되는 가이드 워드 중에서 성질상의 감소를 의미하는 것은?

① Part of ② More ③ No ④ Other than

해 윗 해설 참조

답 ①

262 ☆

다음 중 몸의 중심선으로부터 밖으로 이동하는 신체 부위의 동작을 무엇이라 하는가?

① 외전 ② 외선 ③ 내전 ④ 내선

해 인체 동작 유형

내전 (adduction)	신체의 밖에서 중심선으로 이동하는 신체의 움직임
외전 (abduction)	신체의 중심선에서 밖으로 이동하는 신체 부위의 동작
내선(내회전, medial rotation)	신체의 바깥쪽에서부터 회전하는 신체의 움직임
외선(외회전, lateral rotation)	신체의 중심선으로부터 회전하는 신체의 움직임
신전 (extension)	부위 간의 각도가 증가하는 신체 움직임
굴곡 (flexion)	부위 간의 각도가 감소하는 신체 움직임
회내 (pronation)	손바닥을 아래로 향하도록 하는 회전
회외 (supination)	손바닥을 위로 향하도록 하는 회전

답 ①

263 ☆☆

신체 부위 운동에 대한 설명으로 틀린 것은?

① 굴곡(flexion)은 부위 간의 각도가 증가하는 신체의 움직임을 의미한다.
② 외전(abduction)은 신체 중심선으로부터 이동하는 신체의 움직임을 의미한다.
③ 내전(adduction)은 신체의 외부에서 중심선으로 이동하는 신체 움직임을 의미한다.
④ 외선(lateral rotation)은 신체 중심선으로부터 회전하는 신체 움직임을 의미한다.

해 윗 해설 참조

답 ①

264 ☆☆☆

촉감의 일반적인 척도의 하나인 2점 문턱값(two – point Threshold)이 감소하는 순서대로 나열된 것은?

① 손가락 → 손바닥 → 손가락 끝
② 손바닥 → 손가락 → 손가락 끝
③ 손가락 끝 → 손가락 → 손바닥
④ 손가락 끝 → 손바닥 → 손가락

해 2점 문턱값 감소 순서
손바닥 → 손가락 → 손가락 끝

답 ②

265 ☆

다음 중 진동의 영향을 가장 많이 받는 인간의 성능은?

① 추적(tracking) 능력
② 감시(monitoring) 작업
③ 반응시간(reaction time)
④ 형태식별(pattern recognition)

해 추적 능력이 진동의 영향을 가장 많이 받고, 형태식별이 가장 적다.

답 ①

266 ☆

국소진동에 지속적으로 노출된 근로자에게 발생할 수 있으며, 말초혈관 장해로 손가락이 창백해지고 동통을 느끼는 질환의 명칭은?

① 레이노병(Raynaud's phenomenon)
② 파킨슨병(Parkinson's disease)
③ 규폐증
④ C5-dip 현상

해

레이노병	국소 진동에 지속적으로 노출된 근로자에게 발생할 수 있으며, 말초혈관 장해로 손가락이 창백해지고 동통을 느끼는 질환
파킨슨병	치매 다음으로 흔한 대표적인 퇴행성 뇌 질환
규폐증	규폐증은 규사 등의 먼지가 폐에 쌓여 흉터가 생기는 질환
C5-dip 현상	소음성 난청 중 4,000Hz에서 청력이 감소되는 감각 신경성 난청현상

답 ①

267 ☆

A자동차에서 근무하는 K씨는 지게차로 철강판을 하역 하는 업무를 한다. 지게차 운전으로 K씨에게 노출된 직업성 질환의 위험 요인과 동일한 위험 요인에 노출된 작업자는?

① 연마기 운전자
② 착암기 운전자
③ 대형운송차량 운전자
④ 목재용 치퍼(Chippers) 운전자

해 전신진동노출작업: 지게차/대형운송차량
국소진동노출작업: 연마기/착암기/목재용치퍼

답 ③

268 ☆

다음 중 인체의 피부감각에 있어 민감한 순서대로 나열된 것은?

① 압각-온각-냉각-통각
② 냉각-통각-온각-압각
③ 온각-냉각-통각-압각
④ 통각-압각-냉각-온각

해 피부감각 민감도 크기
온각 < 냉각 < 압각 < 통각

답 ④

269 ☆

다음 중 반응속도가 가장 느린 감각은?

① 청각 ② 시각 ③ 미각 ④ 통각

해 반응속도
청각(0.17초) < 촉각(0.18초) < 시각(0.2초) < 미각(0.29초) < 통각(0.7초)

답 ④

270 ☆☆

다음 중 열 중독증(heat illness)의 강도를 올바르게 나열한 것은?

ⓐ 열소모 ⓑ 열발진 ⓒ 열경련 ⓓ 열사병

① ⓒ < ⓑ < ⓐ < ⓓ

② ⓒ < ⓑ < ⓓ < ⓐ

③ ⓑ < ⓒ < ⓐ < ⓓ

④ ⓑ < ⓓ < ⓐ < ⓒ

해 열 중독증의 강도
(열발진 < 열경련 < 열소모 < 열사병)

답 ③

271 ☆

다음 중 공기의 온열조건의 4요소에 포함되지 않는 것은?

① 대류 ② 전도 ③ 반사 ④ 복사

해 온열 조건의 4요소: 전도/복사/증발/대류

답 ③

272 ☆☆

다음 설명에 해당하는 온열조건의 용어는?

온도, 습도, 공기 유동이 인체에 미치는 열효과를 하나의 수치로 통합한 경험적 감각지수로 상대습도 100%일 때의 건구온도에서 느끼는 것과 동일한 온감

① Oxford 지수 ② 발한률

③ 실효온도 ④ 열압박지수

해

Oxford 지수	습구온도와 건구온도 가중평균치
발한률	온도, 습도 변화에 따른 피부온도와 발한량 변화 표시값
실효온도	온도, 습도, 공기 유동이 인체에 미치는 열효과를 하나의 수치로 통합한 경험적 감각지수
열압박지수	HSI, 열평형 유지위해 증발되는 발한량

답 ③

273 ☆☆

다음 중 실효온도(Effective Temperature)**에 대한 설명으로 틀린 것은?**

① 체온계로 입안 온도를 측정하여 기준으로 한다.
② 실제로 감각되는 온도로서 실감온도라고 한다.
③ 온도, 습도 및 공기 유동이 인체에 미치는 열효과를 나타낸 것이다.
④ 상대습도 100%일 때의 건구온도에서 느끼는 것과 동일한 온감이다.

해 체온계로 입안 온도를 측정하여 기준: 구강체온 측정법

답 ①

274 ☆

실효온도(effective temperature)**에 영향을 주는 요인이 아닌 것은?**

① 온도 ② 습도 ③ 복사열 ④ 공기 유동

해 실효온도 영향요인
온도/습도/공기유동

답 ③

275 ☆

실내에서 사용하는 습구흑구온도(WBGT : Wet Bulb Globe Temperature) **지수는? (단,** NWB**는 자연습구,** GT**는 흑구온도,** DB**는 건구온도이다.)**

① WBGT = 0.6NWB + 0.4GT
② WBGT = 0.7NWB + 0.3GT
③ WBGT = 0.6NWB + 0.3GT + 0.1DB
④ WBGT = 0.7NWB + 0.2GT + 0.1DB

해

실효온도 (감각온도, 실감온도)	- **정의**: 온도, 습도, 기류 등 조건에 따라 인간 감각을 통해 느껴지는 온도로 상대 습도 100%일 때의 건구온도에서 느끼는 것과 같은 온도감 - 옥스포드지수(Oxford지수,습건지수) 옥스포드 지수 = 0.85 • 습구온도 + 0.15 • 건구온도 - 습구흑구온도지수(WBGT) ▶옥내 또는 옥외(태양광선 없는 장소) WBGT = 0.7 • 자연습구온도 + 0.3 • 흑구온도 ▶옥외(태양광선 있는 장소) WBGT = 0.7 • 자연습구온도 + 0.2 • 흑구온도 + 0.1 • 건구온도

답 ②

276 ☆

시력에 대한 설명으로 맞는 것은?

① 배열시력(vernier acuity) - 배경과 구별하여 탐지할 수 있는 최소의 점
② 동적시력(dynamic visual acuity) - 비슷한 두 물체가 다른 거리에 있다고 느껴지는 시차각의 최소차로 측정되는 시력
③ 입체시력(stereoscopic acuity) - 거리가 있는 한 물체에 대한 약간 다른 상이 두 눈의 망막에 맺힐 때 이걸 구별하는 능력
④ 최소지각시력(minimum perceptible acuity) - 하나의 수직선이 중간에서 끊겨 아래 부분이 옆으로 옮겨진 경우에 탐지할 수 있는 최소측 변방위

해 시력 종류

배열시력	미세한 치우침 분간하는 능력
동적시력	빠르게 움직이는 물체 추적하는 능력
입체시력	거리가 있는 한 물체에 대한 약간 다른 상이 두 눈의 망막에 맺힐 때 이것을 구별하는 능력
최소지각 시력	배경으로부터 한 점을 분간하는 능력
최소분간 시력	• 보편적 시력 척도 • 눈이 식별할 수 있는 과녁(target)의 최소 특징이나 과녁 부분들간의 최소공간 • 란돌트(Landolt) 고리에 있어 1.5mm의 틈을 5m의 거리에서 겨우 구분할 수 있는 능력은 1.0이다.

답 ③

277 ☆

란돌트(Landolt) 고리에 있어 1.5mm의 틈을 5m의 거리에서 겨우 구분할 수 있는 사람의 최소분간시력은 약 얼마인가?

① 0.1 ② 0.3 ③ 0.7 ④ 1.0

해 윗 해설 참조

답 ④

278 ☆☆☆☆

다음 중 보전효과의 평가로 설비종합효율을 계산하는 식으로 옳은 것은?

① 설비종합효율 = 속도가동률 × 정미가동률
② 설비종합효율 = 시간가동률 × 성능가동률 × 양품률
③ 설비종합효율 = (부하시간 - 정지시간)/부하시간
④ 설비종합효율 = 정미가동률 × 시간가동률 × 양품률

해

설비종합효율	시간가동률 • 성능가동률 • 양품률
시간가동률	(부하시간 - 정지시간)/부하시간
성능가동률	속도가동률 • 정미가동률
정미가동률	(생산량 • 실제주기시간)/가동시간

답 ②

279 ☆

신뢰성과 보전성 개선을 목적으로 한 효과적인 보전기록자료에 해당하는 것은?

① 자재관리표 ② 주유지시서
③ 재고관리표 ④ MTBF 분석표

해 보전기록자료로 활용되는 것
MTBF(평균고장간격) 분석표/설비이력카드/고장원인대책표

답 ④

280 ☆

설비보전은 예방보전과 사후보전으로 대별된다. 다음 중 예방보전 종류가 아닌 것은?

① 시간계획보전 ② 개량보전
③ 상태기준보전 ④ 적응보전

해

구분	내용
예방보전	시간계획보전/상태기준보전/적응보전
사후보전	개량보전

답 ②

281 ☆☆☆

다음 설명에 해당하는 설비보전방식 유형은?

> 설비보전 정보와 신기술을 기초로 신뢰성, 조작성, 보전성, 안전성, 경제성 등이 우수한 설비 선정, 조달 또는 설계를 통해 궁극적으로 설비 설계, 제작 단계에서 보전활동이 불필요한 체제를 목표로 한 설비보전 방법

① 개량보전 ② 보전예방
③ 사후보전 ④ 일상보전

해 보전방식 유형

구분	내용
개량보전	설비 신뢰성, 보선성, 경제성, 안전성을 복적으로 개량하는 보전 방법
보전예방	궁극적으로 설비 설계, 제작 단계에서 보전활동이 불필요한 체제를 목표로 한 설비보전 방법
사후보전	설비 고장이나 성능저하가 발생한 뒤 이를 수리하는 보전 방법
일상보전	설비의 열화를 방지하고 그 진행을 지연시켜 수명을 연장하기 위한 점검, 청소, 주유 및 교체 등을 하는 보전 방법
생산보전	설비의 일 생애를 대상으로 해서 생산성을 높이는 것이며, 가장 경제적으로 보전하는 것

답 ②

282 ☆

설계단계에서부터 보전에 불필요한 설비를 설계하는 것의 보전방식은?

① 보전예방 ② 생산보전
③ 일상보전 ④ 개량보전

해 윗 해설 참조

답 ①

283 ☆

설비보전 방법 중 설비의 열화를 방지하고 그 진행을 지연시켜 수명을 연장하기 위한 점검, 청소, 주유 및 교체 등의 활동은?

① 사후보전 ② 개량보전
③ 일상보전 ④ 보전예방

해 윗 해설 참조

답 ③

284 ☆☆

설비관리 책임자 A는 동종 업종의 TPM 추진 사례를 벤치마킹하여 설비관리 효율화를 꾀하고자 한다. 설비관리 효율화 중 작업자 본인이 직접 운전하는 설비의 마모율 저하를 위하여 설비의 윤활관리를 일상에서 직접 행하는 활동과 가장 관계가 깊은 TPM 추진단계는?

① 개별개선활동단계
② 자주보전활동단계
③ 계획보전활동단계
④ 개량보전활동단계

해 TPM(전원 참가 생산보전) 8대 활동

자주보전	본인 설비에 대한 유지관리를 스스로 하는 것
개별개선	불합리 개선 및 생산 효율화
계획보전	설비 이상 조기 발견하고 수리하는 최적 보전주기에 의한 정기보전
교육훈련	훈련으로 기능향상, 기술혁신
MP초기관리	신설비의 합리적 MP설계
품질보전	품질 불량 최소화
안전환경	무재해 달성 및 산업재해예방
사무효율화	사무생산성 향상 및 사무환경 개선

답 ②

285 ☆

다음 중 설비보전의 조직 형태에서 집중보전(Central Maintenance)의 장점이 아닌 것은?

① 보전요원은 각 현장에 배치되어 있어 재빠르게 작업할 수 있다.
② 전 공장에 대한 판단으로 중점 보전이 수행될 수 있다.
③ 분업/전문화가 진행되어 전문적으로서 고도의 기술을 갖게 된다.
④ 직종 간의 연락이 좋고, 공사관리가 쉽다.

해 집중보전 시 보전 요원은 말 그대로 한 곳에 집중시켜 관리한다.

답 ①

286 ☆☆

다음 중 위험 조정을 위해 필요한 방법(위험조정기술)과 가장 거리가 먼 것은?

① 위험 회피(avoidance)
② 위험 감축(reduction)
③ 보류(retention)
④ 위험 확인(confirmation)

해 위험조정 방법
위험전가/위험보류/위험감축/위험회피

답 ④

287 ☆

섬유유연제 생산 공정이 복잡하게 연결되어 있어 작업자의 불안전한 행동을 유발하는 상황이 발생하고 있다. 이것을 해결하기 위한 위험처리 기술에 해당하지 않는 것은?

① Transfer(위험전가)
② Retention(위험보류)
③ Reduction(위험감축)
④ Rearrange(작업순서의 변경 및 재배열)

해 윗 해설 참조

답 ④

288 ☆

일반적으로 위험(Risk)은 3가지 기본요소로 표현되며 3요소(Triplets)로 정의된다. 3요소에 해당되지 않는 것은?

① 시스템 불이용도(Q_i)
② 사고 발생확률(P_i)
③ 사고 시나리오(S_i)
④ 파급효과 또는 손실(X_i)

해 위험의 3요소
- 사고 시나리오
- 사고발생 확률
- 파급효과 또는 손실

답 ①

289 ☆

생명유지에 필요한 단위시간당 에너지량을 무엇이라 하는가?

① 기초대사량 ② 산소 소비율
③ 작업 대사량 ④ 에너지 소비율

해 **기초대사량**: 생명유지에 필요한 단위시간당 에너지량

답 ①

290 ☆

에너지 대사율(RMR)에 대한 설명으로 틀린 것은?

① $RMR = \frac{운동대사량}{기초대사량}$
② 보통작업 시 RMR은 4~7임
③ 가벼운 작업 시 RMR은 0~2임
④ $\frac{운동시\ 산소소모량 - 안정시\ 산소소모량}{기초대사량(산소소비량)}$

해 작업강도 구분

작업구분	RMR	작업 종류
경작업	2 이하	가벼운 작업
중작업(中)	2 ~ 4	보통 작업
중작업(重)	4 ~ 7	힘든 작업
초중작업	7 이상	매우 힘든 작업

답 ②

291 ☆

작업의 강도는 에너지대사율(RMR)에 따라 분류된다. 분류 기간 중, 중(中)작업(보통작업)의 에너지 대사율은?

① 0~1RMR ② 2~4RMR
③ 4~7RMR ④ 7~9RMR

해 윗 해설 참조

답 ②

292 ☆

다음 중 중(重)작업의 경우 작업대의 높이로 가장 적절한 것은?

① 허리 높이보다 0~10cm 정도 낮게
② 팔꿈치 높이보다 10~20cm 정도 높게
③ 팔꿈치 높이보다 10~20cm 정도 낮게
④ 어깨 높이보다 30~40cm 정도 높게

해 서 있는 작업자를 위한 작업대 설계

입식 작업대 높이	• 정밀작업: 팔꿈치 높이보다 5~10cm 높게 설계 • 일반작업: 팔꿈치 높이보다 5~10cm 낮게 설계 • 힘든작업(重작업): 팔꿈치 높이보다 10~20cm 낮게 설계

답 ③

293 ☆

다음 중 서서하는 작업에서 정밀한 작업, 경작업, 중작업 등을 위한 작업대의 높이에 기준이 되는 신체부위는?

① 어깨 ② 팔꿈치 ③ 손목 ④ 허리

해 작업대 높이 기준은 팔꿈치이다.
윗 해설 참조

답 ②

294 ☆☆☆☆

작업개선을 위하여 도입되는 원리인 ECRS에 포함되지 않는 것은?

① Combine ② Standard
③ Eliminate ④ Rearrange

해 작업개선 ECRS원리
E: 제거(Eliminate) – 불필요한 작업요소 제거
C: 결합(Combine) – 작업요소의 결합
R: 재배치(Rearrange) – 작업순서의 재배치
S: 단순화(Simplify) – 작업요소의 단순화

답 ②

295 ☆

작업공간의 포락면(包絡面)에 대한 설명으로 맞는 것은?

① 개인이 그 안에서 일하는 일차원 공간이다.
② 작업복 등은 포락면에 영향을 미치지 않는다.
③ 가장 작은 포락면은 몸통을 움직이는 공간이다.
④ 작업의 성질에 따라 포락면의 경계가 달라진다.

해 포락면
1. 개인이 그 안에서 일하는 3차원 공간이다.
2. 작업의 성질에 따라 포락면의 경계가 달라진다.
3. 작업복 등은 포락면에 영향을 준다.
4. 가장 작은 포락면은 몸통을 움직이는 공간이 아니다.
5. 한 장소에 앉아 수행하는 작업활동에서 사람이 작업하는 데 사용하는 공간

답 ④

296 ☆☆☆

작업공간 설계에 있어 "접근제한 요건"에 대한 설명으로 맞는 것은?

① 조절식 의자와 같이 누구나 사용할 수 있도록 설계한다.
② 비상벨의 위치를 작업자의 신체조건에 맞추어 설계한다.
③ 트럭운전이나 수리작업을 위한 공간을 확보하여 설계한다.
④ 박물관의 미술품 전시와 같이, 장애물 뒤의 타겟과의 거리를 확보하여 설계한다.

해 작업공간 설계 요건

접근제한 요건	특정 구역에 접근 못하게 장애물과 거리를 확보해 설계한다.
여유공간 요건	신체를 움직일 수 있는 공간을 확보하여 설계한다.
유지보수 위한 특별요건	유지보수공들의 특별 요구사항을 반영해 설계한 작업장

답 ④

297 ☆

다음 중 가속도에 관한 설명으로 틀린 것은?

① 가속도란 물체의 운동 변화율이다.
② 1G는 자유 낙하하는 물체의 가속도인 $9.8m/s^2$에 해당한다.
③ 선형가속도는 운동속도가 일정한 물체의 방향변화율이다.
④ 운동방향이 전후방인 선형가속의 영향은 수직방향보다 덜하다.

해 선형가속도는 일정 비율로 속도가 증가하는 것이다.

해 ③

298 ☆

인간전달함수(Human Transfer Function)의 결점이 아닌 것은?

① 입력의 협소성
② 시점적 제약성
③ 정신운동의 묘사성
④ 불충분한 직무 묘사

해 인간전달함수 결점 종류
입력의 협소성/불충분한 직무 묘사/시점적 제약성

답 ③

299 ☆

인간이 기계와 비교하여 정보처리 및 결정의 측면에서 상대적으로 우수한 것은? (단, 인공지능은 제외한다.)

① 정보의 신속한 보관
② 정량적 정보처리
③ 관찰을 통한 일반화
④ 연역적 추리

해 인간과 기계의 비교

인간이 더 유리한 기능	• 미세 시각적/후각적/미각적 자극 등 감지 • 상황에 따라 변화하는 복잡한 자극 형태를 식별할 수 있다. • 배경 잡음이 심한 경우에도 신호를 인지할 수 있다. • 돌발 상황 및 사건 감지 • 다양한 경험을 토대로 의사결정 • 관찰을 통해 일반화하여 귀납적으로 추진 • 주관적으로 평가 • 참신한 해결책 도출 가능 • 원칙 적용해 다양한 문제 해결
기계가 더 유리한 기능	• 인간의 수용범위 밖 자극 감지 • 암호화된 정보를 신속 대량으로 보관 가능 • 명시된 절차에 따라 신속하고 정량적 정보처리 • 연역적으로 추리 • 과부하 시에도 효율적으로 작동 • 여러 개의 프로그램된 활동을 동시에 수행

답 ③

300 ☆☆☆

일반적으로 기계가 인간보다 우월한 기능에 해당되는 것은? (단, 인공지능은 제외한다.)

① 귀납적으로 추리한다.
② 원칙을 적용해 다양한 문제를 해결한다.
③ 다양한 경험을 토대로 하여 의사결정을 한다.
④ 명시된 절차에 따라 신속하고, 정량적인 정보처리를 한다.

해 윗 해설 참조

답 ④

301 ☆☆

다음 중 시스템 안전 프로그램 계획(SSPP)에 포함되지 않아도 되는 사항은?

① 안전 조직　　② 안전 기준
③ 안전 종류　　④ 안전성 평가

해 시스템 안전계획(SSPP) 포함사항

1. 계획 개요
2. 안전조직
3. 계약조건
4. 시스템안전기준 및 해석
5. 안전성 평가
6. 안전자료 수집과 갱신
7. 경과와 결과 보고

답 ③

302 ☆

조종 – 반응비(Control – Response Ratio, C/R비)에 대한 설명 중 틀린 것은?

① 조종장치와 표시장치의 이동 거리 비율을 의미한다.
② C/R비가 클수록 조종장치는 민감하다.
③ 최적 C/R비는 조정시간과 이동시간의 교점이다.
④ 이동시간과 조정시간을 감안하여 최적 C/R 비를 구할 수 있다.

해 $\frac{C}{R} = \frac{조종}{표시}$

C/R비가 클수록 조종장치는 둔감하다.

예 버스 핸들을 크게 돌렸지만(조종), 바퀴는 조금 회전을 한다(표시).

답 ②

303 ☆

다음 중 조종 – 반응비율(C/R비)에 관한 설명으로 틀린 것은?

① C/R비가 클수록 민감한 제어장치이다.
② 'X"가 조종장치의 변위량, "Y"가 표시장치의 변위량일 때 X/Y 로 표현된다.
③ Knob C/R비는 손잡이 1회전 시 움직이는 표시장치 이동 거리 역수로 나타낸다.
④ 최적의 C/R비는 제어장치의 종류나 표시장치 크기, 허용오차 등에 의해 달라진다.

해 윗 해설 참조

답 ①

304 ☆

조종장치의 우발작동을 방지하는 방법 중 틀린 것은?

① 오목한 곳에 둔다.
② 조종장치를 덮거나 방호해서는 안 된다.
③ 작동을 위해서 힘이 요구되는 조종장치에는 저항을 제공한다.
④ 순서적 작동 요구되는 작업일 때 순서를 지나치지 않도록 잠금장치를 설치한다.

해 조종장치 우빌작동 방지위해 조종장치 덮개로 덮는 등 방호조치 해야한다.

답 ②

305 ☆☆

양립성에 대한 설명 중 틀린 것은?

① 개념양립성, 운동양립성, 공간양립성 등이 있다.
② 인간의 기대에 맞는 자극과 반응의 관계를 의미한다.
③ 양립성의 효과가 크면 클수록, 코딩의 시간이나 반응의 시간은 길어진다.
④ 양립성이 인간의 예상과 어느 정도 일치하는 것을 의미한다.

해 양립성

정의	• 자극-반응 간 관계가 사용자 기대와 일치하는 것 • 양립성의 효과가 크면 클수록, 코딩의 시간이나 반응의 시간은 짧아진다.
공간적 양립성	물리적 형태나 공간 배치가 사용자 기대와 일치하는 것 예 오른쪽 스위치를 누르면 오른쪽 전등 점등
개념적 양립성	인간이 지닌 개념적 연상이 사용자 기대와 일치하는 것 예 위험신호는 빨간색, 주의신호는 노란색, 안전신호는 파란색으로 표시하는 것
운동적 양립성	조종장치 방향과 표시장치 방향이 일치하는 것 예 레버를 위로 올리면 압력 상승
양식 양립성	직무에 대하여 청각적 자극 제시에 대한 음성 응답을 하도록 할 때 가장 관련 있는 양립성 예 한국어로 질문하면 기계가 한국어로 답변하는 것

답 ③

306 ☆☆☆

직무에 대하여 청각적 자극 제시에 대한 음성 응답을 하도록 할 때 가장 관련 있는 양립성은?

① 공간적 양립성 ② 양식 양립성
③ 운동 양립성 ④ 개념적 양립성

해 윗 해설 참조

답 ②

307 ☆

A 회사에서는 새로운 기계를 설계하면서 레버를 위로 올리면 압력이 올라가도록 하고, 오른쪽 스위치를 눌렀을 때 오른쪽 전등이 켜지도록 하였다면, 이것은 각각 어떤 유형의 양립성을 고려한 것인가?

① 레버-공간양립성, 스위치-개념양립성
② 레버-운동양립성, 스위치-개념양립성
③ 레버-개념양립성, 스위치-운동양립성
④ 레버-운동양립성, 스위치-공간양립성

해 윗 해설 참조

답 ④

308 ☆

"표시장치와 이에 대응하는 조종장치 간의 위치 또는 배열이 인간의 기대와 모순되지 않아야 한다."는 인간공학적 설계원리와 가장 관계가 깊은 것은?

① 개념 양립성 ② 운동 양립성
③ 문화 양립성 ④ 공간 양립성

해 위치, 배열은 공간으로 해석 가능하다.

답 ④

309 ☆

어떠한 신호가 전달하려는 내용과 연관성이 있어야 하는 것으로 정의되며, 예로써 위험신호는 빨간색, 주의신호는 노란색, 안전신호는 파란색으로 표시하는 것은 다음 중 어떠한 양립성(compatibility)에 해당하는가?

① 공간 양립성 ② 개념 양립성

③ 동작 양립성 ④ 형식 양립성

해 윗 해설 참조

답 ②

310 ☆☆

다음 중 정성적 표시장치를 설명한 것으로 적절하지 않은 것은?

① 연속적으로 변하는 변수의 대략적인 값이나 변화추세 변화율 등을 알고자 할 때 사용된다.

② 정성적 표시장치의 근본 자료 자체는 정량적인 것이다.

③ 색채 부호가 부적합한 경우에는 계기판 표시 구간을 형상 부호화하여 나타낸다.

④ 전력계에서와 같이 기계적 혹은 전자적으로 숫자가 표시된다.

해 ④: 정량적 표시장치

구분	형식	내용
정량적 표시장치	동침형	• 눈금이 고정되고 지침이 움직이는 형 • 바늘의 진행 방향과 증감 속도에 대한 인식적인 암시 신호를 얻는 것이 유리
	동목형	• 눈금이 움직이고 지침이 고정된 형 • 표시장치 면적을 최소화할 수 있는 장점이 있다. • 눈금과 손잡이가 같은 방향으로 회전하도록 설계한다.
	계수형	0 1 5 5 6 • 전자적으로 숫자가 표시되는 형 • 표시장치에 나타나는 값들이 계속적으로 변하는 경우에는 부적합하며 인접한 눈금에 대한 지침의 위치를 파악할 필요가 없는 경우의 표시장치 • 측정값을 가장 정확하게 읽을 수 있는 표시장치
정성적 표시장치		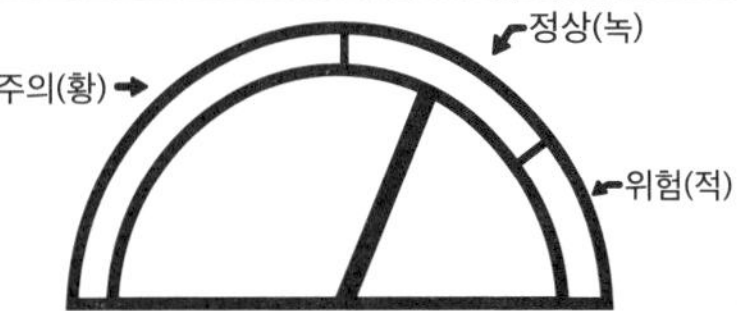 • 온도, 압력, 속도 같이 연속적으로 변하는 값을 알고싶을 때 사용하는 장치 • 연속적으로 변하는 변수의 대략적인 값이나 변화추세 변화율 등을 알고자 할 때 사용된다. • 색채 부호가 부적합한 경우에는 계기판 표시구간을 형상 부호화해 나타냄

답 ④

311 ☆☆

정량적 표시장치에 관한 설명으로 맞는 것은?

① 정확한 값을 읽어야 하는 경우 일반적으로 디지털보다 아날로그 표시장치가 유리하다.
② 동목(moving scale)형 아날로그 표시장치는 표시장치 면적을 최소화할 수 있는 장점이 있다.
③ 연속적으로 변화하는 양을 나타내는 데에는 일반적으로 아날로그보다 디지털 표시장치가 유리하다.
④ 동침(moving pointer)형 아날로그 표시 장치는 바늘 진행 방향과 증감 속도에 대한 인식적인 암시 신호를 얻는 것이 불가능한 단점이 있다.

해 ①: 정확한 값을 읽어야 하는 경우 일반적으로 아날로그보다 디지털 표시장치가 유리하다.
③: 연속적으로 변화하는 양을 나타내는 데에는 일반적으로 디지털보다 아날로그 표시장치가 유리하다.
④: 동침(moving pointer)형 아날로그 표시 장치는 바늘의 진행 방향과 증감 속도에 대한 인식적인 암시 신호를 얻는 것이 유리하다.

답 ②

312 ☆

다음 중 아날로그 표시장치를 선택하는 일반적인 요구 사항으로 틀린 것은?

① 일반적으로 동침형보다 동목형을 선호한다.
② 일반적으로 동침과 동목은 혼용하여 사용하지 않는다.
③ 움직이는 요소에 대한 수동 조절을 설계할 때는 바늘(pointer)을 조정하는 것이 눈금을 조정하는 것보다 좋다.
④ 중요한 미세한 움직임이나 변화에 대한 정보를 표시할 때는 동침형을 사용한다.

해 ①: 일반적으로 동목형보다 동침형 선호한다.

답 ①

313 ☆

운동관계의 양립성을 고려해 동목형(moving scale)표시장치를 바람직하게 설계한 것은?

① 눈금과 손잡이가 같은 방향으로 회전하도록 설계한다.
② 눈금 숫자는 우측으로 감소하도록 설계한다.
③ 꼭지의 시계 방향 회전이 지시치를 감소 시키도록 설계한다.
④ 위의 세 가지 요건을 동시에 만족시키도록 설계한다.

해 윗 해설 참조

답 ①

314 ☆☆

다음 중 표시장치에 나타나는 값들이 계속적으로 변하는 경우에는 부적합하며 인접한 눈금에 대한 지침의 위치를 파악할 필요가 없는 경우의 표시장치 형태로 가장 적합한 것은?

① 정목 동침형　② 정침 동목형
③ 동목 동침형　④ 계수형

해 윗 해설 참조

답 ④

315 ☆

정량적 표시장치의 용어에 대한 설명 중 틀린 것은?

① 눈금단위(scale unit): 눈금을 읽는 최소 단위
② 눈금범위(scale range): 눈금의 최고치와 최저치의 차
③ 수치간격(numbered interval): 눈금에 나타낸 인접 수치 사이의 차
④ 눈금간격(graduatiom interval): 최대눈금선 사이의 값 차

해 정량적 표시장치 용어

눈금단위	눈금 읽는 최소 단위
눈금범위	눈금 최고치와 최저차 범위
수치간격	인접 수치 사이의 차
눈금간격	눈금과 눈금 사이 간격

답 ④

316 ☆

고령자의 정보처리 과업을 설계할 경우 지켜야 할 지침으로 틀린 것은?

① 표시 신호를 더 크게 하거나 밝게 한다.
② 개념, 공간, 운동 양립성을 높은 수준으로 유지한다.
③ 정보처리 능력에 한계가 있으므로 시분할 요구량을 늘린다.
④ 제어표시장치를 설계할 때 불필요한 세부 내용을 줄인다.

해 정보처리 능력에 한계가 있으므로 시분할 요구량(= 단위시간당 처리요구량)을 줄인다.

답 ③

317 ☆

동작의 합리화를 위한 물리적 조건으로 적절하지 않은 것은?

① 고유 진동을 이용한다.
② 접촉 면적을 크게 한다.
③ 대체로 마찰력을 감소시킨다.
④ 인체표면에 가해지는 힘을 적게 한다.

해 접촉 면적을 작게 한다.

답 ②

318 ☆

다음 중 항공기나 우주선 비행 등에서 허위감각으로부터 생긴 방향감각의 혼란과 착각 등의 오판을 해결하는 방법으로 가장 적절하지 않은 것은?

① 주위의 다른 물체에 주의를 한다.
② 정상비행 훈련을 반복해 오판을 줄인다.
③ 여러 가지 착각의 성질과 발생 상황을 이해한다.
④ 정확한 방향 감각 암시신호를 의존하는 것을 익힌다.

해 훈련을 한다고 착각 등의 오판이 해결되는 것은 아니다.

답 ②

319 ☆☆

정보의 촉각적 암호화 방법으로만 구성된 것은?

① 점자, 진동, 온도
② 초인종, 점멸등, 점자
③ 신호등, 경보음, 점멸등
④ 연기, 온도, 모스(Morse)부호

해 촉각적: 점자/진동/온도
청각적: 초인종/경보음/모스부호
시각적: 점멸등/신호등/연기

답 ①

320 ☆

다음 중 일반적으로 대부분의 임무에서 시각적 암호의 효능에 대한 결과에서 가장 성능이 우수한 암호는?

① 구성 암호　② 영자와 형상 암호
③ 숫자 및 색 암호　④ 영자 및 구성 암호

해 시각적 암호 성능 크기 순서
숫자암호 > 색암호 > 영문자암호 > 기하학적 형상암호 > 구성암호

답 ③

321 ☆

암호체계의 사용상에 있어서, 일반적인 지침에 포함되지 않는 것은?

① 암호의 검출성　② 부호의 양립성
③ 암호의 표준화　④ 암호의 단일차원화

해 암호화 지침

구분	내용
양립성	인간 기대와 모순되지 않아야 한다.
다차원화	두 가지 이상 암호를 조합해 사용하면 정보전달 촉진된다.
표준화	표준화되어야 한다.
부호의 의미	사용자가 뜻을 정확히 알 수 있어야 한다.
판별성	다른 암호와 구별되어야 한다.
검출성	감지가 쉬워야 한다.

답 ④

322 ☆

자극 – 반응 조합의 관계에서 인간의 기대와 모순되지 않는 성질을 무엇이라 하는가?

① 양립성 ② 적응성 ③ 변별성 ④ 신뢰성

해 윗 해설 참조

답 ①

323 ☆☆

특정한 목적을 위해 시각적 암호, 부호 및 기호를 의도적으로 사용할 때에 반드시 고려하여야 할 사항과 가장 거리가 먼 것은?

① 검출성 ② 판별성 ③ 양립성 ④ 심각성

해 윗 해설 참조

답 ④

324 ☆

암호체계의 사용 시 고려해야 될 사항과 거리가 먼 것은?

① 정보를 암호화한 자극은 검출이 가능해야 한다.
② 다차원 암호보다 단일 차원화된 암호가 정보전달이 촉진된다.
③ 암호를 사용할 때는 사용자가 그 뜻을 분명히 알 수 있어야 한다.
④ 모든 암호 표시는 감지장치에 의해 검출 될 수 있고, 다른 암호 표시와 구별될 수 있어야 한다.

해 단일차원 암호보다 다차원화된 암호가 정보전달이 촉진된다.

답 ②

325 ☆

작업자가 용이하게 기계 · 기구를 식별하도록 암호화(Coding)를 한다. 암호화 방법이 아닌 것은?

① 강도 ② 형상 ③ 크기 ④ 색채

해 암호화 방법: 형상/크기/휘도/색채/촉감

답 ①

326 ☆☆

감각저장으로부터 정보를 작업기억으로 전달하기 위한 코드화 분류에 해당되지 않는 것은?

① 시각코드 ② 촉각코드
③ 음성코드 ④ 의미코드

해 작업기억으로 전달하기 위한 코드 종류
시각/음성/청각/미각/후각/의미 코드

답 ②

327 ☆

위험관리의 안전성 평가에서 발생빈도보다 손실에 중점을 두며, 기업 간 의존도, 한가지 사고가 여러가지 손실을 수반하는가 하는 안전에 미치는 영향 강도를 평가하는 단계는?

① 위험의 처리단계
② 위험의 분석 및 평가 단계
③ 위험의 파악단계
④ 위험의 발견, 확인, 측정방법 단계

해 위험의 분석 및 평가 단계
위험관리의 안전성 평가에서 발생빈도보다 손실에 중점을 두며, 기업 간 의존도, 한가지 사고가 여러가지 손실을 수반하는가 하는 안전에 미치는 영향의 강도를 평가하는 단계

답 ②

328 ☆

위험관리에서 위험의 분석 및 평가에 유의할 사항으로 적절하지 않은 것은?

① 기업 간의 의존도는 어느 정도인지 점검한다.
② 발생빈도보다는 손실규모에 중점을 둔다.
③ 작업표준의 의미를 충분히 이해하고 있는지 점검한다.
④ 한 가지의 사고가 여러 가지 손실을 수반하는지 확인한다.

해 윗 해설 참조

답 ③

329 ☆☆

다음 중 불 대수의 관계식으로 틀린 것은?

① $A+AB=A$ ② $A(A+B)=A+B$
③ $A+\overline{A}B=A+B$ ④ $A+\overline{A}=1$

해 불 대수의 관계식

$A+A=A$	$A•A=A$	$A•B=B•A$	$A+B=B+A$
$A•1=A$	$A•\overline{A}=1$	$A+A•B=A$	$\mathbf{A(A+B)=A}$
$A•0=0$	$A+1=1$	$A+\overline{A}=1$	$A+AB=A$
$A(A•B)=(A•A)B$		$A(B+C)=A•B+A•C$	

답 ②

330 ☆

다음 중 불(Bool) 대수의 정리를 나타낸 관계식으로 틀린 것은?

① $A \cdot 0=0$ ② $A+1=1$
③ $A \cdot \overline{A}=1$ ④ $A(A+B)=A$

해 윗 해설 참조

답 ③

331 ☆☆

현재 시험문제와 같이 4지택일형 문제의 정보량은 얼마인가?

① 2bit ② 4bit ③ 2byte ④ 4byte

해 정보량 $= \log_2$ 대안수 $= \log_2 4 = 2$bit

답 ①

332 ☆

자극과 반응의 실험에서 자극 A가 나타날 경우 1로 반응하고 자극 B가 나타날 경우 2로 반응하는 것으로 하고, 100회 반복하여 표와 같은 결과를 얻었다. 제대로 전달된 정보량을 계산하면 약 얼마인가?

자극 \ 반응	1	2
A	50	-
B	10	40

① 0.61 ② 0.871 ③ 1 ④ 1.361

해 전달된 정보량 = 자극정보량 + 반응정보량 − 결합정보량

$= 1 + 0.97 - 1.36 = 0.61$

자극정보량 $= \sum 확률 \cdot \log_2(\frac{1}{확률})$

$= 0.5 \cdot \log_2(\frac{1}{0.5}) + 0.5 \cdot \log_2(\frac{1}{0.5})$

$= 1$

반응정보량 $= \sum 확률 \cdot \log_2(\frac{1}{확률})$

$= 0.6 \cdot \log_2(\frac{1}{0.6}) + 0.4 \cdot \log_2(\frac{1}{0.4}) = 0.97$

결합정보량 $= \sum 확률 \cdot \log_2(\frac{1}{확률})$

$= 0.5 \cdot \log_2(\frac{1}{0.5}) + 0.1 \cdot \log_2(\frac{1}{0.1}) + 0.4 \cdot \log_2(\frac{1}{0.4}) = 1.36$

답 ①

333 ☆

인간의 반응시간을 조사하는 실험에서 0.1, 0.2, 0.3, 0.4의 점등확률을 갖는 4개의 전등이 있다. 이 자극 전등이 전달하는 정보량은 약 얼마인가?

① 2.42bit ② 2.16bit

③ 1.85bit ④ 1.53bit

해 A/B/C/D를 부여하자!

정보량 $= \sum 확률 \cdot \log_2(\frac{1}{확률})$

$A = \sum 확률 \cdot \log_2(\frac{1}{확률}) = 0.1 \cdot \log_2(\frac{1}{0.1})$

$= 0.332$

$B = \sum 확률 \cdot \log_2(\frac{1}{확률}) = 0.2 \cdot \log_2(\frac{1}{0.2}$

$= 0.464$

$C = \sum 확률 \cdot \log_2(\frac{1}{확률}) = 0.3 \cdot \log_2(\frac{1}{0.3})$

$= 0.521$

$D = \sum 확률 \cdot \log_2(\frac{1}{확률}) = 0.4 \cdot \log_2(\frac{1}{0.4}$

$= 0.529$

→ 총 정보량 = 확률 • 정보량

$= 0.332 + 0.464 + 0.521 + 0.529$

$= 1.846$bit

답 ③

334 ☆

빨강, 노랑, 파랑의 3가지 색으로 구성된 교통 신호등이 있다. 신호등은 항상 3가지 색으로 구성된 교통 신호등이 있다. 신호등은 항상 3가지 색 중 하나가 켜지도록 되어 있다. 1시간 동안 조사한 결과, 파란등은 총 30분 동안, 빨간등과 노란등은 각각 총 15분 동안 켜진 것으로 나타났다. 이 신호등의 총 정보량은 몇 bit인가?

① 0.5 ② 0.75 ③ 1.0 ④ 1.5

해 정보량 = $\sum$확률 • $\log_2(\frac{1}{확률})$

파란등 = $\sum$확률$(\frac{30}{60} = 0.5) \cdot \log_2(\frac{1}{확률})$

$= 0.5 \cdot \log_2(\frac{1}{0.5}) = 0.5$

빨간등 = $\sum$확률$(\frac{15}{60} = 0.25) \cdot \log_2(\frac{1}{확률})$

$= 0.25 \cdot \log_2(\frac{1}{0.25}) = 0.5$

노란등 = $\sum$확률$(\frac{15}{60} = 0.25) \cdot \log_2(\frac{1}{확률})$

$= 0.25 \cdot \log_2(\frac{1}{0.25}) = 0.5$

→ 총 정보량 = 0.5 + 0.5 + 0.5 = 1.5bit

답 ④

335 ☆

다음 그림은 THERP를 수행하는 예이다. 작업개시점 N_1에서부터 작업종점 N_4까지 도달할 확률은? (단, P(Bi), i = 1, 2, 3, 4는 해당 확률을 나타내며, 각 직무 과오의 발생은 상호독립이라 가정한다.)

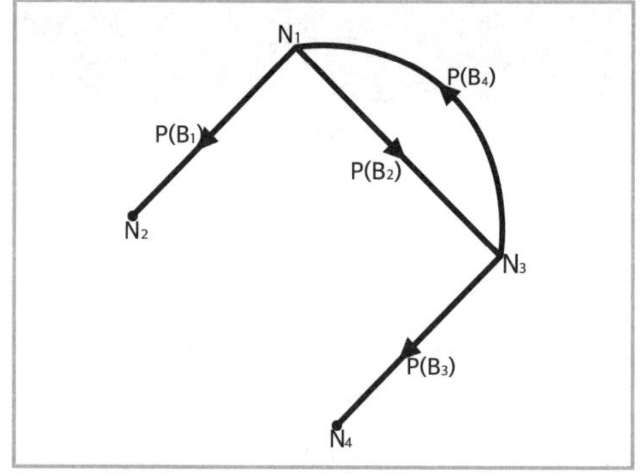

① $1 - P(B_1)$ ② $P(B_2) \cdot P(B_3)$

③ $\frac{P(B_2) \cdot P(B_2)}{1 - P(B_4)}$ ④ $\frac{P(B_2) \cdot P(B_3)}{1 - P(B_2) \cdot P(B_4)}$

해 $A \rightarrow B$: A에서 B로 갈 확률

$N_1 \rightarrow N_3 = P(B_2)$

$N_3 \rightarrow N_1 = P(B_4)$

$N_3 \rightarrow N_4 = P(B_3)$

$(N_1 \rightarrow N_4) = (N_1 \rightarrow N_3)(N_3 \rightarrow N_4)$

$+ (N_1 \rightarrow N_3)(N_3 \rightarrow N_1)(N_1 \rightarrow N_4)$

$(N_1 \rightarrow N_4)$을 X로 하면,

$X = P(B_2) \cdot P(B_3) + P(B_2) \cdot P(B_4) \cdot X$

$\rightarrow X - P(B_2) \cdot P(B_4) \cdot X = P(B_2) \cdot P(B_3)$

$\rightarrow X = \frac{P(B_2) \cdot P(B_3)}{1 - P(B_2) \cdot P(B_4)}$

$\rightarrow (N_1 \rightarrow N_4) = \frac{P(B_2) \cdot P(B_3)}{1 - P(B_2) \cdot P(B_4)}$

답 ④

336 ☆

다음의 FT도에서 사상 A의 발생 확률값은?

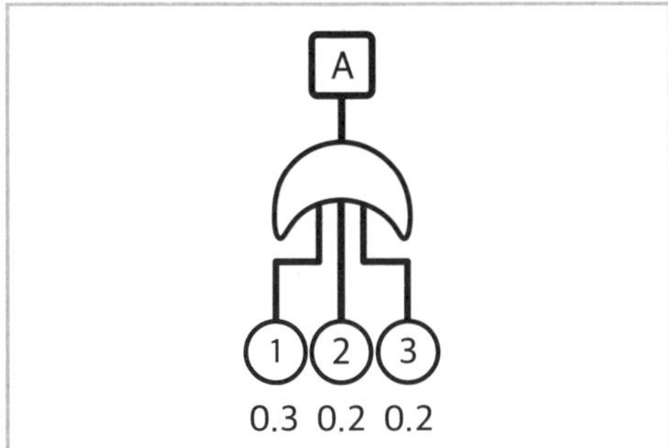

① 게이트 기호가 OR이므로 0.012
② 게이트 기호가 AND이므로 0.012
③ 게이트 기호가 OR이므로 0.552
④ 게이트 기호가 AND이므로 0.552

해 OR 게이트→
$1-(1-0.3)(1-0.2)(1-0.2)=0.552$

답 ③

337 ☆☆☆

다음 FT도에서 최소 컷셋(Minimal cut set)으로만 올바르게 나열한 것은?

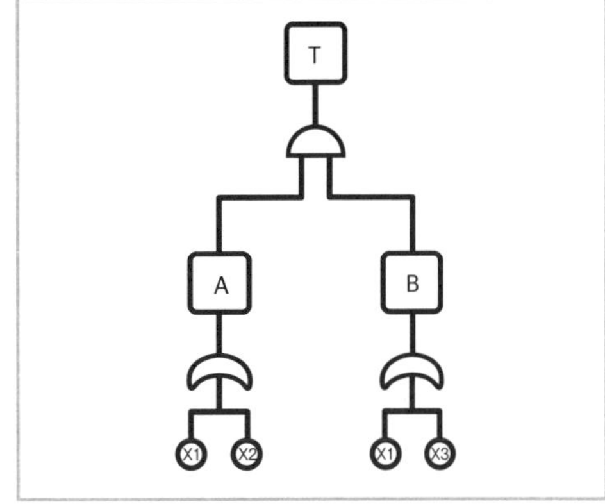

① $[X_1]$ ② $[X_1]$, $[X_2]$
③ $[X_1, X_2, X_3]$ ④ $[X_1, X_2]$, $[X_1, X_3]$

해 $1+A=1$, $1+A+B=1+B=1$

$$(X_1+X_2)(X_1+X_3)=X_1+X_1X_3+X_1X_2+X_2X_3$$
$$=X_1(1+X_3+X_2)+X_2X_3$$
$$=X_1+X_2X_3$$

→ 컷셋: $[X_1]$, $[X_2, X_3]$ 최소 컷셋: $[X_1]$

답 ①

338 ☆☆

다음 FT도에서 최소 컷셋을 올바르게 구한 것은?

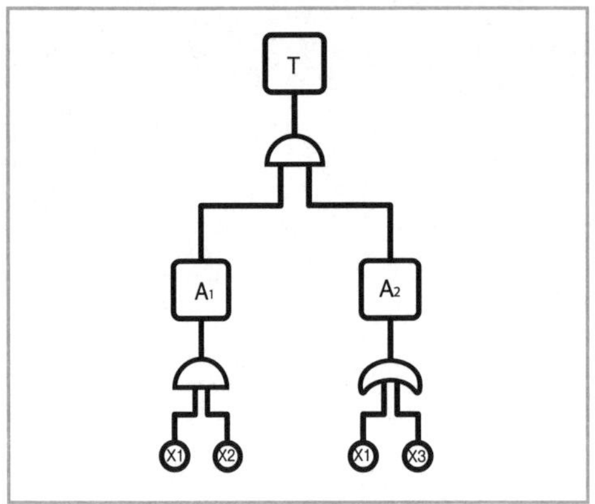

① (X_1, X_2) ② (X_1, X_3)
③ (X_2, X_3) ④ (X_1, X_2, X_3)

해 $(X_1X_2) \cdot (X_1 + X_3) = X_1X_2 + X_1X_2X_3$
→ 최소 컷셋 $= (X_1, X_2)$

답 ①

339 ☆☆

다음 FT도에서 정상사상(Top event)이 발생하는 최소 컷셋의 P(T)는 약 얼마인가?(단, 원 안의 수치는 각 사상의 발생확률이다.)

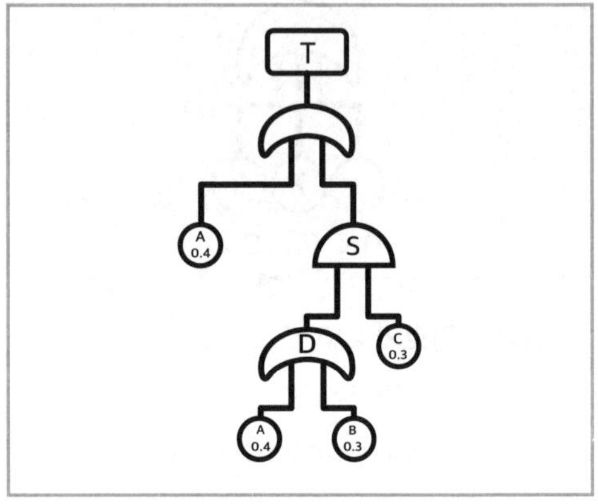

① 0.311 ② 0.454 ③ 0.204 ④ 0.928

해 $T = A + S = A + AC + BC$
$= A(1 + C) + BC = A + BC$
$= 1 - (1 - 0.4)(1 - 0.3 \cdot 0.3) = 0.454$
$S = DC = (A + B)C = AC + BC$
$D = A + B$

답 ②

340 ☆

다음 그림의 결함수에서 최소 패스셋(minimal path sets)과 그 신뢰도 R(t)는? (단, 각각의 부품 신뢰도는 0.9이다.)

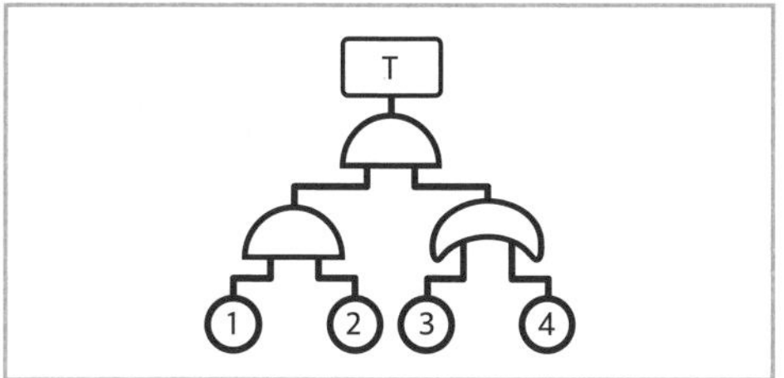

① 최소 패스셋 : {1},{2},{3,4} R(t) = 0.9081
② 최소 패스셋 : {1},{2},{3,4} R(t) = 0.9981
③ 최소 패스셋 : {1,2,3},{1,2,4} R(t) = 0.9081
④ 최소 패스셋 : {1,2,3},{1,2,4} R(t) = 0.9981

해 최소 패스셋
$(1 + 2) + (3,4) \rightarrow$ {1} , {2} , {3,4}

신뢰도
① ②부분 $= 1 - (1 - 0.9)(1 - 0.9) = 0.99$
③ ④부분 $= 0.9 \cdot 0.9 = 0.81$
$\rightarrow 1 - (1 - 0.99)(1 - 0.81) = 0.9981$

답 ②

341 ☆☆

그림과 같은 FT도에서 $F_1 = 0.015$, $F_2 = 0.02$, $F_3 = 0.05$이면, 정상사상 T가 발생할 확률은 약 얼마인가?

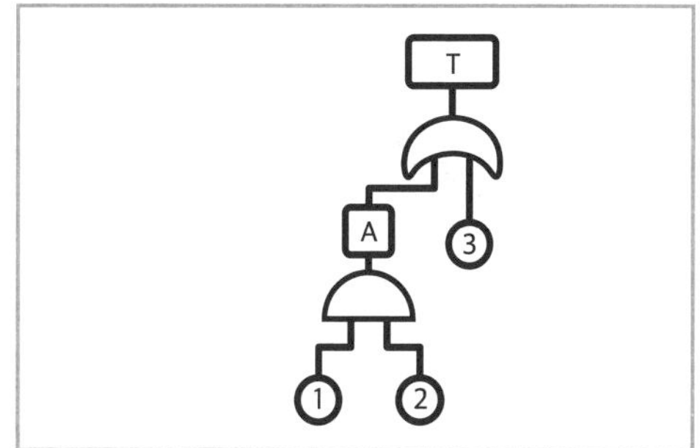

① 0.0002 ② 0.0283 ③ 0.0503 ④ 0.95

해 $1 - (1 - 0.015 \cdot 0.02)(1 - 0.05) = 0.0503$

답 ③

342 ☆

FT도에서 ① ~ ⑤ 사상의 발생확률이 모두 0.06일 경우 T 사상의 발생 확률은 약 얼마인가?

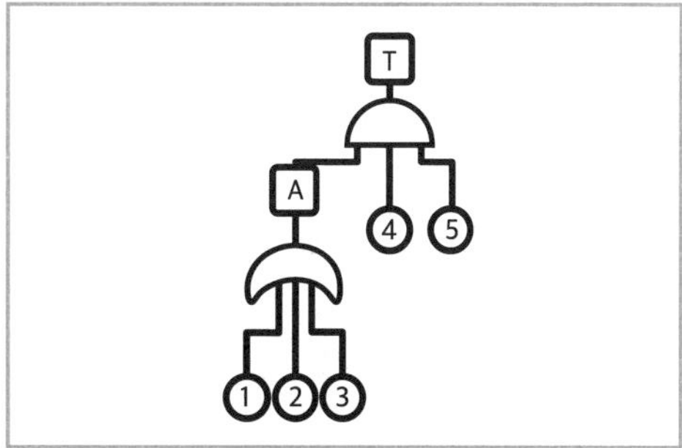

① 0.00036 ② 0.00061
③ 0.142625 ④ 0.2262

해 $(1 - (1 - 0.06)(1 - 0.06)(1 - 0.06)) \cdot 0.06 \cdot 0.06 = 0.00061$

답 ②

343 ☆

다음의 FT도에서 정상 사상 T의 발생확률은 얼마인가? (단, X_1, X_2, X_3의 발생확률은 모두 0.1이다.)

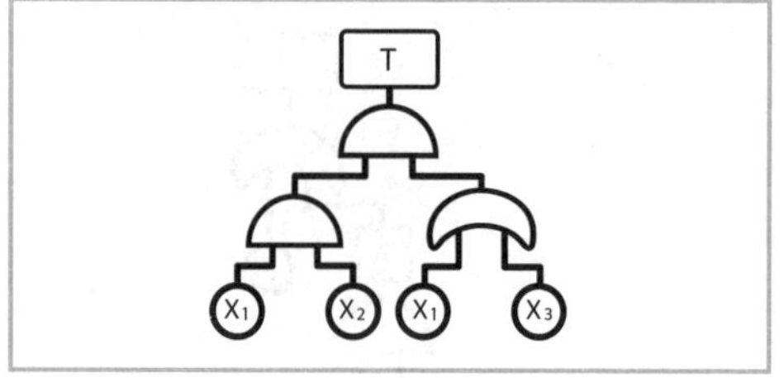

① 0.0019 ② 0.01 ③ 0.019 ④ 0.0361

해 $X_1X_2(X_1+X_3) \rightarrow X_1X_2+X_1X_2X_3 \rightarrow X_1X_2(1+X_3)$
$\rightarrow X_1X_2 \rightarrow 0.1 \cdot 0.1 = 0.01$

답 ②

344 ☆☆☆☆

그림과 같이 FTA로 분석된 시스템에서 현재 모든 기본사상에 대한 부품이 고장난 상태이다. 부품 X_1부터 부품 X_5까지 순서대로 복구한다면 어느 부품을 수리 완료하는 시점에서 시스템이 정상가동되는가?

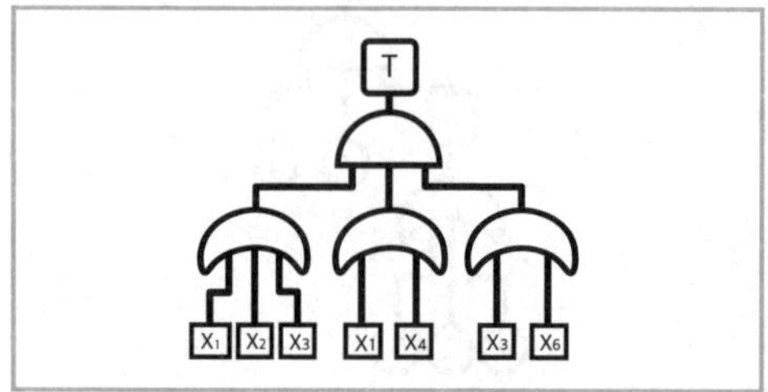

① 부품X_2 ② 부품X_3 ③ 부품X_4 ④ 부품X_5

해 각 게이트의 변수가 다 수리가 되어야 작동된다.
순서대로니 X_4가 수리되는 대로 정상 가동된다.

답 ③

345 ☆

발생확률 각각 0.05, 0.08인 두 결함사상이 AND 조합으로 연결된 시스템을 FTA로 분석하였을 때 이 시스템의 신뢰도는 약 얼마인가?

① 0.004 ② 0.126 ③ 0.874 ④ 0.996

해 AND이니 $0.05 \cdot 0.08 = 0.004$(= 고장률)
신뢰도 = 1 − 고장률 = 1 − 0.004 = 0.996

답 ④

346 ☆

날개가 2개인 비행기의 양 날개에 엔진이 각각 2개씩 있다. 이 비행기는 양 날개에서 각각 최소한 1개의 엔진은 작동을 해야 추락하지 않고 비행할 수 있다. 각 엔진의 신뢰도가 각각 0.9이며, 각 엔진은 독립적으로 작동한다고 할 때 이 비행기가 정상적으로 비행할 신뢰도는 약 얼마인가?

① 0.89 ② 0.91 ③ 0.94 ④ 0.98

해 그림 그리면 이렇다.

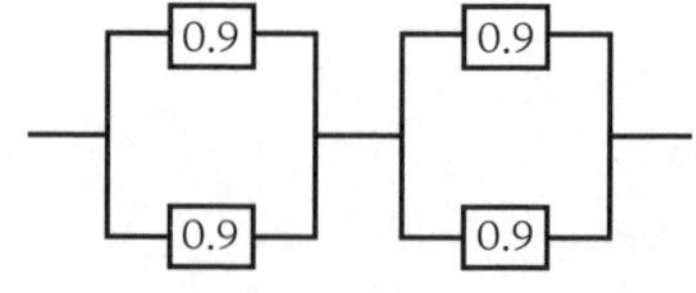

날개 2엔진 신뢰도: $1-(1-0.9)(1-0.9)$
$=0.99$
비행기 총 신뢰도: $0.99 \cdot 0.99 = 0.98$

답 ④

347 ☆

자동차를 타이어가 4개인 하나의 시스템으로 볼 때, 타이어 1개가 파열될 확률이 0.01이라면, 이 자동차의 신뢰도는 약 얼마인가?

① 0.91 ② 0.93 ③ 0.96 ④ 0.99

해 신뢰도 $= (1-0.01)^4 = 0.961$

답 ③

348 ☆☆

인간의 신뢰도가 0.6, 기계의 신뢰도가 0.9이다. 인간과 기계가 직렬체제로 작업할 때의 신뢰도는?

① 0.32 ② 0.54 ③ 0.75 ④ 0.96

해 신뢰도 $= 0.6 \cdot 0.9 = 0.54$

답 ②

349 ☆☆

인간과 기계 신뢰도가 인간 0.4, 기계 0.95인 경우, 병렬작업 시 전체 신뢰도는?

① 0.89 ② 0.92 ③ 0.95 ④ 0.97

해 $1-(1-0.4)(1-0.95) = 0.97$

답 ④

350 ☆

그림과 같이 7개의 부품으로 구성된 시스템의 신뢰도는 약 얼마인가? (단, 네모 안의 숫자는 각 부품의 신뢰도이다.)

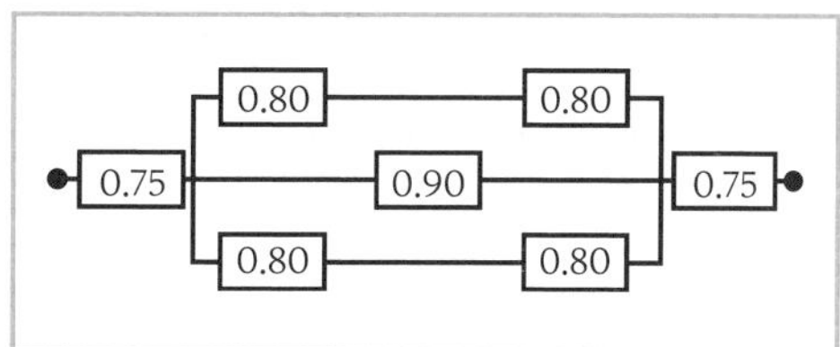

① 0.5552 ② 0.5427 ③ 0.624 ④ 0.974

해 $0.75 \cdot (1-(1-0.8 \cdot 0.8)(1-0.9)(1-0.8 \cdot 0.8)) \cdot 0.75 = 0.555$

답 ①

351 ☆

그림과 같은 시스템의 전체 신뢰도는 약 얼마인가? (단, 네모 안의 수치는 각 구성요소의 신뢰도이다.)

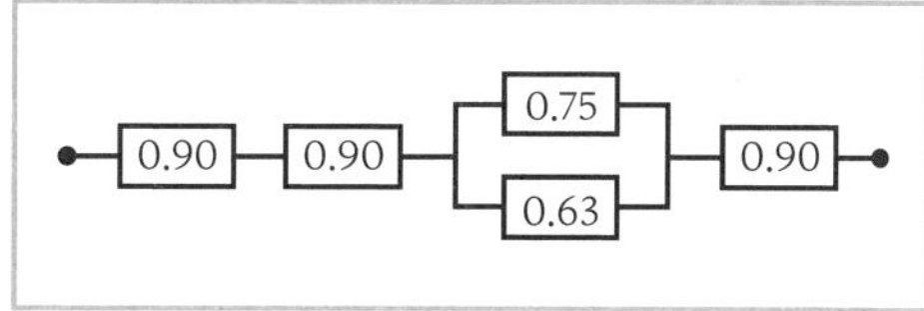

① 0.5275 ② 0.6616 ③ 0.757 ④ 0.8516

해 $0.9 \cdot 0.9 \cdot (1-(1-0.75)(1-0.63)) \cdot 0.9 = 0.6616$

답 ②

352 ☆

다음 그림과 같은 시스템의 신뢰도는 약 얼마인가? (단, 각각의 네모 안의 수치는 각 공정의 신뢰도를 나타낸 것이다.)

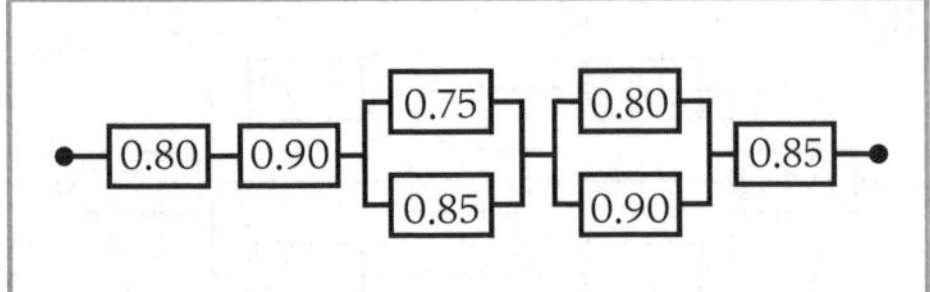

① 0.378 ② 0.478 ③ 0.578 ④ 0.675

해 $0.8 \cdot 0.9 \cdot (1-(1-0.75)(1-0.85)) \cdot (1-(1-0.8)(1-0.9)) \cdot 0.85 = 0.577$

답 ③

353 ☆

다음 시스템의 신뢰도는 얼마인가? (단, 각 요소의 신뢰도는 a, b가 각 0.8, c, d 가 각 0.6 이다.)

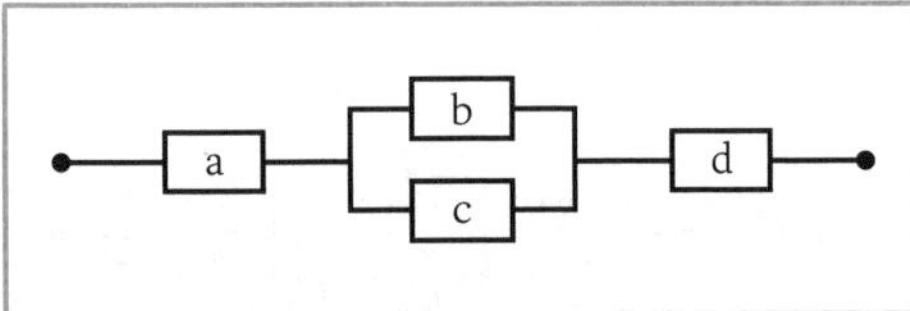

① 0.2245 ② 0.374 ③ 0.4416 ④ 0.5756

해 $0.8 \cdot (1-(1-0.8)(1-0.6)) \cdot 0.6 = 0.4416$

답 ③

354 ☆☆

다음 그림과 같은 직·병렬 시스템의 신뢰도는? (단, 병렬 각 구성요소의 신뢰도는 R이고, 직렬 구성요소의 신뢰도는 M이다)

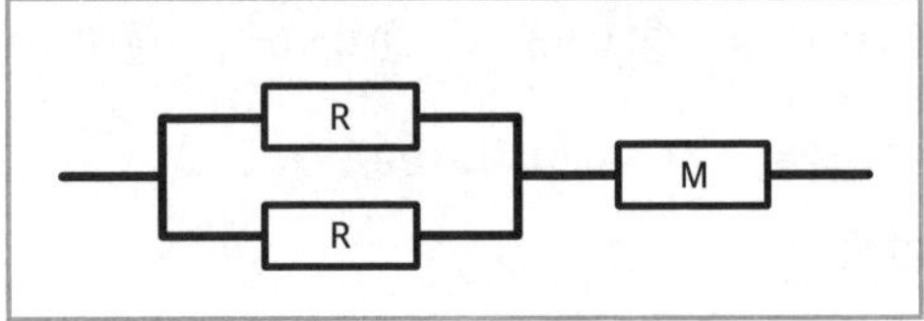

① MR^3 ② $R^2(1-MR)$
③ $M(R^2+R)-1$ ④ $M(2R-R^2)$

해 $(1-(1-R)(1-R)) \cdot M \rightarrow (1-1+2R-R^2) \cdot M \rightarrow M(2R-R^2)$

답 ④

355 ☆

다음 시스템에 대하여 톱사상(top event)에 도달할 수 있는 최소 컷셋을 구할 때 올바른 집합은? (단, X_1,X_2,X_3,X_4는 각 부품의 고장 확률을 의미하며 집합$\{X_1,X_2\}$는 X_1부품과 X_2 부품이 동시에 고장 나는 경우를 의미한다.)

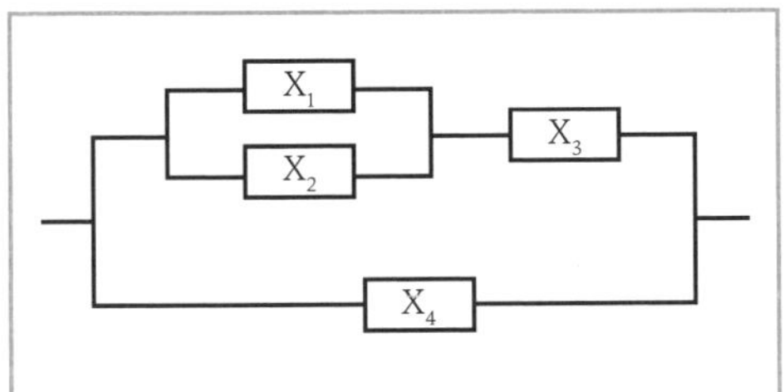

① $\{X_1,X_2\},\{X_3,X_4\}$

② $\{X_1,X_3\},\{X_2,X_4\}$

③ $\{X_1,X_2,X_4\},\{X_3,X_4\}$

④ $\{X_1,X_3,X_4\},\{X_2,X_3,X_4\}$

해 일단, X_4는 선에 하나밖에 없으니 고장이 난다.
경우는 두 가지다.

1. X_3이 고장나면 X_1,X_2 고장여부 상관없이 작동할 방법이 없으므로 X_3,X_4이 최소 컷셋
2. X_3이 고장 안나면 X_1,X_2 둘 다 고장나야 작동할 방법이 없으므로 X_1,X_2,X_4이 최소 컷셋

→ 따라서 최소컷셋은 $\{X_1,X_2,X_4\},\{X_3,X_4\}$ 이다.

답 ③

356 ☆

그림과 같이 신뢰도가 95%인 펌프 A가 각각 신뢰도 90%인 밸브 B와 밸브 C의 병렬밸브계와 직렬계를 이룬 시스템의 실패확률은 약 얼마인가?

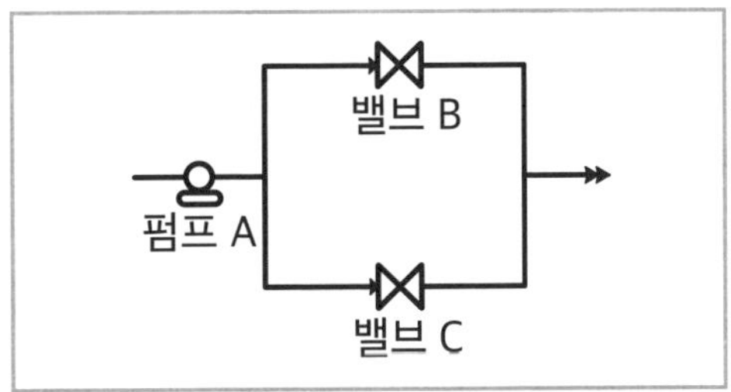

① 0.009 ② 0.0595 ③ 0.9405 ④ 0.9811

해 신뢰도 $= 0.95 \cdot (1-(1-0.9)(1-0.9))$
$= 0.9405$
실패확률 $= 1 -$ 신뢰도 $= 1 - 0.9405 = 0.0595$

답 ②

357 ☆

다음 [그림]과 같은 시스템의 신뢰도는 얼마인가? (단, 숫자는 해당 부품의 신뢰도이다.)

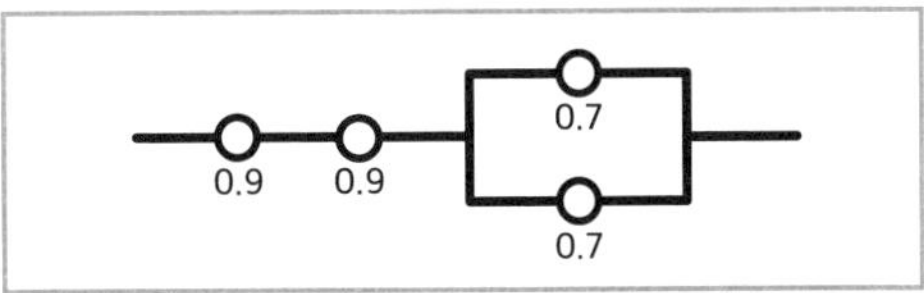

① 0.567 ② 0.6422 ③ 0.7371 ④ 0.8582

해 신뢰도 $= 0.9 \cdot 0.9 \cdot (1-(1-0.7)(1-0.7))$
$= 0.7371$

답 ③

358 ☆

다음 그림과 같이 7개의 기기로 구성된 시스템의 신뢰도는 약 얼마인가?

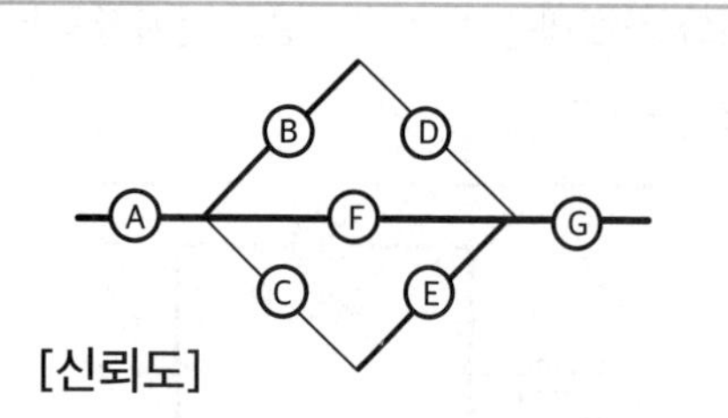

[신뢰도]

A = G : 0.75

B = C = D = E : 0.8

F : 0.9

① 0.5427 ② 0.6234 ③ 0.5552 ④ 0.974

해 BD = 0.8 • 0.8 = 0.64
CE = 0.8 • 0.8 = 0.64
B ~ F = 1 - (1 - 0.64)(1 - 0.9)(1 - 0.64) = 0.987
→ 0.75 • 0.987 • 0.75 = 0.5552

답 ③

359 ☆☆☆

어떤 결함수를 분석하여 minimal cut set을 구한 결과 다음과 같았다. 각 기본사상의 발생확률을 q_i, i = 1, 2, 3라 할 때, 정상사상의 발생확률함수로 맞는 것은?

$k_1=(1,2)$	$k_2=(1,3)$	$k_3=(2,3)$

① $q_1q_2 + q_1q_2 - q_2q_3$

② $q_1q_2 + q_1q_3 - q_2q_3$

③ $q_1q_2 + q_1q_3 + q_2q_3 - q_1q_2q_3$

④ $q_1q_2 + q_1q_3 + q_2q_3 - 2q_1q_2q_3$

해 $1-(1-q_1q_2)(1-q_1q_3)(1-q_2q_3)$
$=1-(1-q_1q_3-q_1q_2+q_1q_2q_3)(1-q_2q_3)$
$=1-(1-q_2q_3-q_1q_3+q_1q_2q_3-q_1q_2$
$+q_1q_2q_3+q_1q_2q_3-q_1q_2q_3)$
$=1-(1-q_2q_3-q_1q_3+2q_1q_2q_3-q_1q_2)$
$=q_2q_3+q_1q_3+q_1q_2-2q_1q_2q_3$

답 ④

360 ☆☆☆

실린더 블록에 사용하는 가스켓의 수명은 평균 10,000시간이며, 표준편차는 200시간으로 정규분포를 따른다. 사용시간이 9,600시간일 경우 이 가스켓 신뢰도는 약 얼마인가? (단, 표준정규분포상 $Z_1 = 0.8413$, $Z_2 = 0.9772$이다.)

① 84.13% ② 88.73%

③ 92.72% ④ 97.72%

해 $Z = \frac{\text{사용시간-평균}}{\text{표준편차}} = \frac{9,600-10,000}{200} = -2$

즉, Z_2가 신뢰도 $Z_2 = 0.9772 = 97.72\%$

답 ④

361 ☆

수리가 가능한 어떤 기계의 가용도 (availability)는 0.9이고, 평균수리시간 (MTTR)이 2시간일 때, 이 기계의 평균수명 (MTBF)은?

① 15시간 ② 16시간 ③ 17시간 ④ 18시간

해 가용도 $= \frac{MTBF}{MTBF+MTTR} = \frac{MTBF}{MTBF+2}$

$\rightarrow 0.9 = \frac{MTBF}{MTBF+2}$

$\rightarrow 0.9MTBF + 1.8 = MTBF$

$\rightarrow MTBF = 18$

답 ④

362 ☆☆

한 대의 기계를 100시간 동안 연속 사용한 경우 6회의 고장이 발생하였고, 이때의 총 고장수리시간이 15시간이었다. 이 기계의 MTBF(Mean time between failure)는 약 얼마인가?

① 2.51 ② 14.17 ③ 15.25 ④ 16.67

해 MTBF $= \frac{\text{가동시간}}{\text{고장건수}} = \frac{100-15}{6} = 14.17$

답 ②

363 ☆

평균고장시간이 4×10^8시간인 요소 4개가 직렬체계를 이루었을 때 이 체계의 수명은 몇 시간인가?

① 1×10^8 ② 4×10^8 ③ 8×10^8 ④ 16×10^8

해 수명 = 평균고장시간 $\cdot \frac{1}{n}$

$= 4 \cdot 10^8 \cdot \frac{1}{4} = 10^8$ 시간

답 ①

364 ☆☆

어느 부품 1,000개를 100,000시간 동안 가동 하였을 때 5개의 불량품이 발생하였을 경우 평균 동작시간(MTTF)은?

① 1×10^6 시간 ② 2×10^7 시간
③ 1×10^8 시간 ④ 2×10^9 시간

해 MTTF $= \frac{\text{부품수} \cdot \text{가동시간}}{\text{불량품수}}$

$= \frac{1{,}000 \cdot 100{,}000}{5} = 2 \cdot 10^7$시간

답 ②

365 ☆

한 화학공장에는 24개의 공정제어회로가 있으며, 4,000시간의 공정 가동 중 이 회로에는 14번의 고장이 발생하였고, 고장이 발생하였을 때마다 회로는 즉시 교체되었다. 이 회로의 평균고장시간(MTTF)은 약 얼마인가?

① 6,857시간 ② 7,571시간
③ 8,240시간 ④ 9,800시간

해 $MTTF = \frac{부품수 \cdot 가동시간}{불량품수} = \frac{24 \cdot 4,000}{14}$
$= 6,857.14$시간

답 ①

366 ☆

한 대의 기계를 10시간 가동하는 동안 4회의 고장이 발생하였고, 이때의 고장수리시간이 다음 표와 같을 때 MTTR(Mean Time To Repair)은 얼마인가?

가동시간(hr)	수리시간(hr)
$T_1 = 2.7$	$T_a = 0.1$
$T_2 = 1.8$	$T_b = 0.2$
$T_3 = 1.5$	$T_c = 0.3$
$T_4 = 2.3$	$T_d = 0.3$

① 0.225시간/회 ② 0.325시간/회
③ 0.425시간/회 ④ 0.525시간/회

해 $MTTR(평균수리시간) = \frac{총\ 수리기간}{고장건수}$
$= \frac{0.1+0.2+0.3+0.3}{4}$
$= 0.225h/회$

답 ①

367 ☆

첨단 경보기시스템의 고장율은 0이다. 경계의 효과로 조작자 오류율은 0.01t/hr이며, 인간의 실수율은 균질(homogeneous)한 것으로 가정한다. 또한, 이 시스템의 스위치 조작자는 1시간마다 스위치를 작동해야 하는데 인간오류확률(HEP : Human Error Probability)이 0.001인 경우에 2시간에서 6시간 사이에 인간 – 기계 시스템의 신뢰도는 약 얼마인가?

① 0.938 ② 0.948 ③ 0.957 ④ 0.967

해 조작자 신뢰도: $1 - 0.01 = 0.99$
스위치 조작자 신뢰도: $1 - 0.001 = 0.999$
총 신뢰도: $0.99 \cdot 0.999 = 0.989$
4시간 총 신뢰도: $0.989^4 = 0.957$

답 ③

368 ☆

자동차 엔진의 수명은 지수분포를 따르는 경우 신뢰도를 95%를 유지시키면서 8,000시간을 사용하기 위한 적합한 고장률은 약 얼마인가?

① 3.4×10^{-6}/시간 ② 6.4×10^{-6}/시간
③ 8.2×10^{-6}/시간 ④ 9.5×10^{-6}/시간

해 $신뢰도 = e^{-사용시간 \cdot 고장률}$
$\rightarrow 0.95 = e^{-8,000 \cdot 고장률}$
$\rightarrow \ln(0.95) = -8,000 \cdot 고장률$
$\rightarrow 고장률 = -\frac{\ln(0.95)}{8,000} = 6.41 \cdot 10^{-6}/h$

답 ②

369 ☆

어떤 전자회로에는 4개의 트랜지스터와 20개의 저항이 직렬로 연결되어 있다. 이러한 부품들이 정상운용상태에서 다음과 같은 고장률을 가질 때 이 회로 신뢰도는 얼마인가?

> **트랜지스터**: 10^{-5}/시간
> **저항**: 10^{-6}/시간

① $e^{-6 \cdot 10^{-4} \cdot t}$　② $e^{-4 \cdot 10^{-4} \cdot t}$

③ $e^{-6 \cdot 10^{-5} \cdot t}$　④ $e^{-6 \cdot 10^{-6} \cdot t}$

해 신뢰도 $= e^{-\text{사용시간} \cdot \text{고장률}}$

트랜지스터 신뢰도 $= e^{-4 \cdot 10^{-5} \cdot \text{사용시간}}$

저항 신뢰도 $= e^{-20 \cdot 10^{-6} \cdot \text{사용시간}}$

총 신뢰도 $= e^{-4 \cdot 10^{-5} \cdot \text{사용시간}} \cdot e^{-20 \cdot 10^{-6} \cdot \text{사용시간}}$

$= e^{-(4 \cdot 10^{-5} + 20 \cdot 10^{-6}) \cdot \text{사용시간}}$

$= e^{-6 \cdot 10^{-5} \cdot \text{사용시간}(t)}$

답 ③

370 ☆☆☆

프레스기의 안전장치 수명은 지수분포를 따르며 평균수명은 1,000시간이다. 새로 구입한 안전장치가 향후 500시간 동안 고장 없이 작동할 확률(ⓐ)과 이미 1,000시간을 사용한 안전장치가 향후 500시간 이상 견딜 확률(ⓑ)은 각각 얼마인가?

① ⓐ 0.606, ⓑ 0.606

② ⓐ 0.707, ⓑ 0.707

③ ⓐ 0.808, ⓑ 0.808

④ ⓐ 0.909, ⓑ 0.909

해 $a = e^{-\frac{1}{\text{평균수명}} \cdot \text{시간}} = e^{-\frac{1}{1{,}000} \cdot 500} = 0.606$

$b = e^{-\frac{1}{\text{평균수명}} \cdot \text{시간}} = e^{-\frac{1}{1{,}000} \cdot 500} = 0.606$

답 ①

371 ☆

전신육체적 작업에 대한 개략적 휴식시간의 산출공식으로 맞는 것은? (단, R은 휴식시간(분), E는 작업 에너지소비율(kcal/분)이다.)

① $R = E \cdot \frac{60-4}{E-2}$

② $R = 60 \cdot \frac{E-4}{E-1.5}$

③ $R = 60 \cdot (E-4) \cdot (E-2)$

④ $R = 60 \cdot (60-4) \cdot (E-1.5)$

해 휴식시긴 신출공식 $R = 60 \cdot \frac{E-4}{E-1.5}$

답 ②

372 ☆

휴식 중 에너지소비량은 1.5kcal/min이고, 어떤 작업의 평균 에너지소비량이 6kcal/min이라고 할 때 60분간 총 작업시간 내에 포함되어야 하는 휴식 시간은 약 몇 분인가? (단, 기초대사를 포함한 작업에 대한 평균 에너지소비량의 상한은 5kcal/min이다.)

① 10.3　② 11.3　③ 12.3　④ 13.3

해 휴식시간(분) $= \frac{60(E-5)}{E-1.5} = \frac{60(6-5)}{6-1.5}$

$= 13.33$분

E: 작업 평균 에너지소비량

답 ④

373 ☆

8시간 근무를 기준으로 남성작업자 A의 대사량을 측정한 결과, 산소소비량이 1.3L/min으로 측정되었다. Murrell 방법으로 계산 시, 8시간의 총 근로시간에 포함되어야 할 휴식시간은?

① 124분 ② 134분 ③ 144분 ④ 154분

해 휴식시간(분) $= \frac{60(E - 5)}{E - 1.5} = \frac{60(6.5 - 5)}{6.5 - 1.5}$

$= 18$분

E: 작업 평균 에너지소비량

→ 1시간 근무 당 18분 휴식이니

8시간 근무 시엔 8 • 18 = 144분이다.

답 ③

374 ☆

어떤 작업을 수행하는 작업자의 배기량을 5분간 측정하였더니 100L이었다. 가스미터를 이용하여 배기 성분을 조사한 결과 산소가 20%, 이산화탄소가 3%이었다. 이때 작업자의 분당 산소소비량(A)과 분당 에너지소비량(B)은 약 얼마인가? (단, 흡기 공기 중 산소는 21vol%, 질소는 79vol%를 차지하고 있다.)

① A : 0.038L/min, B : 0.77kcal/min
② A : 0.008L/min, B : 0.57kcal/min
③ A : 0.073L/min, B : 0.36kcal/min
④ A : 0.093L/min, B : 0.46kcal/min

해 에너지소비량 = 산소소비량(L/min) • 5kcal/L

= 0.093 • 5

= 0.46kcal/min

산소소비량 = 흡기량 • 흡기O_2 − 배기량 • 배기O_2

= 19.49 • 0.21 − 20 • 0.2

= 0.093L/min

흡기량 $= \frac{\text{배기량} \cdot (100 - \text{배기}CO_2\% - \text{배기}O_2\%)}{79}$

$= \frac{20(100 - 20 - 3)}{79} = 19.49$L/min

배기량 $= \frac{100L}{5min} = 20$L/min

5kcal/L : 산소에너지당량

답 ④

375 ☆

말소리의 질에 대한 객관적 측정 방법으로 명료도 지수를 사용하고 있다. 그림에서와 같은 경우 명료도 지수는 약 얼마인가?

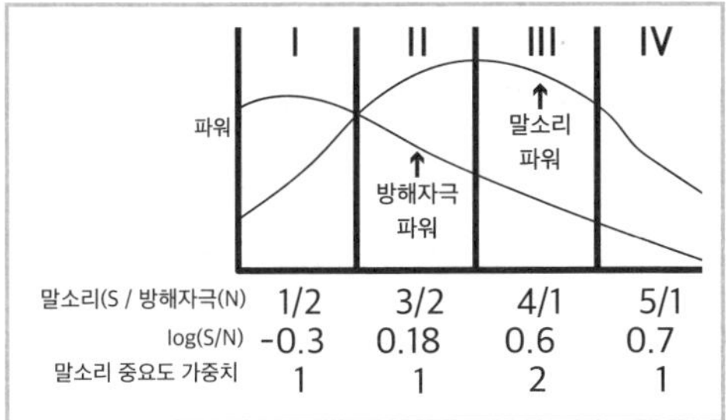

① 0.38 ② 0.68 ③ 1.78 ④ 5.68

해 명료도 지수 $= -0.3 \cdot 1 + 0.18 \cdot 1 + 0.6 \cdot 2 + 0.7 \cdot 1 = 1.78$

답 ③

376 ☆☆

어떤 소리가 1,000Hz, 60dB인 음과 같은 높이임에도 4배 더 크게 들린다면, 이 소리의 음압수준은 얼마인가?

① 70dB ② 80dB ③ 90dB ④ 100dB

해 $Sone = 2^{\frac{Phon\text{-기준음}}{10}}$

$\rightarrow 4 = 2^{\frac{Phon\text{-}60}{10}} \rightarrow \frac{Phon\text{-}60}{10} = 2 \rightarrow Phon = 80$

$Phon$: 정략적 평가위한 음량수준 척도

$Sone$: 상대적 주관적 크기 비교(배)

답 ②

377 ☆

경보 사이렌으로부터 10m 떨어진 음압수준이 140dB이면 100m 떨어진 곳에서 음의 강도는 얼마인가?

① 100dB ② 110dB ③ 120dB ④ 140dB

해 $\text{음압}_2 = \text{음압}_1 - 20\log\left(\frac{\text{거리}_2}{\text{거리}_1}\right)$

$= 140 - 20\log\left(\frac{100}{10}\right)$

$= 120\text{dB}$

답 ③

378 ☆

작업장의 설비 3대에서 각각 80dB, 86dB, 78dB의 소음이 발생되고 있을 때 작업장의 음압 수준은?

① 81.3dB ② 85.5dB ③ 87.5dB ④ 90.3dB

해 $\text{전체소음} = 10\log(10^{\frac{A}{10}} + 10^{\frac{B}{10}} + 10^{\frac{C}{10}})$

$= 10\log(10^{\frac{80}{10}} + 10^{\frac{86}{10}} + 10^{\frac{78}{10}})$

$= 87.49\text{dB}$

답 ③

379 ☆

자동차를 생산하는 공장의 어떤 근로자가 95dB(A)의 소음수준에서 하루 8시간 작업하며 매시간 조용한 휴게실에서 20분씩 휴식을 취한다고 가정하였을 때, 8시간 시간가중평균(TWA)은? (단, 소음은 누적 소음노출량 측정기로 측정하였으며, OSHA에서 정한 95dB(A)의 허용시간은 4시간이라 가정한다.)

① 약 91dB(A) ② 약 92dB(A)
③ 약 93dB(A) ④ 약 94dB(A)

해 $TWA = 16.61\log(\frac{D}{100}) + 90$

$= 16.61\log(\frac{133.33}{100}) + 90$

$= 92.08dB$

$D = \frac{가동시간(hr)}{허용시간(hr)} \cdot 100$

$= \frac{8 \cdot \frac{60-20}{60}}{4} \cdot 100 = 133.33\%$

D = 누적소음 노출량(%)

답 ②

380 ☆☆

3개 공정의 소음수준 측정 결과 1공정은 100dB에서 1시간, 2공정은 95dB에서 1시간, 3공정은 90dB에서 1시간이 소요될 때 총 소음량(TND)과 소음설계의 적합성을 맞게 나열한 것은? (단, 90dB에 8시간 노출될 때를 허용기준으로 하며, 5dB 증가할 때 허용시간은 1/2로 감소되는 법칙을 적용한다.)

① TND = 0.785, 적합
② TND = 0.875, 적합
③ TND = 0.985, 적합
④ TND = 1.085, 부적합

해 소음허용기준

90dB	95dB	100dB	105dB	110dB
8시간	4시간	2시간	1시간	0.5시간

해 총 소음량 $= \sum \frac{작업시간}{허용시간}$

$= \frac{1}{2} + \frac{1}{4} + \frac{1}{8} = 0.875$, 적합

총 소음량 ≤ 1이면 적합

답 ②

381 ☆

눈과 물체의 거리가 23cm, 시선과 직각으로 측정한 물체의 크기가 0.03cm일 때 시각(분)은 얼마인가? (단, 시각은 600 이하이며, radian 단위를 분으로 환산하기 위한 상수값은 57.3과 60을 모두 적용하여 계산하도록 한다.)

① 0.001 ② 0.007 ③ 4.48 ④ 24.55

해 $시각 = 상수_1 \cdot 상수_2 \cdot \frac{틈\ 크기}{거리}$

$= 57.3 \cdot 60 \cdot \frac{0.03}{23}$

$= 4.48$

답 ③

382 ☆

4m 또는 그보다 먼 물체만을 잘 볼 수 있는 원시 안경은 몇 D인가? (단, 명시거리는 25cm로 한다.)

① 1.75D ② 2.75D ③ 3.75D ④ 4.75D

해 $도수(D) = \frac{1}{명시거리(m)} - \frac{1}{목표거리(m)}$

$= \frac{1}{0.25} - \frac{1}{4} = 3.75D$

답 ③

383 ☆

반사경 없이 모든 방향으로 빛을 발하는 점광원에서 5m 떨어진 곳의 조도가 120lux라면 2m 떨어진 곳의 조도는?

① 60lux ② 400lux ③ 750lux ④ 900lux

해 $조도 = \frac{광도}{거리^2(m)} \rightarrow 120 = \frac{광도}{5^2} \rightarrow 3{,}000cd$

$\rightarrow 조도 = \frac{3{,}000}{2^2} = 750lux$

답 ③

384 ☆

점광원으로부터 0.3m 떨어진 구면에 비추는 광량이 5Lumen일 때, 조도는 약 몇 럭스인가?

① 0.06 ② 16.7 ③ 55.6 ④ 83.4

해 $조도 = \frac{광도}{거리^2(m)} = \frac{5}{0.3^2} = 55.56lux$

답 ③

385 ☆

반사율이 60%인 작업 대상물에 대하여 근로자가 검사작업을 수행할 때 휘도(luminance)가 90fL이라면 이 작업에서의 소요조명(fc)은 얼마인가?

① 75 ② 150 ③ 200 ④ 300

해 $소요조명 = \frac{휘도(fL)}{반사율} = \frac{90}{0.6} = 150fc$

답 ②

386 ☆☆

남성 작업자가 티셔츠(0.09clo), 속옷(0.05clo), 가벼운 바지(0.26clo), 양말(0.04clo), 신발(0.04clo)을 착용하고 있을 때 총 보온율(clo)값은 얼마인가?

① 0.26 ② 0.48 ③ 1.184 ④ 1.28

해 총 보온률 = 0.09 + 0.05 + 0.26 + 0.04 + 0.04 = 0.48
clo: 열교환 과정 또는 입은 옷의 보온효과를 측정하는 척도

답 ②

387 ☆

태양광선이 내리쬐는 옥외장소의 자연습구온도 20℃, 흑구온도 18℃, 건구온도 30℃일 때 습구흑구온도지수(WBGT)는?

① 20.6℃ ② 22.5℃ ③ 25.0℃ ④ 28.5℃

해 습구흑구온도지수(WBGT)
– 옥내 또는 옥외(태양광선 없는 장소)
WBGT = 0.7 • 자연습구온도 + 0.3 • 흑구온도
– 옥외(태양광선 있는 장소)
WBGT = 0.7 • 자연습구온도 + 0.2 • 흑구온도 + 0.1 • 건구온도
= 0.7 • 20 + 0.2 • 18 + 0.1 • 30
= 20.6℃

답 ①

388 ☆☆

건구온도 30℃, 습구온도 35℃일 때의 옥스포드(Oxford) 지수는 얼마인가?

① 9.4℃ ② 24.5℃ ③ 32.78℃ ④ 34.25℃

해 Oxford 지수
= 0.85 • 습구온도 + 0.15 • 건구온도
= 0.85 • 35 + 0.15 • 30 = 34.25℃

답 ④

389 ☆

다음 중 신체의 열교환과정을 나타내는 공식으로 올바른 것은? (단, $\triangle S$는 신체열함량변화, M은 대사열발생량, W는 수행한 일, R는 복사열교환량, C는 대류열교환량, E는 증발열발산량을 의미한다.)

① $\triangle S=(M-W)\pm R\pm C-E$
② $\triangle S=(M+W)\pm R\pm C+E$
③ $\triangle S=(M-W)\pm R\pm C\pm E$
④ $\triangle S=(M-W)-R-C\pm E$

해 열교환식 $\triangle S=(M-W)\pm R\pm C-E$

답 ①

390 ☆

A 작업장에서 1시간 동안에 480Btu의 일을 하는 근로자의 대사량은 900Btu이고, 증발열손실이 2,250Btu, 복사 및 대류로부터 열이득이 각각 1,900Btu 및 80Btu라 할 때 열축적(Btu)은 얼마인가?

① 100 ② 150 ③ 200 ④ 250

해 열축적 = 대사량 − 일 − 증발 ± 복사 ± 대류
= 900 − 480 − 2,250 + 1,900 + 80
= 150Btu

답 ②

391 ☆

반사율이 85%, 글자의 밝기가 400cd/m^{2}인 VDT 화면에 350lx의 조명이 있다면 대비는 약 얼마인가?

① -2.8　② -4.2　③ -5.0　④ -6.0

해 대비 $= \frac{\text{조명휘도 - 총 휘도}}{\text{조명휘도}} = \frac{94.7 - 494.7}{94.7}$

$= -4.22$

조명휘도 $= \frac{\text{광속발산도}}{\pi} = \frac{297.5}{\pi} = 94.7\text{cd/m}^2$

광속발산도 = 반사율 • 조도 = 0.85 • 350

= 297.5rlx

총 휘도 = 글씨밝기 + 조명휘도 = 400 + 94.7

= 494.7cd/m^2

답 ②

MEMO

산업안전기사 2012~22년

3과목

기계기구 및 설비안전관리
(기출중복문제 소거 정리)

잠깐! 더 효율적인 공부를 위한 링크들을 적극 이용하세요~!

직8딴 홈페이지
- 출시한 책 확인 및 구매

직8딴 카카오오픈톡방
- 실시간 저자의 질문 답변
(주7일 아침 11시~새벽 2시까지, 전화로도 함)
- 직8딴 구매자전용 복지와 혜택 획득
(최소 달에 40만원씩 기프티콘 지급)
- 구매자들과의 소통 및 EHS 관련 정보 습득

직8딴 네이버카페
- 실시간으로 최신화되는 정오표 확인
(정오표: 책 출시 이후 발견된 오타/오류를 모아놓은 표, 매우 중요)
- 공부에 도움되는 컬러버전 그림 및 사진 습득
- 직8딴 구매자전용 복지와 혜택 획득

직8딴 유튜브
- 저자 직접 강의 시청 가능
- 공부 팁 및 암기법 획득
- 국가기술자격증 관련 정보 획득

3 기계기구 및 설비안전관리

기출 중복문제 소거 정리

001 ☆☆

발음원이 이동할 때 그 진행방향 쪽에서는 원래 발음원의 음보다 고음으로, 진행방향 반대쪽에서는 저음으로 되는 현상을 무엇이라고 하는가?

① 도플러(Doppler)효과
② 마스킹(Masking)효과
③ 호이겐스(Huygens)효과
④ 자기임피던스(Impedance)효과

해

도플러 효과	발음원이 이동할 때 그 진행방향 쪽에서는 원래 발음원의 음보다 고음으로, 진행방향 반대쪽에서는 저음으로 되는 현상
마스킹 효과	어느 한 음 때문에 다른 음에 대한 감도가 감소되는 현상
호이겐스 효과	빛의 파동성에 근거해 빛이 어떻게 전파해 나가는지 기술한 효과
임피던스 효과	연자성체에 교류 전류가 흐를 때 외부 직류 자기장이 인가되면 외부 자기장의 변화하는 크기에 따라 임피던스가 변화하는 것을 이용하는 것에 대한 효과

답 ①

002 ☆☆

산업안전보건법에 따라 사업주는 근로자가 안전하게 통행할 수 있도록 통로에 얼마 이상의 채광 또는 조명시설을 하여야 하는가?

① 50lux ② 75lux ③ 90lux ④ 100lux

해 사업주는 근로자가 안전하게 통행할 수 있도록 통로에 75럭스 이상의 채광 또는 조명시설을 하여야 한다.

답 ②

003 ☆

옥내에 통로를 설치할 때 통로 면으로부터 높이 얼마 이내에 장애물이 없어야 하는가?

① 1.5m ② 2m ③ 2.5m ④ 3m

해 사업주는 통로면으로부터 높이 2미터 이내에는 장애물이 없도록 하여야 한다.

답 ②

004 ☆

다음 중 기계 설비의 안전조건에서 안전화의 종류로 가장 거리가 먼 것은?

① 재질의 안전화 ② 작업의 안전화
③ 기능의 안전화 ④ 외형의 안전화

해 안전화의 종류

외형 안전화	• 회전축 · 기어 · 풀리 및 플라이휠 등에 부속되는 키 · 핀 등의 기계요소는 묻힘형으로 하거나 해당 부위에 덮개를 설치 • 기계의 원동기 · 회전축 · 기어 · 풀리 • 플라이휠 · 벨트 및 체인 등 근로자가 위험에 처할 우려가 있는 부위에 덮개 · 울 · 슬리브 및 건널다리 등을 설치 • 벨트의 이음 부분에 돌출된 고정구 미사용
작업 안전화	• 고장 발생을 최소화하기 위해 정기 점검을 실시하였다. • 작업위험분석해 작업 표준화한다.
기능상 안전화	• 페일 세이프 및 풀 푸르프의 기능을 가지는 장치를 적용하였다. • 검토사항 사용압력 변동 시의 오동작/전압강하 및 정전에 따른 오동작/단락 또는 스위치 고장시의 오동작
구조적 안전화	• 강도의 열화를 고려하여 안전율을 최대로 고려하여 설계하였다. • 검토사항 부품변형에 의한 오동작

답 ①

005 ☆☆

다음 중 자동화설비를 사용하고자 할 때 기능의 안전화를 위하여 검토할 사항과 가장 거리가 먼 것은?

① 부품변형에 의한 오동작
② 사용압력 변동 시의 오동작
③ 전압강하 및 정전에 따른 오동작
④ 단락 또는 스위치 고장 시의 오동작

해 ①: 구조적 안전화
윗 헤설 참조

답 ①

006 ☆☆

기계설비의 안전조건 중 외형의 안전화에 해당하는 것은?

① 기계 안전기능을 기계설비에 내장하였다.
② 페일 세이프 및 풀 푸르프의 기능을 가지는 장치를 적용하였다.
③ 강도의 열화를 고려하여 안전율을 최대로 고려하여 설계하였다.
④ 작업자가 접촉할 우려가 있는 기계의 회전부에 덮개를 씌우고 안전색채 사용했다.

해 ①/②: 기능의 안전화 ③: 구조의 안전화
윗 해설 참조

답 ④

007 ☆☆

기계설비 안전화를 외형의 안전화, 기능의 안전화, 구조의 안전화로 구분할 때 다음 중 구조의 안전화에 해당하는 것은?

① 가공 중에 발생한 예리한 모서리, 버(Burr) 등을 연삭기로 라운딩
② 기계의 오동작을 방지하도록 자동제어장치 구성
③ 이상발생 시 기계를 급정지시킬 수 있도록 동력 차단장치를 부착하는 조치
④ 열처리를 통하여 기계의 강도와 인성을 향상

해 ①: 외형 안전화
②/③: 기능 안전화

답 ④

008 ☆

기계설비 구조의 안전화 중 가공결함 방지를 위해 고려할 사항이 아닌 것은?

① 안전율 ② 열처리 ③ 가공경화 ④ 응력집중

해 안전율은 안전을 위해 고려할 사항이다.

답 ①

009 ☆☆

기능의 안전화 방안을 소극적 대책과 적극적 대책으로 구분할 때 다음 중 적극적 대책에 해당하는 것은?

① 기계의 이상을 확인하고 급정지시켰다.
② 원활한 작동을 위해 급유를 하였다.
③ 회로를 개선하여 오동작을 방지하도록 하였다.
④ 기계를 볼트 및 너트가 이완되지 않도록 다시 조립하였다.

해 직접 기계를 분해하여 회로까지 개선했다는 것은 적극적 대책이라 할 수 있다.

답 ③

010 ☆☆

기계설비의 작업능률과 안전을 위한 배치(layout)의 3단계를 올바른 순서대로 나열한 것은?

① 지역배치 → 건물배치 → 기계배치
② 건물배치 → 지역배치 → 기계배치
③ 기계배치 → 건물배치 → 지역배치
④ 지역배치 → 기계배치 → 건물배치

해 작업능률과 안전을 위한 배치 3단계
지역배치 → 건물배치 → 기계배치

답 ①

011 ☆☆☆

다음 중 기계설비의 수명곡선에서 나타나는 고장형태가 아닌 것은?

① 조립고장 ② 초기고장
③ 우발고장 ④ 마모고장

해 수명곡선과 고장형태

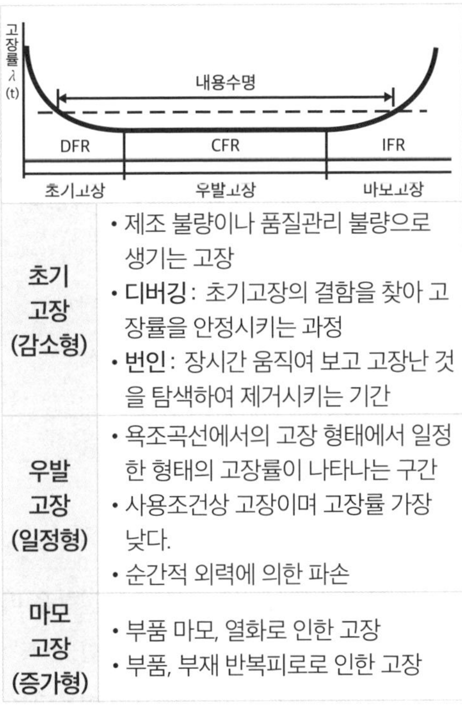

초기 고장 (감소형)	• 제조 불량이나 품질관리 불량으로 생기는 고장 • **디버깅** : 초기고장의 결함을 찾아 고장률을 안정시키는 과정 • **번인** : 장시간 움직여 보고 고장난 것을 탐색하여 제거시키는 기간
우발 고장 (일정형)	• 욕조곡선에서의 고장 형태에서 일정한 형태의 고장률이 나타나는 구간 • 사용조건상 고장이며 고장률 가장 낮다. • 순간적 외력에 의한 파손
마모 고장 (증가형)	• 부품 마모, 열화로 인한 고장 • 부품, 부재 반복피로로 인한 고장

답 ①

012 ☆☆

설비의 고장형태를 크게 초기고장, 우발고장, 마모고장으로 구분할 때 다음 중 마모고장과 가장 거리가 먼 것은?

① 부품, 부재의 마모
② 열화에 생기는 고장
③ 부품, 부재의 반복피로
④ 순간적 외력에 의한 파손

해 ④: 우발고장
윗 해설 찬조

답 ④

013 ☆☆☆☆☆☆☆☆☆

다음 중 설비의 진단방법에 있어 비파괴시험이나 검사에 해당하지 않는 것은?

① 피로시험 ② 음향탐상검사
③ 방사선투과시험 ④ 초음파탐상검사

해 비파괴시험 종류

육안검사	재료 및 제품을 직접 또는 간접적으로 관찰해 결함 유무 판단하는 시험방법
방사선투과시험	• X선 강도나 노출시간 조절해 검사 하는 방법 • 재료 및 용접부의 내부결함 검사에 사용
초음파탐상검사	설비의 내부에 균열 결함을 확인할 수 있는 가장 적절한 검사방법이며 용접부에 발생한 미세균열, 용입부족, 융합불량의 검출에 가장 적합한 비파괴검사법
자분탐상시험	• 강자성체의 결함을 찾을 때 사용하는 비파괴시험으로 표면 또는 표층(표면에서 수mm 이내)에 결함이 있을 경우 누설자속을 이용하여 육안으로 결함을 검출하는 시험법 • 오스테나이트 계열 스테인리스 강판의 표면 균열 발생을 검출하기 곤란
침투탐상시험	비자성 금속 표면 균열검사이며 물체의 표면에 침투력이 강한 적색 또는 형광성의 침투액을 표면 개구 결함에 침투시켜 직접 또는 자외선 등으로 관찰하여 결함장소와 크기를 판별하는 비파괴시험
음향탐상검사	외부응력이나 내부의 변형과정에서 방출되는 낮은 응력파(stress wave)를 감지하여 측정하는 비파괴시험
와류탐상검사	도체에 교류를 통한 코일을 접근시켰을 때, 결함이 존재하면 코일에 유기되는 전압이나 전류가 변하는 것을 이용한 검사방법

답 ①

014 ☆

다음 중 용접부에 발생한 미세균열, 용입부족, 융합불량의 검출에 가장 적합한 비파괴검사법은?

① 방사선투과검사 ② 침투탐상검사
③ 자분탐상검사 ④ 초음파탐상검사

해 윗 해설 참조

답 ④

015 ☆☆☆

다음 중 설비의 내부에 균열 결함을 확인할 수 있는 가장 적절한 검사방법은?

① 육안검사 ② 초음파탐상검사
③ 피로검사 ④ 침투탐상검사

해 윗 해설 참조

답 ②

016 ☆

검사물 표면의 균열이나 피트 등의 결함을 비교적 간단하고 신속하게 검출할 수 있고, 특히 비자성 금속재료의 검사에 자주 이용되는 비파괴검사법은?

① 침투탐상검사 ② 초음파탐상검사
③ 자기탐상검사 ④ 방사선투과검사

해 윗 해설 참조

답 ①

017 ☆

물체의 표면에 침투력이 강한 적색 또는 형광성의 침투액을 표면 개구 결함에 침투시켜 직접 또는 자외선 등으로 관찰하여 결함장소와 크기를 판별하는 비파괴시험은?

① 피로시험 ② 음향탐상시험
③ 와류탐상시험 ④ 침투탐상시험

해 윗 해설 참조

답 ④

018 ☆

강자성체의 결함을 찾을 때 사용하는 비파괴시험으로 표면 또는 표층(표면에서 수mm 이내)에 결함이 있을 경우 누설자속을 이용하여 육안으로 결함을 검출하는 시험법은?

① 와류탐상시험 ② 자분탐상시험
③ 초음파탐상시험 ④ 방사선투과시험

해 윗 해설 참조

답 ②

019 ☆

비파괴 검사 방법 중 육안으로 결함을 검출하는 시험법은?

① 방사선투과시험 ② 와류탐상시험
③ 초음파탐상시험 ④ 자분탐상시험

해 윗 해설 참조

답 ④

020 ☆

오스테나이트 계열 스테인리스 강판의 표면 균열발생을 검출하기 곤란한 비파괴 검사방법은?

① 염료침투검사 ② 자분탐상검사
③ 와류검사 ④ 형광침투검사

해 윗 해설 참조

답 ②

021 ☆

현장에서 사용 중인 크레인의 거더 밑면에 균열이 발생되어 이를 확인하려고 하는 경우 비파괴검사방법 중 가장 편리한 검사방법은?

① 초음파탐상검사 ② 방사선투과검사
③ 자분탐상검사 ④ 침투탐상검사

해 윗 해설 참조

답 ④

022 ☆

재료가 변형 시에 외부응력이나 내부의 변형과정에서 방출되는 낮은 응력파(stress wave)를 감지하여 측정하는 비파괴시험은?

① 와류탐상시험 ② 침투탐상시험
③ 음향탐상시험 ④ 방사선투과시험

해 윗 해설 참조

답 ③

023 ☆☆

다음 중 금속 등의 도체에 교류를 통한 코일을 접근시켰을 때, 결함이 존재하면 코일에 유기되는 전압이나 전류가 변하는 것을 이용한 검사방법은?

① 자분탐상검사 ② 초음파탐상검사
③ 와류탐상검사 ④ 침투탐상검사

해 윗 해설 참조

답 ③

024 ☆

침투탐상검사에서 일반적인 작업 순서로 옳은 것은?

① 전처리 → 침투처리 → 세척처리 → 현상처리 → 관찰 → 후처리
② 전처리 → 세척처리 → 침투처리 → 현상처리 → 관찰 → 후처리
③ 전처리 → 현상처리 → 침투처리 → 세척처리 → 관찰 → 후처리
④ 전처리 → 침투처리 → 현상처리 → 세척처리 → 관찰 → 후처리

해 침투탐상검사에서 일반적인 작업 순서
전처리 → 침투처리 → 세척처리 → 현상처리 → 관찰 → 후처리

답 ①

025 ☆

초음파 탐상법의 종류에 해당하지 않는 것은?

① 반사식 ② 투과식 ③ 공진식 ④ 침투식

해 초음파 탐상법 종류
반사식/투과식/공진식

답 ④

026 ☆

방사선 투과검사에서 투과사진에 영향을 미치는 인자는 크게 콘트라스트(명암도)와 명료도로 나누어 검토할 수 있다. 다음 중 투과사진의 콘트라스트(명암도)에 영향을 미치는 인자에 속하지 않는 것은?

① 방사선의 성질 ② 필름의 종류
③ 현상액의 강도 ④ 초점 - 필름간 거리

해 투과사진의 콘트라스트(명암도) 영향인자
방사선 성질/필름종류/현상액 강도/선원치수

답 ④

027 ☆

방사선 투과검사에서 투과사진의 상질을 점검할 때 확인해야 할 항목으로 거리가 먼 것은?

① 투과도계의 식별도
② 시험부의 사진농도 범위
③ 계조계의 값
④ 주파수의 크기

해 상질 점검 시 확인 항목
투과도계의 식별도/시험부의 사진농도 범위/계조계 값

답 ④

028 ☆

다음 중 방사선 투과검사에 가장 적합한 활용 분야는?

① 변형률 측정
② 완제품의 표면결함검사
③ 재료 및 기기의 계측검사
④ 재료 및 용접부의 내부결함검사

해 방사선 투과검사는 주로 재료 및 용접부의 내부 결함 검사에 사용된다.

답 ④

029 ☆☆

다음 중 음향방출시험에 대한 설명으로 틀린 것은?

① 가동 중 검사가 가능하다.
② 온도, 분위기 같은 외적 요인에 영향을 받는다.
③ 결함이 어떤 중대한 손상을 초래하기 전에 검출할 수 있다.
④ 재료의 종류나 물성 등의 특성과는 관계 없이 검사가 가능하다.

해 재료의 종류나 물성 등의 특성에 따라 검사에 영향을 받는다.

답 ④

030 ☆

자분탐사검사에서 사용하는 자화방법이 아닌 것은?

① 축통전법 ② 전류관통법
③ 극간법 ④ 임피던스법

해 자화방법 종류
축통전법, 전류관통법, 코일법, 극간법, 프로드법 등

답 ④

031 

다음 중 와전류비파괴검사법의 특징과 가장 거리가 먼 것은?

① 자동화 및 고속화가 가능하다.
② 측정치에 영향을 주는 인자가 적다.
③ 가는 선, 얇은 판의 경우도 검사가 가능하다.
④ 표면 아래 깊은 위치에 있는 결함은 검출이 곤란하다.

해 측정치 영향인자에는 투자율, 열처리, 온도 등 다양한 인자가 있다.

답 ②

032 ☆

다음 중 와전류비파괴검사법의 특징과 가장 거리가 먼 것은?

① 관, 환봉 등의 제품에 대해 자동화 및 고속화된 검사가 가능하다.
② 검사 대상 이외의 재료적 인자(투자율, 열처리, 온도 등)에 대한 영향이 적다.
③ 가는 선, 얇은 판의 경우도 검사가 가능하다.
④ 표면 아래 깊은 위치에 있는 결함은 검출이 곤란하다.

해 검사 대상 이외의 재료적 인자(투자율, 열처리, 온도 등)에 대한 영향이 크다.

답 ②

033 ☆☆

재료의 강도시험 중 항복점을 알 수 있는 시험의 종류는?

① 비파괴시험 ② 충격시험
③ 인장시험 ④ 피로시험

해 인장시험으로 항복점, 내력, 인장강도, 연신율 등을 알 수 있다.

답 ③

034 ☆☆

산업안전보건법상 비파괴검사를 해서 결함 유무를 확인하여야 하는 고속회전체의 기준으로 옳은 것은?

① 회전축의 중량이 100킬로그램을 초과하고 원주속도가 초당 120미터 이상인 고속회전체
② 회전축의 중량이 500킬로그램을 초과하는 원주속도가 초당 100미터 이상인 고속회전체
③ 회전축의 중량이 1톤을 초과하고 원주속도가 초당 120미터 이상인 고속회전체
④ 회전축의 중량이 3톤을 초과하고 원주속도가 초당 100미터 이상인 고속회전체

해 사업주는 고속회전체(회전축의 중량이 1톤을 초과하고 원주속도가 초당 120미터 이상인 것으로 한정한다)의 회전시험을 하는 경우 미리 회전축의 재질 및 형상 등에 상응하는 종류의 비파괴검사를 해서 결함 유무(有無)를 확인하여야 한다.

답 ③

035 ☆

보일러 압력방출장치의 종류에 해당하지 않는 것은?

① 스프링식 ② 중추식
③ 플랜저식 ④ 지렛대식

해 **보일러 압력방출장치 종류**
스프링식/중추식/지렛대식

답 ③

036 ☆☆

다음 중 산업안전보건법령상 보일러에 설치하는 압력방출 장치에 대하여 검사 후 봉인에 사용되는 재료로 가장 적합한 것은?

① 납 ② 주석 ③ 구리 ④ 알루미늄

해 압력방출장치는 매년 1회 이상 「국가표준기본법」에 따라 산업통상자원부장관의 지정을 받은 국가교정업무 전담기관에서 교정을 받은 압력계를 이용하여 설정압력에서 압력방출장치가 적정하게 작동하는지를 검사한 후 납으로 봉인하여 사용하여야 한다.

답 ①

037 ☆

다음 중 산업안전보건법상 보일러에 설치되어있는 압력방출장치 검사주기로 옳은 것은?

① 분기별 1회 이상 ② 6개월에 1회 이상
③ 매년 1회 이상 ④ 2년마다 1회 이상

해 윗 해설 참조

답 ③

038 ☆

보일러에서 폭발사고를 미연에 방지하기 위해 화염 상태를 검출할 수 있는 장치가 필요하다. 이 중 바이메탈을 이용하여 화염을 검출하는 것은?

① 프레임 아이 ② 스택 스위치
③ 전자 개폐기 ④ 프레임 로드

해 화염검출기

구분	내용
프레임 아이	화염발광체(자외선/적외선) 이용해 검출
스택 스위치	바이메탈 이용하여 화염을 검출
프레임 로드	가스 이온화 이용해 검출

답 ②

039 ☆☆☆

산업안전보건법령에 따라 사업주가 보일러의 폭발 사고를 예방하기 위하여 유지관리하여야 할 안전장치가 아닌 것은?

① 압력방호판 ② 화염검출기
③ 압력방출장치 ④ 고저수위 조절장치

해 사업주는 보일러의 폭발 사고를 예방하기 위하여 압력방출장치, 압력제한스위치, 고저수위 조절장치, 화염 검출기 등의 기능이 정상적으로 작동될 수 있도록 유지 · 관리하여야 한다.

답 ①

040 ☆☆☆

다음 중 산업안전보건법령상 보일러에 설치하여야 하는 방호장치에 해당하지 않는 것은?

① 절탄장치 ② 압력제한스위치
③ 압력방출장치 ④ 고저수위조절장치

해 윗 해설 참조

답 ①

041 ☆☆☆☆☆

상용운전압력 이상으로 압력이 상승할 경우 보일러의 파열을 방지하기 위하여 버너의 연소를 차단하여 열원을 제거함으로써 정상압력으로 유도하는 장치는?

① 압력방출장치 ② 고저수위 조절장치
③ 압력제한 스위치 ④ 언로드밸브

해

압력방출장치	밸브 입구쪽 압력이 설정압력에 도달 시 자동적으로 빠르게 작동해 유체가 분출되고 일정 압력 이하가 되면 정상상태로 복원되는 방호장치로 안전밸브라 한다.
고저수위조절장치	보일러 수위가 이상현상으로 인해 위험수위로 변하면 작업자가 쉽게 감지할 수 있도록 경보등, 경보음을 발하고 자동적으로 급수 또는 단수되어 수위를 조절하는 방호장치
압력제한스위치	상용운전압력 이상으로 압력이 상승할 경우 보일러의 파열을 방지하기 위하여 버너의 연소를 차단하여 열원을 제거함으로써 정상압력으로 유도하는 장치
언로드밸브	보일러 내부 압력을 일정범위 내에서 유지시키는 밸브

답 ③

042 ☆

산업안전보건법령상 보일러 수위가 이상현상으로 인해 위험수위로 변하면 작업자가 쉽게 감지할 수 있도록 경보등, 경보음을 발하고 자동적으로 급수 또는 단수되어 수위를 조절하는 방호장치는?

① 압력방출장치 ② 고저수위 조절장치
③ 압력제한 스위치 ④ 과부하방지장치

해 사업주는 고저수위(高低水位) 조절장치의 동작 상태를 작업자가 쉽게 감시하도록 하기 위하여 고저수위지점을 알리는 경보등 · 경보음장치 등을 설치하여야 하며, 자동으로 급수되거나 단수되도록 설치하여야 한다.

답 ②

043 ☆

다음 중 산업안전보건법령상 안전인증대상 방호장치에 해당하지 않는 것은?

① 롤러기 급정지장치
② 압력용기 압력방출용 파열판
③ 압력용기 압력방출용 안전밸브
④ 방폭구조(防爆構造) 전기기계기구 및 부품

해 ①: 자율안전확인대상기계기구 방호장치
안전인증대상 방호장치
1. 프레스 및 전단기 방호장치
2. 양중기용(揚重機用) 과부하 방지장치
3. 보일러 압력방출용 안전밸브
4. 압력용기 압력방출용 안전밸브
5. 압력용기 압력방출용 파열판
6. 절연용 방호구 및 활선작업용(活線作業用) 기구
7. 방폭구조(防爆構造) 전기기계기구 및 부품
8. 추락 · 낙하 및 붕괴 등의 위험 방지 및 보호에 필요한 가설기자재
9. 충돌 · 협착 등의 위험 방지에 필요한 산업용 로봇 방호장치(안전매트/광전자식 방호장치)

답 ①

044 ☆☆☆

산업안전보건법상 보일러의 안전한 가동을 위하여 보일러 규격에 맞는 압력방출장치가 2개 이상 설치된 경우에 최고사용압력 이하에서 1개가 작동되고, 다른 압력방출장치는 최고 사용압력의 몇 배 이하에서 작동되도록 부착하여야 하는가?

① 1.03배 ② 1.05배 ③ 1.2배 ④ 1.5배

해 압력방출장치가 2개 이상 설치된 경우에는 최고사용압력 이하에서 1개가 작동되고, 다른 압력방출장치는 최고사용압력 1.05배 이하에서 작동되도록 부착하여야 한다.

답 ②

045 ☆

보일러에서 압력방출장치가 2개 설치된 경우 최고 사용압력이 1MPa일 때 압력방출장치의 설정 방법으로 가장 옳은 것은?

① 2개 모두 1.1MPa 이하에서 작동되도록 설정하였다.
② 하나는 1MPa 이하에서 작동되고 나머지는 1.1MPa 이하에서 작동되도록 설정하였다.
③ 하나는 1MPa 이하에서 작동되고 나머지는 1.05MPa 이하에서 작동되도록 설정하였다.
④ 2개 모두 1.05MPa 이하에서 작동되도록 설정하였다.

해 압력방출장치가 2개 이상 설치된 경우에는 최고사용압력 이하에서 1개가 작동되고, 다른 압력방출장치는 최고사용압력 1.05배 이하에서 작동되도록 부착하여야 한다.
→ 하나는 1MPa 이하에서 작동
나머지는 1.05MPa 이하에서 작동

답 ③

046 ☆

압력용기 등에 설치하는 안전밸브에 관련한 설명으로 옳지 않은 것은?

① 안지름이 150mm를 초과하는 압력용기에 대해서는 과압에 따른 폭발을 방지하기 위하여 규정에 맞는 안전밸브를 설치해야 한다.
② 급성 독성물질이 지속적으로 외부에 유출될 수 있는 화학설비 및 그 부속설비에는 파열판과 안전밸브를 병렬로 설치한다.
③ 안전밸브는 보호하려는 설비의 최고사용압력 이하에서 작동되도록 하여야 한다.
④ 안전밸브의 배출용량은 그 작동원인에 따라 각각의 소요분출량을 계산하여 가장 큰 수치를 해당 안전밸브의 배출용량으로 하여야 한다.

해 사업주는 급성 독성물질이 지속적으로 외부에 유출될 수 있는 화학설비 및 그 부속설비에 파열판과 안전밸브를 직렬로 설치하고 그 사이에는 압력지시계 또는 자동경보장치를 설치하여야 한다.

답 ②

047 ☆

산업안전보건법령에서 정하는 압력용기에서 안전인증된 파열판에는 안전인증 표시 외에 추가로 나타내어야 하는 사항이 아닌 것은?

① 분출차(%)
② 호칭지름
③ 용도(요구성능)
④ 유체의 흐름방향 지시

해 안전인증 파열판에는 안전인증의 표시에 따른 표시 외에 다음 각 목의 내용을 추가로 표시해야 한다.

1. 호칭지름
2. 용도(요구성능)
3. 설정파열압력(MPa) 및 설정온도(℃)
4. 분출용량(kg/h) 또는 공칭분출계수
5. 파열판의 재질
6. 유체 흐름방향 지시

답 ①

048 ☆☆

인간이 기계 등의 취급을 잘못해도 그것이 바로 사고나 재해와 연결되는 일이 없는 기능을 의미하는 것은?

① fail safe ② fail active
③ fail operational ④ fool proof

해

fail safe	기계 파손, 기능 불량이 발생해도 항상 안전하게 작동되는 방식
fail active	부품 고장 시 경부 울리며 잠시동안 기동됨
fail passive	부품 고장 시 기기 정지
fail operational	• 부품의 고장이 있어도 기계는 추후의 보수가 될 때까지 안전한 기능을 유지하며 이것은 병렬계통 또는 대기여분(Stand-by redundancy) 계통으로 한 것
fool proof	• 인간이 기계 등의 취급을 잘못해도 그것이 바로 사고나 재해와 연결되는 일이 없는 기능 예 가드/이중촬영방지기구/인터록/권과방지장치/덮개

답 ④

049 ☆

다음 중 가공기계에 주로 쓰이는 풀 프루프(fool proof)의 형태가 아닌 것은?

① 금형의 가드
② 사출기의 인터록 장치
③ 카메라의 이중촬영방지기구
④ 압력용기의 파열판

해 윗 해설 참조

답 ④

050 ☆

기계설비에 대한 본질적인 안전화 방안의 하나인 풀 프루프(Fool Proof)에 관한 설명으로 거리가 먼 것은?

① 계기나 표시를 보기 쉽게 하거나 이른바 인체공학적 설계도 넓은 의미의 풀 프루프에 해당된다.
② 설비 및 기계장치 일부가 고장이 난 경우 기능의 저하는 가져오나 전체기능은 정지하지 않는다.
③ 인간이 에러를 일으키기 어려운 구조나 기능을 가진다.
④ 조작순서가 잘못돼도 올바르게 작동한다.

해 ②: fail safe(fail – operational)
윗 해설 참조

답 ②

051 ☆

페일 세이프(fail safe)의 기계설계 상 본질적 안전화에 대한 설명으로 틀린 것은?

① 구조적 fail safe : 인간이 기계 등의 취급을 잘못해도 그것이 바로 사고나 재해와 연결되는 일이 없는 기능을 말한다.
② fail-passive : 부품이 고장 나면 통상적으로 기계는 정지하는 방향으로 이동한다.
③ fail-active : 부품이 고장 나면 기계는 경보를 울리는 가운데 짧은 시간 동안의 운전이 가능하다.
④ fail-operational : 부품의 고장이 있어도 기계는 추후의 보수가 될 때까지 안전한 기능을 유지하며 이것은 병렬계통 또는 대기여분(Stand-by redundancy) 계통으로 한 것이다.

해 윗 해설 참조

답 ①

052 ☆

방호장치의 설치 목적이 아닌 것은?

① 가공물 등의 낙하에 의한 위험 방지
② 위험부위와 신체의 접촉방지
③ 비산으로 인한 위험방지
④ 주유나 검사의 편리성

해 방호장치는 작업을 편히 하려고 설치하는 것이 아니다.

답 ④

053 ☆

다음 중 방호장치의 기본목적과 가장 관계가 먼 것은?

① 작업자의 보호
② 기계기능의 향상
③ 인적 · 물적 손실의 방지
④ 기계위험 부위의 접촉방지

해 방호장치 기본 목적
- 작업자 보호
- 인적, 물적 손실 방지
- 위험점 접촉방지

답 ②

054 ☆

지게차의 방호장치에 해당하는 것은?

① 버킷 ② 포크 ③ 마스트 ④ 헤드가드

해 지게차 방호장치
헤드가드, 백레스트(backrest), 전조등, 후미등, 안전벨트

답 ④

055 ☆

지게차의 포크에 적재된 화물이 마스트 후방으로 낙하함으로서 근로자에게 미치는 위험을 방지하기 위하여 설치하는 것은?

① 헤드가드 ② 백레스트
③ 낙하방지장치 ④ 과부하방지장치

해 사업주는 백레스트(backrest)를 갖추지 아니한 지게차를 사용해서는 아니 된다. 다만, 마스트의 후방에서 화물이 낙하함으로써 근로자가 위험해질 우려가 없는 경우에는 그러하지 아니하다.

답 ②

056 ☆☆☆☆

지게차의 방호장치인 헤드가드에 대한 설명으로 틀린 것은?

① 강도는 지게차의 최대하중의 2배 값(4톤을 넘는 값에 대해서는 4톤으로 한다)의 등분포정하중에 견딜 수 있을 것
② 상부틀의 각 개구의 폭 또는 길이가 16센티미터 미만일 것
③ 운전자가 앉아서 조작하거나 서서 조작하는 지게차의 헤드가드는 한국산업표준에서 정하는 높이 기준 이상일 것
④ 상부틀의 각 개구의 폭 또는 길이가 36센티미터 미만일 것

해 사업주는 다음 각 호에 따른 적합한 헤드가드(head guard)를 갖추지 아니한 지게차를 사용해서는 안 된다. 다만, 화물의 낙하에 의하여 지게차의 운전자에게 위험을 미칠 우려가 없는 경우에는 그렇지 않다.
1. 강도는 지게차의 최대하중의 2배 값(4톤을 넘는 값에 대해서는 4톤으로 한다)의 등분포정하중에 견딜 수 있을 것
2. 상부틀의 각 개구의 폭 또는 길이가 16센티미터 미만일 것
3. 운전자가 앉아서 조작하거나 서서 조작하는 지게차의 헤드가드는 한국산업표준에서 정하는 높이 기준 이상일 것

답 ④

057 ☆☆

산업안전보건법령상 화물의 낙하에 의해 운전자가 위험을 미칠 경우 지게차의 헤드가드(head guard)는 지게차의 최대하중의 몇 배가 되는 등분포정하중에 견디는 강도를 가져야 하는가? (단, 4톤을 넘는 값은 제외)

① 1배 ② 1.5배 ③ 2배 ④ 3배

해 윗 해설 참조

답 ③

058 ☆

산업안전보건법령상 지게차의 최대하중의 2배 값이 6톤일 경우 헤드가드의 강도는 몇 톤의 등분포정하중에 견딜 수 있어야 하는가?

① 4 ② 6 ③ 8 ④ 12

해 4톤을 넘는 값에 대해서는 4톤으로 한다.
윗 해설 참조

답 ①

059 ☆☆☆☆

산업안전보건법령에서 정한 양중기의 종류에 해당하지 않는 것은?

① 크레인 ② 도르래 ③ 곤돌라 ④ 리프트

해 양중기란 다음 각 호의 기계를 말한다.
1. 크레인[호이스트(hoist)를 포함한다]
2. 이동식 크레인
3. 리프트(이삿짐운반용 리프트의 경우에는 적재하중이 0.1톤 이상인 것으로 한정)
4. 곤돌라
5. 승강기

답 ②

060 ☆☆☆

산업안전보건법령상 승강기의 종류로 옳지 않은 것은?

① 승객용 엘리베이터
② 리프트
③ 화물용 엘리베이터
④ 승객화물용 엘리베이터

해 승강기 종류
1. 승객용 엘리베이터
2. 승객화물용 엘리베이터
3. 화물용 엘리베이터
4. 소형화물용 엘리베이터
5. 에스컬레이터

답 ②

061 ☆

산업안전보건법령에서 정하는 리프트의 정의에 대한 설명 중 (　　) 안에 들어갈 말로 옳은 것은?

> **건설용 리프트**: 동력을 사용하여 가이드레일(운반구를 지지하여 상승 및 하강 동작을 안내하는 레일)을 따라 (　㉠　)로 움직이는 (　㉡　)를 매달아 사람이나 화물을 운반할 수 있는 설비 또는 이와 유사한 구조 및 성능을 가진 것으로 건설현장에서 사용하는 것

① ㉠-상하, ㉡-곤돌라
② ㉠-좌우, ㉡-곤돌라
③ ㉠-상하, ㉡-운반구
④ ㉠-좌우, ㉡-운반구

해

건설용 리프트	동력을 사용하여 가이드레일(운반구를 지지하여 상승 및 하강 동작을 안내하는 레일)을 따라 상하로 움직이는 운반구를 매달아 사람이나 화물을 운반할 수 있는 설비 또는 이와 유사한 구조 및 성능을 가진 것으로 건설현장에서 사용하는 것

답 ③

062 ☆

리프트의 제작기준 등을 규정함에 있어 정격속도의 정의로 옳은 것은?

① 화물을 싣고 하강할 때의 속도
② 화물을 싣고 상승할 때의 최고속도
③ 화물을 싣고 상승할 때의 평균속도
④ 화물을 싣고 상승할 때와 하강할 때의 평균속도

해 정격속도: 운반구에 적재하중을 싣고 상승할 수 있는 최고속도

답 ②

063 ☆

다음 중 리프트의 방호장치로 활용하는 것은?

① 그리드(grid)
② 아이들러(idler)
③ 스크레이퍼(scraper)
④ 조작반 잠금장치

해 양중기 방호장치

크레인	과부하방지장치/권과방지장치/비상정지장치/제동장치/훅 해지장치
이동식 크레인	과부하방지장치/권과방지장치/비상정지장치/제동장치/훅 해지장치
리프트	과부하방지장치/권과방지장치/비상정지장치/제동장치/조작반 잠금장치
곤돌라	과부하방지장치/권과방지장치/비상정지장치/제동장치
승강기	과부하방지장치/권과방지장치/비상정지장치/제동장치/인터록/조속기/파이널리미트스위치

답 ④

064 ☆

크레인의 방호장치에 해당하지 않는 것은?

① 권과방지장치 ② 과부하방지장치
③ 자동보수장치 ④ 비상정지장치

해 윗 해설 참조

답 ③

065 ☆

산업안전보건법령상 정상적으로 작동될 수 있도록 미리 조정해 두어야 할 이동식 크레인의 방호장치로 가장 적절하지 않은 것은?

① 제동장치
② 권과방지장치
③ 과부하방지장치
④ 파이널 리미트 스위치

해 ④: 승강기 방호장치, 엘리베이터가 비정상적으로 빠르게 이동할 때 자동으로 정지

답 ④

066 ☆☆

산업안전보건법령상 양중기를 사용하여 작업하는 운전자 또는 작업자가 보기 쉬운 곳에 해당 양중기에 대해 표시하여야 할 내용으로 가장 거리가 먼 것은? (단, 승강기는 제외.)

① 정격하중 ② 운전속도
③ 경고표시 ④ 최대인양높이

해 사업주는 양중기(승강기는 제외한다) 및 달기구를 사용하여 작업하는 운전자 또는 작업자가 보기 쉬운 곳에 해당 기계의 정격하중, 운전속도, 경고표시 등을 부착하여야 한다. 다만, 달기구는 정격하중만 표시한다.

답 ④

067 ☆

다음 중 지브가 없는 크레인의 정격하중에 관한 정의로 옳은 것은?

① 짐을 싣고 상승할 수 있는 최대하중
② 크레인의 구조 및 재료에 따라 들어 올릴 수 있는 최대하중
③ 권상하중에서 훅, 그랩 또는 버킷 등 달기구의 중량에 상당하는 하중을 뺀 하중
④ 짐을 싣지 않고 상승할 수 있는 최대하중

해

적재하중	짐 싣고 상승할 수 있는 최대하중
권상하중	들어 올릴 수 있는 최대의 하중
정격하중	크레인의 권상하중에서 훅, 크래브 또는 버킷 등 달기기구의 중량에 상당하는 하중을 뺀 하중을 말한다. 다만, 지브가 있는 크레인 등으로서 경사각의 위치, 지브의 길이에 따라 권상능력이 달라지는 것은 그 위치에서의 권상하중에서 달기기구 중량을 뺀 나머지 하중

답 ③

068 ☆☆

크레인에서 권과방지장치 달기구 윗면이 권상장치의 아랫면과 접촉할 우려가 있는 경우에는 몇cm 이상 간격이 되도록 조정하여야 하는가? (단, 작동식 권과장치의 경우는 제외한다.)

① 25 ② 30 ③ 35 ④ 40

해 권과방지장치는 훅 · 버킷 등 달기구의 윗면이 드럼, 상부 도르래, 트롤리프레임 등 권상장치의 아랫면과 접촉할 우려가 있는 경우에 그 간격이 0.25미터 이상이 되도록 조정하여야 한다.

답 ①

069 ☆

기계의 각 작동 부분 상호간을 전기적, 기구적, 유공압 장치 등으로 연결해서 기계의 각 작동 부분이 정상으로 작동하기 위한 조건이 만족 되지 않을 경우 자동적으로 그 기계를 작동할 수 없도록 하는 것을 무엇이라 하나?

① 인터록기구 ② 과부하방지장치
③ 트립기구 ④ 오버런기구

해

인터록 기구	기계의 각 작동 부분 상호간을 연결해서 기계가 정상으로 작동하기 위한 조건이 만족 되지 않을 경우 자동적으로 작동할 수 없도록 하는 것
트립 기구	신체가 위험영역 접근 시 동작을 중지한다.
오버런 기구	가동 중에 가드나 덮개가 열리지 않는다.
과부하 방지 장치	정격하중 이상의 하중이 부하되었을 때 자동적으로 상승이 정지되면서 경보음을 발생하는 장치

답 ①

070 ☆☆

크레인의 사용 중 하중이 정격을 초과하였을 때 자동적으로 상승이 정지되는 장치는?

① 해지장치 ② 이탈방지장치
③ 아우트리거 ④ 과부하방지장치

해 윗 해설 참조

답 ④

071 ☆

기계의 방호장치 중 과도하게 한계를 벗어나 계속적으로 감아올리는 일이 없도록 제한하는 장치는?

① 일렉트로닉 아이 ② 권과방지장치
③ 과부하방지장치 ④ 해지장치

해

일렉트로닉 아이	전자 눈으로, 시각장애인을 위한 인공망막 의료기기
권과방지 장치	과두하게 한계를 벗어나 계속적으로 감이올리는 일이 없도록 제한히는 장치
훅 해지장치	훅에서 와이어로프가 이탈하는 것을 방지하는 장치

답 ②

072 ☆

산업안전보건법상 유해위험방지를 위한 방호조치를 하지 아니하고는 양도, 대여, 설치 또는 사용에 제공하거나, 양도 · 대여를 목적으로 진열해서는 아니 되는 기계 · 기구가 아닌 것은?

① 예초기 ② 진공포장기 ③ 원심기 ④ 롤러기

해

유해위험 방지를 위한 방호 조치가 필요한 기계기구	예초기/원심기/공기압축기/금속절단기/지게차/포장기계(진공포장기,래핑기로 한정)

답 ④

073 ☆

유해위험기계·기구 중에서 진동과 소음을 동시에 수반하는 기계설비로 가장 거리가 먼 것은?

① 컨베이어 ② 사출 성형기
③ 가스 용접기 ④ 공기 압축기

해 가스 용접기는 소음만 날 뿐 진동은 없다.

답 ③

074 ☆

양중기의 과부하방지장치에서 요구하는 일반적인 성능기준으로 틀린 것은?

① 과부하방지장치 작동 시 경보음과 경보램프가 작동돼야 하며 양중기는 작동이 되지 않아야 한다.
② 외함의 전선 접촉부분은 고무 등으로 밀폐되어 물과 먼지 등이 들어가지 않도록 한다.
③ 과부하방지장치와 타 방호장치는 기능에서로 장애를 주지 않도록 부착할 수 있는 구조여야 한다.
④ 방호장치의 기능을 제거하더라도 양중기는 원활하게 작동시킬 수 있는 구조이여야 한다.

해 방호장치의 기능을 제거 또는 정지할 때 양중기의 기능도 동시에 정지할 수 있는 구조이어야 한다.

답 ④

075 ☆

크레인 방호장치의 설명으로 틀린 것은?

① 권과방지장치를 설치하지 않은 크레인에 대해서는 권상용 와이어로프에 위험표시를 하고 경보장치를 설치하는 등 권상용 와이어로프가 지나치게 감겨서 근로자가 위험해질 상황을 방지하기 위한 조치를 하여야 한다.

② 운반물의 중량이 초과되지 않도록 과부하방지장치를 설치하여야 한다.

③ 크레인을 필요한 상황에서는 저속으로 중지시킬 수 있도록 브레이크장치와 충돌 시 충격을 완화시킬 수 있는 완충장치를 설치한다.

④ 작업 중에 이상 발견 또는 긴급히 정지시켜야 할 경우에는 비상정지장치를 사용할 수 있도록 설치하여야 한다.

해 ③: 승강기가 최하층을 지나쳐 승강로 바닥에 충돌 시 충격완화시키기 위해 완충기를 설치한다.

답 ③

076 ☆

다음 중 양중기에서 사용하는 해지장치에 관한 설명으로 가장 적합한 것은?

① 2중으로 설치된 권과방지장치를 말한다.

② 화물의 인양 시 발생하는 충격을 완화하는 장치이다.

③ 과부하 발생 시 자동적으로 전류를 차단하는 방지장치이다.

④ 와이어로프가 훅에서 이탈하는 것을 방지하는 장치이다.

해 해지장치: 와이어 로프가 훅에서 이탈하는 것을 방지하는 장치

답 ④

077 ☆

공기압축기의 방호장치가 아닌 것은?

① 언로드 밸브 ② 압력방출장치

③ 수봉식 안전기 ④ 회전부의 덮개

해 ③: 아세틸렌 용접장치 안전장치

공기압축기 방호장치	언로드밸브/압력방출장치/덮개

답 ③

078 ☆

크레인에 돌발 상황이 발생한 경우 안전을 유지하기 위하여 모든 전원을 차단하여 크레인을 급정지시키는 방호장치는?

① 호이스트 ② 이탈방지장치
③ 비상정지장치 ④ 아우트리거

해

호이스트	훅이나 그 밖의 달기구 등을 사용해 화물을 권상 및 횡행 또는 권상동작만을 해 양중하는 장치
이탈방지장치	바람 등에 의해 장비가 이탈되는 것을 방지하는 장치
비상정지장치	돌발 상황이 발생한 경우 안전을 유지하기 위하여 모든 전원을 차단하여 급정지시키는 방호장치
아우트리거	작업 중 움직이는 것을 방지하기 위해 설치하는 전도 방지대

답 ③

079 ☆☆

산업안전보건법령상 크레인에 전용탑승설비를 설치하고 근로자를 달아 올린상태에서 작업에 종사시킬 경우 근로자의 추락 위험을 방지하기 위하여 실시해야 할 조치사항으로 적합하지 않은 것은?

① 승차석 외의 탑승 제한
② 안전대나 구명줄의 설치
③ 탑승설비의 하강 시 동력하강방법을 사용
④ 탑승설비가 뒤집히거나 떨어지지 않도록 필요한 조치

해 사업주는 크레인을 사용하여 근로자를 운반하거나 근로자를 달아 올린 상태에서 작업에 종사시켜서는 아니 된다. 다만, 크레인에 전용 탑승설비를 설치하고 추락 위험을 방지하기 위하여 다음 각 호의 조치를 한 경우에는 그러하지 아니하다.
1. 탑승설비가 뒤집히거나 떨어지지 않도록 필요한 조치를 할 것
2. 안전대나 구명줄을 설치하고, 안전난간을 설치할 수 있는 구조인 경우에는 안전난간을 설치할 것
3. 탑승설비 하강시킬 때는 동력하강방법으로 할 것

답 ①

080 ☆☆

다음 중 컨베이어의 안전장치로 옳지 않은 것은?

① 비상정지장치 ② 반발예방장치
③ 역회전방지장치 ④ 이탈방지장치

해 반발예방장치: 둥근톱 안전장치
컨베이어 방호장치
비상정지장치/역회전(역주행)방지장치/이탈방지장치/덮개/건널다리

답 ②

081 ☆

다음 중 컨베이어의 종류가 아닌 것은?

① 체인 컨베이어 ② 롤러 컨베이어
③ 스크류 컨베이어 ④ 그리드 컨베이어

해 컨베이어 종류
벨트/셔틀/포터블벨트/피킹테이블/에이프런/스크레이퍼/토/트롤리/롤러/휠/스크류/진동/수압/버킷/공압/체인 컨베이어

답 ④

082 ☆☆

컨베이어(conveyor) 역전방지장치의 형식을 기계식과 전기식으로 구분할 때 기계식에 해당하지 않는 것은?

① 라쳇식 ② 밴드식 ③ 스러스트식 ④ 롤러식

해 기계적: 라쳇식, 롤러식, 밴드식, 웜기어
전기적: 전기브레이크, 스러스트브레이크

답 ③

083 ☆☆

원심기의 안전에 관한 설명으로 적절하지 않은 것은?

① 원심기에는 덮개를 설치하여야 한다.
② 원심기의 최고사용회전수를 초과하여 사용하여서는 아니 된다.
③ 원심기에 과압으로 인한 폭발을 방지하기 위하여 압력방출장치를 설치해야 한다.
④ 원심기로부터 내용물을 꺼내거나 원심기의 정비, 청소, 검사, 수리작업을 하는 때에는 운전을 정지시켜야 한다.

해 ③: 압력방출장치는 보일러의 대표적 방호장치이다.

답 ③

084 ☆

롤러의 가드 설치방법 중 안전한 작업공간에서 사고를 일으키는 공간함정(trap)을 막기 위해 확보해야 할 신체 부위별 최소 틈새가 바르게 짝지어진 것은?

① 다리: 240mm ② 발: 180mm
③ 손목: 150mm ④ 손가락: 25mm

해

부위	몸	다리	발	팔	손목	손가락
최소 틈새	500 mm	180 mm	120 mm	120 mm	100 mm	25 mm

답 ④

085 ☆

다음 중 롤러기에 설치하여야 할 방호장치는?

① 반발예방장치 ② 급정지장치
③ 접촉예방장치 ④ 파열판장치

해 반발예방장치: 목재가공용 둥근톱기계
급정지장치: 롤러기
접촉예방장치: 목재가공용 둥근톱기계
파열판장치: 압력용기

답 ②

086 ☆

다음 중 위험기계의 구동 에너지를 작업자가 차단할 수 있는 장치에 해당하는 것은?

① 급정지장치 ② 감속장치
③ 위험방지장치 ④ 방호설비

해 급정지장치: 구동 에너지를 차단할 수 있는 장치

답 ①

087 ☆☆

다음 중 롤러기에 사용되는 급정지장치의 급정지거리 기준으로 옳은 것은?

① 앞면 롤러의 표면속도가 30m/min 미만이면 급정지거리는 앞면 롤러 직경의 1/3 이내이어야 한다.
② 앞면 롤러의 표면속도가 30m/min 이상이면 급정지거리는 앞면 롤러 직경의 1/3 이내이어야 한다.
③ 앞면 롤러의 표면속도가 30m/min 미만이면 급정지거리는 앞면 롤러 원주의 1/3 이내이어야 한다.
④ 앞면 롤러의 표면속도가 30m/min 이상이면 급정지거리는 앞면 롤러 원주의 1/3 이내이어야 한다.

해

앞면 롤러의 표면속도(m/min)	급정지거리
30 미만	앞면 롤러 원주의 1/3 이내
30 이상	앞면 롤러 원주의 1/2.5 이내

답 ③

088 ☆☆

다음 설명 중 ( )안에 알맞은 내용은?

> 롤러기 급정지장치는 롤러를 무부하로 회전시킨 상태에서 앞면 롤러의 표면속도가 30m/min 미만일 때에는 급정지거리가 앞면 롤러 원주의 ( ) 이내에서 롤러를 정지시킬 수 있는 성능을 보유해야 한다.

① 1/2 ② 1/4 ③ 1/3 ④ 1/2.5

해 윗 해설 참조

답 ③

089 ☆

롤러기의 방호장치 설치 시 유의해야 할 사항으로 거리가 먼 것은?

① 손으로 조작하는 급정지장치의 조작부는 롤러기의 전면 및 후면에 각각 1개씩 수평으로 설치하여야 한다.
② 앞면 롤러의 표면속도가 30m/min 미만인 경우 급정지거리는 앞면 롤러 원주의 1/2.5 이하로 한다.
③ 작업자의 복부로 조작하는 급정지장치는 높이가 밑면으로부터 0.8m 이상 1.1m 이내에 설치되어야 한다.
④ 급정지장치의 조작부에 사용하는 줄은 사용 중 늘어져서는 안되며 충분한 인장강도를 가져야 한다.

해 윗 해설 참조

답 ②

090 ☆

롤러기 급정지장치의 종류가 아닌 것은?

① 어깨조작식 ② 손조작식
③ 복부조작식 ④ 무릎조작식

해 급정지장치 종류

종류	설치위치
손조작식	밑면에서 1.8미터 이내
복부조작식	밑면에서 0.8미터 이상 1.1미터 이내
무릎조작식	밑면에서 0.6미터 이내

답 ①

091 ☆☆☆

롤러기의 급정지장치에 관한 설명으로 가장 적절하지 않은 것은?

① 복부조작식은 조작부 중심점을 기준으로 밑면으로부터 1.2~1.4m 이내의 높이로 설치한다.
② 손조작식은 조작부 중심점을 기준으로 밑면으로부터 1.8m 이내 높이로 설치한다.
③ 급정지장치의 조작부에 사용하는 줄은 사용 중에 늘어져서는 안된다.
④ 급정지장치의 조작부에 사용하는 줄은 충분한 인장강도를 가져야 한다.

해 윗 해설 참조

답 ①

092 ☆☆

산업안전보건법령상 롤러기에 사용하는 급정지장치 중 작업자의 무릎으로 조작하는 것의 위치로 옳은 것은?

① 밑면에서 0.2m 이상 0.4m 이내
② 밑면에서 0.6m 이내
③ 밑면에서 0.8m 이상 1.1m 이내
④ 밑면에서 1.8m 이내

해 윗 해설 참조

답 ②

093 ☆☆

롤러기의 급정지장치로 사용되는 정지봉 또는 로프의 설치에 관한 설명으로 틀린 것은?

① 복부조작식은 밑면으로부터 1,200~1,400mm 이내의 높이로 설치한다.
② 손조작식은 밑면으로부터 1,800mm 이내의 높이로 설치한다.
③ 손조작식은 앞면 롤 끝단으로부터 수평거리가 50mm 이내에 설치한다.
④ 무릎조작식은 밑면으로부터 600mm 이내의 높이로 설치한다.

해 윗 해설 참조

답 ①

094 ☆☆

롤러기 급정지장치 조작부에 사용하는 로프의 성능 기준으로 적합한 것은? (단, 로프의 재질은 관련 규정에 적합한 것으로 본다.)

① 지름 1mm 이상의 와이어로프
② 지름 2mm 이상의 합성섬유로프
③ 지름 3mm 이상의 합성섬유로프
④ 지름 4mm 이상의 와이어로프

해 조작부에 로프를 사용할 경우는 KS D 3514(와이어로프)에 정한 규격에 적합한 직경 4밀리미터 이상의 와이어로프 또는 직경 6밀리미터 이상이고 절단하중이 2.94킬로뉴턴(kN) 이상의 합성섬유로프를 사용해야 한다.

답 ④

095 ☆

와이어로프의 지름 감소에 대한 폐기기준으로 옳은 것은?

① 공칭지름의 1퍼센트 초과
② 공칭지름의 3퍼센트 초과
③ 공칭지름의 5퍼센트 초과
④ 공칭지름의 7퍼센트 초과

해 지름의 감소가 공칭지름의 7퍼센트를 초과하는 것

답 ④

096 ☆

산업안전보건법령에 따라 타워크레인을 와이어로프로 지지하는 경우, 와이어로프의 설치각도는 수평면에서 몇 도 이내로 해야 하는가?

① 30° ② 45° ③ 60° ④ 75°

해 와이어로프 설치각도는 수평면에서 60도 이내로 하되, 지지점은 4개소 이상으로 하고, 같은 각도로 설치할 것

답 ③

097 ☆☆

산업안전보건법령에 따라 레버풀러(lever puller) 또는 체인블록(chain block)을 사용하는 경우 훅의 입구(hook mouth) 간격이 제조사가 제공하는 제품사양서 기준으로 얼마 이상 벌어진 것을 폐기하여야 하는가?

① 3% ② 5% ③ 7% ④ 10%

해 훅의 입구(hook mouth) 간격이 제조자가 제공하는 제품사양서 기준으로 10% 이상 벌어진 것은 폐기할 것

답 ④

098 ☆

와이어로프의 구성요소가 아닌 것은?

① 소선 ② 클립 ③ 스트랜드 ④ 심강

해 와이어로프 구성요소: 소선/스트랜드/심강

답 ②

099 ☆☆

와이어로프 호칭이 '6 × 19'라고 할 때 숫자 '6'이 의미하는 것은?

① 소선의 지름(mm)
② 소선의 수량(wire수)
③ 꼬임의 수량(strand수)
④ 로프의 최대인장강도(MPa)

해 와이어로프 호칭
꼬임 수량(strand수) × 소선 수량(wire수)

답 ③

100 ☆

다음 설명에 해당하는 기계는?

1. 칩이 가늘고 예리해 손을 다치게 한다.
2. 주로 평면공작물을 절삭 가공하나, 더브테일 가공이나 나사 등의 복잡한 가공도 가능하다.
3. 장갑 착용금지며 보안경 착용해야 한다.

① 선반 ② 호빙머신 ③ 연삭기 ④ 밀링

해 밀링에 대한 설명이다.

답 ④

101 ☆

밀링작업 시 안전 수칙에 관한 설명으로 옳지 않은 것은?

① 칩은 기계를 정지시킨 다음에 브러시 등으로 제거한다.
② 일감 또는 부속장치 등을 설치하거나 제거할 때는 반드시 기계를 정지시키고 작업한다.
③ 커터는 될 수 있는 한 컬럼에서 멀게 설치한다.
④ 강력 절삭을 할 때는 일감을 바이스에 깊게 물린다.

해

밀링작업 시 안전 수칙
• 칩은 기계를 정지시킨 다음에 브러시 등으로 제거한다. • 일감 또는 부속장치 등을 설치하거나 제거할 때는 반드시 기계를 정지시키고 작업한다. • 절삭 공구를 설치할 때에는 전원을 반드시 끄고 한다. • 커터는 될 수 있는 한 컬럼에서 가깝게 설치한다. • 강력 절삭을 할 때는 일감을 바이스에 깊게 물린다. • 일감을 측정할 때는 반드시 정지시킨 다음에 한다. • 상하 이송장치의 핸들은 사용 후 반드시 빼두어야 한다. • 주축속도를 변속시킬 때는 반드시 주축이 정지한 후에 변환한다. • 정면 밀링커터 작업 시 날 끝과 동일높이에서 확인하지 않는다. • 작은 칩의 제거는 브러쉬나 청소용 솔을 사용하며 제거한다. • 백래시(back lash) 제거장치가 작동하지 않으면 급송이송 실시한다. • 급속이송은 한 방향으로만 한다. • 테이블 위에 공구나 기타 물건 들을 올려놓지 않는다. • 면장갑을 착용하지 않는다.

답 ③

102 ☆

밀링작업 시 안전수칙으로 틀린 것은?

① 보안경을 착용한다.
② 칩은 기계를 정지시킨 다음에 브러시로 제거한다.
③ 가공 중에는 손으로 가공면을 점검하지 않는다.
④ 면장갑을 착용하여 작업한다.

해 윗 해설 참조

답 ④

103 ☆☆☆

밀링머신 작업의 안전수칙으로 적절하지 않은 것은?

① 강력절삭을 할 때는 일감을 바이스로부터 길게 물린다.
② 일감을 측정할 때는 반드시 정지시킨 다음에 한다.
③ 상하 이송장치의 핸들은 사용 후 반드시 빼두어야 한다.
④ 커터는 될 수 있는 한 컬럼에 가깝게 설치한다.

해 강력 절삭을 할 때는 일감을 바이스에 깊게 물린다.
윗 해설 참조

답 ①

104 ☆

밀링작업의 안전수칙이 아닌 것은?

① 주축속도를 변속시킬 때는 반드시 주축이 정지한 후에 변환한다.
② 절삭 공구를 설치할 때에는 전원을 반드시 끄고 한다.
③ 정면 밀링커터 작업 시 날 끝과 동일높이에서 확인하며 작업한다.
④ 작은 칩의 제거는 브러쉬나 청소용 솔을 사용하며 제거한다.

해 정면 밀링커터 작업 시 날 끝과 동일높이에서 확인하지 않는다.
윗 해설 참조

답 ③

105 ☆☆

밀링작업의 안전조치에 대한 설명으로 적절하지 않은 것은?

① 절삭 중 칩 제거는 칩 브레이커로 한다.
② 공작물을 고정할 때에는 기계를 정지시킨 후 작업한다.
③ 강력절삭을 할 경우에는 공작물을 바이스에 깊게 물려 작업한다.
④ 가공 중 공작물의 치수를 측정할 때에는 기계를 정지시킨 후 측정한다.

해 칩 제거는 작업 후에 브러쉬로 제거한다. 그리고 칩 브레이커는 선반 방호장치이다.
윗 해설 참조

답 ①

106 ☆

밀링작업에서 주의해야 할 사항으로 옳지 않은 것은?

① 보안경을 쓴다.
② 일감 절삭 중 치수를 측정한다.
③ 커터에 옷이 감기지 않게 한다.
④ 커터는 될 수 있는 한 컬럼에 가깝게 설치한다.

해 일감을 측정할 때는 반드시 정지시킨 다음에 한다.
윗 해설 참소

답 ②

107 ☆

다음 중 밀링작업에 대한 안전조치 사항으로 옳지 않은 것은?

① 급속이송은 한 방향으로만 한다.
② 커터는 될 수 있는 한 컬럼에 가깝게 설치한다.
③ 백래시(back lash) 제거장치는 급속이송 시 작동한다.
④ 이송장치의 핸들은 사용 후 반드시 빼 두어야 한다.

해 ③: 백래시(back lash) 제거장치가 작동하지 않으면 급송이송 실시한다.
윗 해설 참조

답 ③

108 ☆

일반적으로 기계설비의 점검시기를 운전 상태와 정지 상태로 구분할 때 다음 중 운전 중의 점검사항이 아닌 것은?

① 클러치의 동작상태
② 베어링의 온도상승 여부
③ 설비의 이상음과 진동상태
④ 동력 전달부의 볼트. 너트의 풀림상태

해 ④: 정지상태서의 점검사항

답 ④

109 ☆

다음 중 밀링작업 시 하향절삭의 장점에 해당되지 않는 것은?

① 일감의 고정이 간편하다.
② 일감의 가공면이 깨끗하다.
③ 이송기구 백래쉬(backlash)가 자연히 제거된다.
④ 밀링커터의 날이 마찰작용을 하지 않으므로 수명이 길다.

해

절삭 구분	특징
하향 절삭	• 커터 회전방향과 같은 방향으로 가공재 이송(가공면 깨끗) • 칩이 날 방해해 치수정밀도에 영향 줌(그래서, 백래시 제거 장치 필요) • 일감 고정 간편 • 날 수명 길
상향 절삭	• 커터 회전방향과 다른 방향으로 가공재 이송 • 칩이 날 방해안해 치수정밀도 영향 안 줌

답 ③

110 ☆

다음 중 보일러 운전 시 안전수칙으로 가장 적절하지 않은 것은?

① 가동 중인 보일러에는 작업자가 항상 정위치를 떠나지 아니할 것
② 보일러 각종 부속장치의 누설상태를 점검할 것
③ 압력방출장치는 매 7년마다 정기적으로 작동시험을 할 것
④ 노 내의 환기 및 통풍장치를 점검할 것

해 압력방출장치는 매년마다 정기적으로 작동시험을 할 것

답 ③

111 ☆☆

다음 중 산업안전보건법령상 보일러 및 압력용기에 관한 사항으로 틀린 것은?

① 공정안전보고서 제출대상으로서 이행상태 평가 결과가 우수한 사업장의 경우 보일러의 압력방출장치에 대하여 8년에 1회 이상으로 설정압력에서 압력방출장치가 적정하게 작동하는 지를 검사할 수 있다.

② 보일러의 안전한 가동을 위하여 보일러 규격에 맞는 압력방출장치를 1개 또는 2개 이상 설치하고 최고사용압력 이하에서 작동되도록 하여야 한다.

③ 보일러의 과열을 방지하기 위하여 최고사용압력과 상용 압력 사이에서 보일러의 버너 연소를 차단할 수 있도록 압력제한 스위치를 부착하여 사용하여야 한다.

④ 압력용기에서는 이를 식별할 수 있도록 하기 위하여 그 압력 용기의 최고사용압력, 제조연월일, 제조회사명이 지워지지 않도록 각인(刻印) 표시된 것을 사용하여야 한다.

해 공정안전보고서 제출 대상으로서 고용노동부장관이 실시하는 공정안전보고서 이행상태 평가결과가 우수한 사업장은 압력방출장치에 대하여 4년마다 1회 이상 설정압력에서 압력방출장치가 적정하게 작동하는지를 검사할 수 있다.

답 ①

112 ☆

산업안전보건기준에 관한 규칙에 따라 연삭기(研削機) 또는 평삭기(平削機)의 테이블, 형삭기(形削) 램 등의 행정끝이 근로자에게 위험을 미칠 우려가 있는 경우 위험방지를 위해 해당 부위에 설치하여야 하는 것은?

① 안전망 ② 급정지장치
③ 방호판 ④ 덮개 또는 울

해 사업주는 연삭기(研削機) 또는 평삭기(平削機)의 테이블, 형삭기(形削機) 램 등의 행정 끝이 근로자에게 위험을 미칠 우려가 있는 경우에 해당 부위에 덮개 또는 울 등을 설치하여야 한다.

답 ④

113 ☆

산업안전보건법령상 형삭기(slotter, shaper)의 주요 구조부로 가장 거리가 먼 것은? (단, 수치제어식은 제외)

① 공구대 ② 공작물 테이블
③ 램 ④ 아버

해 아버: 밀링기 구조부
형삭기 주요 구조부는 다음 각 목과 같다.
1. 공작물 테이블
2. 공구대
3. 공구공급장치(수치제어식으로 한정한다)
4. 램

답 ④

114 ☆

산업안전보건법에 따라 선반 등으로부터 돌출하여 회전하고 있는 가공물을 작업할 때 설치하여야 할 방호조치로 가장 적합한 것은?

① 안전난간　② 울 또는 덮개
③ 방진장치　④ 건널다리

해 사업주는 선반 등으로부터 돌출하여 회전하고 있는 가공물이 근로자에게 위험을 미칠 우려가 있는 경우에 덮개 또는 울 등을 설치하여야 한다.

답 ②

115 ☆☆☆

다음 중 셰이퍼(shaper)의 안전장치로 볼 수 없는 것은?

① 울타리　② 칩받이　③ 칸막이　④ 잠금장치

해 셰이퍼(형삭기) 방호장치
울타리/칩받이/칸막이

답 ④

116 ☆

다음 중 세이퍼와 플레이너(planer)의 방호장치가 아닌 것은?

① 방책　② 칩받이　③ 칸막이　④ 칩브레이커

해 칩 브레이커: 선반 방호장치

답 ④

117 ☆

셰이퍼(shaper) 작업에서 위험요인과 가장 거리가 먼 것은?

① 가공칩(chip) 비산
② 바이트(bite)의 이탈
③ 램(ram) 말단부 충돌
④ 척 - 핸들(chuck - handle) 이탈

해 척 – 핸들은 선반 작업과 관련있다.

답 ④

118 ☆

다음 중 세이퍼의 작업 시 안전수칙으로 틀린 것은?

① 바이트를 짧게 고정한다.
② 공작물을 견고하게 고정한다.
③ 가드, 방책, 칩받이 등을 설치한다.
④ 운전자가 바이트의 운동방향에 선다.

해 운전자가 바이트의 운동방향에 서지 않는다.

답 ④

119 ☆

연삭용 숫돌의 3요소가 아닌 것은?

① 조직　② 입자　③ 결합제　④ 기공

해 숫돌 3요소: 숫돌입자/기공/결합제

답 ①

120 ☆

다음 중 선반에서 작용하는 칩브레이커(chip breaker) 종류에 속하지 않는 것은?

① 연삭형 ② 클램프형
③ 쐐기형 ④ 자동조정식

해 칩 브레이커 종류
연삭형/클램프형/자동조정식

답 ③

121 ☆

다음 중 플레이너(planer)작업 시 안전수칙으로 틀린 것은?

① 바이트(bite)는 되도록 길게 나오도록 설치한다.
② 테이블 위에는 기계 작동 중에 절대로 올라가지 않는다.
③ 플레이너의 프레임 중앙부에 있는 비트(bit)에 덮개를 씌운다.
④ 테이블의 이동범위를 나타내는 방호울을 세워 놓아 재해를 예방한다.

해 바이트는 되도록 짧게 나오도록 설치한다.

답 ①

122 ☆☆

플레이너 작업 시의 안전대책이 아닌 것은?

① 베드 위에 다른 물건을 올려놓지 않는다.
② 바이트는 되도록 짧게 나오도록 설치한다
③ 프레임 내의 피트(pit)에는 뚜껑을 설치한다.
④ 칩 브레이커를 사용해 칩이 길게 되도록 한다.

해 칩 브레이커는 선반에서만 사용하며 칩을 짧게 끊어주는 장치이다.

답 ④

123 ☆☆☆☆☆☆

연삭기에서 숫돌의 바깥지름이 150mm일 경우 평형플랜지 지름은 몇mm 이상이여야 하는가?

① 30 ② 50 ③ 60 ④ 90

해 평형플랜지 지름은 숫돌 직경의 1/3 이상이어야 됨.
→ 150/3 = 50mm

답 ②

124 ☆

연삭작업에서 숫돌의 파괴원인으로 가장 적절하지 않은 것은?

① 숫돌의 회전속도가 너무 빠를 때
② 연삭작업 시 숫돌의 정면을 사용할 때
③ 숫돌에 큰 충격을 줬을 때
④ 숫돌 회전중심이 제대로 잡히지 않았을 때

해

연삭숫돌 파괴원인
• 숫돌의 회전속도가 너무 빠를 때 • 숫돌에 큰 충격을 줬을 때 • 플랜지가 현저히 작을 때 • 내 · 외면의 플랜지 지름이 다를 때 • 연삭작업 시 숫돌의 측면을 사용할 때 • 숫돌 회전중심이 제대로 잡히지 않았을때 • 회전력이 결합력보다 클 때

답 ②

125 ☆☆

연삭숫돌의 파괴원인이 아닌 것은?

① 외부의 충격을 받았을 때
② 플랜지가 현저히 작을 때
③ 회전력이 결합력보다 클 때
④ 내 · 외면의 플랜지 지름이 동일할 때

해 윗 해설 참조

답 ④

126 ☆

다음 중 연삭기의 방호대책으로 적절하지 않은 것은?

① 탁상용 연삭기의 덮개에는 워크레스트 및 조정편을 구비하여야 하며, 워크레스트는 연삭숫돌과의 간격을 3mm 이하로 조정할 수 있는 구조이어야 한다.
② 연삭기 덮개의 재료는 인장강도의 값(단위 : MPa)에 신장도(단위 : %)의 20배를 더한 값이 754.5 이상이어야 한다.
③ 연삭숫돌을 교체한 후에는 3분 이상 시운전을 한다.
④ 연삭숫돌의 회전속도시험은 제조 후 규정 속도의 0.5배로 안전시험을 한다.

해 연삭숫돌의 회전속도시험은 제조 후 규정 속도의 1.5배로 안전시험을 한다.

답 ④

127 ☆

다음 중 산업안전보건법령상 연삭숫돌을 사용하는 작업의 안전수칙으로 틀린 것은?

① 연삭숫돌을 사용하는 경우 작업시작 전과 연삭숫돌을 교체한 후에는 1분 정도 시운전을 통해 이상 유무를 확인한다.
② 회전 중인 연삭숫돌이 근로자에 위험을 미칠 우려가 있는 경우에 그 부위에 덮개를 설치하여야 한다.
③ 연삭숫돌의 최고 사용회전속도를 초과하여 사용하여서는 안 된다.
④ 측면을 사용하는 목적으로 하는 연삭숫돌 이외에는 측면을 사용해서는 안 된다.

해

연삭숫돌을 사용하는 작업의 안전수칙
• 회전 중인 연삭숫돌(지름이 5센티미터 이상인 것으로 한정한다)이 근로자에게 위험을 미칠 우려가 있는 경우에 그 부위에 덮개를 설치하여야 한다. • 작업을 시작하기 전에는 1분 이상, 연삭숫돌을 교체한 후에는 3분 이상 시험운전을 하고 해당 기계에 이상이 있는지를 확인하여야 한다. • 사용하는 연삭숫돌은 작업시작 전에 결함이 있는지를 확인한 후 사용하여야 한다. • 연삭숫돌의 최고 사용회전속도를 초과하여 사용하도록 해서는 아니 된다. • 측면을 사용하는 것을 목적으로 하지 않는 연삭숫돌을 사용하는 경우 측면을 사용하도록 해서는 아니 된다. • 숫돌 측면에 서서 숫돌원주면을 사용한다. • 연삭작업 시 클램핑 장치를 사용하여 공작물을 확실히 고정할 것 • 연삭숫돌을 설치하거나 교체한 후에 전선과 압축공기 호스를 설치할 것

답 ①

128 ☆

연삭기의 연삭숫돌을 교체했을 경우 시운전은 최소 몇 분 이상 실시해야 하는가?

① 1분 ② 3분 ③ 5분 ④ 7분

해 윗 해설 참조

답 ②

129 ☆

다음 중 연삭기 작업 시 안전사항의 유의사항으로 옳지 않은 것은?

① 연삭숫돌을 교체할 때에는 1분 이내로 시운전하고 이상 여부를 확인한다.
② 연삭숫돌의 최고사용 원주속도를 초과해서 사용하지 않는다.
③ 탁상용연삭기에는 작업받침대와 조정편을 설치한다.
④ 연삭숫돌 상부를 사용하는 것을 목적으로 하는 탁상용 연삭기 덮개 각도는 60이상으로 한다.

해 윗 해설 참조

답 ①

130 ☆

휴대형 연삭기 사용 시 안전사항에 대한 설명으로 가장 적절하지 않은 것은?

① 안 맞는 장갑이나 옷은 착용하지 말 것
② 긴 머리는 묶고 모자 착용하고 작업할 것
③ 연삭숫돌을 설치하거나 교체하기 전에 전선과 압축공기 호스를 설치할 것
④ 연삭작업 시 클램핑 장치를 사용하여 공작물을 확실히 고정할 것

해 연삭숫돌을 설치하거나 교체한 후에 전선과 압축공기 호스를 설치할 것

답 ③

131 ☆

연삭기의 안전작업수칙에 대한 설명 중 가장 거리가 먼 것은?

① 숫돌의 정면에 서서 숫돌 원주면을 사용한다.
② 숫돌 교체 시 3분 이상 시운전을 한다.
③ 숫돌의 회전은 최고 사용 원주속도를 초과하여 사용하지 않는다.
④ 연삭숫돌에 충격을 가하지 않는다.

해 윗 해설 참조

답 ①

132 ☆

산업안전보건법령상 연삭기 작업 시 작업자가 안심하고 작업을 할 수 있는 상태는?

① 탁상용 연삭기에서 숫돌과 작업 받침대의 간격이 5mm이다.
② 덮개 재료의 인장강도는 224MPa이다.
③ 숫돌 교체 후 2분 정도 시험운전을 실시하여 해당 기계의 이상 여부를 확인하였다.
④ 작업 시작 전 1분 정도 시험운전을 실시하여 해당 기계의 이상여부를 확인하였다.

해 ①: 탁상용 연삭기의 덮개에는 워크레스트 및 조정편을 구비하여야 하며, 워크레스트는 연삭숫돌과의 간격을 3밀리미터 이하로 조정할 수 있는 구조이어야 한다.
②: 덮개 재료는 인장강도 274.5메가파스칼(MPa) 이상이고 신장도가 14퍼센트 이상이어야 하며, 인장강도의 값(단위: MPa)에 신장도(단위: %)의 20배를 더한 값이 754.5 이상이어야 한다.
③: 작업을 시작하기 전에는 1분 이상, 연삭숫돌을 교체한 후에는 3분 이상 시험운전을 하고 해당 기계에 이상이 있는지를 확인하여야 한다.

답 ④

133 ☆

산업안전보건법령상 탁상용 연삭기의 덮개에는 작업 받침대와 연삭숫돌과의 간격을 몇 mm 이하로 조정할 수 있어야 하는가?

① 3　② 4　③ 5　④ 10

해 탁상용 연삭기의 덮개에는 워크레스트 및 조정편을 구비하여야 하며, 워크레스트는 연삭숫돌과의 간격을 3밀리미터 이하로 조정할 수 있는 구조이어야 한다.

답 ①

134 ☆

지름 5cm 이상을 갖는 회전 중인 연삭숫돌의 파괴에 대비하여 필요한 방호장치는?

① 받침대 ② 과부하 방지장치
③ 덮개 ④ 프레임

해 윗 해설 참조

답 ③

135 ☆

회전 중인 연삭숫돌이 근로자에게 위험을 미칠 우려가 있을 시 덮개를 설치하여야 할 연삭숫돌의 최소 지름은?

① 지름이 5cm 이상인 것
② 지름이 10cm 이상인 것
③ 지름이 15cm 이상인 것
④ 지름이 20cm 이상인 것

해 윗 해설 참조

답 ①

136 ☆

연삭숫돌 교환 시 연삭숫돌을 끼우기 전에 숫돌의 파손이나 균열의 생성 여부를 확인해 보기 위한 검사방법이 아닌 것은?

① 음향검사 ② 회전검사
③ 균형검사 ④ 진동검사

해 회전검사: 숫돌 끼우고 가동시켜 정상여부 판단하는 검사

답 ②

137 ☆☆

연삭숫돌의 상부를 사용하는 것을 목적으로 하는 탁상용 연삭기에서 안전덮개의 노출부위 각도는 몇도 이내이어야 하는가?

① 90° 이내 ② 75° 이내
③ 60° 이내 ④ 105° 이내

해 연삭기 덮개 노출각도

구분	각도
일반 연삭작업 등에 사용하는 것을 목적으로 하는 탁상용 연삭기의 숫돌 노출각도	125도 이내
연삭숫돌의 상부를 사용하는 것을 목적으로 하는 탁상용 연삭기의 숫돌 노출각도	60도 이내
원통연삭기, 센터리스연삭기, 공구연삭기, 만능연삭기, 그 밖에 이와 비슷한 연삭기의 숫돌 노출각도	180도 이내
휴대용 연삭기, 스윙연삭기, 스라브연삭기, 그 밖에 이와 비슷한 연삭기의 숫돌 노출각도	180도 이내
평면연삭기, 절단연삭기, 그 밖에 이와 비슷한 연삭기 숫돌 노출각도	150도 이내

답 ③

138 ☆

다음 그림과 같은 연삭기 덮개의 용도로 가장 적절한 것은?

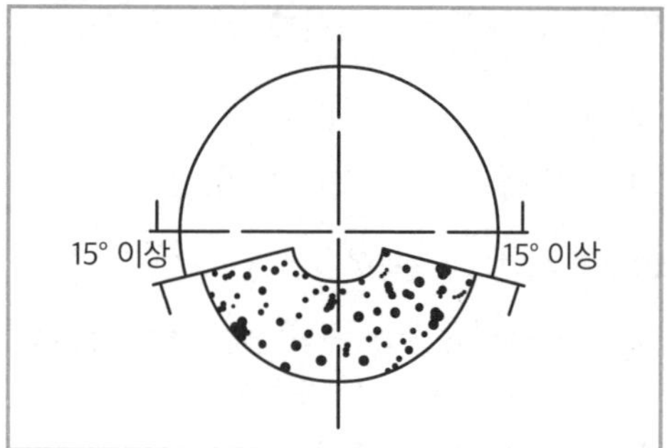

① 원통연삭기, 센터리스연삭기
② 휴대용 연삭기, 스윙연삭기
③ 공구연삭기, 만능연삭기
④ 평면연삭기, 절단연삭기

해

평면연삭기, 절단연삭기, 그 밖에 이와 비슷한 연삭기 숫돌 노출각도	150도 이내

답 ④

139 ☆

연삭기 덮개의 개구부 각도가 150° 이하여야 하는 연삭기의 종류로 옳은 것은?

① 센터리스 연삭기　② 탁상용 연삭기
③ 내면 연삭기　④ 평면 연삭기

해 윗 해설 참조

답 ④

140 ☆☆

휴대용 연삭기 덮개의 개방부 각도는 몇 도(°) 이내여야 하는가?

① 60°　② 90°　③ 125°　④ 180°

해 윗 해설 참조

답 ④

141 ☆☆

보일러 과열의 원인이 아닌 것은?

① 수관과 본체의 청소 불량
② 관수 부족 시 보일러의 가동
③ 드럼 내의 물의 감소
④ 수격작용이 발생될 때

해 보일러 과열 원인
- 수관 및 본체의 청소 불량
- 관수가 부족할 때 보일러 가동
- 수면계 고장으로 인한 드럼 내의 물의 감소

답 ④

142 ☆☆

보일러 발생증기의 이상 현상이 아닌 것은?

① 역화(Back fire)
② 프라이밍(Priming)
③ 포밍(Forming)
④ 캐리오버(Carry over)

해 보일러 발생증기 이상현상

프라이밍	보일러 부하의 급변, 수위의 과상승 등에 의해 수분이 증기와 분리되지 않아 보일러 수면이 심하게 솟아올라 올바른 수위를 판단하지 못하는 현상
포밍	보일러 속 용해 고형물, 부유물 농도가 높아지면 드럼 수면에 안정한 거품이 발생하고, 또한 거품이 증가해 드럼 기실 전체에 확대되어 수위를 판단하지 못하는 현상
캐리오버	보일러 수중에 용해 고형분이나 수분이 발생, 증기 중에 다량 함유되어 증기의 순도를 저하시킴으로써 관 내 응축수가 생겨 워터햄머의 원인이 되는 현상
워터해머(수격작용)	고여 있던 응축수가 밸브를 급격히 개폐 시에 고온 고압의 증기에 이끌려 배관을 강하게 타격하는 현상

역화: 버너에서 화염이 역행하는 현상

답 ①

143 ☆

보일러 부하의 급변, 수위의 과상승 등에 의해 수분이 증기와 분리되지 않아 보일러 수면이 심하게 솟아올라 올바른 수위를 판단하지 못하는 현상은?

① 프라이밍 ② 모세관 ③ 워터해머 ④ 역화

해 윗 해설 참조

답 ①

144 ☆

다음 설명은 보일러의 장해 원인 중 어느 것에 해당되는가?

> 보일러 수중에 용해 고형분이나 수분이 발생, 증기 중에 다량 함유되어 증기의 순도를 저하시킴으로써 관 내 응축수가 생겨 워터해머의 원인이 되고 증기과열기나 터빈 등의 고장 원인이 된다.

① 프라이밍(priming)
② 포밍(forming)
③ 캐리오버(carry over)
④ 역화(back fire)

해 윗 해설 참조

답 ③

145 ☆

보일러 발생증기가 불안정하게 되는 현상이 아닌 것은?

① 캐리오버(carry over)
② 포밍(forming)
③ 절탄기(economizer)
④ 프라이밍(priming)

해 **절탄기**: 보일러 굴뚝에서 버려지는 여열을 이용해서 보일러에 공급되는 급수를 예열
윗 해설 참조

답 ③

146 ☆

보일러에서 프라이밍(Priming)과 포밍(Foaming)의 발생 원인으로 가장 거리가 먼 것은?

① 역화가 발생되었을 경우
② 기계적 결함이 있을 경우
③ 보일러가 과부하로 사용될 경우
④ 보일러 수에 불순물이 많이 포함되었을 경우

해 역화는 버너에서 발생하는 현상이다.

답 ①

147 ☆

다음 중 유체의 흐름에 있어 수격작용(water hammering)과 가장 관계가 적은 것은?

① 과열 ② 밸브의 개폐
③ 압력파 ④ 관내의 유동

해 수격작용은 밸브 급개폐, 압력파, 관내 유동에 의해 발생한다.

답 ①

148 ☆

목재가공용 둥근톱에서 안전을 위해 요구되는 구조로 옳지 않은 것은?

① 톱날은 어떤 경우에도 외부에 노출되지 않고 덮개가 덮여 있어야 한다.
② 작업 중 근로자의 부주의에도 신체의 일부가 날에 접촉할 염려가 없도록 설계되어야 한다.
③ 덮개 및 지지부는 경량이면서 충분한 강도를 가져야 하며, 외부에서 힘을 가했을 때 쉽게 회전될 수 있는 구조로 설계되어야 한다.
④ 덮개의 가동부는 원활하게 상하로 움직일 수 있고 좌우로 움직일 수 없는 구조로 설계되어야 한다.

해 덮개 및 지지부는 경량이면서 충분한 강도를 가져야 하며, 외부에서 힘을 가했을 때 쉽게 회전될 수 없는 구조로 설계되어야 한다.

답 ③

149 ☆

다음 중 목재 가공용 둥근톱에서 반발방지를 방호하기 위한 분할날의 설치조건이 아닌 것은?

① 톱날과의 간격은 12mm 이내
② 톱날 후면날의 2/3 이상 방호
③ 분할날 두께는 둥근톱 두께의 1.1배 이상
④ 덮개 하단과 가공재 상면과의 간격은 15mm 이내로 조정

해

반발예방장치(분할날) 설치조건
• 톱날과의 간격은 12mm 이내 • 분할날과 톱날 원주면과의 간격은 최대 12mm 이내가 되도록 설치한다. • 톱날 후면날의 2/3 이상 방호 • 분할날 두께는 둥근 톱 두께의 1.1배 이상이고, 치진폭보다는 작아야된다. • 덮개 하단과 가공재 상면과의 간격은 8mm 이내로 조정

답 ④

150 ☆

동력식 수동대패에서 손이 끼지 않도록 하기 위해서 덮개 하단과 가공재를 송급하는 측의 테이블 면과의 틈새는 최대 몇 mm 이하로 조절해야 하는가?

① 8mm 이하 ② 10mm 이하
③ 12mm 이하 ④ 15mm 이하

해 덮개 하단과 가공재 상면과의 간격은 8mm 이내로 조정
윗 해설 참조

답 ①

151 ☆☆

산업안전보건법령상 목재가공용 둥근톱 작업에서 분할날과 톱날 원주면과의 간격은 최대 얼마 이내가 되도록 조정하는가?

① 10mm ② 12mm ③ 14mm ④ 16mm

해 윗 해설 참조

답 ②

152 ☆

목재가공용 둥근톱 기계에서 가동식 접촉예방장치에 대한 요건으로 옳지 않은 것은?

① 덮개의 하단이 송급되는 가공재의 상면에 항상 접하는 방식의 것이고 절단작업을 하고 있지 않을 때에는 톱날에 접촉되는것을 방지할 수 있어야 한다.
② 절단작업 중 가공재의 절단에 필요한 날 이외의 부분을 항상 자동적으로 덮을 수 있는 구조여야 한다.
③ 지지부는 덮개의 위치를 조정할 수 있고 체결볼트에는 이완방지조치를 해야 한다.
④ 톱날이 보이지 않게 완전히 가려진 구조이어야 한다.

해 가동식 접촉예방장치는 작업에 현저한 지장을 초래하지 않도록 톱날을 볼 수 있는 구조이어야 한다.

답 ④

153 ☆

그림과 같이 목재가공용 둥근톱 기계에서 분할날(t2) 두께가 4mm일 때 톱날 두께 및 톱날 진폭과의 관계로 옳은 것은?

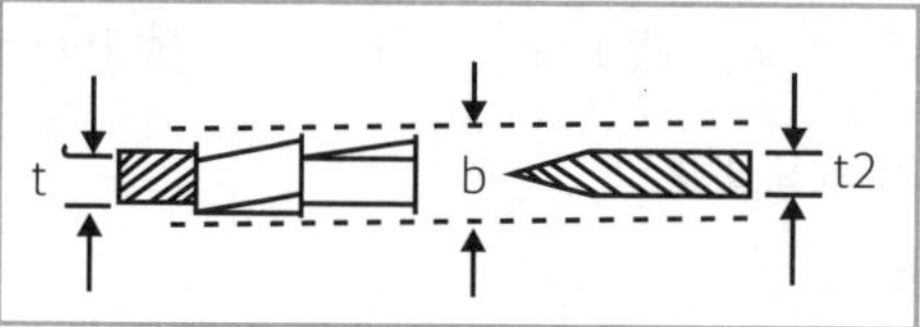

① b > 4.0mm, t ≤ 3.6mm

② b > 4.0mm, t ≤ 4.0mm

③ b < 4.0mm, t ≤ 4.4mm

④ b > 4.0mm, t ≥ 3.6mm

해 분할날 두께는 둥근 톱 두께의 1.1배 이상이고, 치진폭(b)보다는 작아야 된다.
1.1 • 톱두께 ≦ 분할날두께 < 치진폭
→ b(치진폭) > 4.0mm
1.1 • t(톱두께) ≦ 4 → t(톱두께) ≦ 3.6

답 ①

154 ☆

두께 2mm이고 치진폭이 2.5mm인 목재가공용 둥근톱에서 반발예방장치 분할날의 두께(t)로 적절한 것은?

① 2.2mm ≦ t < 2.5mm

② 2.0mm ≦ t < 3.5mm

③ 1.5mm ≦ t < 2.5mm

④ 2.5mm ≦ t < 3.5mm

해 분할날 두께는 둥근 톱 두께의 1.1배 이상이고, 치진폭(b)보다는 작아야 된다.
1.1 • 톱두께 ≦ 분할날두께 < 치진폭
→ 1.1 • 2 ≦ 분할날두께 < 2.5
2.2mm ≦ 분할날두께 < 2.5mm

답 ①

155 ☆

다음 목재가공용 기계에 사용되는 방호장치의 연결이 옳지 않은 것은?

① 둥근톱기계: 톱날접촉예방장치

② 띠톱기계: 날접촉예방장치

③ 모떼기기계: 날접촉예방장치

④ 동력식 수동대패기계: 반발예방장치

해 사업주는 작업대상물이 수동으로 공급되는 동력식 수동대패기계에 날접촉예방장치를 설치하여야 한다.

답 ④

156 ☆

둥근톱기계의 방호장치 중 반발예방장치의 종류로 틀린 것은?

① 분할날 ② 반발방지기구(finger)

③ 보조 안내판 ④ 안전덮개

해 반발예방장치 종류
분할날/반발방지기구(finger)/보조안내판

답 ④

157 ☆

선반작업 시 사용되는 방진구는 일반적으로 공작물의 길이가 직경의 몇 배 이상일 때 사용하는가?

① 4배 이상 ② 6배 이상
③ 8배 이상 ④ 12배 이상

해

선반 작업 시 안전수칙
• 방진구는 일반적으로 공작물의 길이가 직경의 12배 이상일 때 사용 • 작동 중지 후 주유 및 청소 • 칩 제거는 브러쉬를 사용 • 운전 중 백기어 사용금지 • 작업 중 절삭칩이 눈에 들어가지 않도록 보안경을 착용한다. • 상의의 옷자락은 안으로 넣고, 작업을 준비한다. • 공작물 세팅에 필요한 공구는 세팅이 끝난 후 바로 제거한다. • 공작물은 전원스위치를 끄고 바이트를 충분히 멀리 위치시킨 후 고정한다. • 선반의 바이트는 되도록 짧게 물린다. • 선반의 베드 위에는 공구를 올려놓지 않는다. • 칩 브레이커는 바이트에 직접 설치한다. • 작업 전에 치수 측정한다.

답 ④

158 ☆

원통의 내면을 선반으로 절삭 시 안전상 주의할 점으로 옳은 것은?

① 공작물이 회전 중에 치수를 측정한다.
② 절삭유가 튀므로 면장갑을 착용한다.
③ 절삭바이트는 공구대에서 길게 나오도록 설치한다.
④ 보안경을 착용하고 작업한다.

해 ①: 작업 전에 치수 측정한다.
②: 면장갑 착용 금지한다.
③: 선반의 바이트는 되도록 짧게 물린다.

답 ④

159 ☆

다음 중 선반의 안전장치 및 작업 시 주의사항으로 잘못된 것은?

① 선반의 바이트는 되도록 짧게 물린다.
② 방진구는 공작물의 길이가 지름의 5배 이상 일때 사용한다.
③ 선반의 베드 위에는 공구를 올려놓지 않는다.
④ 칩 브레이커는 바이트에 직접 설치한다.

해 방진구는 일반적으로 공작물의 길이가 직경의 12배 이상일 때 사용
윗 해설 참조

답 ②

160 ☆

선반 작업 시 안전수칙으로 가장 적절하지 않은 것은?

① 기계에 주유 및 청소 시 반드시 기계를 정지시키고 한다.
② 칩 제거 시 브러시를 사용한다.
③ 바이트에는 칩 브레이커를 설치한다.
④ 선반의 바이트는 끝을 길게 장치한다.

해 선반의 바이트는 되도록 짧게 물린다.
윗 해설 참조

답 ④

161 ☆☆

선반작업의 안전수칙으로 가장 거리가 먼 것은?

① 기계에 주유 및 청소를 할 때에는 저속회전에서 한다.
② 일반적으로 가공물의 길이가 지름의 12배 이상일 때는 방진구를 사용하여 선반작업을 한다.
③ 바이트는 가급적 짧게 설치한다.
④ 면장갑을 사용하지 않는다.

해 ①: 작동 중지 후 주유 및 청소
윗 해설 참조

답 ①

162 ☆☆

다음 중 선반 작업 시 지켜야 할 안전수칙으로 거리가 먼 것은?

① 작업 중 절삭 칩이 눈에 들어가지 않도록 보안경을 착용한다.
② 공작물 세팅에 필요한 공구는 세팅이 끝난 후 바로 제거한다.
③ 상의의 옷자락은 안으로 넣고, 끈을 이용하여 소맷자락을 묶어 작업을 준비한다.
④ 공작물은 전원스위치를 끄고 바이트를 충분히 멀리 위치시킨 후 고정한다.

해 상의의 옷자락은 안으로 넣고, 작업을 준비한다.
윗 해설 참조

답 ③

163 ☆

범용 수동 선반의 방호조치에 관한 설명으로 옳지 않은 것은?

① 척 가드의 폭은 공작물의 가공작업에 방해가 되지 않는 범위 내에서 척 전체 길이를 방호할 수 있을 것
② 척 가드의 개방 시 스핀들의 작동이 정지되도록 연동회로를 구성할 것
③ 전면 칩 가드의 폭은 새들 폭 이하로 설치할 것
④ 전면 칩 가드는 심압대가 베드 끝단부에 위치하고 있고 공작물 고정 장치에서 심압대까지 가드를 연장시킬 수 없는 경우에는 부착위치를 조정할 수 있을 것

해 가드의 폭은 새들 폭 이상으로 설치할 것

답 ③

164 ☆

다음 중 기계설비 정비 · 청소 · 급유 · 검사 · 수리 등의 작업 시 근로자가 위험해질 우려가 있는 경우 필요한 조치와 거리가 먼 것은?

① 근로자의 위험방지를 위하여 해당 기계를 정지시킨다.
② 작업지휘자를 배치하여 갑작스러운 기계 가동에 대비한다.
③ 기계 내부에 압출된 기체나 액체가 불시에 방출될 수 있는 경우에는 사전에 방출 조치를 실시한다.
④ 기계 운전을 정지한 경우에는 기동장치에 잠금장치를 하고 다른 작업자가 그 기계를 임의 조작할 수 있도록 열쇠를 찾기 쉬운 곳에 보관한다.

해 사업주는 기계의 운전을 정지한 경우에 다른 사람이 그 기계를 운전하는 것을 방지하기 위하여 기계의 기동장치에 잠금장치를 하고 그 열쇠를 별도 관리하거나 표지판을 설치하는 등 필요한 방호 조치를 하여야 한다.

답 ④

165 ☆☆

다음 중 드릴 작업의 안전수칙으로 가장 적합한 것은?

① 손을 보호하기 위하여 장갑을 착용한다.
② 작은 일감은 양손으로 견고히 잡고 작업한다.
③ 정확한 작업을 위해 구멍에 손을 넣어 확인한다.
④ 작업시작 전 척 렌치(chuck wrench)를 반드시 제거하고 작업한다.

해

드릴 작업의 안전수칙
• 손을 보호하기 위하여 장갑 미착용한다. • 작은 일감은 바이스를 이용해 작업한다. • 구멍에 손을 넣어 확인하면 안된다. • 작업시작 전 척 렌치(chuck wrench)를 반드시 제거하고 작업한다. • 옷소매가 길거나 찢어진 옷은 입지 않는다. • 회전하는 드릴에 걸레 등을 가까이 하지 않는다. • 스핀들에서 드릴을 뽑아낼 때에는 드릴 아래에 손을 내밀지 않는다. • 재료의 회전 정지 지그를 갖춘다. • 스위치 등을 이용한 자동 급유장치를 구성한다. • 드릴이나 리머를 고정시키거나 제거하고자 할 때 고무망치 등을 사용하여 확실히 고정 또는 제거한다.

답 ④

166 ☆☆

다음 중 드릴 작업의 안전사항이 아닌 것은?

① 옷소매 길거나 찢어진 옷은 입지 않는다.
② 작고, 길이가 긴 물건은 플라이어로 잡고 뚫는다.
③ 회전하는 드릴에 걸레 등을 가까이 하지 않는다.
④ 스핀들에서 드릴을 뽑아낼 때에는 드릴 아래에 손을 내밀지 않는다.

해 작은 일감은 바이스를 이용해 작업한다.
윗 해설 참조

답 ②

167 ☆

다음 중 드릴 작업 시 작업안전수칙으로 적절하지 않은 것은?

① 재료의 회전 정지 지그를 갖춘다.
② 드릴링 잭에 렌치를 끼우고 작업한다.
③ 옷소매가 긴 작업복은 착용하지 않는다.
④ 스위치 등을 이용한 자동 급유장치를 구성한다.

해 작업시작 전 척 렌치(chuck wrench)를 반드시 제거하고 작업한다.
윗 해설 참조

답 ②

168 ☆☆☆

다음 중 휴대용 동력 드릴 작업 시 안전사항에 관한 설명으로 틀린 것은?

① 드릴의 손잡이를 견고하게 잡고 작업하여 드릴 손잡이 부위가 회전하지 않고 확실하게 제어 가능하도록 한다.
② 절삭하기 위하여 구멍에 드릴 날을 넣거나 뺄 때 반발에 의하여 손잡이 부분이 튀거나 회전하여 위험을 초래하지 않도록 팔을 드릴과 직선으로 유지한다.
③ 드릴이나 리머를 고정시키거나 제거하고자 할 때 금속성 망치 등을 사용하여 확실히 고정 또는 제거한다.
④ 드릴을 구멍에 맞추거나 스핀들의 속도를 낮추기 위해서 드릴날을 손으로 잡아서는 안 된다.

해 드릴이나 리머를 고정시키거나 제거하고자 할 때 고무망치 등을 사용하여 확실히 고정 또는 제거한다.
윗 해설 참조

답 ③

169 ☆☆

일반적으로 장갑을 착용해야 하는 작업은?

① 드릴작업 ② 밀링작업
③ 선반작업 ④ 전기용접작업

해 회전체가 있는 곳(드릴작업/밀링작업/선반작업)에서는 장갑 미착용한다.

답 ④

170 ☆

다음 중 선반에서 사용하는 바이트와 관련된 방호장치는?

① 심압대 ② 터릿 ③ 칩브레이커 ④ 주축대

해

심압대	공작물의 일단을 지지하기 위하여 사용되는 선반의 구성 부품
칩 브레이커	선반 바이트에 설치되어 칩 짧게 끊어 주는 것
주축대	전동기동력을 받아 회전하는 주축과 가공물 고성하는 척으로 구성되는 것
터릿	선반 회전공구대

답 ③

171 ☆☆

선반작업 시 발생하는 칩(chip)으로 인한 재해를 예방하기 위하여 칩을 짧게 끊어지게 하는 것은?

① 방진구 ② 브레이크 ③ 칩 브레이커 ④ 덮개

해

방진구	길이 긴 공작물 고정 설비
브레이크	선반 이용 시 비상 상황을 대비한 정지 장치
칩 브레이커	발생하는 칩(chip)으로 인한 재해를 예방하기 위하여 칩을 짧게 끊어지게 하는 것
덮개	가공물이 날라감을 대비한 근로자의 안전을 위한 장치

답 ③

172 ☆☆☆

다음 중 선반의 방호장치로 가장 거리가 먼 것은?

① 쉴드(Shield) ② 슬라이딩
③ 척 커버 ④ 칩 브레이커

해 선반 방호장치
실드/칩브레이커/척 커버/덮개/급정지 브레이크

답 ②

173 ☆

다음 중 가공재료의 칩이나 절삭유 등이 비산되어 나오는 위험으로부터 보호하기 위한 선반의 방호장치는?

① 바이트 ② 권과방지장치
③ 압력제한스위치 ④ 쉴드(shield)

해 쉴드에 대한 설명이다.

답 ④

174 ☆

다음 중 프레스 작업에서 제품을 꺼낼 경우 파쇄 철을 제거하기 위하여 사용하는데 가장 적합한 것은?

① 걸레 ② 칩 브레이커
③ 스토퍼 ④ 압축공기

해 보안경을 착용하고 압축공기를 불어 이물질을 제거한다.

답 ④

175 ☆☆

프레스 작업 중 부주의로 프레스의 페달을 밟는 것에 대비하여 페달에 설치하는 것을 무엇이라 하는가?

① 클램프 ② 로크너트
③ 커버 ④ 스프링 와셔

해

클램프	물건을 조아서 움직이지 못하도록 고정 시키는 모든 도구
로크너트	너트가 헐거워지는 것을 방지하기 위하여 2중으로, 사용하는 것 중 아래쪽의 너트
커버	프레스의 페달을 밟는 것에 대비하여 페달에 설치하는 것
스프링 와셔	와셔 볼트의 너트가 진동 등으로 인해 이완되는 것을 방지하기 위하여 너트의 안쪽에 사용하는 것

답 ③

176 ☆

다음 중 프레스 작업에서 금형 안에 손을 넣을 필요가 없도록 한 장치가 아닌 것은?

① 롤 피더 ② 스트리퍼
③ 다이얼 피더 ④ 이젝터

해 금형의 사이에 손을 넣을 필요가 없게 한다.
1. 재료 또는 제품을 자동적으로 또는 위험 한계를 벗어난 장소에서 송급한다.
   - 1차 가공용 송급장치: 롤피더(Roll feeder)
   - 2차 가공용 송급장치: 슈트, 푸셔피더(Pusher feeder), 다이얼피더(Dialfeeder), 트랜스퍼피더(Transfer feeder) 등
   - 슬라이딩 다이(Sliding die, 하형 자신을 안내로 송급하는 형식)
2. 제품 및 스크랩이 금형에 부착되는 것을 방지하기 위해 스프링 플런저(Spring plunger), 볼 플런저, 키커 핀(Kicker pin) 등을 설치한다.
3. 제품 및 스크랩은 자동적으로 또는 위험 한계 밖으로 배출하기 위해 공기분사장치, 키커, 이젝터 등을 설치한다.

답 ②

177 ☆

프레스 작업에서 제품 및 스크랩을 자동적으로 위험한계 밖으로 배출하기 위한 장치로 볼 수 없는 것은?

① 피더 ② 키커 ③ 이젝터 ④ 공기분사장치

해 피더: 재료 송급장치
윗 해설 참조

답 ①

178 ☆

다음 중 재료이송방법의 자동화에 있어 송급 배출장치가 아닌 것은?

① 다이얼피더 ② 슈트
③ 에어분사장치 ④ 푸셔피더

해 윗 해설 참조

답 ③

179 ☆

프레스 작업에서 재해예방을 위한 재료의 자동송급 또는 자동배출장치가 아닌 것은?

① 롤피더 ② 그리퍼피더
③ 플라이어 ④ 셔블 이젝터

해 플라이어는 수공구에 해당
윗 해설 참조

답 ③

180 ☆

프레스의 종류에서 슬라이드 운동기구에 의한 분류에 해당하지 않는 것은?

① 액압 프레스 ② 크랭크 프레스
③ 너클 프레스 ④ 마찰 프레스

해 프레스 종류

슬라이드 운동기구에 의한 분류	캠/크랭크/너클/마찰/나사 프레스
동력 종류에 의한 분류	기계식/액압식/공압식 프레스

답 ①

181 ☆

동력 프레스의 종류에 해당하지 않는 것은?

① 크랭크 프레스 ② 푸트(풋) 프레스
③ 토글 프레스 ④ 액압 프레스

해 프레스 종류

인력 프레스	풋 프레스
동력 프레스	크랭크/토글/액압/캠/마찰 프레스

답 ②

182 ☆

방호장치를 분류할 때는 크게 위험장소에 대한 방호장치와 위험원에 대한 방호장치로 구분할 수 있는데, 다음 중 위험장소에 대한 방호장치가 아닌 것은?

① 격리형 방호장치
② 접근거부형 방호장치
③ 접근반응형 방호장치
④ 포집형 방호장치

해 방호장치 분류

위험원에 대한 방호장치	포집형
위험장소에 대한 방호장치	감지형/격리형/접근거부형/접근반응형/위치제한형

답 ④

183 ☆☆☆

프레스기의 방호장치 중 위치제한형 방호장치에 해당되는 것은?

① 수인식 방호장치
② 광전자식 방호장치
③ 손쳐내기식 방호장치
④ 양수조작식 방호장치

해 프레스 방호장치

격리형	기계 설비 외부에 벽이나 망, 덮개 설치하는 것
위치 제한형	신체부위가 위험한계 밖에 위치하도록 기계의 조작 장치를 위험구역에서 일정 거리 이상 떨어지게 하는 방호장치(양수조작식)
접근 반응형	위험점 접근 시 센서에 의해 작동 중지되는 방호장치(광전자식)
접근 거부형	작업자의 신체부위가 위험한계 내로 접근하였을 때 기계적인 작용에 의하여 접근을 못하도록 하는 방호장치(손쳐내기식/수인식)
감지형	이상온도, 이상기압, 과부하 등 기계의 부하가 안전 한계치를 초과하는 경우에 이를 감지하고 자동으로 안전상태가 되도록 조정하거나 기계의 작동을 중지시키는 방호장치

포집형: 위험원이 비산하거나 튀는 것을 방지하는 방호장치(반발예방장치)

답 ④

184 ☆

다음 중 목재가공기계의 반발예방장치와 같이 위험장소에 설치하여 위험원이 비산하거나 튀는 것을 방지하는 등 작업자로부터 위험원을 차단하는 방호장치는?

① 포집형 방호장치
② 감지형 방호장치
③ 위치제한형 방호장치
④ 접근반응형 방호장치

해 윗 해설 참조

답 ①

185 ☆

조작자의 신체부위가 위험한계 밖에 위치하도록 기계의 조작장치를 위험구역에서 일정거리 이상 떨어지게 하는 방호장치를 무엇이라 하는가?

① 덮개형 방호장치
② 접근반응형 방호장치
③ 차단형 방호장치
④ 위치제한형 방호장치

해 윗 해설 참조

답 ④

186 ☆

작업자의 신체부위가 위험한계 내로 접근하였을 때 기계적인 작용에 의하여 접근을 못하도록 하는 방호장치는?

① 위치제한형 방호장치
② 접근거부형 방호장치
③ 접근반응형 방호장치
④ 감지형 방호장치

해 윗 해설 참조

답 ②

187 ☆

이상온도, 이상기압, 과부하 등 기계의 부하가 안전 한계치를 초과하는 경우에 이를 감지하고 자동으로 안전상태가 되도록 조정하거나 기계의 작동을 중지시키는 방호장치는?

① 감지형 방호장치
② 접근거부형 방호장치
③ 위치제한형 방호장치
④ 접근반응형 방호장치

해 윗 해설 참조

답 ①

188 ☆☆

다음 중 프레스 또는 전단기 방호장치의 종류와 분류기호가 올바르게 연결된 것은?

① 가드식 : C ② 손쳐내기식 : B
③ 광전자식 : D-1 ④ 양수조작식 : A-1

해

프레스, 전단기 방호장치 종류	분류 기호
광전자식	A-1
	A-2
양수조작식	B-1
	B-2
가드식	C
손쳐내기식	D
수인식	E

답 ①

189 ☆☆

슬라이드가 내려옴에 따라 손을 쳐내는 막대가 좌우로 왕복하면서 위험한계에 있는 손을 보호하는 프레스 방호장치는?

① 수인식 ② 게이트 가드식
③ 반발예방장치 ④ 손쳐내기식

해 반발예방장치: 목재가공용 둥근톱기계 방호 장치

프레스 방호장치

수인식	• 슬라이드와 작업자 손을 끈으로 연결하여 슬라이드 하강 시 작업자 손을 당겨 위험영역에서 빼낼 수 있도록 한 방호장치 • 마찰 클러치가 부착된 프레스에 부적합 • 수인끈 재료는 합성섬유로 지름이 4mm 이상이어야 한다. • 수인끈은 작업자와 작업공정에 따라 그 길이를 조정할 수 있어야 한다. • **행정수**: 100spm 이하 • **행정길이**: 50㎜ 이상 • 접근거부형
손쳐내기식	• 슬라이드가 내려옴에 따라 손을 쳐내는 막대가 좌우로 왕복하면서 위험한계에 있는 손을 보호하는 프레스 방호장치 • 방호판 폭이 금형 폭의 1/2 이상이어야 한다. • 슬라이드 하행정거리의 3/4 위치에서 손을 완전히 밀어내야 한다. • **행정수**: 100spm 이하 • **행정길이**: 40㎜ 이상
양수조작식	• 1행정마다 누름버튼에서 양손을 떼지 않으면 다음 작업의 동작을 할 수 없는 구조이어야 한다. • 누름버튼의 상호 간 내측거리는 300㎜ 이상으로 한다. • **행정수**: 60spm 이하
가드식	• 가드가 열려 있는 상태에서는 기계의 위험부분이 동작되지 않고 기계가 위험한 상태일 때에는 가드를 열 수 없도록 한 방호장치
광전자식(감응형)	• 연속 운전작업에 사용할 수 있다. • 정상동작표시램프는 녹색, 위험표시램프는 적색으로 하며, 쉽게 근로자가 볼 수 있는 곳에 설치해야 한다. • 핀클러치구조 프레스에 사용할 수 없다. • 기계적 고장에 의한 2차 낙하에는 효과가 없다. • 시계를 차단하지 않기 때문에 작업에 지장을 주지 않는다.

답 ④

190 ☆

슬라이드 행정수가 100SPM 이하이거나, 행정길이가 50mm 이상의 프레스에 설치해야 하는 방호장치 방식은?

① 양수조작식 ② 수인식
③ 가드식 ④ 광전자식

해 윗 해설 참조

답 ②

191 ☆

다음 중 프레스의 손쳐내기식 방호장치 설치 기준으로 틀린 것은?

① 방호판 폭이 금형 폭의 1/2 이상이어야 한다.
② 슬라이드 행정수가 150spm 이상의 것에 사용한다.
③ 슬라이드의 행정길이가 40mm 이상의 것에 사용한다.
④ 슬라이드 하행정거리의 3/4 위치에서 손을 완전히 밀어내야 한다.

해 행정수: 100spm 이하
윗 해설 참조

답 ②

192 ☆

다음은 프레스기에 사용되는 수인식 방호장치에 관한 (   ) 안에 ⓐ, ⓑ 에 들어갈 내용으로 알맞은 것은?

> 수인식 방호장치는 일반적으로 행정수가 (ⓐ)이고, 행정길이는 (ⓑ)의 프레스에 사용이 가능한데, 이러한 제한은 행정수 경우 손이 충격적으로 끌리는 것을 방지하기 위해서이며, 행정길이는 손이 안전한 위치까지 충분히 끌리도록 하기 위해서다.

① ⓐ: 100SPM 이하, ⓑ: 50mm 이상
② ⓐ: 100SPM 이하, ⓑ: 40mm 이상
③ ⓐ: 150SPM 이하, ⓑ: 30mm 미만
④ ⓐ: 120SPM 이상, ⓑ: 40mm 미만

해 윗 해설 참조

답 ①

193 ☆

마찰 클러치가 부착된 프레스에 부적합한 방호장치는? (단, 방호장치는 한 가지 형식만 사용할 경우로 한정한다.)

① 양수조작식 ② 광전자식
③ 가드식 ④ 수인식

해 수인식: 핀클러치 프레스 사용
윗 해설 참조

답 ④

194 ☆☆☆☆☆

프레스기에 설치하는 방호장치에 관한 사항으로 틀린 것은?

① 수인식 방호장치의 수인끈 재료는 합성섬유로 직경이 4mm 이상이어야 한다.
② 양수조작식 방호장치는 1행정마다 누름버튼에서 양손을 떼지 않으면 다음 작업의 동작을 할 수 없는 구조이어야 한다.
③ 광전자식 방호장치는 정상동작표시램프는 적색, 위험표시램프는 녹색으로 하며, 쉽게 근로자가 볼 수 있는 곳에 설치해야 한다.
④ 손쳐내기식 방호장치는 슬라이드 하행정거리의 3/4위치에서 손을 완전히 밀어내야 한다.

해 광전자식 방호장치는 정상동작표시램프는 녹색, 위험표시램프는 적색으로 하며, 쉽게 근로자가 볼 수 있는 곳에 설치해야 한다.

답 ③

195 ☆

방호장치 안전인증 고시에 따라 프레스 및 전단기에 사용되는 광전자식 방호장치의 일반구조에 대한 설명으로 가장 적절하지 않은 것은?

① 정상동작표시램프는 녹색, 위험표시램프는 붉은색으로 하며, 근로자가 쉽게 볼 수 있는 곳에 설치해야 한다.
② 슬라이드 하강 중 정전 또는 방호장치의 이상 시에 정지할 수 있는 구조이어야 한다.
③ 방호장치는 릴레이, 리미트 스위치 등의 전기부품의 고장, 전원전압의 변동 및 정전에 의해 슬라이드가 불시에 동작하지 않아야 하며, 사용전원전압의 ±(100분의 10)의 변동에 대하여 정상으로 작동되어야 한다.
④ 방호장치의 감지기능은 규정한 검출영역 전체에 걸쳐 유효하여야 한다.(다만, 블랭킹 기능이 있는 경우 그렇지 않다.)

해 방호장치는 릴레이, 리미트 스위치 등의 전기부품의 고장, 전원전압의 변동 및 정전에 의해 슬라이드가 불시에 동작하지 않아야 하며, 사용전원전압의 ±(100분의 20)의 변동에 대하여 정상으로 작동되어야 한다.

답 ③

196 ☆☆

프레스의 방호장치 중 광전자식 방호장치에 관한 설명으로 틀린 것은?

① 연속 운전작업에 사용할 수 있다.
② 핀클러치구조 프레스에 사용할 수 있다.
③ 기계적 고장에 의한 2차 낙하에는 효과가 없다.
④ 시계를 차단하지 않기 때문에 작업에 지장을 주지 않는다.

해 핀클리치는 기계프레스에 사용된다. 광전자식은 기계프레스가 아니다.

답 ②

197 ☆

프레스 방호장치 중 수인식 방호장치의 일반 구조에 대한 사항으로 틀린 것은?

① 수인끈 재료는 합성섬유로 지름이 4mm 이상이어야 한다.
② 수인끈 길이는 작업자에 따라 임의로 조정할 수 없도록 해야 한다.
③ 수인끈 안내통은 끈의 마모와 손상을 방지할 수 있는 조치를 해야 한다.
④ 손목밴드(wrist band) 재료는 유연한 내유성 피혁 또는 이와 동등한 재료를 사용해야 한다.

해 수인끈은 작업자와 작업공정에 따라 그 길이를 조정할 수 있어야 한다.

답 ②

198 ☆☆☆

다음 중 프레스기에 사용되는 방호장치에 있어 원칙적으로 급정지 기구가 부착되어야만 사용할 수 있는 방식은?

① 양수조작식　② 손쳐내기식
③ 가드식　④ 수인식

해

급정지기구 부착되어야 하는 장치	양수조작식/감응형(광전자식)
급정지기구 부착되어 있지 않아도 되는 장치	양수기동식/가드식/수인식/손쳐내기식

답 ①

199 ☆

프레스 및 전단기에 사용되는 손쳐내기식 방호장치의 성능기준에 대한 설명 중 옳지 않은 것은?

① 진동각도·진폭시험 : 행정길이가 최소일 때 진동각도는 60°~90°이다.
② 진동각도·진폭시험 : 행정길이가 최대일 때 진동각도는 30°~60°이다.
③ 완충시험 : 손쳐내기봉에 의한 과도한 충격이 없어야 한다.
④ 무부하 동작시험 : 1회의 오동작도 없어야 한다.

해

손쳐내기식 방호장치의 성능기준	
진동각도·진폭시험	행정길이 **최소일 때** : 60~90° 진동각도 **최대일 때** : 45~90° 진동각도
완충시험	손쳐내기봉에 의한 과도한 충격이 없어야 한다.
무부하 동작시험	1회의 오동작도 없어야 한다.

답 ②

200 ☆☆

다음 중 동력프레스기 중 hand in die 방식의 프레스기에서 사용하는 방호대책에 해당하는 것은?

① 가드식 방호장치
② 전용프레스의 도입
③ 자동프레스의 도입
④ 안전울을 부착한 프레스

해 프레스 작업점에 대한 방호대책

No hand in die 방식	안전금형 부착 프레스/방호울/전용프레스/자동프레스
Hand in die 방식	양수조작식/가드식/손쳐내기식/수인식/광전자식 방호장치

답 ①

201 ☆☆

다음 중 프레스기계의 위험을 방지하기 위한 본질적 안전(no – hand in die 방식)이 아닌 것은?

① 안전금형 사용
② 수인식방호장치 사용
③ 전용프레스 사용
④ 금형에 안전 울 설치

해 윗 해설 참조

답 ②

202 ☆☆

프레스 양수조작식 방호장치에서 누름버튼 상호간 최소 내측거리로 옳은 것은?

① 200mm 이상 ② 250mm 이상
③ 300mm 이상 ④ 400mm 이상

해 누름버튼의 상호 간 내측거리는 300mm 이상으로 한다.

답 ③

203 ☆☆

금형의 안전화에 관한 설명으로 틀린 것은?

① 금형을 설치하는 프레스의 T홈 안길이는 설치 볼트 직경의 2배 이상으로 한다.
② 맞춤 핀을 사용할 때에는 헐거움 끼워맞춤으로 하고, 이를 하형에 사용할 때에는 낙하방지 대책을 세워둔다.
③ 금형의 사이에 신체 일부가 들어가지 않도록 이동 스트리퍼와 다이 간격은 8mm 이하로 한다.
④ 대형 금형에서 생크가 헐거워짐이 예상될 경우 생크만으로 상형을 슬라이드에 설치하는 것을 피하고 볼트 등을 사용하여 조인다.

해 맞춤 핀을 사용할 때에는 억지끼워맞춤으로 한다. 상형에 사용할 때에는 낙하방지의 대책을 세워둔다.

답 ②

204 ☆

그림과 같은 프레스의 punch와 금형의 die에서 손가락이 punch와 die 사이에 들어가지 않도록 할 때 D의 거리로 가장 적절한 것은?

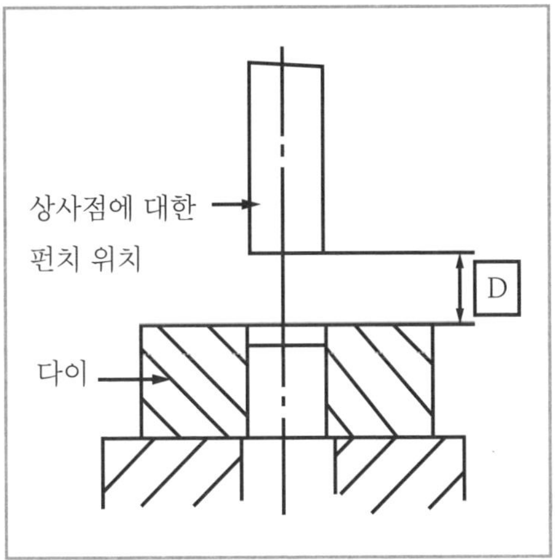

① 8mm 이하 ② 10mm 이상
③ 15mm 이하 ④ 15mm 초과

해 상사점 위치에 있어서 펀치와 다이, 이동 스트리퍼와 다이, 펀치와 스트리퍼 사이 및 고정 스트리퍼와 다이 등의 간격이 8mm 이하이면 울은 불필요하다.

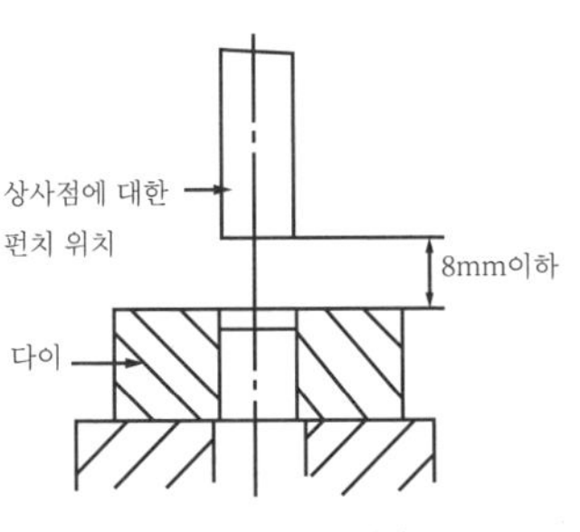

a) 상사점에 대한 펀치하면과 다이면이 8 mm 이하

답 ①

205 ☆☆☆

금형의 설치, 해체, 운반 시 안전사항에 관한 설명으로 틀린 것은?

① 운반을 위하여 관통 아이볼트가 사용될 때는 구멍 틈새가 최소화되도록 한다.
② 금형을 설치하는 프레스의 T홈 안길이는 설치 볼트 지름의 1/2배 이하로 한다.
③ 고정볼트는 고정 후 가능하면 나사산이 3~4개 정도 짧게 남겨 설치 또는 해체 시 슬라이드 면과의 사이에 협착이 발생하지 않도록 해야한다.
④ 운반 시 상부금형과 하부금형이 닿을 위험이 있을 때는 고정 패드를 이용한 스트랩, 금속재질이나 우레탄 고무의 블록 등을 사용한다.

해 금형을 설치하는 프레스의 T홈 안길이는 설치 볼트 지름의 2배 이상으로 한다.

답 ②

206 ☆

다음 중 금형의 설치 및 조정 시 안전수칙으로 가장 적절하지 않은 것은?

① 금형을 부착하기 전에 상사점을 확인하고 설치한다.
② 금형 체결 시에는 적합한 공구 사용한다.
③ 금형의 체결 시에는 안전블록을 설치하고 실시한다.
④ 금형의 설치 및 조정은 전원을 끄고 실시한다.

해 금형을 부착하기 전에 하사점을 확인하고 설치한다.

답 ①

207 ☆☆

프레스기에 금형 설치 및 조정 작업 시 준수하여야 할 안전수칙으로 틀린 것은?

① 금형을 부착하기 전에 하사점 확인한다.
② 금형의 체결은 올바른 치공구를 사용하고 균등하게 체결한다.
③ 금형은 하형부터 잡고 무거운 금형의 받침은 인력으로 하지 않는다.
④ 슬라이드의 불시하강을 방지하기 위하여 안전블록을 제거한다.

해 슬라이드의 불시하강을 방지하기 위하여 안전블록을 설치한다.

답 ④

208 ☆

가공기계에 쓰이는 주된 풀 푸르프(Fool Proof)에서 가드(Guard)의 형식으로 틀린 것은?

① 인터록 가드(Interlock Guard)
② 안내 가드(Guide Guard)
③ 조절 가드(Adjustable Guard)
④ 고정 가드(Fixed Guard)

해 가드 풀프루프 종류

고정 가드	개구부에 공구 넣어도 손이 위험영역에 접근하지 않음
조절 가드	형상, 크기를 가공물과 공구에 맞게 조절
경고 가드	손이 위험영역에 접근하기 전 경고
인터록 가드	기계가 작동하는 중에 개폐 시 기계가 정지

답 ②

209 ☆☆

다음 중 프레스 방호장치에서 게이트 가드식 방호장치의 종류를 작동방식에 따라 분류할 때 가장 거리가 먼 것은?

① 경사식 ② 하강식
③ 도립식 ④ 횡 슬라이드 식

해 게이트 가드식 방호장치는 작동방식에 따라 하강식, 상승식, 횡슬라이드식, 도립식 등으로 분류한다.

답 ①

210 ☆

사출성형기에서 동력작동 시 금형고정장치의 안전사항에 대한 설명으로 옳지 않은 것은?

① 금형 또는 부품의 낙하를 방지하기 위해 기계적 억제장치를 추가하거나 자체 고정장치(self retain clamping unit) 등을 설치해야 한다.
② 자석식 금형 고정장치는 상·하(좌·우) 금형의 정확한 위치가 자동적으로 모니터(monitor)되어야 한다.
③ 상·하(좌·우)의 두 금형 중 어느 하나가 위치를 이탈하는 경우 플레이트를 작동시켜야 한다.
④ 전자석 금형 고정장치를 사용하는 경우에는 전자기파에 의한 영향을 받지 않도록 전자파 내성대책을 고려해야 한다.

해 ③: 자석식 금형 고정장치는 상하(좌우)금형의 정확한 위치가 자동적으로 모니터(monitor)되어야 하며, 두 금형 중 어느 하나가 위치를 이탈하는 경우 플레이트를 더 이상 움직이지 않아야 한다.

답 ③

211 ☆☆

다음 중 프레스를 제외한 사출성형기(射出成形機), 주형 조형기(鑄型造形機) 및 형단조기 등에 관한 안전조치 사항으로 틀린 것은?

① 근로자의 신체 일부가 말려 들어갈 우려가 있는 경우에는 양수조작식 방호장치를 설치하여 사용한다.
② 게이트가드식 방호장치를 설치할 경우에는 인터록(연동)장치를 사용하여 문을 닫지 않으면 동작되지 않는 구조로 한다.
③ 연 1회 이상 자체검사를 실시하고, 이상 발견 시에는 그것에 상응하는 조치를 이행하여야 한다.
④ 기계의 히터 등의 가열부위, 감전우려가 있는 부위에는 방호덮개를 설치하여 사용한다.

해 작업 시작 전마다 자체검사를 실시하고, 이상 발견 시에는 그것에 상응하는 조치를 이행하여야 한다.

답 ③

212 ☆

프레스 금형의 파손에 의한 위험방지 방법이 아닌 것은?

① 금형에 사용하는 스프링은 반드시 인장형으로 할 것
② 작업 중 진동 및 충격에 의해 볼트 및 너트의 헐거워짐이 없도록 할 것
③ 금형의 하중 중심은 원칙적으로 프레스 기계의 하중 중심과 일치하도록 할 것
④ 캠, 기타 충격이 반복해서 가해지는 부분에는 완충장치를 설치할 것

해 금형에 사용하는 스프링은 압축형으로 한다.

답 ①

213 ☆☆☆☆

프레스 금형 부착, 수리 작업 등의 경우 슬라이드의 낙하를 방지하기 위하여 설치하는 것은?

① 슈트 ② 키록 ③ 안전블럭 ④ 스트리퍼

해 사업주는 프레스등의 금형을 부착 · 해체 또는 조정하는 작업을 할 때에 해당 작업에 종사하는 근로자의 신체가 위험한계 내에 있는 경우 슬라이드가 갑자기 작동함으로써 근로자에게 발생할 우려가 있는 위험을 방지하기 위하여 안전블록을 사용하는 등 필요한 조치를 하여야 한다.

답 ③

214 ☆☆

산업안전보건법령상 프레스 및 전단기에서 안전 블록을 사용해야 하는 작업으로 가장 거리가 먼 것은?

① 금형 가공작업 ② 금형 해체작업
③ 금형 부착작업 ④ 금형 조정작업

해 사업주는 프레스등의 금형을 부착 · 해체 또는 조정하는 작업을 할 때에 해당 작업에 종사하는 근로자의 신체가 위험한계 내에 있는 경우 슬라이드가 갑자기 작동함으로써 근로자에게 발생할 우려가 있는 위험을 방지하기 위하여 안전블록을 사용하는 등 필요한 조치를 하여야 한다.

답 ①

215 ☆

다음 중 진동 방지용 재료로 사용되는 공기스프링의 특징으로 틀린 것은?

① 공기량에 따라 스프링 상수의 조절이 가능하다.
② 측면에 대한 강성이 강하다.
③ 공기의 압축성에 의해 감쇠 특성이 크므로 미소 진동의 흡수도 가능하다.
④ 공기탱크 및 압축기 등의 설치로 구조가 복잡하고, 제작비가 비싸다.

해 측면에 대한 강성이 없다.

답 ②

216 ☆

기계 진동에 의하여 물체에 힘이 가해질 때 전하를 발생하거나 전하가 가해질 때 진동 등을 발생시키는 물질의 특성을 무엇이라고 하는가?

① 압자 ② 압전효과 ③ 스트레인 ④ 양극현상

해

압자	경도계로 시험편 표면 압인해 오목한 자국 내는 것
압전효과	기계 진동에 의하여 물체에 힘이 가해질 때 전하를 발생하거나 전하가 가해질 때 진동 등을 발생시키는 물질의 특성
스트레인	Strain, 외력 작용 시 물체 저항력에 의해 변형 생기는 정도
양극현상	염의 전기분해 시 전해가 진행됨에 따라 양극 전위가 급상승하는 현상

답 ②

217 ☆

회전축이나 베어링 등이 마모 등으로 변형되거나 회전의 불균형에 의하여 발생하는 진동을 무엇이라고 하는가?

① 단속진동 ② 정상진동
③ 충격진동 ④ 우연진동

해

단속진동	진동이 생기다 안 생기다하는 진동
정상진동	마모 등으로 변형되거나 회전의 불균형에 의하여 발생하는 진동, 일반적 진동
충격진동	일정 간격 없이 발생하는 진동, 비정상 진동

답 ②

218 ☆☆

진동에 의한 1차 설비진단법 중 정상, 비정상, 악화의 정도를 판단하기 위한 방법에 해당하지 않는 것은?

① 상호 판단 ② 비교 판단
③ 절대 판단 ④ 평균 판단

해 진동에 의한 설비진단법

상호판단	같은 종류, 사양의 설비 중에서 다른 것보다도 진동이 높을 때를 이상으로 하는 판단방법
절대판단	진동치를 미리 결정된 기준과 비교해서 설비 상태를 판단하는 방법
비교판단	설비 구입 시나 수리를 해서 정상으로 판단될 때의 진동과 비교하여 현재상태가 몇 배가 되는가를 조사해서 판단하는 방법

답 ④

219 ☆

드릴작업 시 너트 또는 볼트머리와 접촉하는 면을 고르게 하기 위하여 깎는 작업을 무엇이라 하는가?

① 보링(boring)
② 리밍(reaming)
③ 스폿 페이싱(spot facing)
④ 카운터 싱킹(counter sinking)

해

보링	구멍 크기 넓히는 작업
리밍	구멍 내면 다듬는 작업
스폿 페이싱	드릴작업 시 너트 또는 볼트머리와 접촉하는 면을 고르게 하기 위하여 깎는 작업
카운터 싱킹	접시머리 나사 머리 부분이 묻히도록 원뿔자리 만드는 작업

답 ③

220 ☆

연삭숫돌의 기공 부분이 너무 작거나, 연질의 금속을 연마할 때에 숫돌표면의 공극이 연삭칩에 막혀서 연삭이 잘 행하여지지 않는 현상을 무엇이라 하는가?

① 자생현상 ② 드레싱 현상
③ 그레이징 현상 ④ 눈메꿈 현상

해

자생 현상	연삭 시 마모 입자 탈락하고 새 입자가 반복적으로 나오는 현상
드레싱 현상	눈메움 현상, 절삭성 회복시키는 작업
그레이징 현상	숫돌 입자가 일감 품질 저하시키는 현상
눈메꿈 현상	숫돌 표면의 공극이 연삭 칩에 막혀서 연삭이 잘 되지않는 현상

답 ④

221 ☆☆

다음 중 용접 결함의 종류에 해당하지 않는 것은?

① 비드(bead)
② 기공(blow hole)
③ 언더컷(under cut)
④ 용입 부족(incomplt penetration)

해 **비드**: 용접봉에서 녹아내려 모재에 붙은 용접물
용접 결함 종류

언더컷	모재 및 용접부의 일부가 녹아서 홈 또는 오목한 부분이 생기는 용접부 결함
기공	용접 금속 안에 공기가 생긴 채 굳은 상태
용입 부족	본래 완전히 용입되야 하는 용접부에 용입되지 않은 부분이 있는 것
융합 불량	용접봉과 모재, 용접부 사이가 제대로 용융되지 않아 용접 금속이 흘러 들어간 상태
오버랩	용접봉 운행이 불량하거나 용접봉 용융 온도가 모재보다 낮을 때 과잉 용착금속이 남아있는 부분

답 ①

222 ☆

일반적으로 전류가 과대하고, 용접속도가 너무 빠르며, 아크를 짧게 유지하기 어려운 경우 모재 및 용접부의 일부가 녹아서 홈 또는 오목한 부분이 생기는 용접부 결함은?

① 잔류응력 ② 융합불량 ③ 기공 ④ 언더컷

해 **잔류응력**: 외력 가하지 않은 상태에서 재료 내 존재하는 응력
윗 해설 참조

답 ④

223 ☆

산업용 로봇은 크게 입력정보교시에 의한 분류와 동작형태에 의한 분류로 나눌 수 있다. 다음 중 입력정보교시에 의한 분류에 해당되는 것은?

① 관절 로봇
② 극좌표 로봇
③ 원통좌표 로봇
④ 수치제어 로봇

해 산업용 로봇 종류

입력정보교시에 의한 분류	시퀀스/플레이백/수치제어/매니퓰레이터 로봇
동작 형태에 의한 분류	관절/극좌표/원통좌표/데스크탑 로봇

답 ④

224 ☆☆☆

다음 중 산업용 로봇에 의한 작업 시 안전조치 사항으로 적절하지 않은 것은?

① 로봇이 운전으로 인해 근로자가 로봇에 부딪칠 위험이 있을 때에는 1.8m 이상의 울타리를 설치하여야 한다.
② 작업을 하고 있는 동안 로봇의 기동스위치 등은 작업에 종사하고 있는 근로자가 아닌 사람이 그 스위치 등을 조작할 수 없도록 필요한 조치를 한다.
③ 로봇의 조작방법 및 순서, 작업 중의 매니퓰레이터의 속도 등에 관한 지침에 따라 작업을 하여야 한다.
④ 작업에 종사하는 근로자가 이상을 발견하면, 관리 감독자에게 우선 보고하고, 지시에 따라 로봇의 운전을 정지시킨다.

해 작업에 종사하고 있는 근로자 또는 그 근로자를 감시하는 사람은 이상을 발견하면 즉시 로봇의 운전을 정지시키기 위한 조치할 것

답 ④

225 ☆☆

산업안전보건법령에 따라 산업용 로봇의 작동범위에서 교시 등의 작업을 하는 경우에 로봇에 의한 위험을 방지하기 위한 조치사항으로 틀린 것은?

① 2명 이상의 근로자에게 작업을 시킬 경우의 신호방법을 정한다.
② 작업 중의 매니플레이터 속도에 관한 지침을 정하고 그 지침에 따라 작업한다.
③ 작업을 하는 동안 다른 작업자가 작동시킬 수 없도록 기동스위치에 작업 중 표시를 한다.
④ 작업에 종사하고 있는 근로자가 이상을 발견하면 즉시 안전담당자에게 보고하고 계속해서 로봇을 운전한다.

해 작업에 종사하고 있는 근로자 또는 그 근로자를 감시하는 사람은 이상을 발견하면 즉시 로봇의 운전을 정지시키기 위한 조치할 것

답 ④

226 ☆

다음 중 산업용 로봇의 운전 시 근로자 위험을 방지하기 위한 필요 조치로서 가장 적합한 것은?

① 미숙련자에 의한 로봇 조정은 6시간 이내에만 허용한다.
② 근로자가 로봇에 부딪칠 위험이 있을 때에는 안전매트 및 높이 1.8m 이상의 울타리를 설치한다.
③ 조작 중 이상 발견 시 로봇을 정지시키지 말고 신속하게 관계 기관에 통보한다.
④ 급유는 작업의 연속성과 오동작 방지를 위하여 운전 중에만 실시하여야 한다.

해 ①: 미숙련자에 의한 로봇 조정은 4시간 이내에만 허용한다.
③: 조작 중 이상 발견 시 로봇 정지시킨다.
④: 급유 시에 로봇을 정지시킨 후 실시한다.

답 ②

227 ☆

다음 중 산업용 로봇작업을 수행할 때의 안전조치사항과 가장 거리가 먼 것은?

① 자동운전 중에는 안전방책의 출입구에 안전플러그를 사용한 인터록이 작동하여야 한다.
② 액추에이터의 잔압 제거 시에는 사전에 안전블록 등으로 강하방지를 한 후 잔압을 제거한다.
③ 로봇의 교시작업을 수행할 때에는 매니퓰레이터의 속도를 빠르게 한다.
④ 작업개시 전에 외부전선의 피복손상, 비상정지장치를 반드시 검사한다.

해 운전 상태를 교시 상태로 전환했을 경우에 매니퓰레이터의 작동속도가 자동적으로 감소할 것

답 ③

228 ☆☆☆☆☆

산업안전보건법령상 산업용 로봇으로 인하여 근로자에게 발생할 수 있는 부상 등의 위험이 있는 경우 위험을 방지하기 위하여 울타리를 설치할 때 높이는 최소 몇 m 이상으로 해야하는가? (단, 산업표준화법 및 국제적으로 통용되는 안전기준은 제외한다.)

① 1.8 ② 2.1 ③ 2.4 ④ 1.2

해 사업주는 로봇의 운전으로 인하여 근로자에게 발생할 수 있는 부상 등의 위험을 방지하기 위하여 높이 1.8미터 이상의 울타리를 설치해야 하며, 컨베이어 시스템의 설치 등으로 울타리를 설치할 수 없는 일부 구간에 대해서는 안전매트 또는 광전자식 방호장치 등 감응형 방호장치를 설치해야 한다.

답 ①

229 ☆☆

산업용 로봇에 사용되는 안전 매트의 종류 및 일반구조에 관한 설명으로 틀린 것은?

① 단선 경보장치가 부착되어 있어야 한다.
② 감응시간을 조절하는 장치가 부착되어 있어야 한다.
③ 감응도 조절장치가 있는 경우 봉인되어 있어야 한다.
④ 안전매트의 종류는 연결사용 가능 여부에 따라 단일 감지기와 복합 감지기가 있다.

해 감응시간을 조절하는 장치는 부착되어 있지 않아야 한다.

답 ②

230 ☆

산업안전보건법령상 로봇에 설치되는 제어장치의 조건에 적합하지 않은 것은?

① 누름버튼은 오작동 방지를 위한 가드를 설치하는 등 불시기동을 방지할 수 있는 구조로 제작 · 설치되어야 한다.
② 로봇에는 외부 보호장치와 연결하기 위해 하나 이상의 보호정지회로를 구비해야 한다.
③ 전원공급램프, 자동운전, 결함검출 등 작동제어의 상태를 확인할 수 있는 표시장치를 설치해야 한다.
④ 조작버튼 및 선택스위치 등 제어장치에는 해당 기능을 명확하게 구분할 수 있도록 표시해야 한다.

해 ②: 보호정지의 조건
로봇에 설치되는 제어장치는 다음 각 목의 요건에 적합하도록 설계·제작되어야 한다.
가. 누름버튼은 오작동 방지를 위한 가드를 설치하는 등 불시기동을 방지할 수 있는 구조로 제작·설치되어야 한다.
나. 전원공급램프, 자동운전, 결함검출 등 작동제어의 상태를 확인할 수 있는 표시장치를 설치해야 한다.
다. 조작버튼 및 선택스위치 등 제어장치에는 해당 기능을 명확하게 구분할 수 있도록 표시해야 한다.

답 ②

231 ☆☆

다음 중 아세틸렌 용접 시 역류를 방지하기 위하여 설치하여야 하는 것은?

① 안전기 ② 청정기 ③ 발생기 ④ 유량기

해 안전기는 아세틸렌 용접 시 역류 방지를 위해 설치한다.

답 ①

232 ☆

아세틸렌용접장치 및 가스집합 용접장치에서 가스의 역류 및 역화를 방지하기 위한 안전기의 형식에 속하는 것은?

① 주수식 ② 침지식 ③ 투입식 ④ 수봉식

해 안전기 형식: 수봉식과 건식(역화방지기)

답 ④

233 ☆

아세틸렌 및 가스집합 용접장치의 저압용 수봉식 안전기의 유효수주는 최소 몇mm 이상을 유지해야 하는가?

① 15 ② 20 ③ 25 ④ 30

해 저압용: 25mm 이상 고압용: 50mm 이상

답 ③

234 ☆

가스집합 용접장치에는 가스의 역류 및 역화를 방지할 수 있는 안전기를 설치하여야 하는데 다음 중 저압용 수봉식 안전기가 갖추어야 할 요건으로 옳은 것은?

① 수봉 배기관을 갖추어야 한다.

② 도입관은 수봉식으로 하고, 유효수주는 20mm 미만이어야 한다.

③ 수봉 배기관은 안전기 압력을 2.5kg/cm^2에 도달하기 전에 배기시킬 수 있는 능력을 갖추어야 한다.

④ 파열판은 안전기 내의 압력이 50kg/cm^2에 도달하기 전에 파열되어야 한다.

해 ②: 도입관은 수봉식으로 하고, 유효수주는 25mm 이상이어야 한다.
③: 수봉 배기관은 안전기의 압력을 0.07kg/ cm^2에 도달하기 전에 배기시킬 수 있는 능력을 갖추어야 한다.
④: 파열판 파열압력은 최고운전압력의 1.1 ~ 2배의 압력으로 설정한다.

답 ①

235 ☆

다음은 산업안전보건기준에 관한 규칙상 아세틸렌 용접장치에 관한 설명이다. (   )안에 공통으로 들어갈 내용으로 옳은 것은?

> 1. 사업주는 아세틸렌 용접장치의 취관마다 (   )를 설치하여야 한다.
> 2. 사업주는 가스용기가 발생기와 분리되어 있는 아세틸렌 용접장치에 대하여 발생기와 가스용기 사이에 (   )를 설치하여야 한다.

① 분기장치　② 자동발생 확인장치
③ 안전기　④ 유수 분리장치

해 1. 사업주는 아세틸렌 용접장치의 취관마다 안전기를 설치하여야 한다. 다만, 주관 및 취관에 가장 가까운 분기관(分岐管)마다 안전기를 부착한 경우에는 그러하지 아니하다.
2. 사업주는 가스용기가 발생기와 분리되어 있는 아세틸렌 용접장치에 대하여 발생기와 가스용기 사이에 안전기를 설치하여야 한다.

답 ③

236 ☆

용접장치에서 안전기의 설치 기준에 관한 설명으로 옳지 않은 것은?

① 아세틸렌 용접장치에 대하여는 일반적으로 각 취관마다 안전기를 설치해야 한다.
② 아세틸렌 용접장치의 안전기는 가스용기와 발생기가 분리되어 있는 경우 발생기와 가스용기 사이에 설치한다.
③ 가스집합 용접장치에서는 주관 및 분기관에 안전기를 설치하며, 이 경우 하나의 취관에 2개 이상의 안전기를 설치한다.
④ 가스집합 용접장치의 안전기 설치는 화기 사용설비로부터 3m 이상 떨어진 곳에 설치한다.

해 사업주는 가스집합장치에 대해서는 화기를 사용하는 설비로부터 5미터 이상 떨어진 장소에 설치하여야 한다.

답 ④

237 ☆☆

아세틸렌 용기의 사용 시 주의사항으로 아닌 것은?

① 충격을 가하지 않는다.
② 화기나 열기를 멀리한다.
③ 아세틸렌 용기를 뉘어 놓고 사용한다.
④ 운반 시에는 반드시 캡을 씌우도록 한다.

해 용해아세틸렌의 용기는 세워둘 것

답 ③

238 ☆

아세틸렌 용접장치에 관한 설명 중 틀린 것은?

① 아세틸렌 발생기로부터 5m 이내, 발생기 실로부터 3m 이내에는 흡연 및 화기사용을 금지한다.
② 역화가 일어나면 산소밸브를 즉시 잠그고 아세틸렌 밸브를 잠근다.
③ 아세틸렌 용기는 뉘어서 사용한다.
④ 건식 안전기에는 차단방법에 따라 소결금속식과 우회로식이 있다.

해 용해아세틸렌의 용기는 세워둘 것

답 ③

239 ☆☆

다음 중 아세틸렌 용접 시 역화가 일어날 때 가장 먼저 취해야 할 행동으로 가장 적절한 것은?

① 산소밸브를 즉시 잠그고, 아세틸렌 밸브를 잠근다.
② 아세틸렌 밸브를 즉시 잠그고, 산소밸브를 잠근다.
③ 산소밸브는 열고, 아세틸렌 밸브는 즉시 닫아야 한다.
④ 아세틸렌의 사용압력을 $1kgf/cm^2$ 이하로 즉시 낮춘다.

해 역화 발생 시 산소밸브를 즉시 잠그고, 아세틸렌 밸브를 잠근다.

답 ①

240 ☆

다음 중 가스용접 토치가 과열되었을 때 가장 적절한 조치사항은?

① 아세틸렌과 산소 가스를 분출시킨 상태로 물속에서 냉각시킨다.
② 아세틸렌가스를 멈추고 산소 가스만을 분출시킨 상태로 물속에서 냉각시킨다.
③ 산소 가스를 멈추고 아세틸렌가스만을 분출시킨 상태로 물속에서 냉각시킨다.
④ 아세틸렌가스만을 분출시킨 상태로 팁 클리너를 사용하여 팁을 소제하고 공기 중에서 냉각시킨다.

해 토치가 과열되었을 때 아세틸렌가스를 멈추고 산소 가스만을 분출시킨 상태로 물속에서 냉각시킨다.

답 ②

241 ☆☆☆

산업안전보건법령상 아세틸렌 용접장치를 사용하여 금속의 용접·용단 또는 가열작업을 하는 경우 게이지 압력은 얼마를 초과하는 압력의 아세틸렌을 발생시켜 사용하면 안되는가?

① 98kPa ② 127kPa
③ 147kPa ④ 196kPa

해 사업주는 아세틸렌 용접장치를 사용하여 금속의 용접 · 용단 또는 가열작업을 하는 경우에는 게이지 압력이 127킬로파스칼을 초과하는 압력의 아세틸렌을 발생시켜 사용해서는 아니 된다.

답 ②

242 ☆

산업안전보건법령에 따라 아세틸렌 용접장치의 아세틸렌 발생기를 설치하는 경우, 발생기실의 설치장소에 대한 설명 중 A, B에 들어갈 내용으로 옳은 것은?

> 1. 발생기실은 건물의 최상층에 위치하여야 하며, 화기를 사용하는 설비로부터 ( )를 초과하는 장소에 설치해야 한다.
> 2. 제1항의 발생기실을 옥외에 설치한 경우에는 그 개구부를 다른 건축물로부터 ( ) 이상 떨어지도록 하여야 한다.

① A : 1.5m, B : 3m ② A : 2m, B : 4m
③ A : 3m, B : 1.5m ④ A : 4m, B : 2m

해 1. 발생기실은 건물의 최상층에 위치하여야 하며, 화기를 사용하는 설비로부터 3미터를 초과하는 장소에 설치하여야 한다.
2. 발생기실을 옥외에 설치한 경우에는 그 개구부를 다른 건축물로부터 1.5미터 이상 떨어지도록 하여야 한다.

답 ③

243 ☆

다음 ( )안의 A와 B의 내용을 옳게 나타낸 것은?

> 발생기에서 (A)미터 이내 또는 발생기실에서 (B)미터 이내의 장소에서는 흡연, 화기의 사용 또는 불꽃이 발생할 위험한 행위를 금지시킬 것

① A : 7, B : 5 ② A : 3, B : 1
③ A : 5, B : 5 ④ A : 5, B : 3

해 발생기에서 5미터 이내 또는 발생기실에서 3미터 이내의 장소에서는 흡연, 화기의 사용 또는 불꽃 발생할 위험한 행위 금지시킬 것

답 ④

244 ☆

산업안전보건법령에 따른 가스집합 용접장치의 안전에 관한 설명으로 옳지 않은 것은?

① 가스집합장치에 대해서는 화기를 사용하는 설비로부터 5m 이상 떨어진 장소에 설치해야 한다.
② 가스집합 용접장치의 배관에서 플랜지, 밸브 등의 접합부에는 개스킷을 사용하고 접합면을 상호 밀착시킨다.
③ 주관 및 분기관에 안전기를 설치해야 하며 이 경우 하나의 취관에 2개 이상의 안전기를 설치해야 한다.
④ 용해아세틸렌을 사용하는 가스집합 용접장치의 배관 및 부속기구는 구리나 구리 함유량이 60퍼센트 이상인 합금을 사용해서는 아니 된다.

해 사업주는 용해아세틸렌의 가스집합용접장치의 배관 및 부속기구는 구리나 구리 함유량이 70퍼센트 이상인 합금을 사용해서는 아니 된다.

답 ④

245 ☆☆

용해아세틸렌의 가스집합 용접장치의 배관 및 부속기구에는 구리나 구리 함유량이 얼마 이상인 합금을 사용해서는 안 되는가?

① 50% ② 65%
③ 70% ④ 85%

해 윗 해설 참조

답 ③

246 ☆☆☆☆

산업안전보건법령에 따라 아세틸렌 용접장치의 아세틸렌 발생기실을 설치하는 경우 준수하여야 하는 사항으로 옳은 것은?

① 벽은 가연성 재료로 하고 철근 콘크리트 또는 그 밖에 이와 동등하거나 그 이상의 강도를 가진 구조로 할 것
② 바닥면적의 1/16 이상의 단면적을 가진 배기통을 옥상으로 돌출시키고 그 개구부를 창이나 출입구로부터 1.5m 이상 떨어지도록 할 것
③ 출입구의 문은 불연성 재료로 하고 두께 1.0mm 이하의 철판이나 그 밖에 그 이상의 강도를 가진 구조로 할 것
④ 발생기실을 옥외에 설치한 경우에는 그 개구부를 다른 건축물로부터 1.0m 이내 떨어지도록 하여야 한다.

해 ①: 벽은 불연성 재료로 하고 철근 콘크리트 또는 그 밖에 이와 같은 수준이거나 그 이상의 강도를 가진 구조로 할 것
③: 출입구의 문은 불연성 재료로 하고 두께 1.5밀리미터 이상의 철판이나 그 밖에 그 이상의 강도를 가진 구조로 할 것
④: 발생기실을 옥외에 설치한 경우에는 그 개구부를 다른 건축물로부터 1.5미터 이상 떨어지도록 하여야 한다.

답 ②

247 ☆☆☆

다음 중 산업안전보건법령상 아세틸렌 가스 용접장치에 관한 기준으로 틀린 것은?

① 전용의 발생기실을 옥외에 설치한 경우에는 그 개구부를 다른 건축물로부터 1.5m 이상 떨어지도록 하여야 한다.
② 아세틸렌 용접장치를 사용하여 금속의 용접, 용단 또는 가열작업을 하는 경우에는 게이지 압력이 127kPa을 초과하는 압력의 아세틸렌을 발생시켜 사용해서는 아니 된다.
③ 전용의 발생기실을 설치하는 경우 벽은 불연성 재료로 하고 철근 콘크리트 또는 그 밖에 이와 동등하거나 그 이상의 강도를 가진 구조로 하여야 한다.
④ 전용의 발생기실은 건물의 최상층에 위치하여야 하며, 화기를 사용하는 설비로부터 1m를 초과하는 장소에 설치해야한다.

해 전용의 발생기실은 건물의 최상층에 위치하여야 하며, 화기를 사용하는 설비로부터 3m를 초과하는 장소에 설치하여야 한다.

답 ④

248 ☆

산업안전보건법령에 따른 아세틸렌 용접장치 발생기실의 구조에 관한 설명으로 옳지 않은 것은?

① 벽은 불연성 재료로 할 것
② 지붕과 천장에는 얇은 철판과 같은 가벼운 불연성 재료를 사용할 것
③ 벽과 발생기 사이에는 작업에 필요한 공간을 확보할 것
④ 배기통을 옥상으로 돌출시키고 그 개구부를 출입부로부터 1.5m 거리 이내에 설치할 것

해 바닥면적의 16분의 1 이상의 단면적을 가진 배기통을 옥상으로 돌출시키고 그 개구부를 창이나 출입구로부터 1.5미터 이상 떨어지도록 할 것

답 ④

249 ☆☆

아세틸렌 용접장치에서 사용하는 발생기실의 구조에 대한 요구사항으로 틀린 것은?

① 벽의 재료는 불연성의 재료를 사용할 것
② 천장과 벽은 견고한 콘크리트 구조로 할 것
③ 출입구의 문은 두께 1.5mm 이상의 철판 또는 이와 동등 이상의 강도를 가진 구조로 할 것
④ 바닥면적의 16분의 1 이상의 단면적을 가진 배기통을 옥상으로 돌출시킬 것

해 천장과 지붕에는 얇은 철판이나 가벼운 불연성 재료를 사용할 것

답 ②

250 ☆

아세틸렌 용접장치에 사용하는 역화방지기에서 요구되는 일반적인 구조로 옳지 않은 것은?

① 재사용 시 안전에 우려가 있으므로 역화방지 후 바로 폐기하도록 해야 한다.
② 다듬질면이 매끈하고 사용상 지장이 있는 부식, 흠, 균열 등이 없어야 한다.
③ 가스의 흐름방향은 지워지지 않도록 돌출 또는 각인하여 표시하여야 한다.
④ 소염소자는 금망, 소결금속, 스틸울(steel wool), 다공성 금속물 또는 이와 동등 이상의 소염성능을 갖는 것이어야 한다.

해 역화방지기는 역화를 방지한 후 복원이 되어 계속 사용할 수 있는 구조이어야 한다.

답 ①

251 ☆☆

다음 중 아세틸렌 용접장치에서 역화의 원인으로 가장 거리가 먼 것은?

① 아세틸렌의 공급 과다
② 토치 성능의 부실
③ 압력조절기의 고장
④ 토치 팁에 이물질이 묻은 경우

해 역화의 원인
- 산소의 공급 과다
- 토치 성능의 부실
- 압력조절기의 고장
- 토치 팁에 이물질이 묻은 경우

답 ①

252 ☆☆☆☆

다음 중 기계설비에서 반대로 회전하는 두 개의 회전체가 맞닿는 사이에 발생하는 위험점으로 가장 적절한 것은?

① 물림점 ② 협착점 ③ 끼임점 ④ 절단점

해

구분	그림	설명
협착점	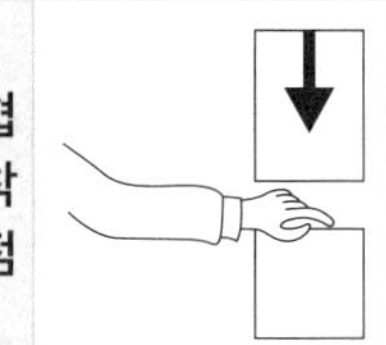	왕복운동하는 동작부분과 움직임 없는 고정부분 사이에 형성되는 위험점 예 프레스, 전단기, 굽힘기계, 조형기, 성형기
끼임점	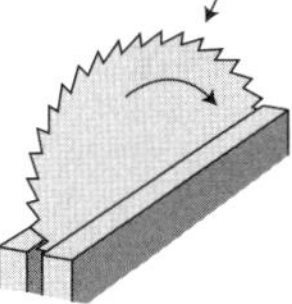	고정부분과 회전 또는 직선운동 부분 사이에 형성되는 위험점 예 회전 풀리와 베드 사이, 연삭숫돌과 작업대, 핸들과 고정대 사이, 교반기의 날개와 하우스
절단점		회전하는 운동부분 자체 위험이나 운동하는 기계 자체의 위험에서 형성되는 위험점 예 밀링커터, 둥근 톱날
물림점	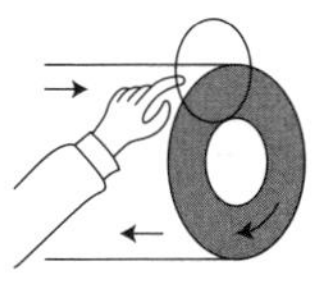	회전하는 두 개의 회전체가 맞닿아서 위험성이 있는 곳이며 회전체가 서로 반대방향으로 맞물려 회전되어야 한다. 예 기어, 롤러
접선물림점	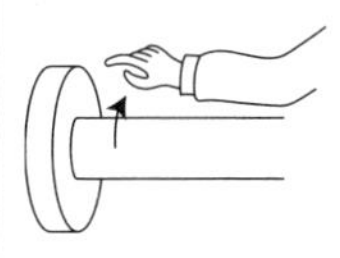	회전하는 부분의 접선방향으로 물려 들어갈 위험이 존재하는 위험점 예 풀리와 벨트, 체인과 스프라켓, 기어와 벨트, 기어와 랙
회전말림점		회전하는 물체의 길이 등이 불규칙한 부위와 돌기 회전부위에 옷, 장갑 등이 말려드는 위험점 예 회전축, 드릴

답 ①

253 ☆

다음 중 롤러기의 두 롤러 사이에서 형성되는 위험점은?

① 협착점 ② 물림점 ③ 접선물림점 ④ 끼임점

해 윗 해설 참조

답 ②

254 ☆

왕복운동을 하는 동작운동과 움직임이 없는 고정부분 사이에 형성되는 위험점을 무엇이라 하는가?

① 끼임점 ② 절단점 ③ 물림점 ④ 협착점

해 윗 해설 참조

답 ④

255 ☆

보기와 같은 기계요소가 단독으로 발생시키는 위험점은?

밀링커터, 둥근 톱날

① 협착점 ② 끼임점 ③ 절단점 ④ 물림점

해 윗 해설 참조

답 ③

256 ☆☆

회전축, 커플링에 사용하는 덮개는 다음 중 어떠한 위험점을 방호하기 위한 것인가?

① 협착점 ② 접선물림점
③ 절단점 ④ 회전말림점

해 윗 해설 참조

답 ④

257 ☆

기계의 고정부분과 회전하는 동작부분이 함께 만드는 위험점의 예로 옳은 것은?

① 굽힘기계
② 기어와 랙
③ 교반기의 날개와 하우스
④ 회전하는 보링머신의 천공공구

해 끼임점: 고정부분과 회전 또는 직선운동 부분 사이에 형성되는 위험점
①: 협착점
②: 접선물림점
③: 끼임점
④: 회전말림점
윗 해설 참조

답 ③

258 ☆

회전하는 동작부분과 고정부분이 함께 만드는 위험점으로 주로 연삭숫돌과 작업대, 교반기의 교반날개와 몸체사이에서 형성되는 위험점은?

① 협착점 ② 절단점 ③ 물림점 ④ 끼임점

해 윗 해설 참조

답 ④

259 ☆☆

산업안전보건기준에 관한 규칙에 따라 기계. 기구 및 설비의 위험예방을 위하여 사업주는 회전축, 기어, 풀리 및 플라이휠 등에 부속되는 키, 핀 등의 기계요소는 어떠한 형태로 설치하여야 하는가?

① 개방형 ② 돌출형 ③ 묻힘형 ④ 고정형

해 사업주는 회전축 · 기어 · 풀리 및 플라이휠 등에 부속되는 키 · 핀 등의 기계요소는 묻힘형으로 하거나 해당 부위에 덮개를 설치하여야 한다.

답 ③

260 ☆☆

구내운반차 제동장치 준수사항에 대한 설명으로 틀린 것은?

① 주행을 제동하거나 정지상태를 유지하기 위하여 유효한 제동장치를 갖출 것
② 소음기를 갖출 것
③ 운전석이 차 실내에 있는 것은 좌우에 한 개씩 방향지시기를 갖출 것
④ 전조등과 후미등을 갖출 것

해 사업주는 구내운반차를 사용하는 경우에 다음 각 호의 사항을 준수해야 한다.
1. 주행을 제동하거나 정지상태를 유지하기 위하여 유효한 제동장치를 갖출 것
2. 경음기를 갖출 것
3. 운전석이 차 실내에 있는 것은 좌우에 한 개씩 방향지시기를 갖출 것
4. 전조등과 후미등을 갖출 것. 다만, 작업을 안전하게 하기 위하여 필요한 조명이 있는 장소에서 사용하는 구내운반차에 대해서는 그러하지 아니하다.

답 ②

261 ☆

지게차 및 구내 운반차의 작업시작 전 점검사항이 아닌 것은?

① 버킷, 디퍼 등의 이상유무
② 제동장치 및 조종장치 기능의 이상 유무
③ 하역장치 및 유압장치
④ 전조등, 후미등, 경보장치 기능 이상 유무

해 지게차 작업시작 전 점검사항
1. 제동장치 및 조종장치 기능의 이상 유무
2. 하역장치 및 유압장치 기능의 이상 유무
3. 바퀴의 이상 유무
4. 전조등 · 후미등 · 방향지시기 및 경보장치 기능의 이상 유무

구내운반차 작업시작 전 점검사항
1. 제동장치 및 조종장치 기능의 이상 유무
2. 하역장치 및 유압장치 기능의 이상 유무
3. 바퀴의 이상 유무
4. 전조등 · 후미등 · 방향지시기 및 경음기 기능의 이상 유무
5. 충전장치를 포함한 홀더 등의 결합상태의 이상 유무

답 ①

262 ☆☆

산업안전보건법령상 컨베이어를 사용하여 작업을 할 때 작업시작 전 점검사항으로 가장 거리가 먼 것은?

① 원동기 및 풀리(pulley) 기능 이상 유무
② 이탈 등의 방지장치 기능의 이상 유무
③ 유압장치의 기능의 이상 유무
④ 비상정지장치 기능의 이상 유무

해 유압장치의 기능의 이상 유무: 지게차/구내 운반차/화물자동차

컨베이어를 사용하여 작업을 할 때 작업시작 전 점검사항
1. 원동기 및 풀리(pulley) 기능의 이상 유무
2. 이탈 등의 방지장치 기능의 이상 유무
3. 비상정지장치 기능의 이상 유무
4. 원동기 · 회전축 · 기어 및 풀리 등의 덮개 또는 울 등의 이상 유무

답 ③

263 ☆☆

원동기, 풀리, 기어 등 근로자에게 위험을 미칠 우려가 있는 부위에 설치하는 위험방지 장치가 아닌 것은?

① 덮개 ② 슬리브 ③ 건널다리 ④ 램

해 사업주는 기계의 원동기 · 회전축 · 기어 · 풀리 · 플라이휠 · 벨트 및 체인 등 근로자가 위험에 처할 우려가 있는 부위에 덮개 · 울 · 슬리브 및 건널다리 등을 설치하여야 한다.

답 ④

264 ☆

다음 중 산업안전보건법령에 따른 원동기 · 회전축 등의 위험방지에 관한 사항으로 틀린 것은?

① 사업주는 기계의 원동기 · 회전축 · 기어 · 풀리 · 플라이휠 · 벨트 및 체인 등 근로자가 위험에 처할 우려가 있는 부위에 덮개 · 울 · 슬리브 및 건널다리 등을 설치하여야 한다.
② 사업주는 선반 등으로부터 돌출하여 회전하고 있는 가공물이 근로자에게 위험을 미칠 우려가 있는 경우에 덮개 또는 울 등을 설치해야 한다.
③ 사업주는 종이 · 천 · 비닐 및 와이어로프 등의 감김통 등에 의하여 근로자가 위험해질 우려가 있는 부위에 마개 또는 비상구 등을 설치하여야 한다.
④ 사업주는 근로자가 분쇄기등의 개구로부터 가동부분에 접촉함으로써 위해(危害)를 입을 우려가 있는 경우 덮개 또는 울 등을 설치하여야 한다.

해 사업주는 종이 · 천 · 비닐 및 와이어 로프 등의 감김통 등에 의하여 근로자가 위험해질 우려가 있는 부위에 덮개 또는 울 등을 설치하여야 한다.

답 ③

265 ☆

컨베이어 방호장치에 대한 설명으로 맞는 것은?

① 역전방지장치에 롤러식, 라쳇식, 권과방지식, 전기브레이크식 등이 있다.
② 작업자가 임의로 작업을 중단할 수 없도록 비상정지장치를 부착하지 않는다.
③ 구동부 측면에 로울러 안내가이드 등의 이탈방지장치를 설치한다.
④ 로울러컨베이어의 로울 사이에 방호판을 설치 시 로울과의 최대간격은 8mm이다.

해 ①: 역전방지장치에 롤러식, 라쳇식, 전기브레이크식 등이 있다.(권과방지식은 없음)
②: 컨베이어에는 비상정지장치 부착해야 한다.
④: 롤러컨베이어의 롤 사이에 방호판을 설치할 때 롤과의 최대간격은 5mm이다.

답 ③

266 ☆

컨베이어, 이송용 롤러 등을 사용하는 곳에 정전, 전압강하 등에 의한 위협을 방지하기 위하여 설치하는 안전장치는?

① 덮개
② 비상정지장치
③ 과부하방지장치
④ 이탈 및 역주행 방지장치

해 사업주는 컨베이어, 이송용 롤러 등(이하 "컨베이어등"이라 한다)을 사용하는 경우에는 정전 · 전압강하 등에 따른 화물 또는 운반구의 이탈 및 역주행을 방지하는 장치를 갖추어야 한다.

답 ④

267 ☆

컨베이어에 사용되는 방호장치와 그 목적에 관한 설명이 옳지 않은 것은?

① 운전 중인 컨베이어 등의 위로 넘어가고자 할 때를 위해 급정지장치를 설치한다.
② 근로자의 신체 일부가 말려들 위험이 있을 때 이를 즉시 정지시키기 위한 비상정지장치를 설치한다.
③ 정전, 전압강하 등에 따른 화물 이탈을 방지하기 위해 이탈 및 역주행 방지장치를 설치한다.
④ 낙하물에 의한 위험방지를 위한 덮개 또는 울을 설치한다.

해 사업주는 운전 중인 컨베이어등의 위로 근로자를 넘어가도록 하는 경우에는 위험을 방지하기 위하여 건널다리를 설치하는 등 필요한 조치를 하여야 한다.

답 ①

268 ☆

컨베이어 설치 시 주의사항에 관한 설명으로 옳지 않은 것은?

① 컨베이어에 설치된 보도 및 운전실 상면은 가능한 수평이어야 한다.
② 근로자가 컨베이어를 횡단하는 곳에는 바닥면 등으로부터 90cm 이상 120cm 이하에 상부난간대를 설치하고, 바닥면과의 중간에 중간난간대가 설치된 건널다리를 설치한다.
③ 폭발의 위험이 있는 가연성 분진 등을 운반하는 컨베이어 또는 폭발의 위험이 있는 장소에 사용되는 컨베이어의 전기기계 및 기구는 방폭구조이어야 한다.
④ 보도, 난간, 계단, 사다리의 설치 시 컨베이어를 가동시킨 후 설치하면서 설치상황을 확인한다.

해 ④: 보도, 난간, 계단, 사다리 등은 컨베이어의 가동 개시 전에 설치하여야 한다.

답 ④

269 ☆

컨베이어에서 작업구역 및 통행구역에 덮개, 울 등을 설치해야 하는 부위에 해당하지 않는 것은?

① 컨베이어의 동력전달 부분
② 컨베이어의 제동장치 부분
③ 호퍼, 슈트의 개구부 및 장력 유지장치
④ 컨베이어 벨트, 풀리, 롤러, 체인, 스프라켓, 스크류 등

해 작업구역 및 통행구역에서 다음의 부위에는 덮개, 울, 물림보호물(nip guard), 감응형 방호장치(광전자식, 안전매트 등) 등을 설치 해야 한다.
1) 컨베이어의 동력전달 부분
2) 컨베이어 벨트, 풀리, 롤러, 체인, 스프라켓, 스크류 등
3) 호퍼, 슈트의 개구부 및 장력 유지장치
4) 기타 가동부분과 정지부분 또는 다른 물건 사이 틈 등 작업자에게 위험을 미칠 우려가 있는 부분. 다만, 그 틈이 5mm 이내인 경우에는 예외로 할 수 있다.
5) 운반되는 재료 또는 컨베이어가 화상 등을 일으킬 수 있는 구간. 다만, 이 경우 덮개나 울을 설치해야 한다.

답 ②

270 ☆

다음 중 포터블 벨트 컨베이어(potable belt conveyor)의 안전 사항과 관련한 설명으로 옳지 않은 것은?

① 포터블 벨트 컨베이어의 차륜간의 거리는 전도 위험이 최소가 되도록 하여야 한다.
② 기복장치는 포터블 벨트 컨베이어의 옆면에서만 조작하도록 한다.
③ 포터블 벨트 컨베이어를 사용하는 경우는 차륜을 고정하여야 한다.
④ 전동식 포터블 벨트 컨베이어를 이동하는 경우는 먼저 전원을 내린 후 컨베이어를 이동시킨 다음 컨베이어를 최저의 위치로 내린다.

해 포터블 벨트 컨베이어를 이동하는 경우는 먼저 컨베이어를 최저의 위치로 내리고 전동식의 경우 전원을 차단한 후에 이동한다.

답 ④

271 ☆☆

다음 중 포터블 벨트 컨베이어(potable belt conveyor) 운전 시 준수사항으로 적절하지 않은 것은?

① 공회전하여 기계의 운전상태를 파악한다.
② 정해진 조작 스위치를 사용하여야 한다.
③ 운전시작 전 주변 근로자에게 경고하여야 한다.
④ 하물 적치 후 몇 번씩 시동, 정지를 반복 테스트한다.

해 하물 적치 후 몇 번씩 시동, 정지를 반복 테스트해서는 안된다.

답 ④

272 ☆☆☆☆☆☆☆☆☆

산업안전보건법령상 프레스 등을 사용하여 작업을 할 때에 작업시작 전 점검 사항으로 가장 거리가 먼 것은?

① 압력방출장치의 기능
② 클러치 및 브레이크의 기능
③ 프레스의 금형 및 고정볼트 상태
④ 1행정 1정지기구·급정지장치 및 비상정지 장치의 기능

해 프레스 작업시작 전 일반적인 점검사항
1. 클러치 및 브레이크의 기능
2. 크랭크축 · 플라이휠 · 슬라이드 · 연결봉 및 연결나사의 풀림 여부
3. 1행정 1정지기구 · 급정지장치 및 비상정지장치의 기능
4. 슬라이드 또는 칼날에 의한 위험방지 기구 기능
5. 프레스의 금형 및 고정볼트 상태
6. 방호장치의 기능
7. 전단기(剪斷機)의 칼날 및 테이블의 상태

답 ①

273 ☆

다음 중 프레스 작업시작 전 일반적인 점검사항으로서 가장 필요한 것은?

① 클러치 상태점검
② 상하 형틀의 간극 점검
③ 전원단전 유무 확인
④ 테이블의 상태 점검

해 프레스는 클러치를 많이 이용하므로 가장 중요하다.

답 ①

274 ☆☆☆

로봇의 작동범위 내에서 그 로봇에 관하여 교시 등(로봇의 동력원을 차단하고 행하는 것을 제외한다.)의 작업을 행하는 때 작업시작 전 점검 사항으로 옳은 것은?

① 과부하방지장치의 이상 유무
② 압력제한 스위치 등의 기능의 이상 유무
③ 외부전선의 피복 또는 외장의 손상 유무
④ 권과방지장치의 이상 유무

해 산업용 로봇의 작동범위에서 그 로봇에 관하여 교시 등의 작업을 할 때 작업 시작 전 점검사항
1. 외부 전선의 피복 또는 외장의 손상 유무
2. 매니퓰레이터(manipulator) 작동의 이상 유무
3. 제동장치 및 비상정지장치의 기능

답 ③

275 ☆☆☆

산업안전보건법령에 따라 산업용 로봇의 작동범위에서 그 로봇에 관하여 교시 등의 작업을 할 때 작업 시작 전 점검사항이 아닌 것은?

① 외부 전선의 피복 또는 외장의 손상 유무
② 매니퓰레이터(manipulator) 작동의 이상 유무
③ 제동장치 및 비상정지장치의 기능
④ 윤활유의 상태

해 윤활유의 상태: 공기압축기 가동 작업 시작 전 점검사항
윗 해설 참조

답 ④

276 ☆

산업안전보건법령상 공기압축기를 가동할 때 작업시작 전 점검사항에 해당하지 않는 것은?

① 윤활유의 상태
② 회전부의 덮개 또는 울
③ 과부하방지장치의 작동 유무
④ 공기저장 압력용기의 외관 상태

해 공기압축기를 가동 시 작업시작 전 점검사항
1. 공기저장 압력용기의 외관 상태
2. 드레인밸브(drain valve)의 조작 및 배수
3. 압력방출장치의 기능
4. 언로드밸브(unloading valve)의 기능
5. 윤활유의 상태
6. 회전부의 덮개 또는 울
7. 그 밖의 연결 부위의 이상 유무

답 ③

277 ☆

공기압축기에서 공기탱크 내의 압력이 최고사용압력에 도달하면 압송을 정지하고, 소정의 압력까지 강하하면 다시 압송작업을 하는 밸브는?

① 감압 밸브 ② 언로드 밸브
③ 릴리프 밸브 ④ 시퀀스 밸브

해 공기압축기에서 공기탱크 내의 압력이 최고사용압력에 도달하면 압송을 정지하고, 소정의 압력까지 강하하면 다시 압송작업을 하도록 하는 언로드 밸브를 설치해야 한다.

답 ②

278 ☆

공기압축기의 작업안전수칙으로 가장 적절하지 않은 것은?

① 공기압축기의 점검 및 청소는 반드시 전원을 차단한 후에 실시한다.
② 운전 중에 어떠한 부품도 건드려서는 안된다.
③ 공기압축기 분해 시 내부의 압축공기를 이용하여 분해한다.
④ 최대공기압력을 초과한 공기압력으로는 절대로 운전하여서는 안 된다.

해 공기압축기 분해 시 내부의 압축공기를 완전히 배출한 후 분해한다.

답 ③

279 ☆

다음은 프레스 제작 및 안전기준에 따라 높이 2m 이상인 작업용 발판의 설치기준을 설명한 것이다. (　　)안에 알맞은 말은?

> **안전난간 설치기준**
> - 상부난간대는 바닥면으로부터 (가) 이상 120cm 이하에 설치하고, 중간난간대는 상부 난간대와 바닥면 등의 중간에 설치 할 것
> - 발끝막이판은 바닥면 등으로부터 (나) 이상의 높이를 유지할 것

① 가 : 90cm 나 : 10cm
② 가 : 60cm 나 : 10cm
③ 가 : 90cm 나 : 20cm
④ 가 : 60cm 나 : 20cm

해 – 상부 난간대는 바닥면 · 발판 또는 경사로의 표면(이하 "바닥면등"이라 한다)으로부터 90센티미터 이상 지점에 설치하고, 상부 난간대를 120센티미터 이하에 설치하는 경우에는 중간 난간대는 상부 난간대와 바닥면 등의 중간에 설치해야 하며, 120센티미터 이상 지점에 설치하는 경우에는 중간 난간대를 2단 이상으로 균등하게 설치하고 난간의 상하 간격은 60센티미터 이하가 되도록 할 것
– 발끝막이판은 바닥면 등으로부터 10센티미터 이상의 높이를 유지할 것.

답 ①

280 ☆☆

산업안전보건법령에 따라 사다리식 통로를 설치하는 경우 준수해야 할 기준으로 틀린 것은?

① 사다리식 통로 기울기는 60° 이하로 할 것
② 발판과 벽과의 사이는 15cm 이상 간격을 유지할 것
③ 사다리의 상단은 걸쳐놓은 지점으로부터 60cm 이상 올라가도록 할 것
④ 사다리식 통로의 길이가 10m 이상인 경우에는 5m 이내마다 계단참을 설치할 것

해 사다리식 통로 기울기는 75° 이하로 할 것

답 ①

281 ☆

산업안전보건법령에 따라 다음 괄호 안에 들어갈 내용으로 옳은 것은?

> 사업주는 바닥으로부터 짐 윗면까지의 높이가 (　　) 이상인 화물자동차에 짐을 싣는 작업 또는 내리는 작업을 하는 경우에는 근로자의 추가 위험을 방지하기 위하여 해당 작업에 종사하는 근로자가 바닥과 적재함의 짐 윗면 간을 안전하게 오르내리기 위한 설비를 설치하여야 한다.

① 1.5m　② 2m　③ 2.5m　④ 3m

해 사업주는 바닥으로부터 짐 윗면까지의 높이가 2미터 이상인 화물자동차에 짐을 싣는 작업 또는 내리는 작업을 하는 경우에는 근로자의 추가 위험을 방지하기 위하여 해당 작업에 종사하는 근로자가 바닥과 적재함의 짐 윗면 간을 안전하게 오르내리기 위한 설비를 설치하여야 한다.

답 ②

282 ☆

소음에 관한 사항으로 틀린 것은?

① 소음에는 익숙해지기 쉽다.
② 소음계는 특정 소음에 한하여 계측할 수 있다.
③ 소음 피해는 정신적, 심리적인 것이 주가 된다.
④ 소음이란 귀에 불쾌한 음이나 생활을 방해하는 음을 통틀어 말한다.

해 소음계는 특정 소음에 한해 계측할 수 없다.

답 ②

283 ☆☆

다음 중 공장 소음에 대한 방지계획에 있어 소음원에 대한 대책에 해당하지 않는 것은?

① 해당 설비의 밀폐
② 설비실의 차음벽 시공
③ 작업자의 보호구 착용
④ 소음기 및 흡음장치 설치

해 작업자의 보호구 착용은 소극적 대책이다. 그리고 소음원이 아니다.

답 ③

284 ☆

다음 중 소음 방지 대책으로 가장 적절하지 않은 것은?

① 소음의 통제 ② 소음의 적응
③ 흡음재 사용 ④ 보호구 착용

해 소음에 적응된다고 소음 방지가 되는 것은 아니다.

답 ②

285 ☆

물질 내 실제 입자의 진동이 규칙적일 경우 주파수의 단위는 헤르츠(Hz)를 사용하는데 다음 중 통상적으로 초음파는 몇 Hz 이상의 음파를 말하는가?

① 1,000 ② 20,000 ③ 50,000 ④ 80,000

해 가청 주파수가 20 ~ 20,000Hz이니 그 이상을 초음파라 한다. 즉, 20,000Hz 이상이 초음파다.

답 ②

286 ☆

"강렬한 소음작업"이라 함은 90dB 이상의 소음이 1일 몇 시간 이상 발생되는 작업을 말하는가?

① 2시간 ② 4시간 ③ 8시간 ④ 10시간

해 "강렬한 소음작업"이란 다음 각목의 어느 하나에 해당하는 작업을 말한다.
1. 90데시벨 이상의 소음이 1일 8시간 이상 발생하는 작업
2. 95데시벨 이상의 소음이 1일 4시간 이상 발생하는 작업
3. 100데시벨 이상의 소음이 1일 2시간 이상 발생하는 작업
4. 105데시벨 이상의 소음이 1일 1시간 이상 발생하는 작업
5. 110데시벨 이상의 소음이 1일 30분 이상 발생하는 작업
6. 115데시벨 이상의 소음이 1일 15분 이상 발생하는 작업

답 ③

287 ☆

산업안전보건법령상 강렬한 소음작업에서 데시벨에 따른 노출시간으로 적합하지 않은 것은?

① 100데시벨 이상의 소음이 1일 2시간 이상 발생하는 직업
② 110데시벨 이상의 소음이 1일 30분 이상 발생하는 직업
③ 115데시벨 이상의 소음이 1일 15분 이상 발생하는 직업
④ 120데시벨 이상의 소음이 1일 7분 이상 발생하는 직업

해 윗 해설 참조

답 ④

288 ☆☆☆

와이어로프의 꼬임에 관한 설명으로 틀린 것은?

① 보통꼬임에는 S꼬임이나 Z꼬임이 있다.
② 보통꼬임은 스트랜드의 꼬임방향과 로프의 꼬임방향이 반대로 된 것을 말한다.
③ 랭꼬임은 로프의 끝이 자유로이 회전하는 경우나 킹크 생기기 쉬운 곳에 적당하다.
④ 랭꼬임은 보통꼬임에 비하여 마모에 대한 저항성이 우수하다.

해 꼬임 모양에 따라 S꼬임/Z꼬임이 있다.
꼬임 방향에 따라 랭꼬임/보통꼬임이 있다.

	랭꼬임	보통꼬임
로프와 스트랜드 꼬임방향	같은 방향	다른 방향
킹크 발생	많음	적음
마모에 대한 저항성	높음	적음
소선과 외부 길이	길다	짧다
수명	길다	짧다

답 ③

289 ☆☆

와이어로프의 꼬임은 일반적으로 특수로프를 제외하고는 보통 꼬임(Ordinary Lay)과 랭 꼬임(Lang's Lay)으로 분류할 수 있다. 다음 중 랭 꼬임과 비교하여 보통 꼬임의 특징에 관한 설명으로 틀린 것은?

① 킹크가 잘 생기지 않는다.
② 내마모성, 유연성, 저항성이 우수하다.
③ 로프 변형이나 하중을 걸었을 때 저항성 크다.
④ 스트랜드의 꼬임 방향과 로프의 꼬임 방향이 반대이다.

해 윗 해설 참조

답 ②

290 ☆☆

다음 중 소성가공을 열간가공과 냉간가공으로 분류하는 가공온도의 기준은?

① 융해점 온도 ② 공석점 온도
③ 공정점 온도 ④ 재결정 온도

해 재결정 온도가 높으면 열간가공, 재결정 온도가 낮으면 냉간가공이다.

답 ④

291 ☆

다음 용접 중 불꽃 온도가 가장 높은 것은?

① 산소-메탄 용접
② 산소-수소 용접
③ 산소-프로판 용접
④ 산소-아세틸렌 용접

해 산소 – 메탄 용접: 2,700℃
산소 – 수소 용접: 2,920℃
산소 – 프로판 용접: 2,820℃
산소 – 아세틸렌 용접: 3,430℃

답 ④

292 ☆☆

가정용 LPG탱크와 같이 둥근 원통형의 압력용기에 내부압력 P가 작용하고 있다. 이때 압력용기 재료에 발생하는 원주응력(hoop stress)은 길이(축)방향응력(longitudinal stress)의 얼마가 되는가?

① 1/2 ② 2배 ③ 4배 ④ 5배

해 원주응력 $= \frac{Pd}{t}$ 길이응력 $= \frac{Pd}{2t}$

$\rightarrow \frac{\text{원주응력}}{\text{길이응력}} = \frac{\frac{Pd}{t}}{\frac{Pd}{2t}} = \frac{2tPd}{tPd} = 2$배

P: 관내 압력 d: 관 지름 t: 관 두께

답 ②

293 ☆

반복응력을 받게 되는 기계구조 부분의 설계에서 허용응력을 결정하기 위한 기초강도로 가장 적합한 것은?

① 항복점(Yield point)
② 극한 강도(Ultimate strength)
③ 크리프 한도(Creep limit)
④ 피로 한도(Fatigue limit)

해

항복점	물체가 유체 내에서 운동할 때 받는 저항력과 두 물체가 접촉하면서 움직일 때 접촉면에 작용하는 힘
극한 강도	인장 강도, 재료가 감당할 수 있는 최대의 응력
크리프 한도	고온 하에서 강재에 일정한 하중을 걸고, 예를 들면 100,000시간에서 1%의 변형을 생기게 하는 응력
피로 한도	반복응력을 받게 되는 기계구조부분의 설계에서 허용응력을 결정하기 위한 기초강도

답 ④

294 ☆

수공구 취급 시의 안전수칙으로 적절하지 않은 것은?

① 해머는 처음부터 힘을 주어 치지 않는다.
② 렌치는 올바르게 끼우고 몸쪽으로 당기지 않는다.
③ 줄의 눈이 막힌 것은 반드시 와이어브러시로 제거한다.
④ 정으로는 담금질된 재료를 가공하여서는 안된다.

해 렌치는 올바르게 끼우고 몸쪽으로 당겨 사용한다.

답 ②

295 ☆

다음 중 정(chisel) 작업 시 안전수칙으로 적합하지 않은 것은?

① 반드시 보안경을 사용한다.
② 담금질한 재료는 정으로 작업하지 않는다.
③ 정 작업에서 모서리 부분은 크기를 3R 정도로 한다.
④ 철강재를 정으로 절단 작업을 할 때 끝날 무렵에는 세게 때려 작업을 마무리한다.

해

정(chisel) 작업 시 안전수칙
• 정으로는 담금질된 재료를 가공하여서는 안된다. • 반드시 보안경을 사용한다. • 담금질한 재료는 정으로 작업하지 않는다. • 정 이용 작업 시 시작할 때나 끝날 때나 세게 때리면 안된다. • 처음엔 가볍게 때리고, 점점 힘을 가한다. • 철강재를 정으로 절단 시에는 철편이 날아 튀는 것에 주의한다. • 정 작업에서 모서리 부분은 크기를 3R 정도로 한다.

답 ④

296 ☆

[보기]와 같은 안전 수칙을 적용해야 하는 수공구는?

- 칩이 튀는 작업에는 보호안경을 착용해야 한다.
- 처음엔 가볍게 때리고, 점점 힘을 가한다.
- 절단된 가공물 끝이 튕길 수 있는 위험을 방지해야 한다.

① 정 ② 줄 ③ 쇠톱 ④ 스패너

해 윗 해설 참조

답 ①

297 ☆

다음 중 정 작업 시의 작업안전수칙으로 틀린 것은?

① 정 작업 시에는 보안경을 착용해야 한다.
② 정 작업으로 담금질된 재료를 가공해서는 안된다.
③ 정 작업을 시작할 때와 끝날 무렵에는 세게 친다.
④ 철강재를 정으로 절단 시에는 철편이 날아 튀는 것에 주의한다.

해 윗 해설 참조

답 ③

298 ☆

가스 용접에 이용되는 아세틸렌가스 용기의 색상으로 옳은 것은?

① 녹색 ② 회색 ③ 황색 ④ 청색

해 가스용기 색상

액화석유가스/질소	회색
액화암모니아	백색
액화탄산가스	청색
액화염소	갈색
아세틸렌	황색
산소	녹색
수소	주황색

답 ③

299 ☆

안전색채와 기계장비 또는 배관의 연결이 잘못된 것은?

① 시동스위치 - 녹색 ② 급정지스위치 - 황색
③ 고열기계 - 회청색 ④ 증기배관-암적색

해 장비 또는 배관별 안전색채

시동 스위치	녹색
급정지 스위치	빨간색
고열 발생 기계	회청색
기름 배관	갈색
증기 배관	암적색
공기 배관	백색
가스 배관	황색
물 배관	청색

답 ②

300 ☆

크레인에서 일반적인 권상용 와이어로프 및 권상용 체인의 안전율 기준은?

① 8 이상 ② 2 이상 ③ 4 이상 ④ 5 이상

해 사업주는 양중기의 와이어로프 등 달기구의 안전계수(달기구 절단하중의 값을 그 달기구에 걸리는 하중의 최대값으로 나눈 값을 말한다)가 다음 각 호의 구분에 따른 기준에 맞지 않는 경우에는 이를 사용해선 안 된다.

1. 근로자가 탑승하는 운반구를 지지하는 달기와이어로프 또는 달기체인의 경우: 10이상
2. 화물의 하중을 직접 지지하는 달기와이어로프 또는 달기체인의 경우: 5 이상
3. 훅, 샤클, 클램프, 리프팅빔 경우: 3 이상
4. 그 밖의 경우: 4 이상

답 ④

301 ☆

다음 중 지게차의 안정도에 관한 설명으로 틀린 것은?

① 지게차의 등판능력을 표시한다.
② 좌우 안정도와 전후 안정도가 있다.
③ 주행과 하역작업의 안정도가 다르다.
④ 작업 또는 주행 시 안정도 이하로 유지해야 한다.

해 지게차 안정도: 지게차 하역, 운반 시 전도에 대한 안전성을 표시하는 값

답 ①

302 ☆

다음 중 지게차의 작업 상태별 안정도에 관한 설명으로 틀린 것은? (단, V는 최고속도(km/h)이다.)

① 기준 부하상태에서 하역작업 시의 좌우 안정도는 6%이다.
② 기준 부하상태에서 하역작업 시의 전후 안정도는 20%이다.
③ 기준 부하상태에서 주행 시의 전후 안정도는 18%이다.
④ 기준 무부하상태에서 주행 시의 좌우 안정도는 (15+1.1V)%이다.

해

• 하역작업시 전후안정도 • 지게차의 최대하중상태에서 쇠스랑 가장 높이 올린 경우	4% 이내 (5톤 이상은 3.5% 이내)
• 하역작업시 좌우안정도 • 지게차의 최대하중상태에서 쇠스랑을 가장 높이 올리고 마스트를 가장 뒤로 기울인 경우	6% 이내
• 주행시 전후안정도 (기준 부하상태)	18% 이내
• 주행시 좌우안정도 (기준 무부하상태)	15+1.1V% 이내 (V: 구내최고속도(km/h))

답 ②

303 ☆

기본 무부하 상태에서 지게차 주행 시의 좌우 안정도 기준은? (단, V는 구내최고속도(km/h)이다.)

① (15+1.1V)% 이내
② (15+1.5V)% 이내
③ (20+1.1V)% 이내
④ (20+1.5V)% 이내

해 윗 해설 참조

답 ①

304 ☆

지게차의 안정을 유지하기 위한 안정도 기준으로 틀린 것은?

① 5톤 미만의 부하상태에서 하역작업 시의 전후 안정도는 4% 이내이어야 한다.
② 부하상태에서 하역작업 시의 좌우 안정도는 10% 이내이어야 한다.
③ 무부하상태에서 주행 시의 좌우 안정도는 (15+1.1×V)% 이내이어야 한다. (단, V는 구내 최고속도[km/h])
④ 부하상태에서 주행시 전후 안정도는 18% 이내이어야 한다.

해 ②: 부하상태에서 하역작업 시의 좌우 안정도는 6% 이내이어야 한다.
윗 해설 참조

답 ②

305 ☆☆

지게차가 부하상태에서 수평거리가 12m이고, 수직높이가 1.5m인 오르막길을 주행할 때 이 지게차의 전후 안정도와 안정도 기준의 만족 여부로 옳은 것은?

① 지게차 전후 안정도는 12.5%이고 안정도 기준을 만족하지 못한다.
② 지게차 전후 안정도는 12.5%이고 안정도 기준을 만족한다.
③ 지게차 전후 안정도는 25%이고 안정도 기준을 만족하지 못한다.
④ 지게차 전후 안정도는 25%이고 안정도 기준을 만족한다.

해 주행시 전후안정도(기준부하상태): 18% 이내
→ $\text{안정도} = \frac{\text{수직}}{\text{수평}} = \frac{1.5}{12} = 0.125 = 12.5\%$
→ 12.5%는 18% 이내이므로 만족한다.
윗 해설 참조

답 ②

306 ☆☆

지게차의 높이가 6m이고, 안정도가 30%일 때 지게차의 수평거리는 얼마인가?

① 10m ② 20m ③ 30m ④ 40m

해 $\text{안정도} = \frac{\text{수직}}{\text{수평}} \rightarrow \text{수평} = \frac{\text{수직}}{\text{안정도}} = \frac{6}{0.3} = 20m$

답 ②

307 ☆

와이어로프의 파단하중을 P(kg), 로프가닥수를 N, 안전하중을 Q(kg)라고 할 때 다음 중 와이어로프의 안전율 S를 구하는 공식은?

① $S = NP$
② $S = \frac{QP}{N}$
③ $S = \frac{NQ}{P}$
④ $S = \frac{NP}{Q}$

해 $S = \frac{NP}{Q}$

S: 안전율 N: 로프가닥수 P: 파단하중(kg)
Q: 안전하중(kg)

답 ④

308 ☆☆☆☆

다음 중 기계설계 시 사용되는 안전계수를 나타내는 식으로 틀린 것은?

① $\frac{\text{허용응력}}{\text{기초강도}}$
② $\frac{\text{극한강도}}{\text{최대설계응력}}$
③ $\frac{\text{파단하중}}{\text{안전하중}}$
④ $\frac{\text{파괴하중}}{\text{최대사용하중}}$

해 $\text{안전율} = \frac{\text{기초강도}}{\text{허용응력}} = \frac{\text{인장강도}}{\text{허용응력}} = \frac{\text{극한강도}}{\text{허용응력}}$
$= \frac{\text{압축강도}}{\text{허용응력}} = \frac{\text{파단하중}}{\text{안전하중}} = \frac{\text{파괴하중}}{\text{최대사용하중}}$
$= \frac{\text{극한강도}}{\text{최대설계응력}} = \frac{\text{극한하중}}{\text{허용응력} \cdot \text{단면적}}$
$= \frac{\text{극한강도}}{\text{정격하중}} = \frac{\text{극한하중}}{\text{최대설계하중}}$

답 ①

309 ☆☆

다음 중 안전율을 구하는 산식으로 옳은 것은?

① $\frac{\text{허용응력}}{\text{기초강도}}$
② $\frac{\text{허용응력}}{\text{인장강도}}$
③ $\frac{\text{인장강도}}{\text{허용응력}}$
④ $\frac{\text{안전하중}}{\text{파단하중}}$

해 윗 해설 참조

답 ③

310 ☆

취성재료의 극한강도가 128MPa이며, 허용응력이 64MPa일 경우 안전계수는?

① 1 ② 2 ③ 4 ④ 1/2

해 $\text{안전율} = \frac{\text{극한강도}}{\text{허용응력}} = \frac{128}{64} = 2$

답 ②

311 ☆

일반구조용 압연강판(SS275)으로 구조물을 설계할 때 허용응력을 10kg/mm²으로 정하였다. 이때 적용된 안전율은?

① 2 ② 2.8 ③ 4 ④ 6

해 SS275인장강도 = $275N/mm^2$

$\text{안전율} = \frac{\text{인장강도}}{\text{허용응력}} = \frac{275N \cdot mm^2 \cdot 1kg}{mm^2 \cdot 10kg \cdot 9.8N}$
$= 2.81$

$1kg = 9.8N$

답 ②

312 ☆☆

허용응력 1kN/mm²이고, 단면적 2mm²인 강판의 극한하중이 4,000N이라면 안전율은 얼마인가?

① 2 ② 4 ③ 5 ④ 50

해 $\text{안전율} = \dfrac{\text{극한하중}}{\text{허용응력}\cdot\text{단면적}} = \dfrac{4{,}000N \cdot mm^2}{1{,}000N \cdot 2mm^2} = 2$

답 ①

313 ☆☆

단면적이 1,800mm²인 알루미늄 봉의 파괴강도는 70MPa이다. 안전율을 2로 하였을 때 봉에 가해질 수 있는 최대하중은 얼마인가?

① 6.3kN ② 126kN ③ 63kN ④ 12.6kN

해 $MPa = MN/m^2$

$\text{최대하중} = \dfrac{\text{파괴강도}\cdot\text{단면적}}{\text{안전율}}$

$= \dfrac{70MN \cdot 1{,}800mm^2 \cdot m^2 \cdot 10^3kN}{2 \cdot m^2 \cdot (1{,}000mm)^2 \cdot MN}$

$= 63kN$

답 ③

314 ☆

단면 60cm²인 목재가 4,000kg의 압축하중을 받고 있다. 안전율을 5로 하면 실제 사용응력은 허용응력의 몇%나 되는가? (단, 목재의 압축강도는 500kg/cm²이다.)

① 33.3 ② 66.7 ③ 99.5 ④ 250

해 $\text{안전율} = \dfrac{\text{압축강도}}{\text{허용응력}}$

$\rightarrow \text{허용응력} = \dfrac{\text{압축강도}}{\text{안전율}} = \dfrac{500}{5} = 100kg/cm^2$

$\text{실제응력} = \dfrac{4{,}000}{60} = 66.67kg/cm^2$

$\rightarrow \dfrac{\text{실제응력}}{\text{허용응력}} = \dfrac{66.67}{100} = 0.667 = 66.7\%$

답 ②

315 ☆☆☆☆

인장강도가 350N/mm²인 강판의 안전율이 4라면 허용응력은 몇 N/mm²인가?

① 76.4 ② 87.5 ③ 98.7 ④ 102.3

해 $\text{안전율} = \dfrac{\text{인장강도}}{\text{허용응력}}$

$\rightarrow \text{허용응력} = \dfrac{\text{인장강도}}{\text{안전율}} = \dfrac{350}{4} = 87.5N/mm^2$

답 ②

316 ☆

극한하중이 600N인 체인에 안전계수가 4일 때 체인의 정격하중(N)은?

① 130 ② 140 ③ 150 ④ 160

해 $\text{정격하중} = \dfrac{\text{극한하중}}{\text{안전계수}} = \dfrac{600}{4} = 150N$

답 ③

317 ☆

안전계수가 6인 체인의 정격하중이 100kg일 경우 이 체인의 극한강도는 몇kg인가?

① 0.06 ② 16.67 ③ 26.67 ④ 600

해 안전율 $= \frac{극한강도}{정격하중}$

→ 극한강도 = 안전율 • 정격하중 $= 6 \cdot 100 = 600kg$

답 ④

318 ☆

안전계수가 5인 체인의 최대설계하중이 1,000N이라면 이 체인의 극한하중은 약 몇N인가?

① 200N ② 800N ③ 5,000N ④ 8,000N

해 안전율 $= \frac{극한하중}{최대설계하중}$

→ 극한하중 = 안전율 • 최대설계하중 $= 5 \cdot 1{,}000 = 5{,}000N$

답 ③

319 ☆

지게차로 중량물 운반 시 차량의 중량은 30kN, 전차륜에서 하물 중심까지의 거리는 2m, 전차륜에서 차량 중심까지의 최단거리를 3m라고 할 때, 적재 가능한 하물의 최대중량은 얼마인가?

① 15kN ② 25kN ③ 35kN ④ 45kN

해 화물중량 • 앞바퀴에서 화물 무게중심까지 최단거리 ≤ 지게차중량 • 앞바퀴에서 지게차 무게중심까지 최단거리

$\rightarrow X \cdot 2 \le 30 \cdot 3 \rightarrow X \le \frac{90}{2} \rightarrow X \le 45kN$

답 ④

320 ☆☆☆

화물중량이 200kgf, 지게차중량이 400kgf, 앞바퀴에서 화물의 무게중심까지의 최단거리가 1m일 때 지게차의 무게중심까지 최단거리는 최소 몇m를 초과해야 하는가?

① 0.2m ② 0.5m ③ 1m ④ 2m

해 화물중량 • 앞바퀴에서 화물 무게중심까지 최단거리 ≤ 지게차중량 • 앞바퀴에서 지게차 무게중심까지 최단거리

$\rightarrow 200 \cdot 1 \le 400 \cdot X \rightarrow \frac{200}{400} \le X \rightarrow 0.5 \le Xm$

답 ②

321 ☆

무부하 상태에서 지게차로 20km/h의 속도로 주행할 때 좌우 안정도는 몇% 이내이어야 하는가?

① 37% ② 39% ③ 41% ④ 43%

해 주행 시 좌우 안정도 $= (15 + 1.1V)\%$
$= (15 + 1.1 \cdot 20)\%$
$= 37\%$

V: 주행속도(km/h)

답 ①

322 ☆

다음과 같은 조건에서 원통용기를 제작했을 때 안전성(안전도)이 높은 것부터 순서대로 나열된 것은?

	내압(kg/cm^2)	인장강도(kgf/cm^2)
A	50	40
B	60	50
C	70	55

① A-B-C ② B-C-A
③ C-A-B ④ B-A-C

해 안전도 $= \dfrac{\text{인장강도}}{\text{내압}}$

$A = \dfrac{40}{50} = 0.8 \quad B = \dfrac{50}{60} = 0.83$

$C = \dfrac{55}{70} = 0.79$

→ 안전도: $B > A > C$

답 ④

323 ☆

로울러가 맞물림점의 전방에 개구부의 간격을 30mm로 하여 가드를 설치하고자 한다. 가드의 설치 위치는 맞물림점에서 적어도 얼마의 간격을 유지하여야 하는가?

① 16mm ② 160mm ③ 166mm ④ 172mm

해 가드 설치 시 개구부 간격(mm)

개구부와 위험점 간격 160mm 이상	30
개구부와 위험점 간격 160mm 미만	6+0.15 • 개구부와 위험점 최단거리
위험점이 전동체	6+0.1 • 개구부와 위험점 최단거리

$Y = 6 + 0.15X \rightarrow 30 = 6 + 0.15 \cdot X$

$\rightarrow X = \dfrac{30-6}{0.15} = 160mm$

Y: 개구부 간격

X: 가드와 위험점간의 거리(안전거리)(mm)

답 ②

324 ☆

개구면에서 위험점까지의 거리가 50mm 위치에 풀리(pully)가 회전하고 있다. 가드(Guard)의 개구부 간격으로 설정할 수 있는 최대값은?

① 9mm ② 12mm ③ 13.5mm ④ 25mm

해 가드 설치 시 개구부 간격(mm)

개구부와 위험점 간격 160mm 이상	30
개구부와 위험점 간격 160mm 미만	6+0.15 • 개구부와 위험점 최단거리
위험점이 전동체	6+0.1 • 개구부와 위험점 최단거리

Y = 6 + 0.15X = 6 + 0.15 • 50 = 13.5mm
Y: 개구부 간격
X: 가드와 위험점간의 거리(안전거리)(mm)

답 ③

325 ☆

롤러기의 가드와 위험점간의 거리가 100mm 일 경우 ILO 규정에 의한 가드 개구부의 안전 간격은?

① 11mm ② 21mm ③ 26mm ④ 31mm

해 가드 설치 시 개구부 간격(mm)

개구부와 위험점 간격 160mm 이상	30
개구부와 위험점 간격 160mm 미만	6+0.15 • 개구부와 위험점 최단거리
위험점이 전동체	6+0.1 • 개구부와 위험점 최단거리

Y = 6 + 0.15X = 6 + 0.15 • 100 = 21mm
Y: 개구부 간격
X: 가드와 위험점간의 거리(안전거리)(mm)

답 ②

326 ☆☆

롤러 작업 시 위험점에서 가드(guard) 개구부까지의 최단 거리를 60mm라고 할 때, 최대로 허용할 수 있는 가드 개구부 틈새는 약 몇 mm인가? (단, 위험점이 비전동체이다.)

① 6mm ② 10mm ③ 15mm ④ 18mm

해 가드 설치 시 개구부 간격(mm)

개구부와 위험점 간격 160mm 이상	30
개구부와 위험점 간격 160mm 미만	6+0.15 • 개구부와 위험점 최단거리
위험점이 전동체	6+0.1 • 개구부와 위험점 최단거리

Y = 6 + 0.15X = 6 + 0.15 • 60 = 15mm
Y: 개구부 간격
X: 가드와 위험점간의 거리(안전거리)(mm)

답 ③

327 ☆

동력전달부분의 전방 35cm 위치에 일반 평형보호망을 설치하고자 한다. 보호망의 최대 구멍의 크기는 몇 mm인가?

① 41 ② 45 ③ 51 ④ 55

해 가드 설치 시 개구부 간격(mm)

개구부와 위험점 간격 160mm 이상	30
개구부와 위험점 간격 160mm 미만	6+0.15 • 개구부와 위험점 최단거리
위험점이 전동체	6+0.1 • 개구부와 위험점 최단거리

동력전달부분이란 전동체란 뜻!
Y = 6 + 0.1X = 6 + 0.1 • 350 = 41mm
Y: 개구부 간격
X: 가드와 위험점간의 거리(안전거리)(mm)

답 ①

328 ☆

방호장치를 설치할 때 중요한 것은 기계의 위험점으로부터 방호장치까지의 거리이다. 위험한 기계의 동작을 제동시키는데 필요한 총 소요시간을 t(초)라고 할 때 안전거리(S)의 산출식으로 옳은 것은?

① S=tmm/s ② S=1.6tm/s

③ S=2.8tmm/s ④ S=3.2tm/s

해 $D = 1.6 \cdot T_m$

D: 안전거리(mm)

T_m: 슬라이드가 하사점 도달하는 시간(ms)

답 ②

329 ☆☆☆

광전자식 방호장치의 광선에 신체의 일부가 감지된 후로부터 급정지기구가 작동개시 하기까지의 시간이 40ms이고, 광축의 설치거리가 96mm일 때 급정지기구가 작동개시한 때로부터 프레스기의 슬라이드가 정지될 때까지의 시간은 얼마인가?

① 15ms ② 20ms ③ 25ms ④ 30ms

해 $D = 1.6 \cdot T_m$

$\rightarrow 96 = 1.6 \cdot (T_L + T_S) \rightarrow 96 = 1.6 \cdot (40 + T_S)$

$\rightarrow 96 = 64 + 1.6T_S \rightarrow T_S = 20ms$

D: 안전거리(mm)

T_m: 슬라이드가 하사점 도달하는 시간(ms)

T_L: 응답시간(ms)

T_S: 브레이크 정지시간(ms)

답 ②

330 ☆

클러치 맞물림 개소수가 4개, 양수기동식 안전장치의 안전거리가 360mm일 때 양손으로 누름단추를 조작하고 슬라이드가 하사점에 도달하기까지의 소요 최대시간은 얼마인가?

① 90ms ② 125ms ③ 225ms ④ 576ms

해 $D = 1.6 \cdot T_m \rightarrow 360 = 1.6 \cdot T_m$

$\rightarrow T_m = \frac{360}{1.6} = 225ms$

D: 안전거리(mm)

T_m: 슬라이드가 하사점 도달하는 시간(ms)

답 ③

331 ☆☆☆☆

프레스 작동 후 슬라이드가 하사점에 도달할 때까지의 소요시간이 0.5s일 때 양수기동식 방호장치의 안전거리는 최소 얼마인가?

① 20mm ② 40mm ③ 60mm ④ 800mm

해 $D = 1.6 \cdot T_m = 1.6 \cdot 500 = 800mm$

D: 안전거리(mm)

T_m: 슬라이드가 하사점 도달하는 시간(ms)

답 ④

332 ☆☆☆☆

완전 회전식 클러치 기구가 있는 동력프레스에서 양수기동식 방호장치의 안전거리는 얼마 이상이어야 하는가? (단, 확동 클러치의 봉합개소의 수는 8개, 분당 행정수는 250SPM을 가진다.)

① 20mm ② 50mm ③ 90mm ④ 240mm

해 $D = 1.6 \cdot T_m = 1.6 \cdot 150 = 240mm$

$T_m = (\frac{1}{\text{클러치 수}} + \frac{1}{2}) \cdot \frac{60,000}{\text{분당행정수}}$

$= (\frac{1}{8} + \frac{1}{2}) \cdot \frac{60,000}{250}$

$= 150ms$

D: 안전거리(mm)

T_m: 슬라이드가 하사점 도달하는 시간(ms)

답 ④

333 ☆☆

지름이 D(mm)인 연삭기 숫돌의 회전수가 N(rpm)일 때 숫돌의 원주속도(m/min)를 옳게 표시한 식은?

① $\frac{\pi DN}{1,000}$ ② πDN

③ $\frac{\pi DN}{60}$ ④ $\frac{DN}{1,000}$

해 원주속도(m/min) $= \pi DN$

$\rightarrow \frac{\pi \cdot Dmm \cdot N \cdot m}{\min \cdot 10^3 mm} = \frac{\pi DN}{1,000}$

D: 지름 N: 회전수($rpm = 1/\min$)

답 ①

334 ☆☆☆☆

500rpm으로 회전하는 연삭숫돌의 지름이 300mm일 때 원주속도(m/min)은?

① 약 95 ② 약 471 ③ 약 532 ④ 약 580

해 원주속도 $= \pi DN = \frac{\pi \cdot 300mm \cdot 500 \cdot m}{\min \cdot 10^3 mm}$

$= 471.24m/\min$

D: 지름 N: 회전수($rpm = 1/\min$)

답 ②

335 ☆☆☆

드릴링 머신에서 드릴의 지름이 20mm이고 원주속도가 62.8m/min일 때 드릴의 회전수는 약 몇 rpm인가?

① 500rpm ② 1,000rpm

③ 2,000rpm ④ 3,000rpm

해 원주속도 $= \pi DN \rightarrow N = \frac{\text{원주속도}}{\pi D}$

$= \frac{62.8m \cdot 100cm}{\min \cdot \pi \cdot 2cm \cdot m}$

$= 999.49m/\min$

D: 지름 N: 회전수($rpm = 1/\min$)

답 ②

336 ☆☆☆

롤러기의 앞면 롤의 지름이 300mm, 분당회전수가 30회일 경우 허용되는 급정지장치의 급정지거리는 약 몇mm 이내이어야 하는가?

① 37.7 ② 31.4 ③ 377 ④ 314

해

앞면 롤러의 표면속도(m/min)	급정지거리
30 미만	앞면 롤러 원주의 1/3 이내
30 이상	앞면 롤러 원주의 1/2.5 이내

$$원주속도 = \pi DN = \frac{\pi \cdot 300mm \cdot 30 \cdot m}{\min \cdot 10^3 mm} = 28.27m/\min$$

D: 지름 N: 회전수

원주속도 30미만이니 급정지거리는 원주의 $\frac{1}{3}$ 이내

원주 $= \pi D = \pi \cdot 300 = 942.48mm$

$\rightarrow \frac{942.48}{3} = 314.16mm$

답 ④

337 ☆

다음 중 롤러의 급정지 성능으로 적합하지 않은 것은?

① 앞면 롤러 표면 원주속도가 25m/min, 앞면 롤러의 원주가 5m일 때 급정지거리 1.6m 이내

② 앞면 롤러 표면 원주속도가 35m/min, 앞면 롤러의 원주가 7m일 때 급정지거리 2.8m 이내

③ 앞면 롤러 표면 원주속도가 30m/min, 앞면 롤러의 원주가 6m일 때 급정지거리 2.6m 이내

④ 앞면 롤러 표면 원주속도가 20m/min, 앞면 롤러의 원주가 8m일 때 급정지거리 2.6m 이내

해

앞면 롤러의 표면속도(m/min)	급정지거리
30 미만	앞면 롤러 원주의 1/3 이내
30 이상	앞면 롤러 원주의 1/2.5 이내

보기 ③

원주속도 30이니 급정지거리는 원주의 $\frac{1}{2.5}$ 이내 $\rightarrow \frac{6}{2.5} = 2.4m$ 이내

답 ③

338 ☆

질량이 100kg인 물체를 그림과 같이 길이가 같은 2개의 와이어로프로 매달아 옮기고자 할 때 와이어로프 Ta에 걸리는 장력은 약 몇 N인가?

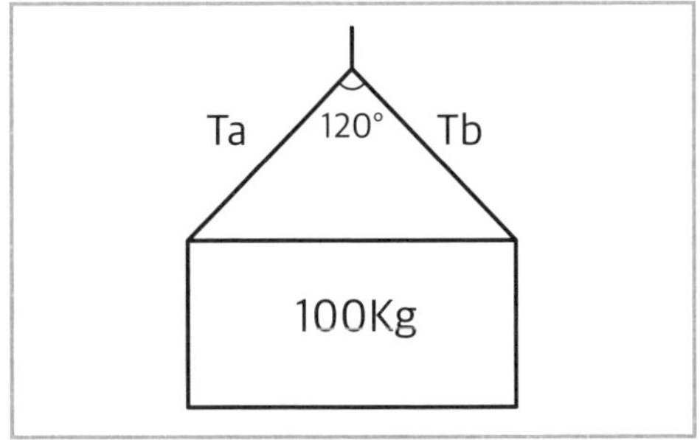

① 200 ② 400 ③ 490 ④ 980

해 $장력(kg) = \frac{질량(kg)}{2 \cdot COS(\frac{상부각}{2})} = \frac{100}{2 \cdot COS(\frac{120}{2})}$

$= 100kg \rightarrow \frac{1000kg \cdot 9.8N}{kg} = 980N$

답 ④

339 ☆

천장크레인에 중량 3kN의 화물을 2줄로 매달았을 때 매달기용 와이어(sling wire)에 걸리는 장력은 얼마인가? (단, 슬링와이어 2줄 사이의 각도는 55°이다.)

① 1.3kN ② 1.7kN ③ 2.0kN ④ 2.3kN

해 $장력(kN) = \frac{질량(kN)}{2 \cdot COS(\frac{상부각}{2})} = \frac{3}{2 \cdot COS(\frac{55}{2})}$

$= 1.69kN$

답 ②

340 ☆☆

질량100kg 화물이 와이어로프에 매달려 $2m/s^2$의 가속도로 권상되고 있다. 이때 와이어로프에 작용하는 장력의 크기는 몇N인가? (단, 여기서 중력가속도는 $10m/s^2$로 한다.)

① 200N ② 300N ③ 1,200N ④ 2,000N

해 $N = \frac{kg \cdot m}{s^2} \rightarrow \frac{100kg \cdot (2+10)m}{s^2} = 1,200N$

답 ③

341 ☆☆

크레인 로프에 질량 100kg인 물체를 $2m/s^2$의 가속도로 감아올릴 때, 로프에 걸리는 하중은 약 몇 N인가?

① 500N ② 950N ③ 1,180N ④ 4,900N

해 $N = \frac{kg \cdot m}{s^2}$

$\rightarrow \frac{100kg \cdot (2+9.8)m}{s^2} = 1,180N$

$9.8m/s^2$: 중력가속도

답 ③

342 ☆☆

크레인 작업 시 와이어로프에 4ton의 중량을 걸어 $2m/s^2$의 가속도로 감아올릴 때, 로프에 걸리는 총 하중은 얼마인가?

① 약 4,063kgf ② 약 4,193kgf
③ 약 4,243kgf ④ 약 4,816kgf

해 $N = \frac{kg \cdot m}{s^2}$

$\rightarrow \frac{4{,}000kg \cdot (2+9.8)m}{s^2} = 47{,}200N$

$\rightarrow \frac{47{,}200N \cdot kg}{9.8N} = 4{,}816.33kg$

$9.8m/s^2$: 중력가속도 $1kg = 9.8N$

답 ④

343 ☆

그림과 같이 50kN의 중량물을 와이어 로프를 이용하여 상부에 60°의 각도가 되도록 들어 올릴 때, 로프 하나에 걸리는 하중(T)은 약 몇kN인가?

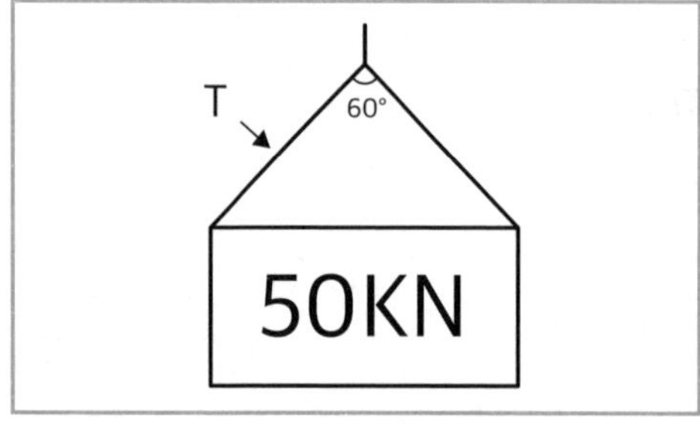

① 16.8 ② 24.5 ③ 28.9 ④ 37.9

해 한 로프에 걸리는 하중(kN)

$= \frac{질량(kN)}{2 \cdot COS(\frac{상부각}{2})} = \frac{50}{2 \cdot COS(\frac{60}{2})}$

$= 28.87kN$

답 ③

344 ☆

어떤 양중기에서 3,000kg의 질량을 가진 물체를 한쪽이 45°인 각도로 그림과 같이 2개의 와이어로프로 직접 들어올릴 때, 안전율이 고려된 가장 적절한 와이어로프 지름을 표에서 구하면?(단, 안전율은 산업안전보건법령을 따르고, 두 와이어로프의 지름은 동일하며, 기준을 만족하는 가장 작은 지름을 선정한다.)

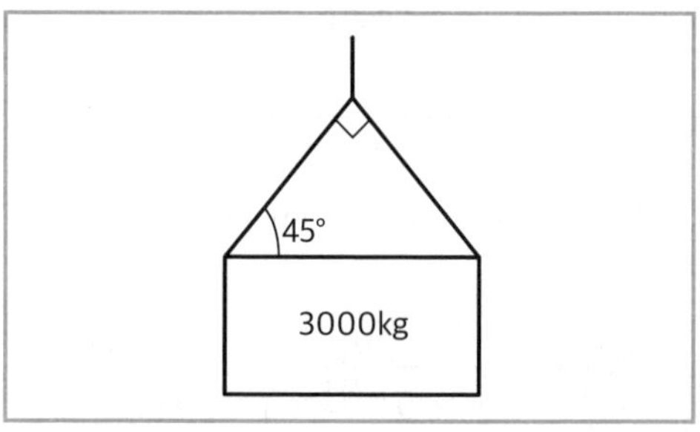

와이어로프 지름 및 절단강도	
지름(mm)	절단강도(kN)
10	55
12	90
14	110
16	145

① 10mm ② 12mm ③ 14mm ④ 16mm

해 한 로프에 걸리는 하중(kg)

$= \frac{질량(kg)}{2 \cdot COS(\frac{상부각}{2})} = \frac{3{,}000}{2 \cdot COS(\frac{90}{2})}$

$= 2{,}121.32kg$

화물 직접 지지하는 달기 와이어로프

안전계수: 5

$\rightarrow 5 \cdot \frac{2{,}121.32kg \cdot 9.8N \cdot kN}{kg \cdot 1{,}000N} = 103.94kN$

$103.94kN$ 보다 커야되니 $110kN$인 $14mm$ 선택

답 ③

산업안전기사 2012~22년

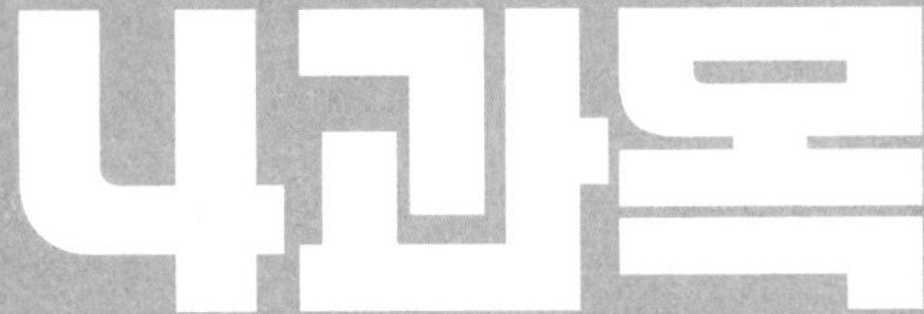

전기설비 안전관리

(기출중복문제 소거 정리)

잠깐! 더 효율적인 공부를 위한 링크들을 적극 이용하세요~!

직8딴 홈페이지

- 출시한 책 확인 및 구매

직8딴 카카오오픈톡방

- 실시간 저자의 질문 답변

(주7일 아침 11시~새벽 2시까지, 전화로도 함)

- 직8딴 구매자전용 복지와 혜택 획득

(최소 달에 40만원씩 기프티콘 지급)

- 구매자들과의 소통 및 EHS 관련 정보 습득

직8딴 네이버카페

- 실시간으로 최신화되는 정오표 확인

(정오표: 책 출시 이후 발견된 오타/오류를 모아놓은 표, 매우 중요)

- 공부에 도움되는 컬러버전 그림 및 사진 습득
- 직8딴 구매자전용 복지와 혜택 획득

직8딴 유튜브

- 저자 직접 강의 시청 가능
- 공부 팁 및 암기법 획득
- 국가기술자격증 관련 정보 획득

전기설비 안전관리

기출 중복문제 소거 정리

001 ☆☆☆

전기설비기술기준에서 정의하는 전압의 구분으로 틀린 것은?

① 교류 저압 : 1,000V 이하
② 직류 저압 : 1,500V 이하
③ 직류 고압 : 1,500V 초과 7,000V 이하
④ 특고압 : 7,000V 이상

해 전압을 구분하는 저압, 고압 및 특고압은 다음 각 호의 것을 말한다.
1. 저압: 직류는 1.5kV 이하, 교류는 1kV 이하인 것.
2. 고압: 직류는 1.5kV를, 교류는 1kV를 초과하고, 7kV 이하인 것.
3. 특고압: 7kV를 초과하는 것.

답 ④

002 ☆

전압은 저압, 고압 및 특별고압으로 구분되고 있다. 다음 중 저압에 대한 설명으로 가장 알맞은 것은?

① 직류 1,500V 미만, 교류 1,000V 미만
② 직류 1,500V 이하, 교류 1,000V 이하
③ 직류 1,500V 이하, 교류 1,200V 이하
④ 직류 1,500V 미만, 교류 1,300V 미만

해 윗 해설 참조

답 ②

003 ☆

다음 빈칸에 들어갈 내용으로 알맞은 것은?

> 교류 특고압 가공전선로에서 발생하는 극저주파 전자계는 지표상 1m에서 전계가 (ⓐ), 자계가 (ⓑ)가 되도록 시설하고, 직류 특고압 가공전선로에서 발생하는 직류전계는 지표면에서 25kV/m 이하, 직류자계는 지표상 1m에서 400,000μT 이하가 되도록 시설하는 등 상시 정전유도(靜電誘導) 및 전자유도(電磁誘導) 작용에 의하여 사람에게 위험을 줄 우려가 없도록 시설하여야 한다.

① ⓐ 0.35kV/m 이하, ⓑ 0.833 이하
② ⓐ 3.5kV/m 이하, ⓑ 8.33 이하
③ ⓐ 3.5kV/m 이하, ⓑ 83.3 이하
④ ⓐ 35kV/m 이하, ⓑ 833 이하

해 교류 특고압 가공전선로에서 발생하는 극저주파 전자계는 지표상 1m에서 전계가 3.5kV/m 이하, 자계가 83.3μT 이하가 되도록 시설하고, 직류 특고압 가공전선로에서 발생하는 직류전계는 지표면에서 25kV/m 이하, 직류자계는 지표상 1m에서 400,000μT 이하가 되도록 시설하는 등 상시 정전유도(靜電誘導) 및 전자유도(電磁誘導) 작용에 의하여 사람에게 위험을 줄 우려가 없도록 시설하여야 한다.

답 ③

004 ☆☆

다음 (　　) 안에 들어갈 내용으로 알맞은 것은?

> 과전류차단장치는 반드시 접지선이 아닌 전로에 (　　)로 연결하여 과전류 발생 시 전로를 자동으로 차단하도록 설치할 것

① 직렬　② 병렬　③ 임시　④ 직병렬

해 과전류차단장치는 반드시 접지선이 아닌 전로에 직렬로 연결하여 과전류 발생 시 전로를 자동으로 차단히도록 설치할 것

답 ①

005 ☆

기중 차단기의 기호로 옳은 것은?

① VCB　② MCCB　③ OCB　④ ACB

해

VCB	vacuum circuit breaker 진공차단기
MCCB	molded case circuit breaker 배선용 차단기
OCB	oil circuit breaker 유입차단기
ACB	air circuit breaker 기중차단기

답 ④

006 ☆

저압 전기기기의 누전으로 인한 감전재해의 방지대책이 아닌 것은?

① 보호접지
② 안전전압의 사용
③ 비접지식 전로의 채용
④ 배선용차단기(MCCB)의 사용

해 배선용 차단기는 단락이나 과전류 발생 시 차단하는 장치이지 누전 검출 안되므로 방지책은 아니다.

답 ④

007 ☆

전기기계·기구의 기능 설명으로 옳은 것은?

① CB는 부하전류를 개폐시킬 수 있다.
② ACB는 진공 중에서 차단동작을 한다.
③ DS는 회로의 개폐 및 대용량부하를 개폐 시킨다.
④ 피뢰침(LA)은 뇌나 계통의 개폐에 의해 발생하는 이상전압을 대지로 방전시킨다.

해

CB	차단기(Circuit Breaker) 부하전류 개폐시킬 수 있으며 고장전류(대전류)차단 가능하다.
ACB	기중차단기(Air Circuit Breaker) 압축공기 사용해 아크를 끄는 차단기
DS	단로기(Disconnecting Switch) 무부하 상태의 선로 개폐한다.
LA	피뢰침(Lightning Arrester) 뇌나 계통의 개폐에 의해 발생하는 이상전압을 억제시킨다.

답 ①

008 ☆☆

고장전류와 같은 대전류를 차단할 수 있는 것은?

① 차단기(CB) ② 유입 개폐기(OS)
③ 단로기(DS) ④ 선로 개폐기(LS)

해 OS: 유입개폐기(oil switch), 고장전류 차단 불가능하며 부하전류만 개폐함.
LS: 선로개폐기(Line switch), 선로구분목적
윗 해설 참조

답 ①

009 ☆☆

단로기를 사용하는 주된 목적은?

① 과부하 차단 ② 변성기의 개폐
③ 이상전압의 차단 ④ 무부하 선로의 개폐

해 윗 해설 참조

답 ④

010 ☆☆

전동기용 퓨즈 사용 목적으로 알맞은 것은?

① 과전압 차단
② 누설전류 차단
③ 지락과전류 차단
④ 회로에 흐르는 과전류 차단

해 퓨즈 사용 목적: 과전류 차단

답 ④

011 ☆

전기작업 안전의 기본 대책에 해당되지 않는 것은?

① 취급자의 자세
② 전기설비의 품질 향상
③ 전기시설의 안전관리 확립
④ 유지보수를 위한 부품 재사용

해 전기작업 안전 기본 대책
1. 취급자의 자세
2. 전기설비의 품질 향상
3. 전기시설의 안전관리 확립

답 ④

012 ☆

전기작업에서 안전을 위한 일반 사항이 아닌 것은?

① 전로의 충전 여부 시험은 검전기를 사용한다.
② 단로기의 개폐는 차단기의 차단 여부를 확인한 후에 한다.
③ 전선을 연결할 때 전원 쪽을 먼저 연결하고 다른 전선을 연결한다.
④ 첨가전화선에는 사전에 접지 후 작업을 하며 끝난 후 반드시 제거해야 한다.

해 전선을 연결할 때 전원 쪽을 마지막에 연결하고 다른 전선을 먼저 연결한다.

답 ③

013 ☆☆

3상 3선식 전선로의 보수를 위하여 정전작업을 할 때 취하여야 할 기본적인 조치는?

① 1선을 접지한다.
② 2선을 단락 접지한다.
③ 3선을 단락 접지한다.
④ 접지를 하지 않는다.

해 3상 3선식 전선로의 보수할 때 3선을 단락 접지해야 한다.

답 ③

014 ☆

전선로를 개로한 후에도 잔류 전하에 의한 감전재해를 방지하기 위하여 방전을 요하는 것은?

① 나선의 가공 송배선 선로
② 전열회로
③ 전동기에 연결된 전선로
④ 개로한 전선로가 전력 케이블로 된 것

해 개로된 전로가 전력케이블·전력콘덴서등을 가진 것으로서 잔류전하에 의하여 위험이 발생할 우려가 있는 것에 대하여는 당해 잔류전하를 확실히 방전시킬 것

답 ④

015 ☆☆

정전작업 시 정전시킨 전로에 잔류전하를 방전할 필요가 있다. 전원 차단 이후에도 잔류전하가 남아있을 가능성이 가장 낮은 것은?

① 방전 코일 ② 전력 케이블
③ 전력용 콘덴서 ④ 용량이 큰 부하기기

해 방전 코일은 잔류전하 방전시키는 코일이다.

답 ①

016 ☆

전력케이블을 사용하는 회로나 역률개선용 전력콘덴서 등이 접속되어 있는 회로의 정전작업 시에 감전의 위험을 방지하기 위한 조치로서 가장 옳은 것은?

① 개폐기의 통전금지
② 잔류전하의 방전
③ 근접활선에 대한 방호장치
④ 안전표지의 설치

해 개로된 전로에서 유도전압 또는 전기에너지가 축적되어 근로자에게 전기위험을 끼칠 수 있는 전기기기등은 접촉하기 전에 잔류전하를 완전히 방전시킬 것

답 ②

017 ☆☆

역률개선용 커패시터(capacitor)가 접속되어 있는 전로에서 정전작업을 할 경우 다른 정전작업과는 달리 주의 깊게 취해야 할 조치사항으로 옳은 것은?

① 안전표지 부착
② 개폐기 전원 투입금지
③ 잔류전하 방전
④ 활선 근접작업에 대한 방호

해 윗 해설 참조

답 ③

018 ☆

산업안전보건기준에 관한 규칙에 따라 감전될 우려가 있는 장소에서 작업을 하기 위해서는 전로를 차단하여야 한다. 전로 차단을 위한 시행 절차 중 틀린 것은?

① 전기기기 등에 공급되는 모든 전원을 관련 도면, 배선도 등으로 확인
② 각 단로기를 개방한 후 전원 차단
③ 단로기 개방 후 차단장치나 단로기 등에 잠금장치 및 꼬리표를 부착
④ 잔류전하 방전 후 검전기를 이용하여 작업 대상 기기가 충전되어 있는 지 확인

해 전로 차단은 다음 각 호의 절차에 따라 시행하여야 한다.
1. 전기기기등에 공급되는 모든 전원을 관련 도면, 배선도 등으로 확인할 것
2. 전원을 차단한 후 각 단로기 등을 개방하고 확인할 것
3. 차단장치나 단로기 등에 잠금장치 및 꼬리표를 부착할 것
4. 개로된 전로에서 유도전압 또는 전기에너지가 축적되어 근로자에게 전기위험을 끼칠 수 있는 전기기기등은 접촉하기 전에 잔류전하를 완전히 방전시킬 것
5. 검전기를 이용하여 작업 대상 기기가 충전되었는 지를 확인할 것
6. 전기기기등이 다른 노출 충전부와의 접촉, 유도 또는 예비 동력원의 역송전 등으로 전압이 발생할 우려가 있는 경우에는 충분한 용량을 가진 단락 접지기구를 이용하여 접지할 것

답 ②

019 ☆

정전작업 안전을 확보하기 위하여 접지용구의 설치 및 철거에 대한 설명 중 잘못된 것은?

① 접지용구 설치전에 개폐기의 개방확인 및 검전기 등으로 충전 여부를 확인한다.
② 접지설치 요령은 먼저 접지측 금구에 접지선을 접속하고 금구를 기기나 전선에 확실히 부착한다.
③ 접지용구 취급은 작업책임자의 책임하에 행하여야 한다.
④ 접지용구의 철거는 설치순서와 동일하게 한다.

해 접지용구 철거는 설치순서의 역순으로 한다.

답 ④

020 ☆

배전선로에 정전작업 중 단락 접지기구를 사용하는 목적으로 가장 적합한 것은?

① 통신선 유도 장해 방지
② 배전용 기계 기구의 보호
③ 배전선 통전 시 전위경도 저감
④ 혼촉 또는 오동작에 의한 감전방지

해 혼촉 또는 오동작에 의한 감전방지를 위해 단락 접지기구를 사용한다.

답 ④

021 ☆☆

정전작업 시 조치사항으로 부적합한 것은?

① 작업 전 전기설비 잔류전하를 확실히 방전한다.

② 개로된 전로의 충전여부를 검전기구에 의하여 확인한다.

③ 개폐기에 시건장치를 하고 통전금지에 관한 표지판은 제거한다.

④ 예비 동력원의 역송전에 의한 감전의 위험을 방지하기 위해 단락접지 기구를 사용하여 단락 접지를 한다.

해 개폐기에 시건장치를 하고 통전금지에 관한 표지판은 설치한다.

답 ③

022 ☆☆☆☆☆

정전작업 시 작업 전 조치하여야 할 실무사항으로 틀린 것은?

① 잔류전하의 방전

② 단락 접지기구의 철거

③ 검전기에 의한 정전확인

④ 개로개폐기의 잠금 또는 표시

해 정전작업 조치사항

구분	내용
작업전조치사항	• 전기기기등에 공급되는 모든 전원을 관련 도면, 배선도 등으로 확인할 것 • 전원을 차단한 후 각 단로기 등을 개방하고 확인할 것 • 차단장치나 단로기 등에 잠금장치 및 꼬리표를 부착할 것 • 검전기를 이용하여 작업 대상기기가 충전되었는 지를 확인할 것
작업중조치사항	• 작업지휘자에 의한 지휘에 따르며 작업 한다. • 개폐기 관리를 한다. • 단락접지 상태관리를 한다. • 근접활선에 대한 방호상태 관리를 한다.
작업후조치사항	• 작업기구, 단락 접지기구 등을 제거하고 전기기기등이 안전하게 통전될 수 있는지를 확인할 것 • 모든 작업자가 작업이 완료된 전기기기 등에서 떨어져 있는지를 확인할 것 • 잠금장치와 꼬리표는 설치한 근로자가 직접 철거할 것 • 모든 이상 유무를 확인한 후 전기기기 등의 전원을 투입할 것

답 ②

023 ☆

정전작업 시 작업 중의 조치사항으로 옳은 것은?

① 검전기에 의한 정전확인
② 개폐기 관리
③ 잔류전하의 방전
④ 단락접지 실시

해 ①/③/④: 작업 전
②: 작업 중
윗 해설 참조

답 ②

024 ☆

정전작업 시 작업 중의 조치사항으로 옳지 않은 것은?

① 작업지휘자에 의한 지휘
② 개폐기 투입
③ 단락접지 수시확인
④ 근접활선에 대한 방호상태 관리

해 ②: 개폐기 관리
윗 해설 참조

답 ②

025 ☆

활선작업 중 다른 공사를 하는 것에 대한 안전조치는?

① 동일주 및 인접주에서의 다른 작업은 금한다.
② 인접주에서는 다른 작업이 가능하다.
③ 동일 배전선에서는 관계가 없다.
④ 동일주에서는 다른 작업이 가능하다.

해 활선작업 중에는 다른 작업을 동일 전주 또는 가까운 전주에서 시행하지 못한다.

답 ①

026 ☆

활선작업 및 활선근접 작업 시 반드시 작업지휘자를 정하여야 한다. 작업지휘자의 임무 중 가장 중요한 것은?

① 설계계획에 의한 시공을 관리, 감독하기 위해서
② 활선에 접근 시 즉시 경고를 하기 위해서
③ 필요한 전기 기자재를 보급하기 위해서
④ 작업을 신속히 처리하기 위해서

해 활선작업 및 활선근접 작업 시 활선에 접근 시 즉시 경고를 하기 위해서 반드시 작업지휘자를 정하여야 한다.

답 ②

027 ☆

근로자가 노출된 충전부 또는 그 부근에서 작업 함으로써 감전될 우려가 있는 경우에는 작업에 들어가기 전에 해당 전로를 차단하여야 하나 전로를 차단하지 않아도 되는 예외 기준이 있다. 그 예외 기준이 아닌 것은?

① 생명유지장치, 비상경보설비, 폭발위험장소의 환기설비, 비상조명설비 등의 장치·설비의 가동이 중지되어 사고의 위험이 증가되는 경우
② 관리감독자를 배치하여 짧은 시간 내에 작업을 완료할 수 있는 경우
③ 기기의 설계상 또는 작동상 제한으로 전로 차단이 불가능한 경우
④ 감전, 아크 등으로 인한 화상, 화재·폭발의 위험이 없는 것으로 확인된 경우

해 사업주는 근로자가 노출된 충전부 또는 그 부근에서 작업함으로써 감전될 우려가 있는 경우에는 작업에 들어가기 전에 해당 전로를 차단하여야 한다. 다만, 다음 각 호의 경우에는 그러하지 아니하다.

1. 생명유지장치, 비상경보설비, 폭발위험장소의 환기설비, 비상조명설비 등의 장치·설비의 가동이 중지되어 사고의 위험이 증가되는 경우
2. 기기의 설계상 또는 작동상 제한으로 전로 차단이 불가능한 경우
3. 감전, 아크 등으로 인한 화상, 화재·폭발의 위험이 없는 것으로 확인된 경우

답 ②

028 ☆☆

정격감도전류에서 동작시간이 가장 짧은 누전차단기는?

① 시연형 누전차단기
② 반한시형 누전 차단기
③ 고속형 누전차단기
④ 감전보호용 누전차단기

해

구분		정격감도전류	동작시간
고감도형	고속형	5/10/15/30 mA	• 정격감도전류에서 0.1초 이내 • 인체감전보호용은 0.03초 이내
	시연형		정격감도전류에서 0.1초를 초과하고 2초 이내
	반한시형		• 정격감도전류에서 0.2초를 초과하고 1초 이내 • 정격감도전류에서 1.4배의 전류에서 0.1초를 초과하고 0.5초 이내 정격감도전류 4.4배의 전류에서 0.05초 이내
중감도형	고속형	50/100/200/500/1,000mA	정격감도전류에서 0.1초 이내
	시연형		정격감도전류에서 0.1초를 초과하고 2초 이내

답 ④

029 ☆

인체감전보호용 누전차단기의 정격감도전류(mA)와 동작시간(초)의 최대값은?

① 10mA, 0.03초 ② 20mA, 0.01초
③ 30mA, 0.03초 ④ 50mA, 0.1초

해 윗 해설 참조

답 ③

030 ☆☆

누전차단기의 시설방법 중 옳지 않은 것은?

① 시설장소는 배전반 또는 분전반 내에 설치한다.
② 정격전류용량은 해당 전로의 부하전류 값 이상이여야 한다.
③ 정격감도전류는 정상의 사용상태에서 불필요하게 동작하지 않도록 한다.
④ 인체감전보호형은 0.05초 이내에 동작하는 고감도 고속형이어야 한다.

해 인체감전보호형은 0.03초 이내에 동작하는 고감도 고속형이어야 한다.

답 ④

031 ☆☆☆

전기기계·기구에 설치되어 있는 감전방지용 누전차단기의 정격감도전류 및 작동시간으로 옳은 것은? (단, 정격전부하전류가 50A 미만이다.)

① 15mA이하, 0.1초 이내
② 30mA이하, 0.03초 이내
③ 50mA이하, 0.5초 이내
④ 100mA이하, 0.05초 이내

해 전기기계·기구에 설치되어 있는 누전차단기는 정격감도전류가 30밀리암페어 이하이고 작동시간은 0.03초 이내일 것. 다만, 정격전부하전류가 50암페어 이상인 전기기계·기구에 접속되는 누전차단기는 오작동을 방지하기 위하여 정격감도전류는 200밀리암페어 이하로, 작동시간은 0.1초 이내로 할 수 있다.

답 ②

032 ☆☆☆

그림과 같은 설비에 누전되었을 때 인체가 접촉하여도 안전하도록 ELB를 설치하려고 한다. 누전차단기 동작전류 및 시간으로 가장 적당한 것은?

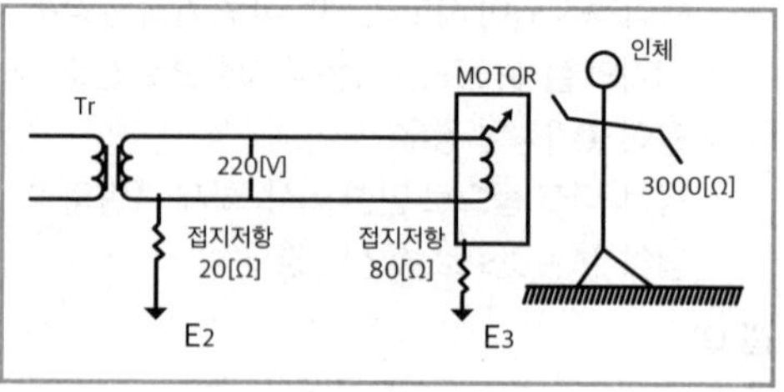

① 30mA, 0.1초 ② 60mA, 0.1초
③ 90mA, 0.1초 ④ 120mA, 0.1초

해 인체감전보호용은 최대 30mA이다.
윗 해설 참조

답 ①

033 ☆

인체의 저항을 500Ω이라 할 때 단상 440V의 회로에서 누전으로 인한 감전재해를 방지할 목적으로 설치하는 누전차단기 규격은?

① 30mA, 0.1초 ② 30mA, 0.03초
③ 50mA, 0.1초 ④ 50mA, 0.3초

해 윗 해설 참조

답 ②

034 ☆

샤워시설이 있는 욕실에 콘센트를 시설하고자 한다. 이때 설치되는 인체감전보호용 누전차단기의 정격감도전류는 몇 mA 이하인가?

① 5 ② 15 ③ 30 ④ 60

해 욕조나 샤워시설이 있는 욕실 또는 화장실 등 인체가 물에 젖어있는 상태에서 전기를 사용하는 장소에 콘센트를 시설하는 경우에는 다음 각 호에 따라 시설하여야 한다.

1. 「전기용품 및 생활용품 안전관리법」의 적용을 받는 인체감전보호용 누전차단기(정격감도전류 15mA 이하, 동작시간 0.03초 이하의 전류동작형의 것에 한한다) 또는 절연변압기(정격용량 3kVA 이하인 것에 한한다)로 보호된 전로에 접속하거나, 인체감전보호용 누전차단기가 부착된 콘센트를 시설하여야 한다.
2. 콘센트는 접지극이 있는 방적형 콘센트를 사용하여 접지하여야 한다.

답 ②

035 ☆☆

욕실 등 물기가 많은 장소에서 인체감전보호형 누전차단기 정격감도전류와 동작시간은?

① 정격감도전류 30mA, 동작시간 0.01초 이내
② 정격감도전류 30mA, 동작시간 0.03초 이내
③ 정격감도전류 15mA, 동작시간 0.01초 이내
④ 정격감도전류 15mA, 동작시간 0.03초 이내

해 윗 해설 참조

답 ④

036 ☆

입욕자에게 전기적 자극을 주기 위한 전기욕기의 전원장치에 내장되어 있는 전원 변압기의 2차측 전로의 사용전압은 몇 V 이하로 하여야 하는가?

① 10 ② 15 ③ 30 ④ 60

해 전기욕기에 전기를 공급하기 위한 전기욕기용 전원장치(내장되어 있는 전원 변압기의 2차측 전로의 사용전압이 10V 이하인 것에 한한다)는 「전기용품 및 생활용품 안전관리법」에 의한 안전기준에 적합한 것.

답 ①

037 ☆

누전차단기를 설치하여야 하는 곳은?

① 기계기구를 건조한 장소에 시설한 경우
② 대지전압이 220V에서 기계기구를 물기가 없는 장소에 시설한 경우
③ 전기용품안전 관리법의 적용을 받는 2중 절연 구조의 기계기구
④ 전원측에 절연변압기(2차 전압이 300V 이하)를 시설한 경우

해 사업주는 다음 각 호의 전기 기계·기구에 대하여 누전에 의한 감전위험을 방지하기 위하여 해당 전로의 정격에 적합하고 감도(전류 등에 반응하는 정도)가 양호하며 확실하게 작동하는 감전방지용 누전차단기를 설치해야 한다.

1. 대지전압이 150볼트를 초과하는 이동형 또는 휴대형 전기기계·기구
2. 물 등 도전성이 높은 액체가 있는 습윤장소에서사용하는 저압(1.5천볼트 이하 직류전압이나 1천볼트 이하의 교류전압을 말한다)용 전기기계·기구
3. 철판·철골 위 등 도전성이 높은 장소에서 사용하는 이동형 또는 휴대형 전기기계·기구
4. 임시배선의 전로가 설치되는 장소에서 사용하는 이동형 또는 휴대형 전기기계기구

답 ②

038 ☆

누전차단기의 설치가 필요한 것은?

① 이중절연 구조의 전기기계·기구
② 비접지식 전로의 전기기계·기구
③ 절연대 위에서 사용하는 전기기계·기구
④ 도전성이 높은 장소의 전기기계·기구

해 윗 해설 참조

답 ④

039 ☆☆☆☆

금속제 외함을 가지는 기계기구에 전기를 공급하는 전로에 지락이 발생했을 때에 자동적으로 전로를 차단하는 누전차단기 등을 설치하여야 한다. 누전차단기를 설치하지 않아도 되는 경우로 틀린 것은?

① 기계기구 고무, 합성수지 기타 절연물로 피복된 것일 경우
② 기계기구가 유도전동기의 2차측 전로에 접속된 저항기일 경우
③ 대지전압이 150V를 초과하는 전동기계·기구를 시설하는 경우
④ 전기용품안전관리법의 적용을 받는 2중 절연구조의 기계기구를 시설하는 경우

해 전로에 지락이 생겼을 때에 자동적으로 전로를 차단하는 장치를 하여야 한다. 다만, 다음 각 호의 어느 하나에 해당하는 경우는 적용하지 않는다.

1. 기계기구를 발전소 · 변전소 · 개폐소 또는 이에 준하는 곳에 시설하는 경우.
2. 기계기구를 건조한 곳에 시설하는 경우.
3. 대지전압이 150V 이하인 기계기구를 물기가 있는 곳 이외의 곳에 시설하는 경우
4. 「전기용품 및 생활용품 안전관리법」의 적용을 받는 2중 절연구조 기계기구를 시설하는 경우
5. 그 전로의 전원측에 절연변압기(2차 전압이 300V 이하인 경우에 한한다)를 시설하고 또한 그 절연변압기의 부하측의 전로에 접지히지 아니하는 경우
6. 기계기구가 고무 · 합성수지 기타 절연물로 피복된 경우
7. 기계기구가 유도전동기의 2차측 전로에 접속되는 것일 경우
8. 기계기구가 제12조제8호에 규정하는 것일 경우
9. 기계기구내에 「전기용품 및 생활용품 안전관리법」의 적용을 받는 누전차단기를 설치하고 또한 기계기구의 전원연결선이손상을 받을 우려가 없도록 시설한 경우

답 ③

040 ☆

지락(누전) 차단기를 설치하지 않아도 되는 기준으로 틀린 것은?

① 기계기구를 발전소, 변전소에 준하는 곳에 시설하는 경우로서 취급자 이외의 자가 임의로 출입할 수 없는 경우
② 대지 전압 150V 이하의 기계기구를 물기가 없는 장소에 시설하는 경우
③ 기계기구를 건조한 장소에 시설하고 습한 장소에서 조작하는 경우로 제어용 전압이 교류 60V, 직류 75V 이하인 경우
④ 기계기구가 유도전동기의 2차측 전로에 접속된 저항기일 경우

해 기계기구를 건조한 장소에 시설하고 습한 장소에서 조작하는 경우로 제어용 전압이 교류 30[V], 직류 40[V] 이하인 경우

답 ③

041 ☆☆

누전차단기의 구성요소가 아닌 것은?

① 누전검출부 ② 영상변류기
③ 차단장치 ④ 전력퓨즈

해 누전차단기 구성요소
누전검출부/차단장치/영상변류기/트립코일

답 ④

042 ☆

누전경보기는 사용전압이 600V 이하인 경계전로의 누설전류를 검출하여 당해 소방대상물의 관계자에게 경보를 발하는 설비를 말한다. 다음 중 누전경보기의 구성으로 옳은 것은?

① 감지기-발신기 ② 변류기-수신부
③ 중계기-감지기 ④ 차단기-증폭기

해 "누전경보기"란 내화구조가 아닌 건축물로서 벽, 바닥 또는 천장의 전부나 일부를 불연재료 또는 준불연재료가 아닌 재료에 철망을 넣어 만든 건물의 전기설비로부터 누설전류를 탐지하여 경보를 발하며 변류기와 수신부로 구성된 것을 말한다.
누전경보기 구성요소
영상변류기/수신부/음향장치/차단기

답 ②

043 ☆

누전화재경보기에 사용하는 변류기에 대한 설명으로 잘못된 것은?

① 옥외 전로에는 옥외형을 설치
② 점검이 용이한 옥외 인입선의 부하측에 설치
③ 건물의 구조상 부득이하여 인입구에 근접한 옥내에 설치
④ 수신부에 있는 스위치 1차측에 설치

해 – 변류기는 특정소방대상물의 형태, 인입선의 시설방법 등에 따라 옥외 인입선의 제1지점의 부하 측 또는 제2종 접지선 측의 점검이 쉬운 위치에 설치할 것. 다만, 인입선의 형태 또는 특정소방대상물의 구조상 부득이한 경우에는 인입구에 근접한 옥내에 설치할 수 있다.
– 변류기를 옥외의 전로에 설치하는 경우에는 옥외형으로 설치할 것

답 ④

044 ☆

가연성 증기나 먼지 등이 체류할 우려가 있는 장소의 전기회로에 설치하여야 하는 누전경보기의 수신기가 갖추어야 할 성능으로 옳은 것은?

① 음향장치를 가진 수신기
② 차단기구를 가진 수신기
③ 가스감지기를 가진 수신기
④ 분진농도 측정기를 가진 수신기

해 누전경보기의 수신부는 옥내의 점검에 편리한 장소에 설치하되, 가연성의 증기·먼지 등이 체류할 우려가 있는 장소의 전기회로에는 해당 부분의 전기회로를 차단할 수 있는 차단기구를 가진 수신부를 설치해야 한다.

답 ②

045 ☆

전기누전 화재경보기의 시험 방법에 속하지 않는 것은?

① 방수시험 ② 단락전류강도 시험
③ 접지저항시험 ④ 과입력전압시험

해 누전경보기 시험항목
온도특성시험/전로개폐시험/단락전류강도시험/과누전시험/노화시험/방수시험/진동시험/충격시험/절연저항시험/절연내력시험/충격파내전압시험/전압강하방지시험/전원전압변동시험/반복시험/과입력전압시험/개폐기조작시험

답 ③

046 ☆

감전 사고를 일으키는 주된 형태가 아닌 것은?

① 충전전로에 인체가 접촉되는 경우
② 이중절연 구조로 된 전기기계·기구를 사용하는 경우
③ 고전압의 전선로에 인체가 근접하여 섬락이 발생된 경우
④ 충전 전기회로에 인체가 단락회로의 일부를 형성하는 경우

해 이중절연 구조로 된 전기기계·기구를 사용하는 경우는 감전 방지책이다.

답 ②

047 ☆☆

감전 재해자가 발생하였을 때 취하여야 할 최우선 조치는? (단, 감전자가 질식상태라 가정함.)

① 부상 부위를 치료한다.
② 심폐소생술을 실시한다.
③ 의사의 왕진을 요청한다.
④ 우선 병원으로 이동시킨다.

해 당연히 심정지 상태를 확인하고, 심폐소생술을 실시한다.

답 ②

048 ☆☆

감전사고가 발생했을 때 피해자를 구출하는 방법으로 틀린 것은?

① 피해자가 계속하여 전기설비에 접촉되어 있다면 우선 그 설비의 전원을 신속히 차단한다.
② 감전사항을 빠르게 판단하고 피해자의 몸과 충전부가 접촉되어 있는지를 확인한다.
③ 충전부에 감전되어 있으면 몸이나 손을 잡고 피해자를 곧바로 이탈시켜야 한다.
④ 절연 고무장갑, 고무장화 등을 착용한 후에 구원해 준다.

해 충전부에 감전되어 있을 때 몸이나 손을 잡으면 같이 감전되니 위험하다.

답 ③

049 ☆

감전사고의 긴급조치에 관한 설명으로 가장 부적절한 것은?

① 구출자는 감전자 발견 즉시 보호용구 착용 여부에 관계없이 직접 충전부로부터 이탈시킨다.
② 감전에 의해 넘어진 사람에 대하여 의식의 상태, 호흡의 상태, 맥박의 상태 등을 관찰한다.
③ 감전에 의하여 높은 곳에서 추락한 경우에는 출혈 상태, 골절 이상 유무 등을 확인, 관찰한다.
④ 인공호흡과 심장마사지를 2인이 동시에 실시할 경우에는 약 1 : 5의 비율로 각각 실시해야 한다.

해 구출자는 일단 기계 전원을 내리고, 인공호흡을 실시한다.

답 ①

050 ☆

전기화상 사고 시의 응급조치 사항으로 틀린 것은?

① 상처에 달라붙지 않은 의복은 모두 벗긴다.
② 상처 부위에 파우더, 향유 기름 등을 바른다.
③ 감전자를 담요 등으로 감싸되 상처부위가 닿지 않도록 한다.
④ 화상부위를 세균 감염으로부터 보호하기 위하여 화상용 붕대를 감는다.

해 상처 부위에 파우더, 향유 기름 등을 바르면 안된다.

답 ②

051 ☆☆

아크용접 작업 시 감전사고 방지대책으로 틀린 것은?

① 절연 장갑의 사용
② 절연 용접봉의 사용
③ 적정한 케이블의 사용
④ 절연 용접봉 홀더의 사용

해 절연 용접봉을 사용하면 전기가 안 흘러 용접 불가하다.

답 ②

052 ☆

인체 감전사고 방지책으로써 가장 좋은 방법은?

① 중성선을 접지한다.
② 단상 3선식을 채택한다.
③ 변압기의 1, 2차를 접지한다.
④ 계통을 비접지 방식으로 한다.

해 비접지 방식은 지락사고가 발생해도 지락전류가 흐르지 않아 감전사고 방지가 된다.

답 ④

053 ☆☆☆

감전사고의 방지 대책으로 가장 거리가 먼 것은?

① 전기 위험부의 위험 표시
② 충전부가 노출된 부분에 절연방호구 사용
③ 충전부에 접근해 작업하는 작업자 보호구 착용
④ 사고발생 시 처리프로세스 작성 및 조치

해 사고발생 시 처리 프로세스는 사후대책이다.

답 ④

054 ☆☆☆☆

감전사고를 방지하기 위한 방법으로 틀린 것은?

① 전기기기 및 설비의 위험부에 위험표지
② 전기설비에 대한 누전차단기 설치
③ 전기기기에 대한 정격표시
④ 무자격자는 전기기계 및 기구에 전기적인 접촉 금지

해 전기기기에 대한 정격표시: 기기 성능 표시 목적

답 ③

055 ☆

이동식 전기기기의 감전사고를 방지하기 위한 가장 적정한 시설은?

① 접지설비 ② 폭발방지설비
③ 시건장치 ④ 피뢰기설비

해 이동식 전기기기의 감전사고를 방지하기 위한 가장 적정한 시설은 접지설비이다.

답 ①

056 ☆

전기기계·기구의 조작 시 등의 안전조치에 관하여 사업주가 행하여야 하는 사항으로 틀린 것은?

① 감전 또는 오조작에 의한 위험을 방지하기 위하여 당해 전기기계·기구의 조작부분은 150lx 이상의 조도가 유지되도록 하여야 한다.

② 전기기계·기구의 조작부분에 대한 점검 또는 보수를 하는 때에는 전기기계·기구로부터 폭 50cm 이상의 작업공간을 확보하여야 한다.

③ 전기적 불꽃 또는 아크에 의한 화상의 우려가 높은 600V 이상 전압의 충전전로작업에는 방염처리된 작업복 또는 난연성능을 가진 작업복을 착용하여야 한다.

④ 전기기계·기구의 조작부분에 대한 점검 또는 보수를 하기 위한 작업공간의 확보가 곤란한 때에는 절연용 보호구를 착용하여야 한다.

해 작업공간의 폭은 배전반 등의 문을 90° 이상 열 수 있도록 하고, 최소한 전기장치의 전면에서 70㎝ 이상을 확보한다.

답 ②

057 ☆☆

위험방지를 위한 전기기계·기구의 설치 시 고려할 사항으로 거리가 먼 것은?

① 전기기계·기구의 충분한 전기적 용량 및 기계적 강도

② 전기기계·기구의 안전효율을 높이기 위한 시간 가동률

③ 습기·분진 등 사용장소의 주위 환경

④ 전기적·기계적 방호수단의 적정성

해 전기기계·기구의 설치 시 고려할 사항

1. 전기기계·기구의 충분한 전기적 용량 및 기계적 강도
2. 습기·분진 등 사용장소의 주위 환경
3. 전기적·기계적 방호수단의 적정성

답 ②

058 ☆

사업장에서 많이 사용되고 있는 이동식 전기기계 · 기구의 안전대책으로 가장 거리가 먼 것은?

① 충전부 전체를 절연한다.
② 절연이 불량인 경우 접지저항 측정한다.
③ 금속제 외함이 있는 경우 접지를 한다.
④ 습기가 많은 장소는 누전차단기를 설치한다.

해 절언이 불량인 경우 바로 보수를 한다.

답 ②

059 ☆☆☆☆☆

전기시설의 직접 접촉에 의한 감전방지 방법으로 적절하지 않은 것은?

① 충전부는 내구성이 있는 절연물로 완전히 덮어 감쌀 것
② 충전부가 노출되지 않도록 폐쇄형 외함이 있는 구조로 할 것
③ 충전부에 충분한 절연효과가 있는 방호망 또는 절연 덮개를 설치할 것
④ 충전부는 출입이 용이한 전개된 장소에 설치하고, 위험표시 등의 방법으로 방호를 강화할 것

해 직접 접촉에 의한 감전 방지법

1. 충전부가 노출되지 않도록 폐쇄형 외함(外函)이있는 구조로 할 것
2. 충전부에 충분한 절연효과가 있는 방호망이나 절연덮개를 설치할 것
3. 충전부는 내구성이 있는 절연물로 완전히 덮어 감쌀 것
4. 발전소·변전소 및 개폐소 등 구획되어 있는 장소로서 관계 근로자가 아닌 사람의 출입이 금지되는 장소에 충전부를 설치하고, 위험표시 등의 방법으로 방호를 강화할 것
5. 전주 위 및 철탑 위 등 격리되어 있는 장소로서 관계 근로자가 아닌 사람이 접근할 우려가 없는 장소에 충전부를 설치할 것

답 ④

060 ☆

산업안전보건기준에 관한 규칙에 따라 누전에 의한 감전의 위험을 방지하기 위하여 접지를 하여야 하는 대상의 기준으로 틀린 것은? (단, 예외조건은 고려하지 않는다)

① 전기기계·기구의 금속제 외함
② 고압 이상의 전기를 사용하는 전기기계·기구 주변의 금속제 칸막이
③ 고정배선에 접속된 전기기계·기구 중 사용전압이 대지 전압 100V를 넘는 비충전금속체
④ 코드와 플러그를 접속하여 사용하는 전기기계·기구 중 휴대형 전동기계·기구의 노출된 비충전 금속체

해 사업주는 누전에 의한 감전의 위험을 방지하기 위하여 다음 각 호의 부분에 대하여 접지를 해야 한다.

1. 전기 기계·기구의 금속제 외함, 금속제 외피 및 철대
2. 고정 설치되거나 고정배선에 접속된 전기기계·기구의 노출된 비충전 금속체 중 충전될 우려가 있는 다음 각 목의 어느 하나에 해당하는 비충전 금속체
   가. 지면이나 접지된 금속체로부터 수직거리 2.4미터, 수평거리 1.5미터 이내인 것
   나. 물기 또는 습기가 있는 장소에 설치되어있는 것
   다. 금속으로 되어 있는 기기접지용 전선의 피복·외장 또는 배선관 등
   라. 사용전압이 대지전압 150볼트를 넘는 것
3. 전기를 사용하지 아니하는 설비 중 다음 각목의 어느 하나에 해당하는 금속체
   가. 전동식 양중기의 프레임과 궤도
   나. 전선이 붙어 있는 비전동식 양중기의 프레임
   다. 고압(1.5천볼트 초과 7천볼트 이하의 직류전압 또는 1천볼트 초과 7천볼트 이하의 교류전압을 말한다. 이하 같다) 이상의 전기를 사용하는 전기 기계·기구 주변의 금속제 칸막이·망 및 이와 유사한 장치
4. 코드와 플러그를 접속하여 사용하는 전기 기계·기구 중 다음 각 목의 어느 하나에 해당하는 노출된 비충전 금속체
   가. 사용전압이 대지전압 150볼트를 넘는 것
   나. 냉장고·세탁기·컴퓨터 및 주변기기 등과 같은 고정형 전기기계·기구
   다. 고정형·이동형 또는 휴대형 전동기계기구
   라. 물 또는 도전성(導電性)이 높은 곳에서 사용하는 전기기계·기구, 비접지형 콘센트
   마. 휴대형 손전등
5. 수중펌프를 금속제 물탱크 등의 내부에 설치하여 사용하는 경우 그 탱크(이 경우 탱크를 수중 펌프의 접지선과 접속하여야 한다)

답 ③

061 ☆

전로에 시설하는 기계기구의 금속제 외함에 접지공사를 하지 않아도 되는 경우로 틀린 것은?

① 저압용의 기계기구를 건조한 목재의 마루 위에서 취급하도록 시설한 경우
② 외함 주위에 적당한 절연대 설치한 경우
③ 교류 대지 전압이 300V 이하인 기계기구를 건조한 곳에 시설한 경우
④ 전기용품 및 생활용품 안전관리법의 적용을 받는 2중 절연구조로 되어있는 기계 기구를 시설하는 경우

해 전로에 시설하는 금속제 외함에 접지공사를 하지 않아도 되는 경우

1. 사용전압이 직류 300V 또는 교류 대지 전압이 150V 이하인 기계기구를 건조한 곳에 시설하는 경우
2. 저압용의 기계기구를 건조한 목재의 마루 기타이와 유사한 절연성 물건 위에서 취급하도록시설하는 경우
3. 저압용이나 고압용의 기계기구, 법에 규정하는 특고압 전선로에 접속하는 배전용 변압기나 이에 접속하는 전선에 시설하는 기계기구 또는 법에 규정하는 특고압 가공전선로의 전로에 시설하는 기계기구를 사람이 쉽게 접촉할 우려가 없도록 목주 기타 이와 유사한 것 위에 시설하는 경우
4. 철대 또는 외함의 주위에 적당한 절연대를 설치하는 경우
5. 외함이 없는 계기용변성기가 고무 · 합성수지 기타의 절연물로 피복한 것일 경우
6. 「전기용품 및 생활용품 안전관리법」의 적용을 받는 2중 절연구조로 되어 있는 기계기구를 시설하는 경우
7. 저압용 기계기구에 전기를 공급하는 전로의 전원측에 절연변압기(2차 전압이 300 V 이하이며, 정격용량이 3kVA 이하인 것에 한한다)를 시설하고 또한 그 절연변압기의 부하측 전로 접지하지 않은 경우
8. 물기 있는 장소 이외의 장소에 시설하는 저압용의 개별 기계기구에 전기를 공급하는 전로에 「전기용품 및 생활용품 안전관리법」의 적용을 받는 인체감전보호용 누전차단기(정격감도전류가 30mA이하, 동작시간이 0.03초 이하의 전류동 작형에 한한다)를 시설하는 경우
9. 외함을 충전하여 사용하는 기계기구에 사람이 접촉할 우려가 없도록 시설하거나 절연대를 시설하는 경우

답 ③

062 ☆

전로에 지락이 생겼을 때에 자동적으로 전로를 차단하는 장치를 시설해야하는 전기기계의 사용전압 기준은? (단, 금속제 외함을 가지는 저압의 기계 기구로서 사람이 쉽게 접촉할 우려가 있는 곳에 시설되어 있다.)

① 30V 초과 ② 50V 초과
③ 90V 초과 ④ 150V 초과

해 금속제 외함을 가지는 사용전압이 50V를 초과하는 저압의 기계 기구로서 사람이 쉽게 접촉할 우려가 있는 곳에 시설하는 것에 전기를 공급하는 전로에는 전로에 지락이 생겼을 때에 자동적으로 전로를 차단하는 장치를 하여야 한다.

답 ②

063 ☆☆

전선로 등에서 아크 화상사고 시 전선이나 개폐기 터미널 등의 금속 분자가 고열로 용융되어 피부 속으로 녹아 들어가는 현상은?

① 피부의 광성변화 ② 전문
③ 표피박탈 ④ 전류반점

해

구분	내용
피부의 광성 변화	전선로 등에서 아크 화상사고 시 전선이나 개폐기 터미널 등의 금속 분자가 고열로 용융되어 피부 속으로 녹아 들어가는 현상 유출입으로 회백색 또는 붉은색의 수지상선이 나타나는 현상
표피 박탈	피부까짐이라고도 하며, 피부 표피가 벗겨져 나가 진피가 노출되는 손상
전류 반점	전류의 유출입으로 푸르스름하거나 회백색의 반점이 생기는 현상

답 ①

064 ☆

복사선 중 전기성 안염을 일으키는 광선은?

① 자외선 ② 적외선 ③ 가시광선 ④ 근적외선

해 전기성 안염: 수은 · 아크 등을 사용하거나 또는 전기 용접 등 작업 할 때 자외선의 작용에 의해 일어나는 격렬한 전안부 등의 염증

답 ①

065 ☆☆

제전기의 종류가 아닌 것은?

① 전압인가식 제전기
② 정전식 제전기
③ 방사선식 제전기
④ 자기방전식 제전기

해 제전기 종류

종류	내용
전압 인가식	방전전극에 약 7,000V의 전압을 인가하면 공기가 전리되어 코로나 방전을 일으킴으로서 발생한 이온으로 대전체의 전하를 중화시키는 방법을 이용한 제전기
자기 방전식	필름의 권취, 셀로판 제조, 섬유공장 등에 유효하나, 2kV 내외의 대전이 남는 결점이 있다.
방사 선식	방사선의 전리 작용으로 공기를 이온화시키는 방식, 제전 효율은 낮으나 폭발위험지역에 적당하며 이동 물체에 부적합하다.

답 ②

066 ☆

방전전극에 약 7,000V의 전압을 인가하면 공기가 전리되어 코로나 방전을 일으킴으로서 발생한 이온으로 대전체의 전하를 중화시키는 방법을 이용한 제전기는?

① 전압인가식 제전기
② 자기방전식 제전기
③ 이온스프레이식 제전기
④ 이온식 제전기

해 윗 해설 참조

답 ①

067 ☆

제전기의 설명 중 잘못된 것은?

① 전압인가식은 교류 7,000V를 걸어 방전을 일으켜 발생한 이온으로 대전체 전하를 중화시킨다.
② 방사선식은 특히 이동물체에 적합하고, α 및 β선원이 사용되며, 방사선 장해, 취급에 주의를 요하지 않아도 된다.
③ 이온식은 방사선의 전리 작용으로 공기를 이온화시키는 방식, 제전 효율은 낮으나 폭발위험지역에 적당하다.
④ 자기방전식은 필름의 권취, 셀로판 제조, 섬유공장 등에 유효하나, 2kV 내외의 대전이 남는 결점이 있다.

해 ②: 방사선식은 이동물체에 부적합하다.
윗 해설 참조

답 ②

068 ☆

제전기의 제전효과에 영향을 미치는 요인으로 볼 수 없는 것은?

① 제전기의 이온 생성능력
② 전원의 극성 및 전선의 길이
③ 대전 물체의 대전위치 및 대전분포
④ 제전기의 설치 위치 및 설치 각도

해 제전효과 영향요인
- 제전기의 이온 생성능력
- 대전 물체의 대전위치 및 대전분포
- 제전기의 설치위치 및 설치각도, 설치거리
- 대전물체와 제전기 사이 기류속도

답 ②

069 ☆☆

정전기 재해를 예방하기 위해 설치하는 제전기의 제전효율은 설치 시에 얼마 이상이 되어야 하는가?

① 40% 이상　② 50% 이상
③ 70% 이상　④ 90% 이상

해 제전기의 설치 전후에 전위를 측정하여 제전의 목표치를 만족하는 위치 또는 제전효율이 90%인 위치(이때의 제전효율은 설치전의 전위를 V_b, 설치 후의 전위를 V_a로 하였을 때 $\frac{V_b - V_a}{V_b} \cdot 100\%$로 표시한다.)

답 ④

070 ☆☆

정전기에 대한 설명으로 가장 옳은 것은?

① 전하의 공간적 이동이 크고, 자계 효과가 전계의 효과에 비해 매우 큰 전기
② 전하의 공간적 이동이 크고, 자계 효과와 전계의 효과를 서로 비교할 수 없는 전기
③ 전하의 공간적 이동이 적고, 전계 효과와 자계의 효과가 서로 비슷한 전기
④ 전하의 공간적 이동이 적고, 자계 효과가 전계에 비해 무시할 정도의 적은 전기

해 정전기: 전하의 공간적 이동이 적고, 자계의 효과가 전계에 비해 무시할 정도의 적은 전기

답 ④

071 ☆

정전기에 관련한 설명으로 잘못된 것은?

① 정전유도에 의한 힘은 반발력이다.
② 발생한 정전기와 완화한 정전기의 차가 마찰을 받은 물체에 축적되는 현상을 대전이라 한다.
③ 같은 부호의 전하는 반발력이 작용한다.
④ 겨울철에 나일론소재 셔츠 등을 벗을 때 경험한 부착 현상이나 스파크 발생은 박리대전이다.

해 정전유도에 의한 힘은 흡인력이다.

답 ①

072 ☆

정전기가 발생돼도 즉시 이를 방전하고 전하의 축적을 방지하면 위험성이 제거된다. 정전기에 관한 내용으로 틀린 것은?

① 대전하기 쉬운 금속부분에 접지한다.
② 작업장 내 습도를 높여 방전을 촉진한다.
③ 공기를 이온화해 (+)는 (-)로 중화시킨다.
④ 절연도가 높은 플라스틱류는 전하의 방전을 촉진시킨다.

해 플라스틱은 정전기 발생량이 매우 크다.

답 ④

073 ☆

다음 중 정전기의 발생 현상에 포함되지 않는 것은?

① 파괴에 의한 발생 ② 분출에 의한 발생
③ 전도 대전 ④ 유동에 의한 대전

해 정전기 발생현상 종류

마찰대전	두 물체의 마찰이나 마찰에 의한 접촉 위치 이동으로 전하 분리 및 재배열이 일어나서 정전기 발생하는 현상
박리대전	서로 밀착되어 있는 물체가 떨어질 때 전하 분리기 일어나 정전기 발생하는 현상 예 옷 벗을 때
유동대전	액체류가 파이프 등 내부에서 유동할 때 액체와 관 벽 사이에서 정전기가 발생되는 현상이며 파이프 속에 저항이 높은 액체가 흐를 때 발생
분출대전	분체류, 액체류, 기체류가 단면적이 작은 분출구를 통해 공기 중으로 분출될 때 분출하는 물질과 분출구의 마찰로 인해 정전기가 발생되는 현상
충돌대전	분체류와 같은 입자 상호간이나 입자와 고체와의 충돌에 의해 빠른 접촉 또는 분리가 행하여짐으로써 정전기가 발생되는 현상
파괴대전	고체나 분체류 같은 물체가 파괴되었을 시 전하분리가 일어나면서 생기는 현상
교반대전	탱크로리나 탱크 내 액체가 서로 교반 될 때 발생하는 현상

답 ③

074 ☆☆☆

정전기 발생현상 분류에 해당되지 않는 것은?

① 유체대전 ② 마찰대전
③ 박리대전 ④ 유동대전

해 윗 해설 참조

답 ①

075 ☆

정전기 대전현상의 설명으로 틀린 것은?

① 충돌대전: 분체류와 같은 입자 상호간이나 입자와 고체와의 충돌에 의해 빠른 접촉 또는 분리가 행하여짐으로써 정전기가 발생되는 현상
② 유동대전: 액체류가 파이프 등 내부에서 유동할 때 액체와 관 벽 사이에서 정전기가 발생되는 현상
③ 박리대전: 고체나 분체류와 같은 물체가 파괴되었을 때 전하분리에 의해 정전기가 발생되는 현상
④ 분출대전: 분체류, 액체류, 기체류가 단면적이 작은 분출구를 통해 공기 중으로 분출될 때 분출하는 물질과 분출구의 마찰로 인해 정전기가 발생되는 현상

해 ③: 파괴대전
윗 해설 참조

답 ③

076 ☆☆

다음 설명과 가장 관계가 깊은 것은?

> 1. 파이프 속에 저항이 높은 액체가 흐를 때 발생된다.
> 2. 액체 흐름이 정전기 발생에 영향을 준다.

① 충돌대전 ② 박리대전
③ 유동대전 ④ 분출대전

해 윗 해설 참조

답 ③

077 ☆

정전기의 유동대전에 가장 크게 영향을 미치는 요인은?

① 액체의 밀도 ② 액체의 유동속도
③ 액체의 접촉면적 ④ 액체의 분출온도

해 유동대전 주영향요인: 액체의 유동속도

답 ②

078 ☆☆☆☆

정전기 발생에 영향을 주는 요인으로 가장 적절하지 않은 것은?

① 분리속도 ② 물체의 질량
③ 접촉면적 및 압력 ④ 물체의 표면상태

해 정전기 영향요인

물질 특성	• 정전기 발생량은 두 물체의 대전서열이 가까울수록 적다. • 불순물을 포함하면 정전기 발생량이 커진다.
표면 상태	표면이 거칠거나 수분이나 기름에 오염될수록 정전기 발생량 커진다.
대전 이력	정전기 발생량은 처음 접촉 및 분리 발생 시 최대이며 반복됨에 따라 작아진다.
접촉 면적	접촉면적 클수록 정전기 발생량은 커진다.
압력	압력 클수록 정전기 발생량은 커진다.
분리 속도	분리속도 빠를수록 정전기 발생량은 커진다.

답 ②

079 ☆☆☆

정전기 발생에 영향을 주는 요인이 아닌 것은?

① 물체의 분리속도 ② 물체의 특성
③ 물체의 표면상태 ④ 외부공기의 풍속

해 윗 해설 참조

답 ④

080 ☆

정전기 발생에 영향을 주는 요인에 대한 설명으로 틀린 것은?

① 물체 분리속도가 빠를수록 발생량은 적어진다.
② 접촉면적이 크고 접촉압력이 높을수록 발생량이 많아진다.
③ 물체 표면이 수분이나 기름으로 오염되면 산화 및 부식에 의해 발생량이 많아진다.
④ 정전기의 발생은 처음 접촉, 분리할 때가 최대로 되고 접촉, 분리가 반복됨에 따라 발생량은 감소한다.

해 물체 분리속도가 빠를수록 발생량은 커진다.
윗 해설 참조

답 ①

081 ☆☆

물질의 접촉과 분리에 따른 정전기 발생량의 정도를 나타낸 것으로 틀린 것은?

① 표면이 오염될수록 크다.
② 분리속도가 빠를수록 크다.
③ 대전서열이 서로 멀수록 크다.
④ 접촉과 분리가 반복될수록 크다.

해 접촉과 분리가 반복될수록 작아진다.
윗 해설 참조

답 ④

082 ☆☆

정전기 방지대책 중 틀린 것은?

① 대전서열이 가급적 먼 것으로 구성한다.
② 카본블랙을 도포하여 도전성을 부여한다.
③ 유속을 저감 시킨다.
④ 도전성 재료를 도포해 대전 감소시킨다.

해 대전서열이 가급적 가까운 것으로 구성한다.

답 ①

083 ☆

정전기로 인하여 화재로 진전되는 조건 중 관계가 없는 것은?

① 방전하기에 충분한 전위차가 있을 때
② 가연성가스 및 증기가 폭발한계 내에 있을 때
③ 대전하기 쉬운 금속부분에 접지를 한 상태일 때
④ 정전기의 스파크 에너지가 가연성가스 및 증기의 최소점화 에너지 이상일 때

해 접지를 하면 재해 방지가 된다.

정전기로 인하여 화재로 진전되는 조건
– 방전하기에 충분한 전위차가 있을 때
– 가연성가스 및 증기가 폭발한계 내에 있을 때
– 정전기의 스파크 에너지가 가연성가스 및 증기의 최소점화 에너지 이상일 때

답 ③

084 ☆

정전기로 인한 화재 폭발의 위험이 가장 높은 것은?

① 드라이클리닝설비
② 농작물 건조기
③ 가습기
④ 전동기

해 드라이클리닝은 물 대신 유기용제를 사용한다.

답 ①

085 ☆

정전기로 인한 화재 및 폭발을 방지하기 위하여 조치가 필요한 설비가 아닌 것은?

① 드라이클리닝 설비
② 위험물 건조설비
③ 위험기구의 제전설비
④ 화약류 제조설비

해 사업주는 다음 각 호의 설비를 사용할 때에 정전기에 의한 화재 또는 폭발 등의 위험이 발생할 우려가 있는 경우에는 해당 설비에 대하여 확실한 방법으로 접지를 하거나, 도전성 재료를 사용하거나 가습 및 점화원이 될 우려가 없는 제전(除電)장치를 사용하는 등 정전기의 발생을 억제하거나 제거하기 위하여 필요한 조치를 하여야 한다.

1. 위험물을 탱크로리·탱크차 및 드럼 등에 주입하는 설비
2. 탱크로리·탱크차 및 드럼 등 위험물저장 설비
3. 인화성 액체를 함유하는 도료 및 접착제 등을 제조·저장·취급 또는 도포(塗布)하는 설비
4. 위험물 건조설비 또는 그 부속설비
5. 인화성 고체를 저장하거나 취급하는 설비
6. 드라이클리닝 설비, 염색가공설비 또는 모피류 등을 씻는 설비 등 인화성 유기용제를 사용하는 설비
7. 유압, 압축공기 또는 고전위정전기 등을 이용하여 인화성 액체나 인화성 고체를 분무하거나 이송하는 설비
8. 고압가스를 이송하거나 저장·취급하는 설비
9. 화약류 제조설비
10. 발파공에 장전된 화약류를 점화시키는 경우에 사용하는 발파기(발파공을 막는 재료로 물을 사용하거나 갱도발파를 하는 경우는 제외한다)

답 ③

086 ☆

정전기로 인한 화재폭발을 방지하기 위한 조치가 필요한 설비가 아닌 것은?

① 인화성물질을 함유하는 도료 및 접착제 등을 도포하는 설비
② 위험물을 탱크로리에 주입하는 설비
③ 탱크로리. 탱크차 및 드럼 등 위험물 저장설비
④ 위험기계. 기구 및 그 수중설비

해 윗 해설 참조

답 ④

087 ☆

화재 대비 비상용 동력 설비에 포함되지 않는 것은?

① 소화 펌프　② 급수 펌프
③ 배연용 송풍기　④ 스프링클러 펌프

해 화재 대비 비상용 동력 설비 종류
- 소화전
- 스프링클러 펌프
- 소화 펌프
- 비상 콘센트설비
- 배연설비(배연용 송풍기)
- 자탐설비
- 비상경보설비

답 ②

088 ☆☆

정전기 방전현상에 해당되지 않는 것은?

① 연면방전 ② 코로나방전
③ 낙뢰방전 ④ 스팀방전

해 정전기 방전현상 종류

코로나 방전	전극간의 전계가 평등하지 않으면 불꽃 방전 이전에 전극 표면상의 전계가 큰 부분에 발광 현상이 나타나고, 1~100μA 정도의 전류가 흐르는 방전
스트리머 방전	전압경도가 공기 파괴전압 초과 시 나타나는 저전류 방전
불꽃 방전	도체가 대전되었을 때 접지된 도체와의 사이에서 발생하는 강한 발광과 파괴음을 수반하는 방전
연면 방전	정전기가 대전되어 있는 부도체에 접지체가 접근한 경우 대전물체와 접지체 사이에 발생하는 방전과 거의 동시에 부도체의 표면을 따라서 발생하는 나뭇가지 형태(수지상)의 발광을 수반하는 방전
낙뢰(뇌상) 방전	공기 중에 떠 있는 대전 입자에 의해 공간 전하운이 발생할 때 발광을 수반하며 발생하는 방전

답 ④

089 ☆

방전의 분류에 속하지 않는 것은?

① 연면방전 ② 불꽃방전
③ 코로나방전 ④ 스프레이방전

해 윗 해설 참조

답 ④

090 ☆

방전의 종류 중 도체가 대전되었을 때 접지된 도체와의 사이에서 발생하는 강한 발광과 파괴음을 수반하는 방전을 무엇이라 하는가?

① 연면 방전 ② 자외선 방전
③ 불꽃 방전 ④ 스트리머 방전

해 윗 해설 참조

답 ③

091 ☆☆

대전이 큰 엷은 층상의 부도체를 박리할 때 또는 엷은 층상의 대전된 부도체의 뒷면에 밀접한 접지체가 있을 때 표면에 연한 수지상의 발광을 수반하여 발생하는 방전은?

① 불꽃 방전 ② 스트리머 방전
③ 코로나 방전 ④ 연면 방전

해 윗 해설 참조

답 ④

092 ☆

다음은 어떤 방전에 대한 설명인가?

> 정전기가 대전되어 있는 부도체에 접지체가 접근한 경우 대전물체와 접지체 사이에 발생하는 방전과 거의 동시에 부도체의 표면을 따라서 발생하는 나뭇가지 형태의 발광을 수반하는 방전

① 코로나방전 ② 뇌상방전
③ 연면방전 ④ 불꽃방전

해 윗 해설 참조

답 ③

093 ☆

다음은 무슨 현상을 설명한 것인가?

> 전위차가 있는 2개의 대전체가 특정거리에 접근하게 되면 등전위가 되기 위해 전하가 절연공간을 깨고 순간적으로 빛과 열을 발생하며 이동하는 현상

① 대전 ② 충전 ③ 방전 ④ 열전

해

대전	충격이나 마찰로 전자들이 이동해 양, 음전하 균형이 깨지며 다수 전하가 드러나는 현상
충전	축전지에 전류 공급해 전기에너지를 축적하는 현상
방전	전위차가 있는 2개의 대전체가 특정거리에 접근하게 되면 등전위가 되기 위해 전하가 절연공간을 깨고 순간적으로 빛과 열을 발생하며 이동하는 현상
열전	2개의 다른 종류의 금속선을 접속하고 그 양단을 서로 다른 온도로 유지하면 회로에 전류가 흐르는 현상

답 ③

094 ☆

코로나 방전이 발생할 경우 공기 중에 생성되는 것은?

① O_2 ② O_3 ③ N_2 ④ N_3

해 **코로나방전 시 공기 중 생성물질**
오존(O_3)/질소산화물(NOx)

답 ②

095 ☆

다음 중 불꽃(spark)방전의 발생 시 공기 중에 생성되는 물질은?

① O_2 ② O_3 ③ H_2 ④ C

해 불꽃방전 시 공기 중 생성물질: 오존(O_3)

답 ②

096 ☆

30kV에서 불꽃방전이 일어났다면 어떤 상태이었겠는가?

① 전극간격이 1cm 떨어진 침대침 전극
② 전극간격이 1cm 떨어진 평형판 전극
③ 전극간격이 1mm 떨어진 평형판 전극
④ 전극간격이 1mm 떨어진 침대침 전극

해 30kV에서 불꽃방전 상태: 전극간격이 1cm 떨어진 평형판 전극

답 ②

097 

흡수성이 강한 물질은 가습에 의한 부도체의 정전기 대전방지 효과의 성능이 좋다. 이러한 작용을 하는 기를 갖는 물질이 아닌 것은?

① OH ② C_6H_6 ③ NH_2 ④ COOH

해 흡수성 강한 물질은 산기이다.
산기는 OH(수산화기)/NH_2(아미노기)/COOH(카르복실기)/CH_3O(메톡실기) 등이 있다.
C_6H_6은 벤젠으로 발암물질이다.

답 ②

098 ☆

부도체의 대전은 도체의 대전과는 달리 복잡해서 폭발, 화재의 발생한계를 추정하는데 충분한 유의가 필요하다. 다음 중 유의가 필요한 경우가 아닌 것은?

① 대전 상태가 매우 불균일한 경우
② 대전량 또는 대전의 극성이 매우 변화하는 경우
③ 부도체 중에 국부적으로 도전율이 높은 곳이 있고, 이것이 대전한 경우
④ 대전되어 있는 부도체의 뒷면 또는 근방에 비접지 도체가 있는 경우

해 – 부도체 대전의 발생한계 추정 시 유의사항
1. 대전 상태가 매우 불균일한 경우
2. 대전량 또는 대전의 극성이 매우 변화하는 경우
3. 부도체 중에 국부적으로 도전율이 높은 곳이 있고, 이것이 대전한 경우

– 부도체 대전시 발생한계 표시하는 대전상태
1. 부도체 최고 대전 전위 5kV 이상인 대전
2. 대전하고 있는 부도체에 작업자가 접근시 인체가 전기적 충격을 느끼게 되는 대전
3. 대전하고 있는 부도체에 접지를 한 지름 약 3mm 이상의 금속구 접근 시 부도체에서 파괴음, 발광을 수반하는 방전이 발생하는 대전

답 ④

099 ☆

정전기에 관한 설명으로 옳은 것은?

① 정전기는 발생에서부터 억제 - 축적방지 - 안전한 방전이 재해를 방지할 수 있다.
② 정전기 발생은 고체의 분쇄공정에서 가장 많이 발생한다.
③ 액체의 이송 시 그 속도(유속)를 7(m/s) 이상 빠르게 하여 정전기의 발생을 억제한다.
④ 접지 값은 10(Ω) 이하로 하되 플라스틱 같은 절연도가 높은 부도체를 사용한다.

해 정전기는 축적으로 인해 발생한다.

답 ①

100 ☆

정전기 방전에 의한 화재 및 폭발 발생에 대한 설명으로 틀린 것은?

① 정전기 방전에너지가 어떤 물질의 최소착화에너지보다 크게 되면 화재, 폭발이 일어날 수 있다.
② 부도체가 대전되었을 경우에는 정전에너지보다 대전 전위 크기에 의하여 화재, 폭발이 결정된다.
③ 대전된 물체에 인체가 접근했을 때 전격을 느낄 정도이면 화재, 폭발의 가능성이 있다.
④ 작업복에 대전된 정전에너지가 가연성 물질의 최소착화 에너지보다 클 때는 화재, 폭발의 위험성이 있다.

해 작업복에 대전된 정전기 대전 전위 크기가 가연성 물질의 최소착화 에너지보다 클 때는 화재, 폭발의 위험성이 있다.

답 ④

101 ☆☆

정전기 방전에 의한 폭발로 추정되는 사고를 조사함에 있어서 필요한 조치로서 가장 거리가 먼 것은?

① 가연성 분위기 규명
② 사고현장의 방전흔적 조사
③ 방전에 따른 점화 가능성 평가
④ 전하발생 부위 및 축적 기구 규명

해 정전기 방전에 의한 사고 조사항목
1. 가연성 분위기 규명
2. 사고 개요 및 특성 규명
3. 전하발생 부위 및 축적 기구 규명
4. 방전에 따른 점화 가능성 평가

답 ②

102 ☆

정전기를 제거하려 한 행위 중 폭발이 발생하였다면 다음 중 어떤 경우인가?

① 가습 ② 자외선 공급
③ 온도조절 ④ 금속부분 접지

해 금속부분 접지 시 스파크 발생 가능이 생겨 폭발위험있다.

답 ④

103 ☆☆

비도전성 용기에 인화성액체를 주입하는 경우의 조치사항이 아닌 것은?

① 드럼주변에 접지 밴드를 체결해 액체표면에 대전된 정전기를 완화시키도록 할 것
② 주입 시 상부주입 방법으로 할 것
③ 깔대기와 같은 모든 도전성 물체는 주입 시 모두 접지시킬 것
④ 정전기 제전용 접지극을 주입 시에는 용기 안에 위치하게 하고 주입이 끝난 후 30초 이상 경과한 후 제거할 것

해 비도전성 용기에 인화성액체를 주입하는 경우에는 다음 각 호의 조치를 하여야 한다.
1. 주입 시 하부주입 방법으로 할 것
2. 드럼주변에 접지 밴드를 체결해 액체표면에 대전된 정전기를 완화시키도록 할 것
3. 정전기 제전용 접지극을 주입 시에는 용기 안에 위치하게 하고 주입이 끝난 후 30초 이상 경과한 후 제거할 것
4. 깔대기와 같은 모든 도전성 물체는 주입 시 모두 접지시킬 것

답 ②

104 ☆

정전기 재해방지 대책에서 접지방법에 해당되지 않는 것은?

① 접지단자와 접지용 도체와의 접속에 이용되는 접지 기구는 견고하고 확실하게 접속시켜주는 것이 좋다.
② 접지단자는 접지용 도체, 접지기구와 확실하게 접촉될 수 있도록 금속면이 노출 되어 있거나, 금속면에 나사, 너트 등을 이용하여 연결할 수 있어야 한다.
③ 접지용 도체의 설치는 정전기가 발생하는 작업 전이나 발생 할 우려가 없게 된 후 정치시간이 경과한 후 에 행하여야 한다.
④ 본딩은 금속도체 상호간에 전기적 접속이므로 접지용 도체, 접지단자에 의하여 표준환경조건에서 저항은 1MΩ 미만이 되도록 견고하고 확실하게 실시하여야 한다.

해 본딩은 금속도체 간의 전기적인 접속이므로 접지용 도체, 접지단자에 의하여 표준환경조건에서 저항 1,000Ω 미만으로 견고하여야 한다.

답 ④

105 ☆

정전기 발생에 대한 방지대책의 설명으로 틀린 것은?

① 가스용기, 탱크 등의 도체부는 전부 접지한다.
② 배관 내 액체의 유속을 제한한다.
③ 화학섬유의 작업복을 착용한다.
④ 대전 방지제 또는 제전기를 사용한다.

해 제전복을 착용한다.

답 ③

106 ☆

정전기재해의 방지대책에 대한 설명으로 적합하지 않는 것은?

① 접지의 접속은 납땜, 용접 또는 멈춤나사로 실시한다.
② 회전부품의 유막저항이 높으면 도전성의 윤활제를 사용한다.
③ 이동식의 용기는 절연성 고무제 바퀴를 달아서 폭발위험을 제거한다.
④ 폭발의 위험이 있는 구역은 도전성 고무류로 바닥 처리를 한다.

해 ③: 바퀴를 절연성으로 가공 시 정전기가 축적되어 폭발위험이 있다.

답 ③

107 ☆

정전기 화재폭발 원인인 인체대전에 대한 예방대책으로 옳지 않은 것은?

① 대전물체를 금속판 등으로 차폐한다.
② 대전방지제를 넣은 제전복을 착용한다.
③ 대전방지성능이 있는 안전화를 착용한다.
④ 바닥 재료는 고유저항이 큰 물질로 사용한다.

해 ④: 바닥에 도전성 매트를 사용한다.

답 ④

108 ☆☆

반도체 취급 시 정전기로 인한 재해 방지대책으로 거리가 먼 것은?

① 작업자 정전화 착용
② 작업자 제전복 착용
③ 부도체 작업대 접지 실시
④ 작업장 도전성 매트 사용

해 ③: 도체 작업대 접지 실시

답 ③

109 ☆

작업장소 중 제전복을 착용하지 않아도 되는 장소는?

① 상대 습도가 높은 장소
② 분진이 발생하기 쉬운 장소
③ LCD 등 display 제조 작업 장소
④ 반도체 등 전기소자 취급 작업 장소

해 습도가 높으면 정전기 발생이 적다.

답 ①

110 ☆

다음 중 정전기의 재해방지 대책으로 틀린 것은?

① 설비의 도체 부분을 접지
② 작업자는 정전화를 착용
③ 작업장의 습도를 30% 이하로 유지
④ 배관 내 액체의 유속제한

해 1. 작업공정이나 제품 품질에 지장을 초래하지 않는 경우 상대습도를 50퍼센트 이상 높이는 방법을 고려할 것
2. 종이를 취급하는 공정에서 인쇄물의 손상 또는 인쇄물의 건조속도 등에 지장을 초래하지 않을 경우 상대 습도를 70퍼센트 이상 유지한다.
→ 뭐가 되든 30% 이하 유지는 아니다.

답 ③

111 ☆

정전기에 의한 생산 장해가 아닌 것은?

① 가루(분진)에 의한 눈금의 막힘
② 제사공장에서의 실의 절단 엉킴
③ 인쇄공정의 종이파손, 인쇄선명도 불량, 겹침, 오손
④ 방전 전류에 의한 반도체 소자의 입력임피던스 상승

해 정전기에 의한 생산장해
정전기의 역학현상, 방전현상으로 발생하는 품질저하 및 생산성 저하 등 생산상의 장해이고, 역학현상으로 발생하는 장해는 가루(분진)에 의한 눈금의 막힘, 실의 엉킴, 인쇄불량, 제품 오염 등이 있고, 방전현상으로 발생하는 장해는 방전에너지에 기인하는 반도체 소자 손상, 전자파에 기인하는 전자기기 통신장해, 발광에 기인하는 사진 필름 감광이 있다.

답 ④

112 ☆

정전기 재해방지에 관한 설명 중 잘못된 것은?

① 이황화탄소의 수송 과정에서 배관 내의 유속을 2.5m/s 이상으로 한다.
② 포장 과정에서 용기를 도전성 재료에 접지한다.
③ 인쇄 과정에서 도포량을 적게 하고 접지 한다.
④ 작업장 습도를 높여 전하 제거되기 쉽게 한다.

해 이황화탄소의 수송 과정에서 배관 내의 유속을 1m/s 이하로 한다.

답 ①

113 ☆☆☆

정전기 재해방지를 위한 배관 내 액체의 유속 제한에 관한 사항으로 옳은 것은?

① 저항률이 10^{10} Ω • cm 미만의 도전성 위험물의 배관유속은 7m/s 이하로 할 것
② 에텔, 이황화탄소 등과 같이 유동대전이 심하고 폭발 위험성이 높으면 4m/s 이하로 할 것
③ 물이나 기체를 혼합하는 비수용성 위험물의 배관 내 유속은 5m/s 이하로 할 것
④ 저항률이 10^{10} Ω • cm 이상인 위험물의 배관 내 유속은 배관내경 4인치일 때 10m/s 이하로 할 것

해 ②: 에텔, 이황화탄소 등과 같이 유동대전이 심하고 폭발 위험성이 높은 것은 배관 내 유속을 1m/s 이하로 한다.
③: 물이나 기체를 혼합한 비수용성 위험물의 배관 내 유속은 1m/s 이하로 한다.
④: 저항률 10^{10}Ω·㎝ 이상인 위험물의 배관 내 유속은 표에 있는 유속 제한값 이하로 한다. 단, 주입구가 액면 밑에 충분히 침하할 때까지의 배관 내 유속은 2.5m/s 이하로 한다.

관 내경		유속(m/s)
인치	mm	
0.5	10	8
1	25	4.9
2	50	3.5
4	100	2.5
8	200	1.8
16	400	1.3
24	600	1.0

답 ①

114 ☆

정전기 재해의 방지를 위하여 배관내 액체의 유속의 제한이 필요하다. 배관의 내경과 유속 제한값으로 적절하지 않은 것은?

① 관내경(mm): 25, 제한유속(m/s): 6.5
② 관내경(mm): 50, 제한유속(m/s): 3.5
③ 관내경(mm): 100, 제한유속(m/s): 2.5
④ 관내경(mm): 200, 제한유속(m/s): 1.8

해 ①: 관내경(mm): 25, 제한유속(m/s): 4.9
윗 해설 참조

답 ①

115 ☆

방폭지역에 전기기기를 설치할 때 그 위치로 적당하지 않은 것은?

① 운전·조작·조정이 편리한 위치
② 수분이나 습기에 노출되지 않는 위치
③ 정비에 필요한 공간이 확보되는 위치
④ 부식성 가스발산구 주변 검지가 용이한 위치

해 방폭지역에서의 전기기기의 설치위치는 다음 각 호의 사항을 고려하여야 한다.

1. 운전·조작·조정 등이 편리한 위치에 설치하여야 한다.
2. 보수가 용이한 위치에 설치하고 점검 또는 정비에 필요한 공간을 확보하여야 한다.
3. 가능하면 수분이나 습기에 노출되지 않는 위치를 선정하고, 상시 습기가 많은 장소에 설치하는 것을 피하여야 한다.
4. 부식성가스 발산구의 주변 및 부식성 액체가 비산하는 위치에 설치하는 것을 피하여야 한다.
5. 열유관, 증기관 등의 고온 발열체에 근접한 위치에는 가능하면 설치를 피하여야 한다.
6. 기계장치 등으로부터 현저한 진동의 영향을 받을 수 있는 위치에 설치하는 것을 피해야 한다.

답 ④

116 ☆☆

폭발성 가스의 발화온도가 450℃를 초과하는 가스의 발화도 등급은?

① G_1 ② G_2 ③ G_3 ④ G_4

해

발화도 등급	가스 발화점(℃)
G_1	450 초과
G_2	300~450
G_3	200~300
G_4	135~200
G_5	100~135

답 ①

117 ☆

방폭전기기기의 온도등급의 기호는?

① E ② S ③ T ④ N

해 그룹 II 전기기기에 대한 최고표면온도 분류

온도등급	최고표면온도(℃)
T1	300~450(450 이하)
T2	200~300(300 이하)
T3	135~200(200 이하)
T4	100~135(135 이하)
T5	85~100(100 이하)
T6	85 이하

답 ③

118 ☆☆

방폭전기기기의 발화도의 온도등급과 최고표면온도에 의한 폭발성 가스의 분류표기를 가장 올바르게 나타낸 것은?

① T1 : 450℃ 이하 ② T2 : 350℃ 이하
③ T4 : 125℃ 이하 ④ T6 : 100℃ 이하

해 윗 해설 참조

답 ①

119 ☆

방폭전기기기의 온도등급에서 기호 T2의 의미로 맞는 것은?

① 최고표면온도 허용치가 135℃ 이하인 것
② 최고표면온도 허용치가 200℃ 이하인 것
③ 최고표면온도 허용치가 300℃ 이하인 것
④ 최고표면온도 허용치가 450℃ 이하인 것

해 윗 해설 참조

답 ③

120 ☆

가스(발화온도 120℃)가 존재하는 지역에 방폭기기를 설치하고자 한다. 설치가 가능한 기기의 온도 등급은?

① T2 ② T3 ③ T4 ④ T5

해 윗 해설 참조

답 ③

121 ☆☆

절연물의 절연계급을 최고허용온도가 낮은 온도에서 높은 온도 순으로 배치한 것은?

① Y종 → A종 → E종 → B종
② A종 → B종 → E종 → Y종
③ Y종 → E종 → B종 → A종
④ B종 → Y종 → A종 → E종

해

절연계급	최고허용온도
Y	90℃
A	105℃
E	120℃
B	130℃
F	155℃
H	180℃
C	180℃ 초과

답 ①

122 ☆

전기기기의 Y종 절연물의 최고 허용온도는?

① 80℃ ② 85℃ ③ 90℃ ④ 105℃

해 윗 해설 참조

답 ③

123 ☆☆

방폭 기기 – 일반요구사항(KS C IEC 60079 – 0)규정에서 제시하고 있는 방폭기기 설치 시 표준환경조건이 아닌 것은?

① 압력: 80~110 kpa
② 상대습도: 40~80%
③ 주위온도: 20~40℃
④ 산소 함유율 21%v/v의 공기

해 전기기기 작동할 수 있는(대기의 폭발성 특징과 관련된) 표준 대기 조건은 다음과 같다.

- –20℃ ~ 60℃의 온도
- 압력 80kPa(0.8바) ~ 110kPa (1.1바)
- 산소 함유율 21% v/v의 공기

※ 위에 명시된 표준 대기 조건에는 온도 범위가 –20℃ ~ 60℃도로 제시되었지만, 별도로 명시되는 경우를 제외하고 전기기기의 정상 주위 온도 범위는 보통 –20℃ ~ 40℃이다.

답 ③

124 ☆

방폭기기에 별도의 주위 온도 표시가 없을 때 방폭기기의 주위 온도 범위는? (단, 기호 "X"의 표시가 없는 기기이다.)

① 20℃~40℃ ② -20℃~40℃
③ 10℃~50℃ ④ -10℃~50℃

해 전기기기는 (–20 ~ +40)℃의 주위온도범위에서 사용할 수 있도록 설계되어야 하며, 이 경우에는 주위온도에 관한 추가표시는 필요하지 않음.

답 ②

125 ☆☆

접지저항값을 저하시키는 방법 중 거리가 먼 것은?

① 접지봉에 도전성 좋은 금속을 도금한다.
② 접지봉을 병렬로 연결한다.
③ 도전성 물질을 접지극 주변의 토양에 주입한다.
④ 접지봉을 땅속 깊이 매설한다.

해 ①: 접지봉에 도전성 없는 금속을 도금한다.

답 ①

126 ☆

저압방폭구조 배선 중 노출 도전성 부분의 보호 접지선으로 알맞은 항목은?

① 전선관이 충분한 지락전류를 흐르게 할 시에도 결합부에 본딩(bonding)을 해야 한다.
② 전선관이 최대지락전류를 안전하게 흐르게 할 시 접지선으로 이용 가능하다.
③ 접지선의 전선 또는 선심은 그 절연피복을 흰색 또는 검정색을 사용한다.
④ 접지선은 1,000V 비닐절연전선 이상 성능을 갖는 전선을 사용한다.

해 ①: 도전 부분 사이의 전위차에 의한 스파크의 발생 가능성을 방지하기 위하여 위험 장소 내의 모든 도전 부분은 본딩 등으로 전위를 동일화하여야 한다. 단, 전선관이 예상 최대지락전류를 안전하게 흐르게 할 경우 본딩을 생략할 수 있다.
③: 접지선으로 사용하는 전선 또는 선심은 그 절연피복을 녹색과 황색의 줄무늬 모양으로 사용하여야 한다
④: 접지선은 원칙적으로 600V 비닐절연전선 이상의 전선을 사용하고, 그 굵기는 예상 최대지락 전류에 의해 발화위험이 발생하지 않는 한도 이내이어야 한다.

답 ②

127 ☆

방폭전기설비 계획 수립 시의 기본 방침에 해당되지 않는 것은?

① 가연성가스 및 가연성액체 위험특성 확인
② 시설장소의 제조건 검토
③ 전기설비의 선정 및 결정
④ 위험장소 종별 및 범위의 결정

해 방폭전기설비 계획 수립 시의 기본 방침
1. 시설장소 검토
2. 가연성 가스 및 액체 위험특성 확인
3. 위험장소 종별 및 위험범위 결정

답 ③

128 ☆

전기기기 방폭의 기본 개념이 아닌 것은?

① 점화원의 방폭적 격리
② 전기기기의 안전도 증강
③ 점화능력의 본질적 억제
④ 전기설비 주위 공기의 절연능력 향상

해 전기기기 방폭 기본개념

점화원 격리	압력방폭구조/유입방폭구조/내압방폭구조
전기기기 안전도 증가	안전증방폭구조
점화능력 본질적 억제	본질안전방폭구조

답 ④

129 ☆☆

전기기기 방폭의 기본개념과 이를 이용한 방폭구조로 볼 수 없는 것은?

① 점화원의 격리 : 내압방폭구조
② 폭발성 위험분위기 해소 : 유입방폭구조
③ 전기기기 안전도의 증강 : 안전증방폭구조
④ 점화능력 본질적 억제 : 본질안전방폭구조

해 윗 해설 참조

답 ②

130 ☆

내압 방폭구조는 다음 중 어느 경우에 가장 가까운가?

① 점화 능력의 본질적 억제
② 점화원의 방폭적 격리
③ 전기설비의 안전도 증강
④ 전기설비의 밀폐화

해 윗 해설 참조

답 ②

131 

가연성가스를 사용하는 시설에는 방폭구조의 전기기기를 사용하여야 한다. 전기기기의 방폭구조의 선택은 가스의 무엇에 의해서 좌우되는가?

① 인화점, 폭굉한계
② 폭발한계, 폭발등급
③ 발화도, 최소발화에너지
④ 화염일주한계, 발화온도

해 방폭구조는 가스의 화염일주한계와 발화온도에 의해 결정된다.

답 ④

132 ☆☆

방폭구조에 관계있는 위험 특성이 아닌 것은?

① 발화온도 ② 증기밀도
③ 화염일주한계 ④ 최소점화전류

해 방폭구조 위험 특성 종류
발화온도/화염일주한계(최대안전틈새)/최소점화전류

답 ②

133 ☆

다음 중 방폭구조의 종류가 아닌 것은?

① 본질안전 방폭구조
② 고압 방폭구조
③ 압력 방폭구조
④ 내압 방폭구조

해 "d": 내압 방폭구조
"e": 안전증 방폭구조
"ia": 본질안전 방폭구조, 보호방식 "ia"
"ib": 본질안전 방폭구조, 보호방식 "ib"
"ma": 몰드 방폭구조, 보호방식 "ma"
"mb": 몰드 방폭구조, 보호방식 "mb"
"nA": n형식 방폭구조, 보호방식 "nA"
"nC": n형식 방폭구조, 보호방식 "nC"
"nL": n형식 방폭구조, 보호방식 "nL"
"nR": n형식 방폭구조, 보호방식 "nR"
"o" : 유입 방폭구조
"px" : 압력 방폭구조, 보호형식 "px"
"py" : 압력 방폭구조, 보호형식 "py"
"pz" : 압력 방폭구조, 보호형식 "pz"
"q" : 충전 방폭구조
"s" : 특수 방폭구조

답 ②

134 ☆☆

방폭구조와 기호의 연결이 틀린 것은?

① 압력방폭구조 : p
② 내압방폭구조 : d
③ 안전증방폭구조 : s
④ 본질안전방폭구조 : ia 또는 ib

해 윗 해설 참조

답 ③

135 ☆☆

전기설비의 방폭구조의 종류가 아닌 것은?

① 근본 방폭구조
② 압력 방폭구조
③ 안전증 방폭구조
④ 본질안전 방폭구조

해 윗 해설 참조

답 ①

136 ☆☆☆☆

방폭형 기기에 폭발성 가스가 내부로 침입하여 내부에서 폭발이 발생하여도 이 압력에 견디도록 제작한 방폭구조는?

① 내압(d) 방폭구조
② 압력(p) 방폭구조
③ 안전증(e) 방폭구조
④ 본질안전(i)방폭구조

해 폭발성 가스 또는 증기에 대한 방폭구조

방폭구조(Ex) 종류	정의
내압 방폭구조 (d)	• 방폭형 기기에 폭발성 가스가 내부로 침입하여 내부에서 폭발이 발생하여도 이 압력에 견디도록 제작한 방폭구조 • 전기설비 내부에서 발생한 폭발이 설비 주변에 존재하는 가연성 물질에 파급되지 않도록 한 구조
안전증 방폭구조 (e)	전기기기의 과도한 온도상승, 아크 또는 불꽃 발생의 위험을 방지하기 위하여 추가적인 안전조치를 통한 안전도를 증가시킨 방폭구조
본질안전 방폭구조 (i)	폭발분위기에 노출되어 있는 기계, 기구 내의 전기에너지, 권선 상호접속에 의한 전기불꽃 또는 열 영향을 점화에너지 이하의 수준까지 제한하는 것을 기반으로 한 방폭구조
유입 방폭구조 (o)	유체 상부 또는 용기 외부에 존재할 수 있는 폭발성 분위기가 발화할 수 없도록 전기설비 또는 전기설비의 부품을 보호액에 합침시키는 방폭구조
압력 방폭구조 (p)	용기 내부에서 보호가스 압입해 내부압력 유지함으로써 폭발성 가스 또는 증기가 내부로 유입하지 않도록 한 방폭구조

답 ①

137 ☆

전기설비 내부에서 발생한 폭발이 설비 주변에 존재하는 가연성 물질에 파급되지 않도록 한 구조는?

① 압력방폭구조 ② 내압방폭구조
③ 안전증방폭구조 ④ 본질안전방폭구조

해 윗 해설 참조

답 ②

138 ☆

다음에서 설명하고 있는 방폭구조는?

> 전기기기의 정상 사용 조건 및 특정 비정상 상태에서 과도한 온도상승, 아크 또는 스파크 발생위험을 방지하기 위해 추가적인 안전조치를 취한 것으로 Ex e라고 표시한다.

① 유입 방폭구조 ② 압력 방폭구조
③ 내압 방폭구조 ④ 안전증 방폭구조

해 윗 해설 참조

답 ④

139 ☆☆☆

다음은 어떤 방폭구조에 대한 설명인가?

> 전기기구의 권선, 에어캡, 접점부, 단자부 등과 같이 정상적인 운전 중에 불꽃, 아크, 과열이 생겨서는 안될 부분에 대해 이를 방지하거나 또는 온도상승을 제한하기 위해 전기안전도를 증가시켜 제작한 구조

① 안전증방폭구조 ② 내압방폭구조
③ 몰드방폭구조 ④ 본질안전방폭구조

해 윗 해설 참조

답 ①

140 ☆☆

방폭전기설비의 용기내부에 보호가스를 압입하여 내부압력을 외부 대기 이상의 압력으로 유지함으로써 용기 내부에 폭발성가스 분위기가 형성되는 것을 방지하는 방폭구조는?

① 내압 방폭구조 ② 압력 방폭구조
③ 안전증 방폭구조 ④ 유입 방폭구조

해 윗 해설 참조

답 ②

141 ☆

내압방폭구조의 주요 시험항목이 아닌 것은?

① 폭발강도 ② 인화시험
③ 절연시험 ④ 기계적 강도시험

해 내압 방폭구조 성능시험 항목
강도시험/폭발강도시험/폭발인화시험/기준압력측정/통기 및 배수장치 성능시험

답 ③

142 ☆☆☆☆

내압방폭구조의 필요충분조건(기본성능)에 대한 사항으로 틀린 것은?

① 폭발화염이 외부로 유출되지 않을 것
② 습기침투에 대한 보호를 충분히 할 것
③ 내부에서 폭발한 경우 그 압력에 견딜 것
④ 외함의 표면온도가 외부의 폭발성가스를 점화하지 않을 것

해 내압방폭구조의 필요충분조건
1. 내부에서 폭발한 경우 그 압력에 견딜 것
2. 폭발화염이 외부로 유출되지 않을 것
3. 외함의 표면온도가 외부의 폭발성가스를 점화하지 않을 것

답 ②

143 ☆

내압(耐壓)방폭 구조의 화염일주한계를 작게 하는 이유로 가장 알맞은 것은?

① 최소점화에너지를 높게 하기 위하여
② 최소점화에너지를 낮게 하기 위하여
③ 최소점화에너지 이하로 열을 식히기 위해
④ 최소점화에너지 이상으로 열을 높이기 위하여

해 안전간극(최대안전틈새/화염일주한계) 적게 하는 이유
1. 폭발화염이 외부로 전파되지 않도록 하기 위해
2. 최소점화에너지 이하로 열을 식히기 위해

답 ③

144 ☆☆

내압 방폭구조에서 안전간극(safe gap)을 적게 하는 이유로 옳은 것은?

① 최소점화에너지를 높게 하기 위해
② 폭발화염이 외부로 전파되지 않도록 하기 위해
③ 폭발압력에 견디고 파손되지 않도록 하기 위해
④ 설치류가 전선 등을 훼손하지 않도록 하기 위해

해 윗 해설 참조

답 ②

145 ☆

가스 그룹 ⅡB 지역에 설치된 내압방폭구조 "d" 장비의 플랜지 개구부에서 장애물까지의 최소 거리(mm)는?

① 10 ② 20 ③ 30 ④ 40

해 내압방폭구조 플랜지 접합부와 장애물간 최소 이격거리

가스그룹	최소 이격거리(mm)
ⅡA	10
ⅡB	30
ⅡC	40

답 ③

146 ☆☆

폭발위험장소에서의 본질안전 방폭구조에 대한 설명으로 틀린 것은?

① 본질안전 방폭구조의 기본적 개념은 점화능력의 본질적 억제이다.
② 본질안전 방폭구조의 Ex ib는 fault에 대한 2중 안전 보장으로 0종~2종 장소에 사용할 수 있다.
③ 본질안전 방폭구조의 적용은 에너지가 1.3W, 30V 및 250mA 이하의 개소에 가능하다.
④ 온도, 압력, 액면유량 등의 검출용 측정기는 대표적인 본질안전 방폭구조 예이다.

해 본질안전 방폭구조의 Ex ia는 0, 1종 장소, Ex ib는 1종 장소에서 사용 가능하다.

답 ②

147 ☆

KS C IEC 60079 – 6에 따른 유입방폭구조 "o" 방폭장비의 최소 IP 등급은?

① IP44 ② IP54 ③ IP55 ④ IP66

해 기기의 보호등급은 KS C IEC 60529에 따라 최소 IP66에 적합해야 하며, 압력완화장치 배출구의 보호등급은 최소 IP23에 적합 할 것

답 ④

148 ☆

다음 중 방폭설비의 보호등급(IP)에 대한 설명으로 옳은 것은?

① 제1 특성숫자가 "1"인 경우 지름 50mm 이상의 외부 분진에 대한 보호
② 제1 특성숫자가 "2"인 경우 지름 10mm 이상의 외부 분진에 대한 보호
③ 제2 특성숫자가 "1"인 경우 지름 50mm 이상의 외부 분진에 대한 보호
④ 제2 특성숫자가 "2"인 경우 지름 10mm 이상의 외부 분진에 대한 보호

해 IP코드

요소	수 또는 문자	기기 보호에 대한 의미
	분진 침투에 대한	
제1 특성 숫자	0	비보호
	1	≥ 지름 50mm
	2	≥ 지름 12.5mm
	3	≥ 지름 2.5mm
	4	≥ 지름 1mm
	5	먼지 보호
	6	방진
	위험한 영향 주는 물의 침투에 대한	
제2 특성 숫자	0	비보호
	1	수직 낙하
	2	낙하(기울기 15도)
	3	분무
	4	튐
	5	분사
	6	강한 분사
	7	일시적 침수
	8	연속적 침수
	9	고압 및 고온 물 분사

답 ①

149 ☆

화염일주한계에 대해 가장 잘 설명한 것은?

① 화염이 발화온도로 전파될 가능성 한계값
② 화염이 전파되는 것을 저지할 수 있는 틈새의 최대 간격치
③ 폭발성 가스와 공기가 혼합되어 폭발한계 내에있는 상태를 유지하는 한계값
④ 폭발성 분위기가 전기 불꽃에 의하여 화염을 일으킬 수 있는 최소의 전류값

해 화염일주한계
안전간격, 최대안전틈새라고도 하며 폭발성 분위기에 있는 용기의 접합면 틈새를 통해 화염이 내부에서 외부로 전파되는 것을 저지할 수 있는 틈새의 최대 간격치

답 ②

150 ☆

화염일주한계에 대한 설명으로 옳은 것은?

① 폭발성 가스와 공기의 혼합기에 온도를 높인 경우 화염이 발생할 때까지의 시간 한계치
② 폭발성 분위기에 있는 용기의 접합면 틈새를 통해 화염이 내부에서 외부로 전파되는 것을 저지할 수 있는 틈새의 최대간격치
③ 폭발성 분위기 속에서 전기불꽃에 의하여 폭발을 일으킬 수 있는 화염을 발생시키기에 충분한 교류파형의 1주기치
④ 방폭설비에서 이상이 발생하여 불꽃이 생성된 경우에 그것이 점화원으로 작용하지 않도록 화염의 에너지를 억제하여 폭발하 한계로 되도록 화염 크기를 조정하는 한계치

해 윗 해설 참조

답 ②

151 ☆

다음 ( ) 안의 알맞은 내용을 나타낸 것은?

> 폭발성 가스 폭발등급 측정에 사용되는 표준용기는 내용적이 (㉮)cm^3, 반구상의 플렌지 접합면의 안길이 (㉯)mm의 구상용기의 틈새를 통과시켜 화염일주한계를 측정하는 장치이다.

① ㉮ 6,000 ㉯ 0.4　② ㉮ 1,800 ㉯ 0.6
③ ㉮ 4,500 ㉯ 8　④ ㉮ 8,000 ㉯ 25

해 폭발등급 측정에 사용되는 표준용기란 내용적이 8ℓ, 틈의 안길이 25mm인 용기로서 틈의 폭[mm]를 변화시켜 화염일주 한계를 측정하는 것, 8L = 8,000cm^3

답 ④

152 ☆☆

분진폭발 방지대책으로 가장 거리가 먼 것은?

① 작업장은 분진이 퇴적하지 않는 형상으로 한다.
② 분진취급장치에는 유효한 집진장치를 설치한다.
③ 분체 프로세스 장치는 밀폐화하고 누설이 없도록 한다.
④ 분진폭발의 우려가 있는 작업장에는 감독자를 상주시킨다.

해 사람을 배치한다고 분진폭발이 방지되는 것은 아니다.

답 ④

153 ☆

KS C IEC 60079 – 0에 따른 방폭에 대한 설명으로 틀린 것은?

① 기호 "X"는 방폭기기의 특정사용조건을 나타내는 데 사용되는 인증번호의 접미사이다.
② 인화하한(LFL)과 인화상한(UFL) 사이의 범위가 클수록 폭발성 가스 분위기 형성 가능성이 크다.
③ 기기그룹에 따라 폭발성가스를 분류할 때 ⅡA의 대표가스로 에틸렌이 있다.
④ 연면거리는 두 도전부 사이의 고체 절연물 표면을 따른 최단거리를 말한다.

해

폭발등급	ⅡA	ⅡB	ⅡC
틈의 폭[mm]	W ≥ 0.9	0.9 > W > 0.5	W ≤ 0.5
대표물질	프로판	에틸렌	수소, 아세틸렌

답 ③

154 ☆

KS C IEC 60079 – 0의 정의에 따라 '두 도전부 사이의 고체 절연물 표면을 따른 최단거리'를 나타내는 명칭은?

① 전기적 간격　② 절연공간거리
③ 연면거리　④ 충전물 통과거리

해 연면거리에 대한 설명이다.

답 ③

155 ☆

KS C IEC 60079 – 0에 따른 방폭기기에 대한 설명이다. 다음 빈칸에 들어갈 알맞은 용어는?

> (ⓐ)은 EPL로 표현되며 점화원이 될 수 있는 가능성에 기초하여 기기에 부여된 보호등급이다. EPL 등급 중 (ⓑ)는 정상 작동, 예상된 오작동, 드문 오작동 중에 점화원이 될 수 없는 "매우 높은" 보호등급의 기기이다.

① ⓐ Explosion Protection Level, ⓑ EPL Ga

② ⓐ Explosion Protection Level, ⓑ EPL Gc

③ ⓐ Equipment Protection Level, ⓑ EPL Ga

④ ⓐ Equipment Protection Level, ⓑ EPL Gc

해 **기기보호등급**: EPL(Equipment Protection Level)으로 점화원이 될 수 있는 가능성에 기초해 기기에 부여된 보호등급으로 폭발성 가스 분위기, 폭발성 분진 분위기 및 폭발성 갱내 가스에 취약한 광산 내 폭발성 분위기 차이를 구별한다.

기기보호등급 종류

종류	보호등급 수준
Ma	폭발성 갱내 가스에 취약한 광산에 설치되는 기기로 정상 작동, 예상된 오작동 또는 드문 오작동 중에 심지어 가스 누출이 발생된 상황에서 충전된 상태로 있더라도 점화원이 될 가능성이 거의 없는 충분한 안정성을 갖고 있는 매우 높은 보호등급의 기기
Mb	폭발성 갱내 가스에 취약한 광산에 설치되는 기기로 정상 작동 또는 예상된 오작동 중에 가스 누출이 발생되고 기기 전원을 차단하는 동안 점화원이 될 가능성이 거의 없는 충분한 안정성을 갖고 있는 높은 보호등급의 기기
Ga	폭발성 가스 분위기에 설치되는 기기로 정상 작동, 예상된 오작동 또는 드문 오작동 중에 점화원이 될 수 없는 매우 높은 보호등급의 기기
Gb	폭발성 가스 분위기에 설치되는 기기로 정상 작동 또는 예상된 오작동 중에 점화원이 될 수 없는 높은 보호등급의 기기
Gc	폭발성 가스 분위기에 설치되는 기기로 정상 작동 중에 점화원이 될 수 없고, 정기적 고장 발생 시 점화원으로서 비활성 상태의 유지를 보장하기 위해 추가적 보호장치가 있을 수 있는 강화된 보호등급 기기
Da	폭발성 분진 분위기에 설치되는 기기로 정상 삭농, 예상된 오작동 또는 드문 오작동 중에 점화원이 될 수 없는 매우 높은 보호등급의 기기
Db	폭발성 분진 분위기에 설치되는 기기로 정상 작동 또는 예상된 오작동 중에 점화원이 될 수 없는 높은 보호등급의 기기
Dc	폭발성 분진 분위기에 설치되는 기기로 정상 작동 중에 점화원이 될 수 없고, 정기적 고장 발생 시 점화원으로서 비활성 상태의 유지를 보장하기 위해 추가적 보호장치가 있을 수 있는 강화된 보호등급 기기

답 ③

156 ☆

다음 중 기기보호등급(EPL)에 해당하지 않는 것은?

① EPL Ga ② EPL Ma

③ EPL Dc ④ EPL Mc

해 윗 해설 참조

답 ④

157 ☆☆

전자기기의 케이스를 전폐구조로 하며 접합면에는 일정치 이상의 깊이를 갖는 패킹을 사용하여 분진이 용기 내로 침입하지 못하도록 한 방폭 구조는?

① 보통방진 방폭구조
② 분진특수 방폭구조
③ 특수방진 방폭구조
④ 밀폐방진 방폭구조

해

분진방폭구조	정의
특수방진 방폭구조 (SDP)	전폐구조로서 접합면 너비를 일정치 이상으로 하거나 접합면에 일정치 이상의 너비(깊이)가 있는 패킹을 사용하여 분진이 용기 내부로 침입하지 않도록 한 구조
보통방진 방폭구조 (DP)	전폐구조에서 접합면의 안길이를 일정치 이상으로 하거나 접합면에 패킹을 사용하여 분진이 용기 내부로 침입하기 어렵게 한 구조
분진특수 방폭구조 (XDP)	분진방폭성능을 갖고 있지만 공인기관에서 시험 등을 통해서 성능이 확인된 구조

답 ③

158 ☆

폭발 위험장소 분류 시 분진폭발 위험장소의 종류에 해당하지 않는 것은?

① 20종 장소　② 21종 장소
③ 22종 장소　④ 23종 장소

해 분진폭발 위험장소의 종류

20종 장소	• 공기 중에 분진운의 형태로 폭발성 분진 분위기가 지속적으로 또는 장 기간 또는 빈번히 존재하는 장소 • 호퍼, 분진저장소, 집진장치 필터 등의 내부
21종 장소	• 20종 장소 외의 장소로서, 분진운 형태의 가연성 분진이 폭발농도를 형성할 정도의 충분한 양이 정상작동 중에 존재할 수 있는 장소 • 집진장치 백필터, 배기구 등의 주위, 이송벨트 샘플링 지역 등
22종 장소	• 21종 장소 외의 장소로서, 가연성 분진운 형태가 드물게 발생 또는 단기간 존재할 우려가 있거나, 이상작동 상태 하에서 가연성 분진층이 형성될 수 있는 장소 • 21종 장소에서 예방조치가 취하여진 지역, 환기설비 등과 같은 안전장치 배출구 주위 등

답 ④

159 ☆

공기 중에 분진운의 형태로 폭발성 분진 분위기가 지속적으로 또는 장기간 또는 빈번히 존재하는 장소는?

① 0종 장소　② 1종 장소
③ 20종 장소　④ 21종 장소

해 윗 해설 참조

답 ③

160 ☆

방폭지역 0종 장소로 결정해야 할 곳으로 틀린 것은?

① 인화성 또는 가연성 가스가 장기간 체류 하는 곳
② 인화성 또는 가연성 물질을 취급하는 설비 내부
③ 인화성 또는 가연성 액체가 존재하는 피트 등의 내부
④ 인화성 또는 가연성 증기의 순환통로를 설치한 내부

해 가스폭발위험장소 종별

구분	내용
0종 장소	• 인화성 또는 가연성가스가 장기간 체류 하는 곳 • 인화성 또는 가연성 물질을 취급하는 설비 내부 • 인화성 또는 가연성액체가 존재하는 피트 등의 내부 • 인화성 액체 탱크 내의 액면 상부의 공간부 • 가연성가스 용기, 탱크 등의 내부 • 가연성액체 내의 액중펌프
1종 장소	• 폭발성 가스 분위기가 정상작동 중 주기적 또는 빈번하게 생성되는 장소 • 탱크류의 벤트(Vent) 개구부 부근 • 점검, 수리 작업에서 가연성가스 또는 증기를 방출하는 경우의 밸브 부근 • 탱크로리, 드럼관 등이 인화성 액체를 충전하고 있는 경우의 개구부 부근 • Floating roof(지붕식) tank 상의 shell 내의 부분 • 실내(환기방해장소)에서 가연성가스 또는 증기가 방출될 염려가 있는 경우 • 위험한 가스가 누출될 염려가 있는 장소로서 피트처럼 가스가 축적되는 장소 • 릴리프밸브가 가끔 작동하여 가연성가스나 증기를 방출하는 경우의 릴리프밸브 부근
2종 장소	• 폭발성 가스 분위기가 정상상태에서 조성되지 않거나 조성된다 하더라도 짧은 기간에만 존재할 수 있는 장소 • 오조작인 경우에만 이런 물질이 누출해서 위험한 농도가 될 염려가 있는 장소 • 1종장소 주변 또는 인접한 실내에서 폭발성 가스가 경우에 따라 위험한 농도까지 지침입할 염려가 있는 장소

답 ④

161 ☆

방폭지역 구분 중 폭발성 가스 분위기가 정상 상태에서 조성되지 않거나 조성된다 하더라도 짧은 기간에만 존재할 수 있는 장소는?

① 0종 장소 ② 1종 장소
③ 2종 장소 ④ 비방폭지역

해 윗 해설 참조

답 ③

162 ☆☆

1종 위험장소로 분류되지 않는 것은?

① 탱크류의 벤트(Vent) 개구부 부근
② 인화성 액체 탱크 내의 액면 상부의 공간부
③ 점검수리 작업에서 가연성 가스 또는 증기를 방출하는 경우의 밸브 부근
④ 탱크로리, 드럼관 등이 인화성 액체를 충전하고 있는 경우의 개구부 부근

해 ②: 0종 장소
윗 해설 참조

답 ②

163 ☆☆

가연성가스가 저장된 탱크의 릴리프밸브가 가끔 작동하여 가연성 가스나 증기가 방출되는 부근의 위험장소 분류는?

① 0종 ② 1종 ③ 2종 ④ 준위험장소

해 윗 해설 참조

답 ②

164 ☆

정상작동 상태에서 폭발 가능성이 없으나 이상상태에서 짧은 시간동안 폭발성 가스 또는 증기가 존재하는 지역에 사용 가능한 방폭용기를 나타내는 기호는?

① ib ② p ③ e ④ n

해 해당 지역은 2종 장소의 설명이다.
가스폭발위험장소에 따른 방폭구조 종류

0종	본질안전 방폭구조(ia)
1종	내압/압력(p)/충전/유입/안전증(e)/본질안전(ia/ib)/몰드 방폭구조(m)
2종	비점화 방폭구조(n)

윗 해설 참조

답 ④

165 ☆

다음 중 0종 장소에 사용될 수 있는 방폭구조의 기호는?

① Ex ia ② Ex ib ③ Ex d ④ Ex e

해 윗 해설 참조

답 ①

166 ☆

방폭 전기기기의 성능을 나타내는 기호표시로 EX P ⅡA T5를 나타내었을 때 관계가 없는 표시 내용은?

① 온도등급 ② 폭발성능
③ 방폭구조 ④ 폭발등급

해 EX: 방폭용
P: 방폭구조
ⅡA: 폭발등급
T5: 온도등급

답 ②

167 ☆

방폭전기기기에 "Ex ia ⅡC T4 Ga"라고 표시되어 있다. 해당 기기에 대한 설명으로 틀린 것은?

① 정상 작동, 예상된 오작동에 또는 드문 오작동 중에 점화원이 될 수 없는 "매우 높은" 보호등급의 기기이다.
② 온도 등급이 T4이므로 최고표면온도가 150℃이다.
③ 본질안전 방폭구조로 0종 장소에서 사용이 가능하다.
④ 수소 및 아세틸렌 등의 가스가 존재하는 곳에 사용이 가능하다.

해 Ex ia ⅡC T4 Ga
Ex: 방폭용
ia: 본질안전 방폭구조(0종 장소, Ga)
Ⅱ: 공장 및 사업장용
C: 최대안전틈새 0.5mm이하(아세틸렌,수소)
T4: 최고표면온도 100 ~ 135℃
Ga: 매우 높은 보호등급, 0종 장소

답 ②

168 ☆

저압방폭전기의 배관방법에 대한 설명으로 틀린 것은?

① 전선관용 부속품은 방폭구조에 정한 것을 사용한다.
② 전선관용 부속품은 유효 접속면의 깊이를 5mm 이상 되도록 한다.
③ 배선에서 케이블의 표면온도가 대상하는 발화온도에 충분한 여유가 있도록 한다.
④ 플렉시블 피칭을 구부릴 경우 내측 반경은 플렉시블 피칭 배관 외경의 5배 이상으로 한다.

해 ②: 전선관용 부속품 접속은 관용 평행나사로 완전나사부에 5산 이상 결합시켜서 강하게 조인다.

답 ②

169 ☆

내압방폭 금속관배선에 대한 설명으로 틀린 것은?

① 전선관은 박강전선관을 사용한다.

② 배관 인입부분은 씰링피팅(Sealing Fitting)을 설치하고 씰링콤파운드로 밀봉한다.

③ 전선관과 전기기기와의 접속은 관용평형 나사에 의해 완전나사부가 "5턱" 이상 결합되도록 한다.

④ 가용성을 요하는 접속부분에는 플렉시블피팅(Flexible Fitting)을 사용하고, 플렉시블피팅은 비틀어서 사용해선 안 된다.

해 0종 또는 1종장소에서 내압방폭용 전선관은 KS C 8401에서 정하는 후강전선관을 사용하여야 하며, 전선관용 부속품은 내압 방폭성능을 가진 것을 사용하여야 한다.

답 ①

170 ☆☆

금속관의 방폭형 부속품에 대한 설명으로 틀린 것은?

① 재료는 아연도금을 하거나 녹이 스는 것을 방지하도록 한 강 또는 가단주철일 것

② 안쪽 면 및 끝부분은 전선의 피복을 손상하지 않도록 매끈한 것일 것

③ 전선관과의 접속부분의 나사는 5턱 이상 완전히 나사결합이 될 수 있는 길이일 것

④ 완성품은 유입방폭구조의 폭발압력시험에 적합할 것

해 금속관의 방폭형 부속품 중 나목에 규정하는 것 이외의 것은 다음의 표준에 적합할 것.

1. 재료는 건식아연도금법에 의하여 아연도 금을 한위에 투명한 도료를 칠하거나 기타 적당한 방법으로 녹이 스는 것을 방지하도록 한 강 또는 가단주철일 것.
2. 안쪽면 및 끝부분은 전선을 넣거나 바꿀 때에 전선의 피복을 손상하지 아니하도록 매끈한 것일 것.
3. 전선관과의 접속부분의 나사는 5턱 이상 완전히 나사결합될 수 있는 길이일 것.
4. 접합면(나사의 결합부분을 제외한다)은 KS C IEC 60079 – 1(2007) "내압방폭 구조(d)" 5. 방폭 접합"의 5.1 일반 요구 사항에 적합한 것일 것. 다만, 금속 · 석면 · 유리섬유 · 합성고무 등의 난연성 및 내구성이 있는 패킹을 사용하고 이를 견고히 접합면에 붙일 경우에 그 틈새가 있을 경우 이 틈새는 KS C IEC 60079 – 1(2007) "내압방폭구조(d)" 5.2.2 틈새의 표1 및 표 2의 최대값을 넘지 않아야 한다.
5. 접합면 중 나사의 접합은 KS C IEC 60079 – 1 (2007) "내압방폭구조(d)"의 5.3 나사접합 표3 및 표4에 적합한 것일 것.
6. 완성품은 내압 방폭구조(d) 폭발압력(기준 압력)측정 및 압력시험에 적합한 것일 것

답 ④

171 ☆☆

가연성 가스가 있는 곳에 저압 옥내전기설비를 금속관 공사에 의해 시설하고자 한다. 관 상호 간 또는 관과 전기기계기구와는 몇 턱 이상 나사조임으로 접속하여야 하는가?

① 2턱 ② 3턱 ③ 4턱 ④ 5턱

해 전선관과의 접속부분의 나사는 5턱 이상 완전히 나사결합이 될 수 있는 길이일 것.

답 ④

172 ☆

분진방폭 배선시설에 분진침투 방지재료로 가장 적합한 것은?

① 분진침투 케이블
② 컴파운드(compound)
③ 자기융착성 테이프
④ 씰링피팅(sealing fitting)

해 분진침투 방지재료: 자기융착성 테이프
물침투 방지재료: 컴파운드, 파우더, 수밀테이프

답 ③

173 ☆

접지 저항치를 결정하는 저항이 아닌 것은?

① 접지극의 도체저항
② 접지전극과 주회로 사이의 낮은 절연저항
③ 접지전극 주위의 토양이 나타내는 저항
④ 접지전극의 표면과 접하는 토양 사이 접촉저항

해 접지 저항치 결정 저항 종류
1. 접지선
2. 접지극 도체저항
3. 접지전극 주위의 토양이 나타내는 저항
4. 접지전극의 표면과 접하는 토양 사이 접촉저항

답 ②

174 ☆☆

대지를 접지로 이용하는 이유 중 가장 옳은 것은?

① 대지는 토양의 주성분이 규소(SiO_2)이므로 저항이 영(0)에 가깝다.
② 대지는 토양 주성분인 산화알미늄(Al_2O_3)이므로 저항이 영(0)에 가깝다.
③ 대지는 철분을 많이 포함하고 있기 때문에 전류를 잘 흘릴 수 있다.
④ 대지는 넓어서 무수한 전류통로가 있기 때문에 저항이 영(0)에 가깝다.

해 대지를 접지로 이용하는 이유
대지는 넓어서 무수한 전류통로가 있기 때문에 저항이 0에 가깝다.

답 ④

175 ☆☆

접지의 목적과 효과로 볼 수 없는 것은?

① 낙뢰에 의한 피해방지
② 송배전선에서 지락사고의 발생 시 보호계전기를 신속하게 작동시킴
③ 설비의 절연물이 손상되었을 때 흐르는 누설전류에 의한 감전 방지
④ 송배전선로의 지락사고 시 대지전위의 상승을 억제하고 절연강도를 상승시킴

해 송배전선로의 지락사고 시 대지전위의 상승을 억제하고 절연강도를 감소시킴

답 ④

176 ☆

지락전류가 거의 0에 가까워서 안정도가 양호하고 무정전의 송전이 가능한 접지방식은?

① 직접접지방식 ② 리액터접지방식
③ 저항접지방식 ④ 소호리액터접지방식

해

직접 접지방식	송전선로 접속시키는 변압기의 중성점을 직접 도전선으로 접지하는 방식
리액터 접지방식	중성점에 리액터 설치해 선로충전 전류 보상하는 방식
저항 접지방식	중성점에 적당한 저항 설치해 선로 충전전류 보상하는 방식
소호리액터 접지방식	지락전류가 거의 0에 가까워서 안정도가 양호하고 무정전의 송전이 가능한 접지방식

답 ④

177 ☆

접지의 종류와 목적이 바르게 짝지어지지 않은 것은?

① 계통접지 : 고압전로와 저압전로가 혼촉되었을 때의 감전이나 화재 방지를 위하여
② 지락검출용 접지 : 차단기의 동작을 확실하게 하기 위하여
③ 기능용 접지 : 피뢰기 등의 기능손상을 방지하기 위하여
④ 등전위 접지 : 병원에 있어서 의료기기 사용 시 안전을 위하여

해 접지 종류와 목적

계통 접지	고압전로와 저압전로가 혼촉되었을 때의 감전이나 화재 방지를 위해
지락 검출용 접지	차단기의 동작을 확실하게 하기 위하여
피뢰 접지	피뢰기 등의 기능손상을 방지하기 위하여
등전위 접지	병원에 있어서 의료기기 사용시 안전을 위하여
기기 접지	누전되고 있는 기기에 접촉되었을 때의 감전방지를 위해

답 ③

178 ☆☆☆

다음 중 계통접지의 목적으로 가장 옳은 것은?

① 누전되고 있는 기기에 접촉되었을 때의 감전방지를 위해
② 고압전로와 저압전로가 혼촉되었을 때의 감전이나 화재 방지를 위해
③ 병원에 있어서 의료기기 계통의 누전을 10㎂정도도 허용하지 않기 위해
④ 의사의 몸에 축적된 정전기에 의해 환자가 쇼크사 하지 않도록 하기 위해

해 윗 해설 참조

답 ②

179 ☆☆

접지 목적에 따른 분류에서 병원설비의 의료용 전기전자(M·E)기기와 모든 금속부분 또는 도전 바닥에도 접지하여 전위를 동일하게 하기 위한 접지를 무엇이라 하는가?

① 계통 접지
② 등전위 접지
③ 노이즈 방지용 접지
④ 정전기 장해방지 이용 접지

해 의료장소에서 환자환경(환자가 점유하는 장소로부터 수평방향 1.5m, 의료장소의 바닥으로부터 2.5m 높이 이내의 범위) 내에 있는 계통외 도전부와 전기설비 및 의료용 전기기기의 노출도전부, 전자기장해(EMI) 차폐선, 도전성 바닥 등은 등전위본딩 시행할 것.

답 ②

180 ☆

계통접지로 적합하지 않는 것은?

① TN계통 ② TT계통 ③ IN계통 ④ IT계통

해 계통접지방식 종류

TN 방식	• TN-C: 우리나라 배선전로 • TN-S: 통신센터/병원에 사용 • TN-C-S: TN-C와 TN-S 결합형태
TT 방식	• 변압기와 전기설비를 개별적으로 접지하는 방식(독립접지) • 누전차단기 반드시 설치
IT 방식	• 변입기 비집지하고 전기실비는 접지

답 ③

181 ☆

접지계통 분류에서 TN접지방식이 아닌 것은?

① TN-S 방식 ② TN-C 방식
③ TN-T 방식 ④ TN-C-S 방식

해 윗 해설 참조

답 ③

182 ☆

설비의 이상현상에 나타나는 아크(Arc)의 종류가 아닌 것은?

① 단락에 의한 아크
② 지락에 의한 아크
③ 차단기에서의 아크
④ 전선저항에 의한 아크

해 아크: 기체 방전, 양과 음의 단자(端子)에 고압 전위차를 가할 경우 발생하는 밝은 전기 불꽃
아크 종류: 단락/지락/전선절단에 의한 아크, 차단기에서의 아크

답 ④

183 ☆

절연열화가 진행되어 누설전류가 증가하면 여러 가지 사고를 유발하게 되는 경우로서 거리가 먼 것은?

① 감전사고
② 누전화재
③ 정전기 증가
④ 아크 지락에 의한 기기 손상

해 누설전류 증가 시 발생 현상
감전사고/누전화재/아크 지락에 의한 기기 손상

답 ③

184 ☆

누전화재가 발생하기 전에 나타나는 현상으로 거리가 가장 먼 것은?

① 인체 감전현상
② 전등 밝기의 변화현상
③ 빈번한 퓨즈 용단현상
④ 전기 사용 기계장치의 오동작 감소

해 전기 사용 기계장치의 오동작 증가

답 ④

185 ☆☆

개폐기로 인한 발화는 개폐 시의 스파크에 의한 가연물의 착화화재가 많이 발생한다. 이를 방지하기 위한 대책으로 틀린 것은?

① 가연성증기, 분진 등이 있는 곳은 방폭형을 사용한다.
② 개폐기를 불연성 상자 안에 수납한다.
③ 비포장 퓨즈를 사용한다.
④ 접속부분의 나사풀림이 없도록 한다.

해 포장 퓨즈를 사용한다.

답 ③

186 ☆

스파크 화재의 방지책이 아닌 것은?

① 개폐기를 불연성 외함 내에 내장시키거나 통형 퓨즈를 사용할 것
② 접지부분의 산화, 변형, 퓨트의 나사풀림 등으로 인한 접촉 저항이 증가되는 것을 방지할 것
③ 가연성 증기, 분진 등 위험한 물질이 있는 곳에는 방폭형 개폐기를 사용할 것
④ 유입개폐기는 절연유의 비중 정도, 배선에 주의하고 주위에는 내수벽 설치할 것

해 유입개폐기는 절연유의 열화 정도, 배선에 주의하고 주위에는 내화벽을 설치할 것

답 ④

187 ☆

스파크 화재의 방지책이 아닌 것은?

① 통형 퓨즈를 사용할 것
② 개폐기를 불연성의 외함 내에 내장시킬 것
③ 가연성 증기, 분진 등 위험한 물질이 있는 곳에는 방폭형 개폐기를 사용할 것
④ 전기배선이 접속되는 단자의 접촉저항을 증가시킬 것

해 전기배선이 접속되는 단자의 접촉저항 증가를 방지할 것

답 ④

188 ☆

정상적으로 회전 중에 전기 스파크를 발생시키는 전기설비는?

① 개폐기류
② 제어기류의 개폐접점
③ 전동기의 슬립링
④ 보호계전기 전기접점

해 슬립링: 전동기, 발전기의 회전자 권선에 전류를 공급하거나 끌어내는 금속제 고리

현재적 점화원	정상적 가동 중에 점화원 되는 설비
	• 직류 진동기의 징류자, 권신힝 유도 전동기의 슬립링 • 전열기, 저항기, 전동기의 고온부 • 개폐기 및 차단기류의 접점, 제어 기기 및 보호계전기의 전기접점
잠재적 점화원	정상적 가동 중에는 아니지만 고장, 파괴 발생 시 점화원 되는 설비
	• 전동기, 변압기의 권선, 마그넷 코일, 전기적 광원, 케이블, 기타 배선

답 ③

189 ☆

전기설비 사용 장소의 폭발위험성에 대한 위험장소 판정 시의 기준과 가장 관계가 먼 것은?

① 위험가스 현존 가능성
② 통풍의 정도
③ 위험 가스의 특성
④ 습도의 정도

해 폭발위험성에 대한 위험장소 판정 시 기준
통풍 정도/위험가스 현존 가능성/위험 가스 특성

답 ④

190 ☆

환기가 충분한 장소에 대한 설명으로 옳은 것은?

① 대기 중 가스 또는 증기의 밀도가 폭발 하한계의 50% 초과하여 축적되는 것을 방지하기 위한 충분한 환기량이 보장되는 장소
② 수직 또는 수평의 외부공기 흐름을 방해하지 않는 구조의 건축물 또는 실내로서 지붕과 한면의 벽이 있는 건축물
③ 밀폐 또는 부분적으로 밀폐된 장소로써 옥외의 동등한 정도의 환기가 자연환기방식 또는 고장 시 경보발생 등의 조치가 있는 자연 순환방식으로 보장되는 장소
④ 기타 적합한 방법으로 환기량을 계산하여 폭발 하한계의 35% 농도를 초과하지 않음이 보장되는 장소

해 "환기가 충분한 장소"라 함은 대기 중의 가스 또는 증기의 밀도가 폭발 하한계의 25%를 초과하여 축적되는 것을 방지하기 위한 충분한 환기량이 보장되는 장소
1) 옥외
2) 수직 또는 수평의 외부공기 흐름을 방해 하지 않는 구조의 건축물 또는 실내로써 지붕과 한면의 벽만 있는 건축물
3) 밀폐 또는 부분적으로 밀폐된 장소로써 옥외와 동등한 정도의 환기가 자연환기방식 또는 고장시 경보발생 등의 조치가 되어있는 강제환기 방식으로 보장되는 장소
4) 기타 적합한 방법으로 환기량을 계산하여 폭발 하한계의 15% 농도를 초과하지 않음이 보장되는 장소

답 ②

191 ☆

작업장에서 교류 아크용접기로 용접작업을 하고 있다. 용접기에 사용하고 있는 용품 중 잘못 사용되고 있는 것은?

① 습윤장소와 2m 이상 고소작업 시에 자동 전격방지기를 부착한 후 작업에 임하고 있다.
② 교류 아크용접기 홀더는 절연이 잘 되어 있으며, 2차측 전선은 비닐절연전선을 사용하고 있다.
③ 터미널은 케이블 커넥터로 접속한 후 충전부는 절연테이프로 테이핑 처리를 하였다.
④ 홀더는 KS 규정의 것만 사용하고 있지만 자동 전격 방지기는 안전보건공단 검정필을 사용한다.

해 교류 아크용접기 홀더는 절연이 잘 되어 있으며, 2차측 전선은 클로로프렌 캡타이어케이블을 사용하고 있다.

답 ②

192 ☆☆

감전사고로 인한 호흡 정지 시 구강대 구강법에 의한 인공호흡의 매분 회수와 시간은 어느 정도 하는 것이 가장 바람직한가?

① 매분 5~10회, 30분 이하
② 매분 12~15회, 30분 이상
③ 매분 20~30회, 30분 이하
④ 매분 30회 이상, 20분~30분 정도

해 인공호흡은 매분 12 ~ 15회, 30분 이상 실시한다.

답 ②

193 ☆

감전에 의해 호흡이 정지한 후에 인공호흡을 즉시 실시하면 소생할 수 있는데, 감전에 의한 호흡 정지 후 3분 이내에 올바른 방법으로 인공호흡을 실시하였을 경우 소생률은 약 몇% 정도인가?

① 25　② 50　③ 75　④ 95

해

시간별 인공호흡 소생률	
1분 이내	95%
3분 이내	75%
4분 이내	50%
6분 이내	25%

답 ③

194 ☆

감전쇼크에 의해 호흡이 정지되었을 경우 일반적으로 약 몇 분 이내에 응급처치를 개시하면 95% 정도를 소생시킬 수 있는가?

① 1분 이내　② 3분 이내
③ 5분 이내　④ 7분 이내

해 윗 해설 참조

답 ①

195 ☆

감전에 의하여 넘어진 사람에 대한 중요한 관찰사항이 아닌 것은?

① 의식의 상태
② 맥박의 상태
③ 호흡의 상태
④ 유입점과 유출점의 상태

해 감전된 사람에게겐 의식, 맥박, 호흡, 입술 색을 확인한다.

답 ④

196 ☆

감전자에 대한 중요한 관찰사항 중 거리가 먼 것은?

① 출혈이 있는지 살펴본다.
② 골절된 곳이 있는지 살펴본다.
③ 인체를 통과한 전류의 크기가 50mA를 넘었는지 알아본다.
④ 입술과 피부의 색깔, 체온 상태, 전기출입부의 상태 등을 알아본다.

해 전류 크기를 육안으로 확인할 수 없다.

답 ③

197 ☆☆

다음 그림은 심장맥동주기를 나타낸 것이다. T파는 어떤 경우인가?

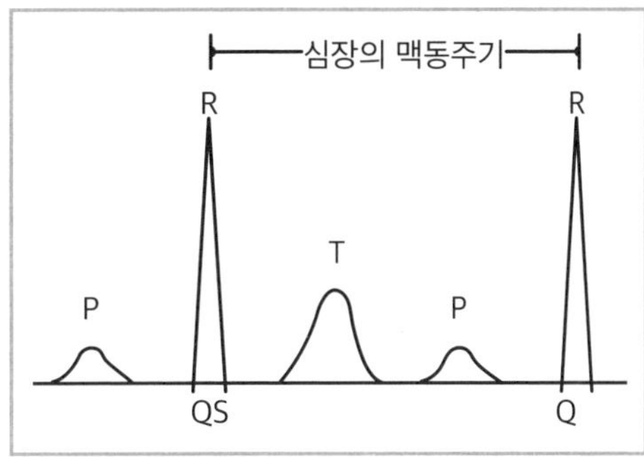

① 심방의 수축에 따른 파형
② 심실의 수축에 따른 파형
③ 심실의 휴식 시 발생하는 파형
④ 심방의 휴식 시 발생하는 파형

해 P: 심방 수축
QRS: 심실 수축
T: 심실 휴식

답 ③

198 ☆☆☆

심장의 맥동주기 중 어느 때에 전격이 인가되면 심실세동을 일으킬 확률이 크고 위험한가?

① 심방의 수축이 있을 때
② 심실의 수축이 있을 때
③ 심실의 수축 종료 후 심실의 휴식이 있을 때
④ 심실의 수축이 있고 심방의 휴식이 있을 때

해 심실의 수축 종료 후 심실의 휴식이 있을 때 심실세동을 일으킬 확률이 크다.

답 ③

199 ☆☆

다음 (   )안에 들어갈 내용으로 옳은 것은?

> 1. 감전 시 인체에 흐르는 전류는 인가전 압에(㉠)하고 인체저항에 (㉡) 한다.
> 2. 인체는 전류 열작용이 (㉢)×(㉣)이 어느 정도 이상이 되면 발생한다.

① ㉠ 비례, ㉡ 반비례, ㉢ 전류 세기, ㉣ 시간
② ㉠ 반비례, ㉡ 비례, ㉢ 전류 세기, ㉣ 시간
③ ㉠ 비례, ㉡ 반비례, ㉢ 전압, ㉣ 시간
④ ㉠ 반비례, ㉡ 비례, ㉢ 전압, ㉣ 시간

해 1. V(전압) = I(전류) • R(저항)
2. 인체는 전류 열작용이 전류 • 통전시간이 어느 정도 이상이 되면 발생한다.

답 ①

200 ☆

인체저항에 대한 설명으로 옳지 않은 것은?

① 인체저항은 인가전압의 함수이다.
② 인가시간이 길어지면 온도상승으로 인체저항은 증가한다.
③ 인체저항은 접촉면적에 따라 변한다.
④ 1,000V 부근에서 피부의 절연파괴가 발생할 수 있다.

해 인가시간이 길어지면 온도상승으로 인체저항은 감소한다.

답 ②

201 ☆

인체의 피부저항은 피부에 땀이 나 있는 경우 건조 시 보다 약 어느 정도 저하되는가?

① $\frac{1}{2} \sim \frac{1}{4}$ ② $\frac{1}{6} \sim \frac{1}{10}$
③ $\frac{1}{12} \sim \frac{1}{20}$ ④ $\frac{1}{25} \sim \frac{1}{35}$

해 – 피부저항은 물에 젖어 있는 경우 건조 시의 약 1/25로 저하된다.
– 피부에 땀이 나 있는 경우 건조 시의 약 1/12 ~ 1/20정도 저하된다.
– 피부에 습기가 있는 경우 건조 시의 약 1/10 정도 제한된다.

답 ③

202 ☆

인체저항에 대한 설명으로 옳지 않은 것은?

① 인체저항은 접촉면적에 따라 변한다.
② 피부저항은 물에 젖어 있는 경우 건조 시의 약 1/12로 저하된다.
③ 인체저항은 한 개의 단일 저항체로 보아 최악의 상태를 적용한다.
④ 인체에 전압이 인가되면 체내로 전류가 흐르게되어 전격의 정도를 결정한다.

해 윗 해설 참조

답 ②

203 ☆

피부의 전기저항 연구에 의하면 인체의 피부 중 1 ~ 2mm² 정도의 적은 부분은 전기 자극에 의해 신경이 이상적으로 흥분하여 다량의 피부 지방이 분비되기 때문에 그 부분의 전기저항이 1/10 정도로 적어지는 피전점(皮電点)이 존재한다고 한다. 이러한 피전점이 존재하는 부분은?

① 머리 ② 손등 ③ 손바닥 ④ 발바닥

해 피전점 존재 부위: 볼/턱/손등/정강이

답 ②

204 ☆

인체의 피부 전기저항은 여러 가지의 제반조건에 의해서 변화를 일으키는데 제반조건으로써 가장 가까운 것은?

① 피부의 청결 ② 피부의 노화
③ 인가전압의 크기 ④ 통전경로

해 피부 전기저항 영향인자
접촉면적/접촉시간/인가시간/인가전압 크기

답 ③

205 ☆☆☆

인체 피부의 전기저항에 영향을 주는 주요인자와 가장 거리가 먼 것은?

① 접촉면적 ② 인가전압의 크기
③ 통전경로 ④ 인가시간

해 윗 해설 참조

답 ③

206 ☆☆☆☆

인체가 감전되었을 때 그 위험성을 결정짓는 주요 인자와 거리가 먼 것은?

① 통전시간
② 통전전류의 크기
③ 감전전류가 흐르는 인체부위
④ 교류 전원의 종류

해 전격현상 위험도
통전전류 크기 > 통전경로 > 통전시간 > 전원 종류(교류 > 직류) > 주파수, 파형
※ 교류 전원의 종류는 제품의 종류(냉장고, 드릴 등등)에 대한 말이다.

답 ④

207 ☆

전격현상의 위험도를 결정하는 인자에 대한 설명으로 틀린 것은?

① 통전전류의 크기가 클수록 위험하다.
② 전원종류가 통전시간보다 더욱 위험하다.
③ 전원의 크기가 동일한 경우 교류가 직류보다 위험하다.
④ 통전전류의 크기는 인체에 저항이 일정할 때 접속 전압에 비례한다.

해 윗 해설 참조

답 ②

208 ☆

다음 중 전격의 위험을 가장 잘 설명하고 있는 것은?

① 통전 전류가 크고, 주파수가 높고, 장시간 흐를수록 위험하다.
② 통전 전압이 높고, 주파수가 높고, 인체 저항이 낮을수록 위험하다.
③ 통전 전류가 크고, 장시간 흐르고, 인체의 주요한 부분을 흐를수록 위험하다.
④ 통전 전압이 높고, 인체저항이 높고, 인체의 주요한 부분을 흐를수록 위험하다.

해 통전전류 클수록 통전시간 길수록 통전전류 경로가 심장 주변일수록 전원 종류가 교류일수록 주파수가 낮을수록 위험하다.

답 ③

209 ☆

전격 사고에 관한 사항과 관계가 없는 것은?

① 감전사고의 피해 정도는 접촉시간에 따라 위험성이 결정된다.
② 전압이 동일한 경우 교류가 직류보다 더 위험하다.
③ 교류에 감전된 경우 근육에 경련과 수축이 일어나서 접촉시간이 길어지게 된다.
④ 주파수가 높을수록 최소감지전류는 감소한다.

해 주파수가 높을수록 최소감지전류 증가한다.

답 ④

210 ☆

통전 경로별 위험도를 나타낼 경우 위험도가 큰 순서대로 나열한 것은?

ⓐ 왼손-오른손 ⓑ 왼손-등
ⓒ 양손-양발 ⓓ 오른손-가슴

① ⓐ-ⓒ-ⓑ-ⓓ ② ⓐ-ⓓ-ⓒ-ⓑ
③ ⓓ-ⓒ-ⓑ-ⓐ ④ ⓓ-ⓐ-ⓒ-ⓑ

해 통전경로별 위험도

통전경로	Kh (Kill of Heart, 위험도계수)
왼손→가슴	1.5
오른손→가슴	1.3
왼손→한발/양발	1.0
양손→양발	1.0
오른손→한발/양발	0.8
왼손→등	0.7
한손/양손→앉아있는 자리	0.7
왼손→오른손	0.4
오른손→등	0.3

답 ③

211 ☆

전압이 동일한 경우 교류가 직류보다 위험한 이유를 가장 잘 설명한 것은?

① 교류의 경우 전압의 극성변화가 있기 때문이다.
② 교류는 감전 시 화상을 입히기 때문이다.
③ 교류는 감전 시 수축을 일으킨다.
④ 직류는 교류보다 사용빈도 낮기 때문이다.

해 교류가 더 위험한 이유는 전압 극성이 초당 수십 회 바뀌어 직류보다 인체에 2배 이상 충격을 준다.

답 ①

212 ☆

다음 중 전기화재 시 소화에 적합한 소화기가 아닌 것은?

① 사염화탄소 소화기
② 분말 소화기
③ 산알칼리 소화기
④ CO_2 소화기

해

일반화재(A급)	• 종이/목재/섬유류 • **표현색**: 백색 • 적용가능 소화기 -할론(사염화탄소)소화약제 -할로겐화합물 및 불활성기체소화약제 -분말(인산염류)소화약제 -산알칼리소화약제 -강화액소화약제 -포소화약제 -물, 침윤소화약제 -고체에어로졸 화합물 -마른모래 -팽창질석, 팽창진주암
유류화재(B급)	• **표현색**: 황색 • 적용가능 소화기 -CO_2소화약제 -할론(사염화탄소)소화약제 -할로겐화합물 및 불활성기체소화약제 -분말(인산염류/중탄산염류)소화약제 -산알칼리소화약제 -강화액소화약제 -포소화약제 -물, 침윤소화약제 -고체에어로졸 화합물 -마른모래 -팽창질석, 팽창진주암
전기화재(C급)	• **표현색**: 청색 • 적용가능 소화기 -CO_2소화약제 -할론(사염화탄소)소화약제 -할로겐화합물 및 불활성기체소화약제 -분말(인산염류/중탄산염류)소화약제 -고체에어로졸 화합물
금속화재(D급)	• **표현색**: 표시없음 • 적용가능 소화기 -탄산수소염류 분말소화설비 -건조사/팽창질석/팽창진주암

답 ③

213 ☆

통전 중의 전력기기나 배선 부근에서 일어나는 화재를 소화할 때 주수(注水)하는 방법으로 옳지 않은 것은?

① 화염이 일어나지 못하도록 물기둥 상태로 주수
② 낙하를 시작해서 퍼지는 상태로 주수
③ 방출과 동시에 퍼지는 상태로 주수
④ 계면 활성제를 섞은 물이 방출과 동시에 퍼지는 상태로 주수

해 물기둥 상태로 주수하면 감전위험이 높다.

답 ①

214 ☆

전기화재 발화원으로 관계가 먼 것은?

① 단열 압축 ② 광선 및 방사선
③ 낙뢰(벼락) ④ 기계적 정지에너지

해 전기화재 발화원: 단열압축/광선 및 방사선/낙뢰/스파크/정전기/기계적 운동에너지

답 ④

215 ☆☆

일반적인 전기화재의 원인과 직접 관계되지 않는 것은?

① 과전류
② 애자의 오손
③ 정전기 스파크(Spark)
④ 합선(단락)

해 전기화재 경로별 원인 종류
단락/누전/과전류/접촉부 과열/정전기/절연열화

답 ②

216 ☆☆

전기화재의 경로별 원인으로 거리가 먼 것은?

① 단락 ② 누전 ③ 저전압 ④ 접촉부 과열

해 윗 해설 참조

답 ③

217 ☆

전기설비 화재의 경과별 재해 중 가장 빈도가 높은 것은?

① 단락(합선) ② 누전
③ 접촉부 과열 ④ 정전기

해 전기설비 화재의 경과별 재해 빈도순서
단락 > 누전 > 접촉부 과열 > 절연열화 > 과전류

답 ①

218 ☆

감전사고 행위별 통계에서 가장 빈도가 높은 것은?

① 전기공사나 전기설비 보수작업
② 전기기기 운전이나 점검작업
③ 이동용 전기기기 점검 및 조작작업
④ 가전기기 운전 및 보수작업

해 행위별 감전사고 빈도(수)
전기공사나 전기설비 보수작업(141) > 전기기기 운전이나 점검작업(52) > 가전기기 운전 및 보수작업(23) > 이동용 전기기기 점검 및 조작작업(15)

답 ①

219 ☆

전기화재가 발생되는 비중이 가장 큰 발화원은?

① 주방기기 ② 이동식 전열기구
③ 회전체 전기기계 ④ 전기배선

해 전기배선으로 인한 전기화재가 가장 많다.

답 ④

220 ☆

전기화재 발생 원인으로 틀린 것은?

① 발화원 ② 내화물
③ 착화물 ④ 출화의 경과

해 내화물: 불에 견디는 물질

답 ②

221 ☆☆

누전으로 인한 화재의 3요소에 대한 요건이 아닌 것은?

① 접속점 ② 출화점 ③ 누전점 ④ 접지점

해 누전화재 3요소

누전점	전선 충전부에서 금속조영재 등으로 전류가 흘러들어오는 점
출화점	과열개소
접지점	접지물로 전기가 흘러들어 오는 점

답 ①

222 ☆

전선의 절연 피복이 손상되어 동선이 서로 직접 접촉한 경우를 무엇이라 하는가?

① 절연 ② 누전 ③ 접지 ④ 단락

해

절연	도체나 회로를 보호하기 위해 전기가 흐르지 않은 물질로 보호하는 것
누전	전선 절연 피복이 손상되어 일정량 이하의 전류가 새는 현상
접지	전기용량이 상대적으로 큰 물체에 도체를 연결시켜 놓는 것
단락	전선의 절연 피복이 손상되어 동선이 서로 직접 접촉한 경우

답 ④

223 ☆☆

지락이 생긴 경우 접촉상태에 따라 접촉전압을 제한할 필요가 있다. 인체의 접촉상태에 따른 허용접촉전압을 나타낸 것으로 다음 중 옳지 않은 것은?

① 제1종 2.5V 이하 ② 제2종 25V 이하
③ 제3종 42V 이하 ④ 제4종 제한 없음

해 접촉상태별 허용접촉전압

종별	접촉 상태	허용 접촉 전압
1종	인체 대부분이 수중에 있는 상태	2.5V 이하
2종	• 인체가 현저히 젖어있는 상태 • 금속성 전기기계 장치나 구조물에 인체 일부가 상시 접속되어 있는 상태	25V 이하
3종	통상 인체상태에 있어서 접촉전압이 가해지더라도 위험성이 낮은 상태	50V 이하
4종	접촉전압이 가해질 우려가 없는 경우	제한 없음

답 ③

224 ☆

인체의 대부분이 수중에 있는 상태에서 허용 접촉전압은 몇V 이하인가?

① 2.5V ② 25V ③ 30V ④ 50V

해 윗 해설 참조

답 ①

225 ☆☆☆

인체가 현저하게 젖어있는 상태 또는 금속성의 전기기계 장치나 구조물에 인체의 일부가 상시 접속되어 있는 상태에서의 허용접촉전압은 일반적으로 몇 V 이하로 하고 있는가?

① 2.5V 이하 ② 25V 이하
③ 50V 이하 ④ 75V 이하

해 윗 해설 참조

답 ②

226 ☆

폭발 위험장소의 전기설비에 공급하는 전압으로써 초저전압(extra – low voltage)의 범위는?

① 교류 50V, 직류 120V를 각각 넘지 않는다.
② 교류 30V, 직류 42V를 각각 넘지 않는다.
③ 교류 30V, 직류 110V를 각각 넘지 않는다.
④ 교류 50V, 직류 80V를 각각 넘지 않는다.

해 초저전압(Extra low voltage)이라 함은 교류전압 50V 이하, 직류전압 120V 이하의 전압을 말한다.

답 ①

227 ☆☆

우리나라의 안전전압으로 볼 수 있는 것은 약 몇V인가?

① 30 ② 50 ③ 60 ④ 70

해 전기위험방지는 대지전압이 30V 이하의 전기기계·기구·배선 또는 이동전선에 대해서는 적용하지 아니한다.
즉, 우리나라 안전전압은 30V 이하다.

답 ①

228 ☆

산업안전보건기준에 관한 규칙에서 일반 작업장에 전기위험 방지 조치를 취하지 않아도 되는 전압은 몇V 이하인가?

① 24 ② 30 ③ 50 ④ 100

해 윗 해설 참조

답 ②

229 ☆

자동전격방지장치에 대한 설명으로 틀린 것은?

① 무부하 시 전력손실을 줄인다.
② 무부하 전압을 안전전압 이하로 저하시킨다.
③ 용접할 때만 용접기의 주회로를 개로(OFF)시킨다.
④ 교류 아크용접기의 안전장치로서 용접기의 1차 또는 2차 측에 부착한다.

해 자동전격방지장치 특징
1. 무부하 시 전력손실을 줄인다.
2. 무부하 전압을 안전전압(25V, 전압변동시 30V)이하로 저하시킨다.
3. 용접기의 주회로를 폐로(ON)시킨다.
4. 교류 아크용접기의 안전장치로서 용접기의 1차 또는 2차 측에 부착한다.

답 ③

230 ☆

자동전격방지장치에 대한 설명으로 올바른 것은?

① 아크 발생이 중단된 후 약 1초 이내에 출력 측 무부하 전압을 자동적으로 10V 이하로 강화시킨다.
② 용접 시에 용접기 2차 측의 부하전압을 무부하 전압으로 변경시킨다.
③ 용접봉을 모재에 접촉할 때 용접기 2차측은 폐회로가 되며. 이때 흐르는 전류를 감지한다.
④ SCR 등의 개폐용 반도체 소자를 이용한 유접점방식이 많이 사용되고 있다.

해 ①: 교류아크용접기용 자동전격방지기는 용접기의 출력 측의 무부하전압을 안전전압(25V, 전압변동 시 30V) 이하로 저하시키도록 동작하는 장치를 말한다
②: 용접 시에 용접기 2차 측의 출력전압을 무부하 전압으로 변경시킨다.
④: SCR 등의 개폐용 반도체 소자를 이용한 무접점방식이 많이 사용되고 있다.

답 ③

231 ☆☆

교류 아크 용접기의 전격방지장치에서 시동감도를 바르게 정의한 것은?

① 용접봉을 모재에 접촉시켜 아크를 발생시킬 때 전격방지 장치가 동작할 수 있는 용접기의 2차측 최대저항을 말한다.
② 안전전압(24V 이하)이 2차측 전압(85~95V)으로 얼마나 빨리 전환되는가 하는 것을 말한다.
③ 용접봉을 모재로부터 분리시킨 후 주접점이 개로 되어 용접기의 2차측 전압이 무부하 전압(25V 이하)으로 될 때까지의 시간을 말한다.
④ 용접봉에서 아크를 발생시키고 있을 때 누설전류가 발생하면 전격방지 장치를 작동시켜야 할지 운전을 계속해야 할지를 결정해야 하는 민감도를 말한다.

해

시동감도	용접봉을 모재에 접촉시켜 아크를 발생시킬 때 전격방지 장치가 동작할 수 있는 용접기의 2차측 최대저항이며 시동 감도 높을수록 좋으나 극한상황 하에서 전격을 방지하기 위해 500Ω을 상한치로 하는 것이 바람직하다.

답 ①

232 ☆

교류 아크 용접기용 자동전격 방지기의 시동감도는 높을수록 좋으나, 극한상황 하에서 전격을 방지하기 위해서 시동감도는 몇 Ω을 상한치로 하는 것이 바람직한가?

① 500Ω ② 1,000Ω
③ 1,500Ω ④ 2,000Ω

해 윗 해설 참조

답 ①

233 ☆

교류아크 용접기에 전격 방지기를 설치하는 요령 중 틀린 것은?

① 이완 방지 조치를 한다.
② 직각으로만 부착해야 한다.
③ 동작 상태를 알기 쉬운 곳에 설치한다.
④ 테스트 스위치는 조작이 용이한 곳에 위치시킨다.

해 직각으로 부착하되 부득이한 경우 직각에 대해 20도 범위 내에 부착해도 된다.

답 ②

234 ☆

교류아크 용접기의 접점방식(Magnet식)의 전격방지장치에서 지동시간과 용접기 2차측 무부하전압(V)을 바르게 표현한 것은?

① 0.06초 이내, 25V 이하
② 1초 이내, 25V 이하
③ 2±0.3초 이내, 50V 이하
④ 1.5±0.06초 이내, 50V 이하

해

자동전격 방지기	아크 발생이 중단되면 출력측 무부하 전압을 1초 이내 25V 이하로 저하시키는 장치

답 ②

235 ☆☆☆☆

교류 아크 용접기의 자동전격방지장치는 전격의 위험을 방지하기 위하여 아크 발생이 중단된 후 약 1초 이내에 출력측 무부하 전압을 자동적으로 몇V 이하로 저하시켜야 하는가?

① 85 ② 70 ③ 50 ④ 25

해 교류아크용접기용 자동전격방지기란 대상으로 하는 용접기의 주회로(변압기의 경우는 1차회로 또는 2차회로)를 제어하는 장치를 가지고 있어, 용접봉의 조작에 따라 용접할 때에만 용접기의 주회로를 형성하고, 그 외에는 용접기의 출력측의 무부하전압을 25볼트 이하로 저하시키도록 동작하는 장치를 말한다.

답 ④

236 ☆

교류아크 용접기의 자동전격 방지장치란 용접기의 2차전압을 25V 이하로 자동조절하여 안전을 도모하려는 것이다. 다음 사항 중 어떤 시점에서 그 기능이 발휘되어야 하는가?

① 전체 작업시간 동안
② 아크를 발생시킬 때만
③ 용접작업을 진행하고 있는 동안만
④ 용접작업 중단 직후부터 다음 아크 발생까지

해 자동전격방지기는 용접작업 중단 직후부터 다음 아크 발생까지 기능한다.

답 ④

237 ☆

다음 작업조건에 적합한 보호구로 옳은 것은?

> 물체의 낙하·충격, 물체에의 끼임, 감전 또는 정전기의 대전(帶電)에 의한 위험이 있는 작업

① 안전모 ② 안전화 ③ 방열복 ④ 보안면

해

안전모	물체가 떨어지거나 날아올 위험 또는 근로자가 추락할 위험있는 작업
안전화	물체의 낙하·충격, 물체에의 끼임, 감전 또는 정전기의 대전(帶電)에 의한 위험이 있는 작업
방열복	고열에 의한 화상 등의 위험이 있는 작업
보안면	용접 시 불꽃이나 물체가 흩날릴 위험이 있는 작업

답 ②

238 ☆☆

충전 선로의 활선작업 또는 활선근접작업을 하는 작업자의 감전 위험을 방지하기 위해 착용하는 보호구로서 가장 거리가 먼 것은?

① 절연장화 ② 절연장갑
③ 절연안전모 ④ 대전방지용 구두

해 대전방지용 구두는 절연용 보호구에 포함하지 않는다.

답 ④

239 ☆☆

작업자가 교류전압 7,000V 이하의 전로에 활선 근접작업 시 감전사고 방지를 위한 절연용 보호구는?

① 고무절연관 ② 절연시트
③ 절연커버 ④ 절연안전모

해 나머지는 다 방호구이다.

답 ④

240 ☆

활선작업 시 사용할 수 없는 전기작업용 안전장구는?

① 전기안전모 ② 절연장갑
③ 검전기 ④ 승주용 가제

해 ④: 전주 오르기 위한 구조물

답 ④

241 ☆

산업안전보건법에는 보호구를 사용 시 안전인증을 받은 제품을 사용토록 하고 있다. 다음 중 안전인증대상이 아닌 것은?

① 안전화
② 고무장화
③ 안전장갑
④ 감전 위험방지용 안전모

해 안전인증대상 보호구
가. 추락 및 감전 위험방지용 안전모
나. 안전화
다. 안전장갑
라. 방진마스크
마. 방독마스크
바. 송기(送氣)마스크
사. 전동식 호흡보호구
아. 보호복
자. 안전대
차. 차광 및 비산물 위험방지용 보안경
카. 용접용 보안면
타. 방음용 귀마개 또는 귀덮개

답 ②

242 ☆

절연 안전모의 사용 시 주의사항으로 틀린 것은?

① 특고압 작업에서도 안전도가 충분하므로 전격 방지하는 목적으로 사용할 수 있다.
② 절연모를 착용할 때에는 턱걸이 끈을 안전하게 죄어야 한다.
③ 머리 윗부분과 안전모의 간격은 1cm 이상이 되도록 한다.
④ 내장포(충격흡수라이너) 및 턱끈이 파손되면 즉시 대체하여야 하고 대용품을 사용 하여서는 안 된다.

해 절연 안전모는 7,000V 이하에서만 사용가능한데 이 7,000V를 초과하면 특고압이어서 사용 불가이다.

답 ①

243 ☆

내전압용 절연장갑의 등급에 따른 최대사용전압이 틀린 것은?(단, 교류전압은 실효값이다.)

① 등급00 : 교류 500V
② 등급1 : 교류 7,500V
③ 등급2 : 직류 17,000V
④ 등급3 : 직류 39,750V

해 절연장갑 등급 및 색상

등급	최대 사용전압(V)		색상
	교류(실횻값)	직류	
00	500	750	갈색
0	1,000	1,500	빨간색
1	7,500	11,250	흰색
2	17,000	25,500	노란색
3	26,500	39,750	녹색
4	36,000	54,000	등색

답 ③

244 ☆

다음 중 폭발위험장소에 전기설비를 설치할 때 전기적인 방호조치로 적절하지 않은 것은?

① 다상 전기기기는 결상운전으로 인한 과열 방지조치를 한다.
② 배선은 단락·지락 사고 시의 영향과 과부하로부터 보호한다.
③ 자동차단이 점화의 위험보다 클 때는 경보장치를 사용한다.
④ 단락보호장치는 고장상태에서 자동복구 되도록 한다.

해 단락보호장치는 고장상태에서 수동복구되도록 한다. 자동복구 경우 폭발 가능성 있다.

답 ④

245 ☆

폭발위험장소에서 점화성 불꽃이 발생하지 않도록 전기 설비를 설치하는 방법으로 틀린 것은?

① 낙뢰 방호조치를 취한다.
② 모든 설비를 등전위 시킨다.
③ 정전기의 영향을 안전한계 이내로 줄인다.
④ 0종 장소는 금속부에 전식방지설비를 한다.

해 폭발위험장소 내에 설치된 전식방지 금속부는 비록 낮은 음(−)전위이지만, 위험한전위로 간주하여야 한다(특히, 전류인가방식의 경우). 전식방지를 위하여 특별히 설계되지 않았다면, 0종장소("Ga" 또는 "Da")의 금속부에는 전식방지설비를 하여서는 아니 된다. 예를 들면 전선관, 트랙 등에 필요로 하는 절연부품은 전식방지를 위하여 가능한 한 폭발위험장소 외부에 설치하는 것이 좋다.

답 ④

246 ☆

다음은 인체 내에 흐르는 60Hz 전류의 크기에 따른 영향을 기술한 것이다. 틀린 것은? (단, 통전경로는 손 → 발, 성인(남)의 기준이다.)

① 20~30mA는 고통을 느끼고 강한 근육의 수축이 일어나 호흡이 곤란하다.
② 50~100mA는 순간으로 확실하게 사망한다.
③ 1~8mA는 쇼크를 느끼나 인체의 기능에는 영향이 없다.
④ 15~20mA 쇼크를 느끼고 감전부위 가까운 쪽의 근육이 마비된다.

해 인체 내 흐르는 60Hz 전류크기에 따른 영향

1~8mA	쇼크를 느끼나 인체의 기능에는 영향이 없다.
15~20mA	쇼크를 느끼고 감전부위 가까운 쪽의 근육이 마비된다.
20~30mA	고통을 느끼고 강한 근육의 수축이 일어나 호흡이 곤란하다.
50~100mA	순간적으로 치사 위험있는 상태
100~200mA	사망

답 ②

247 ☆

상용주파수 60Hz 교류에서 성인 남자의 경우 고통한계전류로 가장 알맞은 것은?

① 15 ~ 20mA ② 10 ~ 15mA
③ 7 ~ 8mA ④ 1mA

해 1mA: 최소감지전류, 성인 남자의 경우 상용 주파수 60Hz 교류에서 약 1mA
7 ~ 8mA: 고통한계전류
10 ~ 15mA: 이탈전류(가수전류), 다른 손을 사용하지 않고 자력으로 손을 뗄 수 있는 최대전류

답 ③

248 ☆

인체에 최소감지전류에 대한 설명으로 알맞은 것은?

① 인체가 고통을 느끼는 전류이다.
② 성인 남자의 경우 상용주파수 60Hz 교류에서 약 1mA이다.
③ 직류를 기준으로 한 값이며, 성인남자 경우 1mA에서 느낄 수 있는 전류이다.
④ 직류를 기준으로 여자의 경우 성인 남자의 70%인 0.7mA에서 느낄 수 있는 전류의 크기를 말한다.

해 윗 해설 참조

답 ②

249 ☆

최소감지전류를 설명한 것이다. 옳은 것은? (단, 건강한 성인 남녀인 경우이며, 교류 60Hz 정현파이다.)

① 남녀 모두 직류 5.2mA이며, 교류(평균치) 1.1mA이다.
② 남자의 경우 직류 5.2mA이며, 교류(실효치) 1.1mA이다.
③ 남녀 모두 직류 3.5mA이며, 교류(실효치) 1.1mA이다.
④ 여자의 경우 직류 4mA이며, 교류(평균치) 0.1mA이다.

해 최소감지전류
직류: 남자 5.2mA, 여자 3.5mA
교류: 남자 1.1mA, 여자 0.7mA

답 ②

250 ☆

상용 주파수(60Hz)의 교류에 건강한 성인 남자가 감전되었을 경우 다른 손을 사용하지 않고 자력으로 손을 뗄 수 있는 최대전류(가수전류)는 몇 mA인가?

① 1 ~ 2 ② 7 ~ 8 ③ 10 ~ 15 ④ 18 ~ 22

해 윗 해설 참조

답 ③

251 ☆☆

가수전류(Let – go Current)에 대한 설명으로 옳은 것은?

① 마이크 사용 중 전격으로 사망에 이른 전류
② 전격을 일으킨 전류가 교류인지 직류인지 구별할 수 없는 전류
③ 충전부로부터 인체가 자력으로 이탈할 수 있는 전류
④ 몸이 물에 젖어 전압이 낮은 데도 전격을 일으킨 전류

해 윗 해설 참조

답 ③

252 ☆

이탈전류에 대한 설명으로 옳은 것은?

① 손발을 움직여 충전부로부터 스스로 이탈할 수 있는 전류
② 충전부에 접촉했을 때 근육이 수축을 일으켜 자연히 이탈되는 전류의 크기
③ 누전에 의해 전류가 선로로부터 이탈되는 전류로서 측정기를 통해 측정가능한 전류
④ 충전부에 사람이 접촉했을 때 누전차단기가 작동하여 사람이 감전되지 않고 이탈할 수 있도록 정한 차단기의 작동전류

해 윗 해설 참조

답 ①

253 ☆

인체에 정전기가 대전되어 있는 전하량이 어느 정도 이상이 되면 방전할 때 인체가 통증을 느끼게 되는가?

① $2 \sim 3\times10^{-3}$C ② $2 \sim 3\times10^{-5}$C
③ $2 \sim 3\times10^{-7}$C ④ $2 \sim 3\times10^{-9}$C

해 인체로부터 전하량이 $2 \sim 3\times10^{-7}$C이상일 경우 방전 시 인체가 통증을 느낀다.

답 ③

254 ☆

절연전선의 과전류에 의한 연소단계 중 착화단계의 전선전류밀도(A/mm²)로 알맞은 것은?

① 40A/mm² ② 50A/mm²
③ 65A/mm² ④ 120A/mm²

해 절연전선과 과대전류 비교

과대전류 단계		전선전류 밀도 (A/mm²)
인화 단계		40~43
착화 단계		43~60
발화 단계	발화 후 용단	60~70
	용단과 동시발화	75~120
순간용단 단계		120 이상

답 ②

255

☆☆

과전류에 의해 전선의 허용전류보다 큰 전류가 흐르는 경우 절연물이 화구가 없더라도 자연히 발화하고 심선이 용단되는 발화단계의 전선 전류밀도(A/mm²)는?

① 1~8 ② 10~40 ③ 60~120 ④ 130~200

해 윗 해설 참조

답 ③

256

☆

고압전로에 설치된 전동기용 고압전류 제한 퓨즈의 불용단 전류의 조건은?

① 정격전류 1.3배의 전류로 1시간 이내에 용단되지 않을 것

② 정격전류 1.3배의 전류로 2시간 이내에 용단되지 않을 것

③ 정격전류 2배의 전류로 1시간 이내에 용단되지 않을 것

④ 정격전류 2배의 전류로 2시간 이내에 용단되지 않을 것

해 과전류차단기로 시설하는 퓨즈 중 고압전로에 사용하는 포장 퓨즈(퓨즈 이외의 과전류 차단기와 조합하여 하나의 과전류 차단기로 사용하는 것을 제외한다)는 정격전류의 1.3배의 전류에 견디고 또한 2배의 전류로 120분(= 2시간) 안에 용단되는 것 또는 다음에 적합한 고압전류 제한 퓨즈이어야 한다.

답 ④

257

☆

한국전기설비규정에 따라 과전류차단기로 저압전로에 사용하는 범용 퓨즈(gG)의 용단전류는 정격전류의 몇 배인가? (단, 정격전류가 4A 이하인 경우이다.)

① 1.5배 ② 1.6배 ③ 1.9배 ④ 2.1배

해

정격전류의 구분	시간	정격전류의 배수	
		불용단전류	용단전류
4A 이하	60분	1.5배	2.1배
4A 초과 16A 미만	60분	1.5배	1.9배
16A 이상 63A 이하	60분	1.25배	1.6배
63A 초과 160A 이하	120분	1.25배	1.6배
160A 초과 400A 이하	180분	1.25배	1.6배
400A 초과	240분	1.25배	1.6배

답 ④

258 ☆

저압전로의 절연성능에 관한 설명으로 적합하지 않는 것은?

① 전로의 사용전압이 SELV 및 PELV일 때 절연저항은 0.5MΩ 이상이어야 한다.

② 전로의 사용전압이 FELV일 때 절연저항은 1MΩ 이상이어야 한다.

③ 전로의 사용전압이 FELV일 때 DC시험 전압은 500V이다.

④ 전로의 사용전압이 600V일 때 절연저항은 1.5MΩ 이상이어야 한다.

해

전로 사용전압 (V)	DC 시험전압 (V)	절연저항 (MΩ)
SELV 및 PELV	250	0.5 이상
FELV, 500V 이하	500	1.0 이상
500V 초과	1,000	1.0 이상

답 ④

259 ☆

전동공구 내부회로에 대한 누전측정을 하고자 한다. 220V용 전동공구를 그림과 같이 절연저항 측정을 하였을 때 지시치가 최소 몇 MΩ 이상이 되어야 하는가?

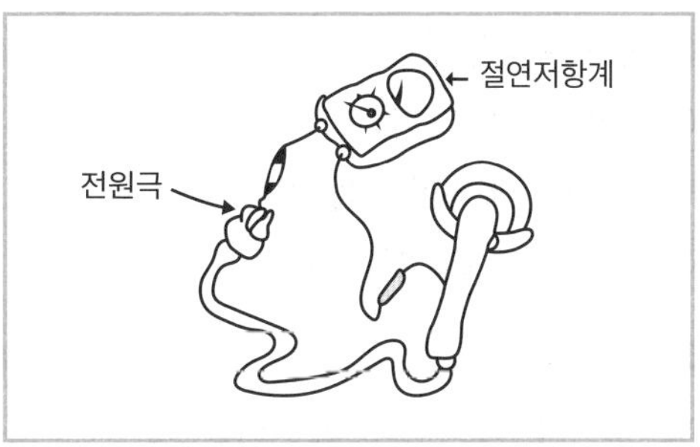

① 0.1MΩ 이상 ② 0.2MΩ 이상

③ 0.4MΩ 이상 ④ 1.0MΩ 이상

해 윗 해설 참조

답 ④

260 ☆

어떤 공장에서 전기설비에 관한 절연상태를 측정한 결과가 다음과 같이 나왔다. 절연상태가 적합한 것은?

① 사무실의 110V 전등회로의 절연저항 값이 0.14MΩ이었다.

② 단상 유도전동기 전용 220V 분기개폐기의 절연저항 값이 0.25MΩ이었다

③ 정격이 440V, 300kW인 고주파 유도 가열기 전로 절연저항 값이 1.3MΩ이었다.

④ 40W, 220V의 형광등 회로의 절연저항 값이 0.2MΩ이었다.

해 윗 해설 참조

답 ③

261 ☆☆

절연물은 여러 가지 원인으로 전기저항이 저하되어 절연불량을 일으켜 위험한 상태가 되는데, 이 절연불량의 주요 원인과 거리가 먼 것은?

① 진동, 충격 등에 의한 기계적 요인
② 산화 등에 의한 화학적 요인
③ 온도상승에 의한 열적 요인
④ 오염물질 등에 의한 환경적 요인

해 절연불량의 요인

전기적	높은 이상전압
기계적	진동, 충격
화학적	산화
열적	온도상승

답 ④

262 ☆

유자격자가 아닌 근로자가 방호되지 않은 충전전로 인근의 높은 곳에서 작업할 때에 근로자의 몸은 충전전로에서 몇cm 이내로 접근할 수 없도록 하여야 하는가? (단, 대지전압이 50kV이다.)

① 50 ② 100 ③ 200 ④ 300

해 유자격자가 아닌 근로자가 충전전로 인근의 높은 곳에서 작업할 때에 근로자의 몸 또는 긴 도전성 물체가 방호되지 않은 충전전로에서 대지전압이 50킬로볼트 이하인 경우에는 300센티미터 이내로, 대지전압이 50킬로볼트를 넘는 경우에는 10킬로볼트당 10센티미터씩 더한 거리 이내로 각각 접근할 수 없도록 할 것

답 ④

263 ☆

전기기계·기구의 조작 시 안전조치로서 사업주는 근로자가 안전하게 작업할 수 있도록 전기 기계·기구로부터 폭 얼마 이상의 작업공간을 확보하여야 하는가?

① 30cm ② 50cm ③ 70cm ④ 100cm

해 사업주는 전기기계·기구의 조작부분을 점검하거나 보수하는 경우에는 근로자가 안전하게 작업할 수 있도록 전기 기계·기구로부터 폭 70센티미터 이상의 작업공간을 확보하여야 한다.

답 ③

264 ☆

누전사고가 발생될 수 있는 취약 개소가 아닌 것은?

① 나선으로 접속된 분기회로의 접속점
② 전선의 열화가 발생한 곳
③ 부도체를 사용하여 이중절연이 되어 있는 곳
④ 리드선과 단자와의 접속이 불량한 곳

해 부도체는 저항이 매우 커서 전기나 열을 잘 전달 못하는 물체라 누전사고 일어날 일이 거의 없음.

답 ③

265 ☆

누전사고가 발생될 수 있는 취약 개소가 아닌 것은?

① 비닐전선을 고정하는 지지용 스테이플
② 정원 연못 조명등에 전원공급용 지하매설 전선류
③ 콘센트, 스위치 박스 등의 재료를 PVC등의 부도체 사용
④ 분기회로 접속점은 나선으로 발열이 쉽도록 유지

해 윗 해설 참조

답 ③

266 ☆

피뢰기의 구성요소로 옳은 것은?

① 직렬갭, 특성요소 ② 병렬갭, 특성요소
③ 직렬갭, 충격요소 ④ 병렬갭, 충격요소

해 피뢰기 구성요소: 직렬갭, 특성요소

답 ①

267 ☆

전력용 피뢰기에서 직렬 갭의 주된 사용 목적은?

① 방전내량을 크게 하고 장시간 사용 시 열화를 적게 하기 위하여
② 충격방전 개시전압을 높게 하기 위하여
③ 이상전압 발생 시 신속히 대지로 방류함과 동시에 속류를 즉시 차단하기 위하여
④ 충격파 침입시에 대지로 흐르는 방전전류를 크게 하여 제한전압을 낮게 하기 위해

해 직렬 갭 목적: 이상전압 발생 시 신속히 대지로 방류함과 동시에 속류 즉시 차단

답 ③

268 ☆☆

이상적인 피뢰기가 가져야 할 성능으로 틀린 것은?

① 제한전압이 낮을 것
② 방전개시전압이 낮을 것
③ 뇌전류 방전능력이 적을 것
④ 속류차단을 확실하게 할 수 있을 것

해 피뢰기 구비조건
1. 반복동작이 가능할것
2. 구조가 견고하며 특성이 변하지 않을 것
3. 점검, 보수가 간단할 것
4. 충격방전 개시전압과 제한전압이 낮을 것
5. 뇌전류의 방전능력이 크고 속류의 차단이 확실하게 될 것

답 ③

269 ☆☆

피뢰기가 구비하여야 할 조건으로 틀린 것은?

① 제한전압이 낮아야 한다.
② 상용 주파 방전 개시전압이 높아야 한다.
③ 충격방전 개시전압이 높아야 한다.
④ 속류 차단 능력이 충분하여야 한다.

해 충격방전 개시전압이 낮아야 한다.
윗 해설 참조

답 ③

270 ☆

피뢰레벨에 따른 회전구체 반경이 틀린 것은?

① 피뢰레벨 Ⅰ : 20m
② 피뢰레벨 Ⅱ : 30m
③ 피뢰레벨 Ⅲ : 50m
④ 피뢰레벨 Ⅳ : 60m

해

보호등급	회전구체 반경	메시치수
Ⅰ	20m	5×5m
Ⅱ	30m	10×10m
Ⅲ	45m	15×15m
Ⅳ	60m	20×20m

답 ③

271 ☆☆☆☆

고압 및 특고압의 전로에 시설하는 피뢰기의 접지저항은 몇 Ω 이하로 하여야 하는가?

① 10Ω 이하 ② 100Ω 이하
③ 10^6Ω 이하 ④ 1kΩ 이하

해 고압 및 특고압의 전로에 시설하는 피뢰기 접지저항 값은 10Ω 이하로 하여야 한다.

답 ①

272 ☆

정전기 제거만을 목적으로 하는 접지에 있어서의 적당한 접지저항 값은 [Ω]이하로 하면 좋은가?

① 10^6Ω 이하 ② 10^{12}Ω 이하
③ 10^{15}Ω 이하 ④ 10^{18}Ω 이하

해 "정전기적 접지"(이하 "접지"라 한다)라 함은 대지에 대한 접지저항이 10^6Ω 이하인 것을 말한다.

답 ①

273 ☆

접지저항 저감 방법으로 틀린 것은?

① 접지극의 병렬 접지를 실시한다.
② 접지극의 매설 깊이를 증가시킨다.
③ 접지극의 크기를 최대한 작게 한다.
④ 접지극 주변의 토양을 개량하여 대지 저항률을 떨어뜨린다.

해 접지극의 크기를 최대한 크게 한다.

답 ③

274 ☆

외부 피뢰시스템에서 접지극은 지표면에서 몇m 이상 깊이로 매설하여야 하는가? (단, 동결심도는 고려하지 않는 경우이다.)

① 0.5 ② 0.75 ③ 1 ④ 1.25

해 접지극은 다음에 따라 시설한다.
가. 지표면에서 0.75m 이상 깊이로 매설하여야 한다. 다만, 필요시는 해당 지역의 동결심도를 고려한 깊이로 할 수 있다.
나. 대지가 암반지역으로 대지저항이 높거나 건축물·구조물이 전자통신시스템을 많이 사용하는 시설의 경우에는 환상도체접지극 또는 기초접지극으로 한다.
다. 접지극 재료는 대지에 환경오염 및 부식의 문제가 없어야 한다.
라. 철근콘크리트 기초 내부의 상호 접속된 철근 또는 금속제 지하구조물 등 자연적 구성부재는 접지극으로 사용할 수 있다.

답 ②

275 ☆

한국전기설비규정에 따라 피뢰설비에서 외부피뢰시스템의 수뢰부시스템으로 적합하지 않는 것은?

① 돌침 ② 수평도체
③ 메시도체 ④ 환상도체

해 수뢰부시스템(Air – termination System)이란 낙뢰를 포착할 목적으로 돌침, 수평도체, 그물망(메시)도체 등과 같은 금속 물체를 이용한 외부 피뢰시스템의 일부를 말한다.

답 ④

276 ☆☆☆

피뢰기의 설치장소가 아닌 것은? (단, 직접 접속하는 전선이 짧은 경우 및 피보호기기가 보호범위 내에 위치하는 경우가 아니다.)

① 저압을 공급받는 수용장소의 인입구
② 지중전선로와 가공전선로가 접속되는 곳
③ 가공전선로에 접속하는 배전용 변압기의 고압측
④ 발전소 또는 변전소 가공전선 인입구 및 인출구

해 전로에 시설된 전기설비는 뇌전압에 의한 손상을 방지할 수 있도록 그 전로 중 다음 각 호에 열거하는 곳 또는 이에 근접하는 곳에는 피뢰기를 시설하고 그 밖에 적절한 조치를 하여야 한다. 다만, 뇌전압에 의한 손상의 우려가 없는 경우에는 그러하지 아니하다.
1. 발전소·변전소 또는 이에 준하는 장소의 가공전선 인입구 및 인출구
2. 가공전선로(25kV 이하의 중성점 다중접 지식 특고압 가공전선로를 제외한다)에 접속하는 배전용 변압기의 고압측 및 특고압측
3. 고압 또는 특고압의 가공전선로로부터 공급을 받는 수용 장소의 인입구
4. 가공전선로와 지중전선로가 접속되는 곳

답 ①

277 ☆

뇌해를 받을 우려가 있는 곳에는 피뢰기를 시설하여야 한다. 시설하지 않아도 되는 곳은?

① 가공전선로와 지중전선로가 접속하는 곳
② 발전소, 변전소의 가공전선 인입구 및 인출구
③ 습뢰 빈도가 적은 지역으로서 방출 보호통을 장치하는 곳
④ 특고압 가공전선로로부터 공급을 받는 수용장소의 인입구

해 윗 해설 참조

답 ③

278 ☆

하나의 피뢰침 인하도선에 2개 이상의 접지극을 병렬 접속할 때 그 간격은 몇m 이상이어야 하는가?

① 1 ② 2 ③ 3 ④ 4

해 하나의 피뢰침 인하도선에 2개 이상의 접지극을 병렬 접속할 때 그 간격은 2m 이상이 되어야 한다.

답 ②

279 ☆

폭연성 분진 또는 화약류의 분말이 전기설비가 발화원이 되어 폭발할 우려가 있는 곳에 시설하는 저압 옥내 전기설비의 공사 방법으로 옳은 것은?

① 금속관 공사
② 합성수지관 공사
③ 가요전선관 공사
④ 캡타이어 케이블 공사

해 저압 옥내배선, 저압 관등회로 배선 및 소세력 회로의 전선은 금속관공사 또는 케이블공사(캡타이어케이블을 사용하는 것을 제외한다)에 의할 것.

답 ①

280 ☆

다음 분진의 종류 중 폭연성 분진에 해당하는 것은?

① 소맥분(밀가루) ② 철
③ 코크스 ④ 알루미늄

해 분진의 종류

구분	내용
폭연성 분진	먼지가 쌓여있는 상태에서 불이 붙었을 때에 폭발할 우려가 있는 것을 말하며 마그네슘/알루미늄/지르코늄 등이 있다.
가연성 비전도성 분진	소맥분(밀가루)/비전도성 카본블랙/합성수지/전분/염료
가연성 전도성 분진	철/코크스/카본블랙

답 ④

281 ☆

다음 분진 종류 중 폭연성 분진에 해당하는 것은?

① 합성수지
② 전분
③ 비전도성 카본블랙
④ 알루미늄

해 윗 해설 참조

답 ④

282 ☆

다음 중 비전도성 가연성 분진은?

① 아연 ② 염료 ③ 코크스 ④ 카본블랙

해 윗 해설 참조

답 ②

283 ☆

다음 물질 중 정전기에 의한 분진 폭발을 일으키는 최소발화(착화) 에너지가 가장 작은 것은?

① 마그네슘 ② 폴리에틸렌
③ 알루미늄 ④ 소맥분

해 착화에너지(mJ)
마그네슘: 80
폴리에틸렌: 10
알루미늄: 20
소맥분: 160

답 ②

284 ☆☆☆

대전서열을 올바르게 나열한 것은?
(단, (+) ~ (−)순)

① 폴리에틸렌 - 셀룰로이드 - 염화비닐 - 테프론
② 셀룰로이드 - 폴리에틸렌 - 염화비닐 - 테프론
③ 염화비닐 - 폴리에틸렌 - 셀룰로이드 - 테프론
④ 테프론 - 셀룰로이드 - 염화비닐 - 폴리에틸렌

해 대전서열 순서
(+)폴리에틸렌 - 셀룰로이드 - 염화비닐 - 테프론(-)

답 ①

285 ☆☆

이동하여 사용하는 전기기계기구의 금속제 외함 등 접지시스템에서 저압 전기설비용 접지도체 종류와 단면적의 기준으로 옳은 것은?

① 다심 코드, 0.75mm² 이상
② 다심 캡타이어 케이블, 2.5mm² 이상
③ 3종 클로로프렌캡타이어 케이블, 4mm² 이상
④ 3종 클로로프렌캡타이어 케이블, 10mm² 이상

해 ②: 다심 캡타이어 케이블, 0.75mm² 이상
③: 특고압, 고압 전기설비용에 해당
④: 특고압, 고압 전기설비용에 해당

이동하여 사용하는 전기기계기구의 금속제 외함 등의 접지시스템의 경우는 다음의 것을 사용하여야 한다.

1. 특고압·고압 전기설비용 접지도체 및 중 성점 접지용 접지도체는 클로로프렌캡타이어케이블(3종 및 4종) 또는 클로로설포 네이트 폴리에틸렌 캡타이어케이블(3종 및 4종)의 1개 도체 또는 다심 캡타이어 케이블의 차폐 또는 기타의 금속체로 단면적이 10㎟ 이상인 것을 사용한다.
2. 저압 전기설비용 접지도체는 다심 코드 또는 다심 캡타이어케이블의 1개 도체의 단면적이 0.75㎟ 이상인 것을 사용한다.
다만, 기타 유연성있는 연동연선은 1개 도체의 단면적이 1.5㎟ 이상인 것 사용한다.

답 ①

286 ☆

저압 및 고압선을 직접 매설식으로 매설할 때 중량물의 압력을 받지 않는 장소에서의 매설 깊이는?

① 100cm 이상 ② 90cm 이상
③ 70cm 이상 ④ 60cm 이상

해 지중 전선로를 직접 매설식에 의하여 시설하는 경우에는 매설 깊이를 차량 기타 중량물의 압력을 받을 우려가 있는 장소에는 1.0m 이상, 기타 장소에는 0.6m 이상으로 하고 또한 지중 전선을 견고한 트라프 기타 방호물에 넣어 시설하여야 한다.

답 ④

287 ☆

자동차가 통행하는 도로에서 고압의 지중전선로를 직접 매설식으로 시설할 때 사용되는 전선으로 가장 적합한 것은?

① 비닐 외장 케이블
② 폴리에틸렌 외장 케이블
③ 클로로프렌 외장 케이블
④ 콤바인 덕트 케이블

해 지중 전선로를 직접 매설식에 의하여 시설하는 경우에는 매설 깊이를 차량 기타 중량물의 압력을 받을 우려가 있는 장소에는 1.0m 이상, 기타 장소에는 0.6m 이상으로 하고 또한 지중 전선을 견고한 트라프 기타 방호물에 넣어 시설하여야 한다. 다만, 다음의 어느 하나에 해당하는 경우에는 지중전선을 견고한 트라프 기타 방호물에 넣지 아니하여도 된다.
나. 저압 또는 고압의 지중전선에 콤바인덕트 케이블 또는 "마"부터 "사"까지에서 정하는 구조로 개장(鎧裝)한 케이블을 사용해 시설하는 경우

답 ④

288 ☆

방폭지역에서 저압케이블 공사 시 사용해서는 안 되는 케이블은?

① MI 케이블
② 연피 케이블
③ 0.6/1kV 고무캡타이어 케이블
④ 0.6/1kV 폴리에틸렌 외장케이블

해 사용전압이 저압인 전로(전기기계기구 안의 전로를 제외한다)의 전선으로 사용하는 케이블은 「전기용품 및 생활용품 안전관리법」의 적용을 받는 것 이외에는 KS에 적합한 것으로 0.6/1kV 연피(鉛皮)케이블, 알루미늄피케이블, 클로로프렌외장(外裝)케이블, 비닐외장케이블, 폴리에틸렌외장케이블, 저독성 난연 폴리올레핀외장케이블, 300/500V 연질 비닐 시스 케이블, 미네럴인슈레이션(MI)케이블, 유선텔레비전용 급전겸용 동축 케이블(그 외부도체를 접지하여 사용하는 것에 한한다), 가요성 알루미늄피케이블을 사용해야 한다.

답 ③

289 ☆

동작 시 아크가 발생하는 고압 및 특고압용 개폐기 · 차단기의 이격거리(목재의 벽 또는 천장, 기타 가연성 물체로부터의 거리)의 기준으로 옳은 것은? (단, 사용전압이 35kV 이하의 특고압용 기구 등으로서 동작할 때에 생기는 아크의 방향과 길이를 화재가 발생할 우려가 없도록 제한하는 경우가 아니다.)

① 고압용: 0.8m 이상, 특고압용: 1m 이상
② 고압용: 1m 이상, 특고압용: 2m 이상
③ 고압용: 2m 이상, 특고압용: 3m 이상
④ 고압용: 3.5m 이상, 특고압용: 4m 이상

해 고압용 또는 특고압용의 개폐기 · 차단기 · 피뢰기 기타 이와 유사한 기구(이하 이 조에서 "기구등"이라 한다.)로서 동작 시에 아크가 생기는 것은 목재의 벽 또는 천장 기타의 가연성 물체로부터 표에서 정한 값 이상 이격하여 시설하여야 한다.

기구 등의 구분	이격거리
고압용	1m 이상
특고압용	2m 이상(사용전압이 35kV 이하의 특고압용의 기구 등으로서 동작할 때에 생기는 아크의 방향과 길이를 화재가 발생할 우려가 없도록 제한하는 경우에는 1m 이상)

답 ②

290 ☆☆

동작 시 아크를 발생하는 고압용 개폐기·차단기·피뢰기 등은 목재의 벽 또는 천장 기타의 가연성 물체로부터 몇m 이상 떼어놓아야 하는가?

① 0.3 ② 0.5 ③ 1.0 ④ 1.5

해 윗 해설 참조

답 ③

291 ☆

활선작업을 시행할 때 감전의 위험을 방지하고 안전한 작업을 하기 위한 활선장구 중 충전 중인 전선의 변경작업이나 활선작업으로 애자 등을 교환할 때 사용하는 것은?

① 점프선 ② 활선커터
③ 활선시메라 ④ 디스콘스위치 조작봉

해

점프선	부하전류를 일시적으로 측로로 통과시키기 위해 사용하는 것
활선 커터	활선작업 시 감전 위험을 방지하고 안전한 작업을 위한 공구 및 장치
활선 시메라	충전 중인 전선의 변경작업이나 활선작업으로 애자 등을 교환할 때 사용하는 활선장구
디스콘 스위치 조작봉	충전부와 절연거리 유지해 감전 방지하는 것

답 ③

292 ☆

활선장구 중 활선시메라의 사용 목적이 아닌 것은?

① 충전 중인 전선을 장선할 때
② 충전 중인 전선의 변경작업을 할 때
③ 활선작업으로 애자 등을 교환할 때
④ 특고압 부분의 검전 및 잔류전하를 방전 할 때

해

활선 시메라	충전 중인 전선의 변경작업이나 장선작업으로 애자 등을 교환할 때 사용하는 활선장구

답 ④

293 ☆

22.9kV 충전전로에 대해 필수적으로 작업자와 이격시켜야 하는 접근한계 거리는?

① 45cm ② 60cm ③ 90cm ④ 110cm

해

충전전로 선간전압 (kV)	충전전로에 대한 접근 한계거리(cm)
0.3 이하	접근금지
0.3 초과 0.75 이하	30
0.75 초과 2 이하	45
2 초과 15 이하	60
15 초과 37 이하	90
37 초과 88 이하	110
88 초과 121 이하	130
121 초과 145 이하	150
145 초과 169 이하	170
169 초과 242 이하	230
242 초과 362 이하	380
362 초과 550 이하	550
550 초과 800 이하	790

답 ③

294 ☆☆☆

다음 (㉮), (㉯)에 들어갈 내용으로 알맞은 것은?

> 고압활선 근접작업에 있어서 근로자 신체 등이 충전전로에 대해 머리 위로의 거리가 (㉮) 이내거나 신체 또는 발 아래의 거리가 (㉯) 이내로 접근함으로 인해 감전 우려가 있을 때에는 당해 충전전로에 절연용 방호구를 설치해야 한다.

① ㉮ 10cm ㉯ 30cm

② ㉮ 30cm ㉯ 60cm

③ ㉮ 30cm ㉯ 90cm

④ ㉮ 60cm ㉯ 120cm

해 사업주는 고압의 충전전로에 근접하는 장소에서 전로 또는 그 지지물의 설치·점검·수리 및 도장 등의 작업을 함에 있어서 당해 작업에 종사하는 근로자의 신체등이 충전전로에 접촉하거나 당해 충전전로에 대하여 머리 위로의 거리가 30센티미터 이내 이거나 신체 또는 발 아래로의 거리가 60센티미터 이내로 접근함으로 인하여 감전의 우려가 있는 때에는 당해 충전전로에 절연용 방호구를 설치하여야 한다. 다만, 당해 작업에 종사하는 근로자에게 절연용 보호구를 착용시키고 당해 절연용 보호구를 착용하는 신체외의 부분이 당해 충전전로에 접촉하거나 접근함으로 인하여 감전의 위험이 발생할 우려가 없는 때에는 그러하지 아니하다.

답 ②

295 ☆

고압선로의 활선근접작업 시 작업자가 전선로로부터 어느 정도의 거리를 유지하였을 경우 안전하다고 보고 별도의 방호조치나 보호조치를 생략할 수 있는가?

① 머리 위 거리가 30cm 이상

② 발 아래 거리가 40cm 이상

③ 몸 옆 수평거리가 50cm 이상

④ 심장으로부터 거리가 50cm 이상

해 윗 해설 참조

답 ①

296 ☆

가로등의 접지전극을 지면으로부터 75cm 이상 깊은 곳에 매설하는 주된 이유는?

① 전극의 부식을 방지하기 위하여

② 접촉 전압을 감소시키기 위하여

③ 접지 저항을 증가시키기 위하여

④ 접지선의 단선을 방지하기 위하여

해 가로등의 접지전극을 지면으로부터 75cm 이상 깊은 곳에 매설하는 주된 이유는 겨울에 땅이 얼어 접지저항이 매우 상승하니 접촉전압을 감소시키기 위해서이다.

답 ②

297 ☆

감전 등의 재해를 예방하기 위하여 특고압기계. 기구 주위에 관계자 외 출입을 금하도록 울타리를 설치할 때, 울타리의 높이와 울타리로부터 충전부분까지의 거리의 합이 최소 몇 m 이상은 되어야 하는가?

① 5m 이상 ② 6m 이상
③ 7m 이상 ④ 9m 이상

해 특고압용 기계기구 충전부분의 지표상 높이

사용전압의 구분	울타리의 높이와 울타리로부터 충전부분까지의 거리의 합계 또는 지표상의 높이
35kV 이하	5m
35kV 초과 160kV 이하	6m
160kV 초과	6m에 160kV를 초과하는 10kV 또는 그 단수마다 0.12m를 더한 값

즉, 5m 이상이다.

답 ①

298 ☆

화재 · 폭발 위험분위기의 생성방지 방법으로 옳지 않은 것은?

① 폭발성 가스의 누설 방지
② 가연성 가스의 방출 방지
③ 폭발성 가스의 체류 방지
④ 폭발성 가스의 옥내 체류

해 폭발성 가스 옥내 체류는 위험 분위기가 증가된다.

답 ④

299 ☆

전기기기, 설비 및 전선로 등의 충전유무 등을 확인하기 위한 장비는?

① 위상검출기
② 디스콘 스위치
③ COS
④ 저압 및 고압용 검전기

해

구분	설명
위상검출기	입력 사인 신호와 기준 진동 사이의 위상차 함수인 출력 신호를 생성하기 위한 장치
디스콘 스위치	disconnecting switch, 단로기
저압 및 고압용 검전기	충전유무 등을 확인하기 위한 장비
COS	옥내배선의 인입점, 분기점 등에 사용되는 스위치이며 주상유입개폐기, 안전개폐기, 안전기라고도 한다.

답 ④

300 ☆☆

인입개폐기를 개방하지 않고 전등용 변압기 1차측 COS만 개방 후 전등용 변압기 접속용 볼트 작업 중 동력용 COS에 접촉, 사망한 사고에 대한 원인으로 가장 거리가 먼 것은?

① 안전장구 미사용
② 동력용 변압기 COS 미개방
③ 전등용 변압기 2차측 COS 미개방
④ 인입구 개폐기 미개방한 상태에서 작업

해 전등용 변압기 1차측 COS 개방하면 2차측 COS 개방은 무의미하다.

답 ③

301 ☆

속류를 차단할 수 있는 최고의 교류전압을 피뢰기의 정격전압이라고 하는데 이 값은 통상적으로 어떤 값으로 나타내고 있는가?

① 최대값 ② 평균값 ③ 실효값 ④ 파고값

해 실효값: 속류를 차단할 수 있는 최고의 교류 전압을 피뢰기의 정격전압이며 교류 실효값은 교류 최대값의 $\frac{1}{\sqrt{2}}$ 배이다.

답 ③

302 ☆☆

가공 송전선로에서 낙뢰의 직격을 받았을 때 발생하는 낙뢰 전압이나 개폐서지 등과 같은 이상 고전압은 일반적으로 충격파라 부른다. 이러한 충격파는 어떻게 표시하는가?

① 파두시간×파미부분에서 파고치의 63%로 감소할 때까지의 시간
② 파두시간×파미부분에서 파고치의 50%로 감소할 때까지의 시간
③ 파장시간×파미부분에서 파고치의 63%로 감소할 때까지의 시간
④ 파장시간×파미부분에서 파고치의 50%로 감소할 때까지의 시간

해 충격파: 파두시간 × 파미부분에서 파고치의 50%로 감소할 때까지의 시간

답 ②

303 ☆

전기기기의 충격 전압시험 시 사용하는 표준 충격파형(T_f, T_t)은?

① 1.2×50㎲ ② 1.2×100㎲
③ 2.4×50㎲ ④ 2.4×100㎲

해 표준충격파형: 1.2 × 50㎲(파두장 × 파미장)

답 ①

304 ☆

충격전압시험시의 표준충격파형을 1.2 × 50 ㎲로 나타내는 경우 1.2와 50이 뜻하는 것은?

① 파두장 - 파미장
② 최초섬락시간 - 최종섬락시간
③ 라이징타임 - 스테이블타임
④ 라이징타임-충격전압인가시간

해 윗 해설 참조

답 ①

305 ☆

인체의 손과 발 사이에 과도전류를 인가한 경우에 파두장 700㎲에 따른 전류파고치의 최대값은 약 몇 mA 이하인가?

① 4 ② 40 ③ 400 ④ 800

해 파두장과 전류파고치

파두장(㎲)	전류파고치(mA)
700	40 이하
325	60 이하
60	90 이하

답 ②

306 ☆

심실세동 전류란?

① 최소 감지전류 ② 치사적 전류
③ 고통 한계전류 ④ 마비 한계전류

해

심실세동 전류	치사적 전류라고도 하며 통전 전류를 다시 증가해서 심장에 흐르는 전류가 어떤 값에 도달하면, 심장이 경련을 일으키며, 정상 맥동이 뛰지않게 되어 혈액를 내보내는 심실이 세동을 일으키게 되는 전류

답 ②

307 ☆☆☆

감전사고로 인한 전격사의 메카니즘으로 가장 거리가 먼 것은?

① 흉부수축에 의한 질식
② 심실세동에 의한 혈액순환기능의 상실
③ 내장파열에 의한 소화기계통의 기능상실
④ 호흡중추신경 마비에 따른 호흡기능 상실

해 감전사고로 인한 전격사의 메커니즘
1. 흉부수축에 의한 질식
2. 심실세동에 의한 혈액순환기능의 상실
3. 호흡중추신경 마비에 따른 호흡기능 상실

답 ③

308 ☆

폴리에스터, 나일론, 아크릴 등의 섬유에 정전기 대전방지 성능이 특히 효과가 있고, 섬유에의 균일 부착성과 열 안전성이 양호한 외부용 일시성 대전방지제로 옳은 것은?

① 양ion계 활성제 ② 음ion계 활성제
③ 비ion계 활성제 ④ 양성ion계 활성제

해

음이온계 활성제	저가/무독성/균일부착성과 열안전성 양호/일시성 대전방지제
양이온계 활성제	고가/유연성 양호
양성이온계 활성제	베타인계 효과 높음/다른 이온계 활성제와 병용 가능
비이온계 활성제	열안전성 양호/단독 사용 시 효과 낮음

답 ②

309 ☆

조명기구를 사용함에 따라 작업면의 조도가 점차적으로 감소되어가는 원인으로 가장 거리가 먼 것은?

① 점등 광원의 노화로 인한 광속의 감소
② 조명기구에 붙은 먼지, 오물, 반사면의 변질에 의한 광속 흡수율 감소
③ 실내 반사면에 붙은 먼지, 오물, 반사면의 화학적 변질에 의한 광속 반사율 감소
④ 공급전압과 광원의 정격전압의 차이에서 오는 광속의 감소

해 광속 흡수율: 반사면에 흡수되어 소실되는 광속
조명기구에 붙은 먼지, 오물, 반사면의 변질에 의한 광속 흡수율 증가

답 ②

310 ☆

다른 두 물체가 접촉할 때 접촉 전위차가 발생하는 원인으로 옳은 것은?

① 두 물체의 온도차 ② 두 물체의 습도차
③ 두 물체의 밀도차 ④ 두 물체의 일함수차

해 다른 두 물체가 접촉할 때 접촉 전위차가 발생하는 원인은 두 물체의 일함수차 때문이다.
일함수: 원자 내 전자를 밖으로 끌어내는 자유전자로 만드는 데 필요한 일에너지

답 ④

311 ☆

대전의 완화를 나타내는데 중요한 인자인 시정수(time constant)는 최초의 전하가 약 몇 %까지 완화되는 시간을 말하는가?

① 20% ② 37% ③ 45% ④ 50%

해 시정수(완화시간): 정전기가 축적되다가 소멸되는 과정에서 처음의37% 비율로 감소되는데 걸리는 시간

답 ②

312 ☆

정전기의 소멸과 완화시간의 설명 중 옳지 않는 것은?

① 정전기가 축적되었다가 소멸되는데 처음값의 63.8%로 감소되는 시간을 완화시간이라 한다.
② 완화시간은 대전체 저항×정전용량=고유저항×유전율로 정해진다.
③ 고유저항 또는 유전율이 큰 물질일수록 대전상태가 오래 지속된다.
④ 일반적으로 완화시간은 영전위 소요시간의 1/4~1/5 정도이다.

해 윗 해설 참조

답 ①

313 

주택용 배선차단기 B타입의 경우 순시동작범위는? (단, I_n는 차단기 정격전류이다.)

① $3I_n$ 초과~$5I_n$ 이하
② $5I_n$ 초과~$10I_n$ 이하
③ $10I_n$ 초과~$15I_n$ 이하
④ $10I_n$ 초과~$20I_n$ 이하

해 순시트립에 따른 구분(주택용 배선차단기)

형	순시트립 범위
B	$3I_n$ 초과~$5I_n$ 이하
C	$5I_n$ 초과~$10I_n$ 이하
D	$10I_n$ 초과~$20I_n$ 이하
비고 • B/C/D: 순시트립전류에 따른 차단기 분류 • I_n: 차단기 정격전류	

답 ①

314 ☆

다음은 전기안전에 관한 일반적인 사항을 기술한 것이다. 옳게 설명된 것은?

① 200V 동력용 전동기의 외함에 특별 제3종 접지 공사를 하였다.
② 배선에 사용할 전선의 굵기를 허용전류, 기계적 강도, 전압강하 등을 고려하여 결정하였다.
③ 누전을 방지하기 위해 피뢰침 설비를 설치했다.
④ 전선 접속 시 전선 세기가 30% 이상 감소되다.

해 ①: 200V 동력용 전동기의 외함에 제3종 접지공사를 하였다.
③: 누전을 방지하기 위해 누전차단기를 설치했다.
④: 전선 세기를 20% 이상 감소시키지 아니할 것

답 ②

315 ☆

전자파 중에서 광양자 에너지가 가장 큰 것은?

① 극저주파 ② 마이크로파
③ 가시광선 ④ 적외선

해 광양자 에너지 크기 순서
마이크로파 < 적외선 < 가시광선 < 자외선

답 ③

316 ☆☆☆

전류가 흐르는 상태에서 단로기를 끊었을 때 여러 가지 파괴작용을 일으킨다. 다음 그림에서 유입차단기의 차단순위와 투입순위가 안전수칙에 가장 적합한 것은?

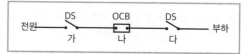

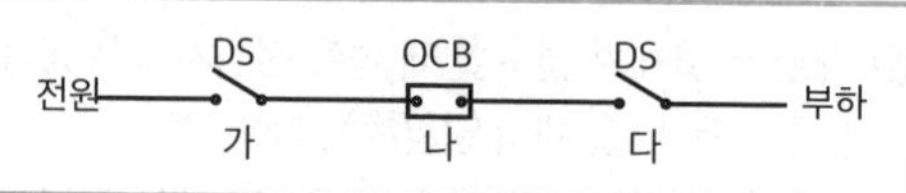

① 차단: ㉮→㉯→㉰, 투입: ㉮→㉯→㉰
② 차단: ㉯→㉰→㉮, 투입: ㉯→㉰→㉮
③ 차단: ㉰→㉯→㉮, 투입: ㉰→㉮→㉯
④ 차단: ㉯→㉰→㉮, 투입: ㉰→㉮→㉯

해 DS: 단로기 OCB: 유입차단기
전원 차단 시: ㉯ → ㉰ → ㉮
전원 투입 시: ㉰ → ㉮ → ㉯

답 ④

317 ☆

다음 중 전동기를 운전하고자 할 때 개폐기의 조작순서로 옳은 것은?

① 메인 스위치→분전반 스위치→전동기용 개폐기
② 분전반 스위치→메인 스위치→전동기용 개폐기
③ 전동기용 개폐기→분전반 스위치→메인 스위치
④ 분전반 스위치→전동기용 스위치→메인 스위치

해 전동기 운전 시 개폐기 조작순서
메인 스위치 → 분전반 스위치 → 전동기용 개폐기

답 ①

318 ☆

임시배선의 안전대책으로 틀린 것은?

① 모든 배선은 반드시 분전반 또는 배전반에서 인출해야 한다.

② 중량물의 압력 또는 기계적 충격을 받을 우려가 있는 곳에 설치할 때는 사전에 적절한 방호조치를 한다.

③ 케이블 트레이나 전선관의 케이블에 임시 배선용 케이블을 연결할 경우는 접속함을 사용하여 접속해야 한다.

④ 지상 등에서 금속관으로 방호할 때는 그 금속관을 접지하지 않아도 된다.

해 지상 등에서 금속관으로 방호할 때는 그 금속관을 접지해야 된다.

답 ④

319 ☆

온도조절용 바이메탈과 온도 퓨즈가 회로에 조합되어 있는 다리미를 사용한 가정에서 화재가 발생했다. 다리미에 부착되어 있던 바이메탈과 온도퓨즈를 대상으로 화재사고를 분석하려 하는데 논리기호를 사용하여 표현 하고자 한다. 어느 기호가 적당하겠는가? (단, 바이메탈의 작동과 온도 퓨즈가 끊어졌을 경우를 0, 그렇지 않을 경우를 1이라 한다.)

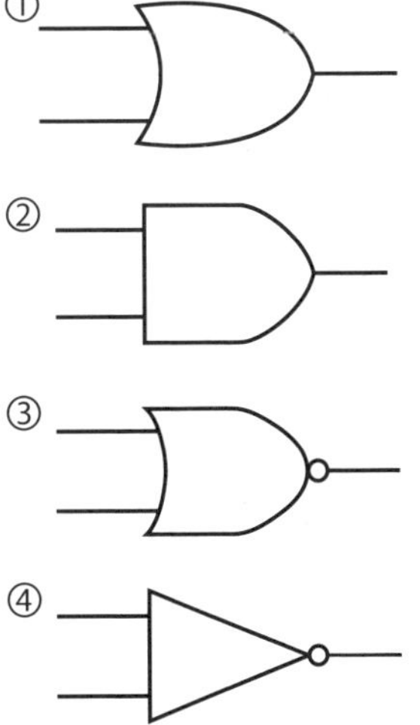

해 바이메탈이 자동으로 온도 조절했거나 온도퓨즈가 고온에서 끊어지면 화재가 발생하지 않는다. 온도조절용 바이메탈과 온도퓨즈 둘 다 고장일 경우만 화재 발생. 그러므로 AND GATE.

OR GATE	AND GATE	NAND GATE	NOT GATE

답 ②

320 ☆

Freiberger가 제시한 인체의 전기적 등가회로는 다음 중 어느 것인가? (단, 단위는 다음과 같다. 단위: R(Ω), L(H), C(F))

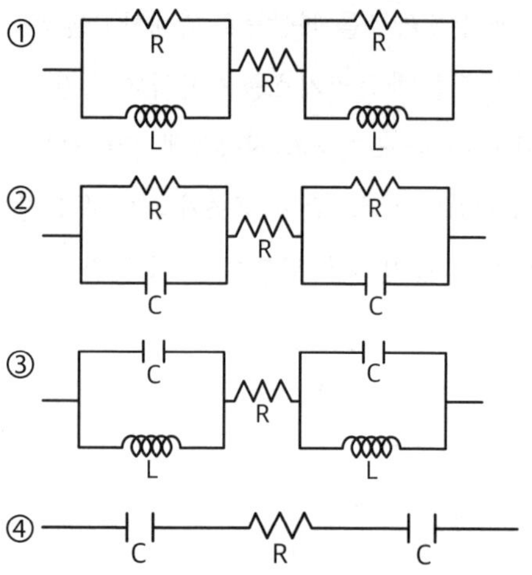

해 Freiberger의 인체 전기적 등가회로

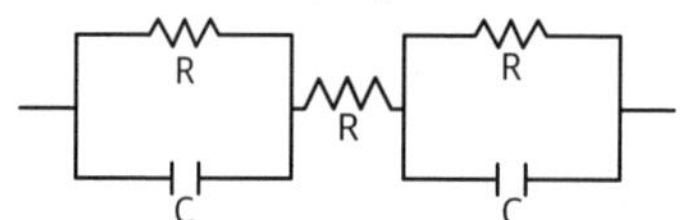

답 ②

321 ☆

아크방전의 전압전류 특성으로 가장 옳은 것은?

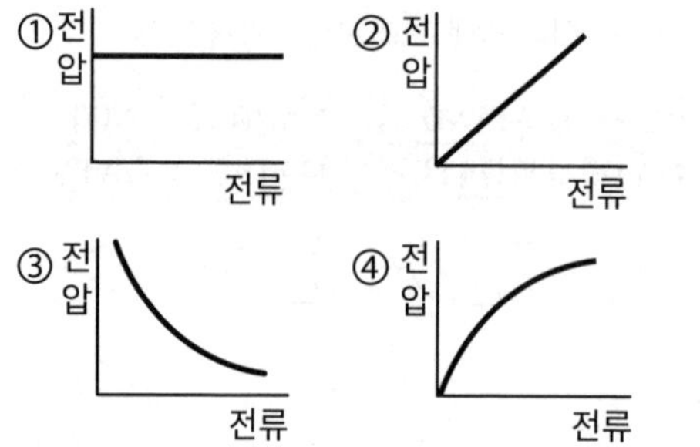

해 아크방전의 전압전류 특성
전류가 급격히 증가하면 전압이 급격히 감소한다. (= 수하특성)

답 ③

322 ☆

다음 설명이 나타내는 현상은?

> 전압이 인가된 이극 도체간의 고체 절연물 표면에 이물질이 부착되면 미소방전 발생한다. 이 미소방전이 반복되면서 절연물 표면에 도전성 통로가 형성되는 현상

① 흑연화현상 ② 트래킹현상
③ 반단선현상 ④ 절연이동현상

해 ①: 주철 내에 존재하는 탄화물(시멘타이트, 철, 탄소)을 철과 흑연으로 분해하는 것
③: 전선의 소선 중 일부가 끊어져있는 상태

답 ②

323 ☆☆

내측 원통의 반경이 r이고 외측 원통의 반경이 R인 원통 간극(r/R − 1(= 0.368))에서 인가전압이 V인 경우 최대 전계 $E_r = \frac{V}{rln(R/r)}$ 이다. 인가전압을 간극간 공기의 절연파괴전압 전까지 낮은 전압에서 서서히 증가할 때의 설명으로 틀린 것은?

① 최대전계가 감소한다.
② 안정된 코로나 방전이 존재할 수 있다.
③ 외측원통 반경이 증대되는 효과가 있다.
④ 내측원통 표면부터 코로나 방전 발생이 시작된다.

해 외측 원통의 반경이 감소되는 효과가 있다.

답 ③

324 ☆

보폭전압에서 지표상에 근접 격리된 두 점 간의 거리는?

① 0.5m ② 1m ③ 1.5m ④ 2m

해 보폭전압: 접지전극 부근 대지면의 두 점간의 거리 1m의 전위차

답 ②

325 ☆

감전사고를 방지하기 위해 허용보폭전압에 대한 수식으로 맞는 것은?

E: 허용보폭전압	R_b: 인체 저항
p_s: 지표 저항률	I_K: 심실세동전류

① $E=(R_b+3p_s)I_K$ ② $E=(R_b+4p_s)I_K$

③ $E=(R_b+5p_s)I_K$ ④ $E=(R_b+6p_s)I_K$

해 $E=(R_b+6p_s)I_K$

E: 허용보폭전압(V) R_b: 인체저항(Ω)

p_s: 지표저항률($\Omega \cdot m$)

I_K: 통전전류(A)

답 ④

326 ☆☆

대전물체의 표면전위를 검출전극에 의한 용량분할을 통해 측정할 수 있다. 대전물체의 표면전위 V_s는? (단, 대전물체와 검출전극간의 정전용량을 C_1, 검출전극과 대지간의 정전용량을 C_2, 검출전극의 전위를 V_e이다.)

① $V_s=(\frac{C_1+C_2}{C_1}+1)\cdot V_e$

② $V_s=\frac{C_1+C_2}{C_1}\cdot V_e$

③ $V_s=\frac{C_2}{C_1+C_2}\cdot V_e$

④ $V_s=(\frac{C_1}{C_1+C_2}+1)\cdot V_e$

해 C_1의 전압: $V_e=\frac{C_2}{C_1+C_2}\cdot V_s$

C_2의 전압: $V_e=\frac{C_1}{C_1+C_2}\cdot V_s$

물체에 유도된 전압은 C_2의 전압이다.

따라서 답은

$V_e=\frac{C_1}{C_1+C_2}\cdot V_s \rightarrow V_s=\frac{C_1+C_2}{C_1}\cdot V_e$

답 ②

327 ☆☆☆

정전유도를 받고 있는 접지되어 있지 않는 도전성 물체에 접촉한 경우 전격을 당하게 되는데 물체에 유도된 전압 V(V)를 옳게 나타낸 것은? (단, 송전선전압 E, 송전선과 물체사이의 정전용량을 C_1, 물체와 대지사이의 정전용량을 C_2, 물체와 대지사이의 저항을 무한대인 경우이다.)

① $V=\frac{C_1}{C_1+C_2}\cdot E$

② $V=\frac{C_1+C_2}{C_1}\cdot E$

③ $V=\frac{C_2}{C_1\cdot C_2}\cdot E$

④ $V=\frac{C_1\cdot C_2}{C_1}\cdot E$

해 C_1의 전압: $V=\frac{C_2}{C_1+C_2}\cdot E$

C_2의 전압: $V=\frac{C_1}{C_1+C_2}\cdot E$

물체에 유도된 전압은 C_2의 전압이다.

따라서 답은 $V=\frac{C_1}{C_1+C_2}\cdot E$

답 ①

328 ☆

정전용량 $C_1(\mu F)$과 $C_2(\mu F)$가 직렬 연결된 회로에 E(V)로 송전되다 갑자기 정전이 발생하였을 때, C_2 단자의 전압을 나타낸 식은?

① $V=\frac{C_1}{C_1+C_2}\cdot E$

② $V=\frac{C_2}{C_1\cdot C_2}\cdot E$

③ $V=C_2E$

④ $V=\frac{E}{\sqrt{2}}$

해 C_1의 전압: $V=\frac{C_2}{C_1+C_2}\cdot E$

C_2의 전압: $V=\frac{C_1}{C_1+C_2}\cdot E$

따라서 답은 $V=\frac{C_1}{C_1+C_2}\cdot E$

답 ①

329 ☆

정전에너지를 나타내는 식으로 알맞은 것은? (단, Q는 대전 전하량, C는 정전용량이다.)

① $\frac{Q}{2C}$ ② $\frac{Q}{2C^2}$ ③ $\frac{Q^2}{2C}$ ④ $\frac{Q^2}{2C^2}$

해 $W=\frac{1}{2}CV^2=\frac{1}{2}C(\frac{Q}{C})^2=\frac{Q^2}{2C}$

$Q=CV\rightarrow V=\frac{Q}{C}$

답 ③

330 ☆

2장의 전극판에 전극판 간격의 1/2 되는 유전체판을 끼워 넣으면 공간의 전계 세기는 어떻게 변하는가? (단, ϵ_s는 비유전율이다.)

① 약 1/2로 된다. ② 약 $1/\epsilon_s$로 된다.
③ 약 ϵ_s배로 된다. ④ 약 2배로 된다.

해 $C = \frac{Q}{V} = \frac{\epsilon_o S}{d}$

허나, 유전체판 끼워넣을 시 $C = \frac{\epsilon_o \epsilon_s S}{d}$가 된다.

즉, ϵ_s배 증가

답 ③

331 ☆

점전하가 절연유 속에 있는 경우 전계의 세기는 어떻게 변하겠는가? (단, ϵ_o는 진공의 유전율이며, ϵ_s는 비유전율이다.)

① 변화가 없다. ② $1/\epsilon_s$로 작아진다.
③ ϵ_s배로 커진다. ④ $\epsilon_o \epsilon_s$배로 된다.

해 쿨롱의 법칙에 의거해 유전체 중 전계는 진공의 유전율에 비해 $1/\epsilon_s$배 작다.

답 ②

332 ☆☆☆

300A의 전류가 흐르는 저압 가공전선로의 1선에서 허용가능한 누설전류(mA)는?

① 600 ② 450 ③ 300 ④ 150

해 누설전류 $= \frac{\text{전류}}{2{,}000} = \frac{300}{2{,}000}$

$= 0.15A = 150mA$

답 ④

333 ☆☆☆

200A의 전류가 흐르는 단상 전로의 한 선에서 누전되는 최소 전류(mA)의 기준은?

① 100 ② 200 ③ 10 ④ 20

해 누설전류 $= \frac{\text{전류}}{2{,}000} = \frac{200}{2{,}000}$

$= 0.1A = 100mA$

답 ①

334 ☆☆

6,600/100V, 15kVA의 변압기에서 공급하는 저압 전선로의 허용 누설전류는 몇 A를 넘지 않아야 하는가?

① 0.025 ② 0.045 ③ 0.075 ④ 0.085

해 누설전류 $= \frac{\text{전류}}{2{,}000} = \frac{150}{2{,}000} = 0.075A$

전류 $= \frac{15 \cdot 10^3}{100} = 150A$

답 ③

335 ☆

3,300/220V, 20kVA인 3상 변압기에서 공급받고 있는 저압전선로의 절연부분 전선과 대지간의 절열저항 최소값은 약 몇Ω인가? (단, 변압기 저압측 1단자는 제2종 접지공사를 시행함)

① 1,240 ② 2,794 ③ 4,840 ④ 8,383

해 3상 → $P=\sqrt{3}VI$

$\rightarrow I=\frac{P}{\sqrt{3}V}=\frac{20\cdot10^3}{\sqrt{3}\cdot220}=52.49A$

누설전류는 최대공급전류의 $\frac{1}{2,000}$ 넘지 말아야 됨

$\rightarrow \frac{52.49}{2,000}=0.026245A$

$\rightarrow R=\frac{V}{I}=\frac{220}{0.026245}=8,382.55\Omega$

답 ④

336 ☆

교류 3상 전압 380V, 부하 50kVA인 경우 배선에서의 누전전류의 한계는 약 mA 인가? (단, 전기설비기술기준에서의 누설전류 허용값을 적용한다.)

① 10mA ② 38mA ③ 54mA ④ 76mA

해 3상 → $P=\sqrt{3}VI$

$\rightarrow I=\frac{P}{\sqrt{3}V}=\frac{50\cdot10^3}{\sqrt{3}\cdot380}=75.97A$

누설전류는 최대공급전류의 $\frac{1}{2,000}$ 넘지 말아야 됨

$\rightarrow \frac{75.97}{2,000}=0.038A=38mA$

답 ②

337 ☆

50kW, 60Hz 3상 유도전동기가 380V 전원에 접속된 경우 흐르는 전류는 약 몇A인가? (단, 역률은 80%이다.)

① 82.24 ② 94.96 ③ 116.30 ④ 164.47

해 3상

$\text{전류}=\frac{\text{출력}}{\sqrt{3}\cdot\text{전압}\cdot\text{역률}}=\frac{50\cdot10^3}{\sqrt{3}\cdot380\cdot0.8}$

$=94.96A$

답 ②

338 ☆☆☆

누전된 전동기에 인체가 접촉하여 500mA의 누전전류가 흘렀고 정격감도전류 500mA인 누전차단기가 동작하였다. 이때 인체전류를 약 10mA로 제한하기 위해서는 전동기 외함에 설치할 접지저항의 크기는 약 몇 Ω인가?(단, 인체저항은 500Ω이며, 다른 저항은 무시한다)

① 5 ② 10 ③ 50 ④ 100

해 인체저항: $R_h(500)$ 인체전류: $I_h(10)$

접지저항: R_g 접지전류: I_g

$I_g=500(\text{누전전류})-10(\text{인체전류})$

$=490mA$

$R_g\cdot I_g=R_h\cdot I_h\rightarrow R_g\cdot490=500\cdot10$

$\rightarrow R_g=\frac{5,000}{490}=10.2\Omega$

답 ②

339 ★☆☆☆☆☆☆

인체의 전기저항을 0.5kΩ이라고 하면 심실세동을 일으키는 위험한계 에너지는 몇 J인가? (단, 심실세동전류값 $I=\frac{165}{\sqrt{T}}mA$, 통전시간은 1초이다.)

① 13.6 ② 12.6 ③ 11.6 ④ 10.6

해 $W=I^2Rt=(\frac{165}{\sqrt{1}}\cdot 10^{-3})^2\cdot 500\cdot 1=13.61J$

I: 심실세동전류(A) R: 저항(Ω)

t: 통전시간(s)

답 ①

340 ☆☆

인체의 전기저항을 최악의 상태라고 가정하여 500Ω으로 하는 경우 심실세동을 일으킬 수 있는 에너지는 얼마 정도인가? (단, 심실세동전류 $I=\frac{165}{\sqrt{T}}mA$로 한다.)

① 6.5 ~ 17.0J ② 2.5 ~ 3.0J

③ 650 ~ 1,700J ④ 250 ~ 300mJ

해 $W=I^2Rt=(\frac{165}{\sqrt{1}}\cdot 10^{-3})^2\cdot 500\cdot 1=13.61J$

I: 심실세동전류(A) R: 저항(Ω)

t: 통전시간(s)

6.5 ~ 17J: 정현파교류에 있어서의 위험한계 에너지

답 ①

341 ☆

심실세동 전류 $I=\frac{165}{\sqrt{T}}mA$라면 심실세동 시 인체에 직접 받는 전기에너지(cal)는 약 얼마인가? (단, t는 통전시간으로 1초이며, 인체의 저항은 500Ω으로 한다.)

① 0.52 ② 1.35 ③ 2.14 ④ 3.27

해 $Q=I^2Rt=(\frac{0.165}{\sqrt{1}})^2\cdot 500\cdot 1=13.613J$

$=\frac{13.613J\cdot 1cal}{4.184J}$

$=3.25cal$

Q: 발열량(J) I: 전류(A) R: 저항(Ω)

t: 통전시간(s)

답 ④

342 ☆

20Ω의 저항 중에 5A의 전류를 3분간 흘렸을 때의 발열량(cal)은?

① 4,320 ② 90,000 ③ 21,500 ④ 37,656

해 $Q=I^2Rt=5^2\cdot 20\cdot 180=90,000J$

$=\frac{90,000J\cdot 1cal}{4.184J}$

$=21,510.52cal$

Q: 발열량(J) I: 전류(A) R: 저항(Ω)

t: 통전시간(s)

답 ③

343 ☆☆

어느 변전소에서 고장전류가 유입되었을 때 도전성구조물과 그 부근 지표상의 점과의 사이(약 1m)의 허용접촉전압은 약 몇V인가? (단, 심실세동전류: $I = \frac{0.165}{\sqrt{T}}A$, 인체의 저항: 1,000Ω, 지표면의 저항률: 150Ω • m, 통전시간을 1초로 한다.)

① 202 ② 186 ③ 228 ④ 164

해 허용접촉전압

= 심실세동전류(인체저항 + 1.5 • 지표저항률)

$= \frac{0.165}{\sqrt{1}} \cdot (1{,}000 + 1.5 \cdot 150)$

$= 202.13V$

답 ①

344 ☆

그림에서 인체의 허용 접촉전압은 약 몇V인가? (단, 심실세동 전류는 $I(A) = \frac{0.165}{\sqrt{T}}$이며, 인체저항 R_k = 1,000Ω, 발의 저항 R_f = 300Ω이고, 접촉 시간은 1초로 한다.)

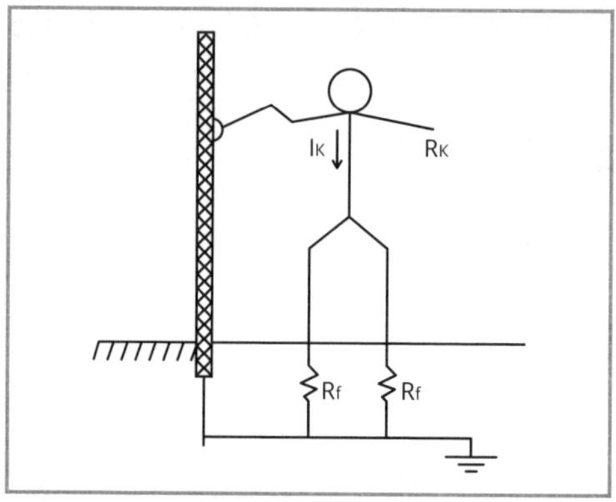

① 107 ② 132 ③ 190 ④ 215

해 허용접촉전압

= 심실세동전류(인체저항 + 0.5 • 발 저항)

$= \frac{0.165}{\sqrt{1}} \cdot (1{,}000 + 0.5 \cdot 300)$

$= 189.75V$

답 ③

345 ☆☆

인체 저항이 5,000Ω이고, 전류가 3mA가 흘렀다. 인체의 정전용량이 0.1μF라면 인체에 대전된 정전하는 몇 μC인가?

① 0.5 ② 1.0 ③ 1.5 ④ 2.0

해 $Q = CV = 0.1 \cdot 15 = 1.5\mu C$

$V = IR = 3 \cdot 10^{-3} \cdot 5000 = 15V$

Q: 전하량 C: 정전용량 V: 전압 I: 전류

R: 저항

답 ③

346 ☆☆

정전용량 C = 20μF, 방전 시 전압 V = 2kV 일 때 정전에너지(J)는 얼마인가?

① 40 ② 80 ③ 400 ④ 800

해 $W = \frac{1}{2}CV^2 = \frac{1}{2} \cdot 20 \cdot 10^{-6} \cdot 2,000^2 = 40J$

W: 정전에너지(J) C: 정전용량(F)
V: 전압(V)

답 ①

347 ☆

두 가지 용제를 사용하고 있는 어느 도장 공장에서 폭발사고가 발생하여 세명의 부상자를 발생시켰다. 부상자와 동일 조건의 복장으로 정전용량이 120pF인 사람이 5m 도보 후에 표면전위를 측정했더니 3,000V가 측정되었다. 사용한 혼합용제 가스의 최소 착화에너지 상한치는 얼마인가?

① 0.54mJ ② 0.54J ③ 1.08mJ ④ 1.08J

해 $W = \frac{1}{2}CV^2 = \frac{1}{2} \cdot 120 \cdot 10^{-12} \cdot 3,000^2$
$= 5.4 \cdot 10^{-4}J = 0.54mJ$

W: 정전에너지(J) C: 정전용량(F)
V: 전압(V)

답 ①

348 ☆☆

아세톤을 취급하는 작업장에서 작업자의 정전기 방전으로 인한 화재폭발 재해를 방지하기 위하여 인체대전 전위는 약 몇 V 이하로 유지하여야 하는가? (단, 인체의 정전용량 100pF이고, 아세톤의 최소 착화 에너지는 1.15mJ로 하며 기타의 조건은 무시한다.)

① 1,150 ② 2,150 ③ 3,800 ④ 4,800

해 $W = \frac{1}{2}CV^2$

$\rightarrow V = \sqrt{\frac{2W}{C}} = \sqrt{\frac{2 \cdot 1.15 \cdot 10^{-3}}{100 \cdot 10^{-12}}}$
$= 4,795.83V$

W: 최소착화에너지(J) C: 정전용량(F)
V: 전압(V)

답 ④

349 ☆☆

최소 착화에너지가 0.26mJ인 가스에 정전용량이 100pF인 대전 물체로부터 정전기 방전에 의하여 착화할 수 있는 전압은 약 몇V인가?

① 2,240 ② 2,260 ③ 2,280 ④ 2,300

해 $W = \frac{1}{2}CV^2$

$\rightarrow V = \sqrt{\frac{2W}{C}} = \sqrt{\frac{2 \cdot 0.26 \cdot 10^{-3}}{100 \cdot 10^{-12}}}$
$= 2,280.35V$

W: 최소착화에너지(J) C: 정전용량(F)
V: 전압(V)

답 ③

350 ☆

폭발한계에 도달한 메탄가스가 공기에 혼합되었을 경우 착화한계전압(V)은 약 얼마인가? (단, 메탄의 착화최소에너지는 0.2mJ, 극간용량은 10pF으로 한다.)

① 6,325 ② 5,225 ③ 4,135 ④ 3,035

해 $W=\frac{1}{2}CV^2$

$\rightarrow V=\sqrt{\frac{2W}{C}}=\sqrt{\frac{2\cdot 0.2\cdot 10^{-3}}{10\cdot 10^{-12}}}$

$=6{,}324.56V$

W: 최소착화에너지(J) C: 정전용량(F)

V: 전압(V)

답 ①

351 ☆

두 물체의 마찰로 3,000V의 정전기가 생겼다. 폭발성 위험의 장소에서 두 물체의 정전용량은 약 몇 pF이면 폭발로 이어지겠는가? (단, 착화에너지는 0.25mJ이다.)

① 14 ② 28 ③ 45 ④ 56

해 $W=\frac{1}{2}CV^2$ $1F=10^{12}pF$

$\rightarrow C=\frac{2W}{V^2}=\frac{2\cdot 0.25\cdot 10^{-3}}{3{,}000^2}$

$=5.555\cdot 10^{-11}F$

$=55.55pF$

W: 최소착화에너지(J) C: 정전용량(F)

V: 전압(V)

답 ④

352 ☆

인체의 표면적이 $0.5m^2$이고 정전용량은 $0.02pF/cm^2$이다. 3,300V의 전압이 인가되어 있는 전선에 접근하여 작업을 할 때 인체에 축척되는 정전기 에너지(J)는?

① 5.445×10^{-2} ② 5.445×10^{-4}

③ 2.723×10^{-2} ④ 2.723×10^{-4}

해 $W=\frac{1}{2}CV^2=\frac{1}{2}\cdot 10^{-10}\cdot 3{,}300^2$

$=5.445\cdot 10^{-4}J$

$C=\frac{0.02\cdot 10^{-12}F\cdot 0.5m^2\cdot (100cm)^2}{cm^2\cdot m^2}$

$=10^{-10}F$

W: 정전에너지(J) C: 정전용량(F)

V: 전압(V)

답 ②

353 ☆

1C을 갖는 2개의 전하가 공기 중에서 1m의 거리에 있을 때 이들 사이에 작용하는 정전력(N)은?

① 8.854×10^{-12} [N]

② 1.0 [N]

③ 3×10^{3} [N]

④ 9×10^{9} [N]

해 공기 중 유전율: 1

정전력(N) $=9\cdot 10^9\cdot\frac{\text{전하량}(C)}{\text{거리}(m)}$

$=9\cdot 10^9\cdot\frac{1}{1}=9\cdot 10^9N$

답 ④

354 ☆☆

피뢰침의 제한전압이 800kV, 충격절연강도가 1,000kV라 할 때, 보호여유도는 몇 %인가?

① 25 ② 33 ③ 47 ④ 63

해 보호여유도(%)

$$= \frac{\text{충격절연강도} - \text{제한전압}}{\text{제한전압}} \cdot 100$$

$$= \frac{1,000 - 800}{800} \cdot 100 = 25\%$$

답 ①

355 ☆

피뢰기의 여유도가 33%이고, 충격절연강도가 1,000kV라고 할 때 피뢰기의 제한전압은 약 몇 kV인가?

① 852 ② 752 ③ 652 ④ 552

해 보호여유도(%)

$$= \frac{\text{충격절연강도} - \text{제한전압}}{\text{제한전압}} \cdot 100$$

→ 제한전압 • 보호여유도
= 100 • (충격절연강도 − 제한전압)

→ 제한전압 • (보호여유도 + 100)
= 100 • 충격절연강도

$$\rightarrow \text{제한전압} = \frac{100 \cdot \text{충격절연강도}}{\text{보호여유도}+100}$$

$$= \frac{100 \cdot 1,000}{33+100} = 751.88kV$$

답 ②

356 ☆

지구를 고립한 지구도체라 생각하고 1[C]의 전하가 대전되었다면 지구 표면의 전위는 대략 몇[V]인가? (단, 지구 반경은 6,367km이다.)

① 1,414V ② 2,828V

③ 9×10^4V ④ 9×10^9V

해 도체구 전위(V) $= 9 \cdot 10^9 \cdot \frac{\text{전하량}(C)}{\text{반지름}(m)}$

$$= 9 \cdot 10^9 \cdot \frac{1}{6,367 \cdot 10^3}$$

$$= 1,413.54V$$

답 ①

357 ☆☆

$Q = 2 \times 10^{-7}$C으로 대전하고 있는 반경 25cm 도체구의 전위는 약 몇kV인가?

① 7.2 ② 12.5 ③ 14.4 ④ 25

해 도체구 전위(V) $= 9 \cdot 10^9 \cdot \frac{\text{전하량}(C)}{\text{반지름}(m)}$

$$= 9 \cdot 10^9 \cdot \frac{2 \cdot 10^{-7}}{0.25}$$

$$= 7,200V = 7.2kV$$

답 ①

358

☆☆☆

교류 아크용접기의 허용사용률(%)은? (단, 정격사용률은 10%, 2차 정격전류는 500A, 교류 아크용접기의 사용전류는 250A이다.)

① 30 ② 40 ③ 50 ④ 60

해 허용사용률 $= (\frac{2차정격전류}{실제사용전류})^2 \cdot 정격사용률$

$= (\frac{500}{250})^2 \cdot 0.1$

$= 0.4 = 40\%$

답 ②

359

☆

교류 아크용접기의 사용에서 무부하 전압이 80V, 아크 전압 25V, 아크 전류 300A일 경우 효율은 약 몇%인가? (단, 내부손실은 4kW이다.)

① 65.2 ② 70.5 ③ 75.3 ④ 80.6

해 효율 $= \frac{출력}{출력+내부손실} \cdot 100$

$= \frac{7{,}500}{7{,}500+4{,}000} \cdot 100$

$= 65.22\%$

출력 $=$ 아크전압 $\cdot$ 아크전류

$= 25 \cdot 300 = 7{,}500W$

답 ①

360

☆☆

아래 그림과 같이 인체가 전기설비의 외함에 접촉하였을 때 누전사고가 발생하였다. 인체통과전류(mA)는 약 얼마인가?

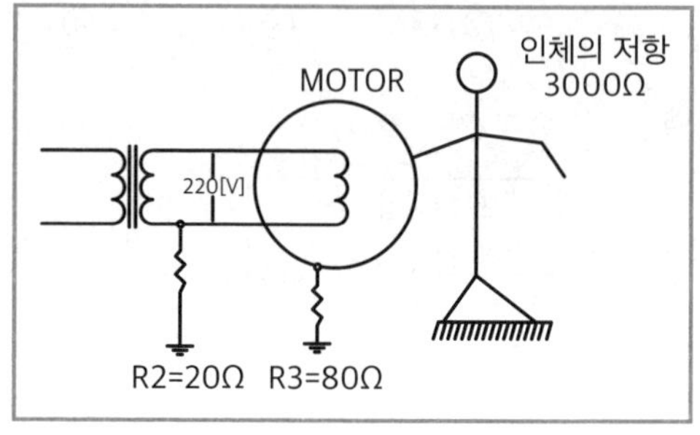

① 35 ② 47 ③ 58 ④ 66

해 인체통과전류 $= I \cdot \frac{외함저항}{외함저항+인체저항}$

$= 2.25 \cdot \frac{80}{80+3{,}000}$

$= 0.058A = 58mA$

$I = \frac{V}{R} = \frac{220}{97.92} = 2.25A$

$R = 20 + \frac{1}{\frac{1}{3{,}000} + \frac{1}{80}} = 97.92\Omega$

답 ③

361 ☆

그림과 같이 변압기 2차에 200V의 전원이 공급되고 있을 때 지락점에서 지락사고가 발생하였다면 회로에 흐르는 전류는 몇 A인가? (단, $R_2 = 10\Omega$, $R_3 = 30\Omega$이다.)

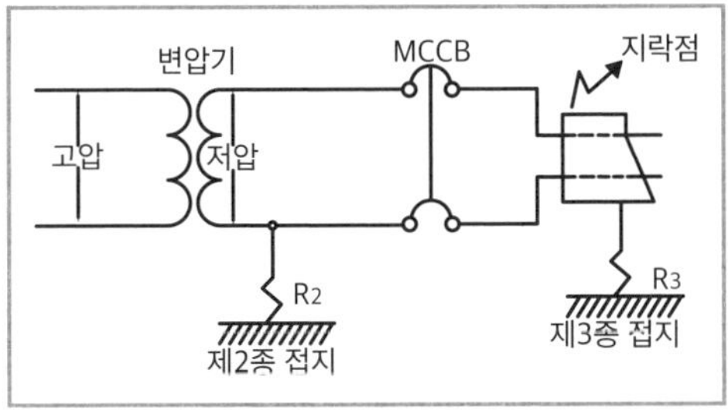

① 5A ② 10A ③ 15A ④ 20A

해 $I = \frac{V}{R} = \frac{200}{10+30} = 5A$

답 ①

362 ☆

그림과 같은 전기기기 A점에서 완전 지락이 발생하였다. 이 전기기기의 외함에 인체가 접촉되었을 경우 인체를 통해서 흐르는 전류는 약 몇 mA인가? (단 인체의 저항은 3,000Ω 이다)

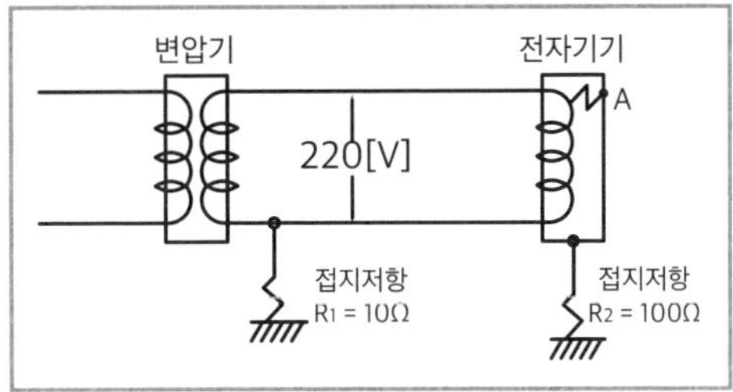

① 66.4 ② 30.21 ③ 15.11 ④ 7.55

해 $\text{인체통과전류} = I \cdot \frac{\text{외함저항}}{\text{외함저항+인체저항}}$

$= 2.06 \cdot \frac{100}{100+3,000}$

$= 0.066A = 66mA$

$I = \frac{V}{R} = \frac{220}{106.77} = 2.06A$

$R = 10 + \frac{1}{\frac{1}{3,000} + \frac{1}{100}} = 106.77\Omega$

답 ①

363 ☆☆

1초동안 220V 전압에 접촉된 사람의 인체저항이 약 1,000Ω일 때 인체 전류와 그 결과값의 위험성 여부로 알맞은 것은?

① 22mA, 안전 ② 220mA, 안전
③ 22mA, 위험 ④ 220mA, 위험

해 $I = \frac{V}{R} = \frac{220}{1,000} = 0.22A = 220mA$

심실세동전류 165mA를 초과하여 사망(위험)

답 ④

364 ☆

대지에서 용접작업을 하고있는 작업자가 용접봉에 접촉한 경우 통전전류는?

> 용접기의 출력측 무부하전압: 90V
> 접촉저항(손, 용접봉 등 포함): 10kΩ
> 인체 내부저항: 1kΩ
> 발과 대지의 접촉저항: 20kΩ

① 약 0.19mA ② 약 0.29mA
③ 약 1.96mA ④ 약 2.90mA

해 $I = \frac{V}{R} = \frac{90}{(10+1+20) \cdot 10^3}$

$= 2.9 \cdot 10^{-3}A = 2.9mA$

답 ④

365 ☆

정격전류 20A와 25A인 전동기와 정격전류 10A인 전열기 6대에 전기를 공급하는 200V 단상저압 간선에는 정격전류 몇 A의 과전류 차단기를 시설하여야 하는가?

① 200 ② 150 ③ 125 ④ 100

해 **전동기 전류**: 20 + 25 = 45A
전열기 전류: 10 • 6 = 60A
과전류 차단기는 저압 옥내 간선의 허용전류 이하인 정격전류의 것일 것.
다만, 저압 옥내 간선에 전동기 등의 접속되는 경우에는 그 전동기 등의 정격전류의 합계의 3배에 다른 전기사용기계기구(= 전열기)의 정격전류의 합계를 가산한 값 이하인 정격전류의 것을 사용할 수 있다.
→ 전동기(45) • 3 + 전열기(60) < 과전류차단기 전류
→ 195 < 과전류차단기 전류
따라서, 이 문제에선 ①이 정답.

답 ①

산업안전기사 2012~22년

5과목

화학설비 안전관리
(기출중복문제 소거 정리)

잠깐! 더 효율적인 공부를 위한 링크들을 적극 이용하세요~!

직8딴 홈페이지
- 출시한 책 확인 및 구매

직8딴 카카오오픈톡방
- 실시간 저자의 질문 답변
(주7일 아침 11시~새벽 2시까지, 전화로도 함)
- 직8딴 구매자전용 복지와 혜택 획득
(최소 달에 40만원씩 기프티콘 지급)
- 구매자들과의 소통 및 EHS 관련 정보 습득

직8딴 네이버카페
- 실시간으로 최신화되는 정오표 확인
(정오표: 책 출시 이후 발견된 오타/오류를 모아놓은 표, 매우 중요)
- 공부에 도움되는 컬러버전 그림 및 사진 습득
- 직8딴 구매자전용 복지와 혜택 획득

직8딴 유튜브
- 저자 직접 강의 시청 가능
- 공부 팁 및 암기법 획득
- 국가기술자격증 관련 정보 획득

5 화학설비 안전관리

기출 중복문제 소거 정리

001 ☆☆

다음 중 국소배기시설에서 후드(hood)에 의한 제작 및 설치 요령으로 적절하지 않은 것은?

① 유해물질이 발생하는 곳마다 설치한다.
② 후드 개구부 면적은 가능한 크게 한다.
③ 후드를 가능한 한 발생원에 접근시킨다.
④ 후드(hood) 형식은 가능하면 포위식 또는 부스식 후드를 설치한다.

해 사업주는 인체에 해로운 분진, 흄(fume, 열이나 화학반응에 의하여 형성된 고체증기가 응축되어 생긴 미세입자), 미스트(mist, 공기 중에 떠다니는 작은 액체방울), 증기 또는 가스 상태의 물질(이하 "분진등"이라 한다)을 배출하기 위하여 설치하는 국소배기장치의 후드가 다음 각 호의 기준에 맞도록 하여야 한다.

1. 유해물질이 발생하는 곳마다 설치할 것
2. 유해인자의 발생형태와 비중, 작업방법 등을 고려하여 해당 분진 등의 발산원을 제어할 수 있는 구조로 설치할 것
3. 후드(hood) 형식은 가능하면 포위식 또는 부스식 후드를 설치할 것
4. 외부식 또는 리시버식 후드는 해당 분진 등의 발산원에 가장 가까운 위치에 설치 할 것

답 ②

002 ☆☆

탱크 내 작업 시 복장에 관한 설명으로 옳지 않은 것은?

① 정전기 방지용 작업복을 착용할 것
② 작업원은 불필요하게 피부를 노출시키지 말 것
③ 작업모를 쓰고 긴팔의 상의를 반듯하게 착용할 것
④ 수분의 흡수를 방지하기 위하여 유지가 부착된 작업복을 착용할 것

해 수분의 흡수를 방지하기 위하여 불침투성 보호복을 착용할 것

답 ④

003 ☆

탱크 내부에서 작업 시 작업용구에 관한 설명으로 옳지 않은 것은?

① 유리라이닝을 한 탱크 내부에서는 줄사다리를 사용한다.
② 가연성 가스가 있는 경우 불꽃을 내기 어려운 금속을 사용한다.
③ 용접 절단 시에는 바람의 영향을 억제하기 위하여 환기 장치의 설치를 제한한다.
④ 탱크 내부에 인화성 물질의 증기로 인한 폭발 위험이 우려되는 경우 방폭구조의 전기기계기구를 사용한다.

해 탱크 내에서 작업 시 환기장치를 설치한다.

답 ③

004 ☆

다음 중 유해화학물질의 중독에 대한 일반적인 응급처치 방법으로 적절하지 않은 것은?

① 알코올 등의 필요한 약품을 투여한다.
② 환자를 안정시키고, 침대에 옆으로 눕힌다.
③ 호흡정지 시 가능한 경우 인공호흡을 실시한다.
④ 신체를 따뜻하게 하고 신선한 공기를 확보한다.

해 약품 투여는 일반적이지 않고, 의사 처방이 있어야 된다.

답 ①

005 ☆☆

반응성 화학물질의 위험성은 실험에 의한 평가 대신 문헌조사 등을 통해 계산에 의해 평가하는 방법을 사용할 수 있다. 이에 관한 설명으로 옳지 않은 것은?

① 위험성이 너무 커서 물성을 측정할 수 없는 경우 계산에 의한 평가 방법을 사용할 수도 있다.
② 연소열, 분해열, 폭발열 등의 크기에 의해 그 물질의 폭발도는 발화의 위험예측이 가능하다.
③ 계산에 의한 평가를 하기 위해서는 폭발 또는 분해에 따른 생성물의 예측이 이루어져야 한다.
④ 계산에 의한 위험성 예측은 모든 물질에 대해 정확성이 있으므로 더 이상의 실험을 필요로 하지 않는다.

해 계산에 의한 위험성 예측은 모든 물질에 대해 정확성이 부족하므로 여러 실험을 필요로 한다.

답 ④

006 ☆

산업안전보건법령상에 따라 대상 설비에 설치된 안전밸브 또는 파열판에 대해서는 일정 검사주기마다 적정하게 작동하는 지를 검사하여야 하는데 다음 중 설치구분에 따른 검사주기가 올바르게 연결된 것은?

① 화학공정 유체와 안전밸브의 디스크 또는 시트가 직접 접촉될 수 있도록 설치된 경우: 2년마다 1회 이상
② 화학공정 유체와 안전밸브의 디스크 또는 시트가 직접 접촉될 수 있도록 설치된 경우: 4년마다 1회 이상
③ 안전밸브 전단에 파열판이 설치된 경우: 4년마다 1회 이상
④ 안전밸브 전단에 파열판이 설치된 경우: 5년마다 1회 이상

해 안전밸브에 대해서는 다음 각 호의 구분에 따른 검사주기마다 국가교정기관에서 교정을 받은 압력계를 이용하여 설정압력에서 안전밸브가 적정하게 작동하는지를 검사한 후 납으로 봉인하여 사용하여야 한다. 다만, 공기나 질소취급용기 등에 설치된 안전밸브 중 안전밸브 자체에 부착된 레버 또는 고리를 통하여 수시로 안전밸브가 적정하게 작동하는지를 확인할 수 있는 경우에는 검사하지 아니할 수 있고 납으로 봉인하지 아니할 수 있다.

1. 화학공정 유체와 안전밸브의 디스크 또는 시트가 직접 접촉될 수 있도록 설치된 경우: 2년마다 1회 이상
2. 안전밸브 전단에 파열판이 설치된 경우: 3년마다 1회 이상
3. 영 제43조에 따른 공정안전보고서 제출 대상으로서 고용노동부장관이 실시하는 공정안전보고서 이행상태 평가결과가 우수한 사업장의 안전밸브의 경우: 4년마다 1회 이상

답 ①

007 ☆

산업안전보건법령상 물질안전보건자료를 작성할 때에 혼합물로 된 제품들이 각각의 제품을 대표하여 하나의 물질안전보건자료를 작성할 수 있는 충족 요건 중 각 구성성분의 함량변화는 얼마 이하이어야 하는가?

① 5% ② 10% ③ 15% ④ 30%

해 혼합물인 제품들이 다음 각 호의 요건을 모두 충족하는 경우에는 해당 제품들을 대표하여 하나의 물질안전보건자료를 작성할 수 있다.

1. 혼합물인 제품들의 구성성분이 같을 것. 다만, 향수, 향료 또는 안료(이하 "향수등"이라 한다) 성분의 물질을 포함하는 제품으로서 다음 각 목의 요건을 모두 충족하는 경우에는 그러하지 아니하다.
   가. 제품의 구성성분 중 향수등의 함유량(2가지 이상의 향수등 성분을 포함하는 경우에는 총함유량을 말한다)이 5퍼센트(%) 이하일 것
   나. 제품의 구성성분 중 향수등 성분의 물질만 변경될 것
2. 각 구성성분의 함유량 변화가 10퍼센트(%) 이하일 것
3. 유사한 유해성을 가질 것

답 ②

008 ☆☆

산업안전보건법령상 물질안전보건자료 작성 시 포함되어있는 주요 작성 항목이 아닌 것은? (단, 기타 참고사항 및 작성자가 필요에 의해 추가하는 세부 항목은 고려하지 않는다.)

① 법적규제 현황
② 폐기 시 주의사항
③ 주요 구입 및 폐기처
④ 화학제품과 회사에 관한 정보

해 물질안전보건자료 작성 시 포함되어야 할 항목 및 그 순서는 다음 각 호에 따른다.

1. 화학제품과 회사에 관한 정보
2. 유해성·위험성
3. 구성성분의 명칭 및 함유량
4. 응급조치요령
5. 폭발·화재시 대처방법
6. 누출사고시 대처방법
7. 취급 및 저장방법
8. 노출방지 및 개인보호구
9. 물리화학적 특성
10. 안정성 및 반응성
11. 독성에 관한 정보
12. 환경에 미치는 영향
13. 폐기 시 주의사항
14. 운송에 필요한 정보
15. 법적규제 현황
16. 그 밖의 참고사항

답 ③

009 ☆

다음 중 산업안전보건법령상 물질안전보건자료의 작성 · 비치 제외 대상이 아닌 것은?

① 원자력법에 의한 방사성 물질

② 농약관리법에 의한 농약

③ 비료관리법에 의한 비료

④ 관세법에 의해 수입되는 공업용유기용제

해 물질안전보건자료 작성·비치 제외 대상 화학물질

1. 「건강기능식품에 관한 법률」에 따른 건강기능식품
2. 「농약관리법」에 따른 농약
3. 「마약류 관리에 관한 법률」에 따른 마약 및 향정신성의약품
4. 「비료관리법」에 따른 비료
5. 「사료관리법」에 따른 사료
6. 「생활주변방사선 안전관리법」에 따른 원료물질
7. 「생활화학제품 및 살생물제의 안전관리에 관한 법률」에 따른 안전확인대상생활화학 제품 및 살생물제품 중 일반소비자의 생활용으로 제공되는 제품
8. 「식품위생법」에 따른 식품 및 식품첨가물
9. 「약사법」에 따른 의약품 및 의약외품
10. 「원자력안전법」에 따른 방사성물질
11. 「위생용품 관리법」에 따른 위생용품
12. 「의료기기법」에 따른 의료기기

12의2. 「첨단재생의료 및 첨단바이오의약품 안전 및 지원에 관한 법률」에 따른 첨단바이오의약품

13. 「총포·도검·화약류 등의 안전관리에 관한 법률」에 따른 화약류
14. 「폐기물관리법」에 따른 폐기물
15. 「화장품법」에 따른 화장품
16. 제1호부터 제15호까지의 규정 외의 화학물질 또는 혼합물로서 일반소비자의 생활용으로 제공되는 것(일반소비자의 생활용으로 제공되는 화학물질 또는 혼합물이 사업장 내에서 취급되는 경우를 포함한다)
17. 고용노동부장관이 정하여 고시하는 연구·개발용 화학물질 또는 화학제품. 이 경우 법 제110조제1항부터 제3항까지의 규정에 따른 자료의 제출만 제외된다.
18. 그 밖에 고용노동부장관이 독성·폭발성 등으로 인한 위해의 정도가 적다고 인정하여 고시하는 화학물질

답 ④

010 ☆☆

다음 중 물질안전보건자료(MSDS)의 작성.비치대상에서 제외되는 물질이 아닌 것은? (단, 해당하는 관계 법령의 명칭은 생략한다.)

① 화장품 ② 사료
③ 플라스틱 원료 ④ 식품 및 식품첨가물

해 윗 해설 참조

답 ③

011 ☆☆☆

산업안전보건법령상 안전밸브 등의 전단·후단에는 차단밸브를 설치하여서는 아니 되지만 다음 중 자물쇠형 또는 이에 준하는 형식의 차단밸브를 설치할 수 있는 경우로 틀린 것은?

① 인접한 화학설비 및 그 부속설비에 안전 밸브 등이 각각 설치되어 있고, 해당 화학설비 및 그 부속설비의 연결배관에 차단밸브가 없는 경우
② 안전밸브 등의 배출용량의 4분의 1 이상에 해당하는 용량의 자동압력조절밸브와 안전밸브 등이 직렬로 연결된 경우
③ 화학설비 및 그 부속설비에 안전밸브 등이 복수 방식으로 설치되어 있는 경우
④ 열팽창에 의하여 상승된 압력을 낮추기 위한 목적으로 안전밸브가 설치된 경우

해 사업주는 안전밸브등의 전단·후단에 차단밸브를 설치해서는 아니 된다. 다만, 다음 각 호의 어느 하나에 해당하는 경우에는 자물쇠형 또는 이에 준하는 형식의 차단밸브를 설치할 수 있다.

1. 인접한 화학설비 및 그 부속설비에 안전 밸브 등이 각각 설치되어 있고, 해당 화학 설비 및 그 부속설비의 연결배관에 차단 밸브가 없는 경우
2. 안전밸브등의 배출용량의 2분의 1 이상에 해당하는 용량의 자동압력조절밸브(구동용 동력원의 공급을 차단하는 경우 열리는 구조인 것으로 한정한다)와 안전밸브 등이 병렬로 연결된 경우
3. 화학설비 및 그 부속설비에 안전밸브등이 복수 방식으로 설치되어 있는 경우
4. 예비용 설비를 설치하고 각각의 설비에 안전밸브등이 설치되어 있는 경우
5. 열팽창에 의하여 상승된 압력을 낮추기 위한 목적으로 안전밸브가 설치된 경우
6. 하나의 플레어 스택(flare stack)에 둘 이상의 단위공정의 플레어 헤더(flare header)를 연결하여 사용하는 경우로서 각각의 단위공정의 플레어헤더에 설치된 차단 밸브의 열림·닫힘 상태를 중앙제어실에서 알 수 있도록 조치한 경우

답 ②

012 ☆☆

사업주는 안전밸브등의 전단·후단에 차단밸브를 설치해서는 아니 된다. 다만, 별도로 정한 경우에 해당할 때는 자물쇠형 또는 이에 준하는 형식의 차단밸브를 설치할 수 있다. 이에 해당하는 경우가 아닌 것은?

① 화학설비 및 그 부속설비에 안전밸브등이 복수방식으로 설치되어 있는 경우
② 예비용 설비를 설치하고 각각의 설비에 안전밸브등이 설치되어 있는 경우
③ 파열판과 안전밸브를 직렬로 설치한 경우
④ 열팽창에 의하여 상승된 압력을 낮추기 위한 목적으로 안전밸브가 설치된 경우

해 윗 해설 참조

답 ③

013 ☆☆

산업안전보건법령에 따라 정변위 압축기 등에 대해서 과압에 따른 폭발을 방지하기 위하여 설치하여야 하는 것은?

① 역화방지기 ② 안전밸브
③ 감지기 ④ 체크밸브

해 사업주는 다음 각 호의 어느 하나에 해당하는 설비에 대해서는 과압에 따른 폭발을 방지하기 위하여 폭발 방지 성능과 규격을 갖춘 안전밸브 또는 파열판(이하 "안전밸브등"이라 한다)을 설치하여야 한다. 다만, 안전밸브등에 상응하는 방호장치를 설치한 경우에는 그러하지 아니하다.

1. 압력용기(안지름이 150밀리미터 이하인 압력용기는 제외하며, 압력 용기 중 관형 열교환기의 경우에는 관의 파열로 인하여 상승한 압력이 압력용기의 최고사용압력을 초과할 우려가 있는 경우만 해당한다)
2. 정변위 압축기
3. 정변위 펌프(토출측에 차단밸브가 설치된 것만 해당한다)
4. 배관(2개 이상의 밸브에 의하여 차단되어 대기 온도에서 액체의 열팽창에 의하여 파열될 우려가 있는 것으로 한정한다)
5. 그 밖의 화학설비 및 그 부속설비로서 해당 설비의 최고사용압력을 초과할 우려가 있는 것

답 ②

014 ☆☆☆

사업주는 산업안전보건법령에서 정한 설비에 대해서는 과압에 따른 폭발을 방지하기 위하여 안전밸브 등을 설치하여야 한다. 다음 중 이에 해당하는 설비가 아닌 것은?

① 원심펌프
② 정변위 압축기
③ 정변위 펌프(토출측에 차단밸브가 설치된 것만 해당한다)
④ 배관(2개 이상의 밸브에 의하여 차단되어 대기온도에서 액체의 열팽창에 의하여 파열될 우려가 있는 것으로 한정한다)

해 윗 해설 참조

답 ①

015 ☆☆

다음 중 폭발 또는 화재가 발생할 우려가 있는 건조설비의 구조로 적절하지 않은 것은?

① 건조설비의 바깥 면은 불연성 재료로 만들 것
② 위험물 건조설비의 열원으로서 직화를 사용하지 아니할 것
③ 위험물 건조설비의 측벽이나 바닥은 견고한 구조로 할 것
④ 위험물 건조설비는 상부를 무거운 재료로 만들고 폭발구를 설치할 것

해 위험물 건조설비는 그 상부를 가벼운 재료로 만들고 주위상황을 고려하여 폭발구를 설치할 것

답 ④

016 ☆

건조설비의 구조는 구조부분, 가열장치, 부속설비로 구성되는데 다음 중 "구조부분"에 속하는 것은?

① 보온판 ② 열원장치
③ 소화장치 ④ 전기설비

해 건조설비 구조

구조부분	몸체(보온판, 철골부), 내부구조, 구동장치
가열장치	열원장치, 송풍기
부속설비	환기장치, 안전장치, 전기설비, 소화장치

답 ①

017 ☆☆☆☆

건조설비를 사용하여 작업을 하는 경우에 폭발이나 화재를 예방하기 위하여 준수하여야 하는 사항으로 틀린 것은?

① 위험물 건조설비를 사용하는 경우에는 미리 내부를 청소하거나 환기 할 것
② 위험물 건조설비를 사용하여 가열건조하는 건조물은 쉽게 이탈되도록 할 것
③ 고온으로 가열건조한 인화성 액체는 발화의 위험이 없는 온도로 냉각한 후에 격납 시킬 것
④ 바깥 면이 현저히 고온이 되는 건조설비에 가까운 장소에는 인화성 액체를 두지 않도록 할 것

해 사업주는 건조설비를 사용하여 작업을 하는 경우에 폭발이나 화재를 예방하기 위하여 다음 각 호의 사항을 준수하여야 한다.

1. 위험물 건조설비를 사용하는 경우에는 미리 내부를 청소하거나 환기할 것
2. 위험물 건조설비를 사용하는 경우에는 건조로 인하여 발생하는 가스·증기 또는 분진에 의하여 폭발·화재의 위험이 있는 물질을 안전한 장소로 배출시킬 것
3. 위험물 건조설비를 사용하여 가열건조하는 건조물은 쉽게 이탈되지 않도록 할 것
4. 고온으로 가열건조한 인화성 액체는 발화의 위험이 없는 온도로 냉각한 후에 격납 시킬 것
5. 건조설비(바깥 면이 현저히 고온이 되는 설비만 해당한다)에 가까운 장소에는 인화성 액체를 두지 않도록 할 것

답 ②

018 ☆☆☆☆

산업안전보건법령상 폭발성 물질을 취급하는 화학설비를 설치하는 경우에 단위공정설비로부터 다른 단위공정설비 사이의 안전거리는 설비 바깥 면으로부터 몇m 이상이어야 하는가?

① 10 ② 15 ③ 20 ④ 30

해 안전거리

구분	안전거리
단위공정시설 및 설비로부터 다른 단위공정시설 및 설비의 사이	설비의 바깥 면으로부터 10미터 이상
플레어스택으로부터 단위공정시설 및 설비, 위험물질 저장탱크 또는 위험물질 하역설비의 사이	플레어스택으로부터 반경 20미터 이상. 다만, 단위공정시설 등이 불연재로 시공된 지붕 아래에 설치된 경우에는 그러하지 아니하다.
위험물질 저장탱크로부터 단위공정시설 및 설비, 보일러 또는 가열로의 사이	저장탱크의 바깥 면으로부터 20미터 이상. 다만, 저장탱크의 방호벽, 원격조종화설비 또는 살수설비를 설치한 경우에는 그러하지 아니하다.
사무실·연구실·실험실·정비실 또는 식당으로부터 단위공정시설 및 설비, 위험물질 저장탱크, 위험물질 하역설비, 보일러 또는 가열로의 사이	사무실 등의 바깥 면으로부터 20미터 이상. 다만, 난방용 보일러인 경우 또는 사무실 등의 벽을 방호구조로 설치한 경우에는 그러하지 아니하다.

답 ①

019 ☆☆☆

다음 중 밀폐 공간 내 작업 시의 조치사항으로 가장 거리가 먼 것은?

① 산소결핍이나 유해가스로 인한 질식의 우려가 있으면 진행 중인 작업에 방해되지 않도록 주의하면서 환기를 강화해야 한다.
② 해당 작업장을 적정한 공기상태로 유지되도록 환기하여야 한다.
③ 그 장소에 근로자를 입장시킬 때와 퇴장시킬 때마다 인원을 점검하여야 한다.
④ 그 작업장과 외부의 감시인 간에 항상 연락을 취할 수 있는 설비를 설치해야 한다.

해 산소결핍이나 유해가스로 인한 질식의 우려가 있으면 진행 중인 작업을 중지하고 나와야한다.

답 ①

020 ☆☆

인화성 가스가 발생할 우려가 있는 지하작업장에서 작업을 할 경우 폭발이나 화재를 방지하기 위한 조치사항 중 가스의 농도를 측정하는 기준으로 적절하지 않은 것은?

① 매일 작업을 시작하기 전에 측정한다.
② 가스의 누출이 의심되는 경우 측정한다.
③ 장시간 작업할 때에는 매 8시간마다 측정한다.
④ 가스가 발생하거나 정체할 위험이 있는 장소에 대하여 측정한다.

해 사업주는 인화성 가스가 발생할 우려가 있는 지하작업장에서 작업하는 경우 또는 가스도관에서 가스가 발산될 위험이 있는 장소에서 굴착작업(해당 작업이 이루어지는 장소 및 그와 근접한 장소에서 이루어지는 지반의 굴삭 또는 이에 수반한 토석의 운반 등의 작업을 말한다)을 하는 경우에는 폭발이나 화재를 방지하기 위하여 다음 각 호의 조치를 하여야 한다.

1. 가스의 농도를 측정하는 사람을 지명하고 다음 각 목의 경우에 그로 하여금 해당 가스의 농도를 측정하도록 할 것
   가. 매일 작업을 시작하기 전
   나. 가스의 누출이 의심되는 경우
   다. 가스가 발생하거나 정체할 위험이 있는 장소가 있는 경우
   라. 장시간 작업을 계속하는 경우(이 경우 4시간마다 가스 농도를 측정하도록 하여야 한다)

답 ③

021 ☆☆

위험물 또는 위험물이 발생하는 물질을 가열 · 건조하는 경우 내용적이 몇 세제곱미터 이상인 건조설비인 경우 건조실을 설치하는 건축물의 구조를 독립된 단층건물로 하여야 하는가? (단, 건조실을 건축물의 최상층에 설치하거나 건축물이 내화구조인 경우는 제외한다.)

① 1 ② 10 ③ 100 ④ 1,000

해 사업주는 다음 각 호의 어느 하나에 해당하는 위험물 건조설비(이하 "위험물 건조설비"라 한다) 중 건조실을 설치하는 건축물의 구조는 독립된 단층건물로 하여야 한다. 다만, 해당 건조실을 건축물의 최상층에 설치하거나 건축물이 내화구조인 경우에는 그러하지 아니하다.

1. 위험물 또는 위험물이 발생하는 물질을 가열·건조하는 경우 내용적이 1세제곱미터 이상인 건조설비
2. 위험물이 아닌 물질을 가열·건조하는 경우로서 다음 각 목의 어느 하나의 용량에 해당하는 건조설비
   가. 고체 또는 액체연료의 최대사용량이 시간당 10킬로그램 이상
   나. 기체연료의 최대사용량이 시간당 1세제 곱미터 이상
   다. 전기사용 정격용량이 10킬로와트 이상

답 ①

022 ☆☆

산업안전보건법령에 따라 위험물 건조설비 중 건조실을 설치하는 건축물의 구조를 독립된 단층 건물로 하여야 하는 건조설비가 아닌 것은?

① 위험물 또는 위험물이 발생하는 물질을 가열·건조하는 경우 내용적이 $2m^3$인 건조설비

② 위험물이 아닌 물질을 가열·건조하는 경우 액체연료의 최대사용량이 5kg/h인 건조설비

③ 위험물이 아닌 물질을 가열·건조하는 경우 기체연료의 최대사용량이 $2m^3$/h인 건조설비

④ 위험물이 아닌 물질을 가열·건조하는 경우 전기사용 정격용량이 20kW인 건조설비

해 윗 해설 참조

답 ②

023 ☆

가스 또는 분진 폭발 위험장소에 설치되는 건축물의 내화구조를 설명한 것으로 틀린 것은?

① 건축물 기둥 및 보는 지상 1층까지 내화구조로 한다.

② 위험물 저장·취급용기의 지지대는 지상으로부터 지지대의 끝부분까지 내화구조로 한다.

③ 건축물 주변에 자동소화설비를 설치한 경우 건축물 화재 시 1시간 이상 그 안전성을 유지한 경우는 내화구조로 하지 아니할 수 있다.

④ 배관·전선관 등의 지지대는 지상으로부터 1단까지 내화구조로 한다.

해 사업주는 가스폭발 위험장소 또는 분진폭발 위험장소에 설치되는 건축물 등에 대해서는 다음 각 호에 해당하는 부분을 내화구조로 하여야 하며, 그 성능이 항상 유지될 수 있도록 점검·보수 등 적절한 조치를 하여야 한다. 다만, 건축물 등의 주변에 화재에 대비하여 물 분무시설 또는 폼헤드(foam head)설비 등의 자동소화설비를 설치하여 건축물 등이 화재 시에 2시간 이상 그 안전성을 유지할 수 있도록 한 경우에는 내화구조로 하지 아니할 수 있다.

1. **건축물의 기둥 및 보**: 지상 1층(지상 1층의 높이가 6미터를 초과하는 경우에는 6미터)까지
2. **위험물 저장·취급용기의 지지대(높이가 30센티미터 이하인 것은 제외한다)**: 지상으로부터 지지대의 끝부분까지
3. **배관·전선관 등의 지지대**: 지상으로부터 1단(1단의 높이가 6미터를 초과하는 경우에는 6미터)까지

답 ③

024 ☆☆

사업주는 가스폭발 위험장소 또는 분진폭발 위험장소에 설치되는 건축물 등에 대해서는 규정에서 정한 부분을 내화구조로 하여야 한다. 다음 중 내화구조로 하여야 하는 부분에 대한 기준이 틀린 것은?

① 건축물의 기둥 : 지상 1층(지상 1층의 높이가 6미터를 초과하는 경우에는 6미터) 까지

② 위험물 저장·취급용기의 지지대(높이가 30센티미터 이하인 것은 제외) : 지상으로 부터 지지대의 끝부분까지

③ 건축물의 보 : 지상2층(지상 2층의 높이가 10미터를 초과하는 경우에는 10미터)까지

④ 배관·전선관 등의 지지대 : 지상으로부터 1단(1단의 높이가 6미터를 초과하는 경우에는 6미터)까지

해 윗 해설 참조

답 ③

025 ☆☆☆

다음 중 산업안전보건법령상 화학설비의 부속설비로만 이루어진 것은?

① 사이클론, 백필터, 전기집진기 등 분진처리 설비

② 응축기, 냉각기, 가열기, 증발기 등 열교환기류

③ 고로 등 점화기를 직접 사용하는 열교환 기류

④ 혼합기, 발포기, 압출기 등 화학제품 가공 설비

해 ②/③/④: 화학설비

구분	내용
화학설비	• 반응기·혼합조 등 화학물질 반응 또는 혼합장치 • 증류탑·흡수탑·추출탑·감압탑 등 화학물질 분리장치 • 저장탱크·계량탱크·호퍼·사일로 등 화학물질 저장설비 또는 계량설비 • 응축기·냉각기·가열기·증발기 등 열교환기류 • 고로 등 점화기 직접 사용하는 열교환기류 • 캘린더(calender)·혼합기·발포기·인쇄기·압출기 등 화학제품 가공설비 • 분쇄기·분체분리기·용융기 등 분체화학물질 취급장치 • 결정조·유동탑·탈습기·건조기 등 분체화학물질 분리장치 • 펌프류·압축기·이젝터(ejector) 등의 화학물질 이송 또는 압축설비
부속설비	• 배관·밸브·관·부속류 등 화학물질 이송관련 설비 • 온도·압력·유량 등을 지시·기록 등을 하는 자동제어 관련 설비 • 안전밸브·안전판·긴급차단 또는 방출밸브 등 비상조치 관련 설비 • 가스누출감지 및 경보 관련 설비 • 세정기, 응축기, 벤트스택(bent stack), 플레어스택(flare stack) 등 폐가스처리설비 • 사이클론, 백필터(bag filter), 전기집진기등 분진처리설비 • 위에 설비를 운전하기 위하여 부속된 전기 관련 설비 • 정전기 제거장치, 긴급 샤워설비 등 안전관련 설비
특수화학설비	• 발열반응이 일어나는 반응장치 • 증류·정류·증발·추출 등 분리하는 장치 • 가열시켜 주는 물질의 온도가 가열되는 위험물질의 분해온도 또는 발화점보다 높은 상태에서 운전되는 설비 • 반응폭주 등 이상 화학반응에 의하여 위험물질이 발생할 우려가 있는 설비 • 온도가 섭씨 350도 이상이거나 게이지 압력이 980kPa 이상인 상태에서 운전되는 설비 • 가열로 또는 가열기

답 ①

026 ☆☆

산업안전보건기준에 관한 규칙에 지정한 '화학설비 및 그 부속설비의 종류 중 화학설비의 부속설비에 해당하는 것은?

① 응축기·냉각기·가철기 등의 열교환기류
② 반응기·혼합조 등의 화학물질 반응 또는 혼합장치
③ 펌프류·압축기 등의 화학물질 이송 또는 압축설비
④ 온도·압력·유량 등을 지시·기록하는 자동제어 관련 설비

해 ①/②/③: 화학설비
윗 해설 참조

답 ④

027 ☆

화학설비 가운데 분체화학물질 분리장치에 해당하지 않는 것은?

① 건조기 ② 분쇄기 ③ 유동탑 ④ 결정조

해 ②: 분체화학물질 취급장치
윗 해설 참조

답 ②

028 ☆

위험물을 산업안전보건법령에서 정한 기준량 이상으로 제조하거나 취급하는 설비로서 특수화학설비에 해당되는 것은?

① 가열시켜 주는 물질의 온도가 가열되는 위험물질 분해온도보다 높은 상태에서 운전되는 설비
② 상온에서 게이지 압력으로 200kPa의 압력으로 운전되는 설비
③ 대기압하에서 300℃로 운전되는 설비
④ 흡열반응이 행하여지는 반응설비

해 ②: 온도가 섭씨 350도 이상이거나 게이지압력이 980킬로파스칼 이상인 상태에서 운전되는 설비
③: 온도가 섭씨 350도 이상이거나 게이지 압력이 980킬로파스칼 이상인 상태에서 운전되는 설비
④: 발열반응이 일어나는 반응장치
윗 해설 참조

답 ①

029 ☆

산업안전보건법에서 정한 위험물질을 기준량 이상 제조하거나 취급하는 화학설비로서 내부의 이상상태를 조기에 파악하기 위하여 필요한 온도계·유량계·압력계 등의 계측장치를 설치하여야 하는 대상이 아닌 것은?

① 가열로 또는 가열기
② 증류·정류·증발·추출 등 분리를 하는 장치
③ 반응폭주 등 이상 화학반응에 의하여 위험물질이 발생할 우려가 있는 설비
④ 흡열반응이 일어나는 반응장치

해 윗 해설 참조

답 ④

030 ☆☆

사업주는 특수화학설비를 설치할 때 내부의 이상상태를 조기에 파악하기 위하여 필요한 계측장치를 설치하여야 한다. 다음 중 이에 해당하는 특수화학설비가 아닌 것은?

① 발열 반응이 일어나는 반응장치
② 증류, 증발 등 분리를 행하는 장치
③ 가열로 또는 가열기
④ 액체의 누설을 방지하는 방유장치

해 윗 해설 참조

답 ④

031 ☆

다음 중 반응 또는 운전압력이 3psig 이상인 경우 압력계를 설치하지 않아도 무관한 것은?

① 반응기 ② 탑조류 ③ 밸브류 ④ 열교환기

해 반응 또는 운전압력이 3psig 이상인 경우 압력계를 설치하지 않아도 무관한 것
→ 밸브류
탑조류: 비등점 차이가 있는 액체 혼합물을 가열 또는 기화시켜 각 성분을 분리하는 장치
윗 해설 참조

답 ③

032 ☆☆

다음 중 반응폭주에 의한 위급상태의 발생을 방지하기 위하여 특수 반응설비에 설치하여야 하는 장치로 적당하지 않은 것은?

① 원재료의 공급차단장치
② 보유 내용물의 방출장치
③ 불활성 가스의 제거장치
④ 반응정지제 등의 공급장치

해 사업주는 특수화학설비를 설치하는 경우에는 이상 상태의 발생에 따른 폭발·화재 또는 위험물의 누출을 방지하기 위하여 원재료 공급의 긴급차단, 제품 등의 방출, 불활성가스의 주입이나 냉각용수 등의 공급을 위하여 필요한 장치 등을 설치하여야 한다.

답 ③

033 ☆

산업안전보건법령상 특수화학설비 설치 시 반드시 필요한 장치가 아닌 것은?

① 원재료 공급의 긴급차단장치
② 즉시 사용할 수 있는 예비동력원
③ 화재 시 긴급대응을 위한 물분무소화장치
④ 온도계 · 유량계 · 등의 계측장치

해 특수화학설비 설치 시 반드시 필요한 장치
계측장치/자동경보장치/긴급차단장치/예비동력원

답 ③

034 ☆☆

특수화학설비를 설치할 때 내부의 이상상태를 조기에 파악하기 위하여 필요한 계측장치로 가장 거리가 먼 것은?

① 압력계 ② 유량계 ③ 온도계 ④ 비중계

해 사업주는 위험물을 기준량 이상으로 제조하거나 취급하는 다음 각 호의 어느 하나에 해당하는 화학설비(이하 "특수화학설비"라 한다)를 설치하는 경우에는 내부의 이상 상태를 조기에 파악하기 위하여 필요한 온도계·유량계·압력계 등의 계측장치를 설치하여야 한다.

답 ④

035 ☆

산업안전보건법령에 따라 사업주가 특수화학설비를 설치하는 때에 그 내부의 이상상태를 조기에 파악하기 위하여 설치하여야 하는 장치는?

① 자동경보장치 ② 긴급차단장치
③ 자동문개폐장치 ④ 스크러버개방장치

해 사업주는 특수화학설비를 설치하는 경우에는 그 내부의 이상 상태를 조기에 파악하기 위하여 필요한 자동경보장치를 설치하여야 한다. 다만, 자동경보장치를 설치하는 것이 곤란한 경우에는 감시인을 두고 그 특수화학설비의 운전 중 설비를 감시하도록 하는 등의 조치를 하여야 한다.

답 ①

036 ☆

사업주는 산업안전보건기준에 관한 규칙에서 정한 위험물을 기준량 이상으로 제조하거나 취급하는 특수화학설비를 설치하는 경우에는 내부의 이상 상태를 조기에 파악하기 위하여 필요한 온도계·유량계·압력계 등의 계측장치를 설치하여야 한다. 이때 위험물질별 기준량으로 옳은 것은?

① 부탄 - $25m^3$ ② 부탄 - $150m^3$
③ 시안화수소 - 5kg ④ 시안화수소-200kg

해 부탄: $50m^3$
시안화수소: 5kg

답 ③

037 ☆

공정안전보고서에 관한 설명으로 옳지 않은 것은?

① 공정안전보고서를 작성할 때에는 산업안전보건 위원회의 심의를 거쳐야 한다.
② 공정안전보고서를 작성할 때에 산업안전보건위원회가 설치되어 있지 아니한 사업장의 경우에는 근로자대표의 의견을 들어야 한다.
③ 공정안전보고서의 내용을 변경하여야 할 사유가 발생한 경우에는 14일 이내 고용노동부장관의 승인을 득한 후 보완하여야 한다.
④ 고용노동부장관은 정하는 바에 따라 공정안전보고서의 이행 상태를 정기적으로 평가하고, 그 결과에 따른 보완 상태가 불량한 사업장의 사업주에게는 공정안전보고서를 다시 제출하도록 명할 수 있다.

해 사업주는 심사를 받은 공정안전보고서의 내용을 변경하여야 할 사유가 발생한 경우에는 지체없이 그 내용을 보완하여야 한다.

답 ③

038 ☆

산업안전보건법에 따라 유해, 위험설비의 설치. 이전 또는 주요 구조부분의 변경 공사 시 공정안전보고서의 제출 시기는 착공일 며칠 전까지 관련기관에 제출하여야 하는가?

① 15일 ② 30일 ③ 60일 ④ 90일

해 사업주는 유해하거나 위험한 설비의 설치·이전 또는 주요 구조부분의 변경공사의 착공일 30일 전까지 공정안전보고서를 2부 작성하여 공단에 제출해야 한다.

답 ②

039 ☆☆

다음 중 설비의 주요 구조부분을 변경함으로써 공정안전보고서를 제출하여야 하는 경우가 아닌 것은?

① 플레어스택을 설치 또는 변경하는 경우
② 가스누출감지경보기를 교체 또는 추가로 설치하는 경우
③ 변경된 생산설비 및 부대설비의 해당 전기정격 용량이 300kW 이상 증가한 경우
④ 생산량의 증가, 원료 또는 제품의 변경을 위하여 반응기(관련설비 포함)를 교체 또는 추가로 설치하는 경우

해 고용노동부장관이 정하는 "주요 구조부분의 변경"이란 다음 각 목의 어느 하나에 해당하는 경우를 말한다.
가. 반응기를 교체(같은 용량과 형태로 교체되는 경우는 제외한다)하거나 추가로 설치하는 경우 또는 이미 설치된 반응기를 변형하여 용량을 늘리는 경우
나. 생산설비 및 부대설비(유해·위험물질의 누출·화재·폭발과 무관한 자동화창고·조명설비 등은 제외한다)가 교체 또는 추가되어 늘어나게 되는 전기정격용량의 총합이 300킬로와트 이상인 경우
다. 플레어스택을 설치 또는 변경하는 경우

답 ②

040 ☆☆

다음 중 산업안전보건법상 공정안전보고서에 포함되어야 할 사항으로 가장 거리가 먼 것은?

① 평균안전율 ② 공정안전자료
③ 비상조치계획 ④ 공정위험성 평가서

해 공정안전보고서

항목	세부 항목
공정 안전 자료	• 취급·저장하고 있거나 취급·저장하려는 유해·위험물질의 종류 및 수량 • 유해위험물질에대한 물질안전보건자료 • 유해하거나 위험한 설비 목록 및 사양 • 유해하거나 위험한 설비의 운전방법을 알 수 있는 공정도면 • 각종 건물·설비의 배치도 • 폭발위험장소 구분도, 전기단선도 • 위험설비의 안전설계·제작 및 설치 관련 지침서
공정 위험성 평가서 및 잠재 위험에 대한 사고 예방·피해 최소화 대책	• 체크리스트(Check List) • 상대위험순위 결정(Dow and Mond Indices) • 작업자 실수 분석(HEA) • 사고 예상 질문 분석(What-if) • 위험과 운전 분석(HAZOP) • 이상위험도 분석(FMECA) • 결함 수 분석(FTA) • 사건 수 분석(ETA) • 원인결과 분석(CCA) • 가목부터 자목까지의 규정과 같은 수준 이상의 기술적 평가기법
안전 운전 계획	• 안전운전지침서 • 설비점검·검사 및 보수계획, 유지계획 및 지침서 • 안전작업허가 • 도급업체 안전관리계획 • 근로자 등 교육계획 • 가동 전 점검지침 • 변경요소 관리계획 • 자체감사 및 사고조사계획 • 그 밖에 안전운전에 필요한 사항
비상 조치 계획	• 비상조치를 위한 장비·인력 보유현황 • 사고발생 시 각 부서·관련기관과의 비상연락체계 • 사고발생 시 비상조치를 위한 조직의 임무 및 수행 절차 • 비상조치계획에 따른 교육계획 • 주민홍보계획 • 그 밖에 비상조치 관련 사항

답 ①

041 ☆☆☆☆

공정안전보고서 중 공정안전자료에 포함하여야 할 세부내용에 해당하는 것은?

① 비상조치계획에 따른 교육계획
② 안전운전지침서
③ 각종 건물·설비의 배치도
④ 도급업체 안전관리계획

해 ①: 비상조치계획
②/④: 안전운전계획
윗 해설 참조

답 ③

042 ☆☆☆

다음 중 산업안전보건법령상 공정안전보고서의 안전운전계획에 포함되지 않는 항목은?

① 안전작업허가
② 안전운전지침서
③ 가동 전 점검지침
④ 비상조치계획에 따른 교육계획

해 ④: 비상조치계획

답 ④

043 ☆

다음 중 공정안전보고서 심사기준에 있어 공정배관계장도(P&ID)에 반드시 표시되어야 할 사항이 아닌 것은?

① 물질 및 열수지
② 안전밸브의 크기 및 설정압력
③ 동력기계와 장치의 주요 명세
④ 장치의 계측제어 시스템과의 상호관계

해 물질 및 열수지: 제조공정 사항
공정배관계장도(P&ID) 표시사항
- 모든 동력기계와 장치 및 설비의 기능과 주요 명세
- 장치의 계측제어 시스템과의 상호관계
- 안전밸브의 크기 및 설정압력, 안전보건규칙에 따른 안전밸브 전·후단 차단밸브 설치금지 사항
- 연동시스템 및 자동 조업정지 등 운전방법에 대한 기술
- 그 밖에 필요한 기술정보

답 ①

044 ☆☆

다음 중 산업안전보건법상 공정안전보고서의 제출대상이 아닌 것은?

① 원유 정제처리업
② 농약제조업(원제 제조)
③ 화약 및 불꽃제품 제조업
④ 복합비료의 단순혼합 제조업

해 공정안전관리의 적용대상 사업장
1. 원유 정제처리업
2. 기타 석유정제물 재처리업
3. 석유화학계 기초화학물질 제조업 또는 합성수지 및 기타 플라스틱물질 제조업. 다만, 합성수지 및 기타 플라스틱물질 제조업은 별표에 해당하는 경우로 한정한다.
4. 질소 화합물, 질소·인산 및 칼리질 화학비료 제조업 중 질소질 비료 제조
5. 복합비료 및 기타 화학비료 제조업 중 복합비료 제조(단순혼합 또는 배합에 의한 경우는 제외한다)
6. 화학 살균·살충제 및 농업용 약제 제조업[농약 원제(原劑) 제조만 해당한다]
7. 화약 및 불꽃제품 제조업

답 ④

045 ☆

산업안전보건기준에 관한 규칙에서 규정하고 있는 급성독성물질의 정의에 해당되지 않는 것은?

① 가스 LC50(쥐, 4시간 흡입)이 2500ppm 이하인 화학 물질
② LD50(경구, 쥐)이 킬로그램당 300밀리그램-(체중) 이하인 화학물질
③ LD50(경피, 쥐)이 킬로그램당 1,000밀리그램-(체중) 이하인 화학물질
④ LD50(경피, 토끼)이 킬로그램당 2,000밀리그램-(체중) 이하인 화학물질

해 급성 독성 물질
1. 쥐에 대한 경구투입실험에 의하여 실험동물의 50퍼센트를 사망시킬 수 있는 물질의 양, 즉 LD50(경구, 쥐)이 킬로그램당 300밀리그램 – (체중) 이하인 화학물질
2. 쥐 또는 토끼에 대한 경피흡수실험에 의하여 실험동물의 50퍼센트를 사망시킬수 있는 물질의 양, 즉 LD50(경피, 토끼 또는 쥐)이 킬로그램당 1,000밀리그램 – (체중) 이하인 화학물질
3. 쥐에 대한 4시간 동안의 흡입실험에 의하여 실험동물의 50퍼센트를 사망시킬 수 있는 물질의 농도, 즉 가스 LC50(쥐, 4시간 흡입)이 2,500ppm 이하인 화학물질, 증기 LC50(쥐, 4시간 흡입)이 10mg / ℓ 이하인 화학물질, 분진 또는 미스트 1mg/ ℓ 이하인 화학물질

답 ④

046 ☆

산업안전보건기준에 관한 규칙 중 급성 독성 물질에 관한 기준 중 일부이다. (A)와 (B)에 알맞은 수치를 옳게 나타낸 것은?

> 1. 쥐에 대한 경구투입실험에 의하여 실험동물의 50퍼센트를 사망시킬 수 있는 물질 양, 즉 LD50(경구, 쥐)이 킬로그램당 (A)mg-(체중) 이하인 화학물질
> 2. 쥐 또는 토끼에 대한 경피흡수실험에의하여 실험동물의 50퍼센트를 사망시킬 수 있는 물질의 양, 즉 LD50(경피, 토끼 또는 쥐)이 킬로그램당(B)mg-(체중)이하인 화학물질

① A : 300, B : 1,000
② A : 300, B : 800
③ A : 1,000, B : 1,000
④ A : 300, B : 300

해 윗 해설 참조

답 ①

047 ☆

산업안전보건법에서 규정한 급성독성물질은 쥐에 대한 4시간 동안의 흡입실험으로 실험동물 50%를 사망시킬 수 있는 농도(LC_{50})가 몇ppm 이하인 물질을 말하는가?

① 1,500 ② 2,500 ③ 3,000 ④ 4,000

해 윗 해설 참조

답 ②

048 ☆

산업안전보건법령상 화학설비로서 가솔린이 남아 있는 화학설비에 등유나 경유를 주입하는 경우 그 액표면의 높이가 주입관의 선단의 높이를 넘을 때까지 주입속도는 얼마 이하로 하여야 하는가?

① 1m/s ② 4m/s ③ 8m/s ④ 10m/s

해 등유나 경유를 주입하는 경우에는 그 액표면의 높이가 주입관의 선단의 높이를 넘을 때까지 주입속도를 초당 1미터 이하로 할 것

답 ①

049 ☆

금속의 증기가 공기 중에서 응고되어 화학변화를 일으켜 고체의 미립자로 되어 공기 중에 부유하는 것을 의미하는 용어는?

① 흄(fume) ② 분진(dust)
③ 미스트(mist) ④ 스모크(smoke)

해

흄	금속의 증기가 공기 중에서 응고되어 화학변화를 일으켜 고체의 미립자로 되어 공기 중에 부유하는 것
분진	기계적 작용에 의해 발생된 고체미립자가 공기 중에 부유하고 있는 것
미스트	기체 속에 부유하는 액체 미립자
스모크	유기물 불완전연소로 생긴 미립자

답 ①

050 ☆☆

다음 중 화학물질 및 물리적 인자의 노출기준에 있어 유해물질대상에 대한 노출기준의 표시단위가 잘못 연결된 것은?

① 분진 : ppm
② 증기 : ppm
③ 가스 : ppm
④ 고온 : 습구흑구온도지수

해 노출기준의 표시단위

가스, 증기	피피엠(ppm)
분진, 에어로졸(미스트)	세제곱미터당 밀리그램(mg/㎥)
석면, 내화성 세라믹 섬유	세제곱센티미터당 개수(개/㎤)
고온	습구흑구온도지수(WBGT)

답 ①

051 ☆

다음 중 산화반응에 해당하는 것을 모두 나타낸 것은?

> ㉮ 철이 공기 중에서 녹이 슬었다.
> ㉯ 솜이 공기 중에서 불에 탔다.

① ㉮ ② ㉯ ③ ㉮, ㉯ ④ 없음

해 녹이 스는 현상과 연소되는 현상과 피부가 노화되는 것 모두 산화반응이라 한다.

답 ③

052 ☆

다음 중 산업안전보건기준에 관한 규칙에서 규정한 위험물질에 종류에서 "물반응성 물질 및 인화성 고체"에 해당하는 것은?

① 질산에스테르류 ② 니트로화합물
③ 칼륨·나트륨 ④ 니트로소화합물

해 ①/②/④: 폭발성물질 및 유기과산화물

위험물 구분(산업안전보건기준에 관한 규칙)

구분	내용
폭발성물질 및 유기과산화물	• 질산에스테르류 • 니트로화합물 • 니트로소화합물 • 아조화합물 • 디아조화합물 • 하이드라진 유도체 • 유기과산화물 • 그 밖에 가목부터 사목까지의 물질과 같은 정도의 폭발 위험이 있는 물질 • 가목부터 아목까지의 물질을 함유한 물질
물반응성물질 및 인화성고체	• 리튬 • 칼륨·나트륨 • 황 • 황린 • 황화인·적린 • 셀룰로이드류 • 알킬알루미늄·알킬리튬 • 마그네슘 분말 • 금속분말(마그네슘 분말은 제외한다) • 알칼리금속(리튬·칼륨및나트륨은 제외) • 유기 금속화합물(알킬알루미늄 및 알킬리튬은 제외한다) • 금속의 수소화물 • 금속의 인화물 • 칼슘 탄화물, 알루미늄 탄화물 • 그 밖에 가목부터 하목까지의 물질과 같은 정도의 발화성 또는 인화성 있는 물질 • 가목부터 거목까지의 물질을 함유한 물질
산화성 액체 및 산화성 고체	• 차아염소산 및 그 염류 • 아염소산 및 그 염류 • 염소산 및 그 염류 • 과염소산 및 그 염류 • 브롬산 및 그 염류 • 요오드산 및 그 염류 • 과산화수소 및 무기 과산화물 • 질산 및 그 염류 • 과망간산 및 그 염류 • 중크롬산 및 그 염류 • 그 밖에 가목부터 차목까지의 물질과 같은 정도의 산화성이 있는 물질 • 가목부터 카목까지의 물질을 함유한 물질
인화성 액체	• 에틸에테르, 가솔린, 아세트알데히드, 산화프로필렌, 그 밖에 인화점이 섭씨 23도 미만이고 초기 끓는점이 섭씨 35도 이하인 물질 • 노르말헥산, 아세톤, 메틸에틸케톤, 메틸알코올, 에틸알코올, 이황화탄소, 그 밖에 인화점이 섭씨 23도 미만이고 초기 끓는점이 섭씨 35도를 초과하는 물질 • 크실렌, 아세트산아밀, 등유, 경유, 테레핀유, 이소아밀알코올, 아세트산, 하이드라진, 그 밖에 인화점이 섭씨 23도 이상 섭씨 60도 이하인 물질
인화성 가스	• 수소 • 아세틸렌 • 에틸렌 • 메탄 • 에탄 • 프로판 • 부탄 • 별표13에 따른 인화성가스
부식성 물질	• 부식성 산류 -농도가 20퍼센트 이상인 염산, 황산, 질산, 그 밖에 이와 같은 정도 이상의 부식성을 가지는 물질 -농도가 60퍼센트 이상인 인산, 아세트산, 불산, 그 밖에 이와 같은 정도 이상의 부식성을 가지는 물질 • 부식성 염기류 -농도가 40퍼센트 이상인 수산화나트륨, 수산화칼륨, 그 밖에 이와 같은 정도 이상의 부식성을 가지는 염기류
급성 독성 물질	• 쥐에 대한 경구투입실험에 의하여 실험동물의 50퍼센트를 사망시킬 수 있는 물질의 양, 즉 LD50(경구, 쥐)이 킬로그램당 300밀리그램-(체중) 이하인 화학물질 • 쥐 또는 토끼에 대한 경피흡수실험에 의하여 실험동물의 50퍼센트를 사망시킬 수 있는 물질 양, 즉 LD50(경피, 토끼 또는 쥐)이 킬로그램당 1,000밀리그램-(체중) 이하인 화학물질 • 쥐에 대한 4시간 동안의 흡입실험에 의하여 실험동물의 50퍼센트를 사망시킬 수 있는 물질의 농도, 즉 가스 LC50(쥐, 4시간 흡입)이 2,500ppm 이하인 화학물질, 증기 LC50(쥐, 4시간 흡입)이 10mg/l 이하인 화학물질, 분진 또는 미스트 1mg /l 이하인 화학물질

답 ③

053 ☆

산업안전보건법령상 위험물질의 종류에서 "폭발성 물질 및 유기과산화물"에 해당하는 것은?

① 리튬　② 아조화합물
③ 아세틸렌　④ 셀룰로이드류

해 ①/④: 물반응성물질 및 인화성고체
③: 인화성 가스
윗 해설 참조

답 ②

054 ☆

다음 중 유기과산화물로 분류되는 것은?

① 메틸에틸케톤　② 과망간산칼륨
③ 과산화마그네슘　④ 과산화벤조일

해 ①: 인화성 액체
②/③: 산화성액체 및 산화성고체
윗 해설 참조

답 ④

055 ☆

산업안전보건기준에 관한 규칙에서 규정하고 있는 산화성 액체 또는 산화성 고체에 해당하지 않는 것은?

① 염소산　② 피크린산
③ 과망간산　④ 과산화수소

해 ②: 폭발성물질 및 유기과산화물(니트로화합물)
윗 해설 참조

답 ②

056 ☆

다음 중 산업안전보건법령상 산화성 액체 또는 산화성 고체에 해당하지 않는 것은?

① 질산　② 중크롬산
③ 과산화수소　④ 질산에스테르

해 ④: 폭발성물질 및 유기과산화물
윗 해설 참조

답 ④

057 ☆☆

산업안전보건법령상 "부식성 산류"에 해당하지 않는 것은?

① 농도 20%인 염산
② 농도 40%인 인산
③ 농도 50%인 질산
④ 농도 60%인 아세트산

해 ②: 농도 60% 이상인 인산
윗 해설 참조

답 ②

058 ☆

다음 중 산업안전보건법령상 위험물질의 종류와 해당 물질이 올바르게 연결된 것은?

① 부식성 산류 - 아세트산(농도 90%)
② 부식성 염기류 - 아세톤(농도 90%)
③ 인화성 가스 - 이황화탄소
④ 인화성 가스 - 수산화칼륨

해 ①: 농도 60% 이상이니 해당됨!
②/③: 인화성 액체
④: 부식성 염기류(농도 40% 이상)
윗 해설 참조

답 ①

059 ☆☆☆

산업안전보건법령에서 규정하고 있는 위험물질의 종류 중 부식성 염기류로 분류되기 위하여 농도가 40% 이상이어야 하는 물질은?

① 염산 ② 아세트산 ③ 불산 ④ 수산화칼륨

해 ①: 부식성 산류(농도 20% 이상)
②/③: 부식성 산류(농도 60% 이상)
윗 해설 참조

답 ④

060 ☆

산업안전보건법령상 위험물질의 종류를 구분할 때 다음 물질들이 해당하는 것은?

• 리튬 • 칼륨 • 나트륨 • 황 • 황린 • 황화린 • 적린

① 폭발성 물질 및 유기과산화물
② 산화성 액체 및 산화성 고체
③ 물반응성 물질 및 인화성 고체
④ 급성 독성 물질

해 윗 해설 참조

답 ③

061 ☆☆

산업안전보건법령상 위험물질의 종류와 해당물질의 연결이 옳은 것은?

① 폭발성 물질: 마그네슘분말
② 인화성 고체: 중크롬산
③ 산화성 물질: 니트로소화합물
④ 인화성 가스: 에탄

해 ①: 물반응성 물질 및 인화성 고체
②: 산화성 액체 및 산화성 고체
③: 폭발성 물질 및 유기과산화물
윗 해설 참조

답 ④

062 ☆

산업안전보건법에서 분류한 위험물질의 종류와 이에 해당되는 것을 올바르게 짝지어진 것은?

① 부식성 물질: 황화인·적린
② 산화성 액체 및 산화성 고체: 중크롬산
③ 폭발성 물질 및 유기과산화물: 마그네슘 분말
④ 물반응성 물질 및 인화성 고체: 하이드라진 유도체

해 ①/③: 물반응성 물질 및 인화성 고체
④: 폭발성 물질 및 유기과산화물
윗 해설 참조

답 ②

063 ☆

산업안전보건법령상 위험물질의 종류에서 폭발성 물질에 해당하는 것은?

① 니트로화합물 ② 등유 ③ 황 ④ 질산

해 ②: 인화성액체
③: 물반응성 물질 및 인화성 고체
④: 산화성 액체 및 산화성 고체
윗 해설 참조

답 ①

064 ☆

다음 중 폭발성 물질로 분류될 수 있는 가장 적절한 물질은?

① N_2H_4 유도체 ② CH_3COCH_3
③ $n-C_3H_7OH$ ④ $C_2H_5OC_2H_5$

해 ②: 아세톤, 인화성액체
③: n – 프로판올, 인화성액체
④: 디에틸에테르, 인화성액체

답 ①

065 ☆

화기나 그 밖에 점화원이 될 우려가 있는 것에 접근시키거나 가열하거나 마찰시키거나 충격을 가하는 행위를 금지해야 하는 물질은?

① 에틸알코올 ② 인화성 고체
③ 니트로화합물 ④ 테레핀유

해 ①/④: 인화성액체
②: 인화성고체

위험물질 종류	금지 행위
폭발성물질 및 유기과산화물	화기나 그 밖에 점화원이 될 우려가 있는 것에 접근시키거나 가열하거나 마찰시키거나 충격을 가하는 행위
물반응성물질 및 인화성고체	화기나 그 밖에 점화원이 될 우려가 있는 것에 접근시키거나 발화를 촉진하는 물질 또는 물에 접촉시키거나 가열하거나 마찰시키거나 충격을 가하는 행위
산화성액체 및 산화성고체	분해가 촉진될 우려가 있는 물질에 접촉시키거나 가열하거나 마찰시키거나 충격을 가하는 행위
인화성액체	화기나 그 밖에 점화원이 될 우려가 있는 것에 접근시키거나 주입 또는 가열하거나 증발시키는 행위
인화성가스	화기나 그 밖에 점화원이 될 우려가 있는 것에 접근시키거나 압축·가열 또는 주입하는 행위
부식성물질 또는 급성독성물질	인체에 접촉시키는 행위

답 ③

066 ☆

다음 중 인화성 물질이 아닌 것은?

① 에테르　② 아세톤
③ 에틸알코올　④ 과염소산칼륨

해 ④: 산화성 액체 및 산화성 고체
윗 해설 참조

답 ④

067 ☆

산업안전보건법령상 다음 인화성 가스의 정의에서 (　) 안에 알맞은 값은?

> 인화성 가스란 인화한계 농도의 최저한도가 (㉠)% 이하 또는 최고한도와 최저한도의 차가 (㉡)% 이상인 것으로서 표준압력(101.3kPa), 20℃에서 가스상태인 물질을 말한다.

① ㉠ 13, ㉡ 12　② ㉠ 13, ㉡ 15
③ ㉠ 12, ㉡ 13　④ ㉠ 12, ㉡ 15

해 "인화성 가스"란 인화한계 농도의 최저한도가 13% 이하 또는 최고한도와 최저한도의 차가 12% 이상인 것으로서 표준압력(101.3 kPa)에서 20℃에서 가스 상태인 물질을 말한다.

답 ①

068 ☆☆

다음 중 산업안전보건법령상 위험물질의 종류에 있어 인화성 가스에 해당하지 않는 것은?

① 수소　② 부탄　③ 에틸렌　④ 과산화수소

해 ④: 산화성 액체 및 산화성 고체
윗 해설 참조

답 ④

069 ☆

다음 중 인화성 가스가 아닌 것은?

① 부탄　② 메탄　③ 수소　④ 산소

해 인화성가스: 수소/아세틸렌/에틸렌/메탄/에탄/프로판/부탄
윗 해설 참조

답 ④

070 ☆

위험물안전관리법령에 의한 위험물의 분류 중 제1류 위험물에 속하는 것은?

① 염소산염류　② 황린
③ 금속칼륨　④ 질산에스테르

해 ②/③: 3류
④: 5류

위험물		
유별	성질	품명
제1류	산화성고체	• 아염소산염류 • 염소산염류 • 과염소산염류 • 무기과산화물 • 브롬산염류 • 질산염류 • 아이오딘산염류 • 과망가니즈산염류 • 다이크로뮴산염류 • 그 밖에 행정안전부령으로 정하는 것 • 제1호 내지 제10호의 1에 해당하는 어느 하나 이상을 함유한 것
제2류	가연성고체	• 황화인 • 적린 • 황 • 철분 • 금속분 • 마그네슘 • 인화성고체 • 그 밖에 행정안전부령으로 정하는 것 • 제1호 내지 제7호의 1에 해당하는 어느 하나 이상을 함유한 것
제3류	자연발화성물질 및 금수성물질	• 칼륨 • 나트륨 • 알킬알루미늄 • 알킬리튬 • 황린 • 알칼리금속(칼륨 및 나트륨을 제외한다) 및 알칼리토금속 • 유기금속화합물(알킬알루미늄 및 알킬리튬을 제외한다) • 금속의 수소화물 • 금속의 인화물 • 칼슘 또는 알루미늄의 탄화물 • 그 밖에 행정안전부령으로 정하는 것 • 제1호 내지 제11호의 1에 해당하는 어느 하나 이상을 함유한 것
제4류	인화성액체	• 특수인화물 • 제1석유류(비수용성액체/수용성액체) • 알코올류 • 제2석유류(비수용성액체/수용성액체) • 제3석유류(비수용성액체/수용성액체) • 제4석유류 • 동식물유류
제5류	자기반응성물질	• 유기과산화물 • 질산에스터류 • 나이트로화합물 • 나이트로소화합물 • 아조화합물 • 다이아조화합물 • 하이드라진 유도체 • 하이드록실아민 • 하이드록실아민염류 • 그 밖에 행정안전부령으로 정하는 것 • 제1호 내지 제10호의 1에 해당하는 어느 하나 이상을 함유한 것
제6류	산화성액체	• 과염소산 • 과산화수소 • 질산 • 그 밖에 행정안전부령으로 정하는 것 • 제1호 내지 제4호의 1에 해당하는 어느 하나 이상을 함유한 것

답 ①

071 ☆

위험물안전관리법령에 의한 위험물 분류에서 제1류 위험물은 산화성 고체이다. 다음 중 산화성 고체 위험물에 해당하는 것은?

①과염소산칼륨　②황린
③마그네슘　④나트륨

해 ②/④: 3류
③: 2류
윗 해설 참조

답 ①

072 ☆☆

위험물안전관리법령에서 정한 제3류 위험물에 해당하지 않는 것은?

① 나트륨　② 알킬알루미늄
③ 황린　④ 니트로글리세린

해 ④: 제5류 위험물(질산에스테르류)
윗 해설 참조

답 ④

073 ☆

위험물안전관리법령상 제4류 위험물 중 제2석유류로 분류되는 물질은?

① 실린더유 ② 휘발유 ③ 등유 ④ 중유

해 ①: 제4석유류
②: 제1석유류
④: 제3석유류
윗 해설 참조

답 ③

074 ☆

위험물안전관리법령에서 정한 위험물의 유형 구분이 나머지 셋과 다른 하나는?

① 질산 ② 질산칼륨
③ 과염소산 ④ 과산화수소

해 ①/③/④: 6류
②: 1류
윗 해설 참조

답 ②

075 ☆

다음 중 산화성 물질이 아닌 것은?

① KNO_3 ② NH_4ClO_3 ③ HNO_3 ④ P_4S_3

해 KNO_3: 질산칼륨(산화성 고체)
NH_4ClO_3: 염소산암모늄(산화성 고체)
HNO_3: 질산(산화성 액체)
P_4S_3: 삼황화인(가연성 고체)
윗 해설 참조

답 ④

076 ☆

위험물에 관한 설명으로 틀린 것은?

① 이황화탄소의 인화점은 0℃보다 낮다.
② 과염소산은 쉽게 연소되는 가연성물질이다.
③ 황린은 물속에 저장한다.
④ 알킬알루미늄은 물과 격렬하게 반응한다.

해 과염소산은 산화성 액체이다.

답 ②

077 ☆

불연성이지만 다른 물질의 연소를 돕는 산화성 액체 물질에 해당하는 것은?

① 하이드라진 ② 과염소산
③ 벤젠 ④ 암모니아

해 ①/③: 제4류 위험물
윗 해설 참조

답 ②

078 ☆☆

다음 중 가연성 물질과 산화성 고체가 혼합하고 있을 때 연소에 미치는 현상으로 옳은 것은?

① 착화온도(발화점)가 높아진다.
② 최소점화에너지가 감소하며, 폭발의 위험성이 증가한다.
③ 가스나 가연성 증기의 경우 공기혼합보다 연소 범위가 축소된다.
④ 공기 중에서보다 산화작용이 약하게 발생하여 화염온도가 감소하며 연소속도가 늦어진다.

해 ①: 착화온도(발화점)가 낮아진다.
③: 가스나 가연성 증기의 경우 공기혼합보다 연소범위가 확대된다.
④: 공기 중에서보다 산화작용이 강하게 발생하여 화염온도가 증가하며 연소속도가 빨라진다.

답 ②

079 ☆

가솔린(휘발유)의 일반적인 연소범위에 가장 가까운 값은?

① 2.7 ~ 27.8vol% ② 3.4 ~ 11.8vol%
③ 1.2 ~ 7.6vol% ④ 5.1 ~ 18.2vol%

해 휘발유 연소범위: 1.2 ~ 7.6vol%

답 ③

080 ☆

디에틸에테르의 연소범위에 가장 가까운 값은?

① 2 ~ 10.4% ② 1.7 ~ 48%
③ 2.5 ~ 15% ④ 1.5 ~ 7.8%

해 디에틸에테르 연소범위: 1.7 ~ 48%

답 ②

081 ☆☆

다음 중 분진 폭발을 일으킬 위험이 가장 높은 물질은?

① 염소 ② 마그네슘 ③ 산화칼슘 ④ 에틸렌

해 분진폭발 위험이 높은 물질
마그네슘/소맥분(밀가루)/알루미늄 등

답 ②

082 ☆

분진폭발을 방지하기 위하여 첨가하는 불활성 첨가물로 적합하지 않는 것은?

① 탄산칼슘 ② 모래 ③ 석분 ④ 마그네슘

해 윗 해설 참조

답 ④

083 ☆

다음 중 불활성 가스 첨가에 의한 폭발방지대책의 설명으로 가장 적절하지 않은 것은?

① 가연성 혼합가스에 불활성 가스를 첨가하면 가연성 가스의 농도가 폭발하한계 이하로 되어 폭발이 일어나지 않는다.
② 가연성 혼합가스에 불활성 가스를 첨가하면 산소농도가 폭발한계 산소농도 이하로 되어 폭발을 예방할 수 있다.
③ 폭발한계 산소농도는 폭발성을 유지하기 위한 최소의 산소농도로서 일반적으로 3성분 중의 산소농도로 나타낸다.
④ 불활성 가스 첨가의 효과는 물질에 따라 차이가 발생하는데 이는 비열의 차이 때문이다.

해 가연성 혼합가스에 불활성 가스를 첨가하면 가연성 가스의 농도가 폭발하한계 이하로 되어 폭발가능성이 줄어든다.

답 ①

084 ☆

다음 중 흡입 시 인체에 구내염과 혈뇨, 손 떨림 등의 증상을 일으키며 신경계를 대표적인 표적기관으로 하는 물질은?

① 백금 ② 석회석 ③ 수은 ④ 이산화탄소

해 수은: 미나마타병, 흡입 시 인체에 구내염과 혈뇨, 손 떨림 등의 증상을 일으키며 신경계를 대표적인 표적기관으로 하는 물질

답 ③

085 ☆

다음 중 크롬에 관한 설명으로 옳은 것은?

① 미나마타병으로 알려져 있다.
② 3가와 6가의 화합물이 사용되고 있다.
③ 급성 중독으로 수포 피부염이 발생된다.
④ 6가보다 3가 화합물이 특히 인체에 유해하다.

해 ①: 미나마타병은 수은이 유발한다.
③: 비중격천공을 유발한다.
④: 3가보다 6가 화합물이 특히 인체에 유해하다.

답 ②

086 ☆

크롬에 대한 설명으로 옳은 것은?

① 은백색 광택이 있는 금속이다.
② 중독 시 미나마타병이 발병한다.
③ 비중이 물보다 작은 값을 나타낸다.
④ 3가 크롬이 인체에 가장 유해하다.

해 ②: 미나마타병은 수은이 유발한다.
③: 비중이 물보다 큰 값(= 7.1)을 나타낸다.
④: 6가 크롬이 인체에 가장 유해하다.

답 ①

087 ☆

유독 위험성과 해당물질과의 연결이 옳지 않은 것은?

① 중독성: 포스겐
② 발암성: 골타르, 피치
③ 질식성: 일산화탄소, 황화수소
④ 자극성: 암모니아, 아황산가스, 불화수소

해 포스겐은 질식성 물질이다.
할론104(사염화탄소)은 열분해 및 공기, 이산화탄소 등과 반응 시 유독성 질식성 기체인 포스겐을 발생한다.

답 ①

088 ☆

포스겐가스 누설검지의 시험지로 사용되는 것은?

① 연당지 ② 염화파라듐지
③ 하리슨시험지 ④ 초산벤젠지

해

물질명	시험지명
포스겐	하리슨 시험지
암모니아	리트머스지
염소	KI-전분지
시안화수소	초산벤젠지
일산화탄소	염화팔라듐지
황화수소	초산납지(연당지)
아세틸렌	염화제1구리착염지

답 ③

089 ☆☆☆

다음 중 공기와 혼합 시 최소착화에너지 값이 가장 작은 것은?

① CH_4 ② C_3H_8 ③ C_6H_6 ④ H_2

해 물질의 최소착화에너지 값

메탄: 0.28mJ	**프로판**: 0.25mJ
벤젠: 0.2mJ	**수소**: 0.011mJ
에탄: 0.24mJ	**에틸렌**: 0.07mJ

답 ④

090 ☆

수분을 함유하는 에탄올에서 순수한 에탄올을 얻기 위해 벤젠과 같은 물질을 첨가하여 수분을 제거하는 증류 방법은?

① 공비증류 ② 추출증류
③ 가압증류 ④ 감압증류

해

공비증류	수분을 함유하는 에탄올에서 순수한 에탄올을 얻기 위해 벤젠과 같은 물질을 첨가하여 수분을 제거하는 증류 방법
추출증류	끓는점이 비슷한 혼합물이나 공비 혼합물 성분의 분리를 용이하게 하기 위하여 사용되는 증류법
가압증류	휘발유 제조 시 사용되는 증류법
감압(진공)증류	낮은 압력에서는 물질의 끓는점이 내려가는 현상을 이용하여 시행하는 증류법

답 ①

091 ☆

다음 중 인화 및 인화점에 관한 설명으로 가장 적절하지 않은 것은?

① 가연성 액체의 액면 가까이에서 인화하는 데 충분한 농도의 증기를 발산하는 최저 온도이다.
② 액체를 가열할 때 액면 부근의 증기 농도가 폭발하한에 도달하였을 때 온도이다.
③ 밀폐용기에 인화성 액체가 저장되어 있는 경우에 용기의 온도가 낮아 액체의 인화점 이하가 되어도 용기 내부의 혼합가스는 인화의 위험이 있다.
④ 용기 온도가 상승하여 내부의 혼합가스가 폭발 상한계를 초과한 경우에는 누설되는 혼합가스는 인화되어 연소하나 연소파가 용기 내로 들어가 가스폭발을 일으키지 않는다.

해 밀폐용기에 인화성 액체가 저장되어 있는 경우에 용기의 온도가 낮아 액체의 인화점 이하가 되면 용기 내부의 혼합가스는 인화의 위험이 없다.

답 ③

092 ☆

대기압하에서 인화점이 0℃ 이하인 물질이 아닌 것은?

① 메탄올　② 이황화탄소
③ 산화프로필렌　④ 디에틸에테르

해 물질별 인화점

디에틸에테르: -40℃	산화프로필렌: -37℃
아세트산에틸 (초산에틸): -3℃	이황화탄소: -30℃
경유: 41℃ 이상	아세톤: -18.5℃
아세트산: 40℃	벤젠: -11℃
등유: 39℃ 이상	메탄올: 11.11℃
에탄올: 13℃	크실렌: 25~30℃
중유: 70℃ 이상	글리세린: 160℃
	에틸에테르: -45℃ 이상

답 ①

093 ☆☆

다음 중 인화점이 가장 낮은 물질은?

① CS_2　② C_2H_5OH
③ CH_3COCH_3　④ $CH_3COOC_2H_5$

해 CS_2: 이황화탄소
C_2H_5OH: 에탄올
CH_3COCH_3: 아세톤
$CH_3COOC_2H_5$: 아세트산에틸(초산에틸)
윗 해설 참조

답 ①

094 ☆

아세톤에 대한 설명으로 틀린 것은?

① 증기는 유독하므로 흡입하지 않도록 주의해야 한다.
② 무색이고 휘발성이 강한 액체이다.
③ 비중이 0.79이므로 물보다 가볍다.
④ 인화점이 20℃이므로 여름철에 더 인화 위험이 높다.

해 윗 해설 참조

답 ④

095 ☆☆☆☆

다음 물질 중 인화점이 가장 낮은 물질은?

① 이황화탄소 ② 아세톤 ③ 크실렌 ④ 경유

해 윗 해설 참조

답 ①

096 ☆

인화점이 각 온도 범위에 포함되지 않는 물질은?

① -30℃ 미만 : 디에틸에테르
② -30℃ 이상 0℃ 미만 : 아세톤
③ 0℃ 이상 30℃ 미만 : 벤젠
④ 30℃ 이상 65℃ 이하 : 아세트산

해 윗 해설 참조

답 ③

097 ☆

다음 중 물과의 접촉을 금지하여야 하는 물질이 아닌 것은?

① 칼륨 ② 리튬 ③ 질산 ④ 칼슘

해 질산 : 산화성 액체

답 ③

098 ☆☆

위험물의 저장방법으로 적절하지 않은 것은?

① 탄화칼슘은 물 속에 저장한다.
② 벤젠은 산화성 물질과 격리시킨다.
③ 금속나트륨은 석유 속에 저장한다.
④ 질산은 갈색병에 넣어 냉암소에 보관한다.

해 탄화칼슘은 불연성 가스로 봉입하여 밀폐용기에 저장한다.

답 ①

099 ☆

위험물질을 저장하는 방법으로 틀린 것은?

① 황인은 물속에 저장
② 나트륨은 석유 속에 저장
③ 칼륨은 석유 속에 저장
④ 리튬은 물속에 저장

해 리튬은 석유 속에 저장

답 ④

100 ☆

Li과 Na에 관한 설명으로 틀린 것은?

① 두 금속 모두 실온에서 자연발화의 위험성이 있으므로 알코올 속에 저장해야 한다.
② 두 금속은 물과 반응하여 수소기체를 발생한다.
③ Li은 비중 값이 물보다 작다.
④ Na는 은백색의 무른 금속이다.

해 리튬과 나트륨은 석유 속에 저장한다.

답 ①

101 ☆

다음 중 물질에 대한 저장방법으로 잘못된 것은?

① 나트륨 - 유동 파라핀 속에 저장
② 니트로글리세린 - 강산화제 속에 저장
③ 적린 - 냉암소에 격리 저장
④ 칼륨 - 등유 속에 저장

해 니트로글리세린: 햇빛 차단 사유로 갈색 유리병 속에 저장

답 ②

102 ☆

다음 중 광분해 반응을 일으키기 가장 쉬운 물질은?

① $AgNO_3$ ② $Ba(NO_3)_2$
③ $Ca(NO_3)_2$ ④ KNO_3

해 질산은($AgNO_3$)은 광분해 반응때문에 갈색 유리병에 넣어 냉암소에 보관한다.

답 ①

103 ☆

다음 물질 중 물에 가장 잘 용해되는 것은?

① 아세톤 ② 벤젠 ③ 톨루엔 ④ 휘발유

해 아세톤은 수용성이다.

답 ①

104 ☆

다음 중 온도가 증가함에 따라 열전도도가 감소하는 물질은?

① 에탄 ② 프로판 ③ 공기 ④ 메틸알콜

해 부동제: 온도가 증가함에 따라 열전도도가 감소하는 물질이며 메틸알콜(메탄올)/에틸알콜(에탄올)/글리세린 등이 있다.

답 ④

105 ☆

다음 중 화학공장에서 주로 사용되는 불활성 가스는?

① 수소 ② 수증기 ③ 질소 ④ 일산화탄소

해

가연성 가스	수소/메탄/프로판/일산화탄소/아세틸렌/암모니아/에틸렌/아황산가스
조연성 (지연성)가스	염소/공기/불소/산소/오존
불활성 가스	질소/아르곤/헬륨
불연성 가스	이산화탄소(탄산가스)

답 ③

106 ☆☆

다음 중 제시한 두 종류 가스가 혼합될 때 폭발 위험이 가장 높은 것은?

① 염소, CO_2 ② 염소, 아세틸렌
③ 질소, CO_2 ④ 질소, 암모니아

해 윗 해설 참조

답 ②

107 ☆

다음 짝지어진 물질의 혼합 시 위험성이 가장 낮은 것은?

① 폭발성물질 - 금수성물질
② 금수성물질 - 고체환원성물질
③ 가연성물질 - 고체환원성물질
④ 고체산화성물질-고체환원성물질

해 위험물에 따른 혼재가능 기준

1류(산화성 고체)	6류
2류(가연성 고체)	4류/5류
3류(자연발화성 및 금수성물질)	4류
4류(인화성 액체)	2류/3류/5류
5류(자기반응성물질)	2류/4류
6류(산화성 액체)	1류

폭발성물질: 5류
금수성물질: 2류/3류
가연성물질: 2류
고체환원성물질(= 가연성 고체): 2류
고체산화성물질: 1류
→ 즉, 가연성물질-고체환원성물질은 같은 류별끼리 혼재이니 위험성이 가장 낮다고 할 수 있다.

답 ③

108 ☆

다음 중 혼합위험성인 혼합에 따른 발화위험성 물질로 구분되는 것은?

① 에탄올과 가성소다의 혼합
② 발연질산과 아닐린의 혼합
③ 아세트산과 포름산의 혼합
④ 황산암모늄과 물의 혼합

해 위험물에 따른 혼재가능 기준

1류(산화성 고체)	6류
2류(가연성 고체)	4류/5류
3류(자연발화성 및 금수성물질)	4류
4류(인화성 액체)	2류/3류/5류
5류(자기반응성물질)	2류/4류
6류(산화성 액체)	1류

①: 에탄올: 4류
가성소다(수산화나트륨): 3류 → 혼재 가능
②: 발연질산(이산화질소 + 질산): 6류
아닐린: 4류 → 혼재 불가능
③: 아세트산: 4류
포름산(폼산): 4류 → 혼재 가능
④: 황산암모늄: 비위험물
물: 비위험물 → 혼재 가능

답 ②

109 ☆

고압가스의 분류 중 압축가스에 해당되는 것은?

① 질소 ② 프로판 ③ 산화에틸렌 ④ 염소

해 압축가스: 수소/산소/질소/메탄
액화가스: 염소/프로판/산화에틸렌/액화암모니아
용해가스: 아세틸렌

답 ①

110 ☆☆☆☆

다음 중 아세틸렌을 용해가스로 만들 때 사용되는 용제로 가장 적합한 것은?

① 아세톤 ② 메탄 ③ 부탄 ④ 프로판

해 1896년 프랑스인 클라우드와 헷세들은 아세틸렌이 아세톤에 용해되는 성질을 이용해서 다량의 아세틸렌을 쉽게 저장하는 방법이 발명되었고, 이 방법에 의해서 저장하는 것을 용해아세틸렌이라고 한다.

답 ①

111 ☆

압축하면 폭발할 위험성이 높아 아세톤 등에 용해시켜 다공성 물질과 함께 저장하는 물질은?

① 염소 ② 아세틸렌 ③ 에탄 ④ 수소

해 윗 해설 참조

답 ②

112 ☆

폭굉현상은 혼합물질에만 한정되는 것이 아니고, 순수 물질에 있어서도 그 분해열이 폭굉을 일으키는 경우가 있다. 다음 중 고압 하에서 폭굉을 일으키는 순수물질은?

① 오존 ② 아세톤 ③ 아세틸렌 ④ 아조메탄

해 고압 하에서 폭굉을 일으키는 순수물질
수소, 아세틸렌 등

답 ③

113 ☆

아세틸렌 압축 시 사용되는 희석제로 적당하지 않은 것은?

① 메탄 ② 질소 ③ 산소 ④ 에틸렌

해 아세틸렌 압축 시 희석제로 메탄, 질소, 에틸렌, 일산화탄소를 사용한다.

답 ③

114 ☆

고압가스용 기기재료로 구리를 사용하여도 안전한 것은?

① O_2 ② C_2H_2 ③ NH_3 ④ H_2S

해 – 아세틸렌과 구리가 반응하면 아세틸리드를 생성해 폭발위험이 있다.

C_2H_2 + 2Cu → Cu_2C_2 + H_2
아세틸렌 + 구리 → 아세틸리드 + 수소

– 암모니아는 구리를 부식시킨다.
– 황화수소와 구리가 반응하면 폭발위험 있다.

답 ①

115 ☆

아세틸렌에 관한 설명으로 옳지 않은 것은?

① 철과 반응하여 폭발성 아세틸리드를 생성한다.
② 폭굉의 경우 발생압력이 초기압력의 20~50배에 이른다.
③ 분해반응은 발열량이 크며 화염온도가 3,100℃에 이른다.
④ 용단 또는 가열작업 시 $1.3kgf/cm^2$ 이상의 압력을 초과 하여서는 안 된다.

해 윗 해설 참조

답 ①

116 ☆☆

고압의 환경에서 장시간 작업하는 경우에 발생할 수 있는 잠함병(潛函病) 또는 잠수병(潛水病)은 다음 중 어떤 물질에 의하여 중독현상이 일어나는가?

① 질소　② 황화수소
③ 일산화탄소　④ 이산화탄

해 잠함병, 잠수병은 질소에 의해 중독현상 일어난다.

답 ①

117 ☆

가연성 물질의 저장 시 산소농도를 일정한 값 이하로 낮추어 연소를 방지할 수 있는데 이때 첨가하는 물질로 적합하지 않은 것은?

① 질소　② 이산화탄소
③ 헬륨　④ 일산화탄소

해 불활성 불연성가스: 질소/헬륨/이산화탄소

답 ④

118 ☆

다음 중 부탄의 연소 시 산소농도를 일정한 값 이하로 낮추어 연소를 방지할 수 있는데 이때 첨가하는 물질로 가장 적절하지 않은 것은?

① 질소　② 이산화탄소　③ 헬륨　④ 수증기

해 불활성 불연성가스: 질소/헬륨/이산화탄소

답 ④

119 ☆

다음 중 메탄 – 공기 중의 물질에 가장 적은 첨가량으로 연소를 억제할 수 있는 것은?

① 헬륨　② 이산화탄소
③ 질소　④ 브롬화메틸

해 메탄 – 공기 중의 물질에 첨가하는 연소억제제 브롬화메틸/사염화탄소

답 ④

120 ☆

다음 중 가연성 고체물질을 난연화시키는 난연제로 적당하지 않은 것은?

① 인　② 브롬　③ 비소　④ 안티몬

해 난연제: 인/비소/안티몬(15족 원소)

답 ②

121 ☆

건축물 공사에 사용되고 있으나, 불에 타는 성질이 있어서 화재 시 유독한 시안화수소 가스가 발생되는 물질은?

① 염화비닐　② 염화에틸렌
③ 메타크릴산메틸　④ 우레탄

해 우레탄 연소 시 시안화수소, 염화수소, 이산화황 등의 유독가스가 발생된다.

답 ④

122 ☆

다음 중 중합반응으로 발열을 일으키는 물질은?

① 인산 ② 아세트산
③ 옥실산 ④ 액화시안화수소

해 중합반응물질 종류
스티렌/아크릴산 에스테르/액화시안화수소

답 ④

123 ☆

NH_4NO_3의 가열, 분해로부터 생성되는 부색의 가스로 일명 웃음가스라고도 하는 것은?

① N_2O ② NO_2 ③ N_2O_4 ④ NO

해 NH_4NO_3(질산암모늄) →
N_2O(아산화질소) + $2H_2O$(수증기)
아산화질소: 무색 달콤한 향의 웃음가스

답 ①

124 ☆

진한 질산이 공기 중에서 햇빛에 의해 분해되었을 때 발생하는 갈색 증기는?

① N_2 ② NO_2 ③ NH_3 ④ NH_2

해 H_2NO_3(질산) $\xrightarrow{\text{햇빛}}$ NO_2(이산화질소) + H_2O(수증기)

답 ②

125 ☆☆

고온에서 완전 열분해하였을 때 산소를 발생하는 물질은?

① 황화수소 ② 과염소산칼륨
③ 메틸리튬 ④ 적린

해 $KClO_4$ → KCl + $2O_2$
과염소산칼륨 → 차아염소산칼륨 + 산소

답 ②

126 ☆

알루미늄분이 고온의 물과 반응하였을 때 생성되는 가스는?

① 산소 ② 수소 ③ 메탄 ④ 에탄

해 $2Al + 6H_2O \rightarrow 2Al(OH)_3 + 3H_2$
알루미늄 + 물 → 수산화알루미늄 + 수소

답 ②

127 ☆

다음 중 물(H_2O)과 반응하여 유독성 가스인 포스핀이 발생되는 물질은?

① 금속나트륨 ② 알루미늄 분말
③ 인화칼슘 ④ 수소화리튬

해 ①: $2Na + 2H_2O \rightarrow 2NaOH + H_2$
나트륨 + 물 → 수산화나트륨 + 수소
②: $2Al + 6H_2O \rightarrow 2Al(OH)_3 + 3H_2$
알루미늄 + 물 → 수산화알루미늄 + 수소
③: $Ca_3P_2 + 6H_2O \rightarrow 3Ca(OH)_2 + 2PH_3$
인화칼슘 + 물 → 수산화칼슘 + 포스핀
④: $LiH + H_2O \rightarrow LiOH + H_2$
수소화리튬 + 물 → 수산화리튬 + 수소

답 ③

128 ☆

물과의 반응으로 유독한 포스핀가스를 발생하는 것은?

① HCl ② NaCl ③ Ca_3P_2 ④ $Al(OH)_3$

해 $Ca_3P_2 + 6H_2O \rightarrow 3Ca(OH)_2 + 2PH_3$
인화칼슘 + 물 → 수산화칼슘 + 포스핀

답 ③

129 ☆

다음 물질이 물과 접촉하였을 때 위험성이 가장 낮은 것은?

① 과산화칼륨 ② 나트륨
③ 메틸리튬 ④ 이황화탄소

해 ①: $2K_2O_2 + 2H_2O \rightarrow 4KOH + O_2$
과산화칼륨 + 물 → 수산화칼륨 + 산소
②: $2Na + 2H_2O \rightarrow 2NaOH + H_2$
나트륨 + 물 → 수산화나트륨 + 수소
③: $CH_3Li + H_2O \rightarrow LiOH + CH_4$
메틸리튬 + 물 → 수산화리튬 + 메탄
④: $CS_2 + 2H_2O \rightarrow 2H_2S + CO_2$
이황화탄소 + 물 → 황화수소 + 이산화탄소
→ 이황화탄소 저장액은 물이다.

답 ④

130 ☆☆

다음 중 물과 반응하여 수소가스를 발생할 위험이 가장 낮은 물질은?

① Mg ② Zn ③ Cu ④ Na

해 ①: $Mg + 2H_2O \rightarrow Mg(OH)_2 + H_2$
마그네슘 + 물 → 수산화마그네슘 + 수소
②: $Zn + 2H_2O \rightarrow Zn(OH)_2 + H_2$
아연 + 물 → 수산화아연 + 수소
③: 구리는 물과 반응하지 않음
④: $2Na + 2H_2O \rightarrow 2NaOH + H_2$
나트륨 + 물 → 수산화나트륨 + 수소

답 ③

131 ☆☆

다음 중 상온에서 물과 격렬히 반응하여 수소를 발생시키는 물질은?

① Au ② K ③ Cu ④ Ag

해 ①: 금(Au)은 물과 반응성 없음
②: $2K + 2H_2O \rightarrow 2KOH + H_2$
칼륨 + 물 → 수산화칼륨 + 수소(가연성기체)
③: 구리(Cu)는 물과 반응성 없음
④: 은(Ag)은 물과 반응성 없음

답 ②

132 ☆☆

다음 중 물과의 반응성이 가장 큰 물질은?

① 니트로글리세린 ② 이황화탄소
③ 금속나트륨 ④ 석유

해 금속나트륨은 물과 반응 시 수소 발생하여 폭발 위험 크다.
$2Na + 2H_2O \rightarrow 2NaOH + H_2$

답 ③

133 ☆☆

다음 중 화재 시 주수에 의해 오히려 위험성이 증대되는 물질은?

① 황린 ② 니트로셀룰로오스
③ 적린 ④ 금속나트륨

해 금속나트륨은 물과 반응 시 수소 발생하여 폭발 위험 크다.
$2Na + 2H_2O \rightarrow 2NaOH + H_2$

답 ④

134 ☆

탄화칼슘이 물과 반응하였을 때 생성물을 옳게 나타낸 것은?

① 수산화칼슘+아세틸렌
② 수산화칼슘+수소
③ 염화칼슘+아세틸렌
④ 염화칼슘+수소

해 $CaC_2 + 2H_2O \rightarrow Ca(OH)_2 + C_2H_2$
(카바이드, 탄화칼슘) + 물 → 수산화칼슘 + 아세틸렌

답 ①

135 ☆

물과 탄화칼슘이 반응하면 어떤 가스가 생성되는가?

① 염소가스 ② 아황산가스
③ 수성가스 ④ 아세틸렌가스

해 윗 해설 참조

답 ④

136 ☆

물과 카바이드가 결합하면 어떤 가스가 생성되는가?

① 염소가스 ② 아황산가스
③ 수성가스 ④ 아세틸렌가스

해 $CaC_2 + 2H_2O \rightarrow Ca(OH)_2 + C_2H_2$
(카바이드, 탄화칼슘) + 물 → 수산화칼슘 + 아세틸렌

답 ④

137 ☆

다음 중 물과 반응하였을 때 흡열반응을 나타내는 것은?

① 질산암모늄 ② 탄화칼슘
③ 나트륨 ④ 과산화칼륨

해 물과 반응 시 흡열반응하는 물질
질소, 질산암모늄

답 ①

138 ☆

다음 중 반응 또는 조작과정에서 발열을 동반하지 않는 것은?

① 질소와 산소의 반응
② 탄화칼슘과 물과의 반응
③ 물에 의한 진한 황산의 희석
④ 생석회와 물과의 반응

해 질소와 산소의 반응은 흡열반응이다.

답 ①

139 ☆☆

에틸알콜(C_2H_5OH) 1몰이 완전연소할 때 생성되는 CO_2의 몰수로 옳은 것은?

① 1 ② 2 ③ 3 ④ 4

해 $C_2H_5OH + 3O_2 \rightarrow 2CO_2 + 3H_2O$

답 ②

140 ☆

다음 중 금속 산(acid)과 접촉하여 수소를 가장 잘 방출시키는 원소는?

① 칼륨 ② 구리 ③ 수은 ④ 백금

해 3류위험물은 산과 접촉 시 수소를 발생한다.
보기에서 3류 위험물은 칼륨이다.

답 ①

141 ☆☆

위험물 또는 가스에 의한 화재를 경보하는 기구에 필요한 설비가 아닌 것은?

① 간이완강기 ② 자동화재감지기
③ 축전지설비 ④ 자동화재수신기

해 간이완강기: 사용자의 몸무게에 따라 자동적으로 내려올 수 있는 기구 중 사용자가 연속적으로 사용할 수 없는 것

답 ①

142 ☆☆

화재 발생 시 피난하기 위해 사용하는 피난기구가 아닌 것은?

① 간이완강기 ② 피난사다리
③ 구조대 ④ 소화기

해 피난구조설비: 화재가 발생할 경우 피난하기 위하여 사용하는 기구 또는 설비로서다음 각 목의 것

가. 피난기구
1) 피난사다리
2) 구조대
3) 완강기
4) 간이완강기
5) 그 밖에 화재안전기준으로 정하는 것

답 ④

143 ☆

다음 중 연소 시 발생하는 열에너지를 흡수하는 매체를 화염 속에 투입하여 소화하는 방법은?

① 냉각소화　② 희석소화
③ 질식소화　④ 억제소화

해

구분	내용
질식소화	• 공기가 가연물질에 공급되는 것을 차단하는 소화방법 • **적용소화방법** : 포소화설비/이산화탄소소화설비 • 예 - 연소하고 있는 가연물이 존재하는 장소를 기계적으로 폐쇄하여 공기의 공급을 차단한다. - 칼륨, 마그네슘 소화 시
제거소화	• 가연성 기체의 분출 화재 시 주 공급밸브를 닫아서 연료공급을 차단하여 소화하는 방법 • 예 - 가연성 기체의 분출 화재 시 주 밸브를 닫아서 연료 공급을 차단한다. - 금속화재의 경우 불활성 물질로 가연물을 덮어 미연소 부분과 분리한다. - 연료 탱크를 냉각하여 가연성 가스의 발생 속도를 작게 해 연소를 억제한다. - 촛불을 입으로 불어서 끈다.
억제소화	• 부촉매소화라고도 하며 연쇄반응을 약화시켜 연소가 계속 되는 것을 불가능하게 하는 소화방법 • **적용소화방법** : 할로겐화합물소화설비 • 예 - 가연성 기체의 연쇄반응을 차단하여 소화한다.
냉각소화	• 연소 시 발생하는 열에너지를 흡수하는 매체를 화염 속에 투입하여 소화하는 방법 • **적용소화방법** : 스프링클러설비 • 예 - 튀김 기름이 인화되었을 때 싱싱한 야채를 넣는다. - 염소산칼륨 소화 시
희석소화	• 수용성 가연물의 화재에 있어 대량 방수를 통해 수용성 가연물질 농도를 낮춰 소화하는 방법 • 예 - 아세트알데히드 소화 시

답 ①

144 ☆

가연성 기체의 분출 화재 시 주 공급밸브를 닫아서 연료공급을 차단하여 소화하는 방법은?

① 제거소화 ② 냉각소화
③ 희석소화 ④ 억제소화

해 윗 해설 참조

답 ①

145 ☆

다음 중 제거소화에 해당하지 않는 것은?

① 튀김 기름이 인화되었을 때 싱싱한 야채를 넣는다.
② 가연성 기체의 분출 화재 시 주 밸브를 닫아서 연료 공급을 차단한다.
③ 금속화재의 경우 불활성 물질로 가연물을 덮어 미연소 부분과 분리한다.
④ 연료 탱크를 냉각하여 가연성 가스의 발생 속도를 작게 해 연소를 억제한다.

해 ①: 냉각소화
윗 해설 참조

답 ①

146 ☆

다음 중 연소하고 있는 가연물이 들어 있는 용기를 기계적으로 밀폐하여 공기의 공급을 차단하거나 타고 있는 액체나 고체의 표면을 거품 또는 불연성 액체로 피복하여 연소에 필요한 공기의 공급을 차단시키는 방법의 소화방법은?

① 냉각소화 ② 질식소화
③ 제거소화 ④ 억제소화

해 윗 해설 참조

답 ②

147 ☆

다음 중 질식소화에 해당하는 것은?

① 가연성 기체의 분출 화재 시 주 밸브를 닫는다.
② 가연성 기체의 연쇄반응을 차단하여 소화한다.
③ 연료 탱크를 냉각하여 가연성 가스의 발생 속도를 작게한다.
④ 연소하고 있는 가연물이 존재하는 장소를 기계적으로 폐쇄하여 공기의 공급을 차단한다.

해 ①/③: 제거소화
②: 억제소화
윗 해설 참조

답 ④

148 ☆

다음 중 냉각소화에 해당하는 것은?

① 튀김 기름이 인화되었을 때 싱싱한 야채를 넣어 소화한다.
② 가연성 기체의 분출 화재 시 주 밸브를 닫아서 연료 공급을 차단한다.
③ 금속화재의 경우 불활성 물질로 가연물을 덮어 미연소 부분과 분리한다.
④ 촛불을 입으로 불어서 끈다.

해 ②/③/④: 제거소화
윗 해설 참조

답 ①

149 ☆☆

소화설비와 주된 소화적용방법의 연결이 옳은 것은?

① 포소화설비 : 질식소화
② 스프링클러설비 : 억제소화
③ 이산화탄소소화설비 : 제거소화
④ 할로겐화합물소화설비 : 냉각소화

해 ②: 냉각소화
③: 질식소화
④: 억제소화
윗 해설 참조

답 ①

150 ☆☆

다음 중 금수성물질에 대하여 적응성이 있는 소화기는?

① 무상강화액소화기
② 이산화탄소소화기
③ 할로겐화합물소화기
④ 탄산수소염류분말소화기

해 금수성물질 적용가능 소화기 종류
분말소화설비(탄산수소염류)/건조사/팽창질석/팽창진주암

답 ④

151 ☆

다음 중 위험물과 그 소화방법이 잘못 연결된 것은?

① 염소산칼륨 : 다량의 물로 냉각소화
② 마그네슘 : 건조사 등에 의한 질식소화
③ 칼륨 : 이산화탄소에 의한 질식소화
④ 아세트알데히드 : 다량의 물에 의한 희석 소화

해 칼륨: 금수성물질
윗 해설 참조

답 ③

152 ☆

트리에틸알루미늄에 화재가 발생하였을 때 다음 중 가장 적합한 소화약제는?

① 팽창질석 ② 할로겐화합물
③ 이산화탄소 ④ 물

해 트리에틸알루미늄: 금수성물질
윗 해설 참조

답 ①

153 ☆☆

다음 중 자기반응성 물질에 의한 화재에 대하여 사용할 수 없는 소화기의 종류는?

① 포 소화기
② 무상강화액 소화기
③ 이산화탄소 소화기
④ 봉상수 소화기

해 5류 위험물 적용가능 소화기 종류
– 옥내, 옥외 소화전
– 스프링클러설비
– 물분무등소화설비(물분무/포 소화설비)
– 대형, 소형수동식소화기(봉상수/무상수/봉상강화액/무상강화액/포 소화기)
– 물통/수조/건조사/팽창질석/팽창진주암

답 ③

154 ☆☆

이산화탄소 소화약제의 특징으로 가장 거리가 먼 것은?

① 전기절연성이 우수하다.
② 액체로 저장할 경우 자체 압력으로 방사할 수 있다.
③ 기화상태에서 부식성이 매우 강하다.
④ 저장에 의한 변질이 없어 장기간 저장이 용이한 편이다.

해 이산화탄소 소화약제는 부식성이 없다.

답 ③

155 ☆

다음 중 소화약제로 사용되는 이산화탄소에 관한 설명으로 틀린 것은?

① 사용 후에 오염의 영향이 거의 없다.
② 장시간 저장하여도 변화가 없다.
③ 주된 소화효과는 억제소화이다.
④ 자체 압력으로 방사가 가능하다.

해 주된 소화효과는 질식소화이다.

답 ③

156 ☆

다음 중 CO_2 소화약제의 장점으로 볼 수 없는 것은?

① 기체 팽창률 및 기화 잠열이 작다.
② 액화하여 용기에 보관할 수 있다.
③ 전기에 대해 부도체이다.
④ 자체 증기압이 높기 때문에 자체 압력으로 방사가 가능하다.

해 기화 잠열이 클수록 소화 효과가 커진다.

답 ①

157 ☆

다음 중 포소화설비 적용대상이 아닌 것은?

① 유류저장탱크
② 비행기 격납고
③ 주차장 또는 차고
④ 유압차단기 등의 전기기기 설치장소

해 포소화설비는 전기설비에 적용 불가능하다.

답 ④

158 ☆

분말 소화설비에 관한 설명으로 옳지 않은 것은?

① 기구가 간단하고 유지관리가 용이하다.
② 온도 변화에 대한 약제의 변질이나 성능 저하가 없다.
③ 분말은 흡습력이 작으며 금속의 부식을 일으키지 않는다.
④ 다른 소화설비보다 소화능력이 우수하며 소화시간이 짧다.

해 분말은 흡습력이 크며 금속의 부식을 일으키기 쉽다.

답 ③

159 ☆

다음 중 분말소화약제의 종별 주성분이 올바르게 나열된 것은?

① 1종 : 제1인산암모늄
② 2종 : 탄산수소칼륨
③ 3종 : 탄산수소칼륨과 요소와의 반응물
④ 4종 : 탄산수소나트륨

해 분말소화약제의 종별 주성분

종별	소화약제	색상	적응화재
1종	탄산수소나트륨 ($NaHCO_3$)	백색	B/C급
2종	탄산수소칼륨 ($KHCO_3$)	담회색	B/C급
3종	제1인산암모늄 ($NH_4H_2PO_4$)	담홍색	A/B/C급
4종	탄산수소칼륨+요소 ($KC_2N_2H_3O_3$)	회색	B/C급

답 ②

160 ☆

탄산수소나트륨을 주요성분으로 하는 것은 제 몇 종 분말소화기인가?

① 제1종 ② 제2종 ③ 제3종 ④ 제4종

해 윗 해설 참조

답 ①

161 ☆☆

다음 중 분말 소화약제로 가장 적절한 것은?

① 사염화탄소 ② 브롬회메탄
③ 수산화암모늄 ④ 제1인산암모늄

해 윗 해설 참조

답 ④

162 ☆

ABC급 분말 소화약제의 주성분에 해당하는 것은?

① $NH_4H_2PO_4$ ② Na_2CO_3
③ Na_2SO_3 ④ K_2CO_3

해 윗 해설 참조

답 ①

163 ☆

다음 중 메타인산(HPO_3)에 의한 방진효과를 가진 분말소화약제의 종류는?

① 제1종 분말 소화약제
② 제2종 분말 소화약제
③ 제3종 분말 소화약제
④ 제4종 분말 소화약제

해 제3종 분말 소화약제인 인산암모늄은 메타인산을 생성하여 방진효과가 좋다.

답 ③

164 ☆

다음 중 포소화약제 혼합장치로써 정하여진 농도로 물과 혼합하여 거품 수용액을 만드는 장치가 아닌 것은?

① 관로혼합장치 ② 차압혼합장치
③ 낙하혼합장치 ④ 펌프혼합장치

해 포소화약제 혼합장치 종류
차압/펌프/관로/압입 혼합장치

답 ③

165 ☆☆

물의 소화력을 높이기 위하여 물에 탄산칼륨(K_2CO_3)과 같은 염류를 첨가한 소화약제를 일반적으로 무엇이라 하는가?

① 포 소화약제 ② 분말 소화약제
③ 강화액 소화약제 ④ 산알칼리 소화약제

해 강화액소화약제: 물의 소화력을 높이기 위하여 물에 탄산칼륨(K_2CO_3)과 같은 염류를 첨가한 소화약제

답 ③

166 ☆☆

다음 중 소화약제에 의한 소화기의 종류와 방출에 필요한 가압방법의 분류가 잘못 연결된 것은?

① 이산화탄소 소화기: 축압식
② 물소화기: 펌프에 의한 가압식
③ 산알칼리소화기: 화학반응에 의한 가압식
④ 할로겐화합물소화기: 화학반응에 의한 가압식

해 가압방식에 따른 소화기 분류

축압식	지시압력계 있음 • 이산화탄소 • 할로겐화합물 소화기
가압식	지시압력계 없음 **수동펌프식**: 물소화기 **화학반응식**: 산알칼리소화기 **가스가압식**: 가압식 분말소화기

답 ④

167 ☆

다음 중 CF_3Br 소화약제를 가장 적절하게 표현한 것은?

① 하론 1031 ② 하론 1211
③ 하론 1301 ④ 하론 2402

해 할로겐화합물 소화기 소화약제 종류

할론1301 (CF_3Br)	• 독성이 거의 없다. • B/C급 화재에 적합
할론1211 (CF_2ClBr)	• 상온에서 기체이다. • 공기보다 5.7배 무겁다.
할론2402 ($C_2F_4Br_2$)	• 상온에서 액체이다. • 독성이 강하다.
할론104 (CCl_4)	• 열분해 및 수분, 공기, 이산화탄소와 반응 시 유독성 기체인 포스겐 발생한다.

답 ③

168 ☆

다음 중 Halon 1211의 화학식으로 옳은 것은?

① CH_2FBr ② CH_2ClBr

③ CF_2HCl ④ CF_2ClBr

해 윗 해설 참조

답 ④

169 ☆☆

할론 소화약제 중 Halon 2402 의 화학식으로 옳은 것은?

① $C_2F_4Br_2$ ② $C_2H_4Br_2$

③ $C_2Br_4H_2$ ④ $C_2Br_4F_2$

해 윗 해설 참조

답 ①

170 ☆

소화약제 IG – 100의 구성성분은?

① 질소 ② 산소 ③ 이산화탄소 ④ 수소

해 불활성기체 소화약제 종류

IG-541	질소 (52±4)vol% 아르곤 (40±4)vol% 이산화탄소 (8~9)vol%
IG-01	아르곤 99.9vol% 이상
IG-100	질소 99.9vol% 이상
IG-55	질소 (50±5)vol% 아르곤 (50±5)vol%

답 ①

171 ☆☆

다량의 황산이 가연물과 혼합되어 화재가 발생하였을 경우의 소화방법으로 적절하지 않은 방법은?

① 건조분말로 질식소화를 한다.

② 회(灰)로 덮어 질식소화를 한다.

③ 마른 모래로 덮어 질식소화를 한다.

④ 물을 뿌려 냉각소화 및 질식소화를 한다.

해 황산과 물이 만나면 발열반응해서 위험하다.

답 ④

172 ☆

금속의 용접 · 용단 또는 가열에 사용되는 가스 등의 용기를 취급할 때의 준수사항으로 틀린 것은?

① 전도의 위험이 없도록 한다.
② 밸브를 서서히 개폐한다.
③ 용해아세틸렌의 용기는 세워서 보관한다.
④ 용기 온도를 섭씨 65도 이하로 유지한다.

해 사업주는 금속의 용접·용단 또는 가열에 사용되는 가스등의 용기를 취급하는 경우에 다음 각 호의 사항을 준수하여야 한다.

1. 다음 각 목의 어느 하나에 해당하는 장소에서 사용하거나 해당 장소에 설치·저장 또는 방치하지 않도록 할 것
   가. 통풍이나 환기가 불충분한 장소
   나. 화기를 사용하는 장소 및 그 부근
   다. 위험물 또는 제236조에 따른 인화성 액체를 취급하는 장소 및 그 부근
2. 용기온도를 섭씨 40도 이하로 유지할 것
3. 전도의 위험이 없도록 할 것
4. 충격을 가하지 않도록 할 것
5. 운반하는 경우에는 캡을 씌울 것
6. 사용하는 경우에는 용기의 마개에 부착되어 있는 유류 및 먼지를 제거할 것
7. 밸브의 개폐는 서서히 할 것
8. 사용 전 또는 사용 중인 용기와 그 밖의 용기를 명확히 구별하여 보관할 것
9. 용해아세틸렌의 용기는 세워 둘 것
10. 용기의 부식·마모 또는 변형상태를 점검한 후 사용할 것

답 ④

173 ☆

다음 중 폭발 방호대책과 가장 거리가 먼 것은?

① 불활성화(inerting)
② 억제(suppression)
③ 방산(venting)
④ 봉쇄(containment)

해 폭발 방호대책 종류: 봉쇄/억제/방산/차단

답 ①

174 ☆

다음 중 유해물 취급상의 안전을 위한 조치사항으로 가장 적절하지 않은 것은?

① 작업적응자의 배치
② 유해물 발생원의 봉쇄
③ 유해물의 위치, 작업공정의 변경
④ 작업공정의 밀폐와 작업장의 격리

해 작업적응자라고 유해물에 내성이 있는 것은 아니다.

답 ①

175 ☆

다음 중 위험물의 일반적인 특성이 아닌 것은?

① 반응 시 발생하는 열량이 크다.
② 물 또는 산소의 반응이 용이하다.
③ 수소와 같은 가연성 가스가 발생한다.
④ 화학적 구조 및 결합이 안정되어 있다.

해 화학적 구조 및 결합이 불안정되어 있다.

답 ④

176 ☆☆

위험물의 취급에 관한 설명으로 틀린 것은?

① 모든 폭발성 물질은 석유류에 침지시켜 보관해야 한다.
② 산화성 물질의 경우 가연물과의 접촉을 피해야 한다.
③ 가스 누설의 우려가 있는 장소에서는 점화원의 철저한 관리가 필요하다.
④ 도전성이 나쁜 액체는 정전기 발생을 방지하기 위한 조치를 취한다.

해 니트로셀룰로오스(질화면, 폭발성 물질)은 건조 상태에서는 자연발열을 일으켜 분해 폭발의 위험이 존재하기 때문에 물, 알코올에 적셔 습한 상태로 보관한다.

답 ①

177 ☆

질화면(Nitrocellulose)은 저장 · 취급 중에는 에틸알콜 또는 이소프로필알콜로 습면의 상태로 되어있다. 그 이유를 바르게 설명한 것은?

① 질화면은 건조 상태에서는 자연발열을 일으켜 분해 폭발의 위험이 존재하기 때문이다.
② 질화면은 알콜과 반응하여 안정한 물질을 만들기 때문이다.
③ 질화면은 건조 상태에서 공기 중의 산소와 환원 반응을 하기 때문이다.
④ 질화면은 건조상태에서 용이하게 중합물을 형성하기 때문이다.

해 윗 해설 참조

답 ①

178 ☆

니트로셀룰로오스의 취급 및 저장방법에 관한 설명으로 틀린 것은?

① 저장 중 충격과 마찰 등을 방지하여야 한다.
② 물과 격렬히 반응하여 폭발함으로 습기를 제거하고, 건조 상태를 유지한다.
③ 자연발화 방지를 위하여 안전용제를 사용한다.
④ 화재 시 질식소화는 적응성이 없으므로 냉각소화를 한다.

해 윗 해설 참조

답 ②

179 ☆

자연발화 성질을 갖는 물질이 아닌 것은?

① 질화면 ② 목탄분말
③ 아마인유 ④ 과염소산

해 ④: 산화성 액체

답 ④

180 ☆☆

다음의 2가지 물질을 혼합 또는 접촉하였을 때 발화 또는 폭발의 위험성이 가장 낮은 것은?

① 니트로셀룰로오스와 물, 알코올
② 나트륨과 물
③ 염소산칼륨과 유황
④ 황화인과 무기과산화물

해 윗 해설 참조

답 ①

181 ☆

다음 중 마그네슘의 저장 및 취급에 관한 설명으로 틀린 것은?

① 산화제와 접촉을 피한다.
② 고온의 물이나 과열 수증기와 접촉하면 격렬히 반응하므로 주의한다.
③ 분말은 분진 폭발성이 있으므로 누설되지 않도록 포장한다.
④ 화재 발생 시 물의 사용을 금하고, 이산화탄소 소화기를 사용하여야 한다.

해 화재 발생 시 물의 사용을 금하고, 탄산수소염류 분말소화설비, 건조사, 팽창질석, 팽창진주암을 사용하여야 한다.

답 ④

182 ☆☆

마그네슘의 저장 및 취급에 관한 설명으로 틀린 것은?

① 화기를 엄금하고, 가열, 충격, 마찰을 피한다.
② 분말이 비산하지 않도록 완전 밀봉하여 저장한다.
③ 1류 또는 6류와 같은 산화제를 혼합하지 않도록 격리, 저장한다.
④ 일단 연소하면 소화가 곤란하지만 초기소화 또는 소규모 화재 시 물, CO_2 소화설비를 이용하여 소화한다.

해 윗 해설 참조

답 ④

183 ☆

다음 중 산화성 물질의 저장·취급에 있어서 고려해야 할 사항과 가장 거리가 먼 것은?

① 습한 곳에 밀폐하여 저장할 것
② 내용물이 누출되지 않도록 할 것
③ 분해를 촉진하는 약품류와 접촉을 피할 것
④ 가열·충격·마찰 등 분해를 일으키는 조건을 주지 말 것

해 습한 곳을 피해서 저장할 것

답 ①

184 ☆

다음 중 종이, 목재, 섬유류 등에 의하여 발생한 화재의 화재급수로 옳은 것은?

① A급 ② B급 ③ C급 ④ D급

해

구분	내용
일반화재(A급)	• 종이/목재/섬유류 • **표현색**: 백색 • 적용가능 소화기 -할론(사염화탄소)소화약제 -할로겐화합물 및 불활성기체소화약제 -분말(인산염류)소화약제 -산알칼리소화약제 -강화액소화약제 -포소화약제 -물, 침윤소화약제 -고체에어로졸 화합물 -마른모래 -팽창질석, 팽창진주암
유류화재(B급)	• **표현색**: 황색 • 적용가능 소화기 -CO_2소화약제 -할론(사염화탄소)소화약제 -할로겐화합물 및 불활성기체소화약제 -분말(인산염류/중탄산염류)소화약제 -산알칼리소화약제 -강화액소화약제 -포소화약제 -물, 침윤소화약제 -고체에어로졸 화합물 -마른모래 -팽창질석, 팽창진주암
전기화재(C급)	• **표현색**: 청색 • 적용가능 소화기 -CO_2소화약제 -할론(사염화탄소)소화약제 -할로겐화합물 및 불활성기체소화약제 -분말(인산염류/중탄산염류)소화약제 -고체에어로졸 화합물
금속화재(D급)	• **표현색**: 표시없음 • 적용가능 소화기 -탄산수소염류 분말소화설비 -건조사/팽창질석/팽창진주암

답 ①

185 ☆☆

다음 중 유류화재의 화재 급수에 해당하는 것은?

① A급 ② B급 ③ C급 ④ D급

해 윗 해설 참조

답 ②

186 ☆☆☆

다음 중 C급 화재에 해당하는 것은?

① 금속화재 ② 전기화재
③ 일반화재 ④ 유류화재

해 윗 해설 참조

답 ②

187 ☆☆

다음 중 C급 화재에 가장 효과적인 것은?

① 건조사 ② 이산화탄소소화기
③ 포소화기 ④ 봉상수소화기

해 윗 해설 참조

답 ②

188 ☆☆

다음 중 금속화재에 해당하는 화재의 급수는?

① A급 ② B급 ③ C급 ④ D급

해 윗 해설 참조

답 ④

189 ☆☆

화재감지기의 종류 중 연기감지기의 작동방식에 해당되는 것은?

① 차동식 ② 보상식 ③ 정온식 ④ 이온화식

해 자동화재탐지설비

<table>
<tr><td rowspan="3">열 감지기</td><td>차동식</td><td>• 주위온도 일정 상승률 이상 될 시 작동하는 것
• 분포형/스포트형(공기관식/열전대식/열반도체식)</td></tr>
<tr><td>정온식</td><td>• 한정된 장소 주위온도가 일정온도 이상될 시 작동 하는 것
• 감지선형/스포트형</td></tr>
<tr><td>보상식</td><td>차동식+정온식스포트형</td></tr>
<tr><td rowspan="3">연기 감지기</td><td>광전식</td><td>연기에 의해 광전소자에 접하는 광량변화로 작동하는 것</td></tr>
<tr><td>이온화식</td><td>연기에 의해 이온전류가 변화해 작동하는 것</td></tr>
<tr><td>공기 흡입식</td><td>공기 흡입하고 흡입된 공기에 일정 농도의 연기가 포함돼 작동하는 것</td></tr>
<tr><td rowspan="2">복합형 감지기</td><td>열복합형</td><td>차동식+정온식 스포트형</td></tr>
<tr><td>연복합형</td><td>광전식+이온화식 스포트형</td></tr>
</table>

답 ④

190 ☆☆☆☆☆☆

자동화재탐지설비의 감지기 종류 중 열감지기가 아닌 것은?

① 차동식 ② 정온식 ③ 보상식 ④ 광전식

해 윗 해설 참조

답 ④

191 ☆☆

화재 감지에 있어서 열감지 방식 중 차동식에 해당하지 않는 것은?

① 공기관식 ② 열전대식
③ 바이메탈식 ④ 열반도체식

해 윗 해설 참조

답 ③

192 ☆☆☆

열교환기의 열 교환 능률을 향상시키기 위한 방법이 아닌 것은?

① 유체의 유속을 적절하게 조절한다.
② 유체의 흐르는 방향을 병류로 한다.
③ 열교환하는 유체의 온도차를 크게 한다.
④ 열전도율이 높은 재료를 사용한다.

해 유체의 흐르는 방향을 향류(반대)로 한다.

답 ②

193 ☆

열교환기의 정기적 점검을 일상점검과 개방점검으로 구분할 때 개방점검 항목에 해당하는 것은?

① 보냉재의 파손 상황
② 플랜지부나 용접부에서의 누출 여부
③ 기초볼트의 체결 상태
④ 생성물, 부착물에 의한 오염 상황

해 열교환기 점검항목

구분	항목
일상점검항목	• 보온재, 보냉재의 파손 상황 • 플랜지부나 용접부에서의 누출 여부 • 기초볼트의 체결 상태 • 도장의 노후상황
개방점검항목	• 생성물, 부착물에 의한 오염 상황 • 용접부 상태 • 내부 부식 상태

답 ④

194 ☆

다음 중 열교환기의 보수에 있어 일상점검항목과 정기적 개방점검항목으로 구분할 때 일상점검항목으로 거리가 먼 것은?

① 도장의 노후상황
② 부착물에 의한 오염의 상황
③ 보온재, 보냉재의 파손여부
④ 기초볼트의 체결정도

해 윗 해설 참조

답 ②

195 ☆☆

화염방지기의 설치에 관한 사항으로 ( ) 에 알맞은 것은?

> 사업주는 인화성 액체 및 인화성 가스를 저장·취급하는 화학설비에서 증기나 가스를 대기로 방출하는 경우에는 외부로부터의 화염을 방지하기 위하여 화염방지기를 그 설비 ( )에 설치해야 한다.

① 상단 ② 하단 ③ 중앙 ④ 무게중심

해 사업주는 인화성 액체 및 인화성 가스를 저장·취급하는 화학설비에서 증기나 가스를 대기로 방출하는 경우에는 외부로부터의 화염을 방지하기 위하여 화염방지기를 그 설비 상단에 설치해야 한다.

답 ①

196 ☆☆

다음 중 화염방지기의 구조 및 설치 방법에 관한 설명으로 옳지 않은 것은?

① 화염방지기는 보호대상 화학설비와 연결된 통기관의 중앙에 설치하여야 한다.
② 화염방지성능이 있는 통기밸브인 경우를 제외하고 화염방지기를 설치하여야 한다.
③ 본체는 금속제로 내식성이 있어야 하며, 폭발 및 화재로 인한 압력과 온도에 견딜수 있어야 한다.
④ 소염소자는 내식, 내열성이 있는 재질이어야 하고, 이물질 등의 제거를 위한 정비작업이 용이하여야 한다.

해 윗 해설 참조

답 ①

197 ☆

증기 배관 내에 생성하는 응축수를 제거할 때 증기가 배출되지 않도록 하면서 응축수를 자동적으로 배출하기 위한 장치를 무엇이라 하는가?

① Vent stack ② Steam trap
③ Blow down ④ Relief valve

해 안전장치 종류

구분	내용
밴트스택 (Vent stack)	환기통이며 탱크 내의 압력을 정상적 상태로 유지하기 위한 안전장치
스팀트랩 (Steam trap)	증기 배관 내에 생성하는 응축수를 제거할 때 증기가 배출되지 않도록 하면서 응축수를 자동적으로 배출하기 위한 장치
안전밸브 (Relief valve, safety valve)	관 안의 유체 압력이 미리 정해 놓은 일정한 압력을 넘었을 때, 내부의 유체가 자동적으로 분출하게 되어 있는 밸브
파열판 (rupture disk)	안전밸브에 대체할 수 있는 방호장치이며 입구 측의 압력이 설정압력에 도달하면 판이 파열하면서 유체가 분출하도록 용기 등에 설치된 얇은 판으로 다시 닫히지 않는 압력 방출 안전장치
체크밸브 (check valve)	유체의 역류를 방지하기 위해 설치하는 밸브
화염방지기 (flame arrester)	화염방지기, 인화방지망, 역화방지기이라고도 부르며 유류저장탱크에서 화염의 차단을 목적으로 외부에 증기를 방출하기도 하고 탱크 내 외기를 흡입하기도 하는 부분에 설치하는 안전장치
통기밸브 (breather valve)	평상시 폐쇄상태이다가 설정압력에 도달 시 밸브 열어서 내부 가스 외부로 방출하고, 내부로 외부 공기 흡입하는 밸브
긴급차단장치	• 대형 반응기, 탑, 탱크 등에서 이상 상태가 발생할 때 밸브를 정지시켜 원료 공급을 차단하기 위한 안전장치 • **차단방식**: 액압/기압/전기식

Blow down: 배기 밸브 또는 배기구가 열리기 시작하고 실린더 내의 가스가 뿜어 나오는 현상

답 ②

198 ☆

다음 중 긴급차단장치의 차단방식과 관계가 가장 적은 것은?

① 공기압식 ② 유압식 ③ 전기식 ④ 보온식

해 긴급차단장치의 조작기구는 차단밸브의 구조에 따라 액압·기압·전기(어느 것이나 정전시 등의 경우 비상전력 등에 의하여 사용가능한 것일 것) 또는 스프링 등을 동력원으로 하는 것으로 한다.

답 ④

199 ☆

다음의 설명에 해당하는 안전장치는?

> 대형 반응기, 탑, 탱크 등에서 이상상태가 발생할 때 밸브를 정지시켜 원료공급을 차단하기 위한 안전장치로 공기압식, 유압식, 전기식 등이 있다.

① 파열판 ② 안전밸브
③ 스팀트랩 ④ 긴급차단장치

해 윗 해설 참조

답 ④

200 ☆☆

비교적 저압 또는 상압에서 가연성의 증기를 발생하는 유류를 저장하는 탱크에서 외부에 그 증기를 방출하기도 하고, 탱크 내에 외기를 흡입하기도 하는 부분에 설치하며, 가는 눈금의 금망이 여러 개 겹쳐진 구조로 된 안전장치는?

① check valve ② flame arrester
③ vent stack ④ rupture disk

해 윗 해설 참조

답 ②

201 ☆☆

유류저장탱크에서 화염의 차단을 목적으로 외부에 증기를 방출하기도 하고 탱크 내 외기를 흡입하기도 하는 부분에 설치하는 안전장치는?

① vent stack ② safety valve
③ gate valve ④ flame arrester

해 gate valve: 게이트 밸브, 유체의 흐름을 개폐하는 밸브
윗 해설 참조

답 ④

202 ☆☆

다음 중 이상반응 또는 폭발로 인하여 발생되는 압력의 방출장치가 아닌 것은?

① 파열판 ② 폭압방산공
③ 화염방지기 ④ 가용합금 안전밸브

해

폭압 방산공	배출구를 통해 외부로 연소 생성물을 배출하여 폭발로 발생된 압력을 완화하는 것
가용합금 안전밸브	용기 내나 외면의 온도가 설정 온도 이상일 때 가용전이 녹아 용기 내의 가스를 배출하는 과압 방지용의 안전장치

윗 해설 참조

답 ③

203 ☆

유체의 역류를 방지하기 위해 설치하는 밸브는?

① 체크밸브 ② 게이트밸브
③ 대기밸브 ④ 글로브밸브

해 게이트밸브: 유체의 흐름을 개폐하는 밸브
글로브밸브: 유체 양을 조절할 수 있는 밸브
윗 해설 참조

답 ①

204 ☆

반응폭주 등 급격한 압력상승의 우려가 있는 경우에 설치하여야 하는 것은?

① 파열판 ② 통기밸브
③ 체크밸브 ④ Flame arrester

해 사업주는 설비가 다음 각 호의 어느 하나에 해당하는 경우에는 파열판을 설치해야 한다.
1. 반응 폭주 등 급격한 압력 상승 우려가 있는 경우
2. 급성 독성물질의 누출로 인하여 주위의 작업 환경을 오염시킬 우려가 있는 경우
3. 운전 중 안전밸브에 이상 물질이 누적되어 안전밸브가 작동되지 아니할 우려가 있는 경우

답 ①

205 ☆

다음 중 플레어스택에 부착하여 가연성 가스와 공기의 접촉을 방지하기 위하여 밀도가 작은 가스를 채워주는 안전장치는?

① molecular seal ② flame arrester
③ seal drum ④ purge

해

molecular seal	가연성 가스와 공기의 접촉을 방지하기 위하여 밀도가 작은 가스를 채워주는 안전 장치
seal drum	역화를 방지해주는 장치
purge	가스 농도를 안전 수준으로 낮추기 위해 내부에 충분한 보호기체 흘려 내보내는 장치

답 ①

206 ☆☆

산업안전보건법령상 사업주가 인화성액체 위험물을 액체상태로 저장하는 저장탱크를 설치하는 경우에는 위험물질이 누출되어 확산되는 것을 방지하기 위하여 무엇을 설치하여야 하는가?

① Flame arrester ② Vent stack
③ 긴급방출장치 ④ 방유제

해 사업주는 위험물을 액체상태로 저장하는 저장탱크를 설치하는 경우에는 위험물질이 누출되어 확산되는 것을 방지하기 위하여 방유제(防油堤)를 설치하여야 한다.

답 ④

207 ☆

다음 중 소염거리(quenching distance) 또는 소염직경(quenching diameter)을 이용한 것과 가장 거리가 먼 것은?

① 화염방지기 ② 역화방지기
③ 안전밸브 ④ 방폭전기기기

해 소염거리, 소염직경 이용한 안전장치 종류
화염방지기/역화방지기/방폭전기기기

답 ③

208 ☆

다음 설명이 의미하는 것은?

> 온도, 압력 등 제어상태가 규정의 조건을 벗어나는 것에 의해 반응속도가 지수함수적으로 증대되고, 반응용기 내의 온도, 압력이 급격히 이상 상승되어 규정 조건을 벗어나고, 반응이 과격화되는 현상

① 비등 ② 과열·과압 ③ 폭발 ④ 반응폭주

해 반응폭주에 대한 설명이다.

답 ④

209 ☆

다음 중 파열판에 관한 설명으로 틀린 것은?

① 압력 방출속도가 빠르다.
② 설정 파열압력 이하에서 파열될 수 있다.
③ 한번 부착한 후에는 교환할 필요가 없다.
④ 높은 점성의 슬러리나 부식성 유체에 적용할 수 있다.

해 파열되면 교환할 필요가 있다.

답 ③

210 ☆☆

다음 중 파열판과 스프링식 안전밸브를 직렬로 설치해야 할 경우가 아닌 것은?

① 부식물질로부터 스프링식 안전밸브를 보호할 때
② 독성이 매우 강한 물질을 취급시 완벽하게 격리를 할 때
③ 스프링식 안전밸브에 막힘을 유발시킬 수 있는 슬러리를 방출시킬 때
④ 릴리프 장치가 작동 후 방출라인이 개방되어야 할 때

해 파열판과 스프링식 안전밸브를 직렬설치경우
1. 부식물질로부터 스프링식 안전밸브를 보호할 때
2. 독성이 매우 강한 물질을 취급 시 완벽하게 격리를 할 때
3. 인화성 가스 취급 시 완전한 격리를 할 때
4. 스프링식 안전밸브에 막힘을 유발시킬 수 있는 슬러리를 방출시킬 때

답 ④

211 ☆

다음 중 스프링식 안전밸브를 대체할 수 있는 안전장치는?

① 캡(cap)
② 파열판(rupture disk)
③ 게이트밸브(gate valve)
④ 벤트스택(vent stack)

해 "파열판"이라 함은 "안전밸브에 대체할 수 있는 방호장치"로서, 판 입구측 압력이 설정압력에 도달하면 판이 파열하면서 유체가 분출하도록 용기 등에 설치된 얇은 판을 말한다.

답 ②

212 ☆

대기압에서 사용하나 증발에 의한 액체의 손실을 방지함과 동시에 액면 위의 공간에 폭발성 위험가스를 형성할 위험이 적은 구조의 저장탱크는?

① 유동형 지붕 탱크 ② 원추형 지붕 탱크
③ 원통형 저장 탱크 ④ 구형 저장탱크

해

구분	설명
유동형 지붕 탱크	대기압에서 사용하나 증발에 의한 액체의 손실을 방지함과 동시에 액면 위의 공간에 폭발성 위험가스를 형성할 위험 적은 구조의 저장탱크
원추형 지붕 탱크	일반적인 탱크 형태, 제품 입고 와 출고 시 작업손실과 저장 시 외부온도차에 의한 증발손실 발생해 증기압 높은 물질 저장에 부적합하다.
원통형 저장 탱크	구조간단하며, 제작이 쉬워 소용량 화학물질 저장한다.
구형 저장 탱크	일정부피에 대해 최소 표면적 가진 가장 안전한 구조이며 압력이 높은 액화석유가스, 암모니아 등을 저장한다.

답 ①

213 ☆

일산화탄소에 대한 설명으로 틀린 것은?

① 무색·무취의 기체이다.
② 염소와 촉매 존재 하에 반응하여 포스겐이 된다.
③ 인체 내의 헤모글로빈과 결합하여 산소운반기능을 저하시킨다.
④ 불연성가스로서, 허용농도가 10ppm이다.

해 가연성 가스로서, 허용농도가 30ppm이다.

답 ④

214 ☆

가스를 화학적 특성에 따라 분류할 때 독성가스가 아닌 것은?

① 황화수소(H_2S) ② 시안화수소(HCN)
③ 이산화탄소(CO_2) ④ 산화에틸렌(C_2H_4O)

해 독성가스
황화수소/시안화수소/산화에틸렌/암모니아/포스겐/일산화탄소

답 ③

215 ☆

독성가스에 속하지 않은 것은?

① 암모니아 ② 황화수소 ③ 포스겐 ④ 질소

해 윗 해설 참조

답 ④

216 ☆☆

다음 중 가연성 가스이며 독성가스에 해당하는 것은?

① 수소 ② 프로판 ③ 산소 ④ 일산화탄소

해 일산화탄소: 가연성 가스, 독성가스이며 인체 내 헤모글로빈과 결합해 산소운반 기능 저하시킨다.

답 ④

217 ☆☆

다음 중 허용노출기준(TWA)이 가장 낮은 물질은?

① 불소 ② 암모니아
③ 황화수소 ④ 니트로벤젠

해 TWA(시간가중평균노출기준)

1일 8시간 작업 기준으로 유해인자 측정치에 발생시간을 곱해 8시간으로 나눈 값으로 낮을수록 독성이 크다.	
불소: 0.1ppm	암모니아: 25ppm
황화수소: 10ppm	니트로벤젠: 1ppm
염소: 0.5ppm	에탄올: 1,000ppm
메탄올: 200ppm	일산화탄소: 30ppm
수소: 자료없음	포스겐($COCl_2$): 0.1ppm
아세톤: 500ppm	사염화탄소: 5ppm
시안화수소(HCN): 자료없음	염화수소: 1ppm
	이산화탄소: 5,000ppm

답 ①

218 ☆

다음 중 노출기준(TWA)이 가장 낮은 물질은?

① 염소 ② 암모니아 ③ 에탄올 ④ 메탄올

해 윗 해설 참조

답 ①

219 ☆☆

다음 가스 중 가장 독성이 큰 것은?

① CO ② $COCl_2$ ③ NH_3 ④ H_2

해 윗 해설 참조

답 ②

220 ☆☆

화재 시 발생하는 유해가스 중 가장 독성이 큰 것은?

① CO ② $COCl_2$ ③ NH_3 ④ HCN

해 윗 해설 참조

답 ②

221 ☆

다음 중 퍼지의 종류에 해당하지 않는 것은?

① 압력퍼지 ② 진공퍼지
③ 스위프퍼지 ④ 가열퍼지

해 퍼지 종류: 압력/진공/스위프(일소)/사이펀/고정비율/변동비율 퍼지

답 ④

222 ☆

가연성물질을 취급하는 장치를 퍼지하고자 할 때 잘못된 것은?

① 대상물질의 물성을 파악한다.
② 사용하는 불활성가스의 물성을 파악한다.
③ 퍼지용 가스를 가능한 한 빠른 속도로 단시간에 다량 송입한다.
④ 장치내부를 세정한 후 퍼지용 가스를 송입한다.

해 퍼지용 가스를 느린 속도로 장시간에 걸쳐 송입한다.

답 ③

223 ☆

다음 중 불활성화(퍼지)에 관한 설명으로 틀린 것은?

① 압력퍼지가 진공퍼지에 비해 퍼지시간이 길다.

② 사이폰 퍼지가스의 부피는 용기의 부피와 같다.

③ 진공퍼지는 압력퍼지보다 인너트 가스 소모가 적다.

④ 스위프 퍼지는 용기나 장치에 압력을 가하거나 진공으로 할 수 없을 때 사용된다.

해 퍼지의 특징

- 압력퍼지가 진공퍼지에 비해 퍼지시간 짧다.
- 사이폰 퍼지가스 부피는 용기의 부피와 같다.
- 진공퍼지는 압력퍼지보다 인너트 가스 소모가 적다.
- 스위프 퍼지는 용기나 장치에 압력을 가하거나 진공으로 할 수 없을 때 사용된다.

답 ①

224 ☆

가연성 가스에 관한 설명으로 옳지 않은 것은?

① 메탄가스는 가장 간단한 탄화수소 기체이며, 온실효과가 있다.

② 프로판 가스의 연소범위는 2.1~9.5% 정도이며, 공기보다 무겁다.

③ 아세틸렌가스는 용해 가스로서 녹색으로 도색한 용기를 사용한다.

④ 수소가스는 물에 잘 녹지 않으며, 온도가 높아지면 반응성이 커진다.

해

가스 종류	색상
액화석유가스 질소	회색
수소	주황색
아세틸렌	황색
액화암모니아	백색
액화염소	갈색
산소	녹색
액화탄산가스	청색

답 ③

225 ☆

다음 중 공업용 가연성 가스 및 독성가스의 저장용기 도색에 관한 설명으로 옳은 것은?

① 아세틸렌가스는 적색으로 도색한 용기를 사용한다.
② 액화염소가스는 갈색으로 도색한 용기를 사용한다.
③ 액화석유가스는 주황색으로 도색한 용기를 사용한다.
④ 액화암모니아가스는 황색으로 도색한 용기를 사용한다.

해 윗 해설 참조

답 ②

226 ☆☆☆

공업용 용기의 몸체 도색으로 가스명과 도색명의 연결이 옳은 것은?

① 산소 - 청색　② 질소 - 백색
③ 수소 - 주황색　④ 아세틸렌-회색

해 윗 해설 참조

답 ③

227 ☆

미국소방협회(NFPA)의 위험표시라벨에 황색 숫자는 어떠한 위험성을 나타내는가?

① 건강위험성　② 화재위험성
③ 반응위험성　④ 기타위험성

해 미국소방협회(NFPA)의 위험표시라벨
건강위험성: 청색
화재위험성: 적색
반응위험성: 황색
기타위험성: 백색

답 ③

228 ☆

다음 중 연소 및 폭발에 관한 용어의 설명으로 틀린 것은?

① 폭굉: 폭발충격파가 미반응 매질 속으로 음속보다 큰 속도로 이동하는 폭발
② 연소점: 액체 위에 증기가 일단 점화된 후 연소를 계속할 수 있는 최고 온도
③ 발화온도: 가연성 혼합물이 주위로부터 충분한 에너지를 받아 스스로 점화할 수 있는 최저온도
④ 인화점: 액체의 경우 액체 표면에서 발생한 증기농도가 공기 중에서 연소 하한농도가 될 수 있는 가장 낮은 액체온도

해

구분	설명
연소점	인화성 액체가 점화원의 존재 하에 지속적인 연소 일으키는 최저 온도
발화점	외부에서 화염, 전기불꽃 등의 착화원을 주지 않고 물질을 공기 중 또는 산소 중에서 가열할 경우에 착화 또는 폭발을 일으키는 최저온도
인화점	액체 표면에서 발생한 증기농도가 공기 중에서 연소하한농도가 될 수 있는 가장 낮은 액체온도

답 ②

229 ☆

다음 중 외부에서 화염, 전기불꽃 등의 착화원을 주지 않고 물질을 공기 중 또는 산소 중에서 가열할 경우에 착화 또는 폭발을 일으키는 최저온도는 무엇인가?

① 인화온도　② 연소점
③ 비등점　④ 발화온도

해 윗 해설 참조

답 ④

230 ☆

액체 표면에서 발생한 증기농도가 공기 중에서 연소하한농도가 될 수 있는 가장 낮은 액체온도를 무엇이라 하는가?

① 인화점 ② 비등점
③ 연소점 ④ 발화온도

해 윗 해설 참조

답 ①

231 ☆☆

다음 중 인화점에 관한 설명으로 옳은 것은?

① 액체의 표면에서 발생한 증기농도가 공기 중에서 연소하한 농도가 될 수 있는 가장 높은 액체온도
② 액체의 표면에서 발생한 증기농도가 공기 중에서 연소상한 농도가 될 수 있는 가장 낮은 액체온도
③ 액체의 표면에 발생한 증기농도가 공기 중에서 연소하한 농도가 될 수 있는 가장 낮은 액체온도
④ 액체의 표면에서 발생한 증기농도가 공기 중에서 연소상한 농도가 될 수 있는 가장 높은 액체온도

해 윗 해설 참조

답 ③

232 ☆☆

다음 중 인화점에 대한 설명으로 틀린 것은?

① 가연성 액체의 발화와 관계가 있다.
② 반드시 점화원의 존재와 관련된다.
③ 연소가 지속적으로 확산될 수 있는 최저 온도이다.
④ 연료 조성, 점도, 비중에 따라 달라진다.

해 ③: 연소점
윗 해설 참조

답 ③

233 ☆

연소에 관한 설명으로 틀린 것은?

① 인화점이 상온보다 낮은 가연성 액체는 상온에서 인화의 위험이 있다.
② 가연성 액체를 발화점 이상으로 공기 중에서 가열하면 별도의 점화원 없어도 발화할 수 있다.
③ 가연성 액체는 가열되어 완전 열분해되지 않으면 착화원이 있어도 연소하지 않는다.
④ 열 전도도가 클수록 연소하기 어렵다.

해 가연성 액체는 착화원이 있으면 연소가능하다.

답 ③

234 ☆

연소이론에 대한 설명으로 틀린 것은?

① 착화온도가 낮을수록 연소위험이 크다.
② 인화점이 낮은 물질은 반드시 착화점도 낮다.
③ 인화점이 낮을수록 일반적으로 연소위험이 크다.
④ 연소범위가 넓을수록 연소위험이 크다.

해 모든 물질이 인화점 낮다고 착화점(= 발화점)도 낮진 않다.
예 휘발유 인화점: −43℃
착화점: 280 ~ 456℃
등유 인화점: 39℃ 이상
착화점: 210℃

답 ②

235 ☆☆

가연성가스의 폭발범위에 관한 설명으로 틀린 것은?

① 압력 증가에 따라 폭발 상한계와 하한계가 모두 현저히 증가한다.
② 불활성가스를 주입하면 폭발범위는 좁아진다.
③ 온도의 상승과 함께 폭발범위는 넓어진다.
④ 산소 중에서 폭발범위는 공기 중에서보다 넓어진다.

해 압력 증가에 따라 폭발 상한계는 증가하고, 하한계는 변화없다.

답 ①

236 ☆☆

다음 중 가연성 기체의 폭발한계와 폭굉한계를 가장 올바르게 설명한 것은?

① 폭발한계와 폭굉한계는 농도범위가 같다.
② 폭굉한계는 폭발한계의 최상한치에 존재한다.
③ 폭발한계는 폭굉한계보다 농도범위가 넓다.
④ 두 한계의 하한계는 같으나, 상한계는 폭굉한계가 더 높다.

해 폭굉은 폭발 일어나고 발생하는 것이라 폭발한계 내에 폭굉한계가 존재한다.
따라서 폭발한계는 폭굉한계보다 농도범위가 넓다.

답 ③

237 ☆

연소 및 폭발에 관한 설명으로 옳지 않은 것은?

① 가연성 가스가 산소 중에서는 폭발범위가 넓어진다.
② 화학양론농도 부근에서는 연소나 폭발이 가장 일어나기 쉽고 또한 격렬한 정도도 크다.
③ 혼합농도가 한계농도에 근접함에 따라 연소 및 폭발이 일어나기 쉽고 격렬한 정도도 크다.
④ 일반적으로 탄화수소계의 경우 압력의 증가에 따라 폭발 상한계는 현저하게 증가 하지만, 폭발 하한계는 큰 변화가 없다.

해 혼합농도가 한계농도에 근접함에 따라 폭발가능성은 줄어든다.

답 ③

238 ☆☆

보기의 물질을 폭발범위가 넓은 것부터 좁은 순서로 바르게 배열한 것은?

• CH_4	• C_3H_8	• CO	• H_2

① CO > H_2 > C_3H_8 > CH_4

② H_2 > CO > CH_4 > C_3H_8

③ C_3H_8 > CO > CH_4 > H_2

④ CH_4 > H_2 > CO > C_3H_8

해 폭발범위

메탄: 5~15%	프로판: 2.1~9.5%
수소: 4~75%	일산화탄소: 12~75%
아세틸렌: 2.5~100%	산화에틸렌: 3~100%
사이클로헥산: 1.3~8.4%	이황화탄소: 1~50%
벤젠: 1.4~8%	이소프로필렌알코올: 2~12%
아세톤: 2.5~12.8%	디에틸에테르: 1.7~48%

답 ②

239 ☆☆

다음 중 공기 속에서의 폭발하한계(vol%)값의 크기가 가장 작은 것은?

① H_2 ② CH_4 ③ CO ④ C_2H_2

해 윗 해설 참조

답 ④

240 ☆

다음 물질 중 공기에서 폭발상한계값이 가장 큰 것은?

① 사이클로헥산 ② 산화에틸렌

③ 수소 ④ 이황화탄소

해 윗 해설 참조

답 ②

241 ☆☆

다음 중 가연성 물질이 연소하기 쉬운 조건으로 옳지 않은 것은?

① 연소 발열량 클 것

② 입자의 표면적 작을 것

③ 산소와 친화력 클 것

④ 점화에너지 작을 것

해 입자의 표면적 클 것

답 ②

242 ☆☆

고체의 연소형태 중 증발연소에 속하는 것은?

① 나프탈렌 ② 목재 ③ TNT ④ 목탄

해

기체	확산연소	가연성 가스가 공기 중의 지연성 가스와 접촉하여 접촉면에서 연소가 일어나는 현상
기체	예혼합연소	가연성 가스와 지연성 가스가 미리 일정한 농도로 혼합된 상태에서 점화원에 의하여 연소되는 현상
액체	증발연소	액체 표면에서 증발하는 가연성 증기가 공기와 혼합하여 연소범위 내에서 열원에 의하여 연소하는 현상
액체	분무연소	액체연료를 미세 유적으로 미립화해 공기와 혼합시켜 연소시키는 것
고체	분해연소	고체가 가열돼 열분해 일어나고 가연성 가스가 공기 중 산소와 타는 연소 예 목재
고체	증발연소	고체 가연물이 가열되어 융해되고 가연성 증기가 발생, 공기와 혼합해 연소하는 형태 예 나프탈렌
고체	표면연소	고체의 표면이 고온을 유지하면서 연소하는 현상 예 목탄, 숯, 코크스
고체	자기연소	• 연소에 필요한 산소를 포함하고 있는 물질이 연소하는 것 • 공기 중 산소를 필요로 하지 않고 자신이 분해되며 타는 것 예 TNT, 니트로셀룰로오스

답 ①

243 ☆

숯, 코크스, 목탄의 대표적인 연소 형태는?

① 예혼합연소 ② 증발연소
③ 표면연소 ④ 비혼합연소

해 윗 해설 참조

답 ③

244 ☆

니트로셀룰로오스와 같이 연소에 필요한 산소를 포함하고 있는 물질이 연소하는 것을 무엇이라고 하는가?

① 분해연소 ② 확산연소
③ 그을음연소 ④ 자기연소

해 윗 해설 참조

답 ④

245 ☆

다음 중 고체연소의 종류에 해당하지 않는 것은?

① 표면연소 ② 증발연소
③ 분해연소 ④ 예혼합연소

해 윗 해설 참조

답 ④

246 ☆

고체 가연물의 일반적인 4가지 연소방식에 해당하지 않는 것은?

① 분해연소 ② 표면연소
③ 확산연소 ④ 증발연소

해 윗 해설 참조

답 ③

247 ☆

다음 중 가스 연소의 지배적인 특성으로 가장 적합한 것은?

① 증발연소 ② 표면연소
③ 액면연소 ④ 확산연소

해 윗 해설 참조

답 ④

248 ☆

다음 중 가연성 가스의 연소형태에 해당하는 것은?

① 분해연소 ② 증발연소
③ 표면연소 ④ 확산연소

해 윗 해설 참조

답 ④

249 ☆

연소의 형태 중 확산연소의 정의로 가장 적절한 것은?

① 고체 표면이 고온을 유지하면서 연소하는 현상
② 가연성 가스가 공기 중의 지연성 가스와 접촉하여 접촉면에서 연소가 일어나는 현상
③ 가연성 가스와 지연성 가스가 미리 일정한 농도로 혼합된 상태에서 점화원에 의하여 연소되는 현상
④ 액체 표면에서 증발하는 가연성 증기가 공기와 혼합하여 연소범위 내에서 열원에 의하여 연소하는 현상

해 윗 해설 참조

답 ②

250 ☆☆

다음 중 고체의 연소방식에 관한 설명으로 옳은 것은?

① 분해연소란 고체가 표면의 고온을 유지하며 타는 것을 말한다.
② 표면연소란 고체가 가열되어 열분해가 일어나고 가연성 가스가 공기 중의 산소와 타는 것을 말한다.
③ 자기연소란 공기 중 산소를 필요로 하지 않고 자신이 분해되며 타는 것을 말한다.
④ 분무연소란 고체가 가열되어 가연성가스를 발생시키며 타는 것을 말한다.

해 윗 해설 참조

답 ③

251 ☆

폭발발생의 필요조건이 충족되지 않은 경우에는 폭발을 방지할 수 있는데, 다음 중 저온 액화가스와 물 등의 고온액에 의한 증기폭발 발생의 필요조건으로 옳지 않은 것은?

① 폭발 발생에는 액과 액이 접촉할 필요가 있다.
② 고온액의 계면온도가 응고점 이하가 되어 응고 되어도 폭발의 가능성은 높아진다.
③ 증기폭발의 발생은 확률적 요소가 있고, 그것은 저온 액화가스의 종류와 조성에 의해 정해진다.
④ 액과 액의 접촉 후 폭발 발생까지 수~수백 ms의 지연이 존재하지만 폭발의 시간 스케일은 5ms 이하이다.

해 고온액의 계면온도가 응고점 이하가 되어 응고되면 폭발의 가능성은 낮아진다.

답 ②

252 ☆

기상폭발 피해예측의 주요 문제점 중 압력상승에 기인하는 피해가 예측되는 경우에 검토를 요하는 사항으로 거리가 먼 것은?

① 가연성 혼합기의 형성 상황
② 압력 상승 시의 취약부 파괴
③ 물질의 이동, 확산 유해물질의 발생
④ 개구부가 있는 공간 내의 화염전파와 압력상승

해 기상폭발 피해예측의 주요 문제점

구분	내용
압력 상승에 기인하는 피해	1. 가연성 혼합기의 형성 상황 2. 압력 상승 시의 취약부 파괴 3. 개구부가 있는 공간 내의 화염전파와 압력상승 4. 여러 상태의 혼합기 중에서의 화염전파상태
압력파, 비산물에 의한 피해	1. 압력파 발생/전파/반사/간섭 2. 물체의 비산 3. 물체 충돌에 의한 충격력
화재, 유해 물질 확산에 의한 피해	1. 화재성질 2. 물질 이동/확산 3. 유해물질 발생 4. 가스폭발에서 화재에의 전이
인적 피해	1. 인적피해발생 조건 2. 가스 폭발방지를 위한 행동 및 피난 유도

답 ③

253 ☆☆

안전설계의 기초에 있어 기상폭발대책을 예방대책, 긴급대책, 방호대책으로 나눌 때, 다음 중 방호대책과 가장 관계가 깊은 것은?

① 경보
② 발화의 저지
③ 방폭벽과 안전거리
④ 가연조건 성립저지

해 기상폭발대책

구분	내용
예방대책	가연조건 성립저지/발화 저지
긴급대책	경보/피난
방호대책	방폭벽과 안전거리 확보

답 ③

254 ☆☆

화재의 방지대책을 예방(豫防), 국한(局限), 소화(消火), 피난(避難)의 4가지 대책으로 분류할 때 다음 중 예방대책에 해당되는 것은?

① 발화원 제거
② 일정한 공지의 확보
③ 가연물의 직접(直接) 방지
④ 건물 및 설비의 불연성화(不燃性化)

해 화재 방지대책

예방대책	발화원 제거
국한대책	건물 및 설비의 불연성화 가연물 저장의 최소화 방유제 등의 설치 설비간 안전거리 확보 일정한 공지의 확보
소화대책	소화기 사용 소화설비의 사용 본격적 소화 경보 및 대피 등 가연물의 직접(直接) 방지
피난대책	비상구, 비상통로 이용

답 ①

255 ☆☆

폭발원인물질의 물리적 상태에 따라 구분할 때 기상폭발(gas explosion)에 해당되지 않는 것은?

① 분진폭발 ② 응상폭발
③ 분무폭발 ④ 가스폭발

해

기상폭발	종류: 가스/분진/분무/분해/증기운폭발
응상폭발	종류: 수증기/전선/고상 간 전이에 의한 폭발
분진폭발	• 발생 순서 퇴적분진→비산→분산→발화원→전면폭발→2차폭발 • 특징 - 가스폭발보다 연소시간이 길고, 발생에너지가 크다. - 폭발압력과 연소속도는 가스폭발보다 작다. - 화염의 파급속도보다 압력의 파급속도가 빠르다. - 불완전연소로 인한 가스중독의 위험성이 크다. - 가스폭발에 비해 불완전연소가 쉽게 발생한다. - 주위의 분진에 의해 2차, 3차의 폭발로 파급될 수 있다. • 영향인자 - 분진의 온도가 높을수록 폭발위험성 커진다. - 분위기 중 산소 농도가 클수록 폭발 위험성 커진다. - 분진의 표면적이 입자체적에 비교하여 클수록 폭발위험성 커진다. - 분진의 발열량이 높을수록 폭발위험성 커진다. - 분진 내의 수분농도가 작을수록 폭발 위험성 커진다.

답 ②

256 ☆☆

폭발을 기상폭발과 응상폭발로 분류할 때 다음 중 기상폭발에 해당되지 않는 것은?

① 분진폭발 ② 혼합가스폭발
③ 분무폭발 ④ 수증기폭발

해 윗 해설 참조

답 ④

257 ☆☆

다음 중 응상폭발이 아닌 것은?

① 분해폭발
② 수증기폭발
③ 전선폭발
④ 고상 간 전이에 의한 폭발

해 윗 해설 참조

답 ①

258 ☆☆☆

분진폭발의 발생 순서로 옳은 것은?

① 비산→분산→퇴적분진→발화원→2차폭발→전면폭발
② 비산→퇴적분진→분산→발화원→2차폭발→전면폭발
③ 퇴적분진→발화원→분산→비산→전면폭발→2차폭발
④ 퇴적분진→비산→분산→발화원→전면폭발→2차폭발

해 윗 해설 참조

답 ④

259 ☆☆☆

분진폭발의 특징에 관한 설명으로 옳은 것은?

① 가스폭발보다 발생에너지가 작다.
② 폭발압력과 연소속도는 가스폭발보다 크다.
③ 화염의 파급속도보다 압력의 파급속도가 크다.
④ 불완전연소로 인한 가스중독의 위험성이 적다.

해 윗 해설 참조

답 ③

260 ☆☆☆

다음 중 분진폭발의 특징으로 옳은 것은?

① 가스폭발보다 연소시간이 짧고, 발생 에너지가 작다.
② 압력의 파급속도보다 화염의 파급속도가 빠르다.
③ 가스폭발에 비해 불완전연소가 적게 발생한다.
④ 주위의 분진에 의해 2차, 3차의 폭발로 파급될 수 있다.

해 윗 해설 참조

답 ④

261 ☆☆

다음 중 분진폭발에 관한 설명으로 틀린 것은?

① 폭발한계 내에서 분진의 휘발성분이 많으면 폭발 위험성이 높다.
② 분진이 발화 폭발하기 위한 조건은 가연성, 미분상태, 공기 중에서의 교반과 유동 및 점화원의 존재이다.
③ 가스폭발과 비교하여 연소의 속도나 폭발의 압력이 크고, 연소시간이 짧으며, 발생에너지가 작다.
④ 폭발한계는 입자의 크기, 입도분포, 산소 농도, 함유수분, 가연성가스의 혼입 등에 의해 같은 물질의 분진에서도 달라진다.

해 윗 해설 참조

답 ③

262 ☆☆☆☆

다음 중 분진의 폭발위험성을 증대시키는 조건에 해당하는 것은?

① 분진의 온도가 낮을수록
② 분위기 중 산소 농도가 작을수록
③ 분진 내의 수분농도가 작을수록
④ 분진의 표면적이 입자체적에 비교하여 작을수록

해 윗 해설 참조

답 ③

263 ☆☆

다음 중 분진폭발이 발생하기 쉬운 조건으로 적절하지 않은 것은?

① 발열량이 클 때
② 입자의 표면적이 작을 때
③ 입자의 형상이 복잡할 때
④ 분진의 초기 온도가 높을 때

해 윗 해설 참조

답 ②

264 ☆

분진폭발의 요인을 물리적 인자와 화학적 인자로 분류할 때 화학적 인자에 해당하는 것은?

① 연소열 ② 입도분포
③ 열전도율 ④ 입자의 형상

해 물리적 인자: 입도분포/열전도율/입자 형상
화학적 인자: 연소열/분진의 화학적 성질

답 ①

265 ☆

폭발위험이 있는 장소의 설정 및 관리와 가장 관계가 먼 것은?

① 인화성 액체의 증기 사용
② 가연성 가스의 제조
③ 가연성 분진 제조
④ 종이 등 가연성 물질 취급

해 사업주는 다음 각 호의 장소에 대하여 폭발위험 장소의 구분도(區分圖)를 작성하는 경우에는 한국산업표준으로 정하는 기준에 따라 가스폭발 위험장소 또는 분진폭발 위험장소로 설정하여 관리해야 한다.
1. 인화성 액체의 증기나 인화성 가스 등을 제조·취급 또는 사용하는 장소
2. 인화성 고체를 제조·사용하는 장소

답 ④

266 ☆☆

다음 중 분진이 발화 폭발하기 위한 조건으로 거리가 먼 것은?

① 불연성질
② 미분상태
③ 점화원의 존재
④ 지연성 가스 중에서의 교반과 운동

해 분진이 발화 폭발하기 위한 조건
가연성, 미분상태, 공기(지연성 가스) 중에서의 교반과 유동 및 점화원의 존재

답 ①

267 ☆

다음 중 반응기를 조작방식에 따라 분류할 때 이에 해당하지 않는 것은?

① 회분식 반응기　② 반회분식 반응기
③ 연속식 반응기　④ 관형식 반응기

해 반응기 분류

조작방식에 따라 분류	회분식/반회분식/연속식
구조형식에 따라 분류	관형(전열면적 커 온도조절 어려움)/탑형/교반조형/유동층형

답 ④

268 ☆

다음 중 반응기의 구조 방식에 의한 분류에 해당하는 것은?

① 유동층형 반응기　② 연속식 반응기
③ 반회분식 반응기　④ 회분식 반응기

해 윗 해설 참조

답 ①

269 ☆

반응기 중 관형 반응기의 특징에 대한 설명으로 옳지 않은 것은?

① 전열면적이 작아 온도조절이 어렵다.
② 가는 관으로 된 긴 형태의 반응기이다.
③ 처리량 많아 대규모 생산에 쓰이는 것이 많다.
④ 기상 또는 액상 등 반응속도가 빠른 물질에 사용된다.

해 윗 해설 참조

답 ①

270 ☆

반응폭발에 영향을 미치는 요인 중 그 영향이 가장 적은 것은?

① 교반상태 ② 냉각시스템
③ 반응온도 ④ 반응생성물의 조성

해 반응폭발 영향인자
교반상태/냉각시스템/반응온도/반응압력

답 ④

271 ☆

반응기를 설계할 때 고려해야 할 요인으로 가장 거리가 먼 것은?

① 부식성 ② 상의 형태
③ 온도 범위 ④ 중간생성물의 유무

해 반응기 설계인자
부식성/상의 형태/온도범위/생산비율/열전달

답 ④

272 ☆

다음 중 폭발범위에 관한 설명으로 틀린 것은?

① 상한값과 하한값이 존재한다.
② 온도에 비례하지만 압력과는 무관하다.
③ 가연성 가스의 종류에 따라 각각 다른 값을 갖는다.
④ 공기와 혼합된 가연성 가스의 체적 농도로 나타낸다.

해 온도에 비례하고, 압력과도 비례하다.

답 ②

273 ☆

가연성 가스 및 증기의 위험도에 따른 방폭전기기기의 분류로 폭발등급을 사용하는데, 이러한 폭발등급을 결정하는 것은?

① 발화도 ② 화염일주한계
③ 폭발한계 ④ 최소발화에너지

해 폭발등급은 화염일주한계(안전간격, 최대안전틈새)로 결정한다.

답 ②

274 ☆

다음 중 가연성 가스가 밀폐된 용기 안에서 폭발할 때 최대폭발압력에 영향을 주는 인자로 가장 거리가 먼 것은?

① 가연성 가스의 농도(몰수)
② 가연성 가스의 초기온도
③ 가연성 가스의 유속
④ 가연성 가스의 초기압력

해 최대폭발압력 영향인자

용기 크기	작을수록 최대폭발압력 증가
초기온도	낮을수록 최대폭발압력 증가
초기압력	높을수록 최대폭발압력 증가
농도(몰수)	높을수록 최대폭발압력 증가
유량	높을수록 최대폭발압력 증가
발화원 강도	높을수록 최대폭발압력 증가

답 ③

275 ☆

다음 중 가스나 증기가 용기 내에서 폭발할 때 최대폭발압력(P_m)에 영향을 주는 요인에 관한 설명으로 틀린 것은?

① P_m은 화학양론비에 최대가 된다
② P_m은 용기의 형태 및 부피에 큰 영향을 받지 않는다.
③ P_m은 다른 조건이 일정할 때 초기온도가 높을수록 증가한다.
④ P_m은 다른 조건이 일정할 때 초기압력이 상승할수록 증가한다.

해 윗 해설 참조

답 ③

276 ☆

폭발압력과 가연성가스의 농도와의 관계에 대한 설명으로 가장 적절한 것은?

① 가연성가스의 농도와 폭발압력은 반비례 관계이다.
② 가연성가스의 농도가 너무 희박하거나 너무 진해도 폭발압력은 최대로 높아진다.
③ 폭발압력은 화학양론 농도보다 약간 높은 농도에서 최대 폭발압력이 된다.
④ 최대 폭발압력의 크기는 공기와의 혼합기체에서 보다 산소의 농도가 큰 혼합기체에서 더 낮아진다.

해 ①: 가연성가스 농도와 폭발압력은 비례관계이다.
②: 가연성가스의 농도가 너무 희박하거나 너무 진하여도 폭발압력은 낮아진다.
④: 최대 폭발압력의 크기는 공기와의 혼합 기체에서보다 산소의 농도가 큰 혼합기체에서 더 높아진다.

답 ③

277 ☆

다음 중 연소속도에 영향을 주는 요인으로 가장 거리가 먼 것은?

① 가연물의 색상 ② 촉매
③ 산소와의 혼합비 ④ 반응계의 온도

해 연소속도 영향요인: 가연물 종류/촉매/산소 혼합비/산소 농도/반응계 온도/압력

답 ①

278 ☆

다음 중 자연발화가 가장 쉽게 일어나기 위한 조건에 해당하는 것은?

① 큰 열전도율
② 고온, 다습한 환경
③ 표면적이 작은 물질
④ 공기의 이동이 많은 장소

해 자연발화가 가장 쉽게 일어나기 위한 조건
작은 열전도율/고온, 다습한 환경/표면적이 큰 물질/공기의 이동이 적은 장소/통풍이 잘 안되는 장소

답 ②

279 ☆☆

다음 중 물질의 자연발화를 촉진시키는 요인으로 가장 거리가 먼 것은?

① 표면적이 넓고, 발열량이 클 것
② 열전도율이 클 것
③ 주위 온도가 높을 것
④ 적당한 수분을 보유할 것

해 윗 해설 참조

답 ②

280 ☆☆

다음 중 자연발화의 방지법으로 적절하지 않은 것은?

① 통풍을 잘 시킬 것
② 습도가 낮은 곳을 피할 것
③ 저장실의 온도 상승을 피할 것
④ 공기가 접촉되지 않도록 불활성액체 중에 저장할 것

해 윗 해설 참조

답 ②

281 ☆

다음 중 자연발화에 대한 설명으로 틀린 것은?

① 분해열에 의해 자연발화가 발생할 수 있다.
② 입자의 표면적이 넓을수록 자연발화가 발생하기 쉽다.
③ 자연발화가 발생하지 않기 위해 습도를 가능한 한 높게 유지시킨다.
④ 열 축적은 자연발화를 일으킬 수 있는 인자이다.

해 윗 해설 참조

답 ③

282 ☆☆

다음 중 자연발화의 방지법으로 가장 거리가 먼 것은?

① 직접 인화할 수 있는 불꽃과 같은 점화원만 제거하면 된다.
② 저장소 등의 주위 온도를 낮게 한다.
③ 습기가 많은 곳에는 저장하지 않는다.
④ 통풍이나 저장법을 고려하여 열의 축적을 방지한다.

해 자연발화는 점화원없이 생기는 것이다.

답 ①

283 ☆☆

다음 중 자연발화의 방지법으로 적절하지 않은 것은?

① 통풍을 잘 시킬 것
② 습도가 높은 곳에 저장할 것
③ 저장실의 온도 상승을 피할 것
④ 공기가 접촉되지 않도록 불활성물질 중에 저장할 것

해 윗 해설 참조

답 ②

284 ☆

자연발화성을 가진 물질이 자연발열을 일으키는 원인으로 거리가 먼 것은?

① 분해열 ② 증발열 ③ 산화열 ④ 중합열

해 자연발열을 일으키는 원인
산화열/분해열/흡착열/중합열/미생물에 의한 발열

답 ②

285 ☆☆

다음 중 기체의 자연발화온도 측정법에 해당하는 것은?

① 중량법 ② 접촉법 ③ 예열법 ④ 발열법

해 발화점 측정법

기체	충격파법/예열법
액체	도가니법/예열법/ASTM법
고체	그룹법/승온시험관법

답 ③

286 ☆☆

다음 중 누설 발화형 폭발재해의 예방 대책으로 가장 거리가 먼 것은?

① 발화원 관리
② 밸브의 오동작 방지
③ 가연성 가스의 연소
④ 누설물질의 검지 경보

해 누설 발화형 폭발 예방대책
1. 발화원 관리
2. 밸브 오동작 방지
3. 누설물질 검지 경보

답 ③

287 ☆

다음 중 화재 예방에 있어 화재의 확대방지를 위한 방법으로 적절하지 않은 것은?

① 가연물량의 제한
② 난연화 및 불연화
③ 화재의 조기발견 및 초기 소화
④ 공간의 통합과 대형화

해 ④: 공간 구획화

답 ④

288 ☆

다음은 산업안전보건기준에 관한 규칙에서 정한 폭발 또는 화재 등의 예방에 관한 내용이다. ( )에 알맞은 용어는?

> 사업주는 인화성 액체의 증기, 인화성 가스 또는 인화성 고체가 존재하여 폭발이나 화재가 발생할 우려가 있는 장소에서 해당 증기·가스 또는 분진에 의한 폭발 또는 화재를 예방하기 위하여 ( ), ( ) 등 환기장치를 적절하게 설치해야 한다.

① 통풍기, 세척기 ② 통풍기, 환기장치
③ 환풍기, 배풍기 ④ 세척기, 제습기

해 사업주는 인화성 액체의 증기, 인화성 가스 또는 인화성 고체가 존재하여 폭발이나 화재가 발생할 우려가 있는 장소에서 해당 증기·가스 또는 분진에 의한 폭발 또는 화재를 예방하기 위하여 환풍기, 배풍기(排風機) 등 환기장치를 적절하게 설치해야 한다.

답 ③

289 ☆

산업안전보건법령에서 인화성 액체를 정의할 때 기준이 되는 표준압력은 몇kPa인가?

① 1 ② 100 ③ 101.3 ④ 273.15

해 인화성 액체 표준압력은 1기압이다.
1기압 = 1atm = 101.325kPa

답 ③

290 ☆

아세틸렌 용접장치로 금속을 용접할 때 아세틸렌가스의 발생압력은 게이지 압력으로 몇 kPa를 초과하여서는 안되는가?

① 49 ② 98 ③ 127 ④ 196

해 사업주는 아세틸렌 용접장치를 사용하여 금속의 용접·용단 또는 가열작업을 하는 경우에는 게이지 압력이 127kPa을 초과하는 압력의 아세틸렌을 발생시켜 사용해서는 아니 된다.

답 ③

291 ☆

아세틸렌 용접장치에 설치하여야 하는 안전기의 설치요령이 옳지 않은 것은?

① 안전기를 취관마다 설치한다.
② 주관에만 안전기 하나를 설치한다.
③ 발생기와 분리된 용접장치에는 가스저장소와의 사이에 안전기를 설치한다.
④ 주관 및 취관에 가장 가까운 분기관마다 안전기를 부착할 경우 용접장치의 취관마다 안전기를 설치하지 않아도 된다.

해
- 사업주는 아세틸렌 용접장치의 취관마다 안전기를 설치하여야 한다. 다만, 주관 및 취관에 가장 가까운 분기관(分岐管)마다 안전기를 부착한 경우에는 그러하지 아니하다.
- 사업주는 가스용기가 발생기와 분리되어 있는 아세틸렌 용접장치에 대하여 발생기와 가스용기 사이에 안전기를 설치해야 한다.

답 ②

292 ☆

압축기의 운전 중 흡입배기 밸브의 불량으로 인한 주요 현상으로 볼 수 없는 것은?

① 가스온도가 상승한다.
② 가스압력에 변화가 초래된다.
③ 밸브 작동음에 이상을 초래한다.
④ 피스톤링의 마모와 파손이 발생한다.

해 흡입배기 밸브 불량으로 인한 발생 현상
- 가스온도 변동
- 가스압력 변동
- 밸브 작동음 이상증세

답 ④

293 ☆☆☆

다음 중 압축기 운전 시 토출압력이 갑자기 증가하는 이유로 가장 적절한 것은?

① 윤활유의 과다
② 피스톤 링의 가스 누설
③ 토출관 내에 저항 발생
④ 저장조 내 가스압의 감소

해 저항이 발생하면 압력이 증가한다.

답 ③

294 ☆☆

압축기의 종류를 구조에 의해 용적형과 회전형으로 분류 할 때 다음 중 회전형으로만 올바르게 나열한 것은?

① 원심식압축기, 축류식압축기
② 축류식압축기, 왕복식압축기
③ 원심식압축기, 왕복식압축기
④ 왕복식압축기, 단계식압축기

해 압축기 분류

회전형	원심식	Casing 내에 넣어신 날개바퀴 회전시켜 기체에 작용하는 원심력에 의해서 기체를 압송하는 방식
	축류식	프로펠러 회전에 의한 추진력으로 기체 압축하는 방치
용적형	회전식	Casing 내에 1개 또는 수 개의 회전체를 설치하여 이것을 회전시킬 때 Casing과 피스톤 사이 체적이 감소해서 기체를 압축하는 방식
	왕복식	실린더 내에서 피스톤을 왕복시켜 이것에 따라 개폐하는 흡입밸브 및 배기밸브의 작용에 의해 기체를 압축하는 방식

답 ①

295 ☆

다음 중 축류식 압축기에 대한 설명으로 옳은 것은?

① Casing 내에 1개 또는 수 개의 회전체를 설치하여 이것을 회전시킬 때 Casing과 피스톤 사이 체적이 감소해서 기체를 압축하는 방식이다.
② 실린더 내에서 피스톤을 왕복시켜 이것에 따라 개폐하는 흡입밸브 및 배기밸브의 작용에 의해 기체를 압축하는 방식이다.
③ Casing 내에 넣어진 날개바퀴를 회전시켜 기체에 작용하는 원심력에 의해서 기체를 압송하는 방식이다.
④ 프로펠러의 회전에 의한 추진력에 의해 기체를 압송하는 방식이다.

해 윗 해설 참조

답 ④

296 ☆

다음 중 건조설비의 가열방법으로 방사전열, 대전전열 방식 등이 있고, 병류형, 직교류형 등의 강제대류방식을 사용하는 것이 많으며 직물, 종이 등의 건조물 건조에 주로 사용하는 건조기는?

① 터널형 건조기 ② 회전 건조기
③ Sheet 건조기 ④ 분무 건조기

해 건조기 종류

터널형 건조기	회분식 건조기로, 터널형의 방에 건조물을 올려놓은 대차를 수납하여 건조하는 방식
회전 건조기	회전하는 원통의 단부에서 건조물을 투입하여 내부에서 교반 이송되면서 열풍과 접촉하여 건조하며 건조물은 다른 단부에서 배출된다.
Sheet 건조기	직물, 종이 등의 건조물 건조에 주로 사용하며 건조 실내를 이동하는 건조물을 방사전열, 열풍에 의한 전열 및 대류 전열 등의 가열 방식으로 건조하는 방식
분무 건조기	액상 건조물에 열풍을 분무 분산하여 급속하게 건조시키는 방식

답 ③

297 ☆

다음 중 왕복펌프에 속하지 않는 것은?

① 피스톤 펌프 ② 플런저 펌프
③ 기어 펌프 ④ 격막 펌프

해 펌프 종류

왕복 펌프	격막/버킷/플런저/피스톤 펌프
원심 펌프	터빈/보어홀 펌프
축류 펌프	프로펠러 펌프
회전 펌프	기어/베인 펌프
특수 펌프	제트 펌프

답 ③

298 ☆

다음 중 석유 화재의 거동에 관한 설명으로 틀린 것은?

① 액면상의 연소 확대에 있어서 액온이 인화점보다 높을 경우 예혼합형 전파연소를 나타낸다.
② 액면상의 연소 확대에 있어서 액온이 인화점보다 낮을 경우 예열형 전파연소를 나타낸다.
③ 저장조 용기의 직경이 1m 이상에서 액면 강하속도는 용기직경에 관계없이 일정하다.
④ 저장조 용기의 직경이 1m 이상이면 층류화염형태를 나타낸다.

해 저장조 용기의 직경이 1m 이상이면 복사열 영향으로 난류화염형태를 나타낸다.

답 ④

299 ☆☆

폭발에 관한 용어 중 "BLEVE"가 의미하는 것은?

① 고농도 분진폭발 ② 개방계 증기운폭발
③ 저농도 분해폭발 ④ 비등액 팽창증기폭발

해 이상현상 종류

구분	설명
비등액 팽창증기폭발 BLEVE (Boiling Liquid Expanding Vapor Explosion)	비점이 낮은 액체 저장탱크 주위에 화재가 발생했을 때 저장탱크 내부의 비등 현상으로인한 압력 상승으로 탱크가 파열되어 그 내용물이 증발, 팽창하면서 발생되는 폭발현상
증기운 폭발 UVCE (Unconfined Vapor Cloud Explosion)	대기 중에 대량의 가연성 가스나 휘발성이 강한 가연성의 액체가 유출하여 발생한 증기가 공기와 혼합하여 가연성 혼합기인 물적조건을 형성하고 에너지 조건인 점화원이 있으면 폭발하는 현상
백드래프트 (Back Draft)	연소에 필요한 산소가 부족하여 훈소상태에 있는 실내에 산소가 갑자기 다량 공급될 때 연소가스가 순간적으로 발화하는 현상
플래시오버 (Flash Over)	화재가 서서히 진행되다 어느 기점 지나면 실내의 모든 가연물들이 동시에 폭발적으로 발화하는 현상

답 ④

300 ☆☆

비점이 낮은 액체 저장탱크 주위에 화재가 발생했을 때 저장탱크 내부의 비등 현상으로인한 압력 상승으로 탱크가 파열되어 그 내용물이 증발, 팽창하면서 발생되는 폭발현상은?

① Back Draft ② BLEVE
③ Flash Over ④ UVCE

해 윗 해설 참조

답 ②

301 ☆

다음 중 증기운폭발에 대한 설명으로 옳은 것은?

① 폭발효율은 BLEVE보다 크다.
② 증기운 크기가 증가하면 점화 확률이 높아진다.
③ 증기운폭발의 방지대책으로 가장 좋은 방법은 점화방지용 안전장치의 설치이다.
④ 증기와 공기의 난류 혼합, 방출점으로부터 먼 지점에서 증기운의 점화는 폭발의 충격을 감소시킨다.

해 ①: 폭발효율은 BLEVE 보다 작다.
③: 증기운폭발의 방지대책으로 가장 좋은 방법은 자동차단밸브 설치이다.
④: 증기와 공기의 난류 혼합, 방출점으로부터 먼 지점에서 증기운의 점화는 폭발의 충격을 증가시킨다.

답 ②

302 ☆

다음 중 Flashover의 방지(지연)대책으로 가장 적정한 것은?

① 출입구 개방 전 외부 공기 유입

② 실내의 가열

③ 가연성 건축자재 사용

④ 개구부 제한

해 플래시오버 방지대책
개구부 제한/가연물 제한/천장, 측벽 불연화

답 ④

303 ☆☆

뜨거운 금속에 물이 닿으면 튀는 현상과 같이 핵비등(nucleate boiling) 상태에서 막비등(film boiling)으로 이행하는 온도를 무엇이라 하는가?

① Burn-out point

② Leidenfrost point

③ Entrainment point

④ Sub-cooling boiling point

해

구분	설명
번아웃점 (Burn-out point)	번아웃점, 비등 전열에 있어 핵 비등에서 막 비등으로 이행할 때 열 유속이 극댓값을 나타내는 점
라이덴프로스트점 (Leidenfrost point)	뜨거운 금속에 물이 닿으면 튀는 현상과 같이 핵비 등(nucleate boiling) 상태에서 막비등(film boiling)으로 이행하는 온도
Entrainment point	비말동반이 시작되는 점
Sub-cooling boiling point	액체의 비등점(沸騰點)에서 실제의 액체온도를 뺀값. 예를 들면 상압에서 20℃의 물은 상압 비등점이 100℃이므로 서브 쿨링은 80℃가 된다.

답 ②

304 ☆☆☆

물이 관 속을 흐를 때 유동하는 물 속의 어느 부분의 정압이 그때의 물의 증기압보다 낮을 경우 물이 증발하여 부분적으로 증기가 발생되어 배관의 부식을 초래하는 경우가 있다. 이러한 현상을 무엇이라 하는가?

① 서징(surging)
② 공동현상(cavitation)
③ 비말동반(entrainment)
④ 수격작용(water hammering)

해 펌프 이상현상 종류

구분	내용
서징	• 펌프를 사용하는 관로에서 주기적으로 힘을 가하지 않았음에도 토출압력이 주기적으로 변화하며 진동과 소음이 발생하는 현상 • 방지책 -풍량 감소시킴 -배관 경사 완만하게 함 -교축밸브(유량조절밸브)를 펌프 토출 측 직후에 설치 -토출가스를 흡입측에 바이패스시키거나 방출밸브에 의해 대기로 방출시킴
공동현상	• 물이 관 속을 흐를 때 유동하는 물 속의 어느 부분의 정압이 그때의 물의 증기압보다 낮을 경우 물이 증발하여 부분적으로 증기가 발생되어 배관의 부식을 초래하는 현상 • 발생조건 -흡입양정 클 때 -흡입관 저항 증대될 때 -흡입액 유량 증대될 때 -관내 온도 상승할 때 • 방지책 -펌프 회전수를 낮춤 -흡입비 속도를 작게 함 -흡입관의 두(head) 손실 줄임 -펌프 설치높이를 낮추어 흡입양정을 작게 함
수격작용	• 관로 내의 물의 운동 상태를 갑자기 변화시켰을 때 생기는 물의 급격한 압력 변화의 현상

비말동반: 액체가 비말 모양의 미소한 액체 방울이 되어 증기, 가스와 함께 운반되는 현상

답 ②

305 ☆☆☆

펌프의 사용 시 공동현상(cavitation)을 방지하고자 할 때의 조치사항으로 틀린 것은?

① 펌프의 회전수를 높인다.
② 흡입비 속도를 작게 한다.
③ 펌프 흡입관의 두(head) 손실을 줄인다.
④ 펌프 설치 높이를 낮추어 흡입양정을 짧게 한다.

해 윗 해설 참조

답 ①

306 ☆☆

압축기와 송풍기의 관로에 심한 공기의 맥동과 진동을 발생하면서 불안정한 운전이 되는 서징(surging) 현상의 방지법으로 옳지 않은 것은?

① 풍량을 감소시킨다.
② 배관의 경사를 완만하게 한다.
③ 교축밸브를 기계에서 멀리 설치한다.
④ 토출가스를 흡입측에 바이패스시키거나 방출밸브에 의해 대기로 방출시킨다.

해 윗 해설 참조

답 ③

307 ☆☆

다음 중 펌프의 공동현상(cavitation)을 방지하기위한 방법으로 가장 적절한 것은?

① 펌프의 설치 위치를 높게 한다.
② 펌프의 회전속도를 빠르게 한다.
③ 펌프의 유효 흡입양정을 작게 한다.
④ 흡입측에서 펌프의 토출량을 줄인다.

해 윗 해설 참조

답 ③

308 ☆

가스누출감지경보기의 선정기준, 구조 및 설치 방법에 관한 설명으로 옳지 않은 것은?

① 암모니아를 제외한 가연성가스 누출감지경보기는 방폭성능을 갖는 것이어야 한다.
② 독성가스 누출감지경보기는 해당 독성가스 허용 농도의 25% 이하에서 경보가 울리도록 설정하여야 한다.
③ 하나의 감지대상가스가 가연성이면서 독성인 경우에는 독성가스를 기준하여 가스누출감지경보기를 선정하여야 한다.
④ 건축물 내에 설치되는 경우, 감지대상가스의 비중이 공기보다 무거운 경우에는 건축물 내의 하부에 설치하여야 한다.

해 가연성 가스누출감지경보기는 감지대상 가스의 폭발하한계 25퍼센트 이하, 독성가스 누출감지경보기는 해당 독성가스의 허용농도 이하에서 경보가 울리도록 설정하여야 한다.

답 ②

309 ☆☆

일반적인 자동제어 시스템의 작동순서를 바르게 나열한 것은?

① 검출 → 조절계 → 공정상황 → 밸브
② 공정상황 → 검출 → 조절계 → 밸브
③ 조절계 → 공정상황 → 검출 → 밸브
④ 밸브 → 조절계 → 공정상황 → 검출

해 자동제어 시스템의 작동순서
공정상황 → 검출 → 조절계 → 밸브

답 ②

310 ☆☆☆

다음 중 관의 지름을 변경하는데 사용되는 관의 부속품으로 가장 적절한 것은?

① 엘보우(Elbow) ② 커플링(Coupling)
③ 유니온(Union) ④ 리듀서(Reducer)

해 관 부속품 종류

구분	부속품
배관 방향 변경 시	엘보우
관과 관을 연결 시	커플링/유니온/니플/플랜지/소켓
관의 지름 변경 시	리듀서/부싱
유로 차단 시	플러그/밸브

답 ④

311 ☆☆

다음 중 관(pipe) 부속품 중 관로의 방향을 변경하기 위하여 사용하는 부속품은?

① 니플(nipple) ② 유니온(union)
③ 플랜지(flange) ④ 엘보우(elbow)

해 윗 해설 참조

답 ④

312 ☆

관 부속품 중 유로를 차단할 때 사용되는 것은?

① 유니온 ② 소켓 ③ 플러그 ④ 엘보우

해 윗 해설 참조

답 ③

313 ☆

물질의 누출방지용으로써 접합면을 상호 밀착시키기 위하여 사용하는 것은?

① 개스킷 ② 체크밸브 ③ 플러그 ④ 콕크

해 사업주는 화학설비 또는 그 배관의 덮개·플랜지·밸브 및 콕의 접합부에 대해서는 접합부에서 위험물질등이 누출되어 폭발·화재 또는 위험물이 누출되는 것을 방지하기 위하여 적절한 개스킷(gasket)을 사용하고 접합면을 서로 밀착시키는 등 적절한 조치를 하여야 한다.

답 ①

314 ☆

증류탑에서 포종탑 내에 설치되어 있는 포종의 주요 역할로 옳은 것은?

① 압력을 증가시켜주는 역할
② 탑 내 액체를 이송하는 역할
③ 화학적 반응을 시켜주는 역할
④ 증기와 액체의 접촉을 용이하게 해주는 역할

해 포종: 증기와 액체의 접촉을 용이하게 해줌

답 ④

315 ☆

폭발하한계에 관한 설명으로 옳지 않은 것은?

① 폭발하한계에서 화염의 온도는 최저치로 된다.
② 폭발하한계에 있어서 산소는 연소하는데 과잉으로 존재한다.
③ 화염이 하향전파인 경우 일반적으로 온도가 상승함에 따라서 폭발하한계는 높아진다.
④ 폭발하한계는 혼합가스의 단위 체적당의 발열량이 일정한 한계치에 도달하는데 필요한 가연성 가스의 농도이다.

해 하향전파 시 하한계가 높아지고, 온도 상승 시엔 하한계가 낮아진다.

답 ③

316 ☆

다음 중 압력차에 의하여 유량을 측정하는 가변류 유량계가 아닌 것은?

① 오리피스미터(orifice meter)
② 벤튜리미터(venturi meter)
③ 로터미터(rota meter)
④ 피토튜브(pitot tube)

해 로터미터: 면적식 유량계

답 ③

317 ☆

고압가스 용기 파열사고의 주요 원인 중 하나는 용기의 내압력(耐壓力) 부족이다. 다음 중 내압력 부족의 원인으로 틀린 것은?

① 용기 내벽의 부식 ② 강재의 피로
③ 과잉 충전 ④ 용접 불량

해 ③: 용기 내압 이상 상승의 원인

답 ③

318 ☆

폭발하한계를 L, 폭발상한계를 U라 할 경우 다음 중 위험도(H)를 옳게 나타낸 것은?

① $H=\frac{U-L}{L}$ ② $H=\frac{|L-U|}{U}$
③ $H=\frac{L}{U-L}$ ④ $H=\frac{U}{|L-U|}$

해 위험도 $= \frac{\text{폭발상한값 - 폭발하한값}}{\text{폭발하한값}} = \frac{U-L}{L}$

답 ①

319 ☆☆

Burgess – Wheeler의 법칙에 따르면 서로 유사한 탄화수소계의 가스에서 폭발하한계의 농도(vol%)와 연소열(kcal/mol)의 곱의 값은 약 얼마 정도인가?

① 1,100 ② 2,800 ③ 3,200 ④ 3,800

해 Burgess – wheeler는 폭발하한계의 농도와 연소열의 곱이 1,100로 일정하다고 제시하였다.
→ 연소하한계 · 연소열 = 1,100

답 ①

320 ☆

포화탄화수소계의 가스에서는 폭발하한계의 농도 X(vol%)와 그의 연소열(kcal/mol)Q의 곱은 일정하게 된다는 Burgess – Wheeler의 법칙이 있다. 연소열이 635.4kcal/mol인 포화탄화수소 가스의 하한계는 약 얼마인가?

① 1.73% ② 1.95% ③ 2.68% ④ 3.20%

해 Burgess – Wheeler의 법칙
연소하한계 • 연소열 = 1,100
→ X • 635.4 = 1,100 → X = 1.73%

답 ①

321 ☆

폭발의 위험성을 고려하기 위해 정전에너지 값을 구하고자 한다. 다음 중 정전에너지를 구하는 식은? (단, E는 정전에너지, C는 정전용량, V는 전압을 의미한다)

① $E=\frac{1}{2}CV^2$ ② $E=\frac{1}{2}C^2V$
③ $E=C^2V$ ④ $E=\frac{1}{4}CV$

해 $E=\frac{1}{2}CV^2$
E: 정전에너지(J) C: 정전용량(F) V: 전압(V)

답 ①

322 ☆☆

다음 중 최소발화에너지(E[J])를 구하는 식으로 옳은 것은? (단, I는 전류[A], R은 저항[Ω], V는 전압[V], C는 콘덴서 용량[F], T는 시간[초]이라 한다.)

① $E=I^2RT$ ② $E=0.24I^2RT$
③ $E=\frac{1}{2}CV^2$ ④ $E=\frac{1}{2}\sqrt{CV}$

해 $E=\frac{1}{2}CV^2$
E: 정전에너지(J) C: 정전용량(F) V: 선압(V)

답 ③

323 ☆

다음 중 공기 중 최소 발화에너지값이 가장 작은 물질은?

① 에틸렌 ② 아세트알데히드
③ 메탄 ④ 에탄

해 에틸렌: 0.07mJ
아세트알데히드: 0.36mJ
메탄: 0.28mJ
에탄: 0.24mJ

답 ①

324 ☆

다음 중 대기압 상의 공기·아세틸렌 혼합가스의 최소발화에너지(MIE)에 관한 설명으로 옳은 것은?

① 압력이 클수록 MIE는 증가한다.
② 불활성물질의 증가는 MIE를 감소시킨다.
③ 대기압 상의 공기·아세틸렌 혼합가스의 경우는 약 9%에서 최대값을 나타낸다.
④ 일반적으로 화학양론농도보다도 조금 높은 농도일 때에 최소값이 된다.

해 ①: 압력이 클수록 MIE는 감소한다.
②: 불활성물질의 증가는 MIE를 증가시킨다.

답 ④

325 ☆☆

송풍기의 상사법칙에 관한 설명으로 옳지 않은 것은?

① 송풍량은 회전수와 비례한다.
② 정압은 회전수 제곱에 비례한다.
③ 축동력은 회전수의 세제곱에 비례한다.
④ 정압은 임펠러 직경의 네제곱에 비례한다.

해

풍량	• 송풍량은 임펠러 직경의 세제곱에 비례한다. • 송풍량은 회전수와 비례한다. 풍량: $Q_2 = Q_1(\frac{D_2}{D_1})^3(\frac{N_2}{N_1})$ D: 직경 N: 회전수
정압	• 정압은 임펠러 직경의 제곱에 비례한다. • 정압은 회전수 제곱에 비례한다. 정압: $P_2 = P_1(\frac{D_2}{D_1})^2(\frac{N_2}{N_1})^2$ D: 직경 N: 회전수
축동력	• 축동력은 임펠러 직경의 다섯제곱에 비례한다. • 축동력은 회전수의 세제곱에 비례한다. 정압: $L_2 = L_1(\frac{D_2}{D_1})^5(\frac{N_2}{N_1})^3$ D: 직경 N: 회전수

답 ④

326 ☆

송풍기의 회전차 속도가 1,300rpm일 때 송풍량이 분당 300m³였다. 송풍량을 분당 400m³으로 증가시키고자 한다면 송풍기의 회전차 속도는 약 몇 rpm으로 하여야 하는가?

① 1,533 ② 1,733 ③ 1,967 ④ 2,167

해 같은 송풍기의 직경 동일

풍량: $Q_2 = Q_1(\frac{D_2}{D_1})^3(\frac{N_2}{N_1}) \rightarrow 400 = 300 \cdot \frac{X}{1,300}$

$\rightarrow X = 1,733.33rpm$

D: 직경 N: 회전수

답 ②

327 ☆☆

다음 [표]를 참조하여 메탄 70vol%, 프로판 21vol%, 부탄 9vol%인 혼합가스의 폭발범위를 구하면 약 몇 vol%인가?

가스	폭발하한계 (vol%)	폭발상한계 (vol%)
메탄	5	15
프로판	2.1	9.5
부탄	1.8	8.4
에탄	3	12.5

① 3.45~9.11 ② 3.45~12.58

③ 3.85~9.11 ④ 3.85~12.58

해 $LEL(\%) = \frac{\Sigma vol\%}{\Sigma \frac{vol\%}{LEL}} = \frac{70+21+9}{\frac{70}{5}+\frac{21}{2.1}+\frac{9}{1.8}}$

$= 3.45\%$

$UEL(\%) = \frac{\Sigma vol\%}{\Sigma \frac{vol\%}{UEL}} = \frac{70+21+9}{\frac{70}{15}+\frac{21}{9.5}+\frac{9}{8.4}}$

$= 12.58\%$

LEL: 폭발하한계(%) UEL: 폭발상한계(%)

답 ②

328 ☆☆

메탄, 에탄, 프로판의 폭발하한계가 각각 5vol%, 3vol%, 2.5vol%일 때 다음 중 폭발하한계가 가장 낮은 것은? (단, Le Chatelier의 혼합법칙을 이용한다.)

① 메탄 20vol%, 에탄 30vol%, 프로판 50vol%의 혼합가스
② 메탄 30vol%, 에탄 30vol%, 프로판 40vol%의 혼합가스
③ 메탄 40vol%, 에탄 30vol%, 프로판 30vol%의 혼합가스
④ 메탄 50vol%, 에탄 30vol%, 프로판 20vol%의 혼합가스

해 $LEL(\%) = \dfrac{\Sigma vol\%}{\Sigma \dfrac{vol\%}{LEL}}$ LEL: 폭발 하한계(%)

$$(1) = \frac{20+30+50}{\frac{20}{5}+\frac{30}{3}+\frac{50}{2.5}} = 2.94\%$$

$$(2) = \frac{30+30+40}{\frac{30}{5}+\frac{30}{3}+\frac{40}{2.5}} = 3.13\%$$

$$(3) = \frac{40+30+30}{\frac{40}{5}+\frac{30}{3}+\frac{30}{2.5}} = 3.33\%$$

$$(4) = \frac{50+30+20}{\frac{50}{5}+\frac{30}{3}+\frac{20}{2.5}} = 3.57\%$$

→ (1)이 가장 낮다.

답 ①

329 ☆

프로판과 메탄의 폭발하한계가 각각 2.5, 5.0vol% 이라고 할 때 프로판과 메탄이 3:1의 체적비로 혼합되어 있다면 이 혼합가스의 폭발하한계는 약 몇 vol%인가? (단, 상온, 상압 상태이다.)

① 2.9 ② 3.3 ③ 3.8 ④ 4.0

해 3:1이니프로판 75%, 메탄 25%

$$LEL(\%) = \frac{\Sigma vol\%}{\Sigma \frac{vol\%}{LEL}} = \frac{75+25}{\frac{75}{2.5}+\frac{25}{5}} = 2.86\%$$

LEL: 폭발하한계(%)

답 ①

330 ☆☆

에틸에테르와 에틸알콜이 3:1로 혼합증기의 몰비가 각각 0.75, 0.25이고, 에틸에테르와 에틸알콜의 폭발하한값이 각각 1.9vol%, 4.3vol%일 때 혼합가스의 폭발하한값은 약 몇 vol%인가?

① 2.2 ② 3.5 ③ 22.0 ④ 34.7

해 3:1이니프로판 75%, 에틸알콜 25%

$$LEL(\%) = \frac{\Sigma vol\%}{\Sigma \frac{vol\%}{LEL}} = \frac{75+25}{\frac{75}{1.9}+\frac{25}{4.3}} = 2.21\%$$

LEL: 폭발하한계(%)

답 ①

331 ☆☆☆☆☆

헥산 1vol%, 메탄 2vol%, 에틸렌 2vol%, 공기 95vol%로 된 혼합가스의 폭발하한계 값(vol%)은 약 얼마인가? (단, 헥산, 메탄, 에틸렌의 폭발하한계 값은 각각 1.1, 5, 2.7vol%이다.)

① 2.44 ② 12.89 ③ 21.78 ④ 48.78

해 공기는 고려X

$$LEL(\%) = \frac{\Sigma vol\%}{\Sigma \frac{vol\%}{LEL}} = \frac{1+2+2}{\frac{1}{1.1}+\frac{2}{5}+\frac{2}{2.7}}$$

$= 2.44\%$

LEL: 폭발하한계(%)

답 ①

332 ☆

가연성 가스 혼합물을 구성하는 각 성분의 조성과 연소범위가 다음 [표]와 같을 때 혼합 가스의 연소하한값은 약 몇 vol% 인가?

성분	조성 (vol%)	연소하한값 (vol%)	연소상한값 (vol%)
헥산	1	1.1	7.5
메탄	2.5	5.0	15.0
에틸렌	0.5	2.7	36.0
공기	96	-	-

① 2.51 ② 7.51 ③ 12.07 ④ 15.01

해 공기는 고려X

$$LEL(\%) = \frac{\Sigma vol\%}{\Sigma \frac{vol\%}{LEL}} = \frac{1+2.5+0.5}{\frac{1}{1.1}+\frac{2.5}{5}+\frac{0.5}{2.7}}$$

$= 2.51\%$

LEL: 폭발하한계(%)

답 ①

333 ☆

메탄 50vol%, 에탄 30vol%, 프로판 20vol% 혼합가스의 공기 중 폭발 하한계는? (단, 메탄, 에탄, 프로판의 폭발 하한계는 각각 5vol%, 3vol%, 2.1vol%이다.)

① 1.6vol% ② 2.1vol%
③ 3.4vol% ④ 4.8vol%

해 $$LEL(\%) = \frac{\Sigma vol\%}{\Sigma \frac{vol\%}{LEL}} = \frac{50+30+20}{\frac{50}{5}+\frac{30}{3}+\frac{20}{2.1}}$$

$= 3.39\%$

LEL: 폭발하한계(%)

답 ③

334 ☆

메탄 20%, 에탄 40%, 프로판 40%로 구성된 혼합가스가 공기 중에서 연소할 때 이 혼합가스의 이론적 화학양론 조성은 약 몇%인가? (단, 메탄, 에탄, 프로판의 양론농도(Cst)는 각각 9.5%, 5.6%, 4.0%이다.)

① 5.2% ② 7.7% ③ 9.5% ④ 12.1%

해 $$화학양론조성(\%) = \frac{\Sigma vol\%}{\Sigma \frac{vol\%}{C_{st}}} = \frac{20+40+40}{\frac{20}{9.5}+\frac{40}{5.6}+\frac{40}{4}} = 5.2\%$$

답 ①

335 ☆☆

프로판(C_3H_8) 가스가 공기 중 연소할 때의 화학양론농도는 약 얼마인가? (단, 공기 중의 산소농도는 21vol%이다.)

① 2.5vol% ② 4.0vol%
③ 5.6vol% ④ 9.5vol%

해 $C_3H_8 \rightarrow a:3 \ \ b:8$

$$C_{st} = \frac{100}{1+4.77(a+\frac{b-c-2d}{4})}$$

$$= \frac{100}{1+4.77(3+\frac{8-0-2 \cdot 0}{4})} = 4.02\%$$

a: 탄소 b: 수소 c: 할로겐 d:산소

답 ②

336 ☆

메탄이 공기 중에서 연소될 때의 이론혼합비(화학양론조성)는 약 몇 vol%인가?

① 2.21 ② 4.03 ③ 5.76 ④ 9.50

해 $CH_4 \rightarrow a:1 \ \ b:4$

$$C_{st} = \frac{100}{1+4.77(a+\frac{b-c-2d}{4})}$$

$$= \frac{100}{1+4.77(1+\frac{4-0-2 \cdot 0}{4})} = 9.49\%$$

a: 탄소 b: 수소 c: 할로겐 d:산소

답 ④

337 ☆☆

다음 중 완전연소조성농도가 가장 낮은 것은?

① 메탄(CH_4) ② 프로판(C_3H_8)
③ 부탄(C_4H_{10}) ④ 아세틸렌(C_2H_2)

해 완전연소조성농도

$$C_{st} = \frac{100}{1+4.77(a+\frac{b-c-2d}{4})}$$

a: 탄소 b: 수소 c: 할로겐 d:산소

메탄 $C_{st} = \frac{100}{1+4.77(1+\frac{4-0-2 \cdot 0}{4})} = 9.49\%$

프로판 $C_{st} = \frac{100}{1+4.77(3+\frac{8-0-2 \cdot 0}{4})} = 4.02\%$

부탄 $C_{st} = \frac{100}{1+4.77(4+\frac{10-0-2 \cdot 0}{4})} = 3.12\%$

아세틸렌 $C_{st} = \frac{100}{1+4.77(2+\frac{2-0-2 \cdot 0}{4})}$

$= 7.73\%$

→ 부탄이 제일 낮다.

답 ③

338 ☆

메탄(CH_4) 70vol%, 부탄(C_4H_{10}) 30vol% 혼합가스의 25℃, 대기압에서의 공기 중 폭발하한계(vol%)는 약 얼마인가? (단, 각 물질의 폭발하한계는 다음 식을 이용하여 추정, 계산한다.)

$$L_{25} = C_{st} \cdot 0.55 \qquad C_{st} = \frac{100}{1+4.77O_2}$$

① 1.2 ② 3.2 ③ 5.7 ④ 7.7

해 $LEL(\%) = \dfrac{\Sigma vol\%}{\Sigma \dfrac{vol\%}{LEL}} = \dfrac{70+30}{\dfrac{70}{5.22}+\dfrac{30}{1.72}}$

$= 3.24\%$

메탄 $CH_4 \rightarrow a{:}1 \ \ b{:}4$

$LEL = C_{st} \cdot 0.55 = 9.49 \cdot 0.55 = 5.22\%$

$C_{st} = \dfrac{100}{1+4.77(a+\dfrac{b-c-2d}{4})}$

$= \dfrac{100}{1+4.77(1+\dfrac{4-0-2 \cdot 0}{4})} = 9.49\%$

부탄 $C_4H_{10} \rightarrow a{:}4 \ \ b{:}10$

$LEL = C_{st} \cdot 0.55 = 3.12 \cdot 0.55 = 1.72\%$

$C_{st} = \dfrac{100}{1+4.77(a+\dfrac{b-c-2d}{4})}$

$= \dfrac{100}{1+4.77(4+\dfrac{10-0-2 \cdot 0}{4})} = 3.12\%$

LEL: 폭발하한계(%)

답 ②

339 ☆☆

에틸렌(C_2H_4)이 완전연소하는 경우 다음의 Jones을 이용하여 계산할 경우 연소하한계는 약 몇 vol%인가?

jones식: $LFL = 0.55 \cdot C_{st}$

① 0.55 ② 3.59 ③ 6.3 ④ 8.5

해 에틸렌 $C_2H_4 \rightarrow a{:}2 \quad b{:}4$

$LFL = 0.55 \cdot C_{st} = 0.55 \cdot 6.53 = 3.59\%$

$C_{st} = \dfrac{100}{1+4.77(a+\dfrac{b-c-2d}{4})}$

$= \dfrac{100}{1+4.77(2+\dfrac{4-0-2 \cdot 0}{4})} = 6.53\%$

a: 탄소 b: 수소 c: 할로겐 d:산소

답 ②

340 ☆☆

다음 중 벤젠(C_6H_6)의 공기 중 폭발하한계값(vol%)에 가장 가까운 것은?

① 1.0 ② 1.5 ③ 2.0 ④ 2.5

해 $C_6H_6 \rightarrow a{:}6 \quad b{:}6$

$LFL = C_{st} \cdot 0.55 = 2.72 \cdot 0.55 = 1.5\%$

$C_{st} = \dfrac{100}{1+4.77(a+\dfrac{b-c-2d}{4})}$

$= \dfrac{100}{1+4.77(6+\dfrac{6-0-2 \cdot 0}{4})} = 2.72\%$

a: 탄소 b: 수소 c: 할로겐 d:산소

답 ②

341 ☆

탄화수소 증기의 연소하한값 추정식은 연료의 양론농도(C_{ST})의 0.55배이다. 프로판 1몰의 연소반응식이 다음과 같을 때 연소하한값은 약 몇 vol%인가?

$$C_3H_8+5O_2 \rightarrow 3CO_2+4H_2O$$

① 2.22 ② 4.03 ③ 4.44 ④ 8.06

해 연소하한계 = $C_{st} \cdot 0.55 = 4.02 \cdot 0.55 = 2.21\%$

$$C_{st} = \frac{100}{1+4.77(a+\frac{b-c-2d}{4})} = \frac{100}{1+4.77(3+\frac{8-0-2\cdot 0}{4})} = 4.02\%$$

a: 탄소 b: 수소 c: 할로겐 d:산소

답 ①

342 ☆

프로판(C_3H_8)의 연소에 필요한 최소 산소농도의 값은? (단, 프로판의 폭발하한은 Jone식에 의해 추산한다.)

① 8.1%v/v ② 11.1%v/v
③ 15.1%v/v ④ 20.1%v/v

해 $C_3H_8 \rightarrow a{:}3\ \ b{:}8$

최소산소농도 = 산소양론계수 • 연소하한계 = 5 • 2.21 = 11.05%

산소양론계수 $= a + \frac{b-c-2d}{4} = 3 + \frac{8-0-2\cdot 0}{4} = 5$

jones식 연소하한계 = $C_{st} \cdot 0.55 = 4.02 \cdot 0.55 = 2.21\%$

$$C_{st} = \frac{100}{1+4.77(a+\frac{b-c-2d}{4})} = \frac{100}{1+4.77(3+\frac{8-0-2\cdot 0}{4})} = 4.02\%$$

a: 탄소 b: 수소 c: 할로겐 d:산소

답 ②

343 ☆☆

프로판(C_3H_8)의 연소하한계가 2.2vol%일 때 연소를 위한 최소산소농도(MOC)는 몇 vol%인가?

① 5.0 ② 7.0 ③ 9.0 ④ 11.0

해 $C_3H_8 \rightarrow a{:}3\ \ b{:}8$

최소산소농도 = 산소양론계수 • 연소하한계 = 5 • 2.2 = 11%

산소양론계수 $= a + \frac{b-c-2d}{4} = 3 + \frac{8-0-2\cdot 0}{4} = 5$

a: 탄소 b: 수소 c: 할로겐 d:산소

답 ④

344 ☆☆

부탄(C_4H_{10})의 연소에 필요한 최소산소농도(MOC)를 추정하여 계산하면 약 몇 vol%인가? (단, 부탄의 폭발하한계는 공기 중에서 1.6vol%이다.)

① 5.6 ② 7.8 ③ 10.4 ④ 14.1

해 $C_4H_{10} \rightarrow a{:}4 \ \ b{:}10$

최소산소농도 = 산소양론계수 • 연소하한계
= 6.5 • 1.6 = 10.4%

산소양론계수 $= a + \frac{b-c-2d}{4}$

$= 4 + \frac{10-0-2 \cdot 0}{4} = 6.5$

a: 탄소 b: 수소 c: 할로겐 d:산소

답 ③

345 ☆

다음 [표]의 가스를 위험도가 큰 것부터 작은 순으로 나열한 것은?

물질명	폭발하한값	폭발상한값
수소	4.0 vol%	75.0 vol%
산화에틸렌	3.0 vol%	80.0 vol%
이황화탄소	1.25 vol%	44.0 vol%
아세틸렌	2.5 vol%	81.0 vol%

① 아세틸렌 - 산화에틸렌 - 이황화탄소 - 수소
② 아세틸렌 - 산화에틸렌 - 수소-이황화탄소
③ 이황화탄소 - 아세틸렌 - 수소-산화에틸렌
④ 이황화탄소 - 아세틸렌 - 산화에틸렌-수소

해 위험도 $= \frac{\text{폭발상한값} - \text{폭발하한값}}{\text{폭발하한값}}$

수소 $= \frac{75-4}{4} = 17.75$

산화에틸렌 $= \frac{80-3}{3} = 25.67$

이황화탄소 $= \frac{44-1.25}{1.25} = 34.2$

아세틸렌 $= \frac{81-2.5}{2.5} = 31.4$

∴ 위험도: 이황화탄소 > 아세틸렌 > 산화에틸렌 > 수소

답 ④

346 ☆

각 물질(A ~ D)의 폭발상한계와 하한계가 다음 [표]와 같을 때 다음 중 위험도가 가장 큰 물질은?

구분	A	B	C	D
폭발상한계	9.5%	8.4%	15%	13%
폭발하한계	2.1%	1.8%	5%	2.6%

① A ② B ③ C ④ D

해 위험도 $= \dfrac{\text{폭발상한값} - \text{폭발하한값}}{\text{폭발하한값}}$

$A = \dfrac{9.5 - 2.1}{2.1} = 3.52$

$B = \dfrac{8.4 - 1.8}{1.8} = 3.67$

$C = \dfrac{15 - 5}{5} = 2$

$D = \dfrac{13 - 2.6}{2.6} = 4$

∴ 위험도: $D > B > A > C$

답 ④

347 ☆☆

공기 중에서 폭발범위가 12.5 ~ 74vol%인 일산화탄소의 위험도는 얼마인가?

① 4.92 ② 5.26 ③ 6.26 ④ 7.05

해 위험도 $= \dfrac{\text{폭발상한값} - \text{폭발하한값}}{\text{폭발하한값}}$

$= \dfrac{74 - 12.5}{12.5} = 4.92$

답 ①

348 ☆

공기 중에서 A가스의 폭발하한계는 2.2vol%이다. 이 폭발하한계 값을 기준으로 하여 표준 상태에서 A가스와 공기의 혼합기체 $1m^3$에 함유되어 있는 A가스의 질량을 구하면 약 몇g인가? (단, A가스 분자량은 26이다.)

① 19.02 ② 25.54 ③ 29.02 ④ 35.54

해 $\% = 10^4 mL/m^3 \rightarrow 2.2\% = 2.2 \cdot 10^4 mL/m^3$

$\dfrac{AmL \cdot A\text{분자량}(mg) \cdot \text{부피}}{m^3 \cdot 22.4mL}$

$= \dfrac{2.2 \cdot 10^4 mL \cdot 26mg \cdot 1m^3 \cdot g}{m^3 \cdot 22.4mL \cdot 10^3 mg} = 25.54g$

답 ②

349 ☆☆

공기 중에서 이황화탄소(CS_2)의 폭발한계는 하한값이 1.25vol%, 상한값이 44vol%이다. 이를 20℃ 대기압 하에서 mg/L의 단위로 환산하면 하한값과 상한값은 각각 약 얼마인가? (단, 이황화탄소의 분자량은 76.1이다.)

① 하한값: 61, 상한값: 640

② 하한값: 40.1, 상한값: 1,392.8

③ 하한값: 146, 상한값: 860

④ 하한값: 55.4, 상한값: 1,642

해 $\% = 10^4 mL/m^3$

$\dfrac{AmL \cdot A\text{분자량}(mg) \cdot \text{부피}}{m^3 \cdot 22.4mL}$

하한값 $= \dfrac{1.25 \cdot 10^4 mL \cdot 76.1mg \cdot m^3}{m^3 \cdot (22.4 \cdot \frac{273+20}{273})mL \cdot 10^3 L}$

$= 40.1mg/L$

상한값 $= \dfrac{44 \cdot 10^4 mL \cdot 76.1mg \cdot m^3}{m^3 \cdot (22.4 \cdot \frac{273+20}{273})mL \cdot 10^3 L}$

$= 1{,}392.79mg/L$

답 ②

350 ☆☆

프로판가스 $1m^3$를 완전 연소시키는데 필요한 이론 공기량은 몇 m^3인가? (단, 공기 중의 산소농도는 20vol%이다.)

① 20 ② 25 ③ 30 ④ 35

해 $C_3H_8 + 5O_2 \rightarrow 3CO_2 + 4H_2O$

22.4:5 • 22.4

1 : O_2

$$O_2 = \frac{5 \cdot 22.4}{22.4} = 5$$

$$공기량 = \frac{O_2}{0.2} = \frac{5}{0.2} = 25m^3$$

답 ②

351 ☆

다음 중 에틸알콜(C_2H_5OH)이 완전연소 시는 CO_2와 H_2O의 몰수로 알맞은 것은?

① $CO_2=1$, $H_2O=4$ ② $CO_2=2$, $H_2O=3$
③ $CO_2=3$, $H_2O=2$ ④ $CO_2=4$, $H_2O=1$

해 $C_2H_5OH + 3O_2 \rightarrow 2CO_2 + 3H_2O$

답 ②

352 ☆☆

비중이 1.5이고, 직경이 74μm인 분체가 종말속도 0.2m/s로 직경 6m의 사일로(silo)에서 질량유속 400kg/h로 흐를 때 평균 농도는 약 얼마인가?

① 10.8mg/L ② 14.8mg/L
③ 19.8mg/L ④ 25.8mg/L

해 $$평균농도 = \frac{질량유속}{사일로\ 넓이 \cdot 종말속도}$$

$$= \frac{400kg \cdot s \cdot 10^6 mg \cdot h \cdot m^3}{h \cdot \pi \cdot 3^2 m^2 \cdot 0.2m \cdot kg \cdot 3{,}600s \cdot 1{,}000L}$$

$$= 19.65mg/L$$

답 ③

353 ☆

아세틸렌가스가 다음과 같은 반응식에 의하여 연소할 때 연소열은 약 몇 kcal/mol인가? (단, 다음의 열역학 표를 참조하여 계산한다.)

$$C_2H_2 + 2.5O_2 \rightarrow 2CO_2 + H_2O$$

물질명	ΔH(kcal/mol)
C_2H_2	54.194
CO_2	-94.052
$H_2O_{(g)}$	-57.798

① -300.1 ② -200.1 ③ 200.1 ④ 300.1

해 A + B → C + D ΔH:C + D − (A + B) 산소는 제외

$2CO_2 + H_2O - (C_2H_2)$

$= 2 \cdot (-94.052) + (-57.798) - (54.194)$

$= -300.1kcal/mol$

답 ①

354 ☆☆

어떤 습한 고체재료 10kg을 완전 건조 후 무게를 측정하였더니 6.8kg이었다. 이 재료의 건량 기준 함수율은 몇 kg·H_2O/kg인가?

① 0.25 ② 0.36 ③ 0.47 ④ 0.58

해 $$함수율 = \frac{건조\ 전 - 건조\ 후}{건조\ 후} = \frac{10 - 6.8}{6.8} = 0.47$$

답 ③

355

☆☆☆

액화 프로판 310kg을 내용적 50L 용기에 충전할 때 필요한 소요 용기의 수는 몇 개인가? (단, 액화 프로판의 가스정수는 2.35이다.)

① 15 ② 17 ③ 19 ④ 21

해 $\frac{\text{질량} \cdot \text{가스정수}}{\text{내용적}} = \frac{310 \cdot 2.35}{50} = 14.57$개

≒ 15개

답 ①

356

☆☆

25℃ 액화프로판가스 용기에 10kg의 LPG가 들어있다. 용기가 파열되어 대기압으로 되었다고 한다. 파열되는 순간 증발되는 프로판의 질량은 약 얼마인가?(단, LPG의 비열은 2.4kJ/kg · ℃이고, 표준비점은 －42.2℃ 증발잠열은 384.2kJ/kg이라고 한다.)

① 0.42kg ② 0.52kg ③ 4.20kg ④ 7.62kg

해 기화량 $= \frac{\text{열량}}{\text{증발잠열}} = \frac{1{,}612.8\text{kJ} \cdot \text{kg}}{384.2\text{kJ}} = 4.2\text{kg}$

열량 = 비열 • 질량 • 온도차

$= \frac{2.4\text{kJ} \cdot 10\text{kg} \cdot (25-(-42.2))℃}{\text{kg} \cdot ℃}$

$= 1{,}612.8\text{kJ}$

답 ③

357

☆☆

20℃, 1기압의 공기를 5기압으로 단열압축하면 공기의 온도는 약 몇 ℃가 되겠는가? (단, 공기의 비열비는 1.4이다.)

① 32 ② 191 ③ 305 ④ 464

해 $\text{온도}_2(\text{K}) = \text{온도}_1(\text{K}) \cdot (\frac{\text{압력}_2}{\text{압력}_1})^{\frac{\text{비열}-1}{\text{비열}}}$

$= (273 + 20) \cdot (\frac{5}{1})^{\frac{1.4-1}{1.4}}$

$= 464.06\text{K} = 273 + ℃$

$\rightarrow ℃ = 191.06$

답 ②

358

☆

단열반응기에서 100 °F, 1atm의 수소가스를 압축하는 반응기를 설계할 때 안전하게 조업할 수 있는 최대압력은 약 몇 atm인가? (단, 수소의 자동발화온도는 1,075 °F 이고, 수소는 이상 기체로 가정하고, 비열비(r)는 1.4이다.)

① 14.62 ② 24.23 ③ 34.10 ④ 44.62

해 $℃ = \frac{(°\text{F} - 32)}{1.8} \rightarrow 100°\text{F} = 37.78℃$

$1{,}075°\text{F} = 579.44℃$

$\text{압력}_2 = \text{압력}_1 \cdot (\frac{\text{온도}_2}{\text{온도}_1})^{\frac{\text{비열}}{\text{비열}-1}}$

$= 1 \cdot (\frac{273+579.44}{273+37.78})^{\frac{1.4}{1.4-1}}$

$= 34.18atm$

답 ③

359 ☆☆☆☆☆☆

5% NaOH 수용액과 10% NaOH 수용액을 반응기에 혼합하여 6% 100kg의 NaOH 수용액을 만들려면 각각 몇 kg의 NaOH 수용액이 필요한가?

① 5% NaOH 수용액: 33.3
   10% NaOH 수용액: 66.7
② 5% NaOH 수용액: 50
   10% NaOH 수용액: 50
③ 5% NaOH 수용액: 66.7
   10% NaOH 수용액: 33.3
④ 5% NaOH 수용액: 80
   10% NaOH 수용액: 20

해 5% xkg10% (100 − x)kg이라면
$5x + 10(100 - x) = 600$
$5x + 1,000 - 10x = 600$
$-5x = -400$
$x = 80$
따라서, 5% NaOH 수용액: 80kg
10% NaOH 수용액: 20kg

답 ④

360 ☆

공기 중 암모니아가 20ppm(노출기준 25ppm), 톨루엔이 20ppm(노출기준 50ppm)이 완전 혼합되어 존재하고 있다. 혼합물질의 노출기준을 보정하는데 활용하는 노출지수는 약 얼마인가? (단, 두 물질 간에 유해성이 인체의 서로 다른 부위에 작용한다는 증거는 없다.)

① 1.0 ② 1.2 ③ 1.5 ④ 1.6

해 $\text{노출지수} = \Sigma\frac{\text{측정농도}}{\text{노출기준}} = \frac{20}{25} + \frac{20}{50} = 1.2$

답 ②

361 ☆☆

공기 중 아세톤의 농도가 200ppm(TLV 500ppm), 메틸에틸케톤(MEK)의 농도가 100ppm(TLV 200ppm)일 때 혼합물질의 허용농도는 약 몇 ppm인가? (단, 두 물질은 서로 상가작용을 하는 것으로 가정한다.)

① 150 ② 200 ③ 270 ④ 333

해 $\text{허용농도} = \frac{\Sigma\ \text{측정치}}{\text{노출기준}} = \frac{200+100}{0.9} = 333.33ppm$

$\text{노출지수} = \Sigma\frac{\text{측정농도}}{\text{노출기준}} = \frac{200}{500} + \frac{100}{200} = 0.9$

답 ④

362 ☆☆

대기압에서 물의 엔탈피가 1kcal/kg이었던 것이 가압하여 1.45kcal/kg을 나타내었다면 Flash율은 얼마인가?(단, 물의 기화열은 540cal/g이라고 가정한다.)

① 0.00083 ② 0.0015
③ 0.0083 ④ 0.015

해 $Flash\text{율} = \frac{\Delta\text{엔탈피}}{\text{기화열}} = \frac{1.45 - 1}{540} = 0.000833$

답 ①

363 ☆

산업안전보건법에서 정한 공정안전보고서의 제출대상 업종이 아닌 사업장으로서 유해위험물질의 1일 취급량이 염소 10,000kg, 수소 20,000kg인 경우 공정안전보고서 제출대상 여부를 판단하기 위한 R값은 얼마인가?(단, 유해위험물질의 규정수량은 표에 따른다.)

유해위험물질명	규정수량(kg)
인화성 가스	5,000
염소	20,000
수소	50,000

① 0.9 ② 1.2 ③ 1.5 ④ 1.8

해 인화성 물질의 R값이 1 이상이면 공정안전보고서 제출 대상이다.

$$R = \Sigma \frac{\text{취급량}}{\text{규정수량}} = \frac{10,000}{20,000} + \frac{20,000}{50,000} = 0.9$$

R이 1보다 작으니 제출 대상 아니다.

답 ①

364 ☆

대기압하의 직경이 2m인 물탱크에 탱크 바닥에서부터 2m 높이까지의 물이 들어있다. 이 탱크의 바닥에서 0.5m 위 지점에 직경이 1cm인 작은 구멍이 나서 물이 새어 나오고 있다. 구멍의 위치까지 물이 모두 새어 나오는데 필요한 시간은 약 얼마인가? (단, 탱크의 대기압은 0이며, 배출계수 0.61로 한다.)

① 2.0시간 ② 5.6 시간

③ 11.6시간 ④ 16.1 시간

해 구멍에서 물 전량 새어나오는 시간

$$\rightarrow t(s) = \frac{1}{CA}\sqrt{\frac{h_1}{h_2}} = \frac{1}{0.61 \cdot 7.854 \cdot 10^{-5}} \cdot \sqrt{\frac{2}{0.5}} = 41,745.46s = 11.6h$$

$A = \pi r^2 = \pi \cdot 0.005^2 = 7.854 \cdot 10^{-5} m^2$

C: 배출계수 A: 구멍 면적(m^2) h_1:물 높이

h_2: 구멍 높이

답 ③

365 ☆

열교환탱크 외부를 두께 0.2m의 단열재(열전도율 k = 0.037kcal/m·h·℃)로 보온하였더니 단열재 내면은 40℃, 외면은 20℃이었다. 면적 $1m^2$당 1시간에 손실되는 열량(kcal)은?

① 0.0037 ② 0.037 ③ 1.37 ④ 3.7

해 열량 = 열전도율 $\cdot$ $\frac{\Delta\text{온도}}{\text{두께}}$

$$= \frac{0.037kcal \cdot (40-20)℃ \cdot 1m^2 \cdot 1h}{m \cdot h \cdot ℃ \cdot 0.2m}$$

= 3.7kcal

답 ④

산업안전기사 2012~22년

6과목

건설공사 안전관리
(기출중복문제 소거 정리)

잠깐! 더 효율적인 공부를 위한 링크들을 적극 이용하세요~!

직8딴 홈페이지
- 출시한 책 확인 및 구매

직8딴 카카오오픈톡방
- 실시간 저자의 질문 답변
(주7일 아침 11시~새벽 2시까지, 전화로도 함)
- 직8딴 구매자전용 복지와 혜택 획득
(최소 달에 40만원씩 기프티콘 지급)
- 구매자들과의 소통 및 EHS 관련 정보 습득

직8딴 네이버카페
- 실시간으로 최신화되는 정오표 확인
(정오표: 책 출시 이후 발견된 오타/오류를 모아놓은 표, 매우 중요)
- 공부에 도움되는 컬러버전 그림 및 사진 습득
- 직8딴 구매자전용 복지와 혜택 획득

직8딴 유튜브
- 저자 직접 강의 시청 가능
- 공부 팁 및 암기법 획득
- 국가기술자격증 관련 정보 획득

건설공사 안전관리

기출 중복문제 소거 정리

001 ☆

산소결핍이라 함은 공기 중 산소농도가 몇 퍼센트(%) 미만일 때를 의미하는가?

① 20% ② 18% ③ 15% ④ 10%

해 산소결핍: 공기 중의 산소농도가 18% 미만인 상태

답 ②

002 ☆

안전난간대에 폭목(toe board)을 대는 이유는?

① 작업자의 손을 보호하기 위하여
② 작업자의 작업능률을 높이기 위하여
③ 안전난간대의 강도를 높이기 위하여
④ 공구 등 물체가 작업발판에서 지상으로 낙하되지 않도록 하기 위하여

해 폭목(toe board): 발끝막이판이며 목적은 공구 등 물체가 작업발판에서 지상으로 낙하되지 않도록 하기 위함이다.

답 ④

003 ☆☆

철골기둥, 빔 및 트러스 등의 철골 구조물을 일체화 또는 지상에서 조립하는 이유로 가장 타당한 것은?

① 고소작업의 감소 ② 화기사용의 감소
③ 구조체 강성 증가 ④ 운반물량의 감소

해 철골기둥, 빔 및 트러스 등의 철골 구조물을 일체화 또는 지상에서 조립하는 이유는 고소작업의 감소를 위해서이다.

답 ①

004 ☆☆

다음 중 추락재해를 방지하기 위한 고소작업 감소대책으로 옳은 것은?

① 방망 설치
② 철골기둥과 빔을 일체 구조화
③ 안전대 사용
④ 비계 등에 의한 작업대 설치

해 윗 해설 참조

답 ②

005 ☆

작업 중이던 미장공이 상부에서 떨어지는 공구에 의해 상해를 입었다면 어느 부분에 대한 결함이 있었겠는가?

① 작업대 설치
② 작업방법
③ 낙하물 방지시설 설치
④ 비계설치치

해 공구가 낙하하였으니 낙하물 방지망 같은 낙하물 방지시설을 설치해야 한다.

답 ③

006 ☆

비계에서 벽 고정을 하고 기둥과 기둥을 수평재나 가새로 연결하는 가장 큰 이유는?

① 작업자의 추락재해를 방지하기 위하여
② 좌굴을 방지하기 위해
③ 인장파괴를 방지하기 위해
④ 해체를 용이하게 하기 위해

해 좌굴 방지하기 위해 비계에서 벽 고정을 하고 기둥과 기둥을 수평재나 가새로 연결한다.

답 ②

007 ☆☆

작업발판 일체형 거푸집에 해당되지 않는 것은?

① 갱폼(Gang Form)
② 슬립폼(Slip Form)
③ 유로폼(Euro Form)
④ 클라이밍폼(Climbing form)

해 "작업발판 일체형 거푸집"이란 거푸집의 설치·해체, 철근 조립, 콘크리트 타설, 콘크리트 면처리 작업 등을 위하여 거푸집을 작업발판과 일체로 제작하여 사용하는 거푸집으로서 다음 각 호의 거푸집을 말한다.

1. 갱 폼(gang form)
2. 슬립 폼(slip form)
3. 클라이밍 폼(climbing form)
4. 터널 라이닝 폼(tunnel lining form)
5. 그 밖에 거푸집과 작업발판이 일체로 제작된 거푸집 등

답 ③

008 ☆☆

로드(rod)·유압잭(jack) 등을 이용하여 거푸집을 연속적으로 이동시키면서 콘크리트를 타설할 때 사용되는 것으로 silo 공사 등에 적합한 거푸집은?

① 메탈폼 ② 슬라이딩폼 ③ 워플폼 ④ 페코빔

해

메탈폼	강재 거푸집
슬라이딩폼	로드(rod)·유압잭(jack) 등을 이용하여 거푸집을 연속적으로 이동시키면서 콘크리트를 타설할 때 사용되는 것으로 silo공사 등에 적합한 거푸집
워플폼	장선슬래브의 장선(Joist)을 직교하여 우물 반자 형태로 된 2방향 장선슬래브 구조를 이루는 특수한 모양으로 된 기성제 거푸집으로 보통 합성수지(F.R.P)나 철판으로 제작되며 장스팬의 구조물에 유리
페코빔	바깥 보(Lattice Section)와 안 보(Plate Section)로 구성되어 신축이 가능하며, 경량이어서 운반이 용이하고 층고가 높은 구조물에 유용하게 사용

답 ②

009 ☆☆

비계의 부재 중 기둥과 기둥을 연결시키는 부재가 아닌 것은?

① 띠장 ② 장선 ③ 교차가새 ④ 작업발판

해

띠장	비계기둥과 기둥을 직교하여 수평으로 설치 하는 부재
장선	쌍줄비계에서 띠장 사이에 수평으로 걸쳐 작업발판을 지지하는 가로재
교차가새	강관비계 조립 시 비계기둥과 띠장을 일체화하고 비계의 도괴에 대한 저항력을 증대시키기 위해 비계 외면에 X형태로 설치하는 것
작업발판	비계 등에서 작업자의 통로 및 작업공간으로 사용되는 발판

답 ④

010 ☆☆

높이 또는 깊이 2m 이상의 추락할 위험이 있는 장소에서 작업을 할 때의 필수 착용 보호구는?

①보안경 ②방진마스크 ③방열복 ④안전대

해 높이 또는 깊이 2미터 이상의 추락할 위험이 있는 장소에서 하는 작업: 안전대(安全帶)

답 ④

011 ☆

안전대의 종류는 사용구분에 따라 벨트식과 안전그네식으로 구분되는데 이 중 안전그네식에만 적용하는 것은?

① 추락방지대, 안전블록
② 1개 걸이용, U자 걸이용
③ 1개 걸이용, 추락방지대
④ U자 걸이용, 안전블록

해 안전대 종류

종류	사용구분
벨트식	1개 걸이용
	U자 걸이용
안전그네식	추락방지대
	안전블록

답 ①

012 ☆

다음 설명에 해당하는 안전대와 관련된 용어로 옳은 것은?(단, 보호구 안전인증고시기준)

> 신체지지의 목적으로 전신에 착용하는 띠 모양의 것으로서 상체 등 신체 일부분만 지지하는 것은 제외한다.

① 안전그네 ② 벨트 ③ 죔줄 ④ 버클

해

안전그네	신체지지의 목적으로 전신에 착용하는 띠 모양의 것으로서 상체 등 신체 일부분만 지지하는 것은 제외한다.
벨트	신체지지의 목적으로 허리에 착용하는 띠 모양의 부품
죔줄	벨트 또는 안전그네를 구명줄 또는 구조물 등 그 밖의 걸이설비와 연결하기 위한 줄모양의 부품
버클	벨트 또는 안전그네를 신체에 착용하기 위해 그 끝에 부착한 금속장치
수직구명줄	로프 또는 레일 등과 같은 유연하거나 단단한 고정줄로서 추락발생 시 추락을 저지시키는 추락방지대를 지탱해 주는 줄모양의 부품

답 ①

013 ☆

다음은 안전대와 관련된 설명이다. 아래내용에 해당되는 용어로 옳은 것은?

> 로프 또는 레일 등과 같은 유연하거나 단단한 고정줄로서 추락발생 시 추락을 저지시키는 추락방지대를 지탱해 주는 줄모양의 부품

① 안전블록 ② 수직구명줄
③ 죔줄 ④ 보조죔줄

해 윗 해설 참조

답 ②

014 ☆

안전대를 보관하는 장소의 환경조건으로 옳지 않은 것은?

① 통풍이 잘되며, 습기가 없는 곳
② 화기 등이 근처에 없는 곳
③ 부식성 물질이 없는 곳
④ 직사광선이 닿아 건조가 빠른 곳

해 ④: 직사광선이 안 닿는 곳

답 ④

015 ☆

다음은 굴착공사 표준안전작업지침에 따른 트렌치 굴착 시 준수사항이다. (   ) 안에 들어갈 내용으로 옳은 것은?

> 굴착 폭은 작업 및 대피가 용이하도록 충분한 넓이를 확보하여야 하며, 굴착 깊이가 2미터 이상일 경우에는 (   ) 이상의 폭으로 한다.

① 1m　② 1.5m　③ 2.0m　④ 2.5m

해 굴착 폭은 작업 및 대피가 용이하도록 충분한 넓이를 확보하여야 하며, 굴착 깊이가 2미터 이상일 경우에는 1미터 이상의 폭으로 한다.

답 ①

016 ☆☆

잠함 또는 우물통의 내부에서 굴착작업을 할 때의 준수사항으로 옳지 않은 것은?

① 굴착 깊이가 10m를 초과하는 경우에는 해당 작업장소와 외부와의 연락을 위한 통신설비등을 설치하여야 한다.
② 산소 결핍의 우려가 있는 경우에는 산소의 농도를 측정하는 자를 지명하여 측정하도록 한다.
③ 근로자가 안전하게 승강하기 위한 설비 설치한다.
④ 측정 결과 산소의 결핍이 인정될 경우에는 송기를 위한 설비를 설치하여 필요한 양의 공기를 공급하여야 한다.

해 사업주는 잠함, 우물통, 수직갱, 그 밖에 이와 유사한 건설물 또는 설비(이하 "잠함등"이라 한다)의 내부에서 굴착작업을 하는 경우에 다음 각 호의 사항을 준수하여야 한다.

1. 산소 결핍 우려가 있는 경우에는 산소의 농도를 측정하는 사람을 지명하여 측정하도록 할 것
2. 근로자가 안전하게 오르내리기 위한 설비를 설치할 것
3. 굴착 깊이가 20미터를 초과하는 경우에는 해당 작업장소와 외부와의 연락을 위한 통신설비 등을 설치할 것

– 사업주는 측정 결과 산소 결핍이 인정되거나 굴착 깊이가 20미터를 초과하는 경우에는 송기(送氣)를 위한 설비를 설치하여 필요한 양의 공기를 공급해야 한다.

답 ①

017 ☆☆

잠함 또는 우물통의 내부에서 근로자가 굴착 작업을 할 경우에 바닥으로부터 천장 또는 보까지의 높이는 최소 얼마 이상으로 하여야 하는가?

① 1.2m ② 1.5m ③ 1.8m ④ 2.1m

해 바닥으로부터 천장 또는 보까지의 높이는 1.8미터 이상으로 할 것

답 ③

018 ☆

굴착작업 시 굴착깊이가 최소 몇 m 이상인 경우 사다리, 계단 등 승강설비를 설치하여야 하는가?

① 1.5m ② 2.5m ③ 3.5m ④ 4.5m

해 굴착 깊이가 1.5미터 이상인 경우는 사다리, 계단 등 승강설비를 설치하여야 한다.

답 ①

019 ☆

이동식 비계를 조립하여 사용할 때 밑변 최소 폭의 길이가 2m라면 이 비계의 사용가능한 최대 높이는?

① 4m ② 8m ③ 10m ④ 14m

해 비계 최대 높이는 밑변 최소 폭의 4배 이하여야 한다. 그래서, 2 • 4 = 8m이다.

답 ②

020 ☆☆☆☆☆

터널작업 시 자동경보장치에 대하여 당일의 작업 시작 전 점검하여야 할 사항으로 옳지 않은 것은?

① 검지부의 이상 유무
② 조명시설의 이상 유무
③ 경보장치의 작동 상태
④ 계기의 이상 유무

해 사업주는 자동경보장치에 대하여 당일 작업 시작 전 다음 각 호의 사항을 점검하고 이상을 발견하면 즉시 보수하여야 한다.
1. 계기의 이상 유무
2. 검지부의 이상 유무
3. 경보장치의 작동 상태

답 ②

021 ☆☆☆

크레인을 사용하여 작업을 할 때 작업시작 전에 점검하여야 하는 사항에 해당하지 않는 것은?

① 권과방지장치 · 브레이크 · 클러치 및 운전장치의 기능
② 주행로의 상측 및 트롤리가 횡행하는 레일 상태
③ 와이어로프가 통하고 있는 곳의 상태
④ 압력방출장치의 기능

해 ④: 공기압축기 가동 작업시작 전 점검사항

크레인 사용작업 시 작업시작 전 점검사항
1. 권과방지장치·브레이크·클러치 및 운전 장치의 기능
2. 주행로의 상측 및 트롤리(trolley)가 횡행하는 레일의 상태
3. 와이어로프가 통하고 있는 곳의 상태

답 ④

022 ☆

이동식 크레인을 사용하여 작업을 할 때 작업 시작 전 점검사항이 아닌 것은?

① 주행로의 상측 및 트롤리(trolley)가 횡행하는 레일의 상태
② 권과방지장치 그 밖의 경보장치의 기능
③ 브레이크·클러치 및 조정장치의 기능
④ 와이어로프가 통하고 있는 곳 및 작업장소의 지반상태

해 ①: 크레인 사용 작업시작 전 점검사항
이동식 크레인 사용작업 시 작업시작 전 점검사항
1. 권과방지장치나 그 밖의 경보장치의 기능
2. 브레이크·클러치 및 조정장치의 기능
3. 와이어로프가 통하고 있는 곳 및 작업장소의 지반 상태

답 ①

023 ☆

크레인 등 건설장비의 가공전선로 접근 시 안전대책으로 거리가 먼 것은?

① 안전 이격거리를 유지하고 작업한다.
② 장비의 조립, 준비 시부터 가공전선로에 대한 감전 방지 수단을 강구한다.
③ 장비 사용 현장의 장애물, 위험물 등을 점검 후 작업계획을 수립한다.
④ 장비를 가공전선로 밑에 보관한다.

해 장비를 가공전선로 밑에 보관하지 않는다.

답 ④

024 ☆☆

비계(달비계, 달대비계 및 말비계는 제외한다.)의 높이가 2m 이상인 작업장소에 설치하여야 하는 작업발판의 기준으로 옳지 않은 것은?

① 작업발판의 폭은 40cm 이상으로 하고, 발판재료 간의 틈은 3cm 이하로 할 것
② 추락의 위험이 있는 장소에는 안전난간을 설치할 것
③ 작업발판의 지지물은 하중에 의하여 파괴될 우려가 없는 것을 사용할 것
④ 작업발판재료는 뒤집히거나 떨어지지 않도록 1개 이상의 지지물에 연결하거나 고정시킬 것

해 작업발판재료는 뒤집히거나 떨어지지 않도록 둘 이상의 지지물에 연결하거나 고정시킬 것

답 ④

025 ☆☆☆☆

비계의 높이가 2m 이상인 작업장소에 설치하는 작업발판의 설치기준으로 옳지 않은 것은? (단, 달비계, 달대비계 및 말비계는 제외)

① 작업발판의 폭은 40cm 이상으로 한다.
② 작업발판 재료는 뒤집히거나 떨어지지 않도록 하나 셋 이상의 지지물에 연결하거나 고정시킨다.
③ 발판재료 간의 틈은 3cm 이하로 한다.
④ 작업발판의 지지물은 하중에 의하여 파괴될 우려가 없는 것을 사용한다.

해 윗 해설 참조

답 ②

026 ☆☆☆☆☆

달비계의 구조에서 달비계 작업발판의 폭은 최소 얼마 이상 이어야 하는가?

① 30cm ② 40cm ③ 50cm ④ 60cm

해 달비계 작업발판은 폭을 40센티미터 이상으로 하고 틈새가 없도록 할 것.

답 ②

027 ☆

통로발판을 설치하여 사용함에 있어 준수사항으로 옳지 않은 것은?

① 추락의 위험이 있는 곳에는 안전난간이나 철책을 설치하여야 한다.
② 작업발판의 최대폭은 1.6m 이내이어야 한다.
③ 비계발판의 구조에 따라 최대 적재하중을 정하고 이를 초과하지 않도록 해야 한다.
④ 발판을 겹쳐 이음하는 경우 장선 위에서 이음을 하고 겹침길이는 10cm 이상으로 하여야 한다.

해 사업주는 통로발판을 설치하여 사용함에 있어서 다음 각 호의 사항을 준수하여야 한다.

1. 근로자가 작업 및 이동하기에 충분한 넓이가 확보되어야 한다.
2. 추락의 위험이 있는 곳에는 안전난간이나 철책을 설치하여야 한다.
3. 발판을 겹쳐 이음하는 경우 장선 위에서 이음을 하고 겹침길이는 20센티미터 이상으로 하여야 한다.
4. 발판 1개에 대한 지지물은 2개 이상이어야 한다.
5. 작업발판의 최대폭은 1.6미터 이내이어야 한다.
6. 작업발판 위에는 돌출된 못, 옹이, 철선 등이 없어야 한다.
7. 비계발판의 구조에 따라 최대 적재하중을 정하고 이를 초과하지 않도록 해야 한다.

답 ④

028 ☆

철근인력운반에 대한 설명으로 옳지 않은 것은?

① 운반할 때에는 중앙부를 묶어 운반한다.
② 긴 철근은 두 사람이 한 조가 되어 어깨 메기로 운반하는 것이 좋다.
③ 운반 시 1인당 무게는 25kg 정도가 적당하다.
④ 긴 철근을 한 사람이 운반할 때는 한쪽을 어깨에 메고 한쪽 끝을 땅에 끌면서 운반한다.

해 운반할 때에는 양 끝을 묶어 운반한다.

답 ①

029 ☆

다음 중 운반 작업 시 주의사항으로 옳지 않은 것은?

① 운반 시의 시선은 진행방향을 향하고 뒷걸음 운반을 하여서는 안 된다.
② 무거운 물건을 운반할 때 무게 중심이 높은 화물은 인력으로 운반하지 않는다.
③ 어깨높이보다 높은 위치에서 화물을 들고 운반하여서는 안 된다.
④ 단독으로 긴 물건을 어깨에 메고 운반할 땐 뒤쪽을 위로 올린 상태로 운반한다.

해 긴 물건을 단독으로 어깨에 메고 운반할 때에는 하물 앞부분 끝을 근로자 신장보다 약간 높게 하여 모서리, 곡선 등에 충돌하지 않도록 주의하여야 한다.

답 ④

030 ☆

인력운반 작업에 대한 안전 준수사항으로 가장 거리가 먼 것은?

① 보조기구를 효과적으로 사용한다.
② 물건을 들어올릴 때는 팔과 무릎을 이용하며 척추는 곧게 한다.
③ 긴 물건은 뒤쪽으로 높이고 원통인 물건은 굴려서 운반한다.
④ 무거운 물건은 공동작업으로 실시한다.

해 윗 해설 참조

답 ③

031 ☆☆☆

중량물을 운반할 때의 바른 자세로 옳은 것은?

① 허리를 구부리고 양손으로 들어올린다.
② 중량은 보통 체중의 60%가 적당하다.
③ 물건은 최대한 몸에서 멀리 떼어서 들어올린다.
④ 길이가 긴 물건은 앞쪽을 높게 하여 운반한다.

해 ①: 허리를 펴고 양손으로 들어올린다.
②: 중량은 나이와 성별에 따라 다르다.
③: 물건은 최대한 몸에서 가깝게 해서 들어올린다.

답 ④

032 ☆☆

취급운반의 원칙으로 옳지 않은 것은?

① 곡선 운반을 할 것
② 운반작업을 집중하여 시킬 것
③ 생산을 최고로 하는 운반을 생각할 것
④ 연속 운반을 할 것

해 하물 운반은 수평거리 운반을 원칙으로 한다

답 ①

033 ☆

운반작업을 인력운반작업과 기계운반작업으로 분류할 때 기계운반작업으로 실시하기에 부적당한 대상은?

① 단순하고 반복적인 작업
② 표준화되어 있어 지속적이고 운반량 많은 작업
③ 취급물의 형상, 성질, 크기 등이 다양한 작업
④ 취급물이 중량인 작업

해 취급물의 형상, 성질, 크기 등이 다양한 작업은 인력운반이 효율적이다.

답 ③

034 ☆☆☆

철골작업에서의 승강로 설치기준 중 (　　) 안에 알맞은 것은?

> 사업주는 근로자가 수직방향으로 이동하는 철골부재에는 답단 간격이 (　　) 이내인 고정된 승강로를 설치하여야 한다.

① 20cm　② 30cm　③ 40cm　④ 50cm

해 사업주는 근로자가 수직방향으로 이동하는 철골부재(鐵骨部材)에는 답단(踏段) 간격이 30센티미터 이내인 고정된 승강로를 설치하여야 하며, 수평방향 철골과 수직방향 철골이 연결되는 부분에는 연결작업을 위하여 작업발판 등을 설치하여야 한다.

답 ②

035 ☆☆

철골조립작업에서 안전한 작업발판과 안전난간을 설치하기가 곤란한 경우 작업원에 대한 안전대책으로 가장 알맞은 것은?

① 안전대 사용
② 안전모 및 안전화 사용
③ 출입금지 조치
④ 작업중지 조치

해 사업주는 작업발판을 설치하기 곤란한 경우 다음 각 호의 기준에 맞는 추락방호망을 설치해야 한다. 다만, 추락방호망을 설치하기 곤란한 경우에는 근로자에게 안전대를 착용하도록 하는 등 추락위험을 방지하기위해 필요한 조치를 해야 한다.

답 ①

036 ☆

지반의 굴착 작업에 있어서 비가 올 경우를 대비한 직접적인 대책으로 옳은 것은?

① 측구 설치
② 낙하물 방지망 설치
③ 추락 방호망 설치
④ 매설물 등의 유무 또는 상태 확인

해 사업주는 비가 올 경우를 대비하여 측구(側溝)를 설치하거나 굴착경사면에 비닐을 덮는 등 빗물 등의 침투에 의한 붕괴재해를 예방하기 위하여 필요한 조치를 해야 한다.

답 ①

037 ☆

추락 재해방지 설비 중 근로자의 추락재해를 방지할 수 있는 설비로 작업발판 설치가 곤란한 경우에 필요한 설비는?

① 경사로　② 추락방호망
③ 고정사다리　④ 달비계

해 사업주는 작업발판을 설치하기 곤란한 경우 다음 각 호의 기준에 맞는 추락방호망을 설치해야 한다. 다만, 추락방호망을 설치하기 곤란한 경우에는 근로자에게 안전대를 착용하도록 하는 등 추락위험을 방지하기위해 필요한 조치를 해야 한다.

답 ②

038 ☆☆☆

철골건립 준비를 할 때 준수하여야 할 사항과 가장 거리가 먼 것은?

① 지상 작업장에서 건립준비 및 기계기구를 배치할 경우에는 낙하물의 위험이 없는 평탄한 장소를 선정하여 정비하고 경사지에서 작업대나 임시발판 등을 설치하는 등 안전조치를 한 후 작업하여야 한다.

② 건립작업에 다소 지장이 있다 하더라도 수목은 제거하여서는 안된다.

③ 사용 전에 기계기구에 대한 정비 및 보수를 철저히 실시하여야 한다.

④ 기계에 부착된 앵커 등 고정장치와 기초구조 등을 확인하여야 한다.

해 철골건립준비를 할 때 다음 각 호의 사항을 준수하여야 한다.

1. 지상 작업장에서 건립준비 및 기계기구를 배치 할 경우에는 낙하물의 위험이 없는 평탄한 장소를 선정하여 정비하고 경사지에서는 작업대나 임시발판 등을 설치하는 등 안전하게 한 후 작업하여야 한다.
2. 건립작업에 지장이 되는 수목은 제거하거나 이설하여야 한다.
3. 인근에 건축물 또는 고압선 등이 있는 경우에는 이에 대한 방호조치 및 안전조치를 해야 한다.
4. 사용 전에 기계기구에 대한 정비 및 보수를 철저히 실시하여야 한다.
5. 기계가 계획대로 배치되어 있는가, 윈치는 작업구역을 확인할 수 있는 곳에 위치하였는가, 기계에 부착된 앵카 등 고정장치와 기초구조 등을 확인하여야 한다.

답 ②

039 ☆☆

철골구조의 앵커볼트매립과 관련된 준수사항 중 옳지 않은 것은?

① 기둥중심은 기준선 및 인접기둥 중심에서 3mm 이상 벗어나지 않을 것

② 앵커 볼트는 매립 후에 수정하지 않도록 설치할것

③ 베이스플레이트의 하단은 기준 높이 및 인접기 둥의 높이에서 3mm 이상 벗어나지 않을 것

④ 앵커 볼트는 기둥중심에서 2mm 이상 벗어나지 않을 것

해 사업주는 앵커 볼트의 매립에 있어서 다음 각 호의 사항을 준수하여야 한다.

1. 앵커 볼트는 매립 후에 수정하지 않도록 설치하여야 한다.
2. 앵커 볼트를 매립하는 정밀도는 다음 각 목의 범위 내이어야 한다.
   가. 기둥중심은 기준선 및 인접기 등의 중심에서 5mm 이상 벗어나지 않을 것
   나. 인접기둥간 중심거리의 오차는 (그림 2)와 같이 3밀리미터 이하일 것
   다. 앵커 볼트는 (그림 3)과 같이 기둥중심에서 2밀리미터 이상 벗어나지 않을 것
   라. 베이스 플레이트의 하단은 (그림 4)와 같이 기준 높이 및 인접기둥의 높이에서 3밀리미터 이상 벗어나지 않을 것
3. 앵커 볼트는 견고하게 고정시키고 이동, 변형이 발생하지 않도록 주의하면서 콘크리트를 타설해야 한다.

답 ①

040 ☆

철골 건립기계 선정 시 사전 검토사항과 가장 거리가 먼 것은?

① 건립기계의 소음영향
② 건립기계로 인한 일조권 침해
③ 건물 형태
④ 작업반경

해 건립기계는 다음 각 목의 사항을 검토하여 적절한 것을 선정하여야 한다.

1. 건립기계의 출입로, 설치장소, 기계조립에 필요한 면적, 이동식 크레인은 건물주위 주행통로의 유무, 타워크레인과 가이데릭 등 기초구조물을 필요로 하는 정치식 기계는 기초구조물을 설치할 수 있는 공간과 면적 등을 검토하여야 한다.
2. 이동식 크레인의 엔진소음은 부근의 환경을 해칠 우려가 있으므로 학교, 병원, 주택 등이 근접되어 있는 경우에는 소음을 측정 조사하고 소음진동 허용치는 관계법에서 정하는 바에 따라 처리하여야 한다.
3. 건물의 길이 또는 높이 등 건물의 형태에 적합한 건립기계를 선정하여야 한다.
4. 타워크레인, 가이데릭, 삼각데릭 등 정치식 건립기계의 경우 그 기계의 작업반경이 건물 전체를 수용할 수 있는지의 여부, 또 붐이 안전하게 인양할 수 있는 하중 범위, 수평거리, 수직높이 등을 검토하여야 한다.

답 ②

041 ☆

작업발판 및 통로의 끝이나 개구부로서 근로자가 추락할 위험이 있는 장소에서 난간등의 설치가 매우 곤란하거나 작업의 필요상 임시로 난간 등을 해체하여야 하는 경우에 설치하여야 하는 것은?

① 구명 ② 수직보호망
③ 석면포 ④ 추락방호망

해 사업주는 난간 등을 설치하는 것이 매우 곤란하거나 작업의 필요상 임시로 난간 등을 해체하여야 하는 경우 기준에 맞는 추락방호망을 설치하여야 한다.

답 ④

042 ☆

건설현장에서 작업 중 물체가 떨어지거나 날아올 우려가 있는 경우에 대한 안전조치에 해당하지 않는 것은?

① 수직보호망 설치 ② 방호선반 설치
③ 울타리 설치 ④ 낙하물 방지망 설치

해 사업주는 작업으로 인하여 물체가 떨어지거나 날아올 위험이 있는 경우 낙하물 방지망, 수직보호망 또는 방호선반의 설치, 출입금지구역의 설정, 보호구의 착용 등 위험을 방지하기 위하여 필요한 조치를 하여야 한다.

답 ③

043 ☆

물체가 떨어지거나 날아올 위험이 있을 때의 재해 예방대책과 거리가 먼 것은?

① 낙하물방지망 설치 ② 출입금지구역 설정
③ 안전대 착용 ④ 안전모 착용

해 사업주는 작업으로 인하여 물체가 떨어지거나 날아올 위험이 있는 경우 낙하물 방지망, 수직보호망 또는 방호선반의 설치, 출입금지구역의 설정, 보호구의 착용 등 위험을 방지하기 위하여 필요한 조치를 하여야 한다. 여기서, 안전대는 추락방지대책이다.

답 ③

044 ☆

추락의 위험이 있는 개구부에 대한 방호조치와 거리가 먼 것은?

① 안전난간, 울타리, 수직형 추락방망 등으로 방호조치를 한다.
② 충분한 강도를 가진 구조의 덮개를 뒤집히거나 떨어지지 않도록 설치한다.
③ 어두운 장소에서도 식별이 가능한 개구부 주의 표지를 부착한다.
④ 폭 30cm 이상의 발판을 설치한다.

해 사업주는 작업발판 및 통로의 끝이나 개구부로서 근로자가 추락할 위험이 있는 장소에는 안전난간, 울타리, 수직형 추락방망 또는 덮개 등(이하 이 조에서 "난간등"이라 한다)의 방호 조치를 충분한 강도를 가진 구조로 튼튼하게 설치하여야 하며, 덮개를 설치하는 경우에는 뒤집히거나 떨어지지 않도록 설치하여야 한다. 이 경우 어두운 장소에서도 알아볼 수 있도록 개구부임을 표시해야 하며, 수직형 추락방망은 한국산업표준에서 정하는 성능기준에 적합한 것을 사용해야 한다.

답 ④

045 ☆

추락재해에 대한 예방차원에서 고소작업의 감소를 위한 근본적인 대책으로 옳은 것은?

① 방망 설치
② 지붕트러스 일체화 또는 지상에서 조립
③ 안전대 사용
④ 비계 등에 의한 작업대 설치

해 근본적 대책은 애초에 높은 곳에서 작업할 필요가 없게 하는 것이다.
나머지는 고소작업이 일어난 뒤의 재해방지책이다.

답 ②

046 ☆

낙하물에 의한 위험방지 조치의 기준으로서 옳은 것은?

① 높이가 최소 2m 이상인 곳에서 물체를 투하하는 때에는 적당한 투하설비를 갖춰야 한다.
② 낙하물방지망을 높이 12m 이내마다 설치한다.
③ 방호선반 설치 시 내민 길이는 벽면으로부터 2m 이상으로 한다.
④ 낙하물 방지망 설치각도는 수평면과 30~40°를 유지한다.

해 – 사업주는 높이가 3미터 이상인 장소로부터 물체를 투하하는 경우 적당한 투하설비를 설치하거나 감시인을 배치하는 등 위험을 방지하기 위하여 필요한 조치를 하여야 한다.
– 낙하물 방지망 또는 방호선반을 설치하는 경우에는 다음 각 호의 사항을 준수하여야 한다.
1. 높이 10미터 이내마다 설치하고, 내민 길이는 벽면으로부터 2미터 이상으로 할 것
2. 수평면과의 각도는 20도 이상 30도 이하를 유지할 것

답 ③

047 ☆

투하설비 설치와 관련된 아래 표의 (　　)에 적합한 것은?

> 사업주는 높이가 (　　)m 이상인 장소로부터 물체를 투하하는 경우 적당한 투하설비를 설치하거나 감시인을 배치하는 등 위험을 방지하기 위하여 필요한 조치를 해야한다.

① 1　② 2　③ 3　④ 4

해 사업주는 높이가 3미터 이상인 장소로부터 물체를 투하하는 경우 적당한 투하설비를 설치하거나 감시인을 배치하는 등 위험을 방지하기 위하여 필요한 조치를 하여야 한다.

답 ③

048 ☆

추락방호망(안전방망) 설치 시 작업면으로부터 망의 설치지점까지의 수직거리 기준은?

① 5m를 초과하지 아니할 것
② 10m를 초과하지 아니할 것
③ 15m를 초과하지 아니할 것
④ 17m를 초과하지 아니할 것

해 추락방호망의 설치위치는 가능하면 작업면으로부터 가까운 지점에 설치하여야 하며, 작업면으로부터 망의 설치지점까지의 수직거리는 10미터를 초과하지 아니할 것

답 ②

049 ☆

다음은 낙하물 방지망 또는 방호선반을 설치하는 경우의 준수해야 할 사항이다. (   ) 안에 알맞은 숫자는?

> 높이 (A)m 이내마다 설치하고, 내민 길이는 벽면으로부터 (B)m 이상으로 할 것

① A : 10, B : 2　　② A : 8, B : 2

③ A : 10, B : 3　　④ A : 8, B : 3

해 높이 10미터 이내마다 설치하고, 내민 길이는 벽면으로부터 2미터 이상으로 할 것

답 ①

050 ☆☆☆☆☆

건물 외부에 낙하물 방지망을 설치할 경우 수평면과의 가장 적절한 각도는?

① 5° 이상, 10° 이하

② 10° 이상, 15° 이하

③ 15° 이상, 20° 이하

④ 20° 이상, 30° 이하

해 수평면과의 각도는 20도 이상 30도 이하를 유지할 것

답 ④

051 ☆☆☆

근로자의 추락 등의 위험을 방지하기 위한 안전난간의 구조 및 설치요건에 관한 기준으로 옳지 않은 것은?

① 상부난간대는 바닥면·발판 또는 경사로의 표면으로부터 90cm 이상 지점에 설치할 것

② 발끝막이판은 바닥면 등으로부터 10cm 이상의 높이를 유지할 것

③ 난간대는 지름 1.5cm 이상의 금속제 파이프나 그 이상의 강도를 가진 재료일 것

④ 안전난간은 구조적으로 가장 취약한 지점에서 가장 취약한 방향으로 작용하는 100kg 이상의 하중에 견딜 수 있는 튼튼한 구조일 것

해 난간대는 지름 2.7센티미터 이상의 금속제 파이프나 그 이상의 강도가 있는 재료일 것

답 ③

052 ☆

건설현장에서 근로자의 추락재해를 예방하기 위한 안전난간을 설치하는 경우 그 구성요소와 거리가 먼 것은?

① 상부난간대　　② 중간난간대

③ 사다리　　④ 발끝막이판

해 상부 난간대, 중간 난간대, 발끝막이판 및 난간기둥으로 구성할 것. 다만, 중간 난간대, 발끝막이판 및 난간기둥은 이와 비슷한 구조와 성능을 가진 것으로 대체할 수 있다.

답 ③

053 ☆

근로자의 추락 등의 위험을 방지하기 위한 안전난간의 설치요건에서 상부난간대를 120cm 이상 지점에 설치하는 경우 중간난간대를 최소 몇 단 이상 균등하게 설치하여야 하는가?

① 2단 ② 3단 ③ 4단 ④ 5단

해 120센티미터 이상 지점에 설치하는 경우에는 중간 난간대를 2단 이상으로 균등하게 설치하고 난간의 상하 간격은 60센티미터 이하가 되도록 할 것.

답 ①

054 ☆

작업장 출입구 설치 시 준수해야 할 사항으로 옳지 않은 것은?

① 주된 목적이 하역운반기계용인 출입구에는 보행자용 출입구를 따로 설치하지 않을 것
② 출입구의 위치, 수 및 크기가 작업장의 용도와 특성에 맞도록 할 것
③ 출입구에 문을 설치하는 경우에는 근로자가 쉽게 열고 닫을 수 있도록 할 것
④ 계단이 출입구와 바로 연결된 경우에는 작업자의 안전한 통행을 위하여 그 사이에 1.2m 이상 거리를 두거나 안내표지 또는 비상벨 등을 설치할 것

해 사업주는 작업장에 출입구(비상구는 제외한다. 이하 같다)를 설치하는 경우 다음 각 호의 사항을 준수하여야 한다.

1. 출입구의 위치, 수 및 크기가 작업장의 용도와 특성에 맞도록 할 것
2. 출입구에 문을 설치하는 경우에는 근로자가 쉽게 열고 닫을 수 있도록 할 것
3. 주된 목적이 하역운반기계용인 출입구에는 인접하여 보행자용 출입구를 따로 설치할 것
4. 하역운반기계의 통로와 인접하여 있는 출입구에서 접촉에 의하여 근로자에게 위험을 미칠 우려가 있는 경우에는 비상등·비상벨 등 경보장치를 할 것
5. 계단이 출입구와 바로 연결된 경우에는 작업자의 안전한 통행을 위하여 그 사이에 1.2미터 이상 거리를 두거나 안내표지 또는 비상벨 등을 설치할 것. 다만, 출입구에 문을 설치하지 아니한 경우에는 그러하지 아니하다.

답 ①

055

☆☆☆☆☆

가설통로를 설치하는 경우 준수하여야 할 기준으로 옳지 않은 것은?

① 경사는 30° 이하로 할 것
② 경사가 15°를 초과하는 경우에는 미끄러지지 아니하는 구조로 할 것
③ 수직갱에 가설된 통로의 길이가 15m 이상인 때에는 15m 이내마다 계단참을 설치할 것
④ 건설공사에 사용하는 높이 8m 이상의 비계다리에는 7m 이내마다 계단참을 설치할 것

해 사업주는 가설통로를 설치하는 경우 다음 각 호의 사항을 준수하여야 한다.

1. 견고한 구조로 할 것
2. 경사는 30도 이하로 할 것. 다만, 계단을 설치하거나 높이 2미터 미만의 가설통로로서 튼튼한 손잡이를 설치한 경우엔 그러하지 아니하다.
3. 경사가 15도를 초과하는 경우에는 미끄러지지 아니하는 구조로 할 것
4. 추락위험이 있는 장소에는 안전난간을 설치할 것. 다만, 작업상 부득이한 경우는 필요한 부분만 임시로 해체할 수 있다.
5. 수직갱에 가설된 통로의 길이가 15미터 이상인 경우에는 10미터 이내마다 계단참을 설치할 것
6. 건설공사에 사용하는 높이 8미터 이상인 비계다리에는 7미터 이내마다 계단참을 설치할 것

답 ③

056

☆☆☆

가설통로를 설치하는 경우의 준수해야 할 기준으로 틀린 것은?

① 건설공사에 사용하는 높이 8m 이상인 비계다리에는 5m 이내마다 계단참을 설치할 것
② 수직갱에 가설된 통로의 길이가 15m 이상인 경우에는 10m 이내마다 계단참을 설치할 것
③ 경사가 15°를 초과하는 경우에는 미끄러지지 아니하는 구조로 할 것
④ 추락할 위험이 있는 장소에는 안전난간을 설치할 것

해 윗 해설 참조

답 ①

057

☆☆

다음은 가설통로를 설치하는 경우의 준수사항이다. (　　)안에 들어갈 숫자로 옳은 것은?

> 건설공사에 사용하는 높이 8미터 이상인 비계다리에는 (　　)m 이내마다 계단참을 설치할 것

① 7　② 6　③ 5　④ 4

해 윗 해설 참조

답 ①

058 ☆☆

건설현장의 가설계단 및 계단참을 설치하는 경우 얼마 이상의 하중에 견딜 수 있는 강도를 가진 구조로 설치하여야 하는가?

① 200kg/m^2 ② 300kg/m^2
③ 400kg/m^2 ④ 500kg/m^2

해 사업주는 계단 및 계단참을 설치하는 경우 매제곱미터당 500킬로그램 이상의 하중에 견딜 수 있는 강도를 가진 구조로 설치하여야 하며, 안전율[안전의 정도를 표시하는 것으로서 재료의 파괴응력도(破壞應力度)와 허용응력도(許容應力度)의 비율을 말한다)]은 4 이상으로 하여야 한다.

답 ④

059 ☆☆☆

건설현장에 설치하는 사다리식 통로의 설치 기준으로 옳지 않은 것은?

① 발판과 벽과의 사이는 15cm 이상의 간격을 유지할 것
② 발판의 간격은 일정하게 할 것
③ 사다리의 상단은 걸쳐놓은 지점으로부터 60cm 이상 올라가도록 할 것
④ 사다리식 통로의 길이가 10m 이상인 경우에는 3m 이내마다 계단참을 설치할 것

해 사다리식 통로의 길이가 10미터 이상인 경우에는 5미터 이내마다 계단참을 설치할 것

답 ④

060 ☆

다음은 사다리식 통로 등을 설치하는 경우의 준수사항이다. (   )안에 들어갈 숫자로 옳은 것은?

> 사다리 상단은 걸쳐놓은 지점으로부터
> (   )cm 이상 올라가도록 할 것

① 30 ② 40 ③ 50 ④ 60

해 사다리의 상단은 걸쳐놓은 지점으로부터 60센티미터 이상 올라가도록 할 것

답 ④

061 ☆

사다리식 통로 등을 설치하는 경우 폭은 최소 얼마 이상으로 하여야 하는가?

① 30cm ② 40cm ③ 50cm ④ 60cm

해 폭은 30센티미터 이상으로 할 것

답 ①

062 ☆

사다리식 통로의 길이가 10m 이상일 때 얼마 이내마다 계단참을 설치하여야 하는가?

① 3m 이내마다 ② 4m 이내마다
③ 5m 이내마다 ④ 6m 이내마다

해 사다리식 통로의 길이가 10미터 이상인 경우에는 5미터 이내마다 계단참을 설치할 것

답 ③

063 ☆

공사현장에서 가설계단을 설치하는 경우 높이가 3m를 초과하는 계단에는 높이 3m 이내마다 최소 얼마 이상의 너비를 가진 계단참을 설치하여야 하는가?

① 3.5m ② 2.5m ③ 1.2m ④ 1.0m

해 사업주는 높이가 3미터를 초과하는 계단에 높이 3미터 이내마다 진행방향으로 길이 1.2미터 이상의 계단참을 설치해야 한다.

답 ③

064 ☆

가설구조물의 특징으로 옳지 않은 것은?

① 연결재가 적은 구조로 되기 쉽다.

② 부재 결합이 간략하여 불안전 결합이다.

③ 구조물이라는 개념이 확고하여 조립의 정밀도가 높다.

④ 사용부재는 과소단면이거나 결함재가 되기 쉽다.

해 ③: 구조물이라는 개념이 확고하지 않아 조립의 정밀도가 낮다.

답 ③

065 ☆

건설공사도급인은 건설공사 중에 가설구조물의 붕괴 등 산업재해가 발생할 위험이 있다고 판단되면 건축토목 분야 전문가의 의견을 들어 건설공사 발주자에게 해당 건설공사의 설계변경을 요청할 수 있는데, 이러한 가설구조물의 기준으로 옳지 않은 것은?

① 높이 20m 이상인 비계
② 작업발판 일체형 거푸집 또는 높이 6m 이상인 거푸집 동바리
③ 터널의 지보공 또는 높이 2m 이상인 흙막이 지보공
④ 동력을 이용하여 움직이는 가설구조물

해 설계변경 요청대상 및 전문가의 범위
1. 높이 31미터 이상인 비계
2. 작업발판 일체형 거푸집 또는 높이 5미터 이상인 거푸집 동바리[타설(打設)된 콘크리트가 일정 강도에 이르기까지 하중 등을 지지하기 위하여 설치하는 부재(部材)]
3. 터널의 지보공(支保工: 무너지지 않도록지지하는 구조물) 또는 높이 2미터 이상인 흙막이 지보공
4. 동력을 이용하여 움직이는 가설구조물

답 ①

066 ☆

사다리식 통로 등을 설치하는 경우 고정식 사다리식 통로의 기울기는 최대 몇 도 이하로 하여야 하는가?

① 60도 ② 75도 ③ 80도 ④ 90도

해 사다리식 통로의 기울기는 75도 이하로 할 것. 다만, 고정식 사다리식 통로의 기울기는 90도 이하로 하고, 그 높이가 7미터 이상인 경우에는 다음 각 목의 구분에 따른 조치를 할 것
가. 등받이울이 있어도 근로자 이동에 지장이 없는 경우: 바닥으로부터 높이가 2.5미터 되는 지점부터 등받이울을 설치할 것
나. 등받이울이 있으면 근로자가 이동이 곤란한 경우: 한국산업표준에서 정하는 기준에 적합한 개인용 추락 방지 시스템을 설치하고 근로자로 하여금 한국산업표준에서 정하는 기준에 적합한 전신안전대를 사용하도록 할 것

답 ④

067 ☆

건설현장에서 높이 5m 이상인 콘크리트 교량의 설치작업을 하는 경우 재해예방을 위해 준수해야 할 사항으로 옳지 않은 것은?

① 작업을 하는 구역에는 관계 근로자가 아닌 사람의 출입을 금지할 것

② 재료, 기구 또는 공구 등을 올리거나 내릴 경우에는 근로자로 하여금 크레인을 이용하도록 하고, 달줄, 달포대 등의 사용을 금하도록 할 것

③ 중량물 부재를 크레인 등으로 인양하는 경우에는 부재에 인양용 고리를 견고하게 설치하고, 인양용 로프는 부재에 두 군데 이상 결속하여 인양하여야 하며, 중량물이 안전하게 거치되기 전까지는 걸이로프를 해제시키지 아니할 것

④ 자재나 부재의 낙하·전도 또는 붕괴 등에 의하여 근로자에게 위험을 미칠 우려가 있을 경우에는 출입금지구역의 설정, 자재 또는 가설시설의 좌굴(挫屈) 또는 변형 방지를 위한 보강재 부착 등의 조치를 할 것

해 사업주는 교량의 설치·해체 또는 변경작업을 하는 경우에는 다음 각 호의 사항을 준수하여야 한다.

1. 작업을 하는 구역에는 관계 근로자가 아닌 사람의 출입을 금지할 것
2. 재료, 기구 또는 공구 등을 올리거나 내릴 경우에는 근로자로 하여금 달줄, 달포대 등을 사용하도록 할 것
3. 중량물 부재를 크레인 등으로 인양하는 경우에는 부재에 인양용 고리를 견고하게 설치하고, 인양용 로프는 부재에 두 군데 이상 결속하여 인양하여야 하며, 중량물이 안전하게 거치되기 전까지는 걸이로프를 해제시키지 아니할 것
4. 자재나 부재의 낙하·전도 또는 붕괴 등에 의하여 근로자에게 위험을 미칠 우려가 있을 경우에는 출입금지구역의 설정, 자재 또는 가설시설의 좌굴(挫屈) 또는 변형 방지를 위한 보강재 부착 등의 조치를 할 것

답 ②

068 ☆

거푸집 및 동바리등을 조립 또는 해체하는 작업을 하는 경우 준수사항으로 옳지 않은 것은?

① 재료, 기구 또는 공구 등을 올리거나 내리는 경우에는 근로자로 하여금 달줄·달포대 등의 사용을 금하도록 할 것

② 낙하·충격에 의한 돌발적 재해를 방지하기 위하여 버팀목을 설치하고 거푸집동바리등을 인양장비에 매단 후에 작업을 하도록 하는 등 필요한 조치를 할 것

③ 비, 눈, 그 밖의 기상상태의 불안정으로 날씨가 몹시 나쁜 경우에는 그 작업을 중지할 것

④ 해당 작업을 하는 구역에는 관계 근로자가 아닌 사람의 출입을 금지할 것

해 사업주는 기둥·보·벽체·슬래브 등의 거푸집 및 동바리를 조립하거나 해체하는 작업을 하는 경우에는 다음 각 호의 사항을 준수해야 한다.

1. 해당 작업을 하는 구역에는 관계 근로자가 아닌 사람의 출입을 금지할 것
2. 비, 눈, 그 밖의 기상상태의 불안정으로 날씨가 몹시 나쁜 경우에는 그 작업을 중지할 것
3. 재료, 기구 또는 공구 등을 올리거나 내리는 경우에는 근로자로 하여금 달줄·달포대 등을 사용하도록 할 것
4. 낙하·충격에 의한 돌발적 재해를 방지하기 위하여 버팀목을 설치하고 거푸집 및 동바리를 인양장비에 매단 후에 작업을 하도록 하는 등 필요한 조치를 할 것

답 ①

069 ☆

거푸집 해체작업 시 유의사항으로 옳지 않은 것은?

① 일반적으로 수평부재의 거푸집은 연직부재의 거푸집보다 빨리 떼어낸다.

② 해체된 거푸집이나 각목 등에 박혀있는 못 또는 날카로운 돌출물은 즉시 제거하여야 한다.

③ 상하 동시 작업은 원칙적으로 금지하여 부득이한 경우에는 긴밀히 연락을 위하여 작업을 하여야 한다.

④ 거푸집 해체작업장 주위에는 관계자를 제외하고는 출입을 금지시켜야 한다.

해 거푸집을 해체할 때에는 다음 각 목에 정하는 사항을 유념하여 작업하여야 한다.

1. 해체작업을 할 때에는 안전모등 안전 보호장구를 착용토록 하여야 한다.
2. 거푸집 해체작업장 주위에는 관계자를 제외하고는 출입을 금지시켜야 한다.
3. 상하 동시 작업은 원칙적으로 금지하여 부득이한 경우에는 긴밀히 연락을 위하며 작업을 하여야 한다.
4. 거푸집 해체 때 구조체에 무리한 충격이나 큰 힘에 의한 지렛대 사용은 금지하여야 한다.
5. 보 또는 스라브 거푸집을 제거할 때에는 거푸집의 낙하 충격으로 인한 작업원의 돌발적 재해를 방지하여야 한다.
6. 해체된 거푸집이나 각목 등에 박혀있는 못 또는 날카로운 돌출물은 즉시 제거하여야 한다.
7. 해체된 거푸집이나 각 목은 재사용 가능한 것과 보수하여야 할 것을 선별, 분리하여 적치하고 정리정돈을 하여야 한다.

답 ①

070 ☆☆☆☆

동바리를 조립하는 경우에 준수하여야 할 사항으로 옳지 않은 것은?

① 깔목의 사용, 콘크리트 타설, 말뚝박기 등 동바리의 침하를 방지하기 위한 조치를 할 것
② 개구부 상부에 동바리를 설치하는 경우에는 상부하중 견딜 수 있는 견고한 받침대를 설치할 것
③ 동바리의 상하 고정 및 미끄러짐 방지 조치를 할 것
④ 동바리의 이음은 다른 품질의 재료를 사용할 것

해 사업주는 동바리를 조립하는 경우에는 하중의 지지상태를 유지할 수 있도록 다음 각 호의 사항을 준수해야 한다.

1. 받침목이나 깔판의 사용, 콘크리트 타설, 말뚝박기 등 동바리의 침하를 방지하기 위한 조치를 할 것
2. 동바리의 상하 고정 및 미끄러짐 방지 조치를 할 것
3. 상부·하부의 동바리가 동일 수직선상에 위치하도록 하여 깔판·받침목에 고정시킬 것
4. 구부 상부에 동바리를 설치하는 경우는 상부하중을 견딜 수 있는 견고한 받침대를 설치할 것
5. U헤드 등의 단판이 없는 동바리의 상단에 멍에 등을 올릴 경우에는 해당 상단에 U헤드 등의 단판을 설치하고, 멍에 등이 전도되거나 이탈되지 않도록 고정시킬 것
6. 동바리의 이음은 같은 품질의 재료를 사용할 것
7. 강재의 접속부 및 교차부는 볼트·클램프 등 전용철물을 사용해 단단히 연결할 것
8. 거푸집의 형상에 따른 부득이한 경우를 제외하고는 깔판이나 받침목은 2단 이상 끼우지 않도록 할 것
9. 깔판이나 받침목을 이어서 사용하는 경우는 그 깔판·받침목을 단단히 연결할 것

답 ④

071 ☆

동바리의 침하를 방지하기 위한 직접적인 조치로 옳지 않은 것은?

① 수평연결재 사용 ② 깔판의 사용
③ 콘크리트의 타설 ④ 말뚝박기

해 윗 해설 참조

답 ①

072 ☆☆☆

다음은 산업안전보건법령에 따른 동바리로 사용하는 파이프 서포트에 관한 사항이다. (   )안에 들어갈 내용을 순서대로 옳게 나타낸 것은?

- 파이프 서포트를 (A) 이상 이어서 사용하지 않도록 할 것
- 파이프 서포트를 이어서 사용하는 경우에는 (B) 이상의 볼트 또는 전용철물을 사용하여 이을 것

① A : 2개, B : 2개 ② A : 3개, B : 4개
③ A : 4개, B : 3개 ④ A : 4개, B : 4개

해 동바리로 사용하는 파이프 서포트의 경우
가. 파이프 서포트를 3개 이상 이어서 사용하지 않도록 할 것
나. 파이프 서포트를 이어서 사용하는 경우에는 4개 이상의 볼트 또는 전용철물을 사용하여 이을 것
다. 높이가 3.5미터를 초과하는 경우에는 높이 2미터 이내마다 수평연결재를 2개 방향으로 만들고 수평연결재의 변위를 방지할 것

답 ②

073 ☆☆

동바리를 조립하는 경우에 준수해야 할 기준으로 옳지 않은 것은?

① 동바리의 상하고정 및 미끄러짐 방지조치를 하고, 하중의 지지상태를 유지할 것
② 강재의 접속부 및 교차부는 볼트·클램프 등 전용철물을 사용해 단단히 연결할 것
③ 동바리로 사용하는 파이프서포트는 파이프서포트를 이어서 사용하는 경우에는 4개 이상의 볼트 또는 전용철물을 사용하여 이을 것
④ 동바리로 사용하는 파이프서포트는 4개 이상이어서 사용하지 않도록 할 것

해 윗 해설 참조

답 ④

074 ☆☆☆

동바리를 조립하는 경우에 준수하여야 할 안전조치기준으로 옳지 않은 것은?

① 동바리로 사용하는 강관은 높이 2m 이내마다 수평연결재를 2개 방향으로 만들고 수평연결재의 변위를 방지할 것
② 동바리로 사용하는 파이프 서포트는 3개 이상이어서 사용하지 않도록 할 것
③ 동바리로 사용하는 파이프 서포트를 이어서 사용하는 경우에는 3개 이상의 볼트 또는 전용 철물을 사용하여 이을 것
④ 동바리로 사용하는 강관틀과 강관틀 사이에는 교차가새를 설치할 것

해 윗 해설 참조

답 ③

075 ☆

다음 보기의 (   ) 안에 알맞은 내용은?

> 동바리로 사용하는 파이프 서포트 높이가 (   )m를 초과하는 경우 높이 2미터 이내마다 수평연결재를 2개 방향으로 만들고 수평 연결재의 변위를 방지할 것

① 3 ② 3.5 ③ 4 ④ 4.5

해 윗 해설 참조

답 ②

076 ☆☆

콘크리트 타설작업 시 안전에 대한 유의사항으로 옳지 않은 것은?

① 콘크리트 치는 도중에는 지보공·거푸집 등의 이상 유무를 확인한다.

② 높은 곳으로부터 콘크리트를 타설할 때는 호퍼로 받아 거푸집 내에 꽂아 넣는 슈트를 통해서 부어 넣어야 한다.

③ 진동기를 가능한 한 많이 사용할수록 거푸집에 작용하는 측압 상 안전하다.

④ 콘크리트를 한 곳에만 치우쳐서 타설하지 않도록 주의한다.

해 진동기는 적당히 사용하여야 한다.

답 ③

077 ☆

콘크리트 타설 시 안전수칙으로 옳지 않은 것은?

① 타설순서는 계획에 의해 실시해야 한다.

② 진동기는 최대한 많이 사용하여야 한다.

③ 콘크리트를 치는 도중에는 거푸집, 지보공 등의 이상 유무를 확인하여야 한다.

④ 손수레로 콘크리트를 운반할 때에는 손수레를 타설하는 위치까지 천천히 운반하여 거푸집에 충격을 주지 않도록 타설하여야 한다.

해 진동기는 적당히 사용하여야 한다.

답 ②

078 ☆☆☆☆☆☆

콘크리트 타설작업과 관련하여 준수하여야 할 사항으로 가장 거리가 먼 것은?

① 당일의 작업을 시작하기 전에 해당 작업에 관한 거푸집 및 동바리의 변형·변위 및 지반의 침하 유무 등을 점검하고 이상이 있으면 보수할 것
② 콘크리트를 타설하는 경우에는 편심이 발생하지 않도록 골고루 분산해 타설할 것
③ 진동기의 사용은 많이 할수록 균일한 콘크리트를 얻을 수 있으므로 가급적 많이 사용할 것
④ 설계도서상의 콘크리트 양생기간을 준수하여 거푸집 및 동바리를 해체할 것

해 사업주는 콘크리트 타설작업을 하는 경우에는 다음 각 호의 사항을 준수해야 한다.

1. 당일의 작업을 시작하기 전에 해당 작업에 관한 거푸집 및 동바리의 변형·변위 및 지반의 침하 유무 등을 점검하고 이상이 있으면 보수할 것
2. 작업 중에는 감시자를 배치하는 등의 방법으로 거푸집 및 동바리의 변형·변위 및 침하 유무 등을 확인해야 하며, 이상이 있으면 작업을 중지하고 근로자를 대피시킬 것
3. 콘크리트 타설작업 시 거푸집 붕괴의 위험이 발생할 우려가 있으면 충분한 보강 조치를 할 것
4. 설계도서상의 콘크리트 양생기간을 준수하여 거푸집 및 동바리를 해체할 것
5. 콘크리트를 타설하는 경우에는 편심이 발생하지 않도록 골고루 분산하여 타설할 것

답 ③

079 ☆

다음은 산업안전보건기준에 관한 규칙의 콘크리트 타설작업에 관한 사항이다. 빈칸에 들어갈 적절한 용어는?

> 당일의 작업을 시작하기 전에 해당 작업에 관한 거푸집 및 동바리의 ( )·변위 및 ( ) 등을 점검하고 이상 있으면 보수할 것

① A : 변형, B : 지반의 침하유무
② A : 변형, B : 개구부 방호설비
③ A : 균열, B : 깔판
④ A : 균열, B : 지주의 침하

해 윗 해설 참조

답 ①

080 ☆☆☆

미리 작업장소의 지형 및 지반상태 등에 적합한 제한속도를 정하지 않아도 되는 차량계 건설기계의 속도 기준은?

① 최대 제한 속도가 10km/h 이하
② 최대 제한 속도가 20km/h 이하
③ 최대 제한 속도가 30km/h 이하
④ 최대 제한 속도가 40km/h 이하

해 사업주는 차량계 하역운반기계, 차량계 건설기계(최대제한속도가 시속 10킬로미터 이하인 것은 제외한다)를 사용하여 작업을 하는 경우 미리 작업장소의 지형 및 지반 상태 등에 적합한 제한속도를 정하고, 운전자로 하여금 준수하도록 하여야 한다.

답 ①

081 ☆☆☆

차량계 건설기계 작업 시 기계의 전도, 전락 등에 의한 근로자의 위험을 방지하기 위한 유의사항과 거리가 먼 것은?

① 변속기능의 유지 ② 갓길의 붕괴방지
③ 도로의 폭 유지 ④ 지반의 부동침하방지

해 사업주는 차량계 건설기계를 사용하는 작업할 때에 그 기계가 넘어지거나 굴러떨어짐으로써 근로자가 위험해질 우려가 있는 경우에는 유도하는 사람을 배치하고 지반의 부동침하 방지, 갓길의 붕괴 방지 및 도로 폭의 유지 등 필요한 조치를 하여야 한다.

답 ①

082 ☆☆☆

차량계 하역운반기계를 사용하는 작업을 할 때 그 기계가 넘어지거나 굴러떨어짐으로써 근로자에게 위험을 미칠 우려가 있는 경우에 우선적으로 조치하여야 할 사항과 가장 거리가 먼 것은?

① 해당 기계에 대한 유도자 배치
② 지반의 부동침하 방지 조치
③ 갓길 붕괴 방지 조치
④ 경보장치 설치

해 사업주는 차량계 하역운반기계등을 사용하는 작업을 할 때에 그 기계가 넘어지거나 굴러떨어짐으로써 근로자에게 위험을 미칠 우려가 있는 경우에는 그 기계를 유도하는 사람(이하 "유도자"라 한다)을 배치하고 지반의 부동침하 및 갓길 붕괴를 방지하기 위한 조치를 해야 한다.

답 ④

083 ☆☆☆

차량계 건설기계를 사용하여 작업 시 작업계획서에 포함되어야 할 사항에 해당되지 않는 것은?

① 사용하는 차량계 건설기계 종류 및 성능
② 차량계 건설기계의 운행경로
③ 차량계 건설기계에 의한 작업방법
④ 차량계 건설기계의 유지보수방법

해 차량계건설기계를 사용하는 작업계획서 내용
1. 사용하는 차량계 건설기계 종류 및 성능
2. 차량계 건설기계의 운행경로
3. 차량계 건설기계에 의한 작업방법

답 ④

084 ☆

구조물의 해체 작업 시 해체 작업계획서에 포함하여야 할 사항으로 틀린 것은?

① 해체의 방법 및 해체순서 도면
② 해체물의 처분계획
③ 주변 민원 처리계획
④ 사업장 내 연락방법

해 건물 등의 해체작업 시 작업계획서 내용
1. 해체의 방법 및 해체 순서도면
2.가설설비·방호설비·환기설비 및 살수·방화설비 등의 방법
3. 사업장 내 연락방법
4. 해체물의 처분계획
5. 해체작업용 기계·기구 등의 작업계획서
6. 해체작업용 화약류 등의 사용계획서
7. 그 밖에 안전·보건에 관련된 사항

답 ③

085 ☆

터널굴착작업을 하는 때 미리 작성하여야 하는 작업계획서에 포함되어야 할 사항이 아닌 것은?

① 굴착의 방법
② 암석의 분할방법
③ 환기 또는 조명시설을 설치할 때에는 그 방법
④ 터널지보공 및 복공의 시공방법과 용수의 처리 방법

해 ②: 채석작업 작업계획서 내용

터널굴착작업 작업계획서 내용

1. 굴착의 방법
2. 터널지보공 및 복공(覆工)의 시공방법과 용수(湧水)의 처리방법
3. 환기 또는 조명시설을 설치할 때에는 그 방법

답 ②

086 ☆

안전관리계획의 작성내용과 거리가 먼 것은?

① 건설공사의 안전관리 조직
② 산업안전보건관리비 집행방법
③ 공사장 및 주변 안전관리 계획
④ 통행안전시설 설치 및 교통소통계획

해 안전관리계획의 수립 기준에는 다음 각 호의 사항이 포함되어야 한다.

1. 건설공사의 개요 및 안전관리조직
2. 공정별 안전점검계획(계측장비 및 폐쇄회로 텔레비전 등 안전 모니터링 장비의 설치 및 운용계획이 포함되어야 한다)
3. 공사장 주변의 안전관리대책(건설공사 중 발파·진동·소음이나 지하수 차단 등으로 인한 주변지역의 피해방지대책과 굴착 공사로 인한 위험 징후 감지를 위한 계측 계획을 포함한다)
4. 통행안전시설의 설치 및 교통 소통에 관한 계획
5. 안전관리비 집행계획
6. 안전교육 및 비상시 긴급조치계획
7. 공종별 안전관리계획(대상 시설물별 건설공법 및 시공절차를 포함한다)

답 ②

087 ☆☆☆☆☆

차량계 하역운반기계등에 화물을 적재하는 경우에 준수하여야 할 사항으로 옳지 않은 것은?

① 하중이 한쪽으로 치우쳐서 효율적으로 적재되도록 할 것
② 구내운반차 또는 화물자동차의 경우 화물의 붕괴 또는 낙하에 의한 위험을 방지하기 위하여 화물에 로프를 거는 등 필요한 조치를 할 것
③ 운전자 시야를 가리지 않도록 화물을 적재할 것
④ 최대적재량을 초과하지 않도록 할 것

해 사업주는 차량계 하역운반기계등에 화물을 적재하는 경우에 다음 각 호의 사항을 준수하여야 한다.

1. 하중이 한쪽으로 치우치지 않도록 적재할 것
2. 구내운반차 또는 화물자동차의 경우 화물의 붕괴 또는 낙하에 의한 위험을 방지하기 위하여 화물에 로프를 거는 등 필요한 조치를 할 것
3. 운전자 시야를 가리지 않도록 화물을 적재할 것
4. 화물을 적재하는 경우에는 최대적재량을 초과해서는 아니 된다.

답 ①

088 ☆☆☆

산업안전보건법상 차량계 하역운반기계 등에 단위화물의 무게가 100kg 이상인 화물을 싣는 작업 또는 내리는 작업을 하는 경우에 해당 작업 지휘자가 준수하여야 할 사항과 가장 거리가 먼 것은?

① 작업순서 및 그 순서마다의 작업방법을 정하고 작업을 지휘할 것
② 기구와 공구를 점검하고 불량품을 제거할 것
③ 대피방법을 미리 교육할 것
④ 로프 풀기 작업 또는 덮개 벗기기 작업은 적재함의 화물이 떨어질 위험이 없음을 확인한 후에 하도록 할 것

해 사업주는 차량계 하역운반기계등에 단위화물의 무게가 100킬로그램 이상인 화물을 싣는 작업(로프 걸이 작업 및 덮개 덮기 작업을 포함한다. 이하 같다) 또는 내리는 작업(로프 풀기 작업 또는 덮개 벗기기 작업을 포함한다. 이하 같다)을 하는 경우에 해당 작업의 지휘자에게 다음 각 호의 사항을 준수하도록 하여야 한다.

1. 작업순서 및 그 순서마다의 작업방법을 정하고 작업을 지휘할 것
2. 기구와 공구를 점검하고 불량품을 제거할 것
3. 해당 작업을 하는 장소에 관계 근로자가 아닌 사람이 출입하는 것을 금지할 것
4. 로프 풀기 작업 또는 덮개 벗기기 작업은 적재함의 화물이 떨어질 위험이 없음을 확인한 후에 하도록 할 것

답 ③

089 ☆

차량계 하역운반기계의 안전조치사항 중 옳지 않은 것은?

① 최대제한속도가 시속 10km를 초과하는 차량계 건설기계를 사용하여 작업을 하는 경우 미리 작업장소의 지형 및 지반상태 등에 적합한 제한속도를 정하고, 운전자로 하여금 준수하도록 할 것
② 차량계 건설기계의 운전자가 운전위치를 이탈하는 경우 해당 운전자로 하여금 포크 및 버킷 등의 하역 장치를 가장 높은 위치에 둘 것
③ 차량계 하역운반기계 등에 화물을 적재하는 경우 하중이 한쪽으로 치우치지 않도록 적재할 것
④ 차량계 건설기계를 사용하여 작업을 하는 경우 승차석이 아닌 위치에 근로자를 탑승시키지 말 것

해 차량계 하역운반기계등, 차량계 건설기계의 운전자가 운전위치를 이탈하는 경우 포크, 버킷, 디퍼 등의 장치를 가장 낮은 위치 또는 지면에 내려둘 것

답 ②

090 ☆

철골보 인양 시 준수해야 할 사항으로 옳지 않은 것은?

① 인양 와이어로프의 매달기 각도는 양변 60°를 기준으로 한다.
② 크램프로 부재를 체결할 때는 크램프의 정격용량 이상 매달지 않아야 한다.
③ 크램프는 부재를 수평으로 하는 한 곳의 위치에만 사용하여야 한다.
④ 인양 와이어로프는 후크의 중심에 걸어야 한다.

해 크램프는 부재를 수평으로 하는 두 곳의 위치에 사용하여야 하며 부재 양단방향은 등간격이야 한다.

답 ③

091 ☆

시스템 비계를 사용하여 비계를 구성하는 경우의 준수사항으로 옳지 않은 것은?

① 수직재·수평재·가새재를 견고하게 연결하는 구조가 되도록 할 것
② 수평재는 수직재와 직각으로 설치하여야 하며, 체결 후 흔들림이 없도록 견고하게 설치할 것
③ 비계 밑단의 수직재와 받침철물은 밀착되도록 설치하고, 수직재와 받침철물의 연결부의 겹침길이는 받침철물 전체길이의 3분의 1 이상이 되도록 할 것
④ 벽 연결재의 설치간격은 시공자가 안전을 고려하여 임의대로 결정한 후 설치할 것

해 사업주는 시스템 비계를 사용하여 비계를 구성하는 경우에 다음 각 호의 사항을 준수하여야 한다.
1. 수직재·수평재·가새재를 견고하게 연결하는 구조가 되도록 할 것
2. 비계 밑단의 수직재와 받침철물은 밀착되도록 설치하고, 수직재와 받침철물의 연결부의 겹침 길이는 받침철물 전체길이의 3분의 1 이상이 되도록 할 것
3. 수평재는 수직재와 직각으로 설치하여야 하며, 체결 후 흔들림이 없도록 견고하게 설치할 것
4. 수직재와 수직재의 연결철물은 이탈되지 않도록 견고한 구조로 할 것
5. 벽 연결재의 설치간격은 제조사가 정한 기준에 따라 설치할 것

답 ④

092 ☆

다음은 시스템 비계구성에 관한 내용이다. (   ) 안에 들어갈 말로 옳은 것은?

> 비계 밑단의 수직재와 받침 철물은 밀착되도록 설치하고, 수직재와 받침 철물 연결부의 겹침 길이는 받침 철물 전체 길이의 (   ) 이상이 되도록 할 것

① 4분의 1 ② 3분의 1
③ 3분의 2 ④ 2분의 1

해 받침 철물 연결부의 겹침 길이는 받침 철물 전체 길이의 3분의 1 이상이 되도록 할 것

답 ②

093 ☆☆

시스템 동바리를 조립하는 경우 수직재와 받침철물 연결부의 겹침 길이 기준으로 옳은 것은?

① 받침 철물 전체 길이의 1/2 이상
② 받침 철물 전체 길이의 1/3 이상
③ 받침 철물 전체 길이의 1/4 이상
④ 받침 철물 전체 길이의 1/5 이상

해 윗 해설 참조

답 ②

094 ☆☆

이동식비계를 조립하여 작업을 하는 경우의 준수사항으로 옳지 않은 것은?

① 비계의 최상부에서 작업을 하는 경우에는 안전난간을 설치할 것
② 작업발판은 항상 수평을 유지하고 작업발판 위에서 안전난간을 딛고 작업을 하거나 받침대 또는 사다리를 사용하여 작업하지 않도록 할 것
③ 작업발판의 최대적재하중은 150kg을 초과하지 않도록 할 것
④ 이동식비계의 바퀴에는 뜻밖의 갑작스러운 이동 또는 전도를 방지하기 위하여 브레이크·쐐기 등으로 바퀴를 고정시킨 다음 비계의 일부를 견고한 시설물에 고정하거나 아웃트리거(outrigger)를 설치하는 등 필요한 조치를 할 것

해 사업주는 이동식비계를 조립하여 작업을 하는 경우에는 다음 각 호의 사항을 준수하여야 한다.
1. 이동식비계의 바퀴에는 뜻밖의 갑작스러운 이동 또는 전도를 방지하기 위하여 브레이크·쐐기등으로 바퀴를 고정시킨 다음 비계의 일부를 견고한 시설물에 고정하거나 아웃트리거를 설치하는 등 필요한 조치를 할 것
2. 승강용사다리는 견고하게 설치할 것
3. 비계의 최상부에서 작업을 하는 경우에는 안전난간을 설치할 것
4. 작업발판은 항상 수평을 유지하고 작업발판 위에서 안전난간을 딛고 작업을 하거나 받침대 또는 사다리를 사용하여 작업하지 않도록 할 것
5. 작업발판의 최대적재하중은 250킬로그램을 초과하지 않도록 할 것

답 ③

095 ☆☆☆

이동식 비계를 조립하여 작업을 하는 경우에 작업발판의 최대적재하중은 몇 kg을 초과하지 않도록 해야 하는가?

① 15kg ② 200kg ③ 250kg ④ 300kg

해 윗 해설 참조

답 ③

096 ☆☆☆

이동식 비계 조립 및 사용 시 준수사항으로 옳지 않은 것은?

① 비계의 최상부에서 작업을 하는 경우에는 안전난간을 설치할 것
② 승강용 사다리는 견고하게 설치할 것
③ 작업발판은 항상 수평을 유지하고 작업발판 위에서 작업을 위한 거리가 부족할 경우에는 받침대 또는 사다리를 사용할 것
④ 작업발판의 최대적재하중은 250kg을 초과하지 않도록 할 것

해 윗 해설 참조

답 ③

097 ☆☆

다음은 강관을 사용하여 비계를 구성하는 경우에 대한 내용이다. 다음 ( )안에 들어갈 내용으로 옳은 것은?

> 비계기둥의 간격은 띠장 방향에서는 ( ) 이하, 장선 방향에서는 1.5m 이하로 할 것

① 1.5m 이하　② 2.0m 이하
③ 1.85m 이하　④ 2.5m 이하

해 1. 비계기둥의 간격은 띠장 방향에서는 1.85미터 이하, 장선(長線) 방향에서는 1.5미터 이하로 할 것. 다만, 다음 각 목의 어느 하나에 해당하는 작업의 경우에는 안전성에 대한 구조검토를 실시하고 조립도를 작성하면 띠장 방향 및 장선 방향으로 각각 2.7미터 이하로 할 수 있다.
가. 선박 및 보트 건조작업
나. 그 밖에 장비 반입·반출을 위하여 공간 등을 확보할 필요가 있는 등 작업의 성질상 비계기둥 간격에 관한 기준을 준수하기 곤란한 작업

답 ③

098 ☆

다음은 강관틀비계를 조립하여 사용하는 경우 준수해야할 기준이다. ( )안에 알맞은 숫자를 나열한 것은?

> 길이가 띠장방향으로 (A)m 이하이고 높이가 (B)m를 초과하는 경우에는 (C)m 이내마다 띠장방향으로 버팀기둥을 설치할 것

① A:4, B:10, C:5　② A:4, B:10, C:10
③ A:5, B:10, C:5　④ A:5, B:10, C:10

해 길이가 띠장방향으로 4미터 이하이고 높이가 10미터를 초과하는 경우에는 10미터 이내마다 띠장방향으로 버팀기둥을 설치할 것

답 ②

099 ☆☆

강관틀비계의 벽이음에 대한 조립간격 기준으로 옳은 것은? (단, 높이가 5m 미만인 경우 제외)

① 수직방향 5m, 수평방향 5m 이내
② 수직방향 6m, 수평방향 6m 이내
③ 수직방향 6m, 수평방향 8m 이내
④ 수직방향 8m, 수평방양 6m 이내

해 강관비계 조립간격

강관비계 종류	조립간격(m)	
	수직방향	수평방향
단관비계	5	5
틀비계 (높이 5m 미만 제외)	6	8

답 ③

100 ☆☆☆☆

단관비계의 도괴 또는 전도를 방지하기 위하여 사용하는 벽이음의 간격기준으로 옳은 것은?

① 수직방향 5m 이하, 수평방향 5m 이하
② 수직방향 6m 이하, 수평방향 6m 이하
③ 수직방향 7m 이하, 수평방향 7m 이하
④ 수직방향 8m 이하, 수평방향 8m 이하

해 윗 해설 참조

답 ①

101 ☆

52m 높이로 강관비계를 세우려면 지상에서 몇 미터까지 2개의 강관으로 묶어 세워야 하는가?

① 11m ② 16m ③ 21m ④ 26m

해 비계기둥의 제일 윗부분으로부터 31미터되는 지점 밑부분의 비계기둥은 2개의 강관으로 묶어세울 것. 다만, 브라켓(bracket, 까치발) 등으로 보강하여 2개의 강관으로 묶을 경우 이상의 강도가 유지되는 경우에는 그러하지 아니하다.
즉, 52 − 31 = 21m이다.

답 ③

102 ☆☆

강관틀비계를 조립하여 사용하는 경우 준수해야 할 기준으로 옳지 않은 것은?

① 높이가 20m를 초과하거나 중량물의 적재를 수반하는 작업을 할 경우에는 주틀 간의 간격을 2.4m 이하로 할 것
② 수직방향으로 6m, 수평방향으로 8m 이내마다 벽이음을 할 것
③ 길이가 띠장 방향으로 4m 이하이고 높이가 10m를 초과하는 경우에는 10m 이내마다 띠장방향으로 버팀기둥을 설치할 것
④ 주틀 간에 교차 가새를 설치하고 최상층 및 5층 이내마다 수평재를 설치할 것

해 사업주는 강관틀 비계를 조립하여 사용하는 경우 다음 각 호의 사항을 준수하여야 한다.

1. 비계기둥의 밑둥에는 밑받침 철물을 사용하여야하며 밑받침에 고저차(高低差)가 있는 경우에는 조절형 밑받침철물을 사용하여 각각의 강관틀비계가 항상 수평 및 수직을 유지하도록 할 것
2. 높이가 20미터를 초과하거나 중량물의 적재를 수반하는 작업을 할 경우에는 주틀간의 간격을 1.8미터 이하로 할 것
3. 주틀 간에 교차 가새를 설치하고 최상층 및 5층 이내마다 수평재를 설치할 것
4. 수직방향으로 6미터, 수평방향으로 8미터 이내마다 벽이음을 할 것
5. 길이가 띠장 방향으로 4미터 이하이고 높이가 10미터를 초과하는 경우에는 10미터 이내마다 띠장 방향으로 버팀기둥을 설치할 것

답 ①

103 ☆☆☆☆☆

강관비계의 설치 기준으로 옳은 것은?

① 비계기둥의 간격은 띠장방향에서는 1.5m 이상 1.8m 이하로 하고, 장선방향에서는 2.0m 이하로 한다.

② 띠장 간격은 1.8m 이하로 설치하되, 첫번째 띠장은 지상으로부터 2m 이하 위치에 설치한다.

③ 비계기둥 간의 적재하중은 400kg을 초과하지 않도록 한다.

④ 비계기둥의 제일 윗부분으로부터 21m되는 지점 밑부분의 비계기둥은 2개의 강관으로 묶어 세운다.

해 사업주는 강관을 사용하여 비계를 구성하는 경우 다음 각 호의 사항을 준수해야 한다.

1. 비계기둥의 간격은 띠장 방향에서는 1.85미터 이하, 장선(長線) 방향에서는 1.5미터 이하로 할 것. 다만, 다음 각 목의 어느 하나에 해당하는 작업의 경우에는 안전성에 대한 구조검토를 실시하고 조립도를 작성하면 띠장 방향 및 장선 방향으로 각각 2.7미터 이하로 할 수 있다.
   가. 선박 및 보트 건조작업
   나. 그 밖에 장비 반입·반출을 위하여 공간 등을 확보할 필요가 있는 등 작업의 성질상 비계기둥 간격에 관한 기준을 준수하기 곤란한 작업
2. 띠장 간격은 2.0미터 이하로 할 것. 다만, 작업의 성질상 이를 준수하기가 곤란하여 쌍기둥틀 등에 의하여 해당 부분을 보강한 경우에는 그러하지 아니하다.
3. 비계기둥의 제일 윗부분으로부터 31미터되는 지점 밑부분의 비계기둥은 2개의 강관으로 묶어 세울 것. 다만, 브라켓(bracket, 까치발) 등으로 보강하여 2개의 강관으로 묶을 경우 이상의 강도가 유지되는 경우에는 그러하지 아니하다.
4. 비계기둥 간의 적재하중은 400킬로그램을 초과하지 않도록 할 것

답 ③

104 ☆☆☆☆

다음 중 달비계 또는 높이 5m 이상의 비계를 조립 · 해체하거나 변경하는 작업을 하는 경우의 준수사항이다. 빈칸에 알맞은 숫자는?

> 비계재료의 연결·해체작업을 하는 경우에는 폭 (   )센티미터 이상의 발판을 설치하고 근로자로 하여금 안전대를 사용하도록 하는 등 추락을 방지하기 위한 조치를 할 것

① 15 ② 20 ③ 25 ④ 30

해 비계재료의 연결·해체작업을 하는 경우에는 폭 20센티미터 이상의 발판을 설치하고 근로자로 하여금 안전대를 사용하도록 하는 등 추락을 방지하기 위한 조치를 할 것

답 ②

105 ☆

말비계를 조립하여 사용할 때의 준수사항으로 옳지 않은 것은?

① 지주부재의 하단에는 미끄럼 방지장치를 한다.

② 지주부재와 수평면과의 기울기는 75° 이하로 한다.

③ 말비계의 높이가 2m를 초과할 경우에는 작업발판의 폭을 30cm 이상으로 한다.

④ 지주부재와 지주부재 사이를 고정시키는 보조부재를 설치한다.

해 사업주는 말비계를 조립하여 사용하는 경우에 다음 각 호의 사항을 준수하여야 한다.

1. 지주부재(支柱部材)의 하단에는 미끄럼 방지장치를 하고, 근로자가 양측 끝부분에 올라서서 작업하지 않도록 할 것
2. 지주부재와 수평면의 기울기를 75도 이하로 하고, 지주부재와 지주부재 사이를 고정시키는 보조부재를 설치할 것
3. 말비계의 높이가 2미터를 초과하는 경우에는 작업발판의 폭을 40센티미터 이상으로 할 것

답 ③

106 ☆☆☆

다음은 말비계를 조립하여 사용하는 경우에 관한 준수사항이다. (   )안에 들어갈 내용으로 옳은 것은?

- 지주부재와 수평면의 기울기를 (A)도 이하로 하고, 지주부재와 지주부재 사이를 고정시키는 보조부재를 설치할 것
- 말비계의 높이가 2미터를 초과하는 경우에는 작업발판의 폭을 (B)cm 이상으로 할 것

① A : 75, B : 30 ② A : 75, B : 40
③ A : 85, B : 30 ④ A : 85, B : 40

해 윗 해설 참조

답 ②

107 ☆☆

말비계를 조립하여 사용하는 경우 지주부재와 수평면의 기울기는 얼마 이하로 하여야 하는가?

① 65° ② 70° ③ 75° ④ 80°

해 윗 해설 참조

답 ③

108 ☆☆

강관비계를 조립할 때 준수하여야 할 사항으로 옳지 않은 것은?

① 띠장간격은 2m 이하로 설치하되, 첫번째 띠장은 지상으로부터 3m 이하의 위치에 설치할 것
② 비계기둥 간격은 띠장 방향에서는 1.5미터 내지 1.8미터일 것
③ 비계기둥의 제일 윗부분으로부터 31m 되는 지점 밑부분의 비계기둥은 2개의 강관으로 묶어 세울 것
④ 비계기둥 간의 적재하중은 400kg을 초과하지 않도록 할 것

해 띠장간격은 1.5미터 이하로 설치하여야 하며, 지상에서 첫 번째 띠장은 높이 2미터 이하의 위치에 설치하여야 한다.

답 ①

109 ☆

강관비계 조립 시의 준수사항으로 옳지 않은 것은?

① 비계기둥에는 미끄러지거나 침하하는 것을 방지하기 위하여 밑받침철물을 사용한다.
② 지상높이 4층 이하 또는 12m 이하인 건 축물의 해체 및 조립 등의 작업에서만 사용한다.
③ 교차가새로 보강한다.
④ 외줄비계·쌍줄비계 또는 돌출비계에 대해서는 벽이음 및 버팀을 설치한다.

해 ②: 통나무 비계에 대한 사항이다.

답 ②

110 ☆

고소작업대를 설치 및 이동하는 경우에 준수하여야 할 사항으로 옳지 않은 것은?

① 와이어로프 또는 체인의 안전율은 3 이상일 것
② 붐의 최대 지면경사각을 초과 운전하여 전도되지 않도록 할 것
③ 고소작업대를 이동하는 경우 작업대를 가장 낮게 내릴 것
④ 작업대에 끼임·충돌 등 재해를 예방하기 위한 가드 또는 과상승방지장치를 설치할 것

해 사업주는 고소작업대를 설치하는 경우에는 다음 각 호에 해당하는 것을 설치하여야 한다.

1. 작업대를 와이어로프 또는 체인으로 올리거나 내릴 경우에는 와이어로프 또는 체인이 끊어져 작업대가 떨어지지 아니하는 구조여야 하며, 와이어로프 또는 체인의 안전율은 5 이상일 것
2. 작업대를 유압에 의해 올리거나 내릴 경우에는 작업대를 일정한 위치에 유지할 수 있는 장치를 갖추고 압력의 이상저하를 방지할 수 있는 구조일 것
3. 권과방지장치를 갖추거나 압력의 이상상승을 방지할 수 있는 구조일 것
4. 붐의 최대 지면경사각을 초과 운전하여 전도되지 않도록 할 것
5. 작업대에 정격하중(안전율 5 이상)을 표시할 것
6. 작업대에 끼임·충돌 등 재해를 예방하기 위한 가드 또는 과상승방지장치를 설치할 것
7. 조작반의 스위치는 눈으로 확인할 수 있도록 명칭 및 방향표시를 유지할 것

사업주는 고소작업대를 이동하는 경우에는 다음 각 호의 사항을 준수해야 한다.

1. 작업대를 가장 낮게 내릴 것
2. 작업자를 태우고 이동하지 말 것. 다만, 이동 중 전도 등의 위험예방을 위하여 유도하는 사람을 배치하고 짧은 구간을 이동하는 경우에는 제1호에 따라 작업대를 가장 낮게 내린 상태에서 작업자를 태우고 이동할 수 있다.
3. 이동통로의 요철상태 또는 장애물의 유무 등을 확인할 것

답 ①

111 ☆

항타기 및 항발기에 관한 설명으로 옳지 않은 것은?

① 도괴방지를 위해 시설 또는 가설물 등에 설치하는 때에는 그 내력을 확인하고 내력이 부족하면 그 내력을 보강해야 한다.
② 와이어로프의 한 꼬임에서 끊어진 소선(필러선을 제외한다)의 수가 10% 이상인 것은 권상용 와이어로프로 사용을 금한다.
③ 지름 감소가 공칭지름의 7%를 초과하는 것은 권상용 와이어로프로 사용을 금한다.
④ 권상용 와이어로프의 안전계수가 4 이상이 아니면 이를 사용하여서는 아니 된다.

해 사업주는 항타기 또는 항발기의 권상용 와이어로프의 안전계수가 5 이상이 아니면 이를 사용해서는 아니 된다.

답 ④

112 ☆☆

동력을 사용하는 항타기 또는 항발기에 대하여 무너짐을 방지하기 위하여 준수하여야 할 기준으로 옳지 않은 것은?

① 연약한 지반에 설치하는 경우에는 아웃트리거·받침 등 지지구조물의 침하를 방지하기 위해 깔판·받침목 등을 사용할 것
② 아웃트리거·받침 등 지지구조물이 미끄러질 우려가 있는 경우에는 말뚝 또는 쐐기 등을 사용하여 해당 지지구조물을 고정시킬 것
③ 시설 또는 가설물 등에 설치하는 경우에는 그 내력을 확인하고 내력이 부족하면 그 내력을 보강하지 말 것
④ 상단 부분은 버팀대·버팀줄로 고정하여 안정시키고, 그 하단 부분은 견고한 버팀·말뚝 또는 철골 등으로 고정시킬 것

해 사업주는 동력을 사용하는 항타기 또는 항발기에 대하여 무너짐을 방지하기 위하여 다음 각 호의 사항을 준수해야 한다.

1. 연약한 지반에 설치하는 경우에는 아웃트리거·받침 등 지지구조물의 침하를 방지하기 위해 깔판·받침목 등을 사용할 것
2. 시설 또는 가설물 등에 설치하는 경우에는 그 내력을 확인하고 내력이 부족하면 그 내력을 보강할 것
3. 아웃트리거·받침 등 지지구조물이 미끄러질 우려가 있는 경우에는 말뚝 또는 쐐기 등을 사용하여 해당 지지구조물을 고정시킬 것
4. 궤도 또는 차로 이동하는 항타기 또는 항발기에 대해서는 불시에 이동하는 것을 방지하기 위하여 레일 클램프(rail clamp) 및 쐐기 등으로 고정시킬 것
5. 상단 부분은 버팀대·버팀줄로 고정하여 안정시키고, 그 하단 부분은 견고한 버팀·말뚝 또는 철골 등으로 고정시킬 것

답 ③

113 ☆

항타기 또는 항발기의 사용 시 준수사항으로 옳지 않은 것은?

① 증기나 공기를 차단하는 장치를 작업관리자가 쉽게 조작할 수 있는 위치에 설치한다.
② 해머의 운동에 의하여 증기호스 또는 공기호스와 해머의 접속부가 파손되거나 벗겨지는 것을 방지하기 위하여 그 접속부가 아닌 부위를 선정하여 증기호스 또는 공기호스를 해머에 고정시킨다.
③ 항타기나 항발기의 권상장치의 드럼에 권상용 와이어로프가 꼬인 경우에는 와이어로프에 하중을 걸어서는 안된다.
④ 항타기나 항발기의 권상장치에 하중을 건 상태로 정지하여 두는 경우에는 쐐기장치 또는 역회전방지용 브레이크를 사용하여 제동하는 등 확실하게 정지시켜 두어야 한다.

해 사업주는 압축공기를 동력원으로 하는 항타기나 항발기를 사용하는 경우에는 다음 각 호의 사항을 준수하여야 한다.
1. 해머의 운동에 의하여 공기호스와 해머의 접속부가 파손되거나 벗겨지는 것을 방지하기 위하여 그 접속부가 아닌 부위를 선정하여 공기호스를 해머에 고정시킬 것
2. 공기를 차단하는 장치를 해머의 운전자가 쉽게 조작할 수 있는 위치에 설치할 것

답 ①

114 ☆☆☆

항타기 또는 항발기의 권상장치 드럼축과 권상장치로부터 첫 번째 도르래의 축 간의 거리는 권상장치 드럼폭의 몇 배 이상으로 하여야 하는가?

① 5배 ② 8배 ③ 10배 ④ 15배

해 사업주는 항타기 또는 항발기의 권상장치의 드럼축과 권상장치로부터 첫 번째 도르래의 축 간의 거리를 권상장치 드럼 폭의 15배 이상으로 하여야 한다.

답 ④

115 ☆

다음은 산업안전보건법령에 따른 항타기 또는 항발기에 권상용 와이어로프를 사용하는 경우에 준수하여야 할 사항이다. ( )안에 알맞은 내용으로 옳은 것은?

> 권상용 와이어로프는 추 또는 해머가 최저의 위치에 있을 때 또는 널말뚝을 빼내기 시작할 때를 기준으로 권상장치의 드럼에 적어도 ( ) 감기고 남을 수 있는 충분한 길이일 것

① 1회 ② 2회 ③ 4회 ④ 6회

해 권상용 와이어로프는 추 또는 해머가 최저의 위치에 있을 때 또는 널말뚝을 빼내기 시작할 때를 기준으로 권상장치의 드럼에 적어도 2회 감기고 남을 수 있는 충분한 길이일 것

답 ②

116 ☆

건설작업장에서 근로자가 상시 작업하는 장소의 작업면 조도기준으로 옳지 않은 것은? (단, 갱내 작업장과 감광재료를 취급하는 작업장의 경우는 제외)

① 초정밀 작업: 600럭스(lux) 이상
② 정밀작업: 300럭스(lux) 이상
③ 보통작업: 150럭스(lux) 이상
④ 초정밀, 정밀, 보통작업을 제외한 기타 작업: 75럭스(lux) 이상

해 사업주는 근로자가 상시 작업하는 장소의 작업면 조도(照度)를 다음 각 호의 기준에 맞도록 하여야 한다. 다만, 갱내(坑內) 작업장과 감광재료(感光材料)를 취급하는 작업장은 그러하지 아니하다.
1. 초정밀작업: 750럭스(lux) 이상
2. 정밀작업: 300럭스 이상
3. 보통작업: 150럭스 이상
4. 그 밖의 작업: 75럭스 이상

답 ①

117 ☆☆☆

선창의 내부에서 화물취급작업을 하는 근로자가 안전하게 통행할 수 있는 설비를 설치하여야 하는 기준은 갑판의 윗면에서 선창 밑바닥까지의 깊이가 최소 얼마를 초과할 때 인가?

① 1.3m ② 1.5m ③ 1.8m ④ 2.0m

해 사업주는 갑판의 윗면에서 선창(船倉) 밑바닥까지의 깊이가 1.5미터를 초과하는 선창의 내부에서 화물취급작업을 하는 경우에 그 작업에 종사하는 근로자가 안전하게 통행할 수 있는 설비를 설치하여야 한다.

답 ②

118 ☆☆

항만하역작업에서의 선박승강설비 설치기준으로 옳지 않은 것은?

① 200톤급 이상의 선박에서 하역작업을 하는 경우에 근로자들이 안전하게 오르내릴 수 있는 현문(舷門) 사다리를 설치하여야 하며, 이 사다리 밑에 안전망을 설치하여야 한다.
② 현문 사다리는 견고한 재료로 제작된 것으로 너비는 55cm 이상이어야 한다.
③ 현문 사다리의 양측에는 82cm 이상의 높이로 울타리를 설치하여야 한다.
④ 현문 사다리는 근로자의 통행에만 사용하여야하며, 화물용 발판 또는 화물용 보판으로 사용하도록 해서는 아니 된다.

해 1. 사업주는 300톤급 이상의 선박에서 하역 작업을 하는 경우에 근로자들이 안전하게 오르내릴 수 있는 현문(舷門) 사다리를 설치하여야 하며, 이 사다리 밑에 안전망을 설치하여야 한다.
2. 제1항에 따른 현문 사다리는 견고한 재료로 제작된 것으로 너비는 55센티미터 이상이어야 하고, 양측에 82센티미터 이상의 높이로 울타리를 설치하여야 하며, 바닥은 미끄러지지 않도록 적합한 재질로 처리되어야 한다.
3. 제1항의 현문 사다리는 근로자의 통행에만 사용하여야 하며, 화물용 발판 또는 화물용 보판으로 사용하도록 해서는 아니된다.

답 ①

119 ☆☆

선박에서 하역작업 시 근로자들이 안전하게 오르내릴 수 있는 현문 사다리 및 안전망을 설치하여야 하는 것은 선박이 최소 몇 톤급 이상일 경우인가?

① 500톤급 ② 300톤급
③ 200톤급 ④ 100톤급

해 윗 해설 참조

답 ②

120 ☆

다음은 산업안전보건법령에 따른 화물자동차의 승강설비에 관한 사항이다. (　　)안에 알맞은 내용으로 옳은 것은?

> 사업주는 바닥으로부터 짐 윗면까지의 높이가 (　　) 이상인 화물자동차에 짐을 싣는 작업 또는 내리는 작업을 하는 경우에는 근로자의 추가 위험을 방지하기 위하여 해당 작업에 종사하는 근로자가 바닥과 적재함의 짐 윗면 간을 안전하게 오르내리기 위한 설비를 설치하여야 한다.

① 2m ② 4m ③ 6m ④ 8m

해 사업주는 바닥으로부터 짐 윗면까지의 높이가 2미터 이상인 화물자동차에 짐을 싣는 작업 또는 내리는 작업을 하는 경우에는 근로자의 추가 위험을 방지하기 위하여 해당 작업에 종사하는 근로자가 바닥과 적재함의 짐 윗면 간을 안전하게 오르내리기 위한 설비를 설치하여야 한다.

답 ①

121 ☆

근로자에게 작업 중 또는 통행 시 전락(轉落)으로 인하여 근로자가 화상 · 질식 등의 위험에 처할 우려가 있는 케틀(kettle), 호퍼(hopper), 피트(pit) 등이 있는 경우에 그 위험을 방지하기 위하여 최소 높이 얼마 이상의 울타리를 설치하여야 하는가?

① 80cm 이상 ② 85cm 이상
③ 90cm 이상 ④ 95cm 이상

해 사업주는 근로자에게 작업 중 또는 통행 시 굴러 떨어짐으로 인하여 근로자가 화상·질식 등의 위험에 처할 우려가 있는 케틀(kettle, 가열 용기), 호퍼(hopper, 깔때기 모양의 출입구가 있는 큰 통), 피트(pit, 구덩이) 등이 있는 경우에 그 위험을 방지하기 위하여 필요한 장소에 높이 90센티미터 이상의 울타리를 설치하여야 한다.

답 ③

122 ☆☆

터널 등의 건설작업을 하는 경우에 낙반 등에 의하여 근로자가 위험해질 우려가 있는 경우에 필요한 직접적인 조치사항과 거리가 먼 것은?

① 터널지보공 설치 ② 부석의 제거
③ 울 설치 ④ 록볼트 설치

해 사업주는 터널 등의 건설작업을 하는 경우에 낙반 등에 의하여 근로자가 위험해질 우려가 있는 경우에 터널 지보공 및 록볼트의 설치, 부석(浮石)의 제거 등 위험을 방지하기 위하여 필요한 조치를 하여야 한다.

답 ③

123 ☆☆☆

터널 지보공을 조립하거나 변경하는 경우에 조치하여야 하는 사항으로 옳지 않은 것은?

① 목재의 터널 지보공은 그 터널 지보공의 각 부재에 작용하는 긴압정도를 체크하여 그 정도가 최대한 차이 나도록 한다.
② 강(鋼)아치 지보공의 조립은 연결볼트 및 띠장 등을 사용하여 주재 상호간을 튼튼하게 연결할 것
③ 기둥에는 침하를 방지하기 위하여 받침목을 사용하는 등의 조치를 할 것
④ 주재(主材)를 구성하는 1세트의 부재는 동일 평면 내에 배치할 것

해 목재의 터널 지보공은 그 터널 지보공의 각 부재의 긴압 정도가 균등하게 되도록 할 것

답 ①

124 ☆

NATM공법 터널공사의 경우 록 볼트 작업과 관련된 계측결과에 해당되지 않은 것은?

① 진동 측정 결과 ② 천단침하 측정 결과
③ 인발시험 결과 ④ 내공변위 측정 결과

해 록 볼트 작업의 표준시공방식으로서 시스템 볼팅을 실시하여야 하며 인발시험, 내공 변위측정, 천단침하측정, 지중변위측정 등의 계측결과로부터 다음 각 목에 해당될 때에는 록 볼트의 추가시공을 하여야 한다.

답 ①

125 ☆

터널공사의 전기발파작업에 관한 설명으로 옳지 않은 것은?

① 전선은 점화하기 전에 화약류를 충진한 장소로부터 30m 이상 떨어진 안전한 장소에서 도통 시험 및 저항시험을 하여야한다.
② 점화는 충분한 허용량을 갖는 발파기를 사용하고 규정된 스위치를 반드시 사용하여야 한다.
③ 발파 후 발파기와 발파모선의 연결을 유지한 채 그 단부를 절연시킨다.
④ 점화는 선임된 발파책임자가 행하고 발파기의 핸들을 점화할 때 이외는 시건장치를 하거나 모선을 분리하여야 하며 발파책임자의 엄중한 관리하에 두어야 한다.

해 즉시 발파모선을 발파기에서 분리하여 단락시키는 등 재기폭되지 않도록 조치할 것

답 ③

126 ☆

다음 중 터널공사의 전기발파작업에 대한 설명 중 옳지 않은 것은?

① 점화는 충분한 허용량을 갖는 발파기를 사용한다.
② 발파 후 즉시 발파모선을 발파기로부터 분리하고 그 단부를 절연시킨다.
③ 전선의 도통시험은 화약장전 장소로부터 최소 30m 이상 떨어진 장소에서 행한다.
④ 발파모선은 고무 등으로 절연된 전선 20m 이상의 것을 사용한다.

해 발파모선은 절연효력이 있고, 기계적으로 안전한 것으로서, 그 길이가 30m 이상의 것을 사용하여야 하며 사용 전에는 단선의 유무를 확인할 것

답 ④

127 ☆☆☆

건물기초에서 발파진동 허용치 규제 기준으로 틀린 것은?

① 문화재 : 0.2cm/sec
② 주택, 아파트 : 0.5cm/sec
③ 상가 : 1.0cm/sec
④ 철골콘크리트 빌딩 : 0.1~0.5cm/sec

해 발파진동 허용기준치

건물기지반 종류	허용진동치(cm/s)
문화재	0.2
주택, 아파트	0.5
상가건물	1.0
철근콘크리트 건물	1.0~4.0

답 ④

128 ☆☆☆

굴착기계의 운행 시 안전대책으로 옳지 않은 것은?

① 버킷에 사람 탑승을 허용해서는 안 된다.
② 운전반경 내에 사람이 있을 때 회전은 10rpm정도의 느린 속도로 하여야 한다.
③ 장비의 주차 시 경사지나 굴착작업장으로부터 충분히 이격시켜 주차한다.
④ 전선이나 구조물 등에 인접하여 붐을 선회해야 할 작업에는 사전에 회전반경, 높이제한 등 방호조치를 강구한다.

해 운전반경 내에 사람이 있을 때 운행을 하지 말아야 한다.

답 ②

129 ☆

백호우(Backhoe)의 운행방법에 대한 설명으로 옳지 않은 것은?

① 경사로나 연약지반에서는 무한궤도식보다는 타이어식이 안전하다.
② 작업계획서를 작성하고 계획에 따라 작업을 실시하여야 한다.
③ 작업장소의 지형 및 지반상태 등에 적합한 제한 속도를 정하고 운전자로 하여금 이를 준수하도록 하여야 한다.
④ 작업 중 승차석 외의 위치에 근로자를 탑승시켜서는 안 된다.

해 경사로나 연약지반에서는 타이어식보다는 무한궤도식이 안전하다.

답 ①

130 ☆

불도저를 이용한 작업 중 안전조치사항으로 옳지 않은 것은?

① 작업종료와 동시에 삽날을 지면에서 띄우고 주차 제동장치를 건다.
② 모든 조종간은 엔진 시동 전에 중립 위치에 놓는다.
③ 장비의 승차 및 하차 시 뛰어내리거나 오르지 말고 안전하게 잡고 오르내린다.
④ 야간작업 시 자주 장비에서 내려와 장비 주위를 살피며 점검하여야 한다.

해 작업종료와 동시에 삽날을 지면으로 내리고 주차 제동장치를 건다.

답 ①

131 ☆☆

장비가 위치한 지면보다 낮은 장소를 굴착하고, 수중굴착도 가능한 장비는?

① 백호우 ② 파워쇼벨 ③ 트럭크레인 ④ 진폴

해

백호우 (드래그쇼벨)	단단한 지반에 작업하기 쉽고 작업속도가 빠르며 특히 암반굴착에 적합하며, 지면보다 낮은 곳을 굴착한다.
파워쇼벨	기계 위치보다 높은 곳의 굴착, 비탈면 절취에 적합하다.
진폴	1개의 기둥을 보조 로프로 경사지게 지지하고 윈치를 별도로 설치하여 와이어로프와 활차를 사용하여 중량물을 들어 올리고 내리는 데릭

답 ①

132 ☆☆☆

장비 자체보다 높은 장소의 땅을 굴착하는 데 적합한 장비는?

① 파워 쇼벨(Power Shovel)
② 불도저(Bulldozer)
③ 드래그라인(Drag line)
④ 클램쉘(Clam Shell)

해 파워쇼벨: 기계 위치보다 높은 곳의 굴착, 비탈면 절취에 적합하다.

답 ①

133 ☆☆

다음 중 쇼벨로우더의 운영방법으로 옳은 것은?

① 점검 시 버킷은 가장 상위의 위치에 올려놓는다.
② 시동 시에는 사이드 브레이크를 풀고서 시동을 건다.
③ 경사면을 오를 때에는 전진으로 주행하고 내려올 때는 후진으로 주행한다.
④ 운전자가 운전석에서 나올 때는 버킷을 올려 놓은 상태로 이탈한다.

해 ①: 버킷은 반드시 작업지면에 내려놓고 점검하여야 하며 점검 시에 버킷을 올릴 필요가 있을 때에는 레버 블록을 걸어 놓음과 동시에 받침대 위에 올려놓아 버킷 낙하를 방지하여야 한다.
②: 시동 시에는 사이드 브레이크가 확실히 당겨져 있는가를 확인하여야 한다.
③: 경사면을 오를 때에는 전진으로 주행하고 내려올 때에는 후진으로 주행하며 엔진브레이크를 사용하여야 한다.
④: 버킷을 올린 상태로 운전석을 이탈하지 말아야 한다.

답 ③

134 ☆☆☆

클램쉘(Clam shell)의 용도로 옳지 않은 것은?

① 잠함 안의 굴착에 사용된다.
② 수면 아래의 자갈, 모래를 굴착하고 준설선에 많이 사용된다.
③ 건축구조물의 기초 등 정해진 범위의 깊은 굴착에 적합하다.
④ 단단한 지반의 작업도 가능하며 작업속도 기 빠르고 특히 암반굴착에 적합하다.

해 ④: 백호우

클램쉘
- 지면보다 낮은 곳 굴착 가능하다.
- 잠함 안의 굴착에 사용된다.
- 수면 아래의 자갈, 모래를 굴착(수중굴착)하고 준설선에 많이 사용된다.
- 건축구조물의 기초 등 정해진 범위의 깊은 굴착에 적합하다.
- 단단한 토질 굴착 불가능하다.

답 ④

135 ☆☆

다음 중 수중굴착 공사에 가장 적합한 건설기계는?

① 파워쇼벨 ② 스크레이퍼
③ 불도저 ④ 클램쉘

해 윗 해설 참조

답 ④

136 ☆

다음 토공기계 중 굴착기계와 가장 관계있는 것은?

① Clam shell ② Road Roller
③ Shovel loader ④ Belt conveyer

해 윗 해설 참조

답 ①

137 ☆☆

철륜 표면에 다수의 돌기를 붙여 접지면적을 작게 하여 접지압을 증가시킨 롤러로서 고함수비 점성토 지반의 다짐작업에 적합한 롤러는?

① 탠덤롤러 ② 로드롤러
③ 타이어롤러 ④ 탬핑롤러

해

탠덤롤러	앞뒤 두 개의 차륜이 있으며 각각의 차축이 평행으로 배치된 것으로 찰흙, 점성토 등의 두꺼운 흙을 다짐하는데 적당하나 단단한 각재를 다지는 데는 부적당하며 머캐덤 롤러 다짐 후의 아스팔트 포장에 사용된다.
로드롤러	철제 원통형 롤러가 앞뒤에 각 한개씩 또는 앞에 한 개, 뒤에 두개가 달려 있어서 앞뒤로 오가면서 작업하는 롤러
타이어롤러	고무 타이어에 의해 흙을 다지는 롤러
탬핑롤러	철륜 표면에 다수의 돌기를 붙여지면 접지면적을 작게 하여 접지압을 증가시킨 롤러로서 고함수비 점성토 지반의 다짐작업에 적합한 롤러

답 ④

138 ☆☆

앵글 도저보다 큰 각으로 움직일 수 있어 흙을 깎아 옆으로 밀어내면서 전진하므로 제설, 제토작업 및 다량의 흙을 전방으로 밀어 가는데 적합한 불도저는?

① 스트레이트 도저 ② 틸트 도저
③ 레이크 도저 ④ 힌지 도저

해

스트레이트 도저	배토판이 차체 진행 방향에 직각으로 고정되어 있는 도저
틸트 도저	블레이드를 레버로 조정할 수 있으며, 좌우를 상하 25~30˚까지 기울일 수 있는 불도저
레이크 도저	레이크 부착해 발근용이나 지상 청소 작업에 사용되는 도저
앵글도저	블레이드의 길이가 길고 낮으며 블레이드의 좌우를 전후 25~ 30° 각도로 회전시켜 흙을 측면으로 보낼 수 있는 도저
힌지 도저	앵글 도저보다 큰 각으로 움직일 수 있어 흙을 깎아 옆으로 밀어내면서 전진하므로 제설, 제토작업 및 다량의 흙을 전방으로 밀어가는데 적합한 불도저

답 ④

139 ☆

해체공사 시 작업용 기계기구의 취급 안전기준에 관한 설명으로 옳지 않은 것은?

① 철제햄머와 와이어로프의 결속은 경험이 많은 사람으로서 선임된 자에 한하여 실시하도록 하여야 한다.
② 팽창제 천공간격은 콘크리트 강도에 의하여 결정되나 70~120cm 정도를 유지하도록 한다.
③ 쐐기타입으로 해체 시 천공구멍은 타입기 삽입부분의 직경과 거의 같아야 한다.
④ 화염방사기로 해체작업 시 용기 내 압력 은 온도에 의해 상승하기 때문에 항상 40℃ 이하로 보존해야 한다.

해 천공간격은 콘크리트 강도에 의하여 결정되나 30내지 70cm 정도를 유지하도록 한다.

답 ②

140 ☆☆

다음 중 해체작업용 기계 기구로 가장 거리가 먼 것은?

① 압쇄기 ② 핸드 브레이커
③ 철제 햄머 ④ 진동롤러

해 진동롤러: 다짐기계
해체작업용 기계, 기구 종류
대형 브레이커/압쇄기/철제해머/핸드브레이커/팽창제/절단톱/하이드로잭/쐐기타입기/화염방사기/절단줄톱

답 ④

141 ☆☆

다음 중 건물 해체용 기구와 거리가 먼 것은?

① 압쇄기 ② 스크레이퍼 ③ 잭 ④ 철해머

해 스크레이퍼: 흙을 절삭, 운반하거나 펴 고르는 등의 작업을 하는 토공기계
윗 해설 참조

답 ②

142 ☆

해체용 장비로서 작은 부재의 파쇄에 유리하고 소음, 진동 및 분진이 발생되므로 작업원은 보호구를 착용하여야 하고 특히 작업원의 작업시간을 제한하여야 하는 장비는?

① 천공기 ② 쇄석기
③ 철제해머 ④ 핸드 브레이커

해 핸드 브레이커는 진동을 많이 동반한다.

답 ④

143 ☆

굴착, 싣기, 운반, 흙깔기 등의 작업을 하나의 기계로서 연속적으로 행할 수 있으며 비행장과 같이 대규모 정지작업에 적합하고 피견인식 자주식으로 구분할 수 있는 차량계 건설기계는?

① 크램쉘(clamshell) ② 로우더(loader)
③ 불도저(bulldozer) ④ 스크레이퍼(scraper)

해 스크레이퍼: 흙을 절삭, 운반하거나 펴 고르는 등의 작업을 하는 토공기계

답 ④

144 ☆

굴착과 싣기를 동시에 할 수 있는 토공기계가 아닌 것은?

①Power shovel ② Tractor shovel
③ Back hoe ④ Motor grader

해 모터그레이더: 제설작업, 노면을 다듬는 작업 기계

답 ④

145 ☆☆☆☆☆

다음 중 양중기에 해당되지 않는 것은?

① 어스드릴 ② 크레인
③ 리프트 ④ 곤돌라

해 양중기란 다음 각 호의 기계를 말한다.
1. 크레인[호이스트(hoist)를 포함한다]
2. 이동식 크레인
3. 리프트(이삿짐운반용 리프트의 경우에는 적재하중이 0.1톤 이상인 것으로 한정)
4. 곤돌라
5. 승강기

답 ①

146 ☆

설치·이전하는 경우 안전인증을 받아야 하는 기계·기구에 해당되지 않는 것은?

① 크레인 ② 리프트 ③ 곤돌라 ④ 고소작업대

해 1. 설치·이전하는 경우 안전인증을 받아야 하는 기계
가. 크레인
나. 리프트
다. 곤돌라
2. 주요 구조 부분을 변경하는 경우 안전인증을 받아야 하는 기계 및 설비
가. 프레스
나. 전단기 및 절곡기(折曲機)
다. 크레인
라. 리프트
마. 압력용기
바. 롤러기
사. 사출성형기(射出成形機)
아. 고소(高所)작업대
자. 곤돌라

답 ④

147 ☆

유해·위험 방지를 위한 방호조치를 하지 아니하고는 양도, 대여, 설치 또는 사용에 제동하거나, 양도·대여를 목적으로 진열해서는 아니 되는 기계·기구에 해당하지 않는 것은?

① 지게차 ② 공기압축기
③ 원심기 ④ 덤프트럭

해 유해위험방지를 위한 방호조치가 필요한 기계 기구
예초기/원심기/지게차/공기압축기/금속절단기/포장기계(진공포장기, 래핑기로 한정한다)

답 ④

148 ☆

차량계 건설기계에 해당되지 않는 것은?

① 불도저 ② 콘크리트 펌프카
③ 드래그라인 ④ 가이데릭

해 1. 도저형 건설기계(불도저, 스트레이트도저, 틸트도저, 앵글도저, 버킷도저 등)
2. 모터그레이더(motor grader, 땅 고르는 기계)
3. 로더(포크 등 부착물 종류에 따른 용도 변경 형식을 포함한다)
4. 스크레이퍼(scraper, 흙을 절삭·운반하거나 펴 고르는 등의 작업을 하는 토공 기계)
5. 크레인형 굴착기계(크램쉘, 드래그라인 등)
6. 굴착기(브레이커, 크러셔, 드릴 등 부착물 종류에 따른 용도 변경 형식을 포함한다)
7. 항타기 및 항발기
8. 천공용 건설기계(어스드릴, 어스오거, 크롤러드릴, 점보드
9. 지반 압밀침하용 건설기계(샌드드레인머신, 페이퍼드레인머신, 팩드레인머신 등)
10. 지반 다짐용 건설기계(타이어롤러, 매커덤롤러, 탠덤롤러 등)
11. 준설용 건설기계(버킷준설선, 그래브준설선, 펌프준설선 등)
12. 콘크리트 펌프카
13. 덤프트럭
14. 콘크리트 믹서 트럭
15. 도로포장용 건설기계(아스팔트 살포기, 콘크리트 살포기, 아스팔트 피니셔, 콘크리트 피니셔등)
16. 골재 채취 및 살포용 건설기계(쇄석기, 자갈채취기, 골재살포기 등)
17. 제1호부터 제16호까지와 유사한 구조 또는 기능을 갖는 건설기계로서 건설작업에 사용하는 것

답 ④

149 ☆

다음 중 차량계 건설기계에 속하지 않는 것은?

① 불도저 ② 스크레이퍼
③ 타워크레인 ④ 항타기

해 윗 해설 참조

답 ③

150 ☆

산업안전보건법령에 따른 유해하거나 위험한 기계·기구에 설치하여야 할 방호장치를 연결한 것으로 옳지 않은 것은?

① 포장기계 - 헤드 가드
② 예초기 - 날접촉 예방장치
③ 원심기 - 회전체 접촉 예방장치
④ 금속절단기 - 날접촉 예방장치

해 **포장기계**: 덮개

답 ①

151 ☆☆☆☆

추락방지용 방망 중 그물코의 크기가 5cm인 매듭방망 신품의 인장강도는 최소 몇 kg 이상이어야 하는가?

① 60 ② 110 ③ 150 ④ 200

해 방망사 신품에 대한 인장강도

그물코 크기 (cm)	방망 종류(kg)	
	매듭없는 방망	매듭있는 방망
10	240	200
5	-	110

방망사 폐기 시 인장강도

그물코 크기 (cm)	방망 종류(kg)	
	매듭없는 방망	매듭있는 방망
10	150	135
5	-	60

답 ②

152 ☆

그물코의 크기가 5cm인 매듭 방망사의 폐기 시 인장강도 기준으로 옳은 것은?

① 200kg ② 100kg ③ 60kg ④ 30kg

해 윗 해설 참조

답 ③

153 ☆☆☆☆☆☆

추락방지망 설치 시 그물코의 크기가 10cm인 매듭 있는 방망의 신품에 대한 인장강도 기준으로 옳은 것은?

① 100kg 이상 ② 200kg 이상
③ 300kg 이상 ④ 400kg 이상

해 윗 해설 참조

답 ②

154 ☆

그물코의 크기가 10cm인 매듭없는 방망사 신품의 인장강도는 최소 얼마 이상이어야 하는가?

① 240kg ② 320kg ③ 400kg ④ 500kg

해 윗 해설 참조

답 ①

155 ☆☆

추락재해 방지를 위한 방망이 그물코 규격 기준으로 옳은 것은?

① 사각 또는 마름모로서 크기가 5센티미터 이하
② 사각 또는 마름모로서 크기가 10센티미터 이하
③ 사각 또는 마름모로서 크기가 15센티미터 이하
④ 사각 또는 마름모로서 크기가 20센티미터 이하

해 그물코 규격
사각 또는 마름모로서 그 크기는 10센티미터 이하이어야 한다.

답 ②

156 ☆☆

가설통로를 설치하는 경우 경사는 최대 몇 도 이하로 하여야 하는가?

① 20 ② 25 ③ 30 ④ 35

해 경사는 30도 이하로 할 것. 다만, 계단을 설치하거나 높이 2미터 미만의 가설통로로서 튼튼한 손잡이를 설치한 경우에는 그러하지 아니하다.

답 ③

157 ☆

크레인의 운전실 또는 운전대를 통하는 통로의 끝과 건설물 등의 벽체의 간격은 최대 얼마 이하로 하여야 하는가?

① 0.2m ② 0.3m ③ 0.4m ④ 0.5m

해 사업주는 다음 각 호의 간격을 0.3미터 이하로 하여야 한다. 다만, 근로자가 추락할 위험이 없는 경우에는 그 간격을 0.3미터 이하로 유지하지 아니할 수 있다.

1. 크레인의 운전실 또는 운전대를 통하는 통로의 끝과 건설물 등의 벽체의 간격
2. 크레인 거더(girder)의 통로 끝과 크레인 거더의 간격
3. 크레인 거더의 통로로 통하는 통로의 끝과 건설물 등의 벽체의 간격

답 ②

158 ☆☆

크레인을 사용하여 작업을 하는 경우 준수하여야 하는 사항으로 옳지 않은 것은?

① 인양할 하물을 바닥에서 끌어당기거나 밀어내는 작업을 할 것
② 고정된 물체를 직접 분리·제거하는 작업을 하지 아니할 것
③ 미리 근로자의 출입을 통제하여 인양 중인 하물이 작업자의 머리 위로 통과하지 않도록 할 것
④ 인양할 하물이 보이지 아니하는 경우에는 어떠한 동작도 하지 아니할 것

해 사업주는 크레인을 사용하여 작업을 하는 경우 다음 각 호의 조치를 준수하고, 그 작업에 종사하는 관계 근로자가 그 조치를 준수하도록 하여야 한다.

1. 인양할 하물(荷物)을 바닥에서 끌어당기거나 밀어내는 작업을 하지 아니할 것
2. 유류드럼이나 가스통 등 운반 도중에 떨어져 폭발하거나 누출될 가능성이 있는 위험물 용기는 보관함(또는 보관고)에 담아 안전하게 매달아 운반할 것
3. 고정된 물체를 직접 분리·제거하는 작업을 하지 아니할 것
4. 미리 근로자의 출입을 통제하여 인양 중인 하물이 작업자의 머리 위로 통과하지 않도록 할 것
5. 인양할 하물이 보이지 아니하는 경우에는 어떠한 동작도 하지 아니할 것(신호하는 사람에 의하여 작업을 하는 경우는 제외)

답 ①

159 ☆

크롤러 크레인 사용 시 준수사항으로 옳지 않은 것은?

① 운반에는 수송차가 필요하다.
② 붐의 조립, 해체장소를 고려해야 한다.
③ 경사지 작업 시 아웃트리거를 사용한다.
④ 크롤러의 폭을 넓게 할 수 있는 형을 사용할 경우에는 최대 폭을 고려하여 계획한다.

해 크롤러 크레인은 아웃트리거가 필요없다.

답 ③

160 ☆☆☆

타워크레인을 자립고(自立高) 이상의 높이로 설치할 때 지지벽체가 없어 와이어로프로 지지하는 경우의 준수사항으로 옳지 않은 것은?

① 와이어로프를 고정하기 위한 전용 지지프레임을 사용할 것
② 와이어로프 설치각도는 수평면에서 60°이내로 하되, 지지점은 4개소 이상으로 하고, 같은 각도로 설치할 것
③ 와이어로프와 그 고정부위는 충분한 강도와 장력을 갖도록 설치하되, 와이어로프를 클립·샤클(shackle) 등의 기구를 사용하여 고정하지 않도록 유의할 것
④ 와이어로프가 가공전선에 근접하지 않도록 할것

해 타워크레인을 와이어로프로 지지하는 경우 다음 각 호의 사항을 준수해야 한다.
1. 와이어로프를 고정하기 위한 전용 지지프레임을 사용할 것
2. 와이어로프 설치각도는 수평면에서 60도 이내로 하되, 지지점은 4개소 이상으로 하고, 같은 각도로 설치할 것
3. 와이어로프와 그 고정부위는 충분한 강도와 장력을 갖도록 설치하고, 와이어로프를 클립·샤클(shackle, 연결고리) 등의 고정기구를 사용하여 견고하게 고정시켜 풀리지 않도록 하며, 사용중에는 충분한 강도와 장력을 유지하도록 할 것. 이 경우 클립·샤클 등의 고정기구는 한국산업 표준 제품이거나 한국산업표준이 없는 제품의 경우 에는 이에 준하는 규격을 갖춘 제품이어야 한다.
4. 와이어로프가 가공전선(架空電線)에 근접하지 않도록 할 것

답 ③

161 ☆

다음은 타워크레인을 와이어로프로 지지하는 경우의 준수해야 할 기준이다. 빈칸에 알맞은 내용을 순서대로 옳게 나타낸 것은?

> 와이어로프 설치각도는 수평면에서 (　　) 도 이내로 하되, 지지점은 (　　)개소 이상으로 하고, 같은 각도로 설치할 것

① 45, 4　② 45, 5　③ 60, 4　④ 60, 5

해 와이어로프 설치각도는 수평면에서 60도 이내로 하되, 지지점은 4개소 이상으로 하고, 같은 각도로 설치할 것

답 ③

162 ☆

화물운반하역 작업 중 걸이작업에 관한 설명으로 옳지 않은 것은?

① 와이어로프 등은 크레인의 후크 중심에 걸어야 한다.
② 인양 물체의 안정을 위하여 2줄 걸이 이상을 사용하여야 한다.
③ 매다는 각도는 60° 이상으로 하여야 한다.
④ 근로자를 매달린 물체 위에 탑승시키지 않아야 한다.

해 걸이 작업은 다음 각 호의 사항을 준수하여야 한다.
1. 와이어로프 등은 크레인의 후크 중심에 걸어야 한다.
2. 인양 물체의 안정을 위하여 2줄 걸이 이상을 사용하여야 한다.
3. 밑에 있는 물체를 걸고자 할 때에는 위의 물체를 제거한 후에 행하여야 한다.
4. 매다는 각도는 60도 이내로 하여야 한다.
5. 근로자를 매달린 물체 위에 탑승시키지 않아야 한다.

답 ③

163 ☆

화물취급 작업 시 준수사항으로 옳지 않은 것은?

① 꼬임이 끊어지거나 심하게 부식된 섬유로프는 화물운반용으로 사용해서는 아니 된다.
② 섬유로프 등을 사용하여 화물취급작업을 하는 경우에 해당 섬유로프 등을 점검하고 이상을 발견한 섬유로프 등을 즉시 교체하여야 한다.
③ 차량 등에서 화물을 내리는 작업을 하는 경우에 해당 작업에 종사하는 근로자에게 쌓여 있는 화물의 중간에서 필요한 화물을 빼낼 수 있도록 허용한다.
④ 하역작업을 하는 장소에서 작업장 및 통로의 위험한 부분에는 안전하게 작업할 수 있는 조명을 유지한다.

해 사업주는 차량 등에서 화물을 내리는 작업을 하는 경우에 해당 작업에 종사하는 근로자에게 쌓여 있는 화물 중간에서 화물을 빼내도록 해서는 아니 된다.

답 ③

164 ☆

화물취급작업과 관련한 위험방지를 위해 조치하여야 할 사항으로 옳지 않은 것은?

① 작업장 및 통로의 위험한 부분에는 안전하게 작업할 수 있는 조명을 유지할 것
② 차량 등에서 화물을 내리는 작업을 하는 경우에 해당 작업에 종사하는 근로자에게 쌓여 있는 화물 중간에서 화물을 빼내도록 하지 말 것
③ 육상에서의 통로 및 작업장소로서 다리 또는 선거 갑문을 넘는 보도 등의 위험한 부분에는 안전난간 또는 울타리 등을 설치할 것
④ 부두 또는 안벽의 선을 따라 통로를 설치하는 경우에는 폭을 50cm 이상으로 할 것

해 부두 또는 안벽의 선을 따라 통로를 설치하는 경우에는 폭을 90센티미터 이상으로 할 것

답 ④

165 ☆☆☆☆☆

부두·안벽 등 하역작업을 하는 장소에서 부두 또는 안벽의 선을 따라 통로를 설치하는 경우에는 폭을 최소 얼마 이상으로 해야 하는가?

① 70cm ② 80cm ③ 90cm ④ 100cm

해 윗 해설 참조

답 ③

166 ☆

타워 크레인(Tower Crane)을 선정하기 위한 사전 검토사항으로서 가장 거리가 먼 것은?

① 붐 모양 ② 인양능력
③ 작업반경 ④ 붐 높이

해 타워크레인 선정조건
붐대 높이/인양능력/작업반경/화물 중량

답 ①

167 ☆☆☆☆

강풍 시 타워크레인의 운전작업을 중지해야 하는 순간 풍속기준은?

① 순간풍속이 초당 5m 초과
② 순간풍속이 초당 10m 초과
③ 순간풍속이 초당 15m 초과
④ 순간풍속이 초당 20m 초과

해 사업주는 순간풍속이 초당 10미터를 초과하는 경우 타워크레인의 설치·수리·점검 또는 해체 작업을 중지하여야 하며, 순간풍속이 초당 15미터를 초과하는 경우에는 타워크레인의 운전작업을 중지하여야 한다.

답 ③

168 ☆☆☆

옥외에 설치되어 있는 주행 크레인에 대하여 이탈방지장치를 작동시키는 등 이탈 방지를 위한 조치를 하여야 하는 풍속기준으로 옳은 것은?

① 순간풍속이 20m/sec를 초과할 때
② 순간풍속이 25m/sec를 초과할 때
③ 순간풍속이 30m/sec를 초과할 때
④ 순간풍속이 35m/sec를 초과할 때

해 사업주는 순간풍속이 초당 30미터를 초과하는 바람이 불어올 우려가 있는 경우 옥외에 설치되어 있는 주행 크레인에 대하여 이탈방지장치를 작동시키는 등 이탈 방지를 위한 조치를 하여야 한다.

답 ③

169 ☆

건설용 리프트의 붕괴 등을 방지하기 위해 받침의 수를 증가시키는 등 안전조치를 하여야 하는 순간풍속 기준은?

① 초당 15m 초과 ② 초당 25m 초과
③ 초당 35m 초과 ④ 초당 45m 초과

해 사업주는 순간풍속이 초당 35미터를 초과하는 바람이 불어올 우려가 있는 경우 건설용 리프트(지하에 설치되어 있는 것은 제외한다)에 대하여 받침의 수를 증가시키는 등 그 붕괴 등을 방지하기 위한 조치를 하여야 한다.

답 ③

170 ☆☆☆☆☆☆☆

철골작업을 중지하여야 하는 기준으로 옳은 것은?

① 1시간당 강설량이 1센티미터 이상인 경우
② 풍속이 초당 15미터 이상인 경우
③ 진도 3 이상의 지진이 발생한 경우
④ 1시간당 강우량이 1센티미터 이상인 경우

해 사업주는 다음 각 호의 어느 하나에 해당하는 경우에 철골작업을 중지하여야 한다.
1. 풍속이 초당 10미터 이상인 경우
2. 강우량이 시간당 1밀리미터 이상인 경우
3. 강설량이 시간당 1센티미터 이상인 경우

답 ①

171 ☆

구축물이 풍압·지진 등에 의하여 붕괴 또는 전도하는 위험을 예방하기 위한 조치와 가장 거리가 먼 것은?

① 설계도서에 따라 시공했는지 확인
② 건설공사 시방서에 따라 시공했는지 확인
③ 「건축물의 구조기준 등에 관한 규칙」에 따른 구조기준을 준수했는지 확인
④ 보호구 및 방호장치의 성능검정 합격품을 사용했는지 확인

해 사업주는 구축물등이 고정하중, 적재하중, 시공·해체 작업 중 발생하는 하중, 적설, 풍압(風壓), 지진이나 진동 및 충격 등에 의하여 전도·폭발하거나 무너지는 등의 위험을 예방하기 위하여 설계도면, 시방서(示方書), 「건축물의 구조기준 등에 관한 규칙」에 따른 구조설계도서, 해체계획서 등 설계도서를 준수해 필요한 조치를 해야 한다.

답 ④

172 ☆

구축물에 안전진단 등 안전성 평가를 실시하여 근로자에게 미칠 위험성을 미리 제거하여야 하는 경우가 아닌 것은?

① 구축물등의 인근에서 굴착·항타작업 등으로 침하·균열 등이 발생하여 붕괴의 위험이 예상될 경우
② 구축물등이 그 자체의 무게·적설·풍압 또는 그 밖에 부가되는 하중 등으로 붕괴 등의 위험이 있을 경우
③ 화재 등으로 구축물등의 내력(耐力)이 심하게 저하됐을 경우
④ 구축물의 구조체가 과도한 안전측으로 설계가 되었을 경우

해 사업주는 구축물등이 다음 각 호의 어느 하나에 해당하는 경우에는 구축물등에 대한 구조검토, 안전진단 등의 안전성 평가를 하여 근로자에게 미칠 위험성을 미리 제거해야 한다.
1. 구축물등의 인근에서 굴착·항타작업 등으로 침하·균열 등이 발생하여 붕괴의 위험이 예상될 경우
2. 구축물등에 지진, 동해(凍害), 부동침하(不同沈下) 등으로 균열·비틀림 등이 발생했을 경우
3. 구축물등이 그 자체의 무게·적설·풍압 또는 그 밖에 부가되는 하중 등으로 붕괴 등의 위험이 있을 경우
4. 화재 등으로 구축물등의 내력(耐力)이 심하게 저하됐을 경우
5. 오랜 기간 사용하지 않던 구축물등을 재사용하게 되어 안전성을 검토해야 하는 경우
6. 구축물등의 주요구조부(「건축법」에 따른 주요구조부를 말한다. 이하 같다)에 대한 설계 및 시공 방법의 전부 또는 일부를 변경하는 경우
7. 그 밖의 잠재위험이 예상될 경우

답 ④

173 ☆☆☆☆

건립 중 강풍에 의한 풍압 등 외압에 대한 내력이 설계에 고려되었는지 확인하여야 하는 철골주조물에 해당하지 않는 것은?

① 이음부가 현장용접인 건물
② 높이 15m인 건물
③ 기둥이 타이플레이트형인 구조물
④ 구조물의 폭과 높이의 비가 1 : 5인 구조물

해 구조안전의 위험이 큰 다음 각 목의 철골구조물은 건립 중 강풍에 의한 풍압등 외압에 대한 내력이 설계에 고려되었는지 확인하여야 한다.

1. 높이 20미터 이상의 구조물
2. 구조물의 폭과 높이의 비가 1:4 이상인 구조물
3. 단면구조에 현저한 차이가 있는 구조물
4. 연면적당 철골량이 50킬로그램/평방미터 이하인 구조물
5. 기둥이 타이플레이트(tie plate)형인 구조물
6. 이음부가 현장용접인 구조물

답 ②

174 ☆

건립 중 강풍에 의한 풍압 등 외압에 대한 내력이 설계에 고려되었는지 확인하여야 하는 철골구조물의 기준으로 옳지 않은 것은?

① 높이 20m 이상의 구조물
② 구조물의 폭과 높이의 비가 1 : 4 이상인 구조물
③ 이음부가 공장 제작인 구조물
④ 연면적당 철골량 50kg/m^2 이하인 구조물

해 윗 해설 참조

답 ③

175 ☆☆

훅 걸이용 와이어로프 등이 훅으로부터 벗겨지는 것을 방지하기 위한 장치는?

① 해지장치 ② 권과방지장치
③ 과부하방지장치 ④ 턴버클

해

해지 장치	훅 걸이용 와이어로프 등이 훅으로부터 벗겨지는 것을 방지하기 위한 장치
권과방지 장치	한계를 벗어나 계속 감아올리는 일 없도록 제한하는 장치
과부하방지 장치	허용 이상의 하중이 가해졌을 시 그 하중의 권상을 중지시키는 장치
턴버클	두 지점 연결하는 죔 기구

답 ①

176 ☆

건설작업용 타워크레인의 안전장치가 아닌 것은?

① 권과방지장치 ② 과부하 방지장치
③ 브레이크 장치 ④ 호이스트 스위치

해 호이스트: 안전장치가 아니며 훅이나 그 밖의 달기구 등을 사용하여 화물을 권상 및 횡행 또는 권상동작만을 하여 양중하는 것

답 ④

177 ☆

승강기 강선의 과다감기를 방지하는 장치는?

① 비상정지장치 ② 권과방지장치
③ 해지장치 ④ 과부하방지장치

해

비상정지장치	이상 발생 시 기계 정지시키는 장치
권과방지장치	한계를 벗어나 계속 감아올리는 일 없도록 제한하는 장치
해지장치	훅 걸이용 와이어로프 등이 훅으로부터 벗겨지는 것을 방지하기 위한 장치
과부하방지장치	허용 이상의 하중이 가해졌을 시 그 하중의 권상을 중지시키는 장치

답 ②

178 ☆

재해사고를 방지하기 위하여 크레인에 설치된 방호장치와 거리가 먼 것은?

① 공기정화장치 ② 비상정지장치
③ 제동장치 ④ 권과방지장치

해 공기정화장치는 크레인 방호장치가 아니다.

답 ①

179 ☆☆☆

터널 지보공을 설치한 때 수시 점검하여 이상을 발견 시 즉시 보강하거나 보수해야 할 사항이 아닌 것은?

① 부재의 손상·변형·부식·변위 탈락의 유무 및 상태
② 부재의 긴압의 정도
③ 부재의 접속부 및 교차부의 상태
④ 계측기 설치상태

해 사업주는 터널 지보공을 설치한 경우에 다음 각 호의 사항을 수시로 점검하여야 하며, 이상을 발견한 경우에는 즉시 보강하거나 보수하여야 한다.

1. 부재의 손상·변형·부식·변위 탈락의 유무 및 상태
2. 부재의 긴압 정도
3. 부재의 접속부 및 교차부의 상태
4. 기둥침하의 유무 및 상태

답 ④

180 ☆☆☆☆☆☆☆☆☆

흙막이 지보공을 설치하였을 경우 정기적으로 점검하고 이상을 발견하면 즉시 보수하여야 하는 사항과 가장 거리가 먼 것은?

① 부재의 접속부·부착부 및 교차부의 상태
② 버팀대의 긴압(緊壓)의 정도
③ 부재의 손상·변형·부식·변위 및 탈락의 유무와 상태
④ 지표수의 흐름 상태

해 사업주는 흙막이 지보공을 설치하였을 때에는 정기적으로 다음 각 호의 사항을 점검하고 이상을 발견하면 즉시 보수하여야 한다.
1. 부재의 손상·변형·부식·변위 및 탈락의 유무와 상태
2. 버팀대의 긴압(緊壓)의 정도
3. 부재의 접속부·부착부 및 교차부의 상태
4. 침하의 정도

답 ④

181 ☆

흙막이 지보공을 조립하는 경우 미리 조립도를 작성하여야 하는데 이 조립도에 명시되어야 할 사항과 가장 거리가 먼 것은?

① 부재의 배치 ② 부재의 치수
③ 부재의 긴압정도 ④ 설치방법과 순서

해 조립도는 흙막이판·말뚝·버팀대 및 띠장 등 부재의 배치·치수·재질 및 설치방법과 순서가 명시되어야 한다.

답 ③

182 ☆☆

터널 지보공을 조립하는 경우에는 미리 그 구조를 검토한 후 조립도를 작성하고, 그 조립도에 따라 조립하도록 하여야 하는데 이 조립도에 명시하여야 할 사항과 가장 거리가 먼 것은?

① 이음방법 ② 단면규격
③ 재료의 재질 ④ 재료의 구입처

해 사업주는 터널 지보공을 조립하는 경우에는 미리 그 구조를 검토한 후 조립도를 작성하고, 그 조립도에 따라 조립하도록 하여야 한다. 조립도에는 재료의 재질, 단면규격, 설치간격 및 이음방법 등을 명시하여야 한다.

답 ④

183 ☆☆

토사붕괴에 따른 재해를 방지하기 위한 흙막이 지보공 설비(부재)가 아닌 것은?

① 흙막이판 ② 말뚝 ③ 턴버클 ④ 띠장

해 사업주는 흙막이 지보공을 조립하는 경우 미리 조립도를 작성하여 그 조립도에 따라 조립하도록 하여야 한다.
조립도는 흙막이판·말뚝·버팀대 및 띠장 등 부재의 배치·치수·재질 및 설치방법과 순서가 명시되어야 한다.

답 ③

184 ☆

흙막이 지보공의 안전조치로 옳지 않은 것은?

① 굴착배면에 배수로 미설치
② 지하매설물에 대한 조사 실시
③ 조립도의 작성 및 작업순서 준수
④ 흙막이 지보공에 대한 조사 및 점검 철저

해 흙막이 지보공 안전조치
1. 조립도의 작성 및 작업순서 준수
2. 지하매설물에 대한 조사 실시
3. 굴착배면에 배수로 설치 또는 콘크리트 타설
4. 흙막이 지보공에 대한 조사 및 점검 철저
5. 수평버팀대 좌굴방지 조치 실시
6. 배면토사 충진 철저 및 토사유출방지조치
7. 계측관리 실시
8. 수직 승강계단 설치
9. 굴착 배면부에 안전난간 설치
10. 토류판 설치

답 ①

185 ☆

지하 매설물의 인접 작업 시 안전지침과 거리가 먼 것은?

① 사전조사 ② 매설물의 방호조치
③ 지하매설물 파악 ④ 소규모 구조물 방호

해 1. 지하 매설물 인접 작업 시 매설물 종류, 매설 깊이, 선형기울기, 지지방법 등에 대하여 굴착작업을 착수하기 전에 사전조사를 실시하여야 한다.
2. 굴착에 의하여 매설물이 노출되면 반드시 관계기관, 소유자 및 관리자에게 확인시키고 상호협조하여 지주나 지보공 등을 이용하여 방호조치를 취하여야 한다.
3. 시가지 굴착 등을 할 경우에는 도면 및 관리자의 조언에 의하여 매설물의 위치를 파악한 후 줄파기작업 등을 시작하여야 한다.

답 ④

186 ☆

말뚝을 절단할 때 내부응력에 가장 큰 영향을 받는 말뚝은?

① 나무말뚝 ② PC말뚝
③ 강말뚝 ④ RC말뚝

해 PC말뚝: 말뚝을 절단할 때 내부응력에 가장 큰 영향을 받는 말뚝

답 ②

187 ☆☆

다음 중 토석붕괴의 원인이 아닌 것은?

① 절토 및 성토의 높이 증가
② 사면, 법면의 경사 및 기울기의 증가
③ 토석의 강도 상승
④ 지표수·지하수의 침투에 의한 토사 중량 의 증가

해 토석이 붕괴되는 외적 원인은 다음 각 호와 같으므로 굴착작업 시에 적절한 조치를 취하여야 한다.
1. 사면, 법면의 경사 및 기울기의 증가
2. 절토 및 성토 높이의 증가
3. 공사에 의한 진동 및 반복 하중의 증가
4. 지표수 및 지하수의 침투에 의한 토사 중량의 증가
5. 지진, 차량, 구조물의 하중작용
6. 토사 및 암석의 혼합층 두께

토석이 붕괴되는 내적 원인은 다음각 호와 같으므로 굴착작업 시에 적절한 조치를 취하여야 한다.
1. 절토 사면의 토질·암질
2. 성토 사면의 토질구성 및 분포
3. 토석의 강도 저하

답 ③

188 ☆

법면 붕괴에 의한 재해 예방조치로서 옳은 것은?

① 지표수와 지하수의 침투를 방지한다.
② 법면의 경사를 증가한다.
③ 절토 및 성토 높이를 증가한다.
④ 토질의 상태에 관계없이 구배조건을 일정하게 한다.

해 윗 해설 참조

답 ①

189 ☆

토석붕괴의 원인 중 외적 원인에 해당되지 않는 것은?

① 토석의 강도 저하
② 작업진동 및 반복하중의 증가
③ 사면, 법면의 경사 및 기울기의 증가
④ 절토 및 성토 높이의 증가

해 윗 해설 참조

답 ①

190 ☆☆

다음 중 토사붕괴의 내적원인인 것은?

① 절토 및 성토 높이 증가
② 사면법면의 기울기 증가
③ 토석의 강도 저하
④ 공사에 의한 진동 및 반복 하중 증가

해 윗 해설 참조

답 ③

191 ☆

토석붕괴 방지방법에 대한 설명으로 옳지 않은 것은?

① 말뚝(강관, H형강, 철근콘크리트)을 박아 지반을 강화시킨다.
② 활동의 가능성이 있는 토석은 제거한다.
③ 지표수가 침투되지 않도록 배수시키고 지하수위 저하를 위해 수평보링을 하여 배수시킨다.
④ 활동에 의한 붕괴를 방지하기 위해 비탈면, 법면의 상단을 다진다.

해 토석붕괴 방지방법
- 활동에 의한 붕괴를 방지하기 위해 비탈면, 법면의 하단을 다진다.
- 말뚝(강관, H형강, 철근콘크리트)을 박아 지반을 강화시킨다.
- 지표수가 침투되지 않도록 배수시키고 지하수위 저하를 위해 수평보링을 하여 배수시킨다.
- 활동의 가능성이 있는 토석은 제거한다.
- 적당한 경사면 기울기 계획한다.

답 ④

192 ☆

토석 붕괴의 위험이 있는 사면에서 작업할 경우의 행동으로 옳지 않은 것은?

① 동시 작업의 금지 ② 대피공간의 확보
③ 2차 재해의 방지 ④ 급격한 경사면 계획

해 ④: 안전한 경사면 계획

답 ④

193 ☆☆

굴착공사에 있어서 비탈면붕괴를 방지하기 위하여 행하는 대책이 아닌 것은?

① 지표수의 침투를 막기 위해 표면배수공을 한다.
② 지하수위 내리기 위해 수평배수공을 설치한다.
③ 비탈면 하단을 성토한다.
④ 비탈면 상부에 토사를 적재한다.

해 비탈면 상부에 토사를 적재하지 않는다.

답 ④

194 ☆

지반의 종류가 모래일 때 굴착면의 기울기 기준으로 옳은 것은?

① 1:0.5~1 ② 1:1~1.5 ③ 1:1.8 ④ 1:0.5

해 굴착면 기울기 기준

지반 종류	굴착면 기울기
모래	1 : 1.8
연암 및 풍화암	1 : 1
경암	1 : 0.5
그 밖의 흙	1 : 1.2

답 ③

195 ☆☆

경암 지반을 흙막이지보공 없이 굴착하려 할 때 굴착면의 기울기 기준으로 옳은 것은?

① 1:1~1.5 ② 1:0.5 ③ 1:1 ④ 1:5

해 윗 해설 참조

답 ②

196 ☆☆

풍화암의 굴착면 붕괴에 따른 재해를 예방하기 위한 굴착면의 적정한 기울기 기준은?

① 1:1 ② 1:0.8 ③ 1:0.5 ④ 1:0.3

해 윗 해설 참조

답 ①

197 ☆☆

연암지반을 인력으로 굴착할 때, 연직높이가 2m일 때, 수평길이는 최소 얼마 이상이 필요한가?

① 2.0m 이상 ② 1.5m 이상
③ 1.0m 이상 ④ 0.5m 이상

해 굴착면 기울기 기준

지반 종류	굴착면 기울기
모래	1 : 1.8
연암 및 풍화암	1 : 1
경암	1 : 0.5
그 밖의 흙	1 : 1.2

→ 최소 2m 이상이어야 된다.

답 ①

198 ☆

일반적으로 사면의 붕괴위험이 가장 큰 것은?

① 사면의 수위가 서서히 상승할 때
② 사면의 수위가 급격히 하강할 때
③ 사면이 완전 건조상태에 있을 때
④ 사면이 완전 포화상태에 있을 때

해 사면 수위가 급하강할 때 붕괴위험 가장 크다.

답 ②

199 ☆

사면의 붕괴 형태의 종류에 해당되지 않는 것은?

① 사면의 측면부 파괴 ② 사면 선단 파괴
③ 사면 내 파괴 ④ 바닥면 파괴

해 사면 붕괴는 사면 천단부 붕괴(사면 선단 파괴), 사면중심부 붕괴(사면 내 파괴), 사면하단부 붕괴(사면 저부(바닥면) 파괴)의 형태이며 작업위치와 붕괴예상지점의 사전조사를 필요로 한다.

천단부 붕괴 (사면 선단 파괴)	- 균일 연약 점토 지반 위에 놓인 비교적 연직 사면일 때 잘 발생 - 사면이 급하고 점착성이 작은 경우 발생
사면 중심부 붕괴 (사면 내 파괴)	- 기초지반 두께가 작고 성토층이 여러 층인 경우 발생
사면하단부 붕괴 (사면 저부(바닥면) 파괴)	- 비교적 토질이 연약한 점착성의 흙이 완만한 사면 위에 놓인 경우 잘 발생

답 ①

200 ☆

지반조사의 목적에 해당되지 않는 것은?

① 토질의 성질 파악
② 지층의 분포 파악
③ 지하수위 및 피압수 파악
④ 구조물의 편심에 의한 적절한 침하 유도

해 ④: 구조물의 편심에 의한 적절한 침하 방지

지반조사의 목적
1. 현장 지질구조, 지층 상태, 토질 성질 파악
2. 구조물 최적 설계를 위한 지반공학적 특성 파악

답 ④

201 ☆☆

지반조사의 간격 및 깊이에 대한 내용으로 옳지 않은 것은?

① 조사 간격은 지층상태, 구조물 규모에 따라 정한다.
② 절토, 개착, 터널구간은 기반암의 심도 5~6m까지 확인한다.
③ 지층이 복잡한 경우에는 기조사한 간격 사이에 보완조사를 실시한다.
④ 조사 깊이는 액상화 문제가 있는 경우에는 모래층 하단에 있는 단단한 지지층까지 조사한다.

해 절토, 개착, 터널구간은 기반암의 심도 2m까지 확인한다.

답 ②

202 ☆

지반조사 보고서 내용에 해당되지 않는 항목은?

① 지반공학적 조건
② 표준관입시험치, 콘관입저항치 결과분석
③ 시공예정인 흙막이 공법
④ 건설할 구조물 등에 대한 지반 특성

해 지반조사 보고서 내용
- 지반공학적 조건
- 표준관입시험치, 콘관입저항치 결과분석
- 건설할 구조물 등에 대한 지반특성
- 측량 및 시험장비와 자료
- 지반조사자, 도급자 이름과 소속

답 ③

203 ☆

지반조사 중 예비조사 단계에서 흙막이 구조물의 종류에 맞는 형식을 선정하기 위한 조사 항목과 거리가 먼 것은?

① 흙막이 벽 축조여부판단 및 굴착에 따른 안정이 충분히 확보될 수 있는지 여부
② 인근 지반의 지반조사자료나 시공자료의 수집
③ 기상조건 변동에 따른 영향 검토
④ 주변의 환경(하천, 지표지질, 도로, 교통 등)

해 지반조사의 예비조사 조사 항목
– 인근 지반의 지반조사자료나 시공자료 수집
– 기상조건 변동에 따른 영향 검토
– 주변의 환경과 지하수 상황조사
– 인접구조물 크기, 기초 형식 및 그 상황조사

답 ①

204 ☆

흙막이 공법 선정 시 고려사항으로 틀린 것은?

① 흙막이 해체를 고려
② 안전하고 경제적인 공법 선택
③ 차수성이 낮은 공법 선택
④ 지반성상에 적합한 공법 선택

해 차수성이 높은 공법 선택

답 ③

205 ☆☆

흙막이 공법을 흙막이 지지방식에 의한 분류와 구조방식에 의한 분류로 나눌 때 다음 중 지지방식에 의한 분류에 해당하는 것은?

① 수평 버팀대식 흙막이 공법
② H-Pile 공법
③ 지하연속벽 공법
④ Top down method 공법

해 흙막이 공법 종류

구분	공법
지지방식에 의한 분류	• 수평 버팀대식 흙막이 공법 • 자립 공법 • 어스앵커 공법 • 타이로드 공법
구조방식에 의한 분류	• H-Pile 공법 • 지하연속벽 공법 • Top down(역타공) 공법 • 강제 널말뚝 공법 • C.I.P 공법 • S.C.W 공법

답 ①

206 ☆

다음 중 흙막이벽 설치공법에 속하지 않는 것은?

① 강제 널말뚝 공법 ② 지하연속벽 공법
③ 어스앵커 공법 ④ 트렌치 컷 공법

해 윗 해설 참조

답 ④

207 ☆

지반조건에 따른 지반개량공법 중 점성토 개량공법과 가장 거리가 먼 것은?

① 바이브로 플로테이션공법
② 치환공법
③ 압밀공법
④ 생석회 말뚝 공법

해 연약지반 개량공법

점성토 개량 공법	• 치환공법 • 재하(압밀)공법(프리로딩공법/압성토공법/사면선단 재하공법) • 탈수공법(샌드드레인/페이퍼드레인공법) • 배수공법(웰포인트공법/딥웰공법) • 고결공법(생석회 말뚝공법/소결공법)
사질토 개량 공법	• 진동다짐공법(바이브로 플로테이션 공법) • 동다짐(압밀)공법 • 약액주입공법 • 전기충격공법 • 모래다짐말뚝공법 • 폭파다짐공법

답 ①

208 ☆☆☆☆

점토질 지반의 침하 및 압밀 재해를 막기 위하여 실시하는 지반개량 탈수공법으로 적당하지 않은 것은?

① 샌드드레인 공법 ② 생석회 공법
③ 진동공법 ④ 페이퍼드레인 공법

해 윗 해설 참조

답 ③

209 ☆

사면지반 개량공법으로 옳지 않은 것은?

① 전기 화학적 공법 ② 석회 안정처리 공법
③ 이온 교환 방법 ④ 옹벽 공법

해 ④: 사면 보강공법

답 ④

210 ☆☆

사면 보호 공법 중 구조물에 의한 보호 공법에 해당되지 않는 것은?

① 현장타설 콘크리트 격자공
② 식생구멍공
③ 블록공
④ 돌쌓기공

해 비탈면 공법 종류

비탈면 보호공법	• 식생구멍공 • 뿜어붙이기공 • 블록공 • 돌쌓기공 • 배수공 • 표층안정공
비탈면 보강공법	• 말뚝공 • 앵커공 • 옹벽공 • 절토공 • 압성토공 • 소일네일링공

식생구멍공: 식물을 생육시켜 그 뿌리로 사면의 표층토를 고정하여 빗물에 의한 침식, 동상, 이완 등을 방지하고, 녹화에 의한 경관조성을 목적으로 하는 공법

답 ②

211 ☆☆

건설재해대책의 사면보호공법 중 식물을 생육시켜 그 뿌리로 사면의 표층토를 고정하여 빗물에 의한 침식, 동상, 이완 등을 방지하고, 녹화에 의한 경관조성을 목적으로 시공하는 것은?

① 식생공 ② 쉴드공
③ 뿜어 붙이기공 ④ 블록공

해 쉴드공: 연약지반, 대수지방에 터널 뚫을 때 사용하는 공법
윗 해설 참조

답 ①

212 ☆☆

소일네일링(Soil Nailing) 공법의 적용에 한계를 가지는 지반조건에 해당되지 않는 것은?

① 지하수와 관련된 문제가 있는 지반
② 점성이 있는 모래와 자갈질 지반
③ 일반시설물 및 지하구조물, 지중매설물이 집중되어있는 지반
④ 잠재적으로 동결가능성이 있는 지층

해 소일네일링공: 강철봉을 천공 후 삽입시켜 지반 안정을 도모하며 점성이 있는 모래와 자갈질 지반에는 부적당하다.

답 ②

213 ☆

토사붕괴의 방지공법이 아닌 것은?

① 경사공 ② 배수공
③ 압성토공 ④ 공작물 설치

해 토사붕괴 방지공법 종류
배수공/절토공/압성토공/지반보강공(공작물 설치)

답 ①

214 ☆

굴착공사에서 비탈면 또는 비탈면 하단을 성토하여 붕괴를 방지하는 공법은?

① 배수공
② 배토공
③ 공작물에 의한 방지공
④ 압성토공

해 압성토 공법: 비탈면 또는 비탈면 하단을 성토하여 붕괴를 방지하는 공법

답 ④

215 ☆

터널 굴착공사에서 뿜어 붙이기 콘크리트의 효과를 설명한 것으로 옳지 않은 것은?

① 암반의 크랙(crack)을 보강한다.
② 굴착면의 요철을 늘리고 응력집중을 최대한 증대시킨다.
③ Rock Bolt의 힘을 지반에 분산시켜 전달한다.
④ 굴착면을 덮음으로써 지반의 침식을 방지한다.

해 굴착면의 요철을 줄이고 응력집중을 최대한 완화시킨다.

답 ②

216 ☆

구조물 해체작업으로 사용되는 공법이 아닌 것은?

① 압쇄공법 ② 잭공법
③ 절단공법 ④ 진공공법

해 구조물 해체작업 종류
잭공법/절단공법/압쇄공법/발파공법 등

답 ④

217 ☆☆☆

온도가 하강함에 따라 토층수가 얼어 부피가 약 9% 정도 증대하게 됨으로써 지표면이 부풀어오르는 현상은?

① 동상현상 ② 연화현상
③ 리칭현상 ④ 액상화현상

해

구분		내용
히빙(Heaving)	정의	• 굴착면 저면이 부풀어 오르는 현상 • 연약한 점토지반을 굴착할 때 굴착 배면의 토사중량이 굴착저면 이하의 지반지지력보다 클때 발생하는 현상
	예방대책	• 흙막이벽 근입 깊이 증가 • 흙막이벽 배면지반 상재하중 감소 • 저면 굴착부분 미리 굴착해 기초콘크리트 타설 • 웰포인트 공법 병행 • 시트파일 근입심도 검토 • 굴착저면에 토사 등 인공중력 증가
보일링(Boiling)	정의	사질토지반 굴착 시 굴착부와 지하수위차가 있을 때 수두 차에 의하여 삼투압이 생겨 흙막이벽 근입부분을 침식하는 동시에 모래가 액상화되어 솟아오르는 현상
	예방대책	• 흙막이벽 근입 깊이 증가 • 차수성 높은 흙막이 설치 • 흙막이벽 배면지반 그라우팅 실시 • 흙막이벽 배면지반 지하수위 저하
동상현상	정의	온도가 하강함에 따라 토층수가 얼어 부피가 약 9% 정도 증대하게 됨으로써 지표면이 부풀어오르는 현상
	예방대책	• 모관수 상승을 차단하는 층을 둬 동상방지 • 배수층 설치 • 모래 자갈과 같은 미동결성 재료를 사용해 동상방지 • 단열재료 삽입
연화현상	정의	동결된 지반이 기온 상승으로 녹기 시작하여 녹은 물이 적절하게 배수되지 않으면 지반이 연약해지고 강도가 떨어지는 현상
	예방대책	• 지표수 유입 방지 • 동결부분 함수량 증가 방지 • 동결깊이 아래에 배수층 설치

리칭현상: 해수에 퇴적된 점토 염분이 담수에 의해 천천히 빠져나가 점토 강도가 저하되는 현상

액상화현상: 보일링 원인으로 사질지반이 강한 충격 받으면 흙 입자가 수축되어 모래가 액체처럼 이동하는 현상

답 ①

218 ☆

사질지반 굴착 시, 굴착부와 지하수위차가 있을 때 수두차에 의하여 삼투압이 생겨 흙막이 벽 근입부분을 침식하는 동시에 모래가 액상화되어 솟아오르는 현상은?

① 동상현상 ② 연화현상
③ 보일링현상 ④ 히빙현상

해 윗 해설 참조

답 ③

219 ☆

지반에서 나타나는 보일링(boiling) 현상의 직접적인 원인으로 볼 수 있는 것은?

① 굴착부와 배면부의 지하수위의 수두차
② 굴착부와 배면부의 흙의 중량차
③ 굴착부와 배면부의 흙의 함수비차
④ 굴착부와 배면부의 흙의 토압차

해 윗 해설 참조

답 ①

220 ☆☆

보일링(Boiling) 현상에 관한 설명으로 옳지 않은 것은?

① 지하수위가 높은 모래 지반을 굴착할 때 발생하는 현상이다.
② 보일링 현상에 대한 대책의 일환으로 공사기간 중 지하수위를 일정하게 유지시켜야 한다.
③ 보일링 현상이 발생하는 경우 흙막이 보는 지지력이 저하된다.
④ 아랫 부분의 토사가 수압을 받아 굴착한 곳으로 밀려나와 굴착부분을 다시 메우는 현상이다.

해 윗 해설 참조

답 ②

221 ☆☆☆

흙막이공의 파괴 원인 중 하나인 보일링(boiling) 현상에 관한 설명으로 틀린 것은?

① 지하수위가 높은 지반을 굴착할 때 주로 발생한다.
② 연약 사질토 지반에서 주로 발생한다.
③ 시트파일(sheet pile) 등의 저면에 분사현상이 발생한다.
④ 연약 점토지반에서 굴착면의 융기로 발생한다.

해 윗 해설 참조

답 ④

222 ☆

흙막이벽의 근입깊이를 깊게 하고, 전면의 굴착부분을 남겨두어 흙의 중량으로 대항하게 하거나, 굴착예정부분의 일부를 미리 굴착하여 기초콘크리트를 타설하는 등의 대책과 가장 관계 깊은 것은?

① 히빙현상이 있을 때
② 파이핑현상이 있을 때
③ 지하수위가 높을 때
④ 굴착깊이가 깊을 때

해 윗 해설 참조

답 ①

223 ☆

흙막이 벽을 설치하여 기초 굴착작업 중 굴착부 바닥이 솟아올랐다. 이에 대한 대책으로 옳지 않은 것은?

① 굴착주변의 상재하중을 증가시킨다.
② 흙막이 벽의 근입깊이를 깊게 한다.
③ 토류벽의 배면토압을 경감시킨다.
④ 지하수 유입을 막는다.

해 히빙현상에 대한 것이다.
윗 해설 참조

답 ①

224 ☆☆

히빙(Heaving)현상 방지대책으로 틀린 것은?

① 소단굴착을 실시하여 소단부 흙의 중량이 바닥을 누르게 한다.
② 흙막이 벽체 배면의 지반을 개량하여 흙의 전단강도를 높인다.
③ 부풀어 솟아오르는 바닥면의 토사를 제거한다.
④ 흙막이 벽체의 근입깊이를 깊게 한다.

해 부풀어 솟아오르는 바닥면의 토사를 제거하는 것은 임시방편이고, 방지대책이 아니다.

답 ③

225 ☆

연약지반의 이상현상 중 하나인 히빙(heaving)현상에 대한 안전대책이 아닌 것은?

① 흙막이벽의 관입깊이를 깊게 한다.
② 굴착 지면에 토사 등으로 하중을 가한다.
③ 흙막이 배면의 표토를 제거하여 토압을 경감시킨다.
④ 주변 수위를 높인다.

해 주변 수위를 낮춘다.

답 ④

226 ☆

히빙(heaving)현상에 대한 안전대책이 아닌 것은?

① 굴착주변을 웰 포인트(well point)공법과 병행 한다.
② 시트파일(sheet pile) 등의 근입심도를 검토 한다.
③ 굴착저면에 토사 등 인공중력을 감소시킨 다.
④ 굴착배면의 상재하중을 제거하여 토압을 최대한 낮춘다.

해 굴착저면에 토사 등 인공중력을 증가시킨다.

답 ③

227 ☆

액상화현상 방지를 위한 안전대책으로 옳지 않는 것은?

① 모래입경 가늘고 균일한 모래층 지반으로 치환
② 입도 불량한 재료를 입도가 양호한 재료로 치환
③ 지하수위를 저하시키고 포화도를 낮추기 위해 deep well을 사용
④ 밀도를 증가하여 한계간극비 이하로 상대 밀도를 유지하는 방법 강구

해 액상화 발생: 모래입경 가늘고 균일한 모래층 지반

답 ①

228 ☆

표면장력이 흙입자의 이동을 막고 조밀하게 다져지는 것을 방해하는 현상과 관계 깊은 것은?

① 흙의 압밀(consolidation)
② 흙의 침하(settlement)
③ 벌킹(bulking)
④ 과다짐(over compaction)

해 압밀: 간극수압 높아져 물 배출되면서 흙 간극 감소되는 현상
침하: 하중에 의해 기초 지반 변형되는 것
벌킹: 표면장력이 흙입자의 이동을 막고 조밀하게 다져지는 것을 방해하는 현상
과다짐: 너무 많이 다져 전단파괴 발생하는 것

답 ③

229 ☆

물로 포화된 점토의 다지기를 하면 압축하중으로 지반이 침하하는데 이로 인하여 간극수압이 높아져 물이 배출되면서 흙의 간극이 감소하는 현상을 무엇이라고 하는가?

① 액상화 ② 압밀 ③ 예민비 ④ 동상현상

해

구분	내용
액상화현상	보일링 원인으로 사질지반이 강한 충격 받으면 흙 입자가 수축되어 모래가 액체처럼 이동하는 현상
압밀	간극수압이 높아져 물이 배출되면서 흙의 간극이 감소하는 현상
예민비	주로 점토질 지반에 적용되며 되비 빔한 강도에 대한 흐트러지지 않은 시료 강도비
동상현상	온도가 하강함에 따라 토층수가 얼어 부피가 약 9% 정도 증대하게 됨으로써 지표면이 부풀어오르는 현상

답 ②

230 ☆☆

지름 0.3 ~ 1.5m 정도의 우물을 굴착하여 이 속에 우물측관을 삽입하여 속으로 유입하는 지하수를 펌프로 양수하여 지하수위를 낮추는 방법은 무엇인가?

① Well Point 공법
② Deep Well 공법
③ Under Pinning 공법
④ Vertical Drain 공법

해

Deep Well 공법	지름 0.3~1.5m 정도의 우물을 굴착하여 이 속에 우물측관을 삽입하여 속으로 유입하는 지하수를 펌프로 양수하여 지하수위를 낮추는 공법

답 ②

231 ☆

다음 중 지하수위를 저하시키는 공법은?

① 동결 공법 ② 웰포인트 공법
③ 뉴매틱케이슨 공법 ④ 치환 공법

해 지하수위저하(배수) 공법
웰포인트/딥웰 공법

답 ②

232 ☆☆

토질시험 중 사질토 시험에서 얻을 수 있는 값이 아닌 것은?

① 체적압축계수 ② 내부마찰각
③ 액상화 평가 ④ 탄성계수

해 사질토에 적용되는 시험은 표준관입시험이다. 이 시험에서 상대밀도/허용지지력/탄성계수/내부마찰각/액상화가능성을 알 수 있다.

답 ①

233 ☆☆

토질시험 중 연약한 점토 지반의 점착력을 판별하기 위하여 실시하는 현장시험은?

① 베인테스트(Vane Test)
② 표준관입시험(SPT)
③ 하중재하시험
④ 삼축압축시험

해

베인 시험	연약한 점토 지반의 점착력을 판별하기 위하여 실시하는 현장시험
표준 관입 시험	원위치에 있어서 흙의 연경, 상대밀도 등을 알기 위한 N치를 측정하는 관입 시험이며 N치란 중량 63.5kg의 해머를 76cm의 높이에서 자유 낙하시켜 표준관입 시험용 샘플러를 30cm 관입하는데 요하는 타격횟수

답 ①

234 ☆

토질시험(soil test)방법 중 전단시험에 해당하지 않는 것은?

① 1면 전단 시험 ② 베인 테스트
③ 일축 압축 시험 ④ 투수시험

해 전단시험 종류
1면전단시험/베인테스트/일축압축시험/삼축압축시험/표준관입시험

답 ④

235 ☆

토질시험 중 액체 상태의 흙이 건조되어 가면서 약성, 소성, 반고체, 고체 상태의 경계선과 관련된 시험의 명칭은?

① 아터버그 한계시험 ② 압밀 시험
③ 삼축압축시험 ④ 투수시험

해 아터버그 한계시험
액체 상태의 흙이 건조되어 가면서 약성, 소성, 반고체, 고체 상태 경계선과 관련된 시험

액성지수 (LI)	흙이 소성상태로 존재할 수 있는 힘수비 범위(ω : 자연함수비)
소성지수 (PI)	흙이 소성상태로 존재할 수 있는 함수비 범위 PI=LL-PL
수축지수 (SI)	흙이 반고체 상태로 존재할 수 있는 함수비 범위 SI=PL-SL
공식	$LI=\dfrac{\omega - PL}{LL - PL}=\dfrac{\omega - PL}{II}$

답 ①

236 ☆☆

표준관입시험에 관한 설명으로 옳지 않은 것은?

① N치(N-value)는 지반을 30cm 굴진하는 데 필요한 타격횟수를 의미한다.
② N치 4~10일 경우 모래의 상대밀도는 매우 조밀한 편이다.
③ 63.5kg 무게의 추를 76cm 높이에서 자유낙하하여 타격하는 시험이다.
④ 사질지반에 적용하며, 점토지반에서는 편차가커서 신뢰성이 떨어진다.

해 N값과 흙 상대밀도

N값	0~4	4~10	10~30	30~50	50
상대밀도	매우 느슨	느슨	중간	조밀	매우 조밀

답 ②

237 ☆☆

표준관입시험에서 30cm 관입에 필요한 타격회수(N)가 50 이상일 때 모래의 상대밀도는 어떤 상태인가?

① 몹시 느슨하다. ② 느슨하다.
③ 보통이다. ④ 대단히 조밀하다.

해 윗 해설 참조

답 ④

238 ☆☆

다음 중 직접기초의 터파기 공법이 아닌 것은?

① 개착 공법 ② 시트파일 공법
③ 트렌치 컷 공법 ④ 아일랜드 컷 공법

해 시트파일 공법: 흙막이 공법
터파기 공법 종류
개착/트렌치 컷/아일랜드 컷/탑다운 공법

답 ②

239 ☆

본 터널(main tunnel)을 시공하기 전에 터널에서 약간 떨어진 곳에 지질조사, 환기, 배수, 운반 등의 상태를 알아보기 위하여 설치하는 터널은?

① 프리패브(prefab) 터널
② 사이드(side) 터널
③ 쉴드(shield) 터널
④ 파일럿(pilot) 터널

해 파일럿이란 뜻은 미리 시험삼아 해본다는 뜻이다.

파일럿(pilot) 터널	본 터널(main tunnel)을 시공하기 전에 터널에서 약간 떨어진 곳에 지질조사, 환기, 배수, 운반 등의 상태를 알아보기 위하여 설치하는 터널

답 ④

240 ☆

폭우 시 옹벽 배면의 배수시설이 취약하면 옹벽 저면을 통하여 침투수(seepage)의 수위가 올라간다. 이 침투수가 옹벽의 안정에 미치는 영향으로 옳지 않은 것은?

① 옹벽 배면토의 단위수량 감소로 인한 수직 저항력 증가
② 옹벽 바닥면에서의 양압력 증가
③ 수평 저항력(수동토압)의 감소
④ 포화 또는 부분 포화에 따른 뒷채움용 흙 무게의 증가

해 옹벽 배면토의 단위수량 증가로 인한 수직 저항력 감소

답 ①

241 ☆

건축물의 해체공사에 대한 설명으로 틀린 것은?

① 압쇄기와 대형 브레이커(Breaker)는 파워쇼벨 등에 설치하여 사용한다.
② 철제 햄머(Hammer)는 크레인 등에 설치하여 사용한다.
③ 핸드 브레이커(Hand breaker) 사용 시 수직보다는 경사를 주어 파쇄하는 것이 좋다.
④ 전단톱의 회전날에는 접촉방지 커버를 설치하여야 한다.

해 핸드 브레이커(Hand breaker) 사용 시 수직으로 파쇄하는 것이 좋다. (파손방지)

답 ③

242 ☆☆

압쇄기를 사용하여 건물해체 시 그 순서로 가장 타당한 것은?

A: 보	B: 기둥	C: 슬래브	D: 벽체

① A→B→C→D ② A→C→B→D
③ C→A→D→B ④ D→C→B→A

해 압쇄기에 의한 파쇄작업순서는 슬라브, 보, 벽체, 기둥의 순서로 해체하여야 한다.

답 ③

243 ☆

도심지 폭파해체공법에 관한 설명으로 옳지 않은 것은?

① 장기간 발생하는 진동, 소음이 적다.
② 해체 속도가 빠르다.
③ 주위의 구조물에 끼치는 영향이 적다.
④ 많은 분진 발생으로 민원을 발생시킬 우려가 있다.

해 ①: 공사기간 내내 진동, 소음이 큰 것은 아니다.
③: 주위의 구조물에 끼치는 영향이 크다.

답 ③

244 ☆

해체공사에 있어서 발생되는 진동공해에 대한 설명으로 틀린 것은?

① 진동수의 범위는 1~90Hz이다.
② 일반적으로 연직진동이 수평진동보다 작다.
③ 진동의 전파거리는 예외적인 것을 제외하면 진동원에서부터 100m 이내이다.
④ 지표에 있어 진동의 크기는 일반적으로 지진의 진도계급이라고 하는 미진에서 강진의 범위에 있다.

해 일반적으로 연직진동이 수평진동보다 크다.

답 ②

245 ☆☆☆☆

달비계에 사용하는 와이어로프의 사용금지 기준으로 틀린 것은?

① 이음매가 있는 것
② 열과 전기 충격에 의해 손상된 것
③ 지름의 감소가 공칭지름의 7%를 초과하는 것
④ 와이어로프의 한 꼬임에서 끊어진 소선의 수가 7% 이상인 것

해 다음 각 목의 어느 하나에 해당하는 와이어로프를 달비계에 사용해서는 아니 된다.
1. 이음매가 있는 것
2. 와이어로프의 한 꼬임에서 끊어진 소선의 수가 10% 이상인 것
3. 지름 감소가 공칭지름의 7%를 초과하는 것
4. 꼬인 것
5. 심하게 변형되거나 부식된 것
6. 열과 전기충격에 의해 손상된 것

답 ④

246 ☆☆

항타기 또는 항발기의 권상용 와이어로프의 사용금지기준에 해당하지 않는 것은?

① 이음매가 없는 것
② 지름의 감소가 공칭지름의 7%를 초과하는 것
③ 꼬인 것
④ 열과 전기충격에 의해 손상된 것

해 윗 해설 참조

답 ①

247 ☆

건설현장에 달비계를 설치하여 작업 시 달비계에 사용가능한 와이어로프로 볼 수 있는 것은?

① 이음매가 있는 것
② 와이어로프의 한 꼬임에서 끊어진 소선의 수가 5%인 것
③ 지름의 감소가 공칭지름의 10%인 것
④ 열과 전기충격에 의해 손상된 것

해 윗 해설 참조

답 ②

248 ☆☆

다음 중 방망에 표시해야 할 사항이 아닌 것은?

① 제조자명　　② 제조년월
③ 재봉 치수　　④ 방망의 신축성

해 방망에는 보기 쉬운 곳에 다음 각 호의 사항을 표시하여야 한다.
1. 제조자명
2. 제조연월
3. 재봉치수
4. 그물코
5. 신품일 때의 방망의 강도

답 ④

249 ☆

항타기 또는 항발기에 사용되는 권상용와이어로프의 안전계수는 최소 얼마 이상이어야 하는가?

① 3　　② 4　　③ 5　　④ 6

해 사업주는 항타기 또는 항발기의 권상용 와이어로프의 안전계수가 5 이상이 아니면 이를 사용해서는 아니 된다.

답 ③

250 ☆☆

양중기에 사용하는 와이어로프에서 화물의 하중을 직접 지지하는 달기와이어로프 또는 달기체인의 안전계수 기준은?

① 3 이상 ② 4 이상 ③ 5 이상 ④ 10 이상

해 1. 근로자가 탑승하는 운반구를 지지하는 달기와이어로프 또는 달기체인의 경우: 10 이상
2. 화물의 하중을 직접 지지하는 달기와이어로프 또는 달기체인의 경우: 5 이상
3. 훅, 샤클, 클램프, 리프팅 빔의 경우: 3 이상
4. 그 밖의 경우: 4 이상

답 ③

251 ☆☆

콘크리트의 압축강도에 영향을 주는 요소로 가장 거리가 먼 것은?

① 콘크리트 양생 온도 ② 콘크리트 재령
③ 물-시멘트비 ④ 거푸집 강도

해 콘크리트 압축강도 영향인자
콘크리트 양생온도와 습도, 재령/물과 시멘트비/배합설계/양생과정/공기량/타설

답 ④

252 ☆☆☆☆☆

콘크리트 타설 시 거푸집 측압에 대한 설명 중 틀린 것은?

① 타설속도가 빠를수록 측압이 커진다.
② 거푸집 투수성이 낮을수록 측압은 커진다.
③ 타설높이가 높을수록 측압이 커진다.
④ 콘크리트 온도가 높을수록 측압이 커진다.

해

콘크리트 측압 커지는 조건
• 타설속도가 빠를수록 • 거푸집 투수성이 낮을수록 • 타설높이가 높을수록 • 콘크리트 온도가 낮을수록 • 외기 습도가 높을수록 • 슬럼프가 클수록

답 ④

253 ☆

콘크리트 타설 시 거푸집의 측압에 영향을 미치는 인자들에 관한 설명으로 옳지 않은 것은?

① 슬럼프가 클수록 작다.
② 타설속도가 빠를수록 크다.
③ 거푸집 속의 콘크리트 온도가 낮을수록 크다.
④ 콘크리트의 타설높이가 높을수록 크다.

해 윗 해설 참조

답 ①

254 ☆☆

겨울철 공사 중인 건축물의 벽체 콘크리트 타설 시 거푸집이 터져서 콘크리트 쏟아지는 사고가 발생하였다. 이 사고의 발생 원인으로 추정 가능한 사안 중 가장 타당한 것은?

① 콘크리트의 타설속도가 빨랐다.
② 진동기를 사용하지 않았다.
③ 철근 사용량이 많았다.
④ 콘크리트의 슬럼프가 작았다.

해 겨울이라 외기온도가 낮아 측압이 큰 상태인데 타설속도까지 빨랐으니 사고가 발생한 것 같다.

답 ①

255 ☆☆☆

콘크리트 타설을 위한 거푸집 동바리의 구조검토 시 가장 선행되어야 할 작업은?

① 각 부재에 생기는 응력에 대하여 안전한 단면을 산정한다.
② 가설물에 작용하는 하중 및 외력의 종류, 크기를 산정한다.
③ 하중 및 외력에 의하여 각 부재에 생기는 응력을 구한다.
④ 사용할 거푸집 동바리의 설치간격을 결정한다.

해 거푸집 동바리 구조검토 순서
1. 거푸집 동바리에 작용하는 하중 및 외력의 종류, 크기를 산정한다.
2. 하중, 외력에 의하여 각 부재에 발생되는 응력을 구한다.
3. 각 부재에 발생되는 응력에 대하여 안전한 단면 및 배치간격을 결정한다.

답 ②

256 ☆☆☆☆☆

다음 중 유해위험방지계획서 제출 대상 공사가 아닌 것은?

① 지상높이가 30m인 건축물 건설공사
② 최대지간길이가 50m인 교량건설공사
③ 터널 건설공사
④ 깊이가 11m인 굴착공사

해 1. 다음 각 목의 어느 하나에 해당하는 건축물 또는 시설 등의 건설·개조 또는 해체 (이하 "건설등"이라 한다) 공사
가. 지상높이가 31미터 이상인 건축물 또는 인공구조물
나. 연면적 3만제곱미터 이상인 건축물
다. 연면적 5천제곱미터 이상인 시설로서 다음의 어느 하나에 해당하는 시설
1) 문화 및 집회시설(전시장 및 동물원·식물원은 제외한다)
2) 판매시설, 운수시설(고속철도의 역사 및 집배송 시설은 제외한다)
3) 종교시설
4) 의료시설 중 종합병원
5) 숙박시설 중 관광숙박시설
6) 지하도상가
7) 냉동·냉장 창고시설
2. 연면적 5천제곱미터 이상인 냉동·냉장 창고시설의 설비공사 및 단열공사
3. 최대 지간(支間)길이(다리의 기둥과 기둥의 중심사이의 거리)가 50미터 이상인 다리의 건설등 공사
4. 터널의 건설등 공사
5. 다목적댐, 발전용댐, 저수용량 2천만톤 이상의 용수 전용 댐 및 지방상수도 전용 댐의 건설등 공사
6. 깊이 10미터 이상인 굴착공사

답 ①

257 ☆☆☆☆

건설공사 유해 · 위험방지계획서를 제출해야 할 대상 공사에 해당하지 않는 것은?

① 깊이 10m인 굴착공사
② 다목적댐 건설공사
③ 최대 지간길이가 40m인 교량건설 공사
④ 연면적 5,000m^2인 냉동 · 냉장창고시설의 설비 공사

해 윗 해설 참조

답 ③

258 ☆☆

건설업 중 교량건설 공사의 유해위험방지계획서를 제출하여야 하는 기준으로 옳은 것은?

① 최대 지간길이가 40m 이상인 교량건설등 공사
② 최대 지간길이가 50m 이상인 교량건설등 공사
③ 최대 지간길이가 60m 이상인 교량건설등 공사
④ 최대 지간길이가 70m 이상인 교량건설등 공사

해 윗 해설 참조

답 ②

259 ☆

사업주가 유해위험방지 계획서 제출 후 건설공사 중 6개월 이내마다 안전보건공단의 확인사항을 받아야 할 내용이 아닌 것은?

① 유해위험방지 계획서의 내용과 실제 공사 내용이 부합하는지 여부
② 유해위험방지 계획서 변경 내용의 적정성
③ 자율안전관리 업체 유해위험방지 계획서 제출. 심사 면제
④ 추가적인 유해위험요인의 존재 여부

해 유해위험방지 계획서를 제출한 사업주는 해당 건설물·기계·기구 및 설비의 시운전단계에서 사업주는 건설공사 중 6개월 이내마다 법에 따라 다음 각 호의 사항에 관하여 공단의 확인을 받아야 한다.

1. 유해위험방지 계획서의 내용과 실제공사 내용이 부합하는지 여부
2. 유해위험방지 계획서 변경내용 적정성
3. 추가적인 유해·위험요인의 존재 여부

답 ③

260 ☆☆☆☆

유해위험방지 계획서를 제출하려고 할 때 그 첨부서류와 가장 거리가 먼 것은?

① 공사개요서
② 산업안전보건관리비 작성요령
③ 전체 공정표
④ 재해 발생 위험 시 연락 및 대피방법

해 유해위험방지계획서 제출서류

구분	서류
건설업	1. 공사 개요서 2. 공사현장의 주변 현황 및 주변과의 관계를 나타내는 도면(매설물 현황을 포함한다) 3. 전체 공정표 4. 산업안전보건관리비 사용계획서 5. 안전관리 조직표 6. 재해발생 위험 시 연락 및 대피방법
제조업	1. 건축물 각 층의 평면도 2. 기계·설비의 개요를 나타내는 서류 3. 기계·설비의 배치도면 4. 원재료 및 제품의 취급, 제조 등의 작업방법의 개요 5. 그 밖에 고용노동부장관이 정하는 도면 및 서류

답 ②

261 ☆☆

건설업 유해위험방지계획서 제출 시 첨부서류에 해당되지 않는 것은?

① 공사개요서
② 산업안전보건관리비 사용계획서
③ 재해발생 위험 시 연락 및 대피방법
④ 특수공사계획

해 윗 해설 참조

답 ④

262 ☆

건설공사의 유해위험방지계획서 제출 기준일로 옳은 것은?

① 당해공사 착공 1개월 전까지
② 당해공사 착공 15일 전까지
③ 당해공사 착공 전날까지
④ 당해공사 착공 15일 후까지

해 사업주가 유해위험방지계획서를 제출할 때에는 건설공사 유해위험방지계획서에 서류를 첨부하여 해당 공사의 착공(유해위험방지계획서 작성 대상 시설물 또는 구조물의 공사를 시작하는 것을 말하며, 대지 정리 및 가설사무소 설치 등의 공사 준비기간은 착공으로 보지 않는다) 전날까지 공단에 2부를 제출해야 한다.

답 ③

263 ☆

건설공사 위험성평가에 관한 내용으로 옳지 않은 것은?

① 건설물, 기계·기구, 설비 등에 의한 유해·위험요인을 찾아내어 위험성을 결정하고 그 결과에 따른 조치를 하는 것을 말한다.
② 사업주는 위험성평가의 실시내용 및 결과를 기록·보존하여야 한다.
③ 위험성평가 기록물의 보존기간은 2년이다.
④ 위험성평가 기록물에는 평가대상의 유해·위험요인, 위험성결정의 내용 등이 포함된다.

해 – 사업주가 법에 따라 위험성평가의 결과와 조치사항을 기록·보존할 때에는 다음 각 호의 사항이 포함되어야 한다.
1. 위험성평가 대상의 유해·위험요인
2. 위험성 결정의 내용
3. 위험성 결정에 따른 조치의 내용
4. 그 밖에 위험성평가의 실시내용을 확인하기 위하여 필요한 사항으로서 고용노동부장관이 정하여 고시하는 사항

– 사업주는 제1항에 따른 자료를 3년간 보존해야 한다.

답 ③

264 ☆☆☆☆☆☆

건설업 산업안전보건관리비 중 계상비용에 해당되지 않는 것은?

① 비계, 작업발판 등 가설구조물 설치 소요 비용
② 근로자 건강장해예방비 등
③ 안전보건교육비
④ 보호구 구입비용

해 도급인과 자기공사자는 안전보건관리비를 산업재해예방 목적으로 다음 각 호의 기준에 따라 사용하여야 한다.
1. 안전관리자·보건관리자의 임금 등
2. 안전시설비 등
3. 보호구 등
4. 안전보건진단비 등
5. 안전보건교육비 등
6. 근로자 건강장해예방비 등
7. 건설재해예방전문지도기관의 지도에 대한 대가로 지급하는 비용
8. 본사 전담조직 근로자 임금
9. 위험성평가에 따른 소요비용

답 ①

265 ☆☆

건설업 산업안전보건관리비 계상 및 사용기준(고용노동부 고시)은 산업재해보상보험법의 적용을 받는 공사 중 총 공사금액이 얼마 이상인 공사에 적용하는가?

①4천만원 ②3천만원 ③2천만원 ④1천만원

해 총 공사금액 2천만 원 이상인 공사에 적용한다.

답 ③

266 ☆

산업안전보건관리비의 효율적인 집행을 위하여 고용노동부장관이 정할 수 있는 기준에 해당되지 않는 것은?

① 안전·보건에 관한 협의체 구성 및 운영
② 공사의 진척 정도에 따른 사용기준
③ 사업의 규모별 사용방법 및 구체적인 내용
④ 사업의 종류별 사용방법 및 구체적인 내용

해 고용노동부장관 산업안전보건관리비의 효율적인 사용을 위하여 다음 각 호의 사항을 정할 수 있다.

1. 사업의 규모별·종류별 계상 기준
2. 건설공사의 진척 정도에 따른 사용비율 등 기준
3. 그 밖에 산업안전보건관리비의 사용에 필요한 사항

답 ①

267 ☆☆☆

공정률이 65%인 건설현장의 경우 공사 진척에 따른 산업안전보건관리비의 최소 사용기준으로 옳은 것은?

① 40% 이상　② 50% 이상
③ 60% 이상　④ 70% 이상

해 공사진척에 따른 안전관리비 사용기준

공정률	50% 이상 70% 미만	70% 이상 90% 미만	90% 이상
사용기준	50% 이상	70% 이상	90% 이상

답 ②

268 ☆☆☆☆☆

산업안전보건관리비계상기준에 따른 건축공사, 대상액 「5억원 이상 ~ 50억원 미만」의 안전관리비 비율 및 기초액으로 옳은 것은?

① 비율: 2.28%, 기초액: 4,325,000원
② 비율: 1.99%, 기초액: 5,499,000원
③ 비율: 2.35%, 기초액: 5,400,000원
④ 비율: 1.57%, 기초액: 4,411,000원

해

	대상액 5억원 미만인 경우 적용 비율(%)	대상액 5억원 이상 50억 미만인 경우		대상액 50억 이상인 경우 적용 비율(%)	보건관리자 선임 대상 건설공사의 적용 비율(%)
		적용 비율(%)	기초액(원)		
건축공사	3.11	2.28	4,325,000	2.37	2.64
토목공사	3.15	2.53	3,300,000	2.6	2.73
중건설공사	3.64	3.05	2,975,000	3.11	3.39
특수건설공사	2.07	1.59	2,450,000	1.64	1.78

답 ①

269 ☆

산업안전보건관리비 계상 및 사용기준에 따른 공사 종류별 계상기준으로 옳은 것은? (단, 중건설공사이고, 대상액이 5억원 미만인 경우)

① 1.85% ② 2.45% ③ 3.09% ④ 3.64%

해 윗 해설 참조

답 ④

270 ☆

건설공사의 산업안선보선관리비 계상 시 대상액이 구분되어 있지 않은 공사는 도급계약 또는 자체사업계획상의 총 공사금액 중 얼마를 대상액으로 하는가?

① 50% ② 60% ③ 70% ④ 80%

해 대상액이 명확하지 않은 경우
도급계약 또는 자체사업계획상 책정된 총공사금액의 10분의 7에 해당하는 금액을 대상액으로 하고 제1호 및 제2호에서 정한 기준에 따라 계상

답 ③

271 ☆

건설업 산업안전보건관리비의 사용내역에 대하여 수급인 또는 자기공사자는 공사 시작 후 몇개월마다 1회 이상 발주자 또는 감리원의 확인을 받아야 하는가?

① 3개월 ② 4개월 ③ 5개월 ④ 6개월

해 도급인은 산업안전보건관리비 사용내역에 대하여 공사 시작 후 6개월마다 1회 이상 발주자 또는 감리자의 확인을 받아야 한다. 다만, 6개월 이내에 공사가 종료되는 경우에는 종료 시 확인을 받아야 한다.

답 ④

272 ☆

다음은 산업안전보건법령에 따른 산업안전보건관리비의 사용에 관한 규정이다. (   ) 안에 들어갈 내용을 순서대로 옳게 작성한 것은?

> 건설공사도급인은 고용노동부장관이 정하는 바에 따라 해당 건설공사를 위하여 계상된 산업안전보건관리비를 그가 사용하는 근로자와 그의 관계수급인이 사용하는 근로자의 산업재해 및 건강장해 예방에 사용하고, 그 사용명세서를 (   ) 작성하고 건설공사 종료 후 (   )간 보존해야 한다.

① 매월, 6개월
② 매월, 1년
③ 2개월 마다, 6개월
④ 2개월 마다, 1년

해 건설공사도급인은 법에 따라 산업안전보건관리비를 사용하는 해당 건설공사의 금액(고용노동부 장관이 정하여 고시하는 방법에 따라 산정한 금액을 말한다)이 4천만원 이상인 때에는 고용노동부 장관이 정하는 바에 따라 매월(건설공사가 1개월 이내에 종료되는 사업의 경우에는 해당 건설공사가 끝나는 날이 속하는 달을 말한다) 사용명세서를 작성하고, 건설공사 종료 후 1년 동안 보존해야 한다.

답 ②

273 ☆

사업의 종류가 건설업이고, 공사금액이 850억원일 경우 산업안전보건법령에 따른 안전관리자를 최소 몇 명 이상 두어야 하는가? (단, 상시근로자는 600명으로 가정)

① 1명 ② 2명 ③ 3명 ④ 4명

해 건설업 안전관리자수

공사금액	안전관리자수
50억 이상~800억 미만	1명 이상
800억 이상 1,500억 미만	2명 이상
1,500억 이상 2,200억 미만	3명 이상
2,200억 이상 3,000억 미만	4명 이상
3,000억 이상 3,900억 미만	5명 이상
3,900억 이상 4,900억 미만	6명 이상
4,900억 이상 6,000억 미만	7명 이상
6,000억 이상 7,200억 미만	8명 이상
7,200억 이상 8,500억 미만	9명 이상
8,500억 이상 1조 미만	10명 이상
1조 이상	11명 이상

답 ②

274 ☆☆

크레인 또는 데릭에서 붐 각도 및 작업반경별로 작용시킬 수 있는 최대하중에서 후크(Hook), 와이어로프 등 달기구의 중량을 공제한 하중은?

① 작업하중 ② 정격하중
③ 이동하중 ④ 적재하중

해 하중 종류

작업하중	과하중 계수 또는 안전계수를 제외한, 지정된 예상 하중으로부터 유도된 하중
정격하중	크레인의 권상하중에서 훅, 크래브 또는 버킷 등 달기기구의 중량에 상당하는 하중을 뺀 하중
이동하중	구조물이나 부재에 작용하는 하중 중 작용점이 이동하는 하중
적재하중	리프트의 구조나 재료에 따라 운반구에 적재하고 상승할 수 있는 최대하중
임계하중	양중기가 최대로 들어 올릴 수 있는 하중과 들어 올릴 수 없는 하중의 경계 하중

답 ②

275 ☆

중량물 운반 시 크레인에 매달아 올릴 수 있는 최대하중으로부터 달기 기구의 중량에 상당하는 하중을 제외한 하중은?

① 정격하중 ② 적재하중
③ 임계하중 ④ 작업하중

해 윗 해설 참조

답 ①

276 ☆

흙막이 계측기의 종류 중 주변 지반의 변형을 측정하는 기계는?

① Tilt meter ② Inclino meter
③ Strain gauge ④ Load cell

해

Tilt meter	건물경사계, 인접한 구조물에 설치하여 구조물의 경사 및 변형상태를 측정하는 기구
Inclino meter	지중경사계, 지중의 수평 변위량과 주변 지반의 변형을 측정하는 기계
Strain gauge	변형률계, 흙막이 구조물 각 부재와 인접 구조물의 변형률을 측정하는 기구
Load cell	하중계, 스트럿(Strut) 또는 어스앵커(Earth anchor)등의 축 하중 변화를 측정하는 기구

답 ②

277 ☆☆☆

흙막이 가시설 공사 시 사용되는 각 계측기 설치 목적으로 옳지 않은 것은?

① 지표침하계 : 지표면 침하량 측정
② 수위계 : 지반 내 지하수위의 변화 측정
③ 하중계 : 상부 적재하중 변화 측정
④ 지중경사계 : 지중의 수평 변위량 측정

해 윗 해설 참조

답 ③

278 ☆

버팀보, 앵커 등의 축하중 변화상태를 측정하여 이들 부재의 지지효과 및 그 변화 추이를 파악하는데 사용되는 계측기기는?

① water level meter
② load cell
③ piezo meter
④ strain gauge

해 윗 해설 참조

답 ②

279 ☆

깊이 10.5m 이상의 굴착의 경우 계측기기를 설치하여 흙막이 구조의 안전을 예측하여야 한다. 이에 해당하지 않는 계측기기는?

① 수위계 ② 경사계
③ 응력계 ④ 지진 가속도계

해 깊이 10.5m 이상의 굴착의 경우 아래 각 목의 계측기기의 설치에 의하여 흙막이 구조의 안전을 예측하여야 하며, 설치가 불가능할 경우 트랜싯 및 레벨 측량기에 의해 수직·수평 변위 측정을 실시하여야 한다.

가. 수위계
나. 경사계
다. 하중 및 침하계
라. 응력계

답 ④

280 ☆

개착식 흙막이벽의 계측 내용에 해당되지 않는 것은?

① 경사측정 ② 지하수위 측정
③ 변형률 측정 ④ 내공변위 측정

해 내공변위 측정은 개착식 흙막이벽 계측 항목이 아니다.

답 ④

281 ☆☆

지표면에서 소정의 위치까지 파내려간 후 구조물을 축조하고 되메운 후 지표면을 원상태로 복구시키는 공법은?

① NATM 공법 ② 개착식 터널공법
③ TBM 공법 ④ 침매공법

해 터널 굴착공법 종류

공법	설명
NATM 공법	로크 볼트와 내뿜는 콘크리트를 주지재로 해서 지반의 강도적인 연화를 극력 억제하여 지반이 본래 가지고 있는 내하능력을 적극적으로 활용하면서 현장 계측의 관리와 함께 터널을 굴진해 가는 공법
개착식 터널 공법	지표면에서 소정의 위치까지 파 내려간 후 구조물을 축조하고 되메운 후 지표면을 원상태로 복구시키는 공법
TBM 공법	터널보링머신의 회전 커터에 의해 터널 전단면을 절삭 또는 파쇄하는 공법
침매 공법	육상에서 제작한 구조물을 해상으로 운반해 이를 바다 밑에 가라앉혀 연결하는 방식의 터널 공법

답 ②

282 ☆

건설공사 시공단계에 있어서 안전관리의 문제점에 해당되는 것은?

① 발주자의 조사, 설계 발주능력 미흡
② 용역자의 조사, 설계능력 부실
③ 발주자의 감독 소홀
④ 사용자의 시설 운영관리 능력 부족

해 발주자의 감독이 소홀하여 산업재해가 발생한다.

답 ③

283 ☆☆

건설현장에서 작업환경을 측정해야 할 작업에 해당되지 않는 것은?

① 산소 결핍작업
② 탱크 내 도장작업
③ 건물 외부 도장작업
④ 터널 내 천공작업

해 ①/②/④: 산소농도 측정을 한다.

답 ③

284 ☆

철골용접부의 내부결함을 검사하는 방법으로 가장 거리가 먼 것은?

① 알칼리 반응 시험
② 방사선 투과시험
③ 자기분말 탐상시험
④ 침투 탐상시험

해 비파괴검사 종류
음향탐상/초음파탐상/자분탐상/와류탐상/침투탐상/방사선투과 시험

답 ①

285 ☆

감전재해의 직접적인 요인으로 가장 거리가 먼 것은?

① 통전전압의 크기 ② 통전전류의 크기
③ 통전시간 ④ 통전경로

해 전격현상 위험도
통전전류 크기 > 통전경로 > 통전시간 > 전원 종류(교류 > 직류) > 주파수, 파형

답 ①

286 ☆

흙의 특성으로 옳지 않은 것은?

① 흙은 선형재료이며 응력-변형률 관계가 일정하게 정의된다.
② 흙의 성질은 본질적으로 비균질, 비등방성이다.
③ 흙의 거동은 연약지반에 하중이 작용하면 시간의 변화에 따라 압밀침하가 발생한다.
④ 점토 대상이 되는 흙은 지표면 밑에 있기 때문에 지반의 구성과 공학적 성질은 시추를 통해서 자세히 판명된다.

해 흙은 비선형 재료이며 응력 – 변형률 관계가 일정하지 않다.

답 ①

287 ☆

토공사에서 성토재료의 일반조건으로 옳지 않은 것은?

① 다져진 흙의 전단강도가 크고 압축이 작을 것
② 함수율이 높은 토사일 것
③ 시공정비의 주행성이 확보될 수 있을 것
④ 필요한 다짐정도를 쉽게 얻을 수 있을 것

해 함수율이 낮은 토사일 것

답 ②

288 ☆☆

흙의 투수계수에 영향을 주는 인자에 관한 설명으로 옳지 않은 것은?

① 공극비: 공극비가 클수록 투수계수는 작다.
② 포화도: 포화도 클수록 투수계수도 크다.
③ 유체의 점성계수: 점성계수가 클수록 투수계수는 작다.
④ 유체의 밀도: 유체의 밀도가 클수록 투수계수는 크다.

해 지반의 투수계수에 영향을 주는 인자
유체: 점성계수/밀도/단위중량
토립자: 공극비/모양/입경/포화도

답 ①

289 ☆

흙의 간극비(공극비)를 나타낸 식으로 옳은 것은?

① $\frac{\text{공기+물 체적}}{\text{흙+물 체적}}$ ② $\frac{\text{공기+물 체적}}{\text{흙 체적}}$

③ $\frac{\text{물 체적}}{\text{흙+물 체적}}$ ④ $\frac{\text{공기+물 체적}}{\text{공기+흙+물 체적}}$

해 간극비(공극비) $= \frac{\text{공기+물 체적}}{\text{흙 체적}}$

답 ②

290 ☆

다음 중 철골공사시의 안전작업방법 및 준수사항으로 옳지 않은 것은?

① 10분간의 평균 풍속이 초당 10m 이상인 경우는 작업을 중지한다.

② 철골 부재 반입시 시공순서가 빠른 부재는 상단부에 위치하도록 한다.

③ 구명줄 설치 시 마닐라 로프 직경 10mm를 기준하여 설치하고 작업방법을 충분히 검토하여야 한다.

④ 철골보의 두 곳을 매어 인양시킬 때 와이어로프의 내각은 60° 이하이어야 한다.

해 구명줄을 설치할 경우에는 1가닥의 구명줄을 여러명이 동시에 사용하지 않도록 하여야 하며 구명줄을 마닐라 로우프 직경 16밀리미터를 기준하여 설치하고 작업방법을 충분히 검토하여야 한다.

답 ③

291 ☆

안전 정도를 표시하는 것으로서 재료의 파괴응력도와 허용응력도 비율을 의미하는 것은?

① 설계하중 ② 안전율 ③ 인장강도 ④ 세장비

해 안전율: 안전의 정도를 표시하는 것으로서 재료의 파괴응력도와 허용응력도의 비율

답 ②

292 ☆☆

철골공사 시 사전안전성 확보를 위해 공작도에 반영하여야 할 사항이 아닌 것은?

① 주변 고압전주 ② 외부비계받이

③ 기둥승강용 트랩 ④ 방망 설치용 부재

해 건립 후에 가설부재나 부품을 부착하는 것은 위험한 작업(고소작업 등)이 예상되므로 다음 각 목의 사항을 사전에 계획하여 공작도에 포함시켜야 한다.

가. 외부비계받이 및 화물승강설비용 브라켓
나. 기둥 승강용 트랩
다. 구명줄 설치용 고리
라. 건립에 필요한 와이어 걸이용 고리
마. 난간 설치용 부재
바. 기둥 및 보 중앙의 안전대 설치용 고리
사. 방망 설치용 부재
아. 비계 연결용 부재
자. 방호선반 설치용 부재
차. 양중기 설치용 보강재

답 ①

293 ☆☆☆

안전계수가 4이고 2,000kg/cm²의 인장강도를 갖는 강선의 최대허용응력은?

① 500kg/cm² ② 1,000kg/cm²
③ 1,500kg/cm² ④ 2,000kg/cm²

해 $최대허용응력 = \frac{인장강도}{안전계수} = \frac{2,000}{4}$
$= 500kg/cm^2$

답 ①

294 ☆☆☆

권상용 와이어로프의 절단하중이 200ton일 때 와이어로프에 걸리는 최대하중(ton)은? (단, 안전계수는 5임)

① 1,000 ② 400 ③ 100 ④ 40

해 $최대하중 = \frac{절단하중}{안전계수} = \frac{200}{5} = 40ton$

답 ④

295 ☆

거푸집동바리 구조에서 높이가 L = 3.5m인 파이프서포트의 좌굴하중은? (단, 상부받이판과 하부받이판은 힌지로 가정하고, 단면 2차모멘트I = 8.31cm⁴ 탄성계수

E = 2.1 × 10⁵MPa)

① 14,060N ② 15,060N
③ 16,060N ④ 17,060N

해 $Pcr = \frac{\pi^2 EI}{K^2L^2}$
$= \frac{\pi^2 \cdot 2.1 \cdot 10^5MPa \cdot 8.31cm^4 \cdot 10^6Pa \cdot m^4 \cdot N}{1^2 \cdot (3.5m)^2 \cdot MPa \cdot (100cm)^4 \cdot Pa \cdot m^2}$
$= 14,059.96N$
Pcr: 좌굴하중 E: 탄성계수 I: 단면 2차모멘트
K: 1(양단 힌지) L: 높이

답 ①

296 ☆☆☆

지름이 15cm이고 높이가 30cm인 원기둥 콘크리트 공시체에 대해 압축강도시험을 한 결과 460kN에 파괴되었다. 이때 콘크리트 압축강도는?

① 16.2MPa ② 21.5MPa
③ 26MPa ④ 31.2MPa

해 $압축강도 = \frac{하중}{단면적} = \frac{460kN}{0.018m^2}$
$= \frac{460 \cdot 10^3N \cdot Pa \cdot m^2 \cdot MPa}{0.018m^2 \cdot N \cdot 10^6Pa}$
$= 25.56MPa$
$하중 = 460kN$
$단면적 = \pi r^2 = \pi (\frac{0.15}{2})^2 = 0.018m^2$
$Pa = \frac{N}{m^2}$

답 ③

297 ☆

다음 그림과 같이 굴착하고자 한다. 굴착면의 기울기를 1:0.5로 하고자 할 경우 L의 길이로 옳은 것은?

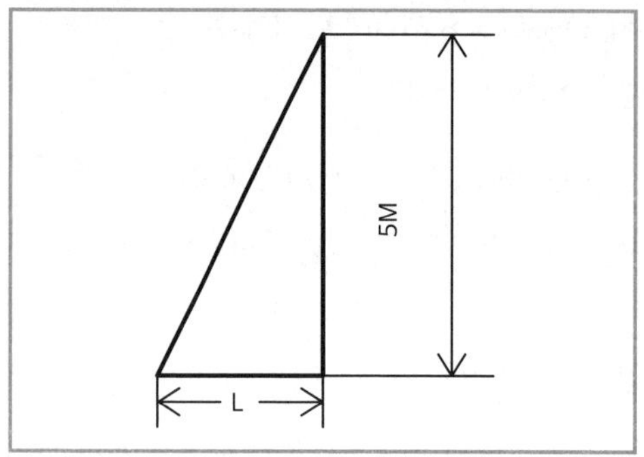

① 2m ② 2.5m ③ 5m ④ 10m

해 높이:밑변 = 1:0.5 = 5:L → L = 0.5 • 5 = 2.5m

답 ②

298 ☆

로프길이 2m의 안전대를 착용한 근로자가 추락으로 인한 부상을 당하지 않기 위한 지면으로부터 안전대 고정점까지의 높이(H)의 기준으로 옳은 것은? (단, 로프의 신율 30%, 근로자의 신장 180cm)

① H > 1.5m ② H > 2.5m
③ H > 3.5m ④ H > 4.5m

해 H > 로프길이 + 로프길이•신장률 + 근로자 키•0.5
H > 2 + 2 • 0.3 + 1.8 •0.5 → H > 3.5m

답 ③

299 ☆

사급자재비가 30억, 직접노무비가 35억, 관급자재비가 20억인 빌딩신축공사를 할 경우 계상해야 할 산업안전보건관리비는 얼마인가? (단, 공사종류는 건축공사)

① 122,000,000원 ② 146,640,000원
③ 184,860,000원 ④ 159,800,000원

해 발주자가 도급계약 체결을 위한 원가계산에 의한 예정가격을 작성하거나, 자기공사자가 건설공사 사업 계획을 수립할 때에는 다음 각 호에 따라 산정한 금액 이상의 산업안전보건관리비를 계상하여야 한다. 다만, 발주자가 재료를 제공하거나 일부 물품이 완제품의 형태로 제작·납품되는 경우에는 해당 재료비 또는 완제품 가액을 대상액에 포함하여 산출한 산업안전보건관리비와 해당 재료비 또는 완제품 가액을 대상액에서 제외하고 산출한 산업안전보건관리비의 1.2배에 해당하는 값을 비교하여 그 중 작은 값 이상의 금액으로 계상한다.

대상액 = 사급자재비 + 직접노무비 + 관급자재비
= 30 + 35 + 20 = 85억

	대상액 5억원 미만인 경우 적용 비율 (%)	대상액 5억원 이상 50억 미만인 경우		대상액 50억 이상인 경우 적용 비율 (%)	보건 관리자 선임 대상 건설 공사의 적용 비율 (%)
		적용 비율 (%)	기초액(원)		
건축공사	3.11	2.28	4,325,000	2.37	2.64
토목공사	3.15	2.53	3,300,000	2.6	2.73
중건설공사	3.64	3.05	2,975,000	3.11	3.39
특수건설공사	2.07	1.59	2,450,000	1.64	1.78

해당 재료비 또는 완제품 가액을 대상액에 포함하여 산출한 안전보건관리비
→ (사급자재비 + 직접노무비 + 관급자재비)
• 요율 + 기초액 = (30억 + 35억 + 20억)
• 0.0237 + 0 = 201,450,000원

해당 재료비 또는 완제품 가액을 대상액에서 제외하고 산출한 산업안전보건관리비의 1.2배에 해당하는 값
→ {(사급자재비 + 직접노무비) • 요율 + 기초액} • 1.2 = {(30억 + 35억) • 0.0237 + 0}
• 1.2 = 184,860,000원

비교해 그 중 작은 값 이상의 금액으로 계상한다.
→ 201,450,000원>184,860,000원

답 ③

MEMO

목차 7

2023년부터 새로 나온 기출문제

23년부터 CBT로 변경되어 완벽 복원이 불가

잠깐! 더 효율적인 공부를 위한 링크들을 적극 이용하세요~!

직8딴 홈페이지

- 출시한 책 확인 및 구매

직8딴 카카오오픈톡방

- 실시간 저자의 질문 답변
(주7일 아침 11시~새벽 2시까지, 전화로도 함)
- 직8딴 구매자전용 복지와 혜택 획득
(최소 달에 40만원씩 기프티콘 지급)
- 구매자들과의 소통 및 EHS 관련 정보 습득

직8딴 네이버카페

- 실시간으로 최신화되는 정오표 확인
(정오표: 책 출시 이후 발견된 오타/오류를 모아놓은 표, 매우 중요)
- 공부에 도움되는 컬러버전 그림 및 사진 습득
- 직8딴 구매자전용 복지와 혜택 획득

직8딴 유튜브

- 저자 직접 강의 시청 가능
- 공부 팁 및 암기법 획득
- 국가기술자격증 관련 정보 획득

7 2023년부터 새로 나온 기출문제

23년부터 CBT로 변경되어 완벽 복원이 불가

1과목 | 산업재해 예방 및 안전보건교육

001

다음 설명에 해당하는 용어는?

> 사업주가 자율경영방침에 안전보건정책을 반영하고, 이에대한 세부 실행지침과 기준을 규정화하여, 주기적으로 안전보건계획에 대한 실행 결과를 자체평가 후 개선토록 하는 등 재해예방과 기업손실감소 활동을 체계적으로 추진토록 하기 위한 자율안전보건체계

① 재해예방기술지도

② 위험성 평가

③ 안전보건경영시스템

④ 공정안전보고서

해

재해예방기술지도	사업주가 공사현장의 안전활동을 추진하기 위해 안전관리시스템과 재해예방조치에 대하여 재해예방 전문 지도기관의 기술지도를 받는 것
위험성 평가	사업주가 스스로 유해·위험요인을 파악하고 해당 유해·위험요인의 위험성 수준을 결정하여, 위험성을 낮추기 위한 적절한 조치를 마련하고 실행하는 과정
안전보건경영시스템	사업주가 자율경영방침에 안전보건정책을 반영하고, 이에 대한 세부 실행지침과 기준을 규정화하여, 주기적으로 안전보건계획에 대한 실행 결과를 자체평가 후 개선토록 하는 등 재해예방과 기업손실감소 활동을 체계적으로 추진토록 하기 위한 자율안전보건체계
공정안전보고서	유해·위험 설비를 보유한 사업장의 사업주는 당해 설비로부터의 위험물질의 누출·화재·폭발 등으로 인하여 사업장내의 근로자에게 즉시 피해를 주거나 사업장 인근지역에 피해를 줄 수 있는 사고를 예방하기 위해 작성하는 서류

답 ③

002

임금근로자수 200명, 휴업재해자수 15명, 재해건수 3건. 사망자수 2명인 사업장의 휴업재해율은?

① 6.5　② 7　③ 7.5　④ 8

해 $\text{휴업재해율} = \frac{\text{휴업재해자수}}{\text{임금근로자수}} \cdot 100$

$$= \frac{15}{200} \cdot 100 = 7.5$$

답 ③

003

KOSHA Guide에 대해 옳지 않은 것은?

① 사업장의 자기규율 예방체계 확립을 지원하기 위한 자율적 안전보건가이드이다.

② 산업안전보건법과 같은 강제적인 법률성을 띈다.

③ 한국산업안전보건공단에서 제작했다.

④ 한국뿐만 아니라 외국도 적극 이용한다.

해 KOSHA Guide

정의	사업장의 자기규율 예방체계 확립을 지원하기 위한 자율적 안전보건 가이드
법적 효력	산업안전보건법과 같은 강제적인 법률이 아닌 권고 기술기준으로서 한국산업안전보건공단에 의해서 제 개정되고 있는 지침
이용성	우리나라 실정에 맞게 일반, 기계, 전기, 화공, 보건 등 전문분야별로 세분화하여 제공하는 자율적인 기술지침

답 ②

004

KOSHA Guide 일련번호에 대해 옳지 않은 것은?

KOSHA Guide	M	- 185	- 2015
①	②	③	④

① 가이드 표시

② 분야/업종별 분류기호

③ 목차 개수

④ 제·개정 연도

해 KOSHA Guide 일련번호

KOSHA Guide	M	- 185	- 2015
①	②	③	④

①: 가이드 표시

②: 분야/업종별 분류기호

③: 공표순서

④: 제·개정 연도

답 ②

005

KOSHA Guide와 관련된 분야별 또는 업종별 분류기호이다. 옳은 것은?

① 건설안전지침 : B
② 화재보호지침 : E
③ 화학공업지침 : K
④ 작업환경관리지침 : A

해 KOSHA Guide 분야별/업종별 분류기호

분야별/업종별	분류기호
시료 채취 및 분석지침	A
조선 항만하역지침	B
건설안전지침	C
안전설계지침	D
전기 계장일반지침	E
화재보호지침	F
안전 보건 일반지침	G
건강진단 및 관리지침	H
화학공업지침	K
기계일반지침	M
점검 정비 유지관리지침	O
공정안전지침	P
산업독성지침	T
작업환경관리지침	W
리스크관리지침	X
안전경영관리지침	Z

답 ③

006

KOSHA Guide 분야별 또는 업종별에 해당되지 않는 것은?

① 건설안전지침 ② 화재보호지침
③ AI산업지침 ④ 작업환경관리지침

해 윗 해설 참조

답 ③

007

KOSHA Guide을 이용할 때 효과로 옳지 않은 것은?

① 근로자는 작업 시 기본 안전수칙 정보 신속 확인이 가능하다.
② 관리자는 산업안전보건관련 종합적 정보를 쉽게 확인이 가능하다.
③ 심사원은 심사 업무 시 관련 기술지침 참고 등 적극 활용이 가능하다.
④ 사업주는 산업안전보건관리비 계상을 신속하게 처리 가능하다.

해 KOSHA Guide 효과

근로자	-작업 시 기본안전수칙 정보 신속 확인 -안전수칙 미준수에 따른 사고 예방 및 안전 의식 향상
관리자	-산업안전보건관련 종합적 정보를 쉽게 확인 -안전보건체계 관리를 통해 각종 위험 요인 기인 사고 예방
심사원	-심사 업무 시 관련 기술지침 참고 등 적극 활용 -업무 효율성 증대 및 산재예방 수단 강화

답 ④

008

KOSHA Guide 분야별 주요내용으로 올바른 것은?

① 산업안전일반 : 안전진단, 지도 및 기술
② 리스크관리 : 안전문화 보급 및 확산
③ 산업보건일반 : 뇌심혈관질환 예방
④ 산업독성 : 공장 자동화 및 로봇

해 (해설이 길어 다음 페이지로 ~ !)

해 KOSHA Guide **분야별 주요내용**

분야	주요 내용
산업안전일반	- 안전보건교육 및 상담 - 안전·보건전문기관 등의 인력,시설 및 자격기준 등 - 산업재해원인조사 - 안전인증기준 중 산업안전일반분야 해당 내용 - 그 밖의 타분야에 해당되지 않는내용
리스크관리	- 위험(리스크) 분석, 평가 및 관리기법 - 산업재해 예방을 위한 경영관리 - 안전문화 보급 및 확산 - 안전보건관리체제 운영 - 자율안전보건경영체계 확립 - 그 밖의 위험(리스크)관리에 관한내용
기계안전	- 위험기계·기구의 설계·제작 - 기계안전설계 - 공장 자동화 및 로봇 - 안전진단, 지도 및 기술 - 건설기계 - 소음 및 진동 등에 관한 공학적 내용 - 안전인증기준 중 기계안전분야 해당 내용 - 그 밖의 기계안전에 관한 내용
전기안전	- 전기설비에 관한 설계·제작·설치 및 사용 - 전기 화재·폭발 - 방폭용 전기기계·기구 - 정전기 재해 예방 - 감전방지 - 산업용 기계·부속 전기설비 - 자동화 부속 전기설비 - 안전인증기준 중 전기안전분야 해당 내용 - 그 밖의 전기안전에 관한 내용
화학안전	- 유해·위험물질 취급 및 저장 - 화학설비 및 부속설비 설계·제작 - 건조설비, 가스집합용접장치 등 - 가스누출 예방 - 고압가스 - 화학공장 계측제어 설비 - 화학공장 위험성 평가 - 소화설비 - 안전인증기준 중 화학안전분야 해당 내용 - 그 밖의 화학안전에 관한 내용
건설안전	- 거푸집 지보공 및 거푸집 설치 - 비계 설치 - 추락 또는 붕괴예방 - 건축물의 해체작업 - 중량물의 취급, 하역작업 - 건설현장 가설전기작업 - 교량, 터널, 댐, 항만공사 작업안전 - 흙막이 공사 작업안전 - 토목공사 해체작업시 안전 - 굴착 및 발파작업 - 안전인증기준 중 건설안전분야 해당 내용 - 그 밖의 건설안전에 관한 내용
산업보건일반	- 근골격계질환 예방관리 - 인간공학적 직업징, 설비, 수공구 등의 설계 - 화학물질 취급근로자 건강관리 - 직무스트레스 관리 - 감정노동 근로자 건강보호 - 근로자 건강증진활동 - 그 밖의 산업보건관리에 관한 내용
산업의학	- 근로자 건강진단 - 건강진단기관 정도관리 - 노동생리, 생체역학, 피로 등 직무능력평가 - 직업성질환의 의학적 평가 및 관리 - 산업보건취약계층을 위한 보건관리 - 뇌심혈관질환 예방 - 그 밖의 산업의학에 관한 내용
산업위생	- 지정측정기관 정도관리 - 조명, 소음, 진동 등 물리적 유해인자 - 유기용제, 중금속 등 화학적 유해인자 - 작업환경측정 및 분석 평가 - 산업환기 - 그 밖의 산업위생에 관한 내용
산업독성	- 화학물질의 독성 및 유해성 평가 - 물질안전보건자료 - 신규화학물질 유해·위험성 조사 - 화학물질의 분류, 표지에 관한 세계조화시스템(GHS) - 우량시험시설기준(GLP) - 유해물질의 허용농도 - 그 밖의 산업독성에 관한 내용

답 ②

009

산업안전보건관리비 사용내역관련 내용이다. 올바른 것은?

> 도급인은 산업안전보건관리비 사용내역에 대하여 공사 시작 후 A마다 B 이상 발주자 또는 감리자의 확인을 받아야 한다.

① A : 1개월 B : 1회 ② A : 3개월 B : 1회
③ A : 6개월 B : 1회 ④ A : 1년 B : 1회

해 도급인은 산업안전보건관리비 사용내역에 대하여 공사 시작 후 6개월마다 1회 이상 발주자 또는 감리자의 확인을 받아야 한다. 다만, 6개월 이내에 공사가 종료되는 경우에는 종료 시 확인을 받아야 한다.

답 ③

010

사업주가 사업장 내의 유해위험요인을 파악할 때 사용되는 방법으로 옳지 않은 것은?

① 사업장 순회점검
② 근로자들의 상시적 제안
③ 안전보건 체크리스트
④ 유해위험관련 논문 확인

해 사업주는 사업장 내의 유해위험요인을 파악하여야 한다. 이때 업종, 규모 등 사업장 실정에 따라 다음 각 호의 방법 중 어느 하나 이상의 방법을 사용하되, 특별한 사정이 없으면 제1호에 의한 방법을 포함하여야 한다.

1. 사업장 순회점검에 의한 방법
2. 근로자들의 상시적 제안에 의한 방법
3. 설문조사, 인터뷰 등 청취조사에 의한 방법
4. 물질안전보건자료, 작업환경측정결과, 특수건강진단결과 등 안전보건 자료에 의한 방법
5. 안전보건 체크리스트에 의한 방법
6. 그 밖에 사업장의 특성에 적합한 방법

답 ④

011

관리감독자 안전보건업무 수행 시 수당지급 작업에 해당하지 않는 것은?

① 굴착면의 깊이 4미터 이상인 암석 굴착 작업
② 거푸집지보공의 조립 또는 해체작업
③ 맨홀작업, 산소결핍장소에서의 작업
④ 전주 또는 통신주에서의 케이블 공중가설 작업

해 관리감독자 안전보건업무 수행 시 수당지급 작업

1. 건설용 리프트·곤돌라를 이용한 작업
2. 콘크리트 파쇄기를 사용하여 행하는 파쇄작업(2미터 이상인 구축물 파쇄에 한정한다)
3. 굴착 깊이가 2미터 이상인 지반의 굴착작업
4. 흙막이지보공의 보강, 동바리 설치 또는 해체작업
5. 터널 안에서의 굴착작업, 터널거푸집의 조립 또는 콘크리트 작업
6. 굴착면의 깊이 2미터 이상인 암석 굴착 작업
7. 거푸집지보공의 조립 또는 해체작업
8. 비계의 조립, 해체 또는 변경작업
9. 건축물의 골조, 교량의 상부구조 또는 탑의 금속제의 부재에 의하여 구성되는 것(5미터 이상에 한정한다)의 조립, 해체 또는 변경작업
10. 콘크리트 공작물(높이 2미터 이상에 한정한다)의 해체 또는 파괴 작업
11. 전압이 75볼트 이상인 정전 및 활선작업
12. 맨홀작업, 산소결핍장소에서의 작업
13. 도로에 인접하여 관로, 케이블 등을 매설하거나 철거하는 작업
14. 전주 또는 통신주에서의 케이블공중가설작업

답 ①

012

전면형과 반면형의 방진마스크는 사용할 때 충격을 받을 수 있는 부품은 충격시에 마찰 스파크가 발생하여 가연성의 가스 혼합물을 점화시킬 수 있는 재료가 되어서는 안된다. 이에 적합하지 않는 것은?

① 알루미늄 ② 마그네슘 ③ 철 ④ 티타늄

해 전면형과 반면형의 경우 사용할 때 충격을 받을 수 있는 부품은 충격시에 마찰 스파크를 발생되어 가연성의 가스혼합물을 점화시킬 수 있는 알루미늄, 마그네슘, 티타늄 또는 이의 합금을 최소한 사용할 것

답 ③

013

다음 벽돌 쌓기 중 우리나라에서 가장 많이 사용되는 쌓기법은?

① 영국식 쌓기 ② 네덜란드식 쌓기
③ 프랑스식 쌓기 ④ 미국식 쌓기

해

벽돌쌓기 방식	설명
영국식 쌓기	가장 튼튼하며 길이와 마구리를 한 켜씩 번갈아 쌓고 마구리 켜의 모서리에 반절 또는 이오토막을 사용헤서 통줄눈이 생기는 것을 박는 방식
네덜란드식 쌓기 (화란식 쌓기)	한 켜씩 길이와 마구리를 번갈아 쌓고 길이 켜의 모서리에 칠오토막을 사용하며 시공이 용이하고 모서리가 튼튼하며 우리나라에서 많이 사용
프랑스식 쌓기	한 켜에 길이와 마구리가 번갈아서 들어가고 통줄눈이 나와서 구조적인 용도가 아닌 장식용으로 사용
미국식 쌓기	앞면은 5켜 정도 길이 기를 하고 여섯 번째 켜를 마구리 쌓기로 하며 뒷면은 영국식 쌓기로 하는 방식
공간 쌓기	벽돌 구조에서 방음, 단열, 방습을 위해 벽돌벽을 이중으로 하고 중간을 띄어 쌓는 방식

답 ②

014

안전하고 능률적인 생산을 위한 설계를 할 때, 일반적으로 공장의 경영자가 따라야 할 원칙 중 틀린 것은?

① 재료와 자재의 취급을 최대화해야 한다.
② 기계나 설비에 적당한 간격을 둬야 한다.
③ 안전한 운송장비를 제공해야 한다.
④ 화재시 적당한 대피수단 제공해야 한다.

해 ①: 재료와 자재의 취급을 최소화해야 한다.

답 ①

015

"유기체에 자극을 주면 반응함으로써 새로운 행동이 발달된다."는 S – R 연구 이론을 제시한 사람은?

① 스키너 ② 홀 ③ 레윈 ④ 파블로브

답 ④

016

안전교육 성과를 위한 그룹활동의 지도방법 중 미국의 크리가 주장한 소집단 활동으로서 1차 집단은?

① 직접 대면하는 옆 동료 근로자
② 안전 학술단체의 회원들
③ 정부 안전 관련자
④ 산업안전 협회 등 단체

해 크리(쿨리)의 소집단 활동

1차 집단	사람들의 대면적 접촉에 따른 친밀한 결합에 있으며, 구성원 사이에는 심리적으로 '우리'라는 말로 표시되는 강한 공속감·일체감을 공유
2차 집단	1차와 반대되는 기업체·정당·조합 등 을 전형으로 하는 집단

답 ①

017

방진마스크의 항목별 성능 기준에서 안면부 배기 저항이 분리식 및 안면부 여과식 유량 160ℓ/min인 방진마스크의 경우 차압(Pa)은?

① 250 이하 ② 200 이하
③ 150 이하 ④ 300 이하

해

형 태	유량(L/min)	차압(Pa)
분리식	160	300 이하
안면부 여과식	160	300 이하

답 ④

018

다음 설명에 해당하는 것은?

> 발주자에게 건설공사를 도급받은 사업주로서 건설공사의 시공을 주도하여 총괄·관리하는 자

① 감리자 ② 건설공사발주자
③ 건설공사도급인 ④ 자기공사자

해 "건설공사도급인"이란 발주자에게 건설공사를 도급받은 사업주로서 건설공사의 시공을 주도하여 총괄·관리하는 자를 말한다.
"자기공사자"란 건설공사의 시공을 주도하여 총괄·관리하는 자(발주자로부터 건설공사를 최초로 도급받은 수급인은 제외)를 말한다.

답 ③

019

산업안전보건관리비에서 사용가능한 안전보건진단비 기준이 아닌 것은?

① 유해위험방지계획서의 작성 등에 소요되는 비용
② 안전보건진단에 소요되는 비용
③ 작업환경 측정에 소요되는 비용
④ 일반기관 등에서 실시하는 진단, 검사, 지도 등에 소요되는 비용

해 안전보건진단비 등
가. 법에 따른 유해위험방지계획서의 작성 등에 소요되는 비용
나. 법에 따른 안전보건진단에 소요되는 비용
다. 법에 따른 작업환경 측정에 소요되는 비용
라. 그 밖에 산업재해예방을 위해 법에서 지정한 전문기관 등에서 실시하는 진단, 검사, 지도 등에 소요되는 비용

답 ④

020

산업안전보건관리비에서 사용가능한 안전관리자·보건관리자의 임금기준이 아닌 것은?

① 안전관리 업무만을 전담하는 안전관리자의 출장비 전액
② 보건관리 업무를 전담하지 않는 보건관리자의 임금과 출장비의 각각 4분의 1에 해당하는 비용
③ 안전관리자를 선임한 건설공사 현장에서 산업재해 예방 업무만을 수행하는 신호자의 임금 전액
④ 관리감독자의 직위에 있는 자가 법에서 정하는 업무를 수행하는 경우에 지급하는 업무수당(임금의 10분의 1 이내)

해 안전관리자·보건관리자의 임금 등
가. 법에 따라 안전관리 또는 보건관리 업무만을 전담하는 안전관리자 또는 보건관리자의 임금과 출장비 전액
나. 안전관리 또는 보건관리 업무를 전담하지 않는 안전관리자 또는 보건관리자의 임금과 출장비의 각각 2분의 1에 해당하는 비용
다. 안전관리자를 선임한 건설공사 현장에서 산업재해 예방 업무만을 수행하는 작업 지휘자, 유도자, 신호자 등의 임금 전액
라. 별표에 해당하는 작업을 직접 지휘·감독하는 직·조·반장 등 관리감독자의 직위에 있는 자가 법에서 정하는 업무를 수행하는 경우에 지급하는 업무수당(임금의 10분의 1 이내)

답 ②

2과목 | 인간공학 및 위험성 평가·관리

001

커크패트릭의 4수준 평가모형 순서로 올바른 것은?

① 반응 → 학습 → 행동 → 결과
② 반응 → 행동 → 학습 → 결과
③ 결과 → 학습 → 행동 → 반응
④ 학습 → 행동 → 결과 → 반응

해 커크패트릭의 4수준 평가모형

구분	내용
반응	프로그램에 참여한 참가자들의 프로그램 만족도를 측정하는데, 주로 프로그램의 질, 운영과정, 수업방법 등에 대한 개인적인 의견을 파악
학습	교육프로그램의 참가자들의 지식, 스킬, 태도 등이 어느 정도 향상되었는지를 측정함으로써 프로그램의 교육적 효과를 목표 측면에서 파악
행동	교육프로그램 참가자들이 숙달한 지식, 스킬, 태도를 자신이 종사하는 현장에서 적용하고 있는지를 파악
결과	교육프로그램에 참가한 사람들의 학습 결과로 조직에 경영성과가 향상되었는지를 평가

답 ①

002

다음 중 작업자의 안전모를 착용하게 하는 방법 중 인지학습에 대한 설명으로 옳은 것은?

① 안전모의 중요성에 관한 영상 틀어주어 작업자에게 알려준다.
② 안전모 미착용에 대한 상벌점제도로 안전모를 착용하게 한다.
③ 안전모 잘 착용하는 사람에게 좋은 것을 많이 줘 남들도 착용하게 유도한다.
④ 안전모 제작과정을 보여주게 한다.

답 ①

003

위험성평가 실시에 대한 설명으로 틀린 것은?

① 질병으로 이어질 수 있는 위험성의 크기가 허용 가능한 범위인지를 평가한다.
② 평가 시 해당 작업장의 근로자를 참여시키면 안된다.
③ 사업주는 평가의 결과와 조치사항을 기록하여 보존하여야 한다.
④ 부상으로 이어질 수 있는 위험성의 크기가 허용 가능한 범위인지를 평가한다.

해 ① 사업주는 건설물, 기계·기구·설비, 원재료, 가스, 증기, 분진, 근로자의 작업행동 또는 그 밖의 업무로 인한 유해·위험 요인을 찾아내어 부상 및 질병으로 이어질 수 있는 위험성의 크기가 허용 가능한 범위인지를 평가하여야 하고, 그 결과에 따라 이 법과 이 법에 따른 명령에 따른 조치를 하여야 하며, 근로자에 대한 위험 또는 건강장해를 방지하기 위하여 필요한 경우에는 추가적인 조치를 하여야 한다.
② 사업주는 제1항에 따른 평가 시 고용노동부장관이 정하여 고시하는 바에 따라 해당 작업장의 근로자를 참여시켜야 한다.
③ 사업주는 제1항에 따른 평가의 결과와 조치사항을 고용노동부령으로 정하는 바에 따라 기록하여 보존하여야 한다.
④ 제1항에 따른 평가의 방법, 절차 및 시기, 그 밖에 필요한 사항은 고용노동부장관이 정하여 고시한다.

답 ②

004

사용성 평가 'ISO'에서 정의하는 사용자 정의가 아닌 것은?

① 정확도 ② 효과성 ③ 효율성 ④ 만족도

해 사용성 및 유용성 평가
사용성 평가란 "특정 그룹의 이용자가 특정의 환경에서 특정의 과업을 성취하는데 있어서의 효과성(effectiveness), 효율성(efficiency) 및 만족도(satisfacion)을 측정하는 것"이라고 ISO에서는 정의를 내리고 있다.

답 ①

005

위험성 감소 대책 수립 순서이며 빈칸으로 알맞은 것은?

1. 계획 단계에서 위험성 제거
2. 공학적 대책
3. (   )
4. 개인용 보호구의 사용

① 환경적 대책 ② 인사적 대책
③ 관리적 대책 ④ 물리화학적 대책

해 사업주는 허용가능한 위험성이 아니라고 판단한 경우에는 위험성의 수준, 영향을 받는 근로자 수 및 다음 각 호의 순서를 고려하여 위험성 감소를 위한 대책을 수립하여 실행하여야 한다. 이 경우 법령에서 정하는 사항과 그 밖에 근로자의 위험 또는 건강장해를 방지하기 위해 필요한 조치를 반영해야 한다.
1. 위험한 작업의 폐지·변경, 유해위험물질 대체 등의 조치 또는 설계나 계획 단계에서 위험성을 제거 또는 저감하는 조치
2. 연동장치, 환기장치 설치 등 공학적 대책
3. 사업장 작업절차서 정비 등 관리적 대책
4. 개인용 보호구의 사용

답 ③

006

위험성평가 인정신청서를 제출한 사업장에 대해 공단이 심사해야 할 항목으로 옳지 않은 것은?

① 사업주의 관심도
② 위험성평가 실행수준
③ 구성원의 참여 및 이해 수준
④ 직원의 안전보건 대응도

해 공단은 위험성평가 인정신청서를 제출한 사업장에 대하여는 다음에서 정하는 항목을 심사(이하 "인정심사"라 한다)하여야 한다.
1. 사업주의 관심도
2. 위험성평가 실행수준
3. 구성원의 참여 및 이해 수준
4. 재해발생 수준

답 ④

007

RULA(Rapid Upper Limb Assessment)의 평가항목으로 옳지 않은 것은?

① 윗팔 ② 손목 ③ 목 ④ 허리

해 RULA 평가항목

A그룹	윗팔/아래팔/손목/손목비틀림
B그룹	목/몸통/다리

답 ④

008

OWAS(Ovako Working – posture Analysis System) 평가항목으로 옳지 않은 것은?

① 팔 ② 다리 ③ 하중 ④ 종아리

해 OWAS 평가항목: 팔/다리/허리/하중

답 ④

009

근골격계 부담작업 유해요인 조사에서 개선 우선순위 결정 시 유해도 높은 작업 또는 특정근로자에 대해 옳지 않은 것은?

① 근로자의 통지에 의해 기능의 손실 등의 징후가 나타난 작업
② 다수의 근로자가 유해요인에 노출되고 있는 작업
③ 비용편익 효과가 큰 작업
④ 베블렌 효과가 있는 작업

해 사업주는 유해요인조사 결과를 바탕으로 근골격계질환 발생 위험이 높은 작업에 대해 작업환경 개선을 실시하되, 다음 각호의 사항에 따른다.
1. 근로자의 통지에 의해 운동범위의 축소, 쥐는 힘의 저하, 기능의 손실 등의 징후가 나타난 작업
2. 다수의 근로자가 유해요인에 노출되고 있거나 증상 및 불편을 호소하는 작업
3. 비용편익 효과가 큰 작업

답 ④

010

다음을 설명하는 용어는?

근골격계질환(직업성상지질환)과 관련한 위해인자에 대한 개인작업자 노출정도를 평가하기 위한 목적으로 개발한 평가기법

① OWAS ② REBA ③ RULA ④ NIOSH

해

OWAS	철강업에서 작업자들의 부적절한 작업 자세를 정의하고 평가하기 위해 개발한 대표적인 작업자세 평가기법
REBA	근골격계질환(직업성상지질환)과 관련한 위해인자에 대한 개인작업자 노출정도를 평가하기 위한 목적으로 개발한 평가기법
RULA	근골격계질환과 관련된 위험인자에 대한 개인 작업자의 노출정도를 평가하기 위한 목적으로 개발
NIOSH	작업장에서 가장 빈번히 일어나는 들기 작업에 있어 안전작업무게와 최대허용무게를 제시

답 ②

011

OWAS의 4수준의 분류로 옳지 않은 것은?

① 근골격에 특별한 해를 끼치지 않음
② 근골격계에 약간의 해를 끼침
③ 근골격계에 직접적인 해를 끼침
④ 근골격계에 간접적인 해를 끼침

해

작업 자세 수준	평가내용
수준1	• 근골격에 특별한 해를 끼치지 않음 • 작업자세에 아무 조치도 필요치 않음
수준2	• 근골격계에 약간의 해를 끼침 • 가까운 시일 내에 작업자세 교정이 필요함
수준3	• 근골격계에 직접적인 해를 끼침 • 가능한 빨리 작업자세를 교정해야 함
수준4	• 근골격계에 매우 심각한 해를 끼침 • 즉각적인 작업자세의 교정이 필요함

답 ④

012

다음 설명에 맞는 용어는?

> 인간이 인공물에서 기대하는 감성을 체계적이고 과학적으로 분석, 평가해 최종 물리적 디자인에 구현하는 방법을 연구하고 응용하는 기술

① 지성공학 ② 인간공학
③ 감성공학 ④ 심미공학

해

감성공학 정의	인간이 인공물에서 기대하는 감성을 체계적이고 과학적으로 분석, 평가해 최종 물리적 디자인에 구현하는 방법을 연구하고 응용하는 기술
감성공학 Ⅰ류	- 의미미분법(SD법)에 의해 제품의 감성을 측정하고 이 감성을 실현시킬 디자인 요소들을 파악해 디자인하는 것 - 감성공학 기본 프로세스 감성어수집 → SD법에 의한 이미지 평가 → 요인분석 통한 의미 공간 파악 → 감성어에 대한 디자인 요소 기여도 파악 → 물리적 디자인
감성공학 Ⅱ류	제품에 대해 감성 느끼는 사람들을 특성별로 세분화해 감성-디자인요소-개인특성 간의 관계를 파악하는 것
감성공학 Ⅲ류	감성 대신 전문평가자가 시제품을 직접 사용하고 느껴진 생리적 감각을 측정해 실제 제품으로 변환시키는 것

답 ③

013

감성공학 방법 중 다음 설명에 알맞은 것은?

> 감성 대신 전문평가자가 시제품을 직접 사용하고 느껴진 생리적 감각을 측정해 실제 제품으로 변환시키는 것

① 감성공학 Ⅰ류 ② 감성공학 Ⅱ류
③ 감성공학 Ⅲ류 ④ 감성공학 Ⅳ류

해 윗 해설 참조

답 ③

014

1개월 이내에 조사대상 및 조사방법 등을 검토하여 유해요인 조사를 해야 하는 경우가 아닌 것은?

① 제품 불량률 변화
② 새로운 발생 사례 수를 기준으로 한 발생율의 비교
③ 근로자 만족도 변화
④ 사망자수

해 평가는 상해와 질병 비율의 경향 분석과 근로자의 보상 기록, 근로자 면담, 작업 및 작업장 변화 조사 등을 통하여 다음과 같은 평가지표를 활용하여 실시할 수 있다.
- 특정기간동안 보고된 사례 수를 기준으로 한 근골격계질환 증상자의 발생빈도
- 새로운 발생 사례 수를 기준으로 한 발생율의 비교
- 근로자가 근골격계질환으로 일하지 못한 날을 기준으로 한 근로손실일수의 비교
- 작업개선 전후의 유해요인 노출 특성 변화
- 근로자 만족도 변화
- 제품 불량률 변화 등

답 ④

015

사업장의 근로자 A에 대해 워크 샘플링 분석을 해보니 이 담당자의 실제 근무시간의 비율은 총 근무시간의 80%였으며, 평정 계수는 100%였다. 이 근로자는 8시간의 분석대상 근무시간 중 200단위의 작업을 처리하였다. 이 사업장은 총 근무시간의 10%를 여유시간으로 준다고 할 때 고객당 정상시간과 표준시간을 구하면?

① 정상시간: 1.92분 표준시간: 2.13분
② 정상시간: 2.13분 표준시간: 1.92분
③ 정상시간: 2.92분 표준시간: 1.13분
④ 정상시간: 3.92분 표준시간: 3.13분

해 정상시간

$$= \frac{\text{총작업시간(분)} \cdot \text{실근무시간비율} \cdot \text{평정계수}}{\text{총생산량}}$$

$$= \frac{480 \cdot 0.8 \cdot 1}{200} = 1.92\text{분}$$

표준시간

$$= \frac{\text{정상시간} \cdot 100}{100 - \text{여유율}} = \frac{1.92 \cdot 100}{100 - 10} = 2.13\text{분}$$

답 ①

016

다음 설명에 맞는 기법으로 옳은 것은?

> 작업자를 무작위로 관찰하여 특정 활동에 실제 소비하는 시간의 비율을 추정하고 이에 근거하여 시간 표준을 설정하는 기법

① WF ② 워크샘플링 ③ MTM분석 ④ FTA

해 **워크 샘플링**(work sampling)

구분	내용
정의	작업자를 무작위로 관찰하여 특정 활동에 실제 소비하는 시간의 비율을 추정하고 이에 근거하여 시간 표준을 설정하는 기법
절차	1. 연구대상 직무나 그룹 선정 2. 작업자에게 분석 수행함을 알리고 작업자의 활동을 나열하면서 서술 3. 필요한 관찰의 횟수 및 관찰 시점을 결정 4. 작업자의 활동을 관찰, 평정, 기록 5. 산출물의 단위당 정상시간을 산출 6. 산출물의 단위당 표준시간 산출

답 ②

017

MTM분석 관련내용이며 빈칸에 알맞은 것은?

> 시간표에서 각 요소동작을 케이스와 타입에 따라 더 세분하고, 그 각각에 대하여 A마다 시간치를 표시한다. 시간치는 B을 10만 TMU로 하는 TMU 단위로 나타낸다.

① A : 동작 크기 B : 2시간

② A : 속도 범위 B : 2시간

③ A : 동작 위치 B : 30분

④ A : 동작 크기 B : 1시간

해 MTM(methods time measurement) **분석**

기본적으로는 WF(work factor)분석법과 동일한 관점에서 실시되는 것이지만, 시간표에서 각 요소동작을 케이스(작업조건이 주는 곤란성)와 타입(상태 ·속도 등)에 따라 더 세분하고, 그 각각에 대하여 동작의 크기(거리 ·각도)마다 시간치(時間値)를 표시한다.

시간치는 1시간을 10만 TMU로 하는 TMU 단위로 나타낸다.

답 ④

018

work factor **분석에서 표준 요소 중 다음을 설명하는 것은?**

2가지 물체를 조합 또는 정리하는 동작

① 잡는다 ② 조립 ③ 사용 ④ 유지

해 작업 표준 요소

표준 요소	기호	동작내용
뻗치다	R	손이나 팔 등 신체부위의 위치를 바꿈
옮긴다	M	물건을 이동시 또는 이동 중에 유용한 일을 함
잡는다	Gr	물체를 작업자의 컨트롤하에 두는 동작
놓는다	Rl	물체에서 신체부위를 분리하는 동작
앞에 놓다	PP	다음 목적에 알맞게 물체의 방향을 바꾸는 동작
조립	Asy	2가지 물체를 조합 또는 정리하는 동작
사용	Use	공구 및 기계 등을 사용하는 요소
분해	Dsy	조립된 물체를 풀어내는 동작
정신 작용	Mp	눈,귀,뇌 및 신경계통을 사용하는 요소
대기	W	대기, 놓고 있는 상태
유지	H	물건을 들고 있거나 누르고 있는 상태

답 ②

019

영상표시단말기 작업을 주목적으로 하는 작업실 안의 온도와 습도로 알맞은 값은?

① 온도: 15도 습도: 50%

② 온도: 20도 습도: 75%

③ 온도: 23도 습도: 70%

④ 온도: 10도 습도: 50%

해 사업주는 영상표시단말기 작업을 주목적으로 하는 작업실 안의 온도를 18도 이상 24도 이하, 습도는 40퍼센트 이상 70퍼센트 이하를 유지하여야 한다.

답 ③

020

NIOSH **관련 그래프이다. 번호에 맞는 값이 다른 것은?**

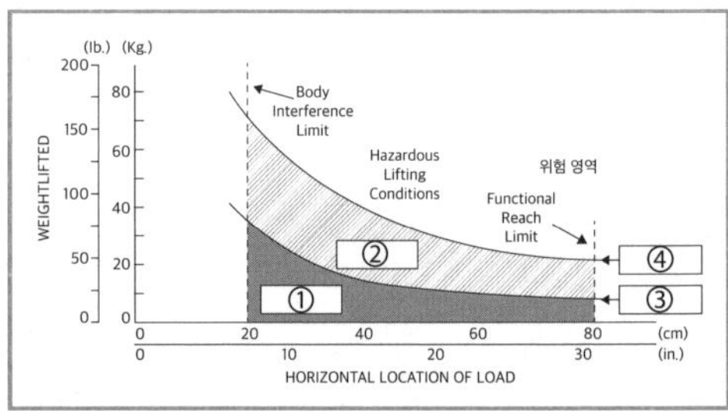

① 수용가능 ② 관리개선

③ 조치한계기준 ④ 최소허용한계기준

해

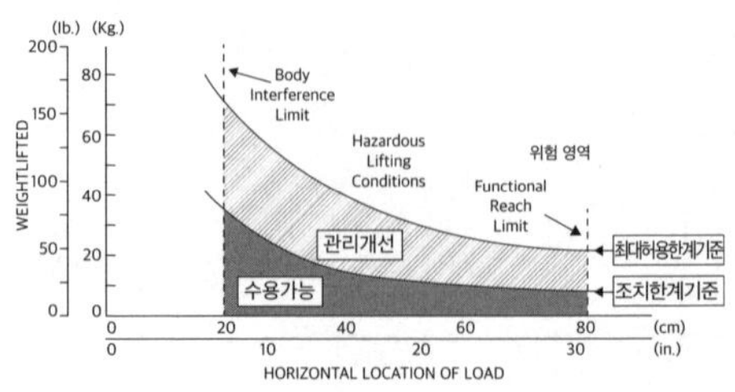

답 ④

3과목 | 기계·기구 및 설비 안전 관리

001

2줄 나사의 피치가 0.75mm일 때 이 나사의 리드(lead)는 얼마인가?

① 0.75mm ② 1.5mm ③ 3mm ④ 4mm

해 1줄 나사 리드 = 피치
2줄 나사 리드 = 2 • 피치 = 2 • 0.75 = 1.5mm
리드: 1회전 시 이동거리
피치: 나사산과 나사산 거리

답 ②

002

보일러의 안전밸브가 보일러의 사용 최고 증기압력 초과 시 배출시키는 증기압(W_S)을 구하는 공식은? [단, f : 밸브의 증기 분출구의 단면적(cm^2), V : 증기의 용적(m^3), P : 증기압력(kg/cm^2)]

① $Ws = 0.02f\sqrt{\frac{P}{V}}$ ② $Ws = 0.01f\sqrt{\frac{P}{V}}$
③ $Ws = 0.02f\sqrt{\frac{P}{V}}$ ④ $Ws = 0.2f\sqrt{\frac{P}{V}}$

해 $Ws = 0.02f\sqrt{\frac{P}{V}}$

답 ①

003

훅의 법칙을 바르게 설명한 항은?

① 봉의 신장과 인장력의 변형률 관계를 설명한 것이다.
② 탄성한도내에서 응력과 변형률 관계를 설명한 것이다.
③ 횡변형률과 종변형률의 비례관계를 나타낸 것이다.
④ 영구변형의 방지를 설명한 법칙이다.

해 훅의 법칙(Hook's Law)
탄성한도내에서 응력과 변형률 관계를 설명한 법칙
$\sigma = E\epsilon$ σ: 축응력 E: 탄성계수 ϵ: 축변형률

답 ②

004

파이프서포트의 최대사용길이에서 압축강도 기준은?

① 4,000N 이상 ② 20,000N 이상
③ 30,000N 이상 ④ 40,000N 이상

해 파이프서포트의 최대사용길이에서 압축강도는 40,000N 이상이어야 한다.

답 ④

005

교류아크 용접에서 지동시간이란?

① 홀더에 용접기 출력측 무부하전압이 발생한 후 주접점이 개방될 때까지의 시간

② 용접봉을 피용접물에 접촉시켜 전격 방지 장치의 주접점이 폐로될 때까지의 시간

③ 홀더에 용접기 출력측의 무부하 전압이 발생한 후 주접점이 닫힐 때까지의 시간

④ 용접봉을 피용접물에 접촉시켜 전격방지 장치의 주접점이 개방될 때까지의 시간

해
- "시동시간"이란 용접봉을 피용접물에 접촉시켜서 전격방지기의 주접점이 폐로될(닫힐) 때까지의 시간을 말한다.
- "지동시간"이란 용접봉 홀더에 용접기 출력측의 무부하전압이 발생한 후 주접점이 개방될 때까지의 시간을 말한다.
- "표준시동감도"란 정격전원전압(전원을 용접기의 출력측에서 취하는 경우는 무부하전압의 하한값을 포함한다)에 있어서 전격방지기를 시동시킬 수 있는 출력회로의 시동감도로서 명판에 표시된 것을 말한다.

답 ①

006

산업용 로봇 관련 용어 설명에 맞는 용어는?

> 감지기의 윗 표면 중에서 작동하중이 주어져도 감응하지 않는 부분

① 유효감지영역　② 연속차광폭

③ 사영역　④ 유효구경각

해

유효감지영역	한 개의 감지기가 여러 개로 조합된 감지기의 윗 표면 중에서 작동하중이 있을 때 실제로 감지할 수 있는 부분
연속차광폭	광축을 차단할 때 계속적으로 차광이 될 수 있는 최소직경
사영역	감지기의 윗 표면 중에서 작동하중이 주어져도 감응하지 않는 부분
유효구경각	광전자식 방호장치가 그 기능을 발휘할 수 있는 투광부와 수광부의 최대허용각도

답 ③

007

프레스 작업에서 용기의 가장자리를 잘라내는 작업명은?

① 스웨이징(Swazing)
② 업셋팅(upsetting)
③ 트리밍(Trimming)
④ 슬리팅(Slitting)

해 프레스 전단 가공법

전단	전단기로 소재의 일부를 전단
블랭킹	소재로부터 정해진 형상을 절단
피어싱	제품으로 사용하고자 하는 소재로부터 구멍을 뚫어내는 작업
트리밍	성형된 제품의 불규칙한 가장자리부위를 절단하는 작업
노칭	소재의 가장자리로부터 원하는 형상을 절단
슬로팅	판재의 중앙부에서 가늘고 긴 홈을 절단하는 작업
슬리팅	판재의 일부에 가는 절입선을 가공하는 작업 또는 넓은 판재를 일정한 간격의 좁은 코일 또는 스트립으로 가공하는 작업
세퍼레이팅	성형된 제품을 2개 이상으로 분리하는 작업
퍼퍼레이팅	판재상에 많은 구멍을 규칙적인 배열로 피어싱하는 작업
셰이빙	앞 공정에서 전단된 블랭크재의 전단면을 평평하게 가공하기 위해 다시 한번 전단하는 작업

답 ③

008

광전자식 방호장치의 연속차광폭시험 기준은?(12광축 이상으로 광축과 작업점과의 수평거리가 500㎜를 초과하는 프레스에 사용하는 경우이다.)

① 20mm 이하 ② 30mm 이하
③ 40mm 이하 ④ 50mm 이하

해 연속차광폭시험
30㎜ 이하(다만, 12광축 이상으로 광축과 작업점과의 수평거리가 500㎜를 초과하는 프레스에 사용하는 경우는 40㎜ 이하)

답 ③

009

안전매트 출력부 시험기준으로 빈칸에 알맞은 내용은?

> 출력부의 상태는 최초 전원을 공급하였을 때 A상태이어야 하며 복귀신호에 의하여 B상태이어야 한다.

① A : 꺼짐 B : 꺼짐 ② A : 켜짐 B : 꺼짐
③ A : 켜짐 B : 켜짐 ④ A : 꺼짐 B : 켜짐

해 출력부 시험은 다음 각 목과 같다.
가. 출력부의 상태는 최초 전원을 공급하였을 때 꺼짐상태이어야 하며 복귀신호에 의하여 켜짐상태이어야 한다.
나. 출력부가 켜짐상태에서 작동하중을 가하였을 때 꺼짐상태로 전환하여야 하며, 하중을 제거하지 않는 한 계속하여 꺼짐 상태로 유지하여야 한다.

답 ④

010

양중기 과부하방지장치 종류에 해당되지 않는 것은?

① J - 1　　② J - 2
③ J - 3　　④ J - 4

해

종류	원리	적용
전자식 (J - 1)	스트레인 게이지를 이용한 전자감응방식으로 과부하상태 감지	크레인 곤돌라 리프트 승강기 고소작업대
전기식 (J - 2)	권상모터의 부하변동에 따른 전류변화를 감지하여 과부하상태 감지	크레인 호이스트
기계식 (J - 3)	전기전자방식이 아닌 기계 기구학적인 방법에 의하여 과부하 상태를 감지	크레인 곤돌라 리프트 승강기

답 ④

011

연삭기 덮개 재료기준이다. 옳지 않은 것은?

① 인장강도 274.5메가파스칼MPa 이상일 것
② 신장도가 14% 이상일 것
③ 국가공인시험기관의 시험성적서를 제출받아 확인할 것
④ 인장강도의 값(MPa)에 신장도(%)의 10배를 더한 값이 754.5 이상일 것

해 연삭기 덮개재료는 다음 각 목과 같이 한다.
가. 덮개 재료는 인장강도 274.5메가파스칼(MPa) 이상이고 신장도가 14퍼센트 이상이어야 하며, 인장강도의 값(단위: MPa)에 신장도(단위: %)의 20배를 더한 값이 754.5 이상이어야 한다. 다만, 절단용 숫돌의 덮개는 인장강도 176.4메가파스칼 이상, 신장도 2퍼센트 이상의 알루미늄합금을 사용할 수 있다.
나. 덮개 재료는 국가공인시험기관의 시험성적서를 제출받아 확인하여야 한다. 다만, 재료성적서를 제조사가 입증하는 경우에는 증명서류로 대체할 수 있다.

답 ④

012

롤러기 내전압시험기준이다. 가하여야 할 최저 전압(V)를 구하면?(정상상태에서 시료 회로에 걸리는 최고전압: 200V)

① 1,000　② 1,400　③ 1,500　④ 2,000

해 내전압시험은 상용주파수의 정현파에 가까운 파형으로 다음 산식에서 구한 전압을 각 충전부분과 외함사이에서 1분간 가한다.
2E + 1,000V(다만, 최저 1,500V로 한다.)
E: 정상상태서 시료회로에 걸리는 최고전압
→ 2 • 200 + 1,000 = 1,400V
허나 최저 1,500V이므로 답은 1,500V

답 ③

013

전격방지기 정격주파수에 대해 옳지 않은 것은?

① SP-E형으로 보조전원을 사용하는 것에 대해서는 그 보조전원의 공칭주파수로 한다.
② 용접기에 적용되는 것에 대해서는 90㎐로 한다.
③ 전격방지기가 특정의 주파수에 한정되지 않고 넓은 주파수의 범위로 상용할 수 있는 것에 대해서는 적용 가능한 주파수 범위를 정하고 명판에 표시해야 한다.
④ SP-E형으로 보조전원을 사용하는 것에 대해서는 그 보조전원의 정격주파수로 한다.

해 정격주파수는 다음 각 목과 같이 한다.
가. 용접기에 적용되는 것에 대해서는 60헤르쯔(㎐)로 한다.
나. SP – E형으로 보조전원을 사용하는 것에 대해서는 그 보조전원의 공칭주파수 또는 정격주파수로 한다.
다. 전격방지기가 특정의 주파수에 한정되지 않고 넓은 주파수의 범위로 상용할 수 있는 것에 대해서는 적용 가능한 주파수 범위를 정하고 명판에 표시해야 한다.

답 ②

014

역화방지기 가스압력손실시험 기준이다, 빈칸에 알맞은 내용은?

> 가스압력손실은 유량이 분당 A리터일 때는 8.82킬로파스칼 이하, 유량이 분당 B리터일 때는 19.60킬로파스칼 이하여야 한다.

① A : 15 B : 20　② A : 17 B : 25
③ A : 15 B : 30　④ A : 13 B : 30

해 가스압력손실은 유량이 분당 13리터일 때는 8.82킬로파스칼(㎪) 이하, 유량이 분당 30리디일 때는 19.60킬로파스칼 이하여야 한다.

답 ④

015

개방 시 기계의 작동이 정지되는 구조의 구동부 방호 연동장치를 설치해야 되는 진공포장기의 부위로 옳지 않은 것은?

① 릴 풀림장치 등 구동부
② 포장 릴(릴 풀림장치 미포함) 주변
③ 자동 스플라이싱 장치 주변
④ 포장재 절단용 칼날 주변

해 진공포장기 및 랩핑기의 다음 각 호의 부위에는 개방 시 기계의 작동이 정지되는 구조의 구동부 방호 연동장치를 설치하여야 한다. 다만, 연동회로의 구성이 곤란한 부위에는 고정식 방호가드를 설치하여야 한다.
1. 릴 풀림장치 등 구동부
2. 열 봉합장치 등 고열발생 부위
3. 포장 릴(릴 풀림장치 포함) 주변
4. 자동 스플라이싱 장치 주변
5. 포장재 절단용 칼날 주변

답 ②

016

절연봉 성능기준상 일반구조로 옳은 것은?

① 절연봉 등의 직경은 규정된 허용 한계값 이상이어야 한다.

② 주어진 구간에서 두 직경사이의 차이는 2mm 이내이어야 한다.

③ 절연봉 등의 색상은 주문자에 의해 규정되어야 한다.

④ 절연관의 내부 폼은 절연관의 벽에 접착되지 말아야 한다.

해 1. 절연봉 등의 직경은 규정된 허용 한계값 이내이어야 한다.
2. 주어진 구간에서 두 직경사이의 차이는 1mm 이내이어야 한다.
3. 절연봉 등의 색상은 주문자에 의해 규정되어야 한다.
4. 절연관의 내부 폼은 절연관의 벽에 접착되어야 하며, 폼 및 접착제는 다음의 시험 중에 부분적으로 손상되는 것 이외의 그 어떠한 열화도 있어서는 안 된다.

답 ③

017

조립식 안전난간 기둥재 및 수평난간대 치수 기준으로 옳지 않은 것은?

① 강관 기둥재 Ø34.0㎜ 이상

② 각형강관 기둥재 30×30㎜ 이상

③ 각형강관 수평난간대 25×25㎜ 이상

④ 형관 수평난간대 50×50㎜ 이상

해 기둥재 및 수평난간대 치수

단면 형태	치수	
	기둥재	수평난간대
강관	Ø34.0㎜ 이상	Ø27.2㎜ 이상
각형 강관	30×30㎜ 이상	25×25㎜ 이상
형강	40×40㎜ 이상	40×40㎜ 이상

답 ④

018

절연담요의 고무 두께 3mm, 플라스틱 두께 1.3mm일 때 등급은?

① 0　② 1　③ 2　④ 3

해 절연담요 최대 두께

등급	0	1	2	3	4
고무최대두께(mm)	2.2	3.6	3.8	4	4.3
플라스틱 최대두께(mm)	1	1.5	2	-	-

답 ②

019

절연담요 일반구조로 옳지 않은 것은?

① 특수 모양은 평면형(Plain) 또는 홈형(slotted) 형태로 할 수 있다.
② 담요는 양쪽 표면상에 유해한 외형상 불규칙성이 검출되어서는 안 된다.
③ 절연담요는 절단하여 특수형 또는 롤형으로 사용한다.
④ 심리스(seamless)로 접속부가 없어야 하며, 가죽 끈이나 고리를 끼우기 위한 작은 구멍(eyelet)이 필요한 경우, 비도전성 재질로 직경은 10㎜이어야 한다.

해 절연담요는 심리스(seamless)로 접속부가 없어야 하며, 가죽 끈이나 고리를 끼우기 위한 작은 구멍(eyelet)이 필요한 경우, 비도전성 재질로 직경은 8㎜이어야 한다.

답 ④

020

포장기계 구동부 방호 연동장치 설치기준으로 옳지 않은 것은?

① 정해진 위치에 견고하게 고정될 것
② 공구 사용하지 않고도 해체할 수 있을 것
③ 연동장치는 방호덮개 등을 닫은 후 자동으로 재기동되지 아니하고 별도의 조작에 의해서만 기동될 것
④ 구동부와 방호덮개 등의 연동장치가 상호 간섭되지 않도록 충분한 안전거리를 확보할 것

해 구동부 방호 연동장치는 다음 각 호의 요건에 적합하게 설치하여야 한다.
1. 정해진 위치에 견고하게 고정될 것
2. 공구를 사용하여야 해체할 수 있을 것
3. 연동장치는 방호덮개 등을 닫은 후 자동으로 재기동되지 아니하고 별도의 조작에 의해서만 기동될 것
4. 구동부와 방호덮개 등의 연동장치가 상호 간섭되지 않도록 충분한 안전거리를 확보할 것

답 ②

4과목 | 전기설비 안전 관리

001

피뢰시스템 적용범위이다. 빈칸에 알맞은 말은?

> 다음에 시설되는 피뢰시스템에 적용한다.
> 1. 전기전자설비가 설치된 건축물·구조물로서 낙뢰로부터 보호가 필요한 것 또는 지상으로부터 높이가 (   )m 이상인 것
> 2. 전기설비 및 전자설비 중 낙뢰로부터 보호가 필요한 설비

① 10 ② 15 ③ 20 ④ 25

해 다음에 시설되는 피뢰시스템에 적용한다.
1. 전기전자설비가 설치된 건축물·구조물로서 낙뢰로부터 보호가 필요한 것 또는 지상으로부터 높이가 20m 이상인 것
2. 전기설비 및 전자설비 중 낙뢰로부터 보호가 필요한 설비

답 ③

002

다음 중 정전 결합 노이즈(NOISE)를 감소시키는 방법이 아닌 것은?

① 부하 임피던스의 신호원 임피던스를 증가한다.
② 선간의 유전율을 감소시킨다.
③ 선간의 거리를 충분히 둔다.
④ 신호선을 완전하게 띄워 전력선과 1쌍의 신호 선간용량을 같게 한다.

해 ①: 부하 임피던스의 신호원 임피던스를 감소시킨다.

답 ①

003

비파괴검사 방법 중 자성체 분말을 뿌려 금속(자성체)파이프 등의 결함을 발견하는 방법이 있다. 이 방법은 어떤 매질상수에 비례하는 성질을 이용한 것인가?

① 도전율 ② 투자율 ③ 유전율 ④ 저항률

해

구분	설명
도전율	전류가 흐르기 쉬운 정도를 나타내는 값
투자율	어떤 매질이 주어진 자기장에 대해 얼마나 자화하는지를 나타내는 값
유전율	전매상수는 전하 사이에 전기장이 작용할 때, 그 전하 사이의 매질이 전기장에 미치는 영향을 나타내는 물리적 단위
저항률	물질이 전기를 얼마나 잘 통하는지를 나타내는 물리적 단위

답 ②

004

산업안전보건법상 다음 설명에 알맞은 빈칸에 들어갈 것은?

> 사업주는 정전에 의한 기계·설비의 갑작스러운 정지로 인하여 화재·폭발 등 재해가 발생할 우려가 있는 경우에는 해당 기계·설비에 비상발전기, 비상전원용 수전설비, 축전지 설비, 전기저장장치 등 (　　)을 접속하여 정전 시 비상전력이 공급되도록 하여야 한다.

① 비상전원　② 상용전원
③ 긴급전원　④ 직류전원

해 사업주는 정전에 의한 기계·설비의 갑작스러운 정지로 인하여 화재·폭발 등 재해가 발생할 우려가 있는 경우에는 해당 기계·설비에 비상발전기, 비상전원용 수전(受電)설비, 축전지 설비, 전기저장장치 등 비상전원을 접속하여 정전 시 비상전력이 공급되도록 하여야 한다. 비상전원의 용량은 연결된 부하를 각각의 필요에 따라 충분히 가동할 수 있어야 한다.

답 ①

005

가스폭발 위험장소에 변전실을 설치해서는 안되지만, 예외사항이 있다. 그 예외사항으로 옳지 않은 것은?

① 양압을 유지하기 위한 환기설비의 고장 등으로 양압이 유지되지 아니한 경우 경보를 할 수 있는 조치
② 환기설비가 정지된 후 재가동하는 경우 변전실등에 가스 등이 있는지를 확인할 수 있는 가스검지기 등 장비의 비치
③ 연중무휴 감시원을 배치하여 장소의 안전을 관리하며 긴급상황을 대비하여 대응메뉴얼을 작성하게하는 조치
④ 환기설비에 의하여 변전실등에 공급되는 공기는 가스폭발 위험장소 또는 분진폭발 위험장소가 아닌 곳으로부터 공급되도록 하는 조치

해 사업주는 가스폭발 위험장소 또는 분진폭발 위험장소에는 변전실, 배전반실, 제어실, 그 밖에 이와 유사한 시설(이하 이 조에서 "변전실등"이라 한다)을 설치해서는 아니 된다. 다만, 변전실등의 실내기압이 항상 양압(25파스칼 이상의 압력을 말한다. 이하 같다)을 유지하도록 하고 다음 각 호의 조치를 하거나, 가스폭발 위험장소 또는 분진폭발 위험장소에 적합한 방폭성능을 갖는 전기 기계·기구를 변전실등에 설치·사용한 경우에는 그러하지 아니하다.

1. 양압을 유지하기 위한 환기설비의 고장 등으로 양압이 유지되지 아니한 경우 경보를 할 수 있는 조치
2. 환기설비가 정지된 후 재가동하는 경우 변전실등에 가스 등이 있는지를 확인할 수 있는 가스검지기 등 장비의 비치
3. 환기설비에 의하여 변전실등에 공급되는 공기는 가스폭발 위험장소 또는 분진폭발 위험장소가 아닌 곳으로부터 공급되도록 하는 조치

답 ③

006

이동중에나 휴대장비 등을 사용하는 작업시 조치사항으로 아닌 것은?

① 근로자가 착용하거나 취급하고 있는 도전성 공구·장비 등이 노출 충전부에 닿지 않도록 할 것
② 근로자가 사다리를 노출 충전부가 있는 곳에서 사용하는 경우에는 도전성 재질의 사다리를 사용하지 않도록 할 것
③ 근로자가 전기회로를 개방, 변환 또는 투입하는 경우에는 전기 차단용으로 특별히 설계된 스위치, 차단기 등을 사용하도록 할 것
④ 근로자가 절연장갑을 낀 손으로 전기기계·기구의 플러그를 꽂거나 제거하지 않도록 할 것

해 사업주는 이동중에나 휴대장비 등을 사용하는 작업에서 다음 각 호의 조치를 해야 한다

1. 근로자가 착용하거나 취급하고 있는 도전성 공구·장비 등이 노출 충전부에 닿지 않도록 할 것
2. 근로자가 사다리를 노출 충전부가 있는 곳에서 사용하는 경우에는 도전성 재질의 사다리를 사용하지 않도록 할 것
3. 근로자가 젖은 손으로 전기기계·기구의 플러그를 꽂거나 제거하지 않도록 할 것
4. 근로자가 전기회로를 개방, 변환 또는 투입하는 경우에는 전기 차단용으로 특별히 설계된 스위치, 차단기 등을 사용하도록 할 것
5. 차단기 등의 과전류 차단장치에 의하여 자동 차단된 후에는 전기회로 또는 전기기계·기구가 안전하다는 것이 증명되기 전까지는 과전류 차단장치를 재투입하지 않도록 할 것

답 ④

007

산업안전보건법령상 전기 기계·기구 사용에 의하여 발생하는 전자파로 인하여 기계·설비의 오작동을 초래함으로써 산업재해가 발생할 우려가 있는 경우 조치사항으로 옳은 것은?

① 설비간 거리를 멀게 할 것
② 전자파 크기가 다른 설비가 원래 의도된 대로 작동하는 것을 방해하지 않도록 할 것
③ 전자파 적게 발생하는 설비를 도입할 것
④ 적절수준의 전자파값보다 더 높게 설정할 것

해 사업주는 전기 기계·기구 사용에 의하여 발생하는 전자파로 인하여 기계·설비의 오작동을 초래함으로써 산업재해가 발생할 우려가 있는 경우에는 다음 각 호의 조치를 하여야 한다.

1. 전기기계·기구에서 발생하는 전자파의 크기가 다른 기계·설비가 원래 의도된 대로 작동하는 것을 방해하지 않도록 할 것
2. 기계·설비는 원래 의도된 대로 작동할 수 있도록 적절한 수준의 전자파 내성을 가지도록 하거나, 이에 준하는 전자파 차폐조치를 할 것

답 ②

008

한국전기설비규정상 직렬 갭이 있는 피뢰기의 표준기준으로 옳지 않은 것은?

① 건조 및 주수상태에서 2분 이내의 시간간격으로 5회 연속하여 상용주파 방전개시 전압을 측정하였을 때 상용주파 방전개시 전압의 값 이상일 것

② 직렬 갭 및 특성요소를 수납하기 위한 자기용기 등 평상시 또는 동작시에 전압이인가되는 부분에 대하여 “상용주파전압”을 건조상태에서 1분간, 주수상태에서 10초간 가할 때 불꽃 방전 또는 파괴되지 아니할 것

③ 정·부양극성의 뇌임펄스전류에 의하여 제한전압과 방전전류와의 특성을 구할 때 공칭방전전류에서의 전압 값은 “제한전압”의 값 이하일 것

④ 건조 및 주수상태에서 “뇌임펄스 방전개시 전압(표준)”을 정·부양극성으로 각각 10회 인가하였을 때 모두 방전하고 또한, 정·부양극성의 뇌임펄스전압에 의하여 방전개시전압과 방전개시시간의 특성을 구할 때 0.5㎲에서의 전압 값은 “뇌임펄스방전개시전압(0.5㎲)”의 값 이하일 것

해 직렬 갭이 있는 피뢰기 표준은 다음과 같다.

(1) 건조 및 주수상태에서 2분 이내의 시간간격으로 10회 연속하여 상용주파 방전개시전압을 측정하였을 때 상용주파 방전개시전압의 값 이상일 것.

(2) 직렬 갭 및 특성요소를 수납하기 위한 자기용기 등 평상시 또는 동작시에 전압이 인가되는 부분에 대하여 “상용주파전압”을 건조상태에서 1분간, 주수상태에서 10초간 가할 때 불꽃 방전 또는 파괴되지 아니할 것.

(3) (2)와 동일한 부분에 대하여 “뇌임펄스전압”(파두장 0.5㎲ 이상 1.5㎲ 이하, 파미장 32㎲ 이상 48㎲ 이하인 것. 이하 이호에서 같다)을 건조 및 주수상태에서 정·부 양극성으로 각각 3회 가할 때 불꽃 방전 또는 파괴되지 아니할 것.

(4) 건조 및 주수상태에서 “뇌임펄스 방전개시전압(표준)”을 정·부양극성으로 각각 10회 인가하였을 때 모두 방전하고 또한, 정·부양극성의 뇌임펄스전압에 의하여 방전개시전압과 방전 개시시간의 특성을 구할 때 0.5㎲에서의 전압 값은 같은 표의 “뇌임펄스방전개시전압(0.5㎲)”의 값 이하일 것.

(5) 정·부양극성의 뇌임펄스전류(파두장 0.5㎲ 이상 1.5㎲ 이하, 파미장 32㎲ 이상 48㎲ 이하의 파형인 것)에 의하여 제한전압과 방전전류와의 특성을 구할 때, 공칭방전전류에서의 전압값은 “제한전압”의 값 이하일 것.

답 ①

009

한국전기설비규정상 직렬 갭이 있는 피뢰기의 표준기준 내용이다. 빈칸에 알맞은 것은?

> 정·부양극성의 뇌임펄스전류(파두장 0.5μs 이상 (   )μs 이하, 파미장 32μs 이상 48μs 이하의 파형인 것)에 의하여 제한전압과 방전전류와의 특성을 구할 때, 공칭방전전류에서의 전압값은 "(   )"의 값 이하일 것.

① 0.5/사용전압　② 2/직류전압
③ 3.5/교류전압　④ 1.5/제한전압

해 윗 해설 참조

답 ④

010

보호도체의 접속부는 검사와 시험이 가능해야 되나 예외사항이 아닌 것은?

① 화합물로 충전된 접속부
② 눌러 붙임 공구에 의한 접속부
③ 캡슐로 보호되는 접속부
④ 플랜지로 연결한 접속부

해 보호도체의 접속부는 검사와 시험이 가능하여야 한다. 다만 다음의 경우는 예외로 한다.
(1) 화합물로 충전된 접속부
(2) 캡슐로 보호되는 접속부
(3) 금속관, 덕트 및 버스덕트에서의 접속부
(4) 기기의 한 부분으로서 규정에 부합하는 접속부
(5) 용접(welding)이나 경납땜(brazing)에 의한 접속부
(6) 눌러 붙임 공구에 의한 접속부

답 ④

011

보호도체 또는 보호본딩도체로 사용해서는 안 되는 금속부분으로 옳지 않은 것은?

① 금속 수도관
② 가스·액체·가루와 같은 잠재적인 인화성 물질을 미포함하는 금속관
③ 상시 기계적 응력을 받는 지지 구조물 일부
④ 가요성 금속전선관

해 다음과 같은 금속부분은 보호도체 또는 보호본딩도체로 사용해서는 안 된다.
(1) 금속 수도관
(2) 가스·액체·가루와 같은 잠재적인 인화성 물질을 포함하는 금속관
(3) 상시 기계적 응력을 받는 지지 구조물 일부
(4) 가요성 금속배관. 다만, 보호도체의 목적으로 설계된 경우는 예외로 한다.
(5) 가요성 금속전선관
(6) 지지선, 케이블트레이 및 이와 비슷한 것

답 ②

012

접지극 시설방법 중 옳지 않은 것은?

① 콘크리트에 매입된 기초 접지극
② 토양에 매설된 기초 접지극
③ 지중 금속구조물(배관 등)
④ 대지에 매설된 철근콘크리트의 용접된 금속 보강재(강화콘크리트 포함)

해 접지극은 다음의 방법 중 하나 또는 복합하여 시설하여야 한다.
가. 콘크리트에 매입 된 기초 접지극
나. 토양에 매설된 기초 접지극
다. 토양에 수직 또는 수평으로 직접 매설된 금속전극(봉, 전선, 테이프, 배관, 판 등)
라. 케이블의 금속외장 및 그 밖에 금속피복
마. 지중 금속구조물(배관 등)
바. 대지에 매설된 철근콘크리트의 용접된 금속 보강재. 다만, 강화콘크리트는 제외한다.

답 ④

013

한국전기설비규정상 접지극 매설에 대한 내용으로 옳지 않은 것은?

① 접지극은 매설하는 토양을 오염시키지 않아야 하며, 가능한 다습한 부분에 설치한다.
② 접지극은 동결 깊이를 고려하여 시설하되 고압 이상의 전기설비와 시설하는 접지극의 매설깊이는 지표면으로부터 지하0.75m 이상으로 한다.
③ 접지도체를 철주 기타의 금속체를 따라서 시설하는 경우에는 접지극을 철주의 밑면으로부터 0.3m 이상의 깊이에 매설하는 경우 이외에는 접지극을 지중에서 그 금속체로부터 1m 이상 떼어 매설하여야 한다.
④ 접지극은 동결 깊이를 고려하여 시설하되 고압 이상의 전기설비와 시설하는 접지극의 매설깊이는 지표면으로부터 지하 1.75m 이상으로 한다.

해 접지극의 매설은 다음에 의한다.
가. 접지극은 매설하는 토양을 오염시키지 않아야 하며, 가능한 다습한 부분에 설치한다.
나. 접지극은 동결 깊이를 고려하여 시설하되 고압 이상의 전기설비와 시설하는 접지극의 매설깊이는 지표면으로부터 지하 0.75m 이상으로 한다. 다만, 발전소·변전소·개폐소 또는 이에 준하는 곳에 접지극을 시설하는 경우에는 그러하지 아니하다.
다. 접지도체를 철주 기타의 금속체를 따라서 시설하는 경우에는 접지극을 철주의밑면으로부터 0.3m 이상의 깊이에 매설하는 경우 이외에는 접지극을 지중에서 그 금속체로부터 1m 이상 떼어 매설하여야 한다.

답 ④

014

접지시스템은 주접지단자를 설치하고, 도체들을 접속한다. 도체로 옳지 않은 것은?

① 등전위본딩도체
② 접지도체
③ 비보호도체
④ 기능성 접지도체(관련있는 경우)

해 접지시스템은 주접지단자를 설치하고, 다음의 도체들을 접속하여야 한다.
가. 등전위본딩도체
나. 접지도체
다. 보호도체
라. 관련이 있는 경우, 기능성 접지도체

답 ③

015

다음 내용에서 빈칸에 알맞은 말은?

> 수용장소 인입구 부근에서 다음의 것을 접지극으로 사용하여 변압기 중성점 접지를 한 저압전선로의 중성선 또는 접지측 전선에 추가로 접지공사를 할 수 있다.
> 가. 지중에 매설되어 있고 대지와의 전기저항 값이 (　　　)Ω 이하의 값을 유지하고 있는 금속제 수도관로
> 나. 대지 사이의 전기저항 값이 3Ω 이하인 값을 유지하는 건물의 철골

① 1　② 2　③ 3　④ 4

해 수용장소 인입구 부근에서 다음의 것을 접지극으로 사용하여 변압기 중성점 접지를 한 저압전선로의 중성선 또는 접지측 전선에 추가로 접지공사를 할 수 있다.
가. 지중에 매설되어 있고 대지와의 전기저항 값이 3Ω 이하의 값을 유지하고 있는 금속제 수도관로
나. 대지 사이의 전기저항 값이 3Ω 이하인 값을 유지하는 건물의 철골

답 ③

016

피뢰침의 설명 중 가장 적합한 것은?

① 피뢰침의 선단은 세 갈래로 하고 금도금하여야 뇌격의 흡입능력에 효과가 있다.

② 위험물 저장소인 경우와 일반물 저장소의 경우 보호각도가 다르므로 돌침을 건물 위에 높게 설치하면 100% 보호할 수 있다.

③ 건물 위에 낮은 돌침을 여러개 설치하는 것이 효과가 있다.

④ 뇌격전류는 저항이 낮은 부분으로 흐르기 쉬우므로 금도금한 도체나 순은으로 크게 하여 한 곳에 놓아두면 뇌격흡입능력에 효과가 크다.

해 ①: 금도금을 해도 효과가 없다
②: 보호각도가 같다.
④: 효과가 크지 않다.

답 ③

017

한국전기설비규정상 SELV와 PELV용 전원에서 특별저압 계통에 사용하기 적합하지 않은 전원은?

① 안전절연변압기 전원

② 축전지 및 디젤발전기 등과 같은 독립전원

③ 특고압으로 공급되는 이중 또는 강화절연된 이동용 전원

④ 내부고장이 발생한 경우에도 출력단자의 전압이 규정된 값을 초과하지 않도록 관련 표준에 따른 전자장치

해 특별저압 계통에는 다음의 전원을 사용해야 한다.

가. 안전절연변압기 전원[KS C IEC 61558 - 2 - 6 (전력용 변압기, 전원 공급 장치 및 유사 기기의 안전-제2부:범용 절연 변압기의 개별 요구사항에 적합한 것)]

나. "가"의 안전절연변압기 및 이와 동등한 절연의 전원

다. 축전지 및 디젤발전기 등과 같은 독립전원

라. 내부고장이 발생한 경우에도 출력단자의 전압이 규정된 값을 초과하지 않도록 관련표준에 따른 전자장치

마. 안전절연변압기, 전동발전기 등 저압으로 공급되는 이중 또는 강화절연된 이동용 전원

답 ③

018

SELV 및 PELV 회로관련 포함사항으로 옳지 않은 것은?

① 충전부와 다른 SELV와 PELV 회로 사이의 기본절연
② 최저전압에 대한 기본절연 및 보호차폐에 의한 SELV 또는 PELV 이외의 회로들의 충전부로부터 보호 분리
③ SELV 회로는 충전부와 대지 사이에 기본 절연
④ PELV 회로 및 PELV 회로에 의해 공급되는 기기의 노출도전부는 접지

해 SELV 및 PELV 회로는 다음을 포함하여야 한다.
가. 충전부와 다른 SELV와 PELV 회로 사이의 기본절연
나. 이중절연 또는 강화절연 또는 최고전압에 대한 기본절연 및 보호차폐에 의한 SELV 또는 PELV 이외의 회로들의 충전부로부터 보호 분리
다. SELV 회로는 충전부와 대지 사이에 기본절연
라. PELV 회로 및 PELV 회로에 의해 공급되는 기기의 노출도전부는 접지

답 ②

019 ☆

사용 중 예상치 못한 회로의 개방이 위험 또는 큰 손상을 초래할 수 있는 특정 부하에 전원을 공급하는 회로에 대해서는 과부하 보호장치를 생략할 수 있다. 그 특정 부하로 옳지 않은 것은?

① 회전기 여자회로
② 전자석 크레인 전원회로
③ 전류변성기의 4차회로
④ 주거침입경보 전원회로

해 사용 중 예상치 못한 회로의 개방이 위험 또는 큰 손상을 초래할 수 있는 다음과 같은 부하에 전원을 공급하는 회로에 대해서는 과부하 보호장치를 생략할 수 있다.
(1) 회전기의 여자회로
(2) 전자석 크레인의 전원회로
(3) 전류변성기의 2차회로
(4) 소방설비의 전원회로
(5) 안전설비(주거침입경보, 가스누출경보 등)의 전원회로

답 ③

020

한국전기설비규정상 축전지 관련 내용으로 옳지 않은 것은?

① 50V를 초과하는 축전지는 비접지측 도체에 쉽게 차단할 수 있는 곳에 개폐기를 시설하여야 한다.

② 옥내전로에 연계되는 축전지는 비접지측 도체에 과전류보호장치를 시설해야 한다.

③ 축전지실 등은 폭발성의 가스가 축적되지 않도록 환기장치 등을 시설하여야 한다.

④ 상용 전원으로 쓰이는 축전지에는 이에 과전류가 생겼을 경우에 자동적으로 이를 전로로부터 차단하는 장치를 시설하여야 한다.

해 1. 30V를 초과하는 축전지는 비접지측 도체에 쉽게 차단할 수 있는 곳에 개폐기를 시설하여야 한다.
2. 옥내전로에 연계되는 축전지는 비접지측 도체에 과전류보호장치를 시설해야 한다.
3. 축전지실 등은 폭발성의 가스가 축적되지 않도록 환기장치 등을 시설하여야 한다.
4. 상용 전원으로 쓰이는 축전지에는 이에 과전류가 생겼을 경우에 자동적으로 이를 전로로부터 차단하는 장치를 시설하여야 한다.

답 ①

5과목 | 화학설비 안전 관리

001

다음 빈칸에 알맞은 것은?

> 사업주는 화학설비에 원재료를 공급하는 근로자의 오조작으로 인하여 발생하는 폭발·화재 또는 위험물의 누출을 방지하기 위하여 그 근로자가 보기 쉬운 위치에 원재료의 종류, (　　)등을 표시하여야 한다.

① 제조회사명

② 설계도 위치

③ 주의사항

④ 원재료가 공급되는 설비명

해 사업주는 화학설비에 원재료를 공급하는 근로자의 오조작으로 인하여 발생하는 폭발·화재 또는 위험물의 누출을 방지하기 위하여 그 근로자가 보기 쉬운 위치에 원재료의 종류, 원재료가 공급되는 설비명 등을 표시하여야 한다.

답 ④

002

화학설비 및 그 부속설비의 안전검사내용을 점검한 후 해당 설비를 사용하여야 하는 경우가 아닌 것은?

① 처음으로 사용하는 경우
② 분해하거나 개조 또는 수리한 경우
③ 계속하여 6개월 이상 사용하지 아니한 후 다시 사용하는 경우
④ 계속하여 1개월 이상 사용하지 아니한 후 다시 사용하는 경우

해 사업주는 다음 각 호의 어느 하나에 해당하는 경우에는 화학설비 및 그 부속설비의 안전검사내용을 점검한 후 해당 설비를 사용하여야 한다.
1. 처음으로 사용하는 경우
2. 분해하거나 개조 또는 수리를 한 경우
3. 계속하여 1개월 이상 사용하지 아니한 후 다시 사용하는 경우

답 ③

003

화염방지기 관련 내용이다. 빈칸에 알맞은 것은?

> 사업주는 인화성 액체 및 인화성 가스를 저장·취급하는 화학설비에서 증기나 가스를 대기로 방출하는 경우에는 외부로부터의 화염을 방지하기 위하여 화염방지기를 그 설비 상단에 설치해야 한다. 다만, 대기로 연결된 통기관에 화염방지 기능이 있는 통기밸브가 설치되어 있거나, 인화점이 섭씨 (　　)인 인화성 액체를 저장·취급할 때에 화염방지 기능을 가지는 인화방지망을 설치한 경우에는 그렇지 않다.

① 18도 이상 40도 이하
② 28도 이상 50도 이하
③ 38도 이상 60도 이하
④ 40도 이상 70도 이하

해 사업주는 인화성 액체 및 인화성 가스를 저장·취급하는 화학설비에서 증기나 가스를 대기로 방출하는 경우에는 외부로부터의 화염을 방지하기 위하여 화염방지기를 그 설비 상단에 설치해야 한다. 다만, 대기로 연결된 통기관에 화염방지 기능이 있는 통기밸브가 설치되어 있거나, 인화점이 섭씨 38도 이상 60도 이하인 인화성 액체를 저장·취급할 때에 화염방지 기능을 가지는 인화방지망을 설치한 경우에는 그렇지 않다.

답 ③

004

화학설비와 그 부속설비의 개조 · 수리 및 청소 등을 위하여 해당 설비를 분해하거나 해당 설비의 내부에서 작업을 하는 경우 준수사항으로 옳지 않은 것은?

① 작업책임자를 정하여 해당 작업을 지휘하도록 할 것
② 작업장소에 위험물 등이 누출되거나 고온의 수증기가 새어나오지 않도록 할 것
③ 작업장 및 그 주변의 인화성 액체의 증기나 인화성 가스의 농도를 수시로 측정할 것
④ 국가에서 인증된 청소업체를 불러 조치할 것

해 사업주는 화학설비와 그 부속설비의 개조·수리 및 청소 등을 위하여 해당 설비를 분해하거나 해당 설비의 내부에서 작업을 하는 경우에는 다음 각 호의 사항을 준수하여야 한다.
1. 작업책임자를 정하여 해당 작업을 지휘하도록 할 것
2. 작업장소에 위험물 등이 누출되거나 고온의 수증기가 새어나오지 않도록 할 것
3. 작업장 및 그 주변의 인화성 액체의 증기나 인화성 가스의 농도를 수시로 측정할 것

답 ④

005

평활한 금속판 상에 한 방울의 니트로글리세린을 떨어트려 놓고 금속 추로 타격을 행할 때 니트로글리세린 중에 아주 작은 기포가 존재한 경우, 기포가 존재하지 않을 때보다 작은 충격에 의해서도 발화가 일어난다. 이러한 현상의 원인으로 옳은 것은?

① 단열압축　　② 정전기 발생
③ 기포의 탈출　　④ 미분화 현상

해 ①: 공기덩어리가 외부와 열교환 없이 부피가 줄어들고 기온이 상승하는 현상

답 ①

006

유해성 있는 화학물질을 저장하는 저장탱크를 철거하는 작업을 도급하는 자가 도급작업이 시작되기 전까지 수급인에게 제공해야 할 문서의 포함사항이 아닌 것은?

① 안전보건규칙 화학설비 및 그 부속설비에서 제조·사용·운반 또는 저장하는 위험물질 및 관리대상 유해물질의 명칭과 그 유해성·위험성
② 안전·보건상 유해하거나 위험한 작업에 대한 안전·보건상의 주의사항
③ 안전·보건상 유해하거나 위험한 물질의 유출 등 사고가 발생한 경우에 필요한 조치의 내용
④ 안전·보건상 유해하거나 위험한 물질의 성분, 제조법, 연소범위 등의 정보를 담은 내용

해 작업을 도급하는 자는 다음 각 호의 사항을 적은 문서(전자문서를 포함한다. 이하 이 조에서 같다)를 해당 도급작업이 시작되기 전까지 수급인에게 제공해야 한다.

1. 안전보건규칙 화학설비 및 그 부속설비에서 제조·사용·운반 또는 저장하는 위험 물질 및 관리대상 유해물질의 명칭과 그 유해성·위험성
2. 안전·보건상 유해하거나 위험한 작업에 대한 안전·보건상의 주의사항
3. 안전·보건상 유해하거나 위험한 물질의 유출 등 사고가 발생한 경우에 필요한 조치의 내용

답 ④

007

3성분계 혼합가스에 있어서 인화성가스(F), 조연성가스(S), 불활성가스(I)가 각각 한 가지씩 구성되는 경우 폭발범위를 나타낸 삼각도로 옳은 것은?

①
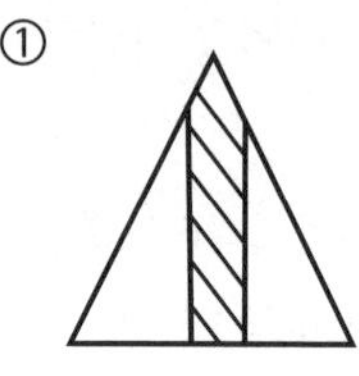
②
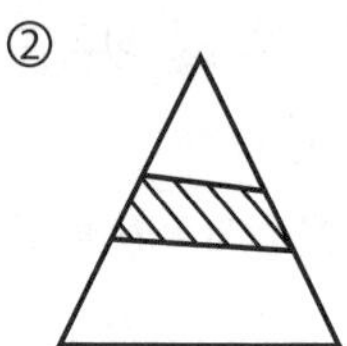
③
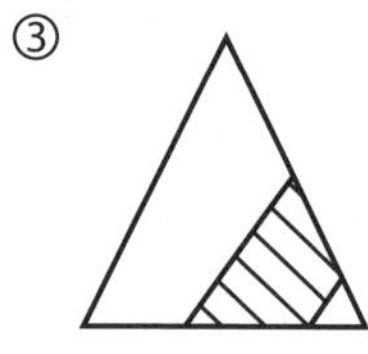
④
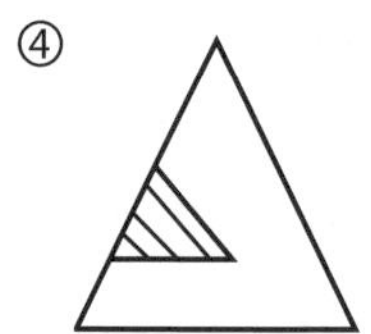

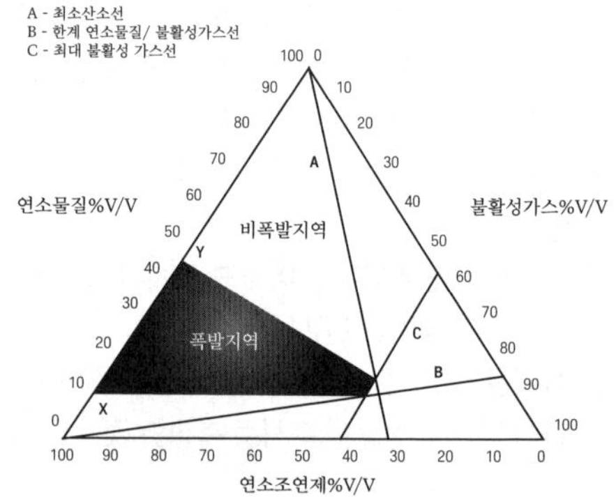

답 ④

008

결정수를 함유하는 물질이 공기 중에 결정수를 잃는 현상을 무엇이라 하는가?

① 풍해성 ② 산화성 ③ 부식성 ④ 조해성

해 풍해성: 결정수를 함유하는 물질이 공기 중에 결정수를 잃는 현상

답 ①

009

공정안전보고서 관련 내용이며 빈칸에 알맞은 것은?

> -사업주는 제출된 보고서의 내용 중 기업의 정보 유출로 인한 피해가 우려되는 부분에 대하여는 기업의(　　)을 공단에 요구할 수 있다.
> -공단은 사업주로부터(　　)을 요구받은 부분에 대하여는 특별한 관리절차를 규정하고 이에 따라 관리하여야 한다.

① 대책보장　　② 신분보장
③ 보험보장　　④ 비밀보장

해 – 사업주는 제출된 보고서의 내용 중 기업의 정보 유출로 인한 피해가 우려되는 부분에 대하여는 기업의 비밀보장을 공단에 요구할 수 있다.
– 공단은 사업주로부터 비밀보장을 요구받은 부분에 대하여는 특별한 관리절차를 규정하고 이에 따라 관리하여야 한다.

답 ④

010

공정안전보고서 작성자는 공단에서 실시하는 관련교육을 이수하여야 한다, 관련교육으로 옳지 않은 것은?

① 위험과 운전분석(HAZOP)과정
② 사고빈도분석(FTA, ETA)과정
③ 안전보건 체크리스트 작성과정
④ 설비유지 및 변경관리(MI, MOC)과정

해 공단에서 실시하는 관련교육은 다음 각 호의 어느 하나의 교육을 말한다.
1. 위험과 운전분석(HAZOP)과정
2. 사고빈도분석(FTA, ETA)과정
3. 보고서 작성·평가 과정
4. 사고결과분석(CA)과정
5. 설비유지 및 변경관리(MI, MOC)과정
6. 그 밖에 고용노동부장관으로부터 승인받은 공정안전관리 교육과정

답 ③

011

공단이 실시하는 관련교육을 몇시간 이상 이수해야 공정안전보고서 작성 자격이 되는가?

① 28　② 18　③ 8　④ 12

해 사업주는 보고서를 작성할 때 다음 각 호의 어느 하나에 해당하는 사람으로서 공단이 실시하는 관련교육을 28시간 이상 이수한 사람 1명 이상을 포함시켜야 한다.

1. 기계, 금속, 화공, 요업, 전기, 전자, 안전관리 또는 환경분야 기술사 자격을 취득한 사람
2. 기계, 전기 또는 화공안전 분야의 산업안전지도사 자격을 취득한 사람
3. 제1호에 따른 관련분야의 기사 자격을 취득한 사람으로서 해당 분야에서 5년 이상 근무한 경력이 있는 사람
4. 제1호에 따른 관련분야의 산업기사 자격을 취득한 사람으로서 해당 분야에서 7년 이상 근무한 경력이 있는 사람
5. 4년제 이공계 대학을 졸업한 후 해당 분야에서 7년 이상 근무한 경력이 있는 사람 또는 2년제 이공계 대학을 졸업한 후 해당 분야에서 9년 이상 근무한 경력이 있는 사람
6. 공정안전보고서 제출 대상 유해·위험설비 운영분야(해당 공정안전보고서를 작성하고자 하는 유해·위험설비 관련분야에 한한다.)에서 11년 이상 근무한 경력이 있는 사람

답 ①

012

공정안전보고서 작성자 자격으로 옳지 않은 것은?

① 환경분야 기술사 자격을 취득한 사람
② 화공안전 분야의 산업안전지도사 자격을 취득한 사람
③ 4년제 이공계 대학을 졸업한 후 해당 분야에서 7년 이상 근무한 경력이 있는 사람
④ 공정안전보고서 제출 대상 유해·위험설비 운영분야에서 10년 이상 근무한 경력이 있는 사람

해 윗 해설 참조

답 ④

013

공정안전보고서를 접수하고 심사할 경우 심사반의 구성 전문가가 아닌 분야는?

① 안전일반　② 위험성평가
③ 비상조치 및 소방　④ 환경오염물질 처리

해 공단은 보고서를 접수하고 심사할 경우에는 소속 직원 중 다음 각 호의 분야에 해당하는 전문가로 심사반을 구성하고 심사책임자를 임명하여 기간에 심사를 완료하고 사업주에게 그 결과를 통지하여야 한다.

1. 위험성평가
2. 공정 및 장치 설계
3. 기계 및 구조설계, 응력해석, 용접, 재료 및 부식
4. 계측제어·컴퓨터제어 및 자동화
5. 전기설비·방폭전기
6. 비상조치 및 소방
7. 가스, 확산 모델링 및 환경
8. 안전일반
9. 그 밖에 보고서 심사에 필요한 분야

답 ④

014

공정안전보고서 관련 내용이며 빈칸에 알맞은 것은?

> 지방관서의 장은 공단으로부터 보고를 받은 때에는 부적합 사항에 대해(   )일 이내에 사업주에게 변경계획의 작성을 명하는 등 필요한 행정조치를 하여야 하며, 사업주는 행정조치를 받은 날로부터(   )일 이내에 변경계획을 작성하여 지방관서의 장에게 제출하여야 한다.

① 7, 15　② 3, 15　③ 5, 15　④ 15, 7

해 지방관서의 장은 공단으로부터 보고를 받은 때에는 부적합 사항에 대해 7일 이내에 사업주에게 변경계획의 작성을 명하는 등 필요한 행정조치를 하여야 하며, 사업주는 행정조치를 받은 날로부터 15일 이내에 변경계획을 작성하여 지방관서의 장에게 제출해야 한다.

답 ①

015

공정안전보고서 제출 대상설비가 전체설비 중 일부분 또는 변경설비인 경우에는 그 해당 부분에 한정해 보고서를 작성·제출할 수 있다. 그 보고서의 첨부사항이 아닌 것은?

① 전체 설비 개요
② 전체 설비의 배치도
③ 전체 설비에서 사용되는 원료의 종류 및 사용량
④ 전체 설비 제조업체명 및 위치g

해 보고서 제출 대상설비가 전체설비 중 일부분 또는 변경설비인 경우에는 그 해당 부분에 한정하여 보고서를 작성·제출할 수 있다. 이 경우 다음 각 호의 사항을 첨부하여야 한다.
1. 전체 설비 개요
2. 전체 설비에서 사용되는 원료의 종류 및 사용량
3. 전체 설비에서 제조되는 생산품의 종류 및 생산량
4. 전체 설비의 배치도

답 ④

016

옥내소화전설비 펌프 성능기준이며 빈칸에 알맞은 것은?

> 펌프의 성능은 체절운전 시 정격토출압력의 (   )%를 초과하지 않고, 정격토출량의 150%로 운전 시 정격토출압력의 65% 이상이 되어야 하며, 펌프의 성능을 시험할 수 있는 성능시험배관을 설치할 것

① 140　② 150　③ 160　④ 170

해 펌프의 성능은 체절운전 시 정격토출압력의 140퍼센트를 초과하지 않고, 정격토출량의 150퍼센트로 운전 시 정격토출압력의 65퍼센트 이상이 되어야 하며, 펌프의 성능을 시험할 수 있는 성능시험배관을 설치할 것

답 ①

017

동력기계 목록자료 중 "명세"란에 대한 내용이며 빈칸에 알맞은 것은?

> "명세"란에는 펌프 및 압축기의 시간당 처리량, (　　), 분당회전속도 등, 교반기의 임펠러의 반경, 분당회전속도 등, 양중기의 들어 올릴 수 있는 무게, 높이 등 그 밖에 동력기계의 시간당 처리량 등을 기재한다.

① 토출측의 압력　② 재질분류기호
③ 방호장치의 종류　④ 안전율

해 유해·위험설비 중 동력기계 목록에 다음 각 호의 사항에 따라 작성하여야 한다.

1. 대상 설비에 포함되는 동력기계는 모두 기재한다.
2. "명세"란에는 펌프 및 압축기의 시간당 처리량, 토출측의 압력, 분당회전속도 등, 교반기의 임펠러의 반경, 분당회전속도 등, 양중기의 들어 올릴 수 있는 무게, 높이 등 그 밖에 동력기계의 시간당 처리량 등을 기재한다.
3. "주요 재질"란에는 해당 기계의 주요 부분의 재질을 재질분류기호로 기재한다.
4. "방호장치의 종류"란에는 해당 설비에 필요한 모든 방호장치의 종류를 기재한다.

답 ①

018

이산화탄소소화설비의 분사헤드 설치하면 안되는 장소의 기준이 아닌 것은?

① 사람이 상시 근무하는 장소
② 자기연소성물질을 취급하는 장소
③ 불활성금속물질을 저장·취급하는 장소
④ 관람을 위하여 다수인이 통행하는 통로

해 이산화탄소소화설비의 분사헤드는 다음의 장소에 설치해서는 안 된다.

1. 제어실 등 사람이 상시 근무하는 장소
2. 니트로셀룰로스·셀룰로이드제품 등 자기연소성물질을 저장·취급하는 장소
3. 나트륨·칼륨·칼슘 등 활성금속물질을 저장·취급하는 장소
4. 전시장 등의 관람을 위하여 다수인이 출입·통행하는 통로 및 전시실 등

답 ③

019

이산화탄소 소화약제의 저장용기 설치기준으로 옳지 않은 것은?

① 온도가 40℃ 이하이고, 온도변화가 작은 곳에 설치할 것
② 방화문으로 구획된 실에 설치할 것
③ 용기 간의 간격은 점검에 지장이 없도록 5cm 이상의 간격을 유지할 것
④ 직사광선 및 빗물이 침투할 우려가 없는 곳에 설치할 것

해 이산화탄소 소화약제의 저장용기는 다음의 기준에 적합한 장소에 설치해야 한다.

1. 방호구역 외의 장소에 설치할 것. 다만, 방호구역 내에 설치할 경우에는 피난 및 조작이 용이하도록 피난구 부근에 설치해야 한다.
2. 온도가 40℃ 이하이고, 온도변화가 작은 곳에 설치할 것
3. 직사광선 및 빗물이 침투할 우려가 없는 곳에 설치할 것
4. 방화문으로 구획된 실에 설치할 것
5. 용기의 설치장소에는 해당 용기가 설치된 곳임을 표시하는 표지를 할 것
6. 용기 간의 간격은 점검에 지장이 없도록 3cm 이상의 간격을 유지할 것
7. 저장용기와 집합관을 연결하는 연결배관에는 체크밸브를 설치할 것. 다만, 저장용기가 하나의 방호구역만을 담당하는 경우에는 그렇지 않다.

답 ③

020

다음 설명에 해당하는 용어는?

> 소화용수와 공기를 채우고 일정 압력 이상으로 가압하여 그 압력으로 급수하는 수조

① 고가수조 ② 압력수조
③ 가압수조 ④ 항온수조

해

고가수조	구조물 또는 지형지물 등에 설치하여 자연낙차의 압력으로 급수하는 수조
압력수조	소화용수와 공기를 채우고 일정 압력 이상으로 가압하여 그 압력으로 급수 하는 수조
가압수조	가압원인 압축공기 또는 불연성 고압 기체에 따라 소방용수를 가압시키는 수조
항온수조	온도제어장치를 붙여 일정한 온도범위가 유지되도록 한 수조

답 ②

6과목 | 건설공사 안전 관리

001

가설비계 종류가 아닌 것은?

① 강관비계 ② 달비계
③ 말비계 ④ 사다리비계

해 가설비계 종류
강관비계/강관틀비계/달비계/달대비계/걸침비계/말비계/이동식비계

답 ④

002

안전시설비로 불가능한 것은?

① 안전대 부착설비 설치를 위해 소요되는 비용
② 스마트 안전장비 구입·임대 비용의 5분의 4에 해당하는 비용
③ 용접 작업 등 화재 위험작업 시 사용하는 소화기의 구입·임대비용
④ 안전대 부착설비 설치를 위해 소요되는 비용

해 안전시설비
가. 산업재해 예방을 위한 안전난간, 추락방호망, 안전대 부착설비, 방호장치(기계·기구와 방호장치가 일체로 제작된 경우, 방호장치 부분의 가액에 한함) 등 안전시설의 구입·임대 및 설치를 위해 소요되는 비용
나. 「산업재해예방시설자금 융자금 지원사업 및 보조금 지급사업 운영규정」(고용노동부고시) 제2조제12호에 따른 "스마트안전장비 지원사업" 및 「건설기술진흥법」 제62조의3에 따른 스마트 안전장비 구입·임대 비용. 다만, 제4조에 따라 계상된 산업안전보건관리비 총액의 10분의 1을 초과할 수 없다.
다. 용접 작업 등 화재 위험작업 시 사용하는 소화기의 구입·임대비용

답 ②

003

30° 경사각의 가설통로에서 미끄럼막이 간격으로 알맞은 것은?

① 30cm ② 40cm ③ 50cm ④ 60cm

해

경사각	미끄럼막이 간격	경사각	미끄럼막이 간격
14도	47cm	24도15분	37cm
17도	45cm	27도	35cm
19도20분	43cm	29도	33cm
22도	40cm	30도	30cm

답 ①

004

건설현장에서 사용하는 임시조명기구에 대한 안전대책으로 옳지 않은 것은?

① 모든 조명기구에는 외부의 충격으로부터 보호될 수 있도록 보호망을 씌워야 한다.
② 이동식 조명기구의 배선은 유연성이 좋은 코드선을 사용해야 한다.
③ 이동식 조명기구의 손잡이는 견고한 금속 재료로 제작해야 한다.
④ 이동식 조명기구를 일정한 장소에 고정시킬 경우에는 견고한 받침대를 사용해야 한다.

해 임시 조명기구에 대한 안전대책
(1) 모든 조명기구에는 외부의 충격으로부터 보호할 수 있는 보호망을 씌운다.
(2) 이동식 조명기구의 배선은 유연성이 좋은 코드선을 사용한다.
(3) 이동식 조명기구의 손잡이는 금속체가 아닌 절연재로 제작한다.
(4) 이동식 조명기구를 일정한 장소에 고정할 시는 견고한 받침대를 사용한다.

답 ③

005

콘크리트 타설 이후 발생되는 블리딩(bleeding)을 방지하기 위한 대책으로 옳지 않은 것은?

① 단위 수량을 적게 해야 한다.
② 분말도가 낮은 시멘트를 사용한다.
③ 골재 중 먼지와 같은 유해물의 함량을 적게 한다.
④ AE제나 포졸란 등을 사용한다.

해 ②: 분말도가 높은 시멘트를 사용한다.

답 ②

006

동력으로 작동되는 문을 설치하는 경우 설치 기준으로 옳지 않은 것은?

① 동력으로 작동되는 문에 근로자가 끼일 위험이 있는 4m 높이까지는 위급하거나 위험한 사태가 발생한 경우에 문의 작동을 정지시킬 수 있도록 비상정지장치 설치 등 필요한 조치를 할 것
② 동력으로 작동되는 문의 비상정지장치는 근로자가 잘 알아볼 수 있고 쉽게 조작할 수 있을 것
③ 동력으로 작동되는 문의 동력이 끊어진 경우에는 즉시 정지되도록 할 것
④ 동력으로 작동되는 문을 수동으로 조작하는 경우에는 제어장치에 의하여 즉시 정지시킬 수 있는 구조일 것

해 사업주는 동력으로 작동되는 문을 설치하는 경우 다음 각 호의 기준에 맞는 구조로 설치해야 한다.

1. 동력으로 작동되는 문에 근로자가 끼일 위험이 있는 2.5미터 높이까지는 위급하거나 위험한 사태가 발생한 경우에 문의 작동을 정지시킬 수 있도록 비상정지장치 설치 등 필요한 조치를 할 것. 다만, 위험구역에 사람이 없어야만 문이 작동되도록 안전장치가 설치되어 있거나 운전자가 특별히 지정되어 상시 조작하는 경우에는 그러하지 아니하다.
2. 동력으로 작동되는 문의 비상정지장치는 근로자가 잘 알아볼 수 있고 쉽게 조작할 수 있을 것
3. 동력으로 작동되는 문의 동력이 끊어진 경우에는 즉시 정지되도록 할 것. 다만, 방화문의 경우에는 그러하지 아니하다.
4. 수동으로 열고 닫을 수 있도록 할 것. 다만, 동력으로 작동되는 문에 수동으로 열고 닫을 수 있는 문을 별도로 설치하여 근로자가 통행할 수 있도록 한 경우에는 그러하지 아니하다.
5. 동력으로 작동되는 문을 수동으로 조작하는 경우에는 제어장치에 의하여 즉시 정지시킬 수 있는 구조일 것

답 ①

007

계측장치를 설치하여 계측결과를 확인하고 그 결과를 통하여 안전성을 검토하는 등 위험을 방지하기 위한 조치를 해야 하는 경우로 옳지 않은 것은?

① 건설공사에 대한 유해위험방지계획서 심사 시 계측시공을 지시받은 경우
② 건설공사에서 구축물등의 붕괴로 근로자가 위험해질 우려가 있는 경우
③ 설계도서에서 계측장치를 설치하도록 하고 있는 경우
④ 비산먼지, 화학물질 유출등 인체에 유해한 환경에서 작업을 하는 경우

해 사업주는 다음 각 호의 어느 하나에 해당하는 경우에는 그에 필요한 계측장치를 설치하여 계측결과를 확인하고 그 결과를 통하여 안전성을 검토하는 등 위험을 방지하기 위한 조치를 해야 한다.

1. 건설공사에 대한 유해위험방지계획서 심사 시 계측시공을 지시받은 경우
2. 건설공사에서 토사등이나 구축물등의 붕괴로 근로자가 위험해질 우려가 있는 경우
3. 설계도서에서 계측장치를 설치하도록 하고 있는 경우

답 ④

008

버력처리 장비 선정시 고려사항이 아닌 것은?

① 터널 경사도
② 굴착방식
③ 버력의 상상 및 함수비
④ 터널 길이

해 버력처리 장비는 다음 각목의 사항을 고려하여 선정하고 사토장거리, 운행속도 등의 작업계획을 수립한 후 작업하여야 한다.

가. 굴착단면 크기 및 단위발파 버력의 물량
나. 터널 경사도
다. 굴착방식
라. 버력의 상상 및 함수비
마. 운반 통로의 노면상태

답 ④

009

산업안전보건법령상 이동식 사다리의 넘어짐 방지를 위한 조치사항이 아닌 것은?

① 이동식 사다리를 견고한 시설물에 연결하여 고정할 것
② 아웃트리거를 설치하거나 아웃트리거가 붙어있는 이동식 사다리를 설치할 것
③ 이동식 사다리를 다른 근로자가 지지하여 넘어지지 않도록 할 것
④ 지면에 못을 박아 사다리와 고정시킬 것

해 이동식 사다리의 넘어짐을 방지하기 위해 다음 각 목의 어느 하나 이상에 해당하는 조치를 할 것
가. 이동식 사다리를 견고한 시설물에 연결하여 고정할 것
나. 아웃트리거(outrigger, 전도방지용지지대)를 설치하거나 아웃트리거가 붙어있는 이동식 사다리를 설치할 것
다. 이동식 사다리를 다른 근로자가 지지하여 넘어지지 않도록 할 것

답 ④

010

걸이자 및 보조자는 관계자와 작업내용 등에 대하여 협의하여야 할 작업으로 아닌 것은?

① 트럭이나 대차상에서의 걸이
② 물체를 반전, 전도시키기 위한 걸이
③ 긴 물체, 중량물, 이형물 등의 걸이
④ 장애물이 없는 장소에서의 걸이

해 다음 각 호의 작업을 할 경우 걸이자 및 보조자는 관계자와 작업내용 등에 대하여 협의하여야 한다.
1. 좁은 장소나 장애물이 있는 장소에서의 걸이
2. 트럭이나 대차상에서의 걸이
3. 물체를 반전, 전도시키기 위한 걸이
4. 긴 물체, 중량물, 이형물 등의 걸이

답 ④

011

우회로를 설치하여 사용할 때 준수사항으로 옳지 않은 것은?

① 교통량을 유지시킬 수 있도록 계획되어야 한다.
② 모든 교통통제나 신호등은 교통법규에 적합하도록 하여야 한다.
③ 우회로는 항시 유지보수 되도록 확실한 점검을 실시하여야 하며 필요한 경우에는 가설등을 설치하여야 한다.
④ 우회로의 사용이 완료되면 모든 것을 그대로 둔다.

해 사업주는 우회로를 설치하여 사용함에 있어서 다음 각 호의 사항을 준수하여야 한다.
1. 교통량을 유지시킬 수 있도록 계획되어야 한다.
2. 시공중인 교량이나 높은 구조물의 밑을 통과해서는 안되며 부득이 시공중인 교량이나 높은 구조물의 밑을 통과하여야 할 경우에는 필요한 안전조치를 해야 한다.
3. 모든 교통통제나 신호등은 교통법규에 적합하도록 하여야 한다.
4. 우회로는 항시 유지보수 되도록 확실한 점검을 실시하여야 하며 필요한 경우에는 가설등을 설치하여야 한다.
5. 우회로의 사용이 완료되면 모든 것을 원상복구하여야 한다.

답 ④

012

가설공사 표준안전 작업지침상 신호수의 자격으로 옳지 않은 것은?

① 책임감이 있어야 된다.
② 관련 경험이 있어야 된다.
③ 중장비 운전경력이 있어야 된다.
④ 임무숙지를 잘해야 된다.

해 신호수는 책임감 있고 임무숙지는 물론 잘 훈련되고 경험있는 자로 하여야 한다.

답 ③

013

레버풀러 또는 체인블록 사용 시 준수사항으로 옳지 않은 것은?

① 정격하중을 초과하여 사용하지 말 것
② 레버풀러의 레버에 파이프 등을 끼워서 사용할 것
③ 체인블록은 체인의 꼬임과 헝클어지지 않도록 할 것
④ 체인과 훅은 파손, 부식, 마모되거나 균열된 것을 사용하지 않도록 조치할 것

해 사업주는 레버풀러(lever puller) 또는 체인블록(chain block)을 사용하는 경우 다음 각 호의 사항을 준수하여야 한다.

1. 정격하중을 초과하여 사용하지 말 것
2. 레버풀러 작업 중 훅이 빠져 튕길 우려가 있을 경우에는 훅을 대상물에 직접 걸지 말고 피벗 클램프(pivot clamp)나 러그(lug)를 연결하여 사용할 것
3. 레버풀러의 레버에 파이프 등을 끼워서 사용하지 말 것
4. 체인블록의 상부 훅(top hook)은 인양하중에 충분히 견디는 강도를 갖고, 정확히 지탱될 수 있는 곳에 걸어서 사용할 것
5. 훅의 입구(hook mouth) 간격이 제조자가 제공하는 제품사양서 기준으로 10퍼센트 이상 벌어진 것은 폐기할 것
6. 체인블록은 체인의 꼬임과 헝클어지지 않도록 할 것
7. 체인과 훅은 변형, 파손, 부식, 마모(磨耗)되거나 균열된 것을 사용하지 않도록 조치할 것

답 ②

014

지게차를 이용하여 야간작업을 할 경우 준수 사항으로 옳지 않은 것은?

① 작업장에 충분한 조명시설을 해야 한다.
② 전조등 또는 그 밖의 조명장치를 이용하여야 한다.
③ 항시 여분의 지게차를 준비한다.
④ 야간작업 시에는 특히 원근감이나 지면의 고저가 불명확하고 심하게 착각을 일으키기 쉬우므로 주변의 근로자나 장애물에 주의하면서 안전속도로 운전하여야 한다.

해 지게차를 이용하여 야간작업을 할 경우 다음 각 호의 사항을 준수하여야 한다.
1. 작업장에 충분한 조명시설을 해야 한다.
2. 전조등 또는 그 밖의 조명장치를 이용하여야 한다.
3. 야간작업 시에는 특히 원근감이나 지면의 고저가 불명확하고 심하게 착각을 일으키기 쉬우므로 주변의 근로자나 장애물에 주의하면서 안전속도로 운전하여야 한다.

답 ③

015

철골건립에 앞서 완성된 기초에 대하여 확인해야 할 사항으로 옳지 않은 것은?

① 작업장소 지반과 사용 자재 정보를 확인
② 철골기초 콘크리트의 배합강도는 설계기준과 동일한지 확인
③ 부정확하게 설치된 앵커 볼트는 수정
④ 기둥간격, 수직, 수평도 등의 기본치수를 측정하여 확인

해 철골건립에 앞서 완성된 기초에 대하여는 다음 각호의 사항을 확인하여야 한다.
1. 기둥간격, 수직, 수평도 등의 기본치수를 측정하여 확인해야 한다.
2. 부정확하게 설치된 앵커 볼트는 수정하여야 한다.
3. 철골기초 콘크리트의 배합강도는 설계기준과 동일한지 확인하여야 한다.

답 ①

016

작업장소가 파괴되기 쉬운 암반일 때 뿜어붙이기 콘크리트의 최소 두께는?

① 5cm ② 4cm ③ 3cm ④ 7cm

해 지반 및 암반의 상태에 따라 뿜어붙이기 콘크리트의 최소 두께는 다음 각목의 기준 이상이어야 한다.
가. 약간 취약한 암반: 2㎝
나. 약간 파괴되기 쉬운 암반: 3㎝
다. 파괴되기 쉬운 암반: 5㎝
라. 매우 파괴되기 쉬운 암반: 7㎝(철망병용)
마. 팽창성의 암반: 15㎝(강재 지보공과 철망병용)

답 ①

017

록 볼트 삽입간격 및 길이의 기준 결정시 고려사항으로 옳지 않은 것은?

① 원지반 강도 ② 절리 간격
③ 사용목적 ④ 터널의 환기수준

해 록 볼트 삽입간격 및 길이의 기준은 다음 각 목의 사항을 고려하여 결정하여야 한다.
가. 원지반의 강도와 암반특성
나. 절리의 간격 및 방향
다. 터널의 단면규격
라. 사용목적

답 ④

018

산업안전보건법령상 작업발판 및 추락방호망을 설치하기 곤란한 경우에는 근로자로 하여금 3개 이상의 버팀대를 가지고 지면으로부터 안정적으로 세울 수 있는 구조를 갖춘 이동식 사다리를 사용하여 작업을 하게 할 수 있는데 이 경우 사업주의 조치사항으로 옳지 않은 것은?

① 평탄하고 견고하며 미끄럽지 않은 바닥에 이동식 사다리를 설치할 것
② 이동식 사다리의 제조사가 정하여 표시한 이동식 사다리의 최대사용하중을 초과하지 않는 범위 내에서만 사용할 것
③ 이동식 사다리를 설치한 바닥면에서 높이 4m 이하의 장소에서만 작업할 것
④ 안전모 착용하되, 작업 높이 2m 이상인 경우에는 안전모와 안전대를 함께 착용할 것

해 사업주는 제1항 및 제2항에도 불구하고 작업발판 및 추락방호망을 설치하기 곤란한 경우에는 근로자로 하여금 3개 이상의 버팀대를 가지고 지면으로부터 안정적으로 세울 수 있는 구조를 갖춘 이동식 사다리를 사용하여 작업을 하게 할 수 있다. 이 경우 사업주는 근로자가 다음 각 호의 사항을 준수하도록 조치해야 한다.
1. 평탄하고 견고하며 미끄럽지 않은 바닥에 이동식 사다리를 설치할 것
2. 이동식 사다리의 넘어짐을 방지하기 위해 다음 각 목의 어느 하나 이상에 해당하는 조치를 할 것
   가. 이동식 사다리를 견고한 시설물에 연결하여 고정할 것
   나. 아웃트리거(outrigger, 전도방지용 지지대)를 설치하거나 아웃트리거가 붙어있는 이동식 사다리를 설치할 것
   다. 이동식 사다리를 다른 근로자가 지지하여 넘어지지 않도록 할 것
3. 이동식 사다리의 제조사가 정하여 표시한 이동식 사다리의 최대사용하중을 초과하지 않는 범위 내에서만 사용할 것
4. 이동식 사다리를 설치한 바닥면에서 높이 3.5미터 이하의 장소에서만 작업할 것
5. 이동식 사다리의 최상부 발판 및 그 하단 디딤대에 올라서서 작업하지 않을 것. 다만, 높이 1미터 이하의 사다리는 제외한다.
6. 안전모 착용하되, 작업 높이 2미터 이상인 경우에는 안전모와 안전대를 함께 착용할 것
7. 이동식 사다리 사용 전 변형 및 이상 유무 등을 점검하여 이상이 발견되면 즉시 수리하거나 그 밖에 필요한 조치를 할 것

답 ③

019

진동작업에 해당하지 않는 작업은?

① 착암기 ② 줄 ③ 체인톱 ④ 엔진 커터

해 진동작업이란 다음 각 목의 어느 하나에 해당하는 기계·기구 사용하는 작업을 말한다.

가. 착암기(鑿巖機)
나. 동력을 이용한 해머
다. 체인톱
라. 엔진 커터(engine cutter)
마. 동력을 이용한 연삭기
바. 임팩트 렌치(impact wrench)
사. 그 밖에 진동으로 인하여 건강장해를 유발할 수 있는 기계·기구

답 ②

020

안건보건조정자 업무로 옳지 않은 것은?

① 같은 장소에서 이루어지는 각각의 공사 간에 혼재된 작업의 파악
② 보기 1번에 따른 혼재된 작업으로 인한 산업재해 발생의 위험성 파악
③ 보기 1번에 따른 혼재된 작업으로 인한 산업재해를 예방하기 위한 작업의 시기 · 내용 및 안전보건 조치 등의 조정
④ 위험성평가의 실시에 관한 사항

해 안건보건조정자 업무는 다음 각 호와 같다.

1. 같은 장소에서 이루어지는 각각의 공사 간에 혼재된 작업의 파악
2. 제1호에 따른 혼재된 작업으로 인한 산업재해 발생의 위험성 파악
3. 제1호에 따른 혼재된 작업으로 인한 산업재해를 예방하기 위한 작업의 시기 · 내용 및 안전보건 조치 등의 조정
4. 각각의 공사 도급인의 안전보건관리책임자 간 작업 내용에 관한 정보 공유 여부의 확인

답 ④

MEMO

목차 8

실제 시험처럼 풀어보기

2024(1회차) | **2022**(2회차) | **2021**(3회차) | **빈출문제**(4회차)

잠깐! 더 효율적인 공부를 위한 링크들을 적극 이용하세요~!

직8딴 홈페이지

- 출시한 책 확인 및 구매

직8딴 카카오오픈톡방

- 실시간 저자의 질문 답변
(주7일 아침 11시~새벽 2시까지, 전화로도 함)
- 직8딴 구매자전용 복지와 혜택 획득
(최소 달에 40만원씩 기프티콘 지급)
- 구매자들과의 소통 및 EHS 관련 정보 습득

직8딴 네이버카페

- 실시간으로 최신화되는 정오표 확인
(정오표: 책 출시 이후 발견된 오타/오류를 모아놓은 표, 매우 중요)
- 공부에 도움되는 컬러버전 그림 및 사진 습득
- 직8딴 구매자전용 복지와 혜택 획득

직8딴 유튜브

- 저자 직접 강의 시청 가능
- 공부 팁 및 암기법 획득
- 국가기술자격증 관련 정보 획득

8 실제 시험처럼 풀어보기

2024년(1회차)

1과목 | 산업재해 예방 및 안전보건교육

001

다음 중 산업재해조사표를 작성할 때 기입하는 상해의 종류에 해당하는 것은?

① 낙하 · 비래 ② 유해광선 노출
③ 중독 · 질식 ④ 이상온도 노출 · 접촉

답 ③

002

라인(Line)형 안전관리 조직의 특징으로 옳은 것은?

① 안전에 관한 기술의 축적이 용이하다.
② 안전에 관한 지시나 조치가 신속하다.
③ 조직원 전원을 자율적으로 안전활동에 참여 시킬 수 있다.
④ 권한 다툼이나 조정 때문에 통제수속이 복잡해지며, 시간과 노력이 소모된다.

답 ②

003

크레인, 리프트 및 곤돌라는 사업장에 설치가 끝난 날부터 몇 년 이내에 최초의 안전검사를 실시해야 하는가? (단, 이동식 크레인, 이삿짐운반용 리프트는 제외한다.)

① 1년 ② 2년 ③ 3년 ④ 4년

답 ③

004

산업안전보건법상 고용노동부장관은 자율안전확인대상 기계 · 기구 등의 안전에 관한 성능이 자율안전기준에 맞지 아니하게 된 경우 관련사항을 신고한 자에게 몇 개월 이내의 기간을 정하여 자율안전확인표시의 사용을 금지하거나 자율안전기준에 맞게 개선하도록 명할 수 있는가?

① 1 ② 3 ③ 6 ④ 12

답 ③

005

산업안전보건법령상 프레스를 사용하여 작업을 할 때 작업시작 전 점검사항으로 틀린 것은?

① 방호장치의 기능
② 언로드밸브의 기능
③ 금형 및 고정볼트 상태
④ 클러치 및 브레이크의 기능

답 ②

006

다음의 방진마스크 형태로 옳은 것은?

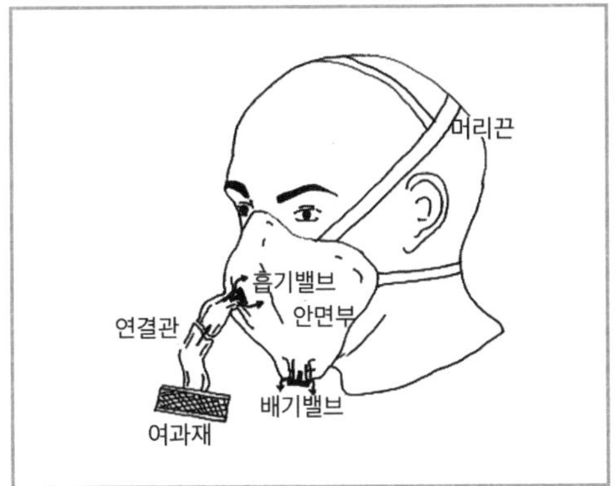

① 직결식 전면형　② 직결식 반면형
③ 격리식 전면형　④ 격리식 반면

답 ④

007

석면 취급장소에서 사용하는 방진마스크의 등급으로 옳은 것은?

① 특급　② 1급　③ 2급　④ 3급

답 ①

008

산업안전보건법령상 안전인증대상 기계등에 포함되는 기계, 설비, 방호장치에 해당하지 않는 것은?

① 롤러기
② 크레인
③ 동력식 수동대패용 칼날 접촉 방지장치
④ 방폭구조(防爆構造) 전기기계기구 및 부품

답 ③

009

안전교육방법 중 구안법(Project Method)의 4단계의 순서로 옳은 것은?

① 계획수립 → 목적결정 → 활동 → 평가
② 평가 → 계획수립 → 목적결정 → 활동
③ 목적결정 → 계획수립 → 활동 → 평가
④ 활동 → 계획수립 → 목적결정 → 평가

답 ③

010

아담스(Edward Adams)의 사고연쇄 반응이론 중 관리자가 의사결정을 잘못하거나 감독자가 관리적 잘못을 하였을 때의 단계에 해당되는 것은?

① 사고　② 작전적 에러
③ 관리구조 결함　④ 전술적 에러

답 ②

011

다음 중 알더퍼(Alderfer)의 ERG 이론에서 제시한 인간의 3가지 욕구에 해당하는 것은

① Growth욕구　② Rationalization욕구
③ Economy욕구　④ Environment욕구

답 ①

012

하인리히의 재해발생 이론이 다음과 같이 표현될 때, a가 의미하는 것으로 옳은 것은?

재해 발생=설비적 결함+관리적 결함+a

① 노출된 위험의 상태
② 재해의 직접적인 원인
③ 물적 불안전 상태
④ 잠재된 위험의 상태

답 ④

013

학습이론 중 자극과 반응이론(S – R이론)이라 볼 수 없는 것은?

① Kohler의 통찰설
② Thorndike의 시행착오설
③ Pavlov의 조건반사설
④ Skinner의 조작적 조건화설

답 ①

014

토의법의 유형 중 다음에서 설명하는 것은?

새로운 자료나 교재를 제시하고, 문제점을 피교육자로 하여금 제기하도록 하거나 피교육자 의견을 여러 가지 방법으로 발표하게 하고 청중과 토론자간 활발한 의견 개진과정을 통해 합의를 도출하는 방법

① 포럼 ② 심포지엄
③ 자유토의 ④ 패널 디스커션

답 ①

015

인간오류에 관한 분류 중 독립행동에 의한 분류가 아닌 것은?

① 생략오류 ② 실행오류
③ 명령오류 ④ 시간오류

답 ③

016

적응기제 중 도피기제 유형이 아닌 것은?

① 합리화 ② 고립 ③ 억압 ④ 퇴행

답 ①

017

1년간 80건의 재해가 발생한 A사업장은 1,000명의 근로자가 1주일당 48시간, 1년간 52주를 근무하고 있다. A사업장의 도수율은? (단, 근로자들은 재해와 관련 없는 사유로 연간 노동시간의 3%를 결근하였다.)

① 31.06 ② 32.05 ③ 33.04 ④ 34.03

해 $도수율 = \frac{재해건수}{연근로시간수} \cdot 10^6$

$= \frac{80}{1,000 \cdot 48 \cdot 52 \cdot 0.97} \cdot 10^6$

$= 33.04$

답 ③

018

성인학습의 원리에 해당되지 않는 것은?

① 간접경험의 원리 ② 자발학습의 원리
③ 상호학습의 원리 ④ 생활적응의 원리

답 ①

019

시몬즈(Simonds)의 재해코스트 산출방식에서 A, B, C, D는 무엇을 뜻하는가?

> 총 재해코스트 = 보험코스트 + A × 휴업상해건수 + B × 통원상해건수 + C × 응급조치건수 + D × 무상해사고건수

① 직접손실비

② 간접손실비

③ 보험 코스트

④ 비보험 코스트 평균치

해 윗 해설 참조

답 ④

020

※법 개정으로 1문제 삭제

2과목 | 인간공학 및 위험성 평가관리

021

인간공학의 궁극적인 목적과 가장 관계가 깊은 것은?

① 경제성 향상 ② 인간 능력의 극대화

③ 설비가동율 향상 ④ 안전성, 효율성 향상

답 ④

022

시스템의 운용단계에서 이루어져야 할 주요한 시스템 안전 부문의 작업이 아닌 것은?

① 생산시스템 분석 및 효율성 검토

② 안전성 손상 없이 사용설명서의 변경과 수정을 평가

③ 운용, 안전성 수준유지를 보증하기 위한 안전성 검사

④ 운용, 보전 및 위급 시 절차를 평가하여 설계 시 고려사항과 같은 타당성 여부 식별

답 ①

023

FMEA에서 고장의 발생확률 β가 다음 값의 범위일 경우 고장의 영향으로 옳은 것은?

$$0.1 < \beta < 1$$

① 손실의 영향이 없음

② 실제 손실이 예상됨

③ 실제 손실이 발생됨

④ 손실 발생의 가능성이 있음

답 ②

024

의자 설계에 대한 조건 중 틀린 것은?

① 좌판의 깊이는 작업자의 등이 등받이에 닿을 수 있도록 설계한다.
② 좌판은 엉덩이가 앞으로 미끄러지지 않는 재질과 구조로 설계한다.
③ 좌판의 넓이는 작은 사람에게 적합하도록, 깊이는 큰 사람에게 적합하도록 설계한다.
④ 등받이는 충분한 넓이를 가지고 요추 부위부터 어깨부위까지 편안하게 지지하도록 설계한다.

답 ③

025

[보기]는 화학설비의 안전성 평가 단계를 간략히 나열한 것이다. 다음 중 평가 단계 순서를 올바르게 나타낸 것은?

① 관계자료 작성준비 ② 정량적 평가 ③ 정성적 평가 ④ 안전대책

① ①→③→②→④　② ①→②→④→③
③ ①→③→④→②　④ ①→②→③→④

답 ①

026

인간 – 기계 통합 체계의 인간 또는 기계에 의해서 수행되는 기본기능의 유형에 해당하지 않는 것은?

① 감지　② 환경　③ 행동　④ 정보보관

답 ②

027

고용노동부 고시의 근골격계부담작업의 범위에서 근골격계부담작업에 대한 설명으로 틀린 것은?

① 하루에 10회 이상 25kg 이상의 물체를 드는 작업
② 하루에 총 2시간 이상 쪼그리고 앉거나 무릎을 굽힌 자세에서 이루어지는 작업
③ 하루에 총 2시간 이상 집중적으로 자료입력 등을 위해 키보드 또는 마우스를 조작하는 작업
④ 하루에 총 2시간 이상 지지되지 않은 상태에서 4.5kg 이상의 물건을 한 손으로 들거나 동일한 힘으로 쥐는 작업

답 ③

028

상황해석을 잘못하거나 목표를 잘못 설정하여 발생하는 인간의 오류 유형은?

① 실수(Slip)　② 착오(Mistake)
③ 위반(Violation)　④ 건망증(Lapse)

답 ②

029

Rasmussen은 행동을 세 가지로 분류하였는데, 그 분류에 해당하지 않는 것은?

① 숙련 기반 행동(skill-based behavior)
② 지식 기반 행동(knowledge-based behavior)
③ 경험 기반 행동(experience-based behavior)
④ 규칙 기반 행동(rule-based behavior)

답 ③

030

시력에 대한 설명으로 맞는 것은?

① 배열시력(vernier acuity)-배경과 구별하여 탐지할 수 있는 최소의 점
② 동적시력(dynamic visual acuity)-비슷한 두 물체가 다른 거리에 있다고 느껴지는 시차각의 최소차로 측정되는 시력
③ 입체시력(stereoscopic acuity)-거리가 있는 한 물체에 대한 약간 다른 상이 두 눈의 망막에 맺힐 때 이걸 구별하는 능력
④ 최소지각시력(minimum perceptible acuity)-하나의 수직선이 중간에서 끊겨 아래 부분이 옆으로 옮겨진 경우에 탐지할 수 있는 최소측 변방위

답 ③

031

국소진동에 지속적으로 노출된 근로자에게 발생할 수 있으며, 말초혈관 장해로 손가락이 창백해지고 동통을 느끼는 질환의 명칭은?

① 레이노병(Raynaud's phenomenon)
② 파킨슨병(Parkinson's disease)
③ 규폐증
④ C5-dip 현상

답 ①

032

에너지 대사율(RMR)에 대한 설명으로 틀린 것은?

① $RMR = \frac{\text{운동대사량}}{\text{기초대사량}}$
② 보통작업 시 RMR은 4~7임
③ 가벼운 작업 시 RMR은 0~2임
④ $\frac{\text{운동시 산소소모량}-\text{안정시 산소소모량}}{\text{기초대사량(산소소비량)}}$

답 ②

033

다음 중 정성적 표시장치를 설명한 것으로 적절하지 않은 것은?

① 연속적으로 변하는 변수의 대략적인 값이나 변화추세 변화율 등을 알고자 할 때 사용된다.
② 정성적 표시장치의 근본 자료 자체는 정량적인 것이다.
③ 색채 부호가 부적합한 경우에는 계기판 표시 구간을 형상 부호화하여 나타낸다.
④ 전력계에서와 같이 기계적 혹은 전자적으로 숫자가 표시된다.

답 ④

034

다음의 FT도에서 사상 A의 발생 확률값은?

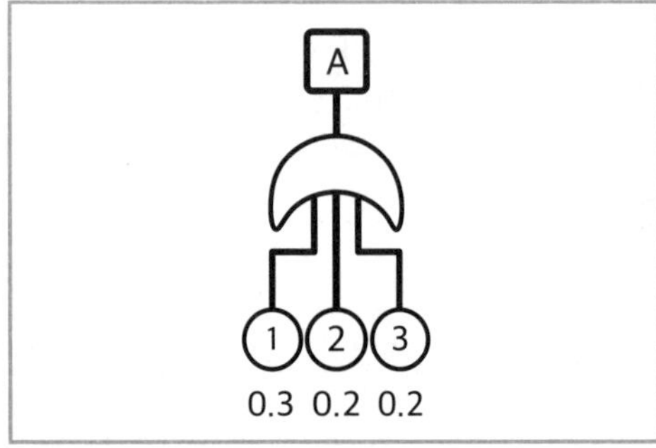

① 게이트 기호가 OR이므로 0.012
② 게이트 기호가 AND이므로 0.012
③ 게이트 기호가 OR이므로 0.552
④ 게이트 기호가 AND이므로 0.552

해 OR 게이트 → $1-(1-0.3)(1-0.2)(1-0.2)=0.552$

답 ③

035

다음 시스템의 신뢰도는 얼마인가? (단, 각 요소의 신뢰도는 a, b가 각 0.8, c, d 가 각 0.6이다.)

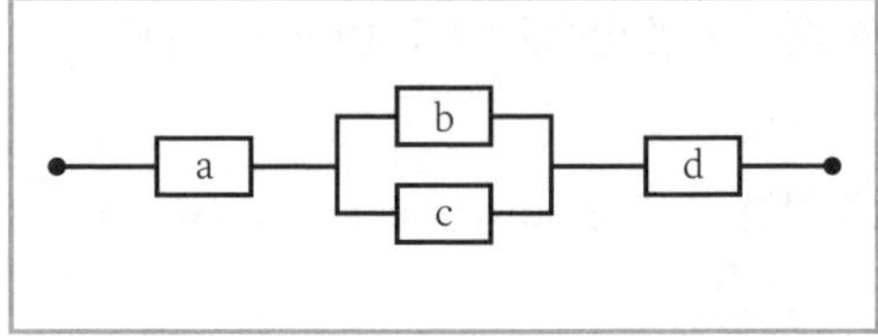

① 0.2245 ② 0.374 ③ 0.4416 ④ 0.5756

해 $0.8 \cdot (1-(1-0.8)(1-0.6)) \cdot 0.6 = 0.4416$

답 ③

036

한 대의 기계를 100시간 동안 연속 사용한 경우 6회의 고장이 발생하였고, 이때의 총 고장수리시간이 15시간이었다. 이 기계의 MTBF(Mean time between failure)는 약 얼마인가?

① 2.51 ② 14.17 ③ 15.25 ④ 16.67

해 $MTBF = \frac{\text{가동시간}}{\text{고장건수}} = \frac{100-15}{6} = 14.17$

답 ②

037

3개 공정의 소음수준 측정 결과 1공정은 100dB에서 1시간, 2공정은 95dB에서 1시간, 3공정은 90dB에서 1시간이 소요될 때 총 소음량(TND)과 소음설계의 적합성을 맞게 나열한 것은? (단, 90dB에 8시간 노출될 때를 허용기준으로 하며, 5dB 증가할 때 허용시간은 1/2로 감소되는 법칙을 적용한다.)

① TND = 0.785,적합 ② TND = 0.875,적합
③ TND = 0.985,적합 ④ TND = 1.085,부적합

해 소음허용기준

90dB	95dB	100dB	105dB	110dB
8시간	4시간	2시간	1시간	0.5시간

$$총\ 소음량 = \sum \frac{작업시간}{허용시간} = \frac{1}{2} + \frac{1}{4} + \frac{1}{8}$$
$$= 0.875,\ 적합$$

총 소음량 ≤ 1이면 적합

답 ②

038

다음과 같은 실내 표면에서 일반적으로 추천 반사율의 크기를 맞게 나열한 것은?

㉠ 바닥	㉡ 천장	㉢ 가구	㉣ 벽

① ㉠ < ㉣ < ㉢ < ㉡ ② ㉣ < ㉠ < ㉡ < ㉢
③ ㉠ < ㉢ < ㉣ < ㉡ ④ ㉣ < ㉡ < ㉠ < ㉢

답 ③

039

040

※법 개정으로 2문제 삭제

3과목 | 기계기구 및 설비 안전관리

041

다음 중 기계 설비의 안전조건에서 안전화의 종류로 가장 거리가 먼 것은?

① 재질의 안전화 ② 작업의 안전화
③ 기능의 안전화 ④ 외형의 안전화

답 ①

042

다음 중 설비의 진단방법에 있어 비파괴시험이나 검사에 해당하지 않는 것은?

① 피로시험 ② 음향탐상검사
③ 방사선투과시험 ④ 초음파탐상검사

답 ①

043

재료가 변형 시에 외부응력이나 내부의 변형 과정에서 방출되는 낮은 응력파(stress wave)를 감지하여 측정하는 비파괴시험은?

① 와류탐상시험 ② 침투탐상시험
③ 음향탐상시험 ④ 방사선투과시험

답 ③

044

자분탐사검사에서 사용하는 자화방법이 아닌 것은?

① 축통전법 ② 전류관통법
③ 극간법 ④ 임피던스법

답 ④

045

보일러 압력방출장치의 종류에 해당하지 않는 것은?

① 스프링식 ② 중추식
③ 플랜저식 ④ 지렛대식

답 ③

046

상용운전압력 이상으로 압력이 상승할 경우 보일러의 파열을 방지하기 위하여 버너의 연소를 차단하여 열원을 제거함으로써 정상압력으로 유도하는 장치는?

① 압력방출장치 ② 고저수위 조절장치
③ 압력제한 스위치 ④ 언로드밸브

답 ③

047

산업안전보건법령상 지게차의 최대하중의 2배 값이 6톤일 경우 헤드가드의 강도는 몇 톤의 등분포정하중에 견딜 수 있어야 하는가?

① 4 ② 6 ③ 8 ④ 12

답 ①

048

산업안전보건법령상 승강기의 종류로 옳지 않은 것은?

① 승객용 엘리베이터
② 리프트
③ 화물용 엘리베이터
④ 승객화물용 엘리베이터

답 ②

049

크레인의 방호장치에 해당하지 않는 것은?

① 권과방지장치 ② 과부하방지장치
③ 자동보수장치 ④ 비상정지장치

답 ③

050

밀링작업 시 안전 수칙에 관한 설명으로 옳지 않은 것은?

① 칩은 기계를 정지시킨 다음에 브러시 등으로 제거한다.
② 일감 또는 부속장치 등을 설치하거나 제거할 때는 반드시 기계를 정지시키고 작업한다.
③ 커터는 될 수 있는 한 컬럼에서 멀게 설치한다.
④ 강력 절삭을 할 때는 일감을 바이스에 깊게 물린다.

답 ③

051

연삭숫돌의 상부를 사용하는 것을 목적으로 하는 탁상용 연삭기에서 안전덮개의 노출부위 각도는 몇도 이내이어야 하는가?

① 90° 이내 ② 75° 이내
③ 60° 이내 ④ 105° 이내

답 ③

052

작업자의 신체부위가 위험한계 내로 접근하였을 때 기계적인 작용에 의하여 접근을 못하도록 하는 방호장치는?

① 위치제한형 방호장치
② 접근거부형 방호장치
③ 접근반응형 방호장치
④ 감지형 방호장치

답 ②

053

슬라이드 행정수가 100SPM 이하이거나, 행정길이가 50mm 이상의 프레스에 설치해야 하는 방호장치 방식은?

① 양수조작식 ② 수인식
③ 가드식 ④ 광전자식

답 ②

054

프레스기에 금형 설치 및 조정 작업 시 준수하여야 할 안전수칙으로 틀린 것은?

① 금형을 부착하기 전에 하사점 확인한다.
② 금형의 체결은 올바른 치공구를 사용하고 균등하게 체결한다.
③ 금형은 하형부터 잡고 무거운 금형의 받침은 인력으로 하지 않는다.
④ 슬라이드의 불시하강을 방지하기 위하여 안전블록을 제거한다.

답 ④

055

산업안전보건법령에 따라 산업용 로봇의 작동범위에서 교시 등의 작업을 하는 경우에 로봇에 의한 위험을 방지하기 위한 조치사항으로 틀린 것은?

① 2명 이상의 근로자에게 작업을 시킬 경우의 신호방법을 정한다.
② 작업 중의 매니플레이터 속도에 관한 지침을 정하고 그 지침에 따라 작업한다.
③ 작업을 하는 동안 다른 작업자가 작동시킬 수 없도록 기동스위치에 작업 중 표시를 한다.
④ 작업에 종사하고 있는 근로자가 이상을 발견하면 즉시 안전담당자에게 보고하고 계속해서 로봇을 운전한다.

답 ④

056

산업안전보건법령상 아세틸렌 용접장치를 사용하여 금속의 용접·용단 또는 가열작업을 하는 경우 게이지 압력은 얼마를 초과하는 압력의 아세틸렌을 발생시켜 사용하면 안되는가?

① 98kPa ② 127kPa
③ 147kPa ④ 196kPa

답 ②

057

회전하는 동작부분과 고정부분이 함께 만드는 위험점으로 주로 연삭숫돌과 작업대, 교반기의 교반날개와 몸체사이에서 형성되는 위험점은?

① 협착점 ② 절단점 ③ 물림점 ④ 끼임점

답 ④

058

다음 중 기계설계 시 사용되는 안전계수를 나타내는 식으로 틀린 것은?

① $\frac{허용응력}{기초강도}$ ② $\frac{극한강도}{최대설계응력}$

③ $\frac{파단하중}{안전하중}$ ④ $\frac{파괴하중}{최대사용하중}$

답 ①

059

화물중량이 200kgf, 지게차중량이 400kgf, 앞바퀴에서 화물의 무게중심까지의 최단거리가 1m일 때 지게차의 무게중심까지 최단거리는 최소 몇m를 초과해야 하는가?

① 0.2m ② 0.5m ③ 1m ④ 2m

해 화물중량 • 앞바퀴에서 화물무게중심까지 최단거리

≤

지게차중량 • 앞바퀴에서 지게차 무게중심까지 최단거리

$\rightarrow 200 \cdot 1 \leq 400 \cdot X \rightarrow \frac{400}{200} \leq X \rightarrow 0.5 \leq Xm$

답 ②

4과목 | 전기설비 안전관리

060

개구면에서 위험점까지의 거리가 50mm 위치에 풀리(pully)가 회전하고 있다. 가드(Guard)의 개구부 간격으로 설정할 수 있는 최대값은?

① 9mm ② 12mm ③ 13.5mm ④ 25mm

해 가드 설치 시 개구부 간격(mm)

개구부와 위험점 간격 160mm 이상	30
개구부와 위험점 간격 160mm 미만	6+0.15 • 개구부와 위험점 최단거리
위험점이 전동체	6+0.1 • 개구부와 위험점 최단거리

Y = 6 + 0.15X = 6 + 0.15 • 50 = 13.5mm

Y: 개구부 간격

X: 가드와 위험점간의 거리(안전거리)(mm)

답 ③

061

전기설비기술기준에서 정의하는 전압의 구분으로 틀린 것은?

① 교류 저압: 1,000V 이하

② 직류 저압: 1,500V 이하

③ 직류 고압: 1,500V 초과 7,000V 이하

④ 특고압 : 7,000V 이상

답 ④

062

기중 차단기의 기호로 옳은 것은?

① VCB ② MCCB ③ OCB ④ ACB

답 ④

063

전선로를 개로한 후에도 잔류 전하에 의한 감전재해를 방지하기 위하여 방전을 요하는 것은?

① 나선의 가공 송배선 선로
② 전열회로
③ 전동기에 연결된 전선로
④ 개로한 전선로가 전력 케이블로 된 것

답 ④

064

인체감전보호용 누전차단기의 정격감도전류(mA)와 동작시간(초)의 최대값은?

① 10mA, 0.03초　② 20mA, 0.01초
③ 30mA, 0.03초　④ 50mA, 0.1초

답 ③

065

가연성 증기나 먼지 등이 체류할 우려가 있는 장소의 전기회로에 설치하여야 하는 누전경보기의 수신기가 갖추어야 할 성능으로 옳은 것은?

① 음향장치를 가진 수신기
② 차단기구를 가진 수신기
③ 가스감지기를 가진 수신기
④ 분진농도 측정기를 가진 수신기

답 ②

066

전로에 시설하는 기계기구의 금속제 외함에 접지공사를 하지 않아도 되는 경우로 틀린 것은?

① 저압용의 기계기구를 건조한 목재의 마루 위에서 취급하도록 시설한 경우
② 외함 주위에 적당한 절연대 설치한 경우
③ 교류 대지 전압이 300V 이하인 기계기구를 건조한 곳에 시설한 경우
④ 전기용품 및 생활용품 안전관리법의 적용을 받는 2중 절연구조로 되어있는 기계 기구를 시설하는 경우

답 ③

067

정전기 방전현상에 해당되지 않는 것은?

① 연면방전　② 코로나방전
③ 낙뢰방전　④ 스팀방전

답 ④

068

정전기 재해방지를 위한 배관 내 액체의 유속 제한에 관한 사항으로 옳은 것은?

① 저항률이 10^{10} Ω • cm 미만의 도전성 위험물의 배관유속은 7m/s 이하로 할 것
② 에텔, 이황화탄소 등과 같이 유동대전이 심하고 폭발 위험성이 높으면 4m/s 이하로 할 것
③ 물이나 기체를 혼합하는 비수용성 위험물의 배관 내 유속은 5m/s 이하로 할 것
④ 저항률이 10^{10} Ω • cm 이상인 위험물의 배관 내 유속은 배관내경 4인치일 때 10m/s 이하로 할것

답 ①

069

방폭형 기기에 폭발성 가스가 내부로 침입하여 내부에서 폭발이 발생하여도 이 압력에 견디도록 제작한 방폭구조는?

① 내압(d) 방폭구조
② 압력(p) 방폭구조
③ 안전증(e) 방폭구조
④ 본질안전(i)방폭구조

답 ①

070

화염일주한계에 대해 가장 잘 설명한 것은?

① 화염이 발화온도로 전파될 가능성 한계값
② 화염이 전파되는 것을 저지할 수 있는 틈새의 최대 간격치
③ 폭발성 가스와 공기가 혼합되어 폭발한계 내에있는 상태를 유지하는 한계값
④ 폭발성 분위기가 전기 불꽃에 의하여 화염을 일으킬 수 있는 최소의 전류값

답 ②

071

가연성가스가 저장된 탱크의 릴리프밸브가 가끔 작동하여 가연성 가스나 증기가 방출되는 부근의 위험장소 분류는?

① 0종 ② 1종 ③ 2종 ④ 준위험장소

답 ②

072

접지 목적에 따른 분류에서 병원설비의 의료용 전기전자(M · E)기기와 모든 금속부분 또는 도전 바닥에도 접지하여 전위를 동일하게 하기 위한 접지를 무엇이라 하는가?

① 계통 접지
② 등전위 접지
③ 노이즈 방지용 접지
④ 정전기 장해방지 이용 접지

답 ②

073

계통접지로 적합하지 않는 것은?

① TN계통 ② TT계통 ③ IN계통 ④ IT계통

답 ③

074

다음 그림은 심장맥동주기를 나타낸 것이다. T파는 어떤 경우인가?

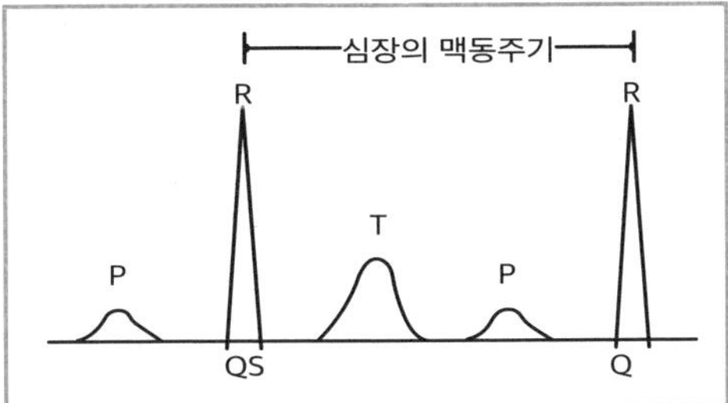

① 심방의 수축에 따른 파형
② 심실의 수축에 따른 파형
③ 심실의 휴식 시 발생하는 파형
④ 심방의 휴식 시 발생하는 파형

답 ③

075

인체가 감전되었을 때 그 위험성을 결정짓는 주요 인자와 거리가 먼 것은?

① 통전시간
② 통전전류의 크기
③ 감전전류가 흐르는 인체부위
④ 교류 전원의 종류

답 ④

076

다음 중 전기화재 시 소화에 적합한 소화기가 아닌 것은?

① 사염화탄소 소화기
② 분말 소화기
③ 산알칼리 소화기
④ CO_2 소화기

답 ③

077

교류 아크 용접기의 자동전격방지장치는 전격의 위험을 방지하기 위하여 아크 발생이 중단된 후 약 1초 이내에 출력측 무부하 전압을 자동적으로 몇V 이하로 저하시켜야 하는가?

① 85 ② 70 ③ 50 ④ 25

답 ④

078

아크방전의 전압전류 특성으로 가장 옳은 것은?

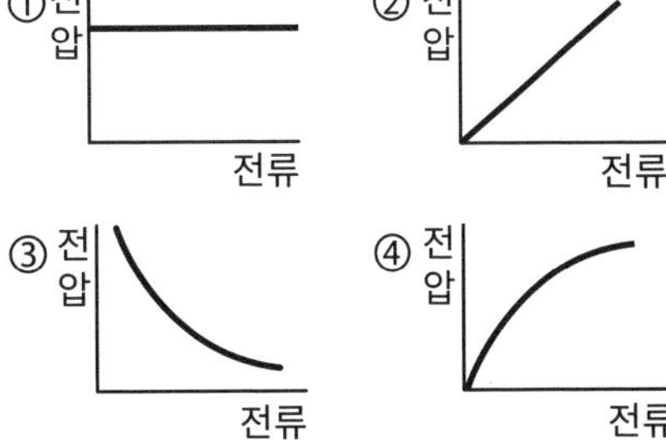

답 ③

079

200A의 전류가 흐르는 단상 전로의 한 선에서 누전되는 최소 전류(mA)의 기준은?

① 100　② 200　③ 10　④ 20

해 누설전류 $= \frac{전류}{2,000} = \frac{200}{2,000} = 0.1A = 100mA$

답 ①

080

최소 착화에너지가 0.26mJ인 가스에 정전용량이 100pF인 대전 물체로부터 정전기 방전에 의하여 착화할 수 있는 전압은 약 몇V인가?

① 2,240　② 2,260　③ 2,280　④ 2,300

해 $W = \frac{1}{2}CV^2$

$\rightarrow V = \sqrt{\frac{2W}{C}} = \sqrt{\frac{2 \cdot 0.26 \cdot 10^{-3}}{100 \cdot 10^{-12}}}$

$= 2,280.35V$

W : 최소착화에너지(J)　C : 정전용량(F)

V : 전압(V)

답 ③

5과목 | 화학설비 안전관리

081

사업주는 안전밸브등의 전단·후단에 차단밸브를 설치해서는 아니 된다. 다만, 별도로 정한 경우에 해당할 때는 자물쇠형 또는 이에 준하는 형식의 차단밸브를 설치할 수 있다. 이에 해당하는 경우가 아닌 것은?

① 화학설비 및 그 부속설비에 안전밸브등이 복수방식으로 설치되어 있는 경우
② 예비용 설비를 설치하고 각각의 설비에 안전밸브등이 설치되어 있는 경우
③ 파열판과 안전밸브를 직렬로 설치한 경우
④ 열팽창에 의하여 상승된 압력을 낮추기 위한 목적으로 안전밸브가 설치된 경우

답 ③

082

건조설비의 구조는 구조부분, 가열장치, 부속설비로 구성되는데 다음 중 "구조부분"에 속하는 것은?

① 보온판　② 열원장치
③ 소화장치　④ 전기설비

답 ①

083

산업안전보건법령에 따라 위험물 건조설비 중 건조실을 설치하는 건축물의 구조를 독립된 단층 건물로 하여야 하는 건조설비가 아닌 것은?

① 위험물 또는 위험물이 발생하는 물질을 가열 · 건조하는 경우 내용적이 $2m^3$인 건조설비
② 위험물이 아닌 물질을 가열 · 건조하는 경우 액체연료의 최대사용량이 5kg/h인 건조설비
③ 위험물이 아닌 물질을 가열 · 건조하는 경우 기체연료의 최대사용량이 $2m^3$/h인 건조설비
④ 위험물이 아닌 물질을 가열 · 건조하는 경우 전기사용 정격용량이 20kW인 건조설비

답 ②

084

다음 중 산업안전보건법상 공정안전보고서에 포함되어야 할 사항으로 가장 거리가 먼 것은?

① 평균안전율 ② 공정안전자료
③ 비상조치계획 ④ 공정위험성 평가서

답 ①

085

다음 중 화학물질 및 물리적 인자의 노출기준에 있어 유해물질대상에 대한 노출기준의 표시단위가 잘못 연결된 것은?

① 분진 : ppm
② 증기 : ppm
③ 가스 : ppm
④ 고온 : 습구흑구온도지수

답 ①

086

다음 중 산화반응에 해당하는 것을 모두 나타낸 것은?

㉮ 철이 공기 중에서 녹이 슬었다. ㉯ 솜이 공기 중에서 불에 탔다.

① ㉮ ② ㉯ ③ ㉮, ㉯ ④ 없음

답 ③

087

산업안전보건법령상 "부식성 산류"에 해당하지 않는 것은?

① 농도 20%인 염산
② 농도 40%인 인산
③ 농도 50%인 질산
④ 농도 60%인 아세트산

답 ②

088

다음 중 인화성 물질이 아닌 것은?

① 에테르 ② 아세톤
③ 에틸알코올 ④ 과염소산칼륨

답 ④

089

다음 중 공기와 혼합 시 최소착화에너지 값이 가장 작은 것은?

① CH_4 ② C_3H_8 ③ C_6H_6 ④ H_2

답 ④

090

아세톤에 대한 설명으로 틀린 것은?

① 증기는 유독하므로 흡입하지 않도록 주의해야 한다.
② 무색이고 휘발성이 강한 액체이다.
③ 비중이 0.79이므로 물보다 가볍다.
④ 인화점이 20℃이므로 여름철에 더 인화 위험이 높다.

답 ④

091

다음 중 아세틸렌을 용해가스로 만들 때 사용되는 용제로 가장 적합한 것은?

① 아세톤 ② 메탄 ③ 부탄 ④ 프로판

답 ①

092

다음 중 CO_2 소화약제의 장점으로 볼 수 없는 것은?

① 기체 팽창률 및 기화 잠열이 작다.
② 액화하여 용기에 보관할 수 있다.
③ 전기에 대해 부도체이다.
④ 자체 증기압이 높기 때문에 자체 압력으로 방사가 가능하다.

답 ①

093

다량의 황산이 가연물과 혼합되어 화재가 발생하였을 경우의 소화방법으로 적절하지 않은 방법은?

① 건조분말로 질식소화를 한다.
② 회(灰)로 덮어 질식소화를 한다.
③ 마른 모래로 덮어 질식소화를 한다.
④ 물을 뿌려 냉각소화 및 질식소화를 한다.

답 ④

094

증기 배관 내에 생성하는 응축수를 제거할 때 증기가 배출되지 않도록 하면서 응축수를 자동적으로 배출하기 위한 장치를 무엇이라 하는가?

① Vent stack ② Steam trap
③ Blow down ④ Relief valve

답 ②

095

다음 가스 중 가장 독성이 큰 것은?

① CO ② $COCl_2$ ③ NH_3 ④ H_2

답 ②

096

연소 및 폭발에 관한 설명으로 옳지 않은 것은?

① 가연성 가스가 산소 중에서는 폭발범위가 넓어진다.
② 화학양론농도 부근에서는 연소나 폭발이 가장 일어나기 쉽고 또한 격렬한 정도도 크다.
③ 혼합농도가 한계농도에 근접함에 따라 연소 및 폭발이 일어나기 쉽고 격렬한 정도도 크다.
④ 일반적으로 탄화수소계의 경우 압력의 증가에 따라 폭발 상한계는 현저하게 증가 하지만, 폭발 하한계는 큰 변화가 없다.

답 ③

097

보기의 물질을 폭발범위가 넓은 것부터 좁은 순서로 바르게 배열한 것은?

• CH_4	• C_3H_8	• CO	• H_2

① CO > H_2 > C_3H_8 > CH_4
② H_2 > CO > CH_4 > C_3H_8
③ C_3H_8 > CO > CH_4 > H_2
④ CH_4 > H_2 > CO > C_3H_8

답 ②

098

안전설계의 기초에 있어 기상폭발대책을 예방대책, 긴급대책, 방호대책으로 나눌 때, 다음 중 방호대책과 가장 관계가 깊은 것은?

① 경보
② 발화의 저지
③ 방폭벽과 안전거리
④ 가연조건 성립저지

답 ③

099

헥산 1vol%, 메탄 2vol%, 에틸렌 2vol%, 공기 95vol%로 된 혼합가스의 폭발하한계 값(vol%)은 약 얼마인가? (단, 헥산, 메탄, 에틸렌의 폭발하한계 값은 각각 1.1, 5, 2.7vol% 이다.)

① 2.44 ② 12.89 ③ 21.78 ④ 48.78

해 공기는고려 X

$$LEL(\%) = \frac{\sum vol\%}{\sum \frac{vol\%}{LEL}} = \frac{1+2+2}{\frac{1}{1.1}+\frac{2}{5}+\frac{2}{2.7}} = 2.44\%$$

LEL : 폭발하한계(%)

답 ①

100

25℃ 액화프로판가스 용기에 10kg의 LPG가 들어있다. 용기가 파열되어 대기압으로 되었다고 한다. 파열되는 순간 증발되는 프로판의 질량은 약 얼마인가?(단, LPG의 비열은 2.4kJ/kg • ℃이고, 표준비점은 −42.2℃ 증발잠열은 384.2kJ/kg이라고 한다.)

① 0.42kg ② 0.52kg ③ 4.20kg ④ 7.62kg

해 $\text{기화량} = \dfrac{\text{열량}}{\text{증발잠열}} = \dfrac{1{,}612.8kJ \cdot kg}{384.2kJ} = 4.2kg$

$\text{열량} = \text{비열} \cdot \text{질량} \cdot \text{온도차}$

$= \dfrac{2.4kJ \cdot 10kg \cdot (25-(-42.2))℃}{kg \cdot ℃}$

$= 1{,}612.8kJ$

답 ③

6과목 | 건설공사 안전관리

101

크레인을 사용하여 작업을 할 때 작업시작 전에 점검하여야 하는 사항에 해당하지 않는 것은?

① 권과방지장치 · 브레이크 · 클러치 및 운전장치의 기능
② 주행로의 상측 및 트롤리가 횡행하는 레일 상태
③ 와이어로프가 통하고 있는 곳의 상태
④ 압력방출장치의 기능

답 ④

102

철골건립 준비를 할 때 준수하여야 할 사항과 가장 거리가 먼 것은?

① 지상 작업장에서 건립준비 및 기계기구를 배치할 경우에는 낙하물의 위험이 없는 평탄한 장소를 선정하여 정비하고 경사지에서 작업대나 임시발판 등을 설치하는 등 안전조치를 한 후 작업하여야 한다.
② 건립작업에 다소 지장이 있다 하더라도 수목은 제거하여서는 안된다.
③ 사용 전에 기계기구에 대한 정비 및 보수를 철저히 실시 하여야 한다.
④ 기계에 부착된 앵커 등 고정장치와 기초 구조 등을 확인하여야 한다.

답 ②

103

철골 건립기계 선정 시 사전 검토사항과 가장 거리가 먼 것은?

① 건립기계의 소음영향
② 건립기계로 인한 일조권 침해
③ 건물 형태
④ 작업반경

답 ②

104

건물 외부에 낙하물 방지망을 설치할 경우 수평면과의 가장 적절한 각도는?

① 5° 이상, 10° 이하
② 10° 이상, 15° 이하
③ 15° 이상, 20° 이하
④ 20° 이상, 30° 이하

답 ④

105

거푸집 및 동바리등을 조립 또는 해체하는 작업을 하는 경우 준수사항으로 옳지 않은 것은?

① 재료, 기구 또는 공구 등을 올리거나 내리는 경우에는 근로자로 하여금 달줄·달포대 등의 사용을 금하도록 할 것
② 낙하·충격에 의한 돌발적 재해를 방지하기 위하여 버팀목을 설치하고 거푸집동바리등을 인양장비에 매단 후에 작업을 하도록 하는 등 필요한 조치를 할 것
③ 비, 눈, 그 밖의 기상상태의 불안정으로 날씨가 몹시 나쁜 경우에는 그 작업을 중지할 것
④ 해당 작업을 하는 구역에는 관계 근로자가 아닌 사람의 출입을 금지할 것

답 ①

106

동바리를 조립하는 경우에 준수해야 할 기준으로 옳지 않은 것은?

① 동바리의 상하고정 및 미끄러짐 방지조치를 하고, 하중의 지지상태를 유지할 것
② 강재의 접속부 및 교차부는 볼트 · 클램프 등 전용철물을 사용해 단단히 연결할 것
③ 동바리로 사용하는 파이프서포트는 파이프서포트를 이어서 사용하는 경우에는 4개 이상의 볼트 또는 전용철물을 사용하여 이을 것
④ 동바리로 사용하는 파이프서포트는 4개 이상이어서 사용하지 않도록 할 것

답 ④

107

철골보 인양 시 준수해야 할 사항으로 옳지 않은 것은?

① 인양 와이어로프의 매달기 각도는 양변 60°를 기준으로 한다.
② 크램프로 부재를 체결할 때는 크램프의 정격용량 이상 매달지 않아야 한다.
③ 크램프는 부재를 수평으로 하는 한 곳의 위치에만 사용하여야 한다.
④ 인양 와이어로프는 후크의 중심에 걸어야 한다.

답 ③

108

강관틀비계의 벽이음에 대한 조립간격 기준으로 옳은 것은? (단, 높이가 5m 미만인 경우 제외)

① 수직방향 5m, 수평방향 5m 이내
② 수직방향 6m, 수평방향 6m 이내
③ 수직방향 6m, 수평방향 8m 이내
④ 수직방향 8m, 수평방양 6m 이내

답 ③

109

다음은 산업안전보건법령에 따른 항타기 또는 항발기에 권상용 와이어로프를 사용하는 경우에 준수하여야 할 사항이다. (　　)안에 알맞은 내용으로 옳은 것은?

> 권상용 와이어로프는 추 또는 해머가 최저의 위치에 있을 때 또는 널말뚝을 빼내기 시작할 때를 기준으로 권상장치의 드럼에 적어도 (　　) 감기고 남을 수 있는 충분한 길이일 것

① 1회　② 2회　③ 4회　④ 6회

답 ②

110

다음은 산업안전보건법령에 따른 화물자동차의 승강설비에 관한 사항이다. (　　)안에 알맞은 내용으로 옳은 것은?

> 사업주는 바닥으로부터 짐 윗면까지의 높이가 (　　) 이상인 화물자동차에 짐을 싣는 작업 또는 내리는 작업을 하는 경우에는 근로자의 추가 위험을 방지하기 위하여 해당 작업에 종사하는 근로자가 바닥과 적재함의 짐 윗면 간을 안전하게 오르내리기 위한 설비를 설치하여야 한다.

① 2m　② 4m　③ 6m　④ 8m

답 ①

111

철륜 표면에 다수의 돌기를 붙여 접지면적을 작게 하여 접지압을 증가시킨 롤러로서 고함수비 점성토 지반의 다짐작업에 적합한 롤러는?

① 탠덤롤러 ② 로드롤러
③ 타이어롤러 ④ 탬핑롤러

답 ④

112

추락방지용 방망 중 그물코의 크기가 5cm인 매듭방망 신품의 인장강도는 최소 몇 kg 이상이어야 하는가?

① 60 ② 110 ③ 150 ④ 200

답 ②

113

부두·안벽 등 하역작업을 하는 장소에서 부두 또는 안벽의 선을 따라 통로를 설치하는 경우에는 폭을 최소 얼마 이상으로 해야 하는가?

① 70cm ② 80cm ③ 90cm ④ 100cm

답 ③

114

철골작업을 중지하여야 하는 기준으로 옳은 것은?

① 1시간당 강설량이 1센티미터 이상인 경우
② 풍속이 초당 15미터 이상인 경우
③ 진도 3 이상의 지진이 발생한 경우
④ 1시간당 강우량이 1센티미터 이상인 경우

답 ①

115

건립 중 강풍에 의한 풍압 등 외압에 대한 내력이 설계에 고려되었는지 확인하여야 하는 철골주조물에 해당하지 않는 것은?

① 이음부가 현장용접인 건물
② 높이 15m인 건물
③ 기둥이 타이플레이트형인 구조물
④ 구조물의 폭과 높이의 비가 1:5인 구조물

답 ②

116

지반의 종류가 모래일 때 굴착면의 기울기 기준으로 옳은 것은?

① 1:0.5~1 ② 1:1~1.5 ③ 1:1.8 ④ 1:0.5

답 ③

117

지반조건에 따른 지반개량공법 중 점성토 개량공법과 가장 거리가 먼 것은?

① 바이브로 플로테이션공법
② 치환공법
③ 압밀공법
④ 생석회 말뚝 공법

답 ①

118

온도가 하강함에 따라 토층수가 얼어 부피가 약 9% 정도 증대하게 됨으로써 지표면이 부풀어오르는 현상은?

① 동상현상 ② 연화현상
③ 리칭현상 ④ 액상화현상

답 ①

119

양중기에 사용하는 와이어로프에서 화물의 하중을 직접 지지하는 달기와이어로프 또는 달기체인의 안전계수 기준은?

① 3 이상 ② 4 이상 ③ 5 이상 ④ 10 이상

답 ③

120

공정률이 65%인 건설현장의 경우 공사 진척에 따른 산업안전보건관리비의 최소 사용기준으로 옳은 것은?

① 40% 이상 ② 50% 이상
③ 60% 이상 ④ 70% 이상

답 ②

2022년(2회차)

1과목 | 산업재해 예방 및 안전보건교육

001

다음 중 매슬로우(Maslow)의 욕구 5단계 이론에 해당되지 않는 것은?

① 생리적 욕구 ② 안전 욕구
③ 감성적 욕구 ④ 존경의 욕구

답 ③

002

A사업장의 현황이 다음과 같을 때 이 사업장의 강도율은?

근로자수: 500명
연근로시간수: 2,400시간
신체장해등급: 2급(3명), 10급(5명)
휴업일수: 1,500일

① 0.22 ② 2.22 ③ 22.28 ④ 222.88

해

구분	사망	신체장해자등급						
	1~3	4	5	6	7	8	9	10
근로손실일수(일)	7,500	5,500	4,000	3,000	2,200	1,500	1,000	600
		11		12		13		14
		400		200		100		50

$$강도율 = \frac{총요양근로손실일수}{연근로시간수} \cdot 10^3$$

$$= \frac{7{,}500 \cdot 3 + 600 \cdot 5 + 1{,}500 \cdot \frac{300}{365}}{500 \cdot 2{,}400} \cdot 10^3$$

$$= 22.28$$

답 ③

003

보호구 자율안전확인 고시상 자율안전확인 보호구에 표시하여야 하는 사항을 모두 고른 것은?

ㄱ. 모델명	ㄴ. 제조번호
ㄷ. 사용기한	ㄹ. 자율안전확인번호

① ㄱ, ㄴ, ㄷ ② ㄱ, ㄴ, ㄹ
③ ㄱ, ㄷ, ㄹ ④ ㄴ ,ㄷ ,ㄹ

답 ②

004

학습지도의 형태 중 참가자에게 일정한 역할을 주어 실제적으로 연기를 시켜봄으로서 자기 역할을 보다 확실히 인식시키는 방법은?

① 포럼(Forum)
② 심포지엄(Symposium)
③ 롤 플레잉(Role playing)
④ 사례연구법(Case study method)

답 ③

005

보호구 안전인증 고시상 전로 또는 평로 등의 작업 시 사용하는 방열두건의 차광도 번호는?

① #2 ~ #3 ②#3 ~ #5 ③ #6 ~ #8 ④ #9 ~ #11

답 ②

006

산업재해의 분석 및 평가를 위하여 재해발생 건수 등의 추이에 대해 한계선을 설정하여 목표관리를 수행하는 재해통계 분석기법은?

① 관리도 ② 안전 T점수
③ 파레토도 ④ 특성 요인도

답 ①

007

산업안전보건법령상 안전보건관리규정 작성 시 포함되어야 하는 사항을 모두 고른 것은? (단, 그 밖에 안전 및 보건에 관한 사항 제외한다.)

ㄱ. 안전보건교육에 관한 사항
ㄴ. 재해사례 연구, 토의결과에 관한 사항
ㄷ. 사고 조사 및 대책 수립에 관한 사항
ㄹ. 작업장 안전보건 관리에 관한 사항
ㅁ. 안전 및 보건에 관한 관리조직과 그 직무에 관한 사항

① ㄱ, ㄴ, ㄷ, ㄹ ② ㄱ, ㄴ, ㄹ, ㅁ
③ ㄱ, ㄷ, ㄹ, ㅁ ④ ㄴ, ㄷ, ㄹ, ㅁ

답 ③

008

하인리히의 사고예방원리 5단계 중 교육 및 훈련의 개선, 인사조정, 안전관리규정 및 수칙의 개선 등을 행하는 단계는?

① 사실의 발견 ② 분석 평가
③ 시정 방법의 선정 ④ 시정책의 적용

답 ③

009

억측판단이 발생하는 배경으로 볼 수 없는 것은?

① 정보가 불확실할 때
② 타인의 의견에 동조할 때
③ 희망적인 관측이 있을 때
④ 과거에 성공한 경험이 있을 때

답 ②

010

재해예방 4원칙에 관한 설명 중 틀린 것은?

① 재해 발생에는 반드시 원인이 존재한다.
② 재해는 원인 제거 불가능하니 예방만이 최선이다.
③ 재해 발생과 손실 발생은 우연적이다.
④ 재해 예방할 수 있는 안전대책은 반드시 존재한다.

답 ②

011

산업안전보건법령상 안전보건진단을 받아 안전보건개선계획의 수립 및 명령을 할 수 있는 대상이 아닌 것은?

① 유해인자의 노출기준을 초과한 사업장
② 산업재해율이 같은 업종 평균 산업재해율의 2배 이상인 사업장
③ 사업주가 필요한 안전조치 또는 보건조치 이행하지 않아 중대재해가 발생한 사업장
④ 상시근로자 1천명 이상인 사업장에서 직업성 질병자가 연간 2명 이상 발생한 사업장

답 ④

012

버드(Bird)의 재해분포에 따르면 20건의 경상(물적, 인적상해)사고가 발생했을 때 무상해·무사고(위험순간) 고장 발생 건수는?

① 200 ② 600 ③ 1,200 ④ 12,000

해 중상, 폐질 : 경상 : 무상해사고 : 무상해, 무사고

1	:	10	:	30	:	600
		20				X

→ 경상 2배니 무상해, 무사고도 2배해서 1,200이다.

답 ③

013

산업안전보건법령상 거푸집 동바리의 조립 또는 해체작업 시 특별교육 내용이 아닌 것은?(단, 그 밖에 안전·보건관리에 필요한 사항은 제외한다.)

① 비계의 조립순서 및 방법에 관한 사항
② 조립 해체 시의 사고 예방에 관한 사항
③ 동바리조립방법 및 작업절차에 관한 사항
④ 조립재료 취급방법 및 설치기준에 관한 사항

답 ①

014

산업안전보건법령상 다음의 안전보건표지 중 기본모형이 다른 것은?

① 위험장소 경고 ② 레이저 광선 경고
③ 방사성 물질 경고 ④ 부식성 물질 경고

답 ④

015

학습정도(Level of learning)의 4단계를 순서대로 나열한 것은?

① 인지 → 이해 → 지각 → 적용
② 인지 → 지각 → 이해 → 적용
③ 지각 → 이해 → 인지 → 적용
④ 지각 → 인지 → 이해 → 적용

답 ②

016

기업 내 정형교육 중 TWI(Training Within Industry)의 교육내용이 아닌 것은?

① Job Method Training
② Job Relation Training
③ Job Instruction Training
④ Job Standardization Training

답 ④

017

레윈(Lewin)의 법칙 B = f(P • E) 중 B가 의미하는 것은?

① 행동 ② 경험 ③ 환경 ④ 인간관계

답 ①

018

재해원인을 직접원인과 간접원인으로 분류할 때 직접원인에 해당하는 것은?

① 물적 원인 ② 교육적 원인
③ 정신적 원인 ④ 관리적 원인

답 ①

019

산업안전보건법상 안전관리자의 업무는?

① 물질안전보건자료의 게시 또는 비치에 관한 보좌 및 지도 · 조언
② 해당 사업장 안전교육 계획의 수립 및 안전교육 실시에 관한 보좌 조언 · 지도
③ 근로자의 건강장해의 원인조사와 재발방지를 위한 의학적 조치
④ 당해 작업에서 발생한 산업재해에 관한 보고 및 이에 대한 응급조치

답 ②

020

헤드십(headship)의 특성에 관한 설명으로 틀린 것은?

① 지휘 형태는 권위주의적이다.
② 상사의 권한 증거는 비공식적이다.
③ 상사와 부하의 관계는 지배적이다.
④ 상사와 부하의 사회적 간격은 넓다.

답 ②

2과목 | 인간공학 및 위험성 평가관리

021

다음 그림에서 시스템 위험분석 기법 중 PHA(예비위험분석)가 실행되는 사이클의 영역으로 맞는 것은?

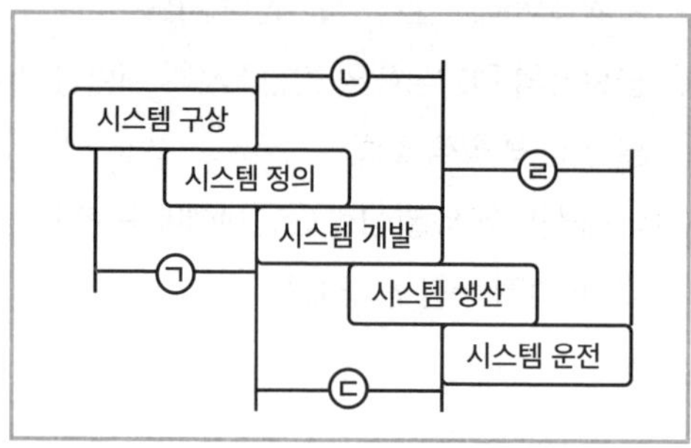

① ㉠ ② ㉡ ③ ㉢ ④ ㉣

답 ①

022

상황해석을 잘못하거나 목표를 잘못 설정하여 발생하는 인간의 오류 유형은?

① 실수(Slip) ② 착오(Mistake)
③ 위반(Violation) ④ 건망증(Lapse)

답 ②

023

휴식 중 에너지소비량은 1.5kcal/min이고, 어떤 작업의 평균 에너지소비량이 6kcal/min이라고 할 때 60분간 총 작업시간 내에 포함되어야 하는 휴식 시간은 약 몇 분인가? (단, 기초대사를 포함한 작업에 대한 평균 에너지소비량의 상한은 5kcal/min이다.)

① 10.3 ② 11.3 ③ 12.3 ④ 13.3

해 휴식시간(분) $= \frac{60(E-5)}{E-1.5} = \frac{60(6-5)}{6-1.5} = 13.33$분

E: 작업 평균 에너지소비량

답 ④

024

밝은 곳에서 어두운 곳으로 갈 때 망막에 시홍이 형성되는 생리적 과정인 암조응이 발생하는데 완전 암조응(Darkadaptation)이 발생하는데 소요되는 시간은?

① 약 3~5분 ② 약 10~15분
③ 약 30~40분 ④ 약 60~90분

답 ③

025

시스템의 수명곡선(욕조곡선)에 있어서 디버깅(Debugging)에 관한 설명으로 옳은 것은?

① 초기 고장의 결함을 찾아 고장률을 안정시키는 과정이다.
② 우발 고장의 결함을 찾아 고장률을 안정시키는 과정이다.
③ 마모 고장의 결함을 찾아 고장률을 안정시키는 과정이다.
④ 기계 결함을 발견하기 위해 동작시험을 하는 기간이다.

답 ①

026

다음 중 인간공학에 대한 설명으로 틀린 것은?

① 인간이 사용하는 물건, 설비, 환경의 설계에 작용된다.
② 인간의 생리적, 심리적인 면에서의 특성이나 한계점을 고려한다.
③ 인간을 작업과 기계에 맞추는 실제 철학이 바탕이 된다.
④ 인간-기계 시스템의 안전성과 편리성, 효율성을 높인다.

답 ③

027

다음 중 HAZOP 기법에서 사용되는 가이드 워드와 그 의미가 잘못 연결된 것은?

① As well as : 성질상의 증가
② More/Less : 정량적인 증가 또는 감소
③ Part of : 성질상의 감소
④ Other than : 기타 환경적인 요인

답 ④

028

다음 FT도에서 최소 컷셋을 올바르게 구한 것은?

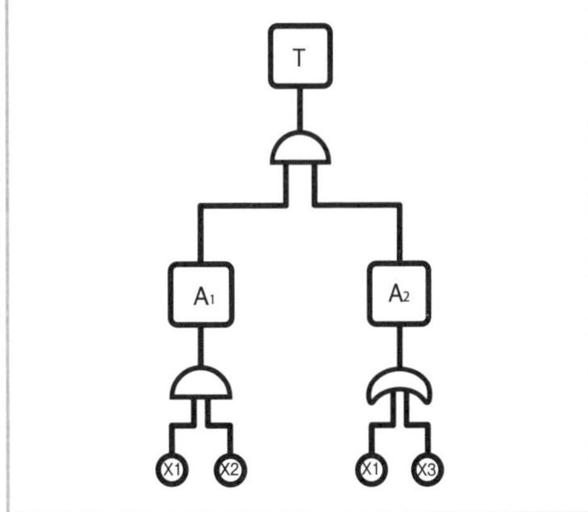

① $(X_1 X_2)$ ② $(X_1 X_3)$ ③ $(X_2 X_3)$ ④ $(X_1 X_2 X_3)$

해 $(X_1 X_2) \cdot (X_1 + X_3) = X_1 X_2 + X_1 X_2 X_3$
→ 최소 컷셋 $= (X_1, X_2)$

답 ①

029

경계 및 경보신호의 설계지침으로 틀린 것은?

① 주의를 환기시키기 위하여 변조된 신호를 사용한다.
② 배경소음의 진동수와 다른 진동수의 신호를 사용한다.
③ 귀는 중음역에 민감하므로 500~3,000Hz의 진동수를 사용한다.
④ 300m 이상의 장거리용으로는 1,000Hz를 초과하는 진동수를 사용한다.

답 ④

030

FTA(Fault Tree Analysis)에서 사용되는 사상 기호 중 통상의 작업이나 기계의 상태에서 재해의 발생 원인이 되는 요소가 있는 것은?

①
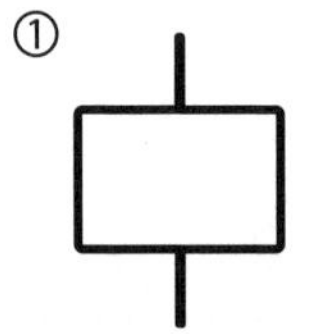
②
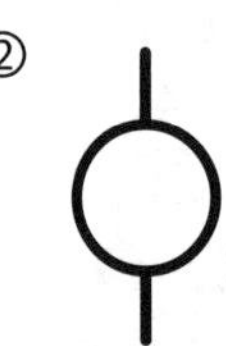
③
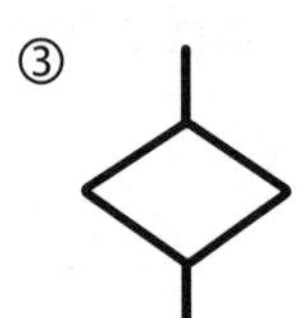
④
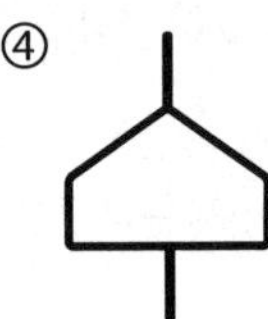

답 ④

031

다음 중 불(Bool) 대수의 정리를 나타낸 관계식으로 틀린 것은?

① $A \cdot 0 = 0$　② $A + 1 = 1$
③ $A \cdot \overline{A} = 1$　④ $A(A + B) = A$

답 ③

032

근골격계질환 작업분석 및 평가 방법인 OWAS의 평가요소를 모두 고른 것은?

ㄱ. 상지　ㄴ. 무게(하중)
ㄷ. 하지　ㄹ. 허리

① ㄱ, ㄴ　② ㄱ, ㄷ, ㄹ
③ ㄴ, ㄷ, ㄹ　④ ㄱ, ㄴ, ㄷ, ㄹ

답 ④

033

다음 중 좌식작업이 가장 적합한 작업은?

① 정밀 조립 작업
② 4.5kg 이상의 중량물을 다루는 작업
③ 작업장이 서로 떨어져 있으며 작업장 간 이동이 잦은 작업
④ 작업자의 정면에서 매우 높거나 낮은 곳으로 손을 자주 뻗어야 하는 작업

답 ①

034

n개의 요소를 가진 병렬 시스템에 있어 요소의 수명(MTTF)이 지수분포를 따를 경우 이 시스템의 수명을 구하는 식으로 맞는 것은?

① $MTTF \cdot n$ ② $MTTF(1+\frac{1}{2}+\cdots+\frac{1}{n})$

③ $MTTF \cdot \frac{1}{n}$ ④ $MTTF(1 \cdot \frac{1}{2} \cdot \cdots \cdot + \frac{1}{n})$

답 ②

035

인간 – 기계 시스템에 관한 설명으로 틀린 것은?

① 자동 시스템에서는 인간요소를 고려하여야 한다.

② 자동차 운전이나 전기 드릴 작업은 반자동 시스템의 예시이다.

③ 자동 시스템에서 인간은 감시, 정비유지, 프로그램 등의 작업을 담당한다.

④ 수동 시스템에서 기계는 동력원을 제공하고 인간의 통제하에서 제품을 생산한다.

답 ④

036

직무에 대하여 청각적 자극 제시에 대한 음성 응답을 하도록 할 때 가장 관련 있는 양립성은?

① 공간적 양립성 ② 양식 양립성

③ 운동 양립성 ④ 개념적 양립성

답 ②

037

다음에서 설명하는 용어는?

> 유해위험요인을 파악하고 해당 유해위험요인에 의한 부상 또는 질병의 발생 가능성과 중대성을 추정 및 결정하고 감소대책을 수립하며 실행하는 일련의 과정

① 위험성 결정 ② 위험성평가

③ 위험빈도 추정 ④ 유해위험요인 파악

답 ②

038

태양광선이 내리쬐는 옥외장소의 자연습구온도 20℃, 흑구온도 18℃, 건구온도 30℃일 때 습구흑구온도지수(WBGT)는?

① 20.6℃ ② 22.5℃ ③ 25.0℃ ④ 28.5℃

해 습구흑구온도지수(WBGT)

– 옥내 또는 옥외(태양광선 없는 장소)

WBGT = 0.7 • 자연습구온도 + 0.3 • 흑구온도

– 옥외(태양광선 있는 장소)

WBGT = 0.7 • 자연습구온도 + 0.2 • 흑구온도 + 0.1 • 건구온도

= 0.7 • 20 + 0.2 • 18 + 0.1 • 30

= 20.6℃

답 ①

039

다음 중 FTA(Fault Tree Analysis)**에 관한 설명으로 가장 적절한 것은?**

① 복잡하고, 대형화된 시스템의 신뢰성 분석에는 적절하지 않다.
② 시스템 각 구성요소의 기능을 정상인가 또는 고장인가로 점진적으로 구분짓는다.
③ "그것이 발생하기 위해서는 무엇이 필요한가"라는 것은 연역적이다.
④ 사건들을 일련의 이분(binary) 의사 결정 분기들로 모형화한다.

답 ③

040

1sone**에 관한 설명으로 (　　) 에 알맞은 수치는?**

1sone : (ㄱ)Hz, (ㄴ)dB의 음압수준을 가진 순음의 크기

① ㄱ : 1,000, ㄴ : 1
② ㄱ : 4,000, ㄴ : 1
③ ㄱ : 1,000, ㄴ : 40
④ ㄱ : 4,000, ㄴ : 40

답 ③

3과목 | 기계기구 및 설비 안전관리

041

와이어로프의 구성요소가 아닌 것은?

① 소선　② 클립　③ 스트랜드　④ 심강

답 ②

042

다음 중 산업용 로봇에 의한 작업 시 안전조치 사항으로 적절하지 않은 것은?

① 로봇이 운전으로 인해 근로자가 로봇에 부딪칠 위험이 있을 때에는 1.8m 이상의 울타리를 설치하여야 한다.
② 작업을 하고 있는 동안 로봇의 기동스위치 등은 작업에 종사하고 있는 근로자가 아닌 사람이 그 스위치 등을 조작할 수 없도록 필요한 조치를 한다.
③ 로봇의 조작방법 및 순서, 작업 중의 매니퓰레이터의 속도 등에 관한 지침에 따라 작업을 하여야 한다.
④ 작업에 종사하는 근로자가 이상을 발견하면, 관리 감독자에게 우선 보고하고, 지시에 따라 로봇의 운전을 정지시킨다.

답 ④

043

밀링 작업 시 안전수칙으로 옳지 않은 것은?

① 테이블 위에 공구나 기타 물건 등을 올려놓지 않는다.
② 제품 치수를 측정할 때는 절삭 공구의 회전을 정지한다.
③ 강력 절삭을 할 때는 일감을 바이스에 짧게 물린다.
④ 상·하, 좌·우 이송장치의 핸들은 사용 후 풀어 둔다.

답 ③

044

다음 중 지게차의 작업 상태별 안정도에 관한 설명으로 틀린 것은? (단, V는 **최고속도**(km/h)**이다**.)

① 기준 부하상태에서 하역작업 시의 좌우 안정도는 6%이다.
② 기준 부하상태에서 하역작업 시의 전후 안정도는 20%이다.
③ 기준 부하상태에서 주행 시의 전후 안정도는 18%이다.
④ 기준 무부하상태에서 주행 시의 좌우 안정도는 (15+1.1V)%이다.

답 ②

045

산업안전보건법상 보일러의 안전한 가동을 위하여 보일러 규격에 맞는 압력방출장치가 2개 이상 설치된 경우에 최고사용압력 이하에서 1개가 작동되고, 다른 압력방출장치는 최고 사용압력의 몇 배 이하에서 작동되도록 부착하여야 하는가?

① 1.03배 ② 1.05배 ③ 1.2배 ④ 1.5배

답 ②

046

금형의 설치, 해체, 운반 시 안전사항에 관한 설명으로 틀린 것은?

① 운반을 위하여 관통 아이볼트가 사용될 때는 구멍 틈새가 최소화되도록 한다.
② 금형을 설치하는 프레스의 T홈 안길이는 설치 볼트 지름의 1/2배 이하로 한다.
③ 고정볼트는 고정 후 가능하면 나사산이 3~4개 정도 짧게 남겨 설치 또는 해체 시 슬라이드 면과의 사이에 협착이 발생하지 않도록 해야한다.
④ 운반 시 상부금형과 하부금형이 닿을 위험이 있을 때는 고정 패드를 이용한 스트랩, 금속재질이나 우레탄 고무의 블록 등을 사용한다.

답 ②

047

선반작업 시 발생하는 칩(chip)으로 인한 재해를 예방하기 위하여 칩을 짧게 끊어지게 하는 것은?

① 방진구 ② 브레이크 ③ 칩브레이커 ④ 덮개

답 ③

048

다음 중 산업안전보건법령상 안전인증대상 방호장치에 해당하지 않는 것은?

① 롤러기 급정지장치
② 압력용기 압력방출용 파열판
③ 압력용기 압력방출용 안전밸브
④ 방폭구조(防爆構造) 전기기계기구 및 부품

답 ①

049

인장강도가 350N/mm²인 강판의 안전율이 4라면 허용응력은 몇 N/mm²인가?

① 76.4 ② 87.5 ③ 98.7 ④ 102.3

해 $\text{안전율} = \dfrac{\text{인장강도}}{\text{허용응력}}$

$\rightarrow \text{허용응력} = \dfrac{\text{인장강도}}{\text{안전율}} = \dfrac{350}{4}$

$= 87.5N/mm^2$

답 ②

050

산업안전보건법령상 강렬한 소음작업에서 데시벨에 따른 노출시간으로 적합하지 않은 것은?

① 100데시벨 이상의 소음이 1일 2시간 이상 발생하는 직업
② 110데시벨 이상의 소음이 1일 30분 이상 발생하는 직업
③ 115데시벨 이상의 소음이 1일 15분 이상 발생하는 직업
④ 120데시벨 이상의 소음이 1일 7분 이상 발생하는 직업

답 ④

051

방호장치 안전인증 고시에 따라 프레스 및 전단기에 사용되는 광전자식 방호장치의 일반구조에 대한 설명으로 가장 적절하지 않은 것은?

① 정상동작표시램프는 녹색, 위험표시램프는 붉은색으로 하며, 근로자가 쉽게 볼 수 있는 곳에 설치해야 한다.
② 슬라이드 하강 중 정전 또는 방호장치의 이상 시에 정지할 수 있는 구조이어야 한다.
③ 방호장치는 릴레이, 리미트 스위치 등의 전기부품의 고장, 전원전압의 변동 및 정전에 의해 슬라이드가 불시에 동작하지 않아야 하며, 사용전원전압의 ±(100분의 10)의 변동에 대하여 정상으로 작동되어야 한다.
④ 방호장치의 감지기능은 규정한 검출영역 전체에 걸쳐 유효하여야 한다.(다만, 블랭킹 기능이 있는 경우 그렇지 않다.)

답 ③

052

산업안전보건법령상 연삭기 작업 시 작업자가 안심하고 작업을 할 수 있는 상태는?

① 탁상용 연삭기에서 숫돌과 작업 받침대의 간격이 5mm이다.
② 덮개 재료의 인장강도는 224MPa이다.
③ 숫돌 교체 후 2분 정도 시험운전을 실시하여 해당 기계의 이상 여부를 확인하였다.
④ 작업 시작 전 1분 정도 시험운전을 실시하여 해당 기계의 이상여부를 확인하였다.

답 ④

053

보기와 같은 기계요소가 단독으로 발생시키는 위험점은?

밀링커터, 둥근 톱날

① 협착점 ② 끼임점 ③ 절단점 ④ 물림점

답 ③

054

크레인의 방호장치에 해당하지 않는 것은?

① 권과방지장치 ② 과부하방지장치
③ 자동보수장치 ④ 비상정지장치

답 ③

055

산업안전보건법령상 프레스 등을 사용하여 작업을 할 때에 작업시작 전 점검 사항으로 가장 거리가 먼 것은?

① 압력방출장치의 기능
② 클러치 및 브레이크의 기능
③ 프레스의 금형 및 고정볼트 상태
④ 1행정 1정지기구·급정지장치 및 비상정지장치의 기능

답 ①

056

설비보전은 예방보전과 사후보전으로 대별된다. 다음 중 예방보전 종류가 아닌 것은?

① 시간계획보전 ② 개량보전
③ 상태기준보전 ④ 적응보전

답 ②

057

천장크레인에 중량 3kN의 화물을 2줄로 매달았을 때 매달기용 와이어(sling wire)에 걸리는 장력은 얼마인가? (단, 슬링와이어 2줄 사이의 각도는 55°이다.)

① 1.3kN ② 1.7kN ③ 2.0kN ④ 2.3kN

해 $장력(kN) = \frac{질량(kN)}{2 \cdot COS(\frac{상부각}{2})} = \frac{3}{2 \cdot COS(\frac{55}{2})}$

$= 1.69kN$

답 ②

058

다음 중 롤러의 급정지 성능으로 적합하지 않은 것은?

① 앞면 롤러 표면 원주속도가 25m/min, 앞면 롤러의 원주가 5m일 때 급정지거리 1.6m 이내

② 앞면 롤러 표면 원주속도가 35m/min, 앞면 롤러의 원주가 7m일 때 급정지거리 2.8m 이내

③ 앞면 롤러 표면 원주속도가 30m/min, 앞면 롤러의 원주가 6m일 때 급정지거리 2.6m 이내

④ 앞면 롤러 표면 원주속도가 20m/min, 앞면 롤러의 원주가 8m일 때 급정지거리 2.6m 이내

해

앞면 롤러의 표면속도(m/min)	급정지거리
30 미만	앞면 롤러 원주의 1/3 이내
30 이상	앞면 롤러 원주의 1/2.5 이내

보기 3번

원주속도 30이니 급정지거리는 원주의 $\frac{1}{2.5}$ 이내

→ $\frac{6}{2.5} = 2.4m$ 이내

답 ③

059

조작자의 신체부위가 위험한계 밖에 위치하도록 기계의 조작 장치를 위험구역에서 일정거리 이상 떨어지게 하는 방호장치를 무엇이라 하는가?

① 덮개형 방호장치　② 접근반응형 방호장치

③ 차단형 방호장치　④ 위치제한형 방호장치

답 ④

060

산업안전보건법령에 따른 아세틸렌 용접장치 발생기실의 구조에 관한 설명으로 옳지 않은 것은?

① 벽은 불연성 재료로 할 것

② 지붕과 천장에는 얇은 철판과 같은 가벼운 불연성 재료를 사용할 것

③ 벽과 발생기 사이에는 작업에 필요한 공간을 확보할 것

④ 배기통을 옥상으로 돌출시키고 그 개구부를 출입부로부터 1.5m 거리 이내에 설치할 것

답 ④

4과목 | 전기설비 안전관리

061

대지에서 용접작업을 하고있는 작업자가 용접봉에 접촉한 경우 통전전류는?

> **용접기의 출력측 무부하전압**: 90V
> **접촉저항(손, 용접봉 등 포함)**: 10kΩ
> **인체 내부저항**: 1kΩ
> **발과 대지의 접촉저항**: 20kΩ

① 약 0.19mA ② 약 0.29mA
③ 약 1.96mA ④ 약 2.90mA

해 $I = \frac{V}{R} = \frac{90}{(10+1+20) \cdot 10^3} = 2.9 \cdot 10^{-3}A$
$= 2.9mA$

답 ④

062

공기 중에 분진운의 형태로 폭발성 분진 분위기가 지속적으로 또는 장기간 또는 빈번히 존재하는 장소는?

① 0종 장소 ② 1종 장소
③ 20종 장소 ④ 21종 장소

답 ③

063

설비의 이상현상에 나타나는 아크(Arc)의 종류가 아닌 것은?

① 단락에 의한 아크
② 지락에 의한 아크
③ 차단기에서의 아크
④ 전선저항에 의한 아크

답 ④

064

정전기 재해방지에 관한 설명 중 잘못된 것은?

① 이황화탄소의 수송 과정에서 배관 내의 유속을 2.5m/s 이상으로 한다.
② 포장 과정에서 용기를 도전성 재료에 접지한다.
③ 인쇄 과정에서 도포량을 적게 하고 접지한다.
④ 작업장 습도를 높여 전하 제거되기 쉽게 한다.

답 ①

065

전로에 지락이 생겼을 때에 자동적으로 전로를 차단하는 장치를 시설해야하는 전기기계의 사용전압 기준은? (단, 금속제 외함을 가지는 저압의 기계 기구로서 사람이 쉽게 접촉할 우려가 있는 곳에 시설되어 있다.)

① 30V 초과 ② 50V 초과
③ 90V 초과 ④ 150V 초과

답 ②

066

다음 중 방폭설비의 보호등급(IP)에 대한 설명으로 옳은 것은?

① 제1 특성숫자가 "1"인 경우 지름 50mm 이상의 외부 분진에 대한 보호
② 제1 특성숫자가 "2"인 경우 지름 10mm 이상의 외부 분진에 대한 보호
③ 제2 특성숫자가 "1"인 경우 지름 50mm 이상의 외부 분진에 대한 보호
④ 제2 특성숫자가 "2"인 경우 지름 10mm 이상의 외부 분진에 대한 보호

답 ①

067

정전기 발생에 영향을 주는 요인에 대한 설명으로 틀린 것은?

① 물체 분리속도가 빠를수록 발생량은 적어진다.
② 접촉면적이 크고 접촉압력이 높을수록 발생량이 많아진다.
③ 물체 표면이 수분이나 기름으로 오염되면 산화 및 부식에 의해 발생량이 많아진다.
④ 정전기의 발생은 처음 접촉, 분리할 때가 최대로 되고 접촉, 분리가 반복됨에 따라 발생량은 감소한다.

답 ①

068

전기기기, 설비 및 전선로 등의 충전유무 등을 확인하기 위한 장비는?

① 위상검출기
② 디스콘 스위치
③ COS
④ 저압 및 고압용 검전기

답 ④

069

이상적인 피뢰기가 가져야 할 성능으로 틀린 것은?

① 제한전압이 낮을 것
② 방전개시전압이 낮을 것
③ 뇌전류 방전능력이 적을 것
④ 속류차단을 확실하게 할 수 있을 것

답 ③

070

접지저항 저감 방법으로 틀린 것은?

① 접지극의 병렬 접지를 실시한다.
② 접지극의 매설 깊이를 증가시킨다.
③ 접지극의 크기를 최대한 작게 한다.
④ 접지극 주변의 토양을 개량하여 대지 저항률을 떨어뜨린다.

답 ③

071

교류 아크용접기의 사용에서 무부하 전압이 80V, 아크 전압 25V, 아크 전류 300A일 경우 효율은 약 몇%인가? (단, 내부손실은 4kW이다.)

① 65.2 ② 70.5 ③ 75.3 ④ 80.6

해 $\text{효율} = \frac{\text{출력}}{\text{출력+내부손실}} \cdot 100$

$= \frac{7,500}{7,500+4,000} \cdot 100$

$= 65.22\%$

$\text{출력} = \text{아크전압} \cdot \text{아크전류} = 25 \cdot 300$

$= 7,500W$

답 ①

072

아크방전의 전압전류 특성으로 가장 옳은 것은?

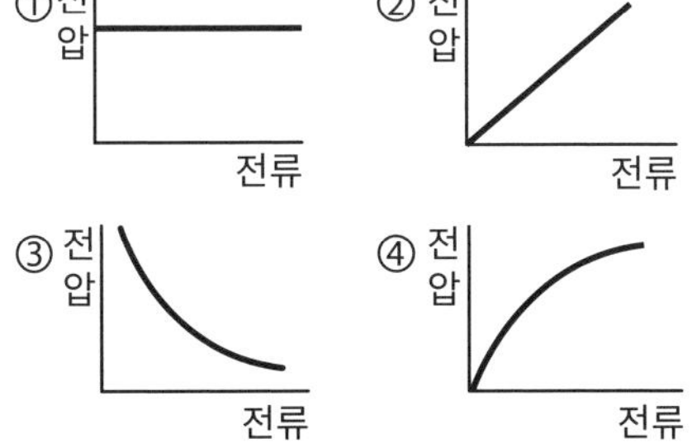

답 ③

073

다음 중 기기보호등급(EPL)에 해당하지 않는 것은?

① EPL Ga ② EPL Ma
③ EPL Dc ④ EPL Mc

답 ④

074

누전차단기의 설치가 필요한 것은?

① 이중절연 구조의 전기기계 · 기구
② 비접지식 전로의 전기기계 · 기구
③ 절연대 위에서 사용하는 전기기계 · 기구
④ 도전성이 높은 장소의 전기기계 · 기구

답 ④

075

다음 설명이 나타내는 현상은?

> 전압이 인가된 이극 도체간의 고체 절연물 표면에 이물질이 부착되면 미소방전 발생한다. 이 미소방전이 반복되면서 절연물 표면에 도전성 통로가 형성되는 현상

① 흑연화현상 ② 트래킹현상
③ 반단선현상 ④ 절연이동현상

답 ②

076

다음 중 방폭구조의 종류가 아닌 것은?

① 본질안전 방폭구조
② 고압 방폭구조
③ 압력 방폭구조
④ 내압 방폭구조

답 ②

077

심실세동 전류 $I = \frac{165}{\sqrt{T}} mA$라면 심실세동 시 인체에 직접 받는 전기에너지(cal)는 약 얼마인가? (단, t는 통전시간으로 1초이며, 인체의 저항은 500Ω으로 한다.)

① 0.52 ② 1.35 ③ 2.14 ④ 3.27

해 $Q = I^2Rt = (\frac{165}{\sqrt{1}})^2 \cdot 500 \cdot 1 = 13.613J$

$= \frac{13.613J \cdot 1cal}{4.184J}$

$= 3.25cal$

Q: 발열량(J) I: 전류(A) R: 저항(Ω)

t: 통전시간(s)

답 ④

078

위험방지를 위한 전기기계·기구의 설치 시 고려할 사항으로 거리가 먼 것은?

① 전기기계·기구의 충분한 전기적 용량 및 기계적 강도

② 전기기계·기구의 안전효율을 높이기 위한 시간 가동률

③ 습기·분진 등 사용장소의 주위 환경

④ 전기적·기계적 방호수단의 적정성

답 ②

079

정전작업 시 조치사항으로 부적합한 것은?

① 작업 전 전기설비 잔류전하를 확실히 방전한다.

② 개로된 전로의 충전여부를 검전기구에 의하여 확인한다.

③ 개폐기에 시건장치를 하고 통전금지에 관한 표지판은 제거한다.

④ 예비 동력원의 역송전에 의한 감전의 위험을 방지하기 위해 단락접지 기구를 사용하여 단락 접지를 한다.

답 ③

080

정전기로 인한 화재 폭발의 위험이 가장 높은 것은?

① 드라이클리닝설비 ② 농작물 건조기

③ 가습기 ④ 전동기

답 ①

5과목 | 화학설비 안전관리

081

산업안전보건법에서 정한 위험물질을 기준량 이상 제조하거나 취급하는 화학설비로서 내부의 이상상태를 조기에 파악하기 위하여 필요한 온도계·유량계·압력계 등의 계측장치를 설치하여야 하는 대상이 아닌 것은?

① 가열로 또는 가열기
② 증류·정류·증발·추출 등 분리를 하는 장치
③ 반응폭주 등 이상 화학반응에 의하여 위험물질이 발생할 우려가 있는 설비
④ 흡열반응이 일어나는 반응장치

답 ④

082

다음 중 퍼지의 종류에 해당하지 않는 것은?

① 압력퍼지 ② 진공퍼지
③ 스위프퍼지 ④ 가열퍼지

답 ④

083

에틸렌(C_2H_4)이 완전연소하는 경우 다음의 Jones을 이용하여 계산할 경우 연소하한계는 약 몇 vol%인가?

jones식 : $LFL = 0.55 \cdot C_{st}$

① 0.55 ② 3.59 ③ 6.3 ④ 8.5

해 에틸렌 $C_2H_4 \rightarrow a{:}2 \quad b{:}4$

$LFL = 0.55 \cdot C_{st} = 0.55 \cdot 6.53 = 3.59\%$

$$C_{st} = \frac{5{,}000}{1+4.77(a+\frac{b-c-2d}{4})} = \frac{5{,}000}{1+4.77(2+\frac{4-0-2\cdot 0}{4})} = 6.53\%$$

a : 탄소 b : 수소 c : 할로겐 d : 산소

답 ②

084

가스를 화학적 특성에 따라 분류할 때 독성가스가 아닌 것은?

① 황화수소(H_2S) ② 시안화수소(HCN)
③ 이산화탄소(CO_2) ④ 산화에틸렌(C_2H_4O)

답 ③

085

다음 중 폭발 방호대책과 가장 거리가 먼 것은?

① 불활성화(inerting)
② 억제(suppression)
③ 방산(venting)
④ 봉쇄(containment)

답 ①

086

질화면(Nitrocellulose)은 저장 · 취급 중에는 에틸알콜 또는 이소프로필알콜로 습면의 상태로 되어있다. 그 이유를 바르게 설명한 것은?

① 질화면은 건조 상태에서는 자연발열을 일으켜 분해 폭발의 위험이 존재하기 때문이다.
② 질화면은 알콜과 반응하여 안정한 물질을 만들기 때문이다.
③ 질화면은 건조 상태에서 공기 중의 산소와 환원 반응을 하기 때문이다.
④ 질화면은 건조상태에서 용이하게 중합물을 형성하기 때문이다.

답 ①

087

다음 중 분진폭발의 특징으로 옳은 것은?

① 가스폭발보다 연소시간이 짧고, 발생 에너지가 작다.
② 압력의 파급속도보다 화염의 파급속도가 빠르다.
③ 가스폭발에 비해 불완전연소가 적게 발생한다.
④ 주위의 분진에 의해 2차, 3차의 폭발로 파급될 수 있다.

답 ④

088

크롬에 대한 설명으로 옳은 것은?

① 은백색 광택이 있는 금속이다.
② 중독 시 미나마타병이 발병한다.
③ 비중이 물보다 작은 값을 나타낸다.
④ 3가 크롬이 인체에 가장 유해하다.

답 ①

089

화염방지기의 설치에 관한 사항으로 (　　) 에 알맞은 것은?

> 사업주는 인화성 액체 및 인화성 가스를 저장 · 취급하는 화학설비에서 증기나 가스를 대기로 방출하는 경우에는 외부로부터의 화염을 방지하기 위하여 화염방지기를 그 설비 (　　)에 설치해야 한다.

① 상단　② 하단　③ 중앙　④ 무게중심

답 ①

090

열교환탱크 외부를 두께 0.2m의 단열재(열전도율 k = 0.037kcal/m·h·℃)로 보온하였더니 단열재 내면은 40℃, 외면은 20℃이었다. 면적 $1m^2$당 1시간에 손실되는 열량(kcal)은?

① 0.0037　② 0.037　③ 1.37　④ 3.7

해 열량 = 열전도율 • $\frac{\triangle 온도}{두께}$

$$= \frac{0.037kcal \cdot (40-20)℃ \cdot 1m^2 \cdot 1h}{m \cdot h \cdot ℃ \cdot 0.2m}$$

$$= 3.7kcal$$

답 ④

091

산업안전보건법령상 다음 인화성 가스의 정의에서 (　　) 안에 알맞은 값은?

> 인화성 가스란 인화한계 농도의 최저한도가 (㉠)% 이하 또는 최고한도와 최저한도의 차가 (㉡)% 이상인 것으로서 표준압력(101.3kPa), 20℃에서 가스상태인 물질을 말한다.

① ㉠ 13, ㉡ 12　② ㉠ 13, ㉡ 15
③ ㉠ 12, ㉡ 13　④ ㉠ 12, ㉡ 15

답 ①

092

액체 표면에서 발생한 증기농도가 공기 중에서 연소하한농도가 될 수 있는 가장 낮은 액체온도를 무엇이라 하는가?

① 인화점　② 비등점　③ 연소점　④ 발화온도

답 ①

093

위험물의 저장방법으로 적절하지 않은 것은?

① 탄화칼슘은 물 속에 저장한다.
② 벤젠은 산화성 물질과 격리시킨다.
③ 금속나트륨은 석유 속에 저장한다.
④ 질산은 갈색병에 넣어 냉암소에 보관한다.

답 ①

094

다음 중 열교환기의 보수에 있어 일상점검항목과 정기적 개방점검항목으로 구분할 때 일상점검항목으로 거리가 먼 것은?

① 도장의 노후상황
② 부착물에 의한 오염의 상황
③ 보온재, 보냉재의 파손여부
④ 기초볼트의 체결정도

답 ②

095

다음 중 반응기의 구조 방식에 의한 분류에 해당하는 것은?

① 유동층형 반응기　② 연속식 반응기
③ 반회분식 반응기　④ 회분식 반응기

답 ①

096

다음 중 공기 중 최소 발화에너지값이 가장 작은 물질은?

① 에틸렌 ② 아세트알데히드 ③ 메탄 ④ 에탄

답 ①

097

다음 [표]의 가스를 위험도가 큰 것부터 작은 순으로 나열한 것은?

물질명	폭발하한값	폭발상한값
수소	4.0 vol%	75.0 vol%
산화에틸렌	3.0 vol%	80.0 vol%
이황화탄소	1.25 vol%	44.0 vol%
아세틸렌	2.5 vol%	81.0 vol%

① 아세틸렌 - 산화에틸렌 - 이황화탄소 - 수소
② 아세틸렌 - 산화에틸렌 - 수소-이황화탄소
③ 이황화탄소 - 아세틸렌 - 수소-산화에틸렌
④ 이황화탄소 - 아세틸렌 - 산화에틸렌-수소

해 $\text{위험도} = \frac{\text{폭발상한값} - \text{폭발하한값}}{\text{폭발하한값}}$

$\text{수소} = \frac{75-4}{4} = 17.75$

$\text{산화에틸렌} = \frac{80-3}{3} = 25.67$

$\text{이황화탄소} = \frac{44-1.25}{1.25} = 34.2$

$\text{아세틸렌} = \frac{81-2.5}{2.5} = 31.4$

∴ 위험도:
이황화탄소>아세틸렌>산화에틸렌>수소

답 ④

098

알루미늄분이 고온의 물과 반응하였을 때 생성되는 가스는?

① 산소 ② 수소 ③ 메탄 ④ 에탄

답 ②

099

메탄, 에탄, 프로판의 폭발하한계가 각각 5vol%, 3vol%, 2.5vol%일 때 다음 중 폭발하한계가 가장 낮은 것은? (단, Le Chatelier의 혼합법칙을 이용한다.)

① 메탄 20vol%, 에탄 30vol%, 프로판 50vol%의 혼합가스
② 메탄 30vol%, 에탄 30vol%, 프로판 40vol%의 혼합가스
③ 메탄 40vol%, 에탄 30vol%, 프로판 30vol%의 혼합가스
④ 메탄 50vol%, 에탄 30vol%, 프로판 20vol%의 혼합가스

해 $LEL(\%) = \frac{\sum vol\%}{\sum \frac{vol\%}{LEL}}$ LEL:폭발하한계(%)

$(1) = \frac{20+30+50}{\frac{20}{5}+\frac{30}{3}+\frac{50}{2.5}} = 2.94\%$

$(2) = \frac{30+30+40}{\frac{30}{5}+\frac{30}{3}+\frac{40}{2.5}} = 3.13\%$

$(3) = \frac{40+30+30}{\frac{40}{5}+\frac{30}{3}+\frac{30}{2.5}} = 3.33\%$

$(4) = \frac{50+30+20}{\frac{50}{5}+\frac{30}{3}+\frac{20}{2.5}} = 3.57\%$

→ (1)이 가장 낮다.

답 ①

100

고압가스 용기 파열사고의 주요 원인 중 하나는 용기의 내압력(耐壓力) 부족이다. 다음 중 내압력 부족의 원인으로 틀린 것은?

① 용기 내벽의 부식
② 강재의 피로
③ 과잉 충전
④ 용접 불량

답 ③

6과목 | 건설공사 안전관리

101

동바리를 조립하는 경우에 준수하여야 할 안전조치기준으로 옳지 않은 것은?

① 동바리로 사용하는 강관은 높이 2m 이내마다 수평연결재를 2개 방향으로 만들고 수평연결재의 변위를 방지할 것
② 동바리로 사용하는 파이프 서포트는 3개 이상이어서 사용하지 않도록 할 것
③ 동바리로 사용하는 파이프 서포트를 이어서 사용하는 경우에는 3개 이상의 볼트 또는 전용 철물을 사용하여 이을 것
④ 동바리로 사용하는 강관틀과 강관틀 사이에는 교차가새를 설치할 것

답 ③

102

고소작업대를 설치 및 이동하는 경우에 준수하여야 할 사항으로 옳지 않은 것은?

① 와이어로프 또는 체인의 안전율은 3 이상일 것
② 붐의 최대 지면경사각을 초과 운전하여 전도되지 않도록 할 것
③ 고소작업대를 이동하는 경우 작업대를 가장 낮게 내릴 것
④ 작업대에 끼임 · 충돌 등 재해를 예방하기 위한 가드 또는 과상승방지장치를 설치할 것

답 ①

103

건설공사의 유해위험방지계획서 제출 기준일로 옳은 것은?

① 당해공사 착공 1개월 전까지
② 당해공사 착공 15일 전까지
③ 당해공사 착공 전날까지
④ 당해공사 착공 15일 후까지

답 ③

104

철골건립 준비를 할 때 준수하여야 할 사항과 가장 거리가 먼 것은?

① 지상 작업장에서 건립준비 및 기계기구를 배치할 경우에는 낙하물의 위험이 없는 평탄한 장소를 선정하여 정비하고 경사지에서 작업대나 임시발판 등을 설치하는 등 안전조치를 한 후 작업하여야 한다.
② 건립작업에 다소 지장이 있다 하더라도 수목은 제거하여서는 안된다.
③ 사용 전에 기계기구에 대한 정비 및 보수를 철저히 실시 하여야 한다.
④ 기계에 부착된 앵커 등 고정장치와 기초 구조 등을 확인하여야 한다.

답 ②

105

통로발판을 설치하여 사용함에 있어 준수사항으로 옳지 않은 것은?

① 추락의 위험이 있는 곳에는 안전난간이나 철책을 설치하여야 한다.
② 작업발판의 최대폭은 1.6m 이내이어야 한다.
③ 비계발판의 구조에 따라 최대 적재하중을 정하고 이를 초과하지 않도록 해야 한다.
④ 발판을 겹쳐 이음하는 경우 장선 위에서 이음을 하고 겹침길이는 10cm 이상으로 하여야 한다.

답 ④

106

다음 중 유해위험방지계획서 제출 대상 공사가 아닌 것은?

① 지상높이가 30m인 건축물 건설공사
② 최대지간길이가 50m인 교량건설공사
③ 터널 건설공사
④ 깊이가 11m인 굴착공사

답 ①

107

항타기 또는 항발기의 사용 시 준수사항으로 옳지 않은 것은?

① 증기나 공기를 차단하는 장치를 작업관리자가 쉽게 조작할 수 있는 위치에 설치한다.
② 해머의 운동에 의하여 증기호스 또는 공기호스와 해머의 접속부가 파손되거나 벗겨지는 것을 방지하기 위하여 그 접속부가 아닌 부위를 선정하여 증기호스 또는 공기호스를 해머에 고정시킨다.
③ 항타기나 항발기의 권상장치의 드럼에 권상용 와이어로프가 꼬인 경우에는 와이어로프에 하중을 걸어서는 안된다.
④ 항타기나 항발기의 권상장치에 하중을 건 상태로 정지하여 두는 경우에는 쐐기장치 또는 역회전방지용 브레이크를 사용하여 제동하는 등 확실하게 정지시켜 두어야 한다.

답 ①

108

건설작업용 타워크레인의 안전장치가 아닌 것은?

① 권과방지장치 ② 과부하 방지장치
③ 브레이크 장치 ④ 호이스트 스위치

답 ④

109

이동식비계를 조립하여 작업을 하는 경우의 준수사항으로 옳지 않은 것은?

① 비계의 최상부에서 작업을 하는 경우에는 안전난간을 설치할 것
② 작업발판은 항상 수평을 유지하고 작업발판 위에서 안전난간을 딛고 작업을 하거나 받침대 또는 사다리를 사용하여 작업하지 않도록 할 것
③ 작업발판의 최대적재하중은 150kg을 초과하지 않도록 할 것
④ 이동식비계의 바퀴에는 뜻밖의 갑작스러운 이동 또는 전도를 방지하기 위하여 브레이크·쐐기 등으로 바퀴를 고정시킨 다음 비계의 일부를 견고한 시설물에 고정하거나 아웃트리거(outrigger)를 설치하는 등 필요한 조치를 할 것

답 ③

110

다음 중 토석붕괴의 원인이 아닌 것은?

① 절토 및 성토의 높이 증가
② 사면, 법면의 경사 및 기울기의 증가
③ 토석의 강도 상승
④ 지표수 · 지하수의 침투에 의한 토사 중량의 증가

답 ③

111

건설용 리프트의 붕괴 등을 방지하기 위해 받침의 수를 증가시키는 등 안전조치를 하여야 하는 순간풍속 기준은?

① 초당 15m 초과 ② 초당 25m 초과
③ 초당 35m 초과 ④ 초당 45m 초과

답 ③

112

토사붕괴에 따른 재해를 방지하기 위한 흙막이 지보공 설비(부재)가 아닌 것은?

① 흙막이판 ② 말뚝 ③ 턴버클 ④ 띠장

답 ③

113

가설구조물의 특징으로 옳지 않은 것은?

① 연결재가 적은 구조로 되기 쉽다.
② 부재 결합이 간략하여 불안전 결합이다.
③ 구조물이라는 개념이 확고하여 조립의 정밀도가 높다.
④ 사용부재는 과소단면이거나 결함재가 되기 쉽다.

답 ③

114

건설현장에 설치하는 사다리식 통로의 설치기준으로 옳지 않은 것은?

① 발판과 벽과의 사이는 15cm 이상의 간격을 유지할 것
② 발판의 간격은 일정하게 할 것
③ 사다리의 상단은 걸쳐놓은 지점으로부터 60cm 이상 올라가도록 할 것
④ 사다리식 통로의 길이가 10m 이상인 경우에는 3m 이내마다 계단참을 설치할 것

답 ④

115

가설통로를 설치하는 경우 준수하여야 할 기준으로 옳지 않은 것은?

① 경사는 30° 이하로 할 것
② 경사가 15°를 초과하는 경우에는 미끄러지지 아니하는 구조로 할 것
③ 수직갱에 가설된 통로의 길이가 15m 이상인 때에는 15m 이내마다 계단참을 설치할 것
④ 건설공사에 사용하는 높이 8m 이상의 비계다리에는 7m 이내마다 계단참을 설치할 것

답 ③

116

건설업 산업안전보건관리비 계상 및 사용기준(고용노동부 고시)은 산업재해보상보험법의 적용을 받는 공사 중 총 공사금액이 얼마 이상인 공사에 적용하는가?

①4천만원 ②3천만원 ③2천만원 ④1천만원

답 ③

117

사업의 종류가 건설업이고, 공사금액이 850억원일 경우 산업안전보건법령에 따른 안전관리자를 최소 몇 명 이상 두어야 하는가? (단, 상시근로자는 600명으로 가정)

① 1명 ② 2명 ③ 3명 ④ 4명

답 ②

118

동바리의 침하를 방지하기 위한 직집적인 조치로 옳지 않은 것은?

① 수평연결재 사용 ② 깔판의 사용
③ 콘크리트의 타설 ④ 말뚝박기

답 ①

119

달비계에 사용하는 와이어로프의 사용금지 기준으로 틀린 것은?

① 이음매가 있는 것
② 열과 전기 충격에 의해 손상된 것
③ 지름의 감소가 공칭지름의 7%를 초과하는 것
④ 와이어로프의 한 꼬임에서 끊어진 소선의 수가 7% 이상인 것

답 ④

120

※법 개정으로 1문제 삭제

2021년(3회차)

1과목 | 산업재해 예방 및 안전보건교육

001

학습자가 자신의 학습속도에 적합하도록 프로그램 자료를 가지고 단독으로 학습하도록 하는 안전교육 방법은?

① 실연법 ② 모의법
③ 토의법 ④ 프로그램 학습법

답 ④

002

헤드십(headship)의 특성에 관한 설명으로 틀린 것은?

① 지휘 형태는 권위주의적이다.
② 상사의 권한 증거는 비공식적이다.
③ 상사와 부하의 관계는 지배적이다.
④ 상사와 부하의 사회적 간격은 넓다.

답 ②

003

산업안전보건법령상 특정행위의 지시 및 사실의 고지에 사용되는 안전보건표지의 색도 기준으로 옳은 것은?

① 2.5G 4/10 ② 5Y 8.5/12
③ 2.5PB 4/10 ④ 7.5R 4/14

답 ③

004

인간관계의 메커니즘 중 다른 사람의 행동 양식이나 태도를 투입시키거나 다른 사람 가운데서 자기와 비슷한 것을 발견하는 것은?

① 공감 ② 모방 ③ 동일화 ④ 일체화

답 ③

005

다음의 교육내용과 관련 있는 교육은?

1. 작업 동작 및 표준작업방법 습관화
2. 공구, 보호구 등 관리 및 취급태도 확립
3. 작업 전후 점검, 검사요령 정확화 및 습관화

① 지식교육 ② 기능교육
③ 태도교육 ④ 문제해결교육

답 ③

006

데이비스(K.Davis)의 동기부여 이론에 관한 등식에서 그 관계가 틀린 것은?

① 지식×기능=능력
② 상황×능력=동기유발
③ 능력×동기유발=인간의 성과
④ 인간의 성과×물질의 성과=경영의 성과

답 ②

007

산업안전보건법령상 보호구 안전인증 대상 방독마스크의 유기화합물용 정화통 외부 측면 표시 색으로 옳은 것은?

① 갈색 ② 녹색 ③ 회색 ④ 노랑색

답 ①

008

재해원인 분석기법의 하나인 특성요인도의 작성 방법에 대한 설명으로 틀린 것은?

① 큰 뼈는 특성이 일어나는 요인이라고 생각되는 것을 크게 분류하여 기입한다.
② 등뼈는 원칙정에서 우측에서 좌측으로 향하여 가는 화살표를 기입한다.
③ 특성의 결정은 무엇에 대한 특성요인도를 작성할 것인가를 결정하고 기입한다.
④ 중뼈는 특성이 일어나는 큰뼈의 요인마다 다시 미세하게 원인을 결정해 기입한다.

답 ②

009

TWI의 교육 내용 중 인간관계 관리방법 즉 부하 통솔법을 주로 다루는 것은?

① JST(Job Safety Training)
② JMT(Job Method Training)
③ JRT(Job Relation Training)
④ JIT(Job Instruction Training)

답 ③

010

산업안전보건법령에 따른 안전보건관리규정에 포함되어야 할 세부 내용이 아닌 것은?

① 위험성 감소대책 수립 및 시행에 관한 사항
② 하도급 사업장에 대한 안전·보건관리에 관한 사항
③ 질병자의 근로 금지 및 취업 제한 등에 관한 사항
④ 물질안전보건자료에 관한 사항

답 ④

011

재해조사에 관한 설명으로 틀린 것은?

① 조사목적에 무관한 조사는 피한다.
② 조사는 현장을 정리한 후에 실시한다.
③ 목격자나 현장 책임자의 진술을 듣는다.
④ 조사자는 객관적이고 공정한 입장을 취해야 한다.

답 ②

012

산업안전보건법령상 안전보건표지의 종류 중 경고표지의 기본모형(형태)이 다른 것은?

① 고압전기 경고　② 방사성물질 경고
③ 폭발성물질 경고　④ 매달린 물체 경고

답 ③

013

헤링(Hering)의 착시현상에 해당하는 것은?

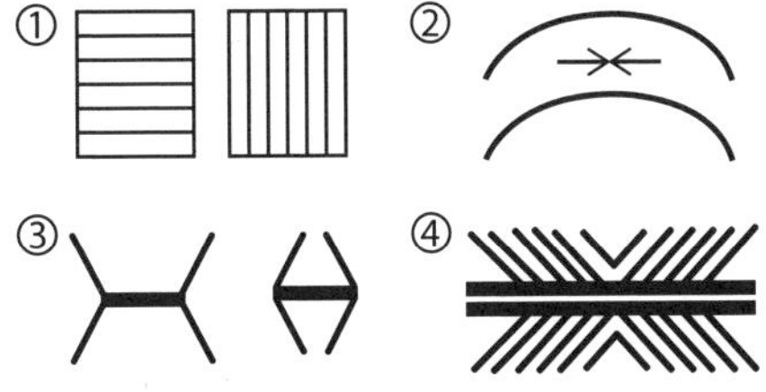

답 ④

014

도수율이 24.5이고, 강도율이 1.15인 사업장에서 한 근로자가 입사하여 퇴직할 때까지의 근로손실일수는?

① 2.45일　② 115일　③ 215일　④ 245일

해 근로자가 입사하여 퇴직할 때까지의 근로손실일수
= 환산강도율 = 강도율 • 100
= 1.15 • 100 = 115일

답 ②

015

학습이론 중 자극과 반응이론이라 볼 수 없는 것은?

① Kohler의 통찰설
② Thorndike의 시행착오설
③ Pavlov의 조건반사설
④ Skinner의 조작적 조건화설

답 ①

016

하인리히의 사고예방원리 5단계 중 교육 및 훈련의 개선, 인사조정, 안전관리규정 및 수칙의 개선 등을 행하는 단계는?

① 사실의 발견　② 분석 평가
③ 시정 방법의 선정　④ 시정책의 적용

답 ③

017

산업안전보건법령상 관리감독자 대상 정기 안전보건교육의 교육내용으로 옳은 것은?

① 작업 개시 전 점검에 관한 사항
② 정리정돈 및 청소에 관한 사항
③ 작업공정의 유해 · 위험과 재해 예방대책에 관한 사항
④ 기계 · 기구의 위험성과 작업의 순서 및 동선에 관한 사항

답 ③

018

산업안전보건법령상 협의체 구성 및 운영에 관한 사항으로 (　　)에 알맞은 내용은?

> 도급인은 관계수급인 근로자가 도급인의 사업장에서 작업을 하는 경우 도급인과 수급인을 구성원으로 하는 안전 및 보건에 관한 협의체를 구성 및 운영하여야 한다. 이 협의체는 (　　) 정기적으로 회의를 개최하고 그 결과를 기록, 보존해야 한다.

① 매월 1회 이상　② 2개월마다 1회
③ 3개월마다 1회　④ 6개월마다 1회

답 ①

019

산업안전보건법령상 프레스를 사용하여 작업을 할 때 작업시작 전 점검사항으로 틀린 것은?

① 방호장치의 기능
② 언로드밸브의 기능
③ 금형 및 고정볼트 상태
④ 클러치 및 브레이크의 기능

답 ②

020

※법 개정으로 1문제 삭제

2과목 | 인간공학 및 위험성 평가관리

021

다음 중 은행 창구나 슈퍼마켓의 계산대에 적용하기에 가장 적합한 인체 측정 자료의 응용 원칙은?

① 평균치 설계　② 최대 집단치 설계
③ 극단치 설계　④ 최소 집단치 설계

답 ①

022

위험분석기법 중 고장이 시스템의 손실과 인명의 사상에 연결되는 높은 위험도를 가진 요소나 고장의 형태에 따른 분석법은?

① CA　② ETA　③ FHA　④ FTA

답 ①

023

작업장의 설비 3대에서 각각 80dB, 86dB, 78dB의 소음이 발생되고 있을 때 작업장의 음압 수준은?

① 81.3dB　② 85.5dB　③ 87.5dB　④ 90.3dB

해 $\text{전체소음} = 10log(10^{\frac{A}{10}} + 10^{\frac{B}{10}} + 10^{\frac{C}{10}})$

$= 10log(10^{\frac{80}{10}} + 10^{\frac{86}{10}} + 10^{\frac{78}{10}})$

$= 87.49dB$

답 ③

024

다음 중 일반적인 화학설비에 대한 안전성 평가(safety assessment) 절차에 있어 안전대책 단계에 해당되지 않는 것은?

① 보전　② 설비 대책
③ 위험도 평가　④ 관리적 대책

답 ③

025

욕조곡선에서의 고장형태에서 일정한 형태의 고장률이 나타나는 구간은?

① 초기 고장구간　② 마모 고장구간
③ 피로 고장구간　④ 우발 고장구간

답 ④

026

음량수준을 평가하는 척도와 관계없는 것은?

① HSI　② phon　③ dB　④ sone

답 ①

027

실효온도(effective temperature)에 영향을 주는 요인이 아닌 것은?

① 온도　② 습도　③ 복사열　④ 공기 유동

답 ③

028

다음 그림의 결합수에서 최소 패스셋 (minimal path sets)과 그 신뢰도 R(t)는? (단, 각각의 부품 신뢰도는 0.9이다.)

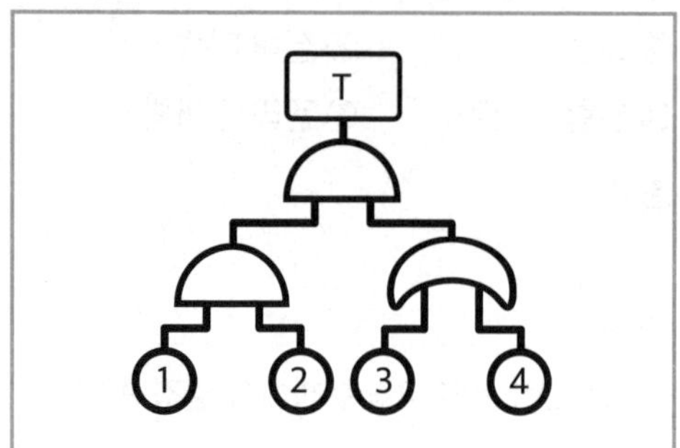

① 최소 패스셋 : {1},{2},{3,4} R(t) = 0.9081
② 최소 패스셋 : {1},{2},{3,4} R(t) = 0.9981
③ 최소 패스셋 : {1,2,3},{1,2,4} R(t) = 0.9081
④ 최소 패스셋 : {1,2,3},{1,2,4} R(t) = 0.9981

해 최소 패스셋
(1 + 2) + (3,4) → {1}, {2}, {3,4}
신뢰도
①②부분 = 1 − (1 − 0.9)(1 − 0.9) = 0.99
③④부분 = 0.9 • 0.9 = 0.81
→ 1 − (1 − 0.99)(1 − 0.81) = 0.9981

답 ②

029

인간공학 연구방법 중 실제의 제품이나 시스템이 추구하는 특성 및 수준이 달성되는지를 비교하고 분석하는 연구는?

① 조사연구 ② 실험연구
③ 분석연구 ④ 평가연구

답 ④

030

어떤 설비의 시간당 고장률이 일정하다고 하면 이 설비의 고장간격은 다음 중 어떠한 확률분포를 따르는가?

① t분포 ② 카이제곱분포
③ 와이블분포 ④ 지수분포

답 ④

031

다음 그림에서 시스템 위험분석 기법 중 PHA(예비위험분석)가 실행되는 사이클의 영역으로 맞는 것은?

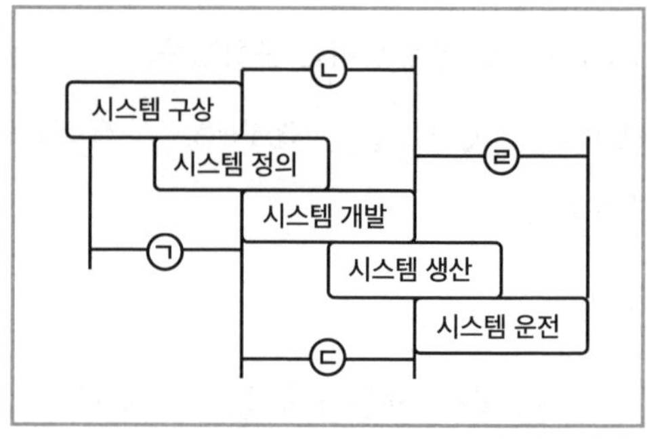

① ㄱ ② ㄴ ③ ㄷ ④ ㄹ

답 ①

032

FTA에서 사용하는 다음 사상기호에 대한 설명으로 맞는 것은?

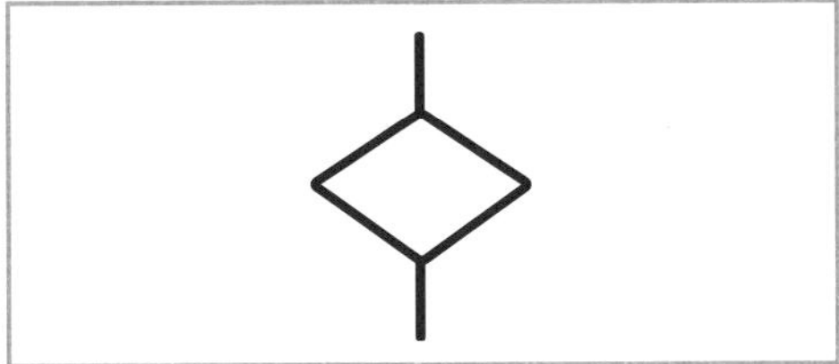

① 시스템 분석에서 좀 더 발전시켜야 하는 사상
② 시스뎀의 정상적인 가동상태에서 일어날 것이 기대되는 사상
③ 불충분한 자료로 결론을 내릴 수 없어 더이상 전개할 수 없는 사상
④ 주어진 시스템의 기본사상으로 고장원인이 분석 되었기 때문에 더 이상 분석할 필요 없는 사상

답 ③

033

다음 중 청각적 표시장치보다 시각적 표시장치를 이용하는 경우가 더 유리한 경우는?

① 메시지가 간단한 경우
② 메시지가 추후에 재참조되는 경우
③ 직무상 수신자가 자주 움직이는 경우
④ 메시지가 즉각적인 행동을 요구하는 경우

답 ②

034

감각저장으로부터 정보를 작업기억으로 전달하기 위한 코드화 분류에 해당되지 않는 것은?

① 시각코드 ② 촉각코드
③ 음성코드 ④ 의미코드

답 ②

035

인간 – 기계시스템 설계과정 중 직무분석을 하는 단계는?

① 제1단계: 시스템의 목표와 성능명세 결정
② 제2단계: 시스템의 정의
③ 제3단계: 기본 설계
④ 제4단계: 인터페이스 설계

답 ③

036

어떤 작업을 수행하는 작업자의 배기량을 5분간 측정하였더니 100L이었다. 가스미터를 이용하여 배기 성분을 조사한 결과 산소가 20%, 이산화탄소가 3%이었다. 이때 작업자의 분당 산소소비량(A)과 분당 에너지소비량(B)은 약 얼마인가? (단, 흡기 공기 중 산소는 21vol%, 질소는 79vol%를 차지하고 있다.)

① A : 0.038L/min, B : 0.77kcal/min

② A : 0.008L/min, B : 0.57kcal/min

③ A : 0.073L/min, B : 0.36kcal/min

④ A : 0.093L/min, B : 0.46kcal/min

해 에너지소비량 = 산소소비량(L/min) • $5kcal/L$

= 0.093 • 5

= 0.46$kcal/min$

산소소비량 = 흡기량 • 흡기O_2 − 배기량 • 배기 O_2

= 19.49 • 0.21 − 20 • 0.2

= 0.093L/min

흡기량 = $\frac{\text{배기량} \cdot (100-\text{배기}CO_2\%-\text{배기}O_2\%)}{79}$

= $\frac{20(100-20-3)}{79}$

= 19.49L/min

배기량 = $\frac{100L}{5min}$ = $20L/min$

$5kcal/L$: 산소에너지당량

답 ④

037

의도는 올바른 것이었지만, 행동이 의도한 것과는 다르게 나타나는 오류를 무엇이라 하는가?

① Slip ② Mistake ③ Lapse ④ Violation

답 ①

038

다음 중 동작경제의 원칙으로 틀린 것은?

① 가능한 한 관성을 이용하여 작업을 한다.

② 공구 기능을 결합하여 사용하도록 한다.

③ 휴식시간을 제외하고는 양손이 같이 쉬도록 한다.

④ 작업자가 작업 중에 자세를 변경할 수 있도록 한다.

답 ③

039

두 가지 상태 중 하나가 고장 또는 결함으로 나타나는 비정상적인 사건은?

① 톱사상 ② 정상적인 사상

③ 결함사상 ④ 기본적인 사상

답 ③

040

설비보전 방법 중 설비의 열화를 방지하고 그 진행을 지연시켜 수명을 연장하기 위한 점검, 청소, 주유 및 교체 등의 활동은?

① 사후보전 ② 개량보전

③ 일상보전 ④ 보전예방

답 ③

3과목 | 기계기구 및 설비 안전관리

041

산업안전보건법령상 보일러 수위가 이상현상으로 인해 위험수위로 변하면 작업자가 쉽게 감지할 수 있도록 경보등, 경보음을 발하고 자동적으로 급수 또는 단수되어 수위를 조절하는 방호장치는?

① 압력방출장치 ② 고저수위 조절장치
③ 압력제한 스위치 ④ 과부하방지장치

답 ②

042

프레스 작업에서 제품 및 스크랩을 자동적으로 위험한계 밖으로 배출하기 위한 장치로 볼 수 없는 것은?

① 피더 ② 키커 ③ 이젝터 ④ 공기분사장치

답 ①

043

로봇의 작동범위 내에서 그 로봇에 관하여 교시 등(로봇의 동력원을 차단하고 행하는 것을 제외한다.)의 작업을 행하는 때 작업시작 전 점검 사항으로 옳은 것은?

① 과부하방지장치의 이상 유무
② 압력제한 스위치 등의 기능의 이상 유무
③ 외부전선의 피복 또는 외장의 손상 유무
④ 권과방지장치의 이상 유무

답 ③

044

지게차 및 구내 운반차의 작업시작 전 점검사항이 아닌 것은?

① 버킷, 디퍼 등의 이상유무
② 제동장치 및 조종장치 기능의 이상 유무
③ 하역장치 및 유압장치
④ 전조등, 후미등, 경보장치 기능 이상 유무

답 ①

045

다음 중 가공재료의 칩이나 절삭유 등이 비산되어 나오는 위험으로부터 보호하기 위한 선반의 방호장치는?

① 바이트 ② 권과방지장치
③ 압력제한스위치 ④ 쉴드(shield)

답 ④

046

산업안전보건법상 보일러의 안전한 가동을 위하여 보일러 규격에 맞는 압력방출장치가 2개 이상 설치된 경우에 최고사용압력 이하에서 1개가 작동되고, 다른 압력방출장치는 최고 사용압력의 몇 배 이하에서 작동되도록 부착하여야 하는가?

① 1.03배 ② 1.05배 ③ 1.2배 ④ 1.5배

답 ②

047

상용운전압력 이상으로 압력이 상승할 경우 보일러의 파열을 방지하기 위하여 버너의 연소를 차단하여 열원을 제거함으로써 정상압력으로 유도하는 장치는?

① 압력방출장치 ② 고저수위 조절장치
③ 압력제한 스위치 ④ 언로드밸브

답 ③

048

일반적으로 전류가 과대하고, 용접속도가 너무 빠르며, 아크를 짧게 유지하기 어려운 경우 모재 및 용접부의 일부가 녹아서 홈 또는 오목한 부분이 생기는 용접부 결함은?

① 잔류응력 ② 융합불량 ③ 기공 ④ 언더컷

답 ④

049

물체의 표면에 침투력이 강한 적색 또는 형광성의 침투액을 표면 개구 결함에 침투시켜 직접 또는 자외선 등으로 관찰하여 결함장소와 크기를 판별하는 비파괴시험은?

① 피로시험 ② 음향탐상시험
③ 와류탐상시험 ④ 침투탐상시험

답 ④

050

연삭숫돌의 파괴원인이 아닌 것은?

① 외부의 충격을 받았을 때
② 플랜지가 현저히 작을 때
③ 회전력이 결합력보다 클 때
④ 내 · 외면의 플랜지 지름이 동일할 때

답 ④

051

프레스 금형 부착, 수리 작업 등의 경우 슬라이드의 낙하를 방지하기 위하여 설치하는 것은?

① 슈트 ② 키록 ③ 안전블럭 ④ 스트리퍼

답 ③

052

페일 세이프(fail safe)의 기능적인 면에서 분류할 때 거리가 가장 먼 것은?

① Fool proof ② Fail passive
③ Fail active ④ Fail operational

답 ①

053

다음 중 지브가 없는 크레인의 정격하중에 관한 정의로 옳은 것은?

① 짐을 싣고 상승할 수 있는 최대하중
② 크레인의 구조 및 재료에 따라 들어 올릴 수 있는 최대하중
③ 권상하중에서 훅, 그랩 또는 버킷 등 달기구의 중량에 상당하는 하중을 뺀 하중
④ 짐을 싣지 않고 상승할 수 있는 최대하중

답 ③

054

기계설비 안전화를 외형의 안전화, 기능의 안전화, 구조의 안전화로 구분할 때 다음 중 구조의 안전화에 해당하는 것은?

① 가공 중에 발생한 예리한 모서리, 버(Burr) 등을 연삭기로 라운딩
② 기계의 오동작을 방지하도록 자동제어장치 구성
③ 이상발생 시 기계를 급정지시킬 수 있도록 동력 차단 장치를 부착하는 조치
④ 열처리를 통하여 기계의 강도와 인성을 향상

답 ④

055

공기압축기의 작업안전수칙으로 가장 적절하지 않은 것은?

① 공기압축기의 점검 및 청소는 반드시 전원을 차단한 후에 실시한다.
② 운전 중에 어떠한 부품도 건드려서는 안된다.
③ 공기압축기 분해 시 내부의 압축공기를 이용하여 분해한다.
④ 최대공기압력을 초과한 공기압력으로는 절대로 운전하여서는 안 된다.

답 ③

056

컨베이어, 이송용 롤러 등을 사용하는 곳에 정전, 전압강하 등에 의한 위협을 방지하기 위하여 설치하는 안전장치는?

① 덮개
② 비상정지장치
③ 과부하방지장치
④ 이탈 및 역주행 방지장치

답 ④

057

회전하는 동작부분과 고정부분이 함께 만드는 위험점으로 주로 연삭숫돌과 작업대, 교반기의 교반날개와 몸체 사이에서 형성되는 위험점은?

① 협착점 ② 절단점 ③ 물림점 ④ 끼임점

답 ④

058

다음 중 드릴 작업의 안전사항이 아닌 것은?

① 옷소매 길거나 찢어진 옷은 입지 않는다.
② 작고, 길이가 긴 물건은 플라이어로 잡고 뚫는다.
③ 회전하는 드릴에 걸레 등을 가깝이 하지 않는다.
④ 스핀들에서 드릴을 뽑아낼 때에는 드릴 아래에 손을 내밀지 않는다.

답 ②

059

양중기의 과부하방지장치에서 요구하는 일반적인 성능기준으로 틀린 것은?

① 과부하방지장치 작동 시 경보음과 경보램프가 작동돼야 하며 양중기는 작동이 되지 않아야 한다.
② 외함의 전선 접촉부분은 고무 등으로 밀폐되어 물과 먼지 등이 들어가지 않도록 한다.
③ 과부하방지장치와 타 방호장치는 기능에 서로 장애를 주지 않도록 부착할 수 있는 구조여야 한다.
④ 방호장치의 기능을 제거하더라도 양중기는 원활하게 작동시킬 수 있는 구조이여야 한다.

답 ④

060

완전 회전식 클러치 기구가 있는 동력프레스에서 양수기동식 방호장치의 안전거리는 얼마 이상이어야 하는가? (단, 확동 클러치의 봉합개소의 수는 8개, 분당 행정수 250SPM을 가진다.)

① 20mm ② 50mm ③ 90mm ④ 240mm

해 $D = 1.6 \cdot T_m = 1.6 \cdot 150 = 240mm$

$T_m = (\frac{1}{\text{클러치 수}} + \frac{1}{2}) \cdot \frac{60,000}{\text{분당행정수}}$

$= (\frac{1}{8} + \frac{1}{2}) \cdot \frac{60,000}{250}$

$= 150ms$

D : 안전거리(mm)

T_m: 슬라이드가 하사점 도달하는 시간(ms)

답 ④

4과목 | 전기설비 안전관리

061

폭발한계에 도달한 메탄가스가 공기에 혼합되었을 경우 착화한계전압(V)은 약 얼마인가? (단, 메탄의 착화최소에너지는 0.2mJ, 극간용량은 10pF으로 한다.)

① 6,325 ② 5,225 ③ 4,135 ④ 3,035

해 $W = \frac{1}{2}CV^2$

$\rightarrow V = \sqrt{\frac{2W}{C}} = \sqrt{\frac{2 \cdot 0.2 \cdot 10^{-3}}{10 \cdot 10^{-12}}} = 6,324.56V$

W : 최소착화에너지(J) C : 정전용량(F)

V : 전압(V)

답 ①

062

$Q = 2 \times 10^{-7}$C으로 대전하고 있는 반경 25cm 도체구의 전위는 약 몇kV인가?

① 7.2 ② 12.5 ③ 14.4 ④ 25

해 도체구 전위(V) $= 9 \cdot 10^9 \cdot \frac{\text{전하량}(C)}{\text{반지름}(m)}$

$= 9 \cdot 10^9 \cdot \frac{2 \cdot 10^{-7}}{0.25}$

$= 7,200V = 7.2kV$

답 ①

063

금속제 외함을 가지는 기계기구에 전기를 공급하는 전로에 지락이 발생했을 때에 자동적으로 전로를 차단하는 누전차단기 등을 설치하여야 한다. 누전차단기를 설치하지 않아도 되는 경우로 틀린 것은?

① 기계기구 고무, 합성수지 기타 절연물로 피복된 것일 경우
② 기계기구가 유도전동기의 2차측 전로에 접속된 저항기일 경우
③ 대지전압이 150V를 초과하는 전동기계 · 기구를 시설하는 경우
④ 전기용품안전관리법의 적용을 받는 2중 절연구조의 기계기구를 시설하는 경우

답 ③

064

고압전로에 설치된 전동기용 고압전류 제한퓨즈의 불용단 전류의 조건은?

① 정격전류 1.3배의 전류로 1시간 이내에 용단되지 않을 것
② 정격전류 1.3배의 전류로 2시간 이내에 용단되지 않을 것
③ 정격전류 2배의 전류로 1시간 이내에 용단되지 않을 것
④ 정격전류 2배의 전류로 2시간 이내에 용단되지 않을 것

답 ④

065

누전차단기의 시설방법 중 옳지 않은 것은?

① 시설장소는 배전반 또는 분전반 내에 설치한다.
② 정격전류용량은 해당 전로의 부하전류 값 이상이여야 한다.
③ 정격감도전류는 정상의 사용상태에서 불필요하게 동작하지 않도록 한다.
④ 인체감전보호형은 0.05초 이내에 동작하는 고감도 고속형이어야 한다.

답 ④

066

정전기 방지대책 중 틀린 것은?

① 대전서열이 가급적 먼 것으로 구성한다.
② 카본블랙을 도포하여 도전성을 부여한다.
③ 유속을 저감 시킨다.
④ 도전성 재료를 도포해 대전 감소시킨다.

답 ①

067

방폭구조와 기호의 연결이 틀린 것은?

① 압력방폭구조 : p
② 내압방폭구조 : d
③ 안전증방폭구조 : s
④ 본질안전방폭구조 : ia 또는 ib

답 ③

068

내전압용 절연장갑의 등급에 따른 최대사용 전압이 틀린 것은?(단, 교류전압은 실효값이다.)

① 등급00 : 교류 500V
② 등급1 : 교류 7,500V
③ 등급2 : 직류 17,000V
④ 등급3 : 직류 39,750V

답 ③

069

저압전로의 절연성능에 관한 설명으로 적합하지 않는 것은?

① 전로의 사용전압이 SELV 및 PELV일 때 절연저항은 0.5MΩ 이상이어야 한다.
② 전로의 사용전압이 FELV일 때 절연저항은 1MΩ 이상이어야 한다.
③ 전로의 사용전압이 FELV일 때 DC시험 전압은 500V이다.
④ 전로의 사용전압이 600V일 때 절연저항은 1.5MΩ 이상이어야 한다.

답 ④

070

다음 중 0종 장소에 사용될 수 있는 방폭구조의 기호는?

① Ex ia　② Ex ib　③ Ex d　④ Ex e

답 ①

071

다음 중 전기화재의 주요 원인이라고 할 수 없는 것은?

① 절연전선의 열화　② 정전기 발생
③ 과전류 발생　④ 절연저항값 증가

답 ④

072

배전선로에 정전작업 중 단락 접지기구를 사용하는 목적으로 가장 적합한 것은?

① 통신선 유도 장해 방지
② 배전용 기계 기구의 보호
③ 배전선 통전 시 전위경도 저감
④ 혼촉 또는 오동작에 의한 감전방지

답 ④

073

어느 변전소에서 고장전류가 유입되었을 때 도전성구조물과 그 부근 지표상의 점과의 사이(약 1m)의 허용접촉전압은 약 몇V인가? (단, 심실세동전류 : $I = \frac{0.165}{\sqrt{T}}A$, 인체의 저항 : 1,000Ω, 지표면의 저항률 : 150Ω · m, 통전시간을 1초로 한다.)

① 202　② 186　③ 228　④ 164

해 허용접촉전압
= 심실세동전류(인체저항 + 1.5 • 지표저항률)
$= \frac{0.165}{\sqrt{1}} \cdot (1,000 + 1.5 \cdot 150)$
$= 202.13V$

답 ①

074

다음 중 기기보호등급(EPL)에 해당하지 않는 것은?

① EPL Ga ② EPL Ma
③ EPL Dc ④ EPL Mc

답 ④

075

한국전기설비규정에 따라 피뢰설비에서 외부 피뢰시스템의 수뢰부시스템으로 적합하지 않는 것은?

① 돌침 ② 수평도체
③ 메시도체 ④ 환상도체

답 ④

076

정전기 재해의 방지를 위하여 배관내 액체의 유속의 제한이 필요하다. 배관의 내경과 유속 제한 값으로 적절하지 않은 것은?

① 관내경(mm) : 25, 제한유속(m/s) : 6.5
② 관내경(mm) : 50, 제한유속(m/s) : 3.5
③ 관내경(mm) : 100, 제한유속(m/s) : 2.5
④ 관내경(mm) : 200, 제한유속(m/s) : 1.8

답 ①

077

지락이 생긴 경우 접촉상태에 따라 접촉전압을 제한할 필요가 있다. 인체의 접촉상태에 따른 허용접촉전압을 나타낸 것으로 다음 중 옳지 않은 것은?

① 제1종 2.5V 이하 ② 제2종 25V 이하
③ 제3종 42V 이하 ④ 제4종 제한 없음

답 ③

078

계통접지로 적합하지 않는 것은?

① TN계통 ② TT계통 ③ IN계통 ④ IT계통

답 ③

079

정전기 발생에 영향을 주는 요인으로 가장 적절하지 않은 것은?

① 분리속도 ② 물체의 질량
③ 접촉면적 및 압력 ④ 물체의 표면상태

답 ②

080

정전기재해의 방지대책에 대한 설명으로 적합하지 않는 것은?

① 접지의 접속은 납땜, 용접 또는 멈춤나사로 실시한다.
② 회전부품의 유막저항이 높으면 도전성의 윤활제를 사용한다.
③ 이동식의 용기는 절연성 고무제 바퀴를 달아서 폭발위험을 제거한다.
④ 폭발의 위험이 있는 구역은 도전성 고무류로 바닥 처리를 한다.

답 ③

5과목 | 화학설비 안전관리

081

특수화학설비를 설치할 때 내부의 이상상태를 조기에 파악하기 위하여 필요한 계측장치로 가장 거리가 먼 것은?

① 압력계 ② 유량계 ③ 온도계 ④ 비중계

답 ④

082

불연성이지만 다른 물질의 연소를 돕는 산화성 액체 물질에 해당하는 것은?

① 히드라진 ② 과염소산 ③ 벤젠 ④ 암모니아

답 ②

083

아세톤에 대한 설명으로 틀린 것은?

① 증기는 유독하므로 흡입하지 않도록 주의해야 한다.
② 무색이고 휘발성이 강한 액체이다.
③ 비중이 0.79이므로 물보다 가볍다.
④ 인화점이 20℃이므로 여름철에 더 인화 위험이 높다.

답 ④

084

다음 중 화학물질 및 물리적 인자의 노출기준에 있어 유해물질대상에 대한 노출기준의 표시단위가 잘못 연결된 것은?

① 분진 : ppm
② 증기 : ppm
③ 가스 : ppm
④ 고온 : 습구흑구온도지수

답 ①

085

다음 [표]를 참조하여 메탄 70vol%, 프로판 21vol%, 부탄 9vol%인 혼합가스의 폭발범위를 구하면 약 몇 vol%인가?

가스	폭발하한계(vol%)	폭발상한계(vol%)
메탄	5	15
프로판	2.1	9.5
부탄	1.8	8.4
에탄	3	12.5

① 3.45~9.11　② 3.45~12.58
③ 3.85~9.11　④ 3.85~12.58

해

$$LEL(\%) = \frac{\sum vol\%}{\sum \frac{vol\%}{LEL}} = \frac{70+21+9}{\frac{70}{5}+\frac{21}{2.1}+\frac{9}{1.8}} = 3.45\%$$

$$UEL(\%) = \frac{\sum vol\%}{\sum \frac{vol\%}{UEL}} = \frac{70+21+9}{\frac{70}{15}+\frac{21}{9.5}+\frac{9}{8.4}} = 12.58\%$$

LEL : 폭발하한계(%)　UEL : 폭발상한계(%)

답 ②

086

산업안전보건법령상 위험물질의 종류를 구분할 때 다음 물질들이 해당하는 것은?

> • 리튬　• 칼륨　• 나트륨　• 황
> • 황린　• 황화린　• 적린

① 폭발성 물질 및 유기과산화물
② 산화성 액체 및 산화성 고체
③ 물반응성 물질 및 인화성 고체
④ 급성 독성 물질

답 ③

087

탄산수소나트륨을 주요성분으로 하는 것은 제 몇 종 분말소화기인가?

① 제1종　② 제2종　③ 제3종　④ 제4종

답 ①

088

탄화칼슘이 물과 반응하였을 때 생성물을 옳게 나타낸 것은?

① 수산화칼슘+아세틸렌
② 수산화칼슘+수소
③ 염화칼슘+아세틸렌
④ 염화칼슘+수소

해 $CaC_2 + 2H_2O \rightarrow Ca(OH)_2 + C_2H_2$

(카바이드, 탄화칼슘) + 물 → 수산화칼슘 + 아세틸렌

답 ①

089

다음 중 분진폭발의 특징으로 옳은 것은?

① 가스폭발보다 연소시간이 짧고, 발생 에너지가 작다.
② 압력의 파급속도보다 화염의 파급속도가 빠르다.
③ 가스폭발에 비해 불완전연소가 적게 발생한다.
④ 주위의 분진에 의해 2차, 3차의 폭발로 파급될 수 있다.

답 ④

090

공기 중에서 폭발범위가 12.5 ~ 74vol%인 일산화탄소의 위험도는 얼마인가?

① 4.92 ② 5.26 ③ 6.26 ④ 7.05

해 $$위험도 = \frac{폭발상한값-폭발하한값}{폭발하한값} = \frac{74-12.5}{12.5} = 4.92$$

답 ①

091

증기 배관 내에 생성하는 응축수를 제거할 때 증기가 배출되지 않도록 하면서 응축수를 자동적으로 배출하기 위한 장치를 무엇이라 하는가?

① Vent stack ② Steam trap
③ Blow down ④ Relief valve

답 ②

092

다음 중 CF_3Br 소화약제를 가장 적절하게 표현한 것은?

① 하론 1031 ② 하론 1211
③ 하론 1301 ④ 하론 2402

답 ③

093

다음 물질이 물과 접촉하였을 때 위험성이 가장 낮은 것은?

① 과산화칼륨 ② 나트륨
③ 메틸리튬 ④ 이황화탄소

답 ④

094

공정안전보고서 중 공정안전자료에 포함하여야 할 세부내용에 해당하는 것은?

① 비상조치계획에 따른 교육계획
② 안전운전지침서
③ 각종 건물 · 설비의 배치도
④ 도급업체 안전관리계획

답 ③

095

자연발화 성질을 갖는 물질이 아닌 것은?

① 질화면 ② 목탄분말
③ 아마인유 ④ 과염소산

답 ④

096

다음 중 왕복펌프에 속하지 않는 것은?

① 피스톤 펌프 ② 플런저 펌프
③ 기어 펌프 ④ 격막 펌프

답 ③

097

5% NaOH 수용액과 10% NaOH 수용액을 반응기에 혼합하여 6% 100kg의 NaOH 수용액을 만들려면 각각 몇 kg의 NaOH 수용액이 필요한가?

① 5% NaOH 수용액 : 33.3
 10% NaOH 수용액 : 66.7
② 5% NaOH 수용액 : 50
 10% NaOH 수용액 : 50
③ 5% NaOH 수용액 : 66.7
 10% NaOH 수용액 : 33.3
④ 5% NaOH 수용액 : 80
 10% NaOH 수용액 : 20

해 5% xkg10% (100 − x)kg이라면
$5x + 10(100 - x) = 600$
$5x + 1,000 - 10x = 600$
$-5x = -400$
$x = 80$
따라서, 5% NaOH 수용액: 80kg
 10% NaOH 수용액: 20kg

답 ④

098

다음 중 노출기준(TWA)이 가장 낮은 물질은?

① 염소 ② 암모니아 ③ 에탄올 ④ 메탄올

답 ①

099

산업안전보건법령에 따라 위험물 건조설비 중 건조실을 설치하는 건축물의 구조를 독립된 단층 건물로 하여야 하는 건조설비가 아닌 것은?

① 위험물 또는 위험물이 발생하는 물질을 가열 · 건조하는 경우 내용적이 $2m^3$인 건조설비
② 위험물이 아닌 물질을 가열 · 건조하는 경우 액체연료의 최대사용량이 5kg/h인 건조설비
③ 위험물이 아닌 물질을 가열 · 건조하는 경우 기체연료의 최대사용량이 $2m^3$/h인 건조설비
④ 위험물이 아닌 물질을 가열 · 건조하는 경우 전기사용 정격용량이 20kW인 건조설비

답 ②

100

산업안전보건법령상 폭발성 물질을 취급하는 화학설비를 설치하는 경우에 단위공정설비로부터 다른 단위공정설비 사이의 안전거리는 설비 바깥 면으로부터 몇m 이상이어야 하는가?

① 10 ② 15 ③ 20 ④ 30

답 ①

6과목 | 건설공사 안전관리

101

부두·안벽 등 하역작업을 하는 장소에서 부두 또는 안벽의 선을 따라 통로를 설치하는 경우에는 폭을 최소 얼마 이상으로 해야 하는가?

① 70cm ② 80cm ③ 90cm ④ 100cm

답 ③

102

다음은 산업안전보건법령에 따른 산업안전보건관리비의 사용에 관한 규정이다. ( ) 안에 들어갈 내용을 순서대로 옳게 작성한 것은?

> 건설공사도급인은 고용노동부장관이 정하는 바에 따라 해당 건설공사를 위하여 계상된 산업안전보건관리비를 그가 사용하는 근로자와 그의 관계수급인이 사용하는 근로자의 산업재해 및 건강장해 예방에 사용하고, 그 사용명세서를 ( ) 작성하고 건설공사 종료 후 ( )간 보존해야 한다.

① 매월, 6개월
② 매월, 1년
③ 2개월 마다, 6개월
④ 2개월 마다, 1년

답 ②

103

지반의 굴착 작업에 있어서 비가 올 경우를 대비한 직접적인 대책으로 옳은 것은?

① 측구 설치
② 낙하물 방지망 설치
③ 추락 방호망 설치
④ 매설물 등의 유무 또는 상태 확인

답 ①

104

강관틀비계의 벽이음에 대한 조립간격 기준으로 옳은 것은? (단, 높이가 5m 미만인 경우 제외)

① 수직방향 5m, 수평방향 5m 이내
② 수직방향 6m, 수평방향 6m 이내
③ 수직방향 6m, 수평방향 8m 이내
④ 수직방향 8m, 수평방양 6m 이내

답 ③

105

굴착공사에 있어서 비탈면붕괴를 방지하기 위하여 행하는 대책이 아닌 것은?

① 지표수의 침투를 막기 위해 표면배수공을 한다.
② 지하수위 내리기 위해 수평배수공을 설치한다.
③ 비탈면 하단을 성토한다.
④ 비탈면 상부에 토사를 적재한다.

답 ④

106

강관비계를 조립할 때 준수하여야 할 사항으로 옳지 않은 것은?

① 띠장간격은 2m 이하로 설치하되, 첫번째 띠장은 지상으로부터 3m 이하의 위치에 설치할 것
② 비계기둥 간격은 띠장 방향에서는 1.5미터 내지 1.8미터일 것
③ 비계기둥의 제일 윗부분으로부터 31m 되는 지점 밑부분의 비계기둥은 2개의 강관으로 묶어 세울 것
④ 비계기둥 간의 적재하중은 400kg을 초과하지 않도록 할 것

답 ①

107

다음은 시스템 비계구성에 관한 내용이다. (　　) 안에 들어갈 말로 옳은 것은?

비계 밑단의 수직재와 받침 철물은 밀착되도록 설치하고, 수직재와 받침 철물 연결부의 겹침 길이는 받침 철물 전체 길이의 (　　) 이상이 되도록 할 것

① 4분의 1　② 3분의 1
③ 3분의 2　④ 2분의 1

답 ②

108

물체가 떨어지거나 날아올 위험이 있을 때의 재해 예방대책과 거리가 먼 것은?

① 낙하물방지망 설치　② 출입금지구역 설정
③ 안전대 착용　④ 안전모 착용

답 ③

109

흙막이공의 파괴 원인 중 하나인 보일링(boiling) 현상에 관한 설명으로 틀린 것은?

① 지하수위가 높은 지반을 굴착할 때 주로 발생한다.
② 연약 사질토 지반에서 주로 발생한다.
③ 시트파일(sheet pile) 등의 저면에 분사현상이 발생한다.
④ 연약 점토지반에서 굴착면의 융기로 발생한다.

답 ④

110

동바리를 조립하는 경우에 준수해야 할 기준으로 옳지 않은 것은?

① 동바리의 상하고정 및 미끄러짐 방지조치를 하고, 하중의 지지상태를 유지할 것
② 강재의 접속부 및 교차부는 볼트 · 클램프 등 전용철물을 사용해 단단히 연결할 것
③ 동바리로 사용하는 파이프서포트는 파이프서포트를 이어서 사용하는 경우에는 4개 이상의 볼트 또는 전용철물을 사용하여 이을 것
④ 동바리로 사용하는 파이프서포트는 4개 이상이어서 사용하지 않도록 할 것

답 ④

111

장비가 위치한 지면보다 낮은 장소를 굴착하는데 적합한 장비는?

① 백호우 ② 파워쇼벨 ③ 트럭크레인 ④ 진폴

답 ①

112

건설공사도급인은 건설공사 중에 가설구조물의 붕괴 등 산업재해가 발생할 위험이 있다고 판단되면 건축 · 토목 분야의 전문가의 의견을 들어 건설공사 발주자에게 해당 건설공사의 설계변경을 요청할 수 있는데, 이러한 가설구조물의 기준으로 옳지 않은 것은?

① 높이 20m 이상인 비계
② 작업발판 일체형 거푸집 또는 높이 5m 이상인 거푸집 동바리
③ 터널의 지보공 또는 높이 2m 이상인 흙막이 지보공
④ 동력을 이용하여 움직이는 가설구조물

답 ①

113

콘크리트 타설 시 안전수칙으로 옳지 않은 것은?

① 타설순서는 계획에 의해 실시해야 한다.
② 진동기는 최대한 많이 사용하여야 한다.
③ 콘크리트를 치는 도중에는 거푸집, 지보공 등의 이상 유무를 확인하여야 한다.
④ 손수레로 콘크리트를 운반할 때에는 손수레를 타설하는 위치까지 천천히 운반하여 거푸집에 충격을 주지 않도록 타설하여야 한다.

답 ②

114

작업발판 일체형 거푸집에 해당되지 않는 것은?

① 갱폼(Gang Form)
② 슬립폼(Slip Form)
③ 유로폼(Euro Form)
④ 클라이밍폼(Climbing form)

답 ③

115

터널 지보공을 조립하는 경우에는 미리 그 구조를 검토한 후 조립도를 작성하고, 그 조립도에 따라 조립하도록 하여야 하는데 이 조립도에 명시하여야 할 사항과 가장 거리가 먼 것은?

① 이음방법 ② 단면 규격
③ 재료의 재질 ④ 재료의 구입처

답 ④

116

건설업 중 교량건설 공사의 유해위험방지계획서를 제출하여야 하는 기준으로 옳은 것은?

① 최대 지간길이가 40m 이상인 교량건설등 공사
② 최대 지간길이가 50m 이상인 교량건설등 공사
③ 최대 지간길이가 60m 이상인 교량건설등 공사
④ 최대 지간길이가 70m 이상인 교량건설등 공사

답 ②

117

가설통로를 설치하는 경우 경사는 최대 몇 도 이하로 하여야 하는가?

① 20 ② 25 ③ 30 ④ 35

답 ③(6과목 158번 참조)

118

굴착과 싣기를 동시에 할 수 있는 토공기계가 아닌 것은?

① Power shovel ② Tractor shovel
③ Back hoe ④ Motor grader

답 ④

119

강관틀비계를 조립하여 사용하는 경우 준수해야 할 기준으로 옳지 않은 것은?

① 높이가 20m를 초과하거나 중량물의 적재를 수반하는 작업을 할 경우에는 주틀 간의 간격을 2.4m 이하로 할 것
② 수직방향으로 6m, 수평방향으로 8m 이내마다 벽이음을 할 것
③ 길이가 띠장 방향으로 4m 이하이고 높이가 10m를 초과하는 경우에는 10m 이내 마다 띠장방향으로 버팀기둥을 설치할 것
④ 주틀 간에 교차 가새를 설치하고 최상층 및 5층 이내마다 수평재를 설치할 것

답 ①

120

산업안전보건법령에서 정한 양중기의 종류에 해당하지 않는 것은?

① 크레인 ② 도르래 ③ 곤돌라 ④ 리프트

답 ②

빈출문제(4회차)

1과목 | 산업재해 예방 및 안전보건교육

001

산업안전보건법령상 안전보건관리규정 작성 시 포함되어야 하는 사항을 모두 고른 것은? (단, 그 밖에 안전 및 보건에 관한 사항 제외한다.)

ㄱ. 안전보건교육에 관한 사항
ㄴ. 재해사례 연구, 토의결과에 관한 사항
ㄷ. 사고 조사 및 대책 수립에 관한 사항
ㄹ. 작업장 안전보건 관리에 관한 사항
ㅁ. 안전 및 보건에 관한 관리조직과 그 직무에 관한 사항

① ㄱ, ㄴ, ㄷ, ㄹ　② ㄱ, ㄴ, ㄹ, ㅁ
③ ㄱ, ㄷ, ㄹ, ㅁ　④ ㄴ, ㄷ, ㄹ, ㅁ

답 ③

002

산업안전보건법령상 관리감독자 대상 정기 안전보건교육의 교육내용으로 옳은 것은?

① 작업 개시 전 점검에 관한 사항
② 정리정돈 및 청소에 관한 사항
③ 작업공정의 유해 · 위험과 재해 예방대책에 관한 사항
④ 기계 · 기구의 위험성과 작업의 순서 및 동선에 관한 사항

답 ③

003

산업안전보건법령에 따른 근로자 안전보건 교육 중 근로자 정기 안전보건교육의 교육 내용에 해당하지 않는 것은? (단, 산업안전보건법 및 일반관리에 관한 사항은 제외한다.)

① 건강증진 및 질병 예방에 관한 사항
② 산업보건 및 직업병 예방에 관한 사항
③ 유해·위험 작업환경 관리에 관한 사항
④ 작업공정의 유해·위험과 재해 예방대책에 관한 사항

답 ④

004

산업안전보건법상 안전관리자의 업무는?

① 물질안전보건자료의 게시 또는 비치에 관한 보좌 및 지도 · 조언
② 해당 사업장 안전교육 계획의 수립 및 안전교육 실시에 관한 보좌 조언 · 지도
③ 근로자의 건강장해의 원인조사와 재발방지를 위한 의학적 조치
④ 당해 작업에서 발생한 산업재해에 관한 보고 및 이에 대한 응급조치

답 ②

005

버드(Bird)의 재해발생에 관한 연쇄이론 중 직접적인 원인은 몇 단계에 해당되는가?

① 1단계　② 2단계　③ 3단계　④ 4단계

답 ③

006

다음 중 매슬로우(Maslow)의 욕구 5단계 이론에 해당되지 않는 것은?

① 생리적 욕구 ② 안전 욕구
③ 감성적 욕구 ④ 존경의 욕구

답 ③

007

재해예방의 4원칙에 해당하지 않는 것은?

① 손실우연의 원칙 ② 사전준비의 원칙
③ 원인연계의 원칙 ④ 대책선정의 원칙

답 ②

008

재해예방 4원칙에 관한 설명 중 틀린 것은?

① 재해 발생에는 반드시 원인이 존재한다.
② 재해는 원인 제거 불가능하니 예방만이 최선이다.
③ 재해 발생과 손실 발생은 우연적이다.
④ 재해 예방할 수 있는 안전대책은 반드시 존재한다.

답 ②

009

학습지도의 형태 중 몇 사람의 전문가가 주제에 대한 견해를 발표하고 참가자로 하여금 의견을 내거나 질문을 하게 하는 토의방식은?

① 포럼(Forum)
② 심포지엄(Symposium)
③ 버즈세션(Buzz session)
④ 자유토의법(Free discussion method)

답 ②

010

학습지도의 형태 중 참가자에게 일정한 역할을 주어 실제적으로 연기를 시켜봄으로서 자기 역할을 보다 확실히 인식시키는 방법은?

① 포럼(Forum)
② 심포지엄(Symposium)
③ 롤 플레잉(Role playing)
④ 사례연구법(Case study method)

답 ③

011

다음 설명의 학습지도 형태는 어떤 토의법 유형인가?

> 6-6 회의라고도 하며 6명씩 소집단으로 구분하고, 집단별로 각각의 사회자를 선발해 6분간씩 자유토의를 행해 의견을 종합하는 방법

① 포럼(Forum)
② 버즈세션(Buzz session)
③ 케이스 메소드(case method)
④ 패널 디스커션(Panel Discussion)

답 ②

012

OFF.J.T(Off the Job Training)의 특징으로 옳은 것은?

① 훈련에만 전념할 수 있다.
② 상호신뢰 및 이해도가 높아진다.
③ 개개인에게 적절한 지도훈련 가능하다.
④ 직장의 실정에 맞게 실제적 훈련이 가능하다.

답 ①

013

OJT(On Job Training)의 특징에 대한 설명으로 옳은 것은?

① 특별한 교재·교구·설비 등을 이용하는 것이 가능하다.
② 외부의 전문가를 위촉하여 전문교육을 실시할 수 있다.
③ 직장의 실정에 맞는 구체적이고 실제적인 지도 교육이 가능하다.
④ 다수의 근로자들에게 조직적 훈련이 가능하다.

답 ③

014

산업재해의 분석 및 평가를 위하여 재해발생 건수 등의 추이에 대해 한계선을 설정하여 목표관리를 수행하는 재해통계 분석기법은?

① 관리도　② 안전 T점수
③ 파레토도　④ 특성 요인도

답 ①

015

다음 중 안전점검 종류에 있어 점검 주기에 의한 구분에 해당하는 것은?

① 육안점검　② 수시점검
③ 형식점검　④ 기능점검

답 ②

016

인간의 동작특성 중 판단과정의 착오요인이 아닌 것은?

① 합리화　② 정서불안정
③ 작업조건불량　④ 정보부족

답 ②

017

상황성 누발자의 재해 유발원인과 가장 거리가 먼 것은?

① 작업이 어렵기 때문이다.
② 심신에 근심이 있기 때문이다.
③ 기계설비의 결함이 있기 때문이다.
④ 도덕성이 결여되어 있기 때문이다.

답 ④

018

헤드십(headship)의 특성에 관한 설명으로 틀린 것은?

① 지휘 형태는 권위주의적이다.
② 상사의 권한 증거는 비공식적이다.
③ 상사와 부하의 관계는 지배적이다.
④ 상사와 부하의 사회적 간격은 넓다.

답 ②

019

산업안전보건법상 안전보건총괄책임자의 직무에 해당되는 것은?

① 업무수행 내용의 기록 · 유지
② 근로자를 보호하기 위한 의료행위
③ 위험성평가에 관한 보좌 및 지도 · 조언
④ 안전인증대상 기계 · 기구등과 자율안전확인대상 기계 · 기구 등 사용 여부 확인

답 ④

020

생체리듬 변화에 대한 설명으로 틀린 것은?

① 야간에는 체중이 감소한다.
② 혈액 수분과 염분량은 주간에 증가하고 야간에 감소한다.
③ 야간에는 말초운동 기능이 저하된다.
④ 혈압, 체온, 맥박수는 주간에 상승하고 야간에 감소한다.

답 ②

2과목 | 인간공학 및 위험성 평가관리

021

다음 중 의자를 설계하는데 있어 적용할 수 있는 일반적인 인간공학적 원칙으로 가장 적절하지 않은 것은?

① 조절을 용이하게 한다.
② 요부 전만을 유지할 수 있도록 한다.
③ 등 근육의 정적 부하를 높이도록 한다.
④ 추간판에 가해지는 압력을 줄일 수 있도록 한다.

답 ③

022

염산을 취급하는 A업체에서는 신설 설비에 관한 안전성 평가를 실시해야 한다. 다음 중 정성적 평가단계에 있어 설계와 관련된 주요 진단 항목에 해당하는 것은?

① 공장 내의 배치
② 제조공정의 개요
③ 재평가 방법 및 계획
④ 안전보건교육 훈련계획

답 ①

023

제한된 실내 공간에서 소음문제의 음원에 관한 대책이 아닌 것은?

① 저소음 기계로 대체한다.
② 소음 발생원을 밀폐한다.
③ 방음 보호구를 착용한다.
④ 소음 발생원을 제거한다.

답 ③

024

산업안전보건법령상 유해위험방지계획서의 제출대상 제조업은 전기 계약용량이 얼마이상인 경우에 해당되는가? (단, 기타 예외사항 제외)

① 50kW ② 100kW ③ 200kW ④ 300kW

답 ④

025

결함수 분석법에서 Path set에 관한 설명으로 옳은 것은?

① 시스템의 약점을 표현한 것이다.
② Top 사상을 발생시키는 조합이다.
③ 시스템이 고장 나지 않도록 하는 사상 조합이다.
④ 시스템고장을 유발시키는 필요불가결한 기본사상들의 집합이다.

답 ③

026

시각적 표시장치보다 청각적 표시장치의 사용이 바람직한 경우는?

① 전언이 복잡한 경우
② 전언이 재참조되는 경우
③ 전언이 즉각적인 행동을 요구하는 경우
④ 직무상 수신자가 한 곳에 머무는 경우

답 ③

027

산업안전보건법령상 유해위험방지계획서의 심사 결과에 따른 구분 · 판정의 종류에 해당하지 않는 것은?

① 보류 ② 부적정 ③ 적정 ④ 조건부 적정

답 ①

028

FT도에 사용하는 기호에서 3개의 입력현상 중 임의의 시간에 2개가 발생하면 출력이 생기는 기호의 명칭은?

① 억제게이트 ② 조합AND게이트
③ 배타적OR게이트 ④ 우선적AND게이트

답 ②

029

다음 중 보전효과의 평가로 설비종합효율을 계산하는 식으로 옳은 것은?

① 설비종합효율 = 속도가동률 × 정미가동률
② 설비종합효율 = 시간가동률 × 성능가동률 × 양품률
③ 설비종합효율 = (부하시간 - 정지시간)/부하시간
④ 설비종합효율 = 정미가동률 × 시간가동률 × 양품률

답 ②

030

작업개선을 위하여 도입되는 원리인 ECRS에 포함되지 않는 것은?

① Combine ② Standard
③ Eliminate ④ Rearrange

답 ②

031

그림과 같이 FTA로 분석된 시스템에서 현재 모든 기본사상에 대한 부품이 고장 난 상태이다. 부품 X_1부터 부품 X_5까지 순서대로 복구한다면 어느 부품을 수리 완료하는 시점에서 시스템이 정상가동되는가?

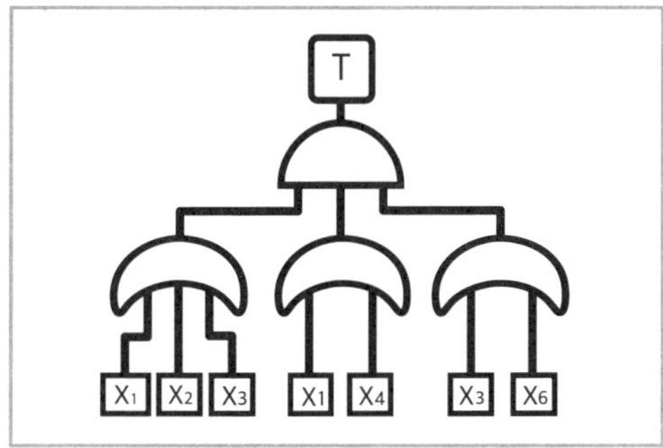

① 부품X_2 ② 부품X_3 ③ 부품X_4 ④ 부품X_5

해 각 게이트의 변수가 다 수리가 되어야 작동된다. 순서대로니 X_3가 수리되는 대로 정상가동된다.

답 ②

032

프레스기의 안전장치 수명은 지수분포를 따르며 평균수명은 1,000시간이다. 새로 구입한 안전장치가 향후 500시간 동안 고장 없이 작동할 확률(ⓐ)과 이미 1,000시간을 사용한 안전장치가 향후 500시간 이상 견딜 확률(ⓑ)은 각각 얼마인가?

① ⓐ 0.606, ⓑ 0.606
② ⓐ 0.707, ⓑ 0.707
③ ⓐ 0.808, ⓑ 0.808
④ ⓐ 0.909, ⓑ 0.909

해 $a = e^{-\frac{1}{평균수명} \cdot 시간} = e^{-\frac{1}{1,000} \cdot 500} = 0.606$

$b = e^{-\frac{1}{평균수명} \cdot 시간} = e^{-\frac{1}{1,000} \cdot 500} = 0.606$

답 ①

033

실린더 블록에 사용하는 가스켓의 수명은 평균 10,000시간이며, 표준편차는 200시간으로 정규분포를 따른다. 사용시간이 9,600시간일 경우 이 가스켓 신뢰도는 약 얼마인가? (단, 표준정규분포상 Z1 = 0.8413, Z2 = 0.9772이다.)

① 84.13% ② 88.73%
③ 92.72% ④ 97.72%

해 $Z = \frac{사용시간 - 평균}{표준편차} = \frac{9,600 - 10,000}{200} = -2$

즉, Z_2가 신뢰도 $Z_2 = 0.9772 = 97.72\%$

답 ④

034

어떤 결함수를 분석하여 minimal cut set을 구한 결과 다음과 같았다. 각 기본사상의 발생확률을 q_1, i = 1, 2, 3라할 때, 정상사상의 발생확률함수로 맞는 것은?

$k_1=(1,2)$	$k_2=(1,3)$	$k_3=(2,3)$

① $q_1q_2+q_1q_2-q_2q_3$

② $q_1q_2+q_1q_3-q_2q_3$

③ $q_1q_2+q_1q_3+q_2q_3-q_1q_2q_3$

④ $q_1q_2+q_1q_3+q_2q_3-2q_1q_2q_3$

해 $1-(1-q_1q_3)(1-q_2q_3)$
$=1-(1-q_1q_3-q_1q_2+q_1q_2q_3)(1-q_2q_3)$
$=1-(1-q_2q_3-q_1q_3+2q_1q_2q_3-$
$q_1q_2+q_1q_2q_3+q_1q_2q_3-q_1q_2q_3)$
$=1-(1-q_2q_3-q_1q_3+2q_1q_2q_3-q_1q_2)$
$=q_2q_3+q_1q_3+q_1q_2-2q_1q_2q_3$

답 ④

035

다음 FT도에서 최소 컷셋(Minimal cut set)으로만 올바르게 나열한 것은?

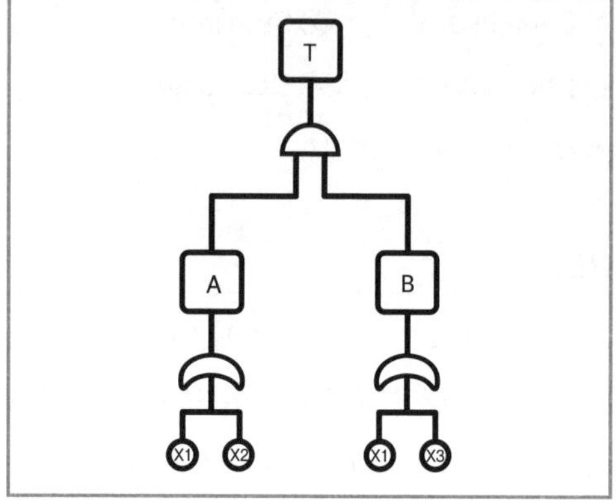

① [X_1]
② [X_1], [X_2]
③ [X_1, X_2, X_3]
④ [X_1, X_2], [X_1, X_3]

해 $(X_1+X_2)(X_1+X_3)=X_1+X_1X_3+X_1X_2+X_2X_3$
$=X_1(1+X_3+X_2)+X_2X_3$
$=X_1+X_2X_3$
→ 컷셋 : $[X_1]$, $[X_2,X_3]$ 최소컷셋 : $[X_1]$

답 ①

036

일반적으로 기계가 인간보다 우월한 기능에 해당되는 것은? (단, 인공지능은 제외한다.)

① 귀납적으로 추리한다.

② 원칙을 적용해 다양한 문제를 해결한다.

③ 다양한 경험을 토대로 하여 의사결정을 한다.

④ 명시된 절차에 따라 신속하고, 정량적인 정보처리를 한다.

답 ④

037

작업공간 설계에 있어 "접근제한 요건"에 대한 설명으로 맞는 것은?

① 조절식 의자와 같이 누구나 사용할 수 있도록 설계한다.
② 비상벨의 위치를 작업자의 신체조건에 맞추어 설계한다.
③ 트럭운전이나 수리작업을 위한 공간을 확보하여 설계한다.
④ 박물관의 미술품 전시와 같이, 장애물 뒤의 타겟과의 거리를 확보하여 설계한다.

답 ④

038

촉감의 일반적인 척도의 하나인 2점 문턱값(two – point Threshold)이 감소하는 순서대로 나열된 것은?

① 손가락 → 손바닥 → 손가락 끝
② 손바닥 → 손가락 → 손가락 끝
③ 손가락 끝 → 손가락 → 손바닥
④ 손가락 끝 → 손바닥 → 손가락

답 ②

039

다음 중 HAZOP 기법에서 사용되는 가이드 워드와 그 의미가 잘못 연결된 것은?

① As well as : 성질상의 증가
② More/Less : 정량적인 증가 또는 감소
③ Part of : 성질상의 감소
④ Other than : 기타 환경적인 요인

답 ④

040

기계 · 기구 및 설비의 설치 · 이전 등으로 인해 유해위험방지계획서를 제출하여야 하는 대상에 해당하지 않는 것은?

① 건조설비 ② 공기압축기
③ 화학설비 ④ 가스집합 용접장치

답 ②

3과목 | 기계기구 및 설비 안전관리

041

다음 중 설비의 진단방법에 있어 비파괴시험이나 검사에 해당하지 않는 것은?

① 피로시험 ② 음향탐상검사
③ 방사선투과시험 ④ 초음파탐상검사

답 ①

042

상용운전압력 이상으로 압력이 상승할 경우 보일러의 파열을 방지하기 위하여 버너의 연소를 차단하여 열원을 제거함으로써 정상압력으로 유도하는 장치는?

① 압력방출장치 ② 고저수위 조절장치
③ 압력제한 스위치 ④ 언로드밸브

답 ③

043

지게차의 방호장치인 헤드가드에 대한 설명으로 틀린 것은?

① 강도는 지게차의 최대하중의 2배 값(4톤을 넘는 값에 대해서는 4톤으로 한다)의 등분포정하중에 견딜 수 있을 것
② 상부틀의 각 개구의 폭 또는 길이가 16센티미터 미만일 것
③ 운전자가 앉아서 조작하거나 서서 조작하는 지게차의 헤드가드는 한국산업표준에서 정하는 높이 기준 이상일 것
④ 상부틀의 각 개구의 폭 또는 길이가 36센티미터 미만일 것

답 ④

044

산업안전보건법령에서 정한 양중기의 종류에 해당하지 않는 것은?

① 크레인 ② 도르래 ③ 곤돌라 ④ 리프트

답 ②

045

연삭기에서 숫돌의 바깥지름이 150mm일 경우 평형플랜지 지름은 몇mm 이상이어야 하는가?

① 30 ② 50 ③ 60 ④ 90

해 평형플랜지 지름은 숫돌 직경의 1/3 이상이어야 됨
→ 150/3 = 50mm

답 ②

046

프레스기에 설치하는 방호장치에 관한 사항으로 틀린 것은?

① 수인식 방호장치의 수인끈 재료는 합성섬유로 직경이 4mm 이상이어야 한다.
② 양수조작식 방호장치는 1행정마다 누름버튼에서 양손을 떼지 않으면 다음 작업의 동작을 할 수 없는 구조이어야 한다.
③ 광전자식 방호장치는 정상동작표시램프는 적색, 위험표시램프는 녹색으로 하며, 쉽게 근로자가 볼 수 있는 곳에 설치해야 한다.
④ 손쳐내기식 방호장치는 슬라이드 하행정거리의 3/4위치에서 손을 완전히 밀어내야 한다.

답 ③

047

프레스 금형 부착, 수리 작업 등의 경우 슬라이드의 낙하를 방지하기 위하여 설치하는 것은?

① 슈트 ② 키록 ③ 안전블럭 ④ 스트리퍼

답 ③

048

산업안전보건법령상 산업용 로봇으로 인하여 근로자에게 발생할 수 있는 부상 등의 위험이 있는 경우 위험을 방지하기 위하여 울타리를 설치할 때 높이는 최소 몇 m 이상으로 해야하는가? (단, 산업표준화법 및 국제적으로 통용되는 안전기준은 제외한다.)

① 1.8 ② 2.1 ③ 2.4 ④ 1.2

답 ①

049

산업안전보건법령에 따라 아세틸렌 용접장치의 아세틸렌 발생기실을 설치하는 경우 준수하여야 하는 사항으로 옳은 것은?

① 벽은 가연성 재료로 하고 철근 콘크리트 또는 그 밖에 이와 동등하거나 그 이상의 강도를 가진 구조로 할 것
② 바닥면적의 1/16 이상의 단면적을 가진 배기통을 옥상으로 돌출시키고 그 개구부를 창이나 출입구로부터 1.5m 이상 떨어지도록 할 것
③ 출입구의 문은 불연성 재료로 하고 두께 1.0mm 이하의 철판이나 그 밖에 그 이상의 강도를 가진 구조로 할 것
④ 발생기실을 옥외에 설치한 경우에는 그 개구부를 다른 건축물로부터 1.0m 이내 떨어지도록 하여야 한다.

답 ②

050

다음 중 기계설비에서 반대로 회전하는 두 개의 회전체가 맞닿는 사이에 발생하는 위험점으로 가장 적절한 것은?

① 물림점 ② 협착점 ③ 끼임점 ④ 절단점

답 ①

051

산업안전보건법령상 프레스 등을 사용하여 작업을 할 때에 작업시작 전 점검 사항으로 가장 거리가 먼 것은?

① 압력방출장치의 기능
② 클러치 및 브레이크의 기능
③ 프레스의 금형 및 고정볼트 상태
④ 1행정 1정지기구·급정지장치 및 비상정지장치의 기능

답 ①

052

다음 중 기계설계 시 사용되는 안전계수를 나타내는 식으로 틀린 것은?

① $\frac{\text{허용응력}}{\text{기초강도}}$ ② $\frac{\text{극한강도}}{\text{최대설계응력}}$
③ $\frac{\text{파단하중}}{\text{안전하중}}$ ④ $\frac{\text{파괴하중}}{\text{최대사용하중}}$

답 ①

053

인장강도가 350N/mm²인 강판의 안전율이 4라면 허용응력은 몇 N/mm²인가?

① 76.4 ② 87.5 ③ 98.7 ④ 102.3

해 $\text{안전율} = \frac{\text{인장강도}}{\text{허용응력}}$

$\rightarrow \text{허용응력} = \frac{\text{인장강도}}{\text{허용응력}} = \frac{350}{4}$

$= 87.5N/mm^2$

답 ②

054

프레스 작동 후 슬라이드가 하사점에 도달할 때까지의 소요시간이 0.5s일 때 양수기동식 방호장치의 안전거리는 최소 얼마인가?

① 20mm ② 40mm ③ 60mm ④ 800mm

해 $D = 1.6 \cdot T_m = 1.6 \cdot 500 = 800mm$

D : 안전거리(mm)

T_m : 슬라이드가 하사점 도달하는 시간(ms)

답 ④

055

완전 회전식 클러치 기구가 있는 동력프레스에서 양수기동식 방호장치의 안전거리는 얼마 이상이어야 하는가? (단, 확동 클러치의 봉합개소의 수는 8개, 분당 행정수는 250SPM을 가진다.)

① 20mm ② 50mm ③ 90mm ④ 240mm

해 $D = 1.6 \cdot T_m = 1.6 \cdot 150 = 240mm$

$T_m = (\frac{1}{\text{클러치 수}} + \frac{1}{2}) \cdot \frac{60{,}000}{\text{분당행정수}}$

$= (\frac{1}{8} + \frac{1}{2}) \cdot \frac{60{,}000}{250}$

$= 150ms$

D : 안전거리(mm)

T_m : 슬라이드가 하사점 도달하는 시간(ms)

답 ④

056

500rpm으로 회전하는 연삭숫돌의 지름이 300mm일 때 원주속도(m/min)은?

① 약 95 ② 약 471 ③ 약 532 ④ 약 580

해 원주속도 $= \pi DN = \dfrac{\pi \cdot 300mm \cdot 500 \cdot m}{min \cdot 10^3 mm}$

$= 471.24m/min$

D : 지름 N : 회전수($rpm = 1/min$)

답 ②

057

다음 중 기계설비의 수명곡선에서 나타나는 고장형태가 아닌 것은?

① 조립고장 ② 초기고장
③ 우발고장 ④ 마모고장

답 ①

058

산업안전보건법령에 따라 사업주가 보일러의 폭발 사고를 예방하기 위하여 유지관리하여야 할 안전장치가 아닌 것은?

① 압력방호판 ② 화염 검출기
③ 압력방출장치 ④ 고저수위 조절장치

답 ①

059

다음 중 산업안전보건법령상 보일러에 설치하여야 하는 방호장치에 해당하지 않는 것은?

① 절탄장치 ② 압력제한스위치
③ 압력방출장치 ④ 고저수위조절장치

답 ①

060

롤러기의 급정지장치에 관한 설명으로 가장 적절하지 않은 것은?

① 복부조작식은 조작부 중심점을 기준으로 밑면으로부터 1.2~1.4m 이내의 높이로 설치한다.
② 손조작식은 조작부 중심점을 기준으로 밑면으로부터 1.8m 이내 높이로 설치한다.
③ 급정지장치의 조작부에 사용하는 줄은 사용 중에 늘어져서는 안된다.
④ 급정지장치의 조작부에 사용하는 줄은 충분한 인장강도를 가져야 한다.

답 ①

4과목 | 전기설비 안전관리

061

정전작업 시 작업 전 조치하여야 할 실무사항으로 틀린 것은?

① 잔류전하의 방전
② 단락 접지기구의 철거
③ 검전기에 의한 정전확인
④ 개로개폐기의 잠금 또는 표시

답 ②

062

금속제 외함을 가지는 기계기구에 전기를 공급하는 전로에 지락이 발생했을 때에 자동적으로 전로를 차단하는 누전차단기 등을 설치하여야 한다. 누전차단기를 설치하지 않아도 되는 경우로 틀린 것은?

① 기계기구 고무, 합성수지 기타 절연물로 피복된 것일 경우
② 기계기구가 유도전동기의 2차측 전로에 접속된 저항기일 경우
③ 대지전압이 150V를 초과하는 전동기계 · 기구를 시설하는 경우
④ 전기용품안전관리법의 적용을 받는 2중 절연구조의 기계기구를 시설하는 경우

답 ③

063

감전사고를 방지하기 위한 방법으로 틀린 것은?

① 전기기기 및 설비의 위험부에 위험표지
② 전기설비에 대한 누전차단기 설치
③ 전기기기에 대한 정격표시
④ 무자격자는 전기기계 및 기구에 전기적인 접촉 금지

답 ③

064

전기시설의 직접 접촉에 의한 감전방지 방법으로 적절하지 않은 것은?

① 충전부는 내구성이 있는 절연물로 완전히 덮어 감쌀 것
② 충전부가 노출되지 않도록 폐쇄형 외함이 있는 구조로 할 것
③ 충전부에 충분한 절연효과가 있는 방호망 또는 절연 덮개를 설치할 것
④ 충전부는 출입이 용이한 전개된 장소에 설치하고, 위험표시 등의 방법으로 방호를 강화할 것

답 ④

065

정전기 발생에 영향을 주는 요인으로 가장 적절하지 않은 것은?

① 분리속도　　② 물체의 질량
③ 접촉면적 및 압력　　④ 물체의 표면상태

답 ②

066

방폭형 기기에 폭발성 가스가 내부로 침입하여 내부에서 폭발이 발생하여도 이 압력에 견디도록 제작한 방폭구조는?

① 내압(d) 방폭구조
② 압력(p) 방폭구조
③ 안전증(e) 방폭구조
④ 본질안전(i)방폭구조

답 ①

067

내압방폭구조의 필요충분조건(기본성능)에 대한 사항으로 틀린 것은?

① 폭발화염이 외부로 유출되지 않을 것
② 습기침투에 대한 보호를 충분히 할 것
③ 내부에서 폭발한 경우 그 압력에 견딜 것
④ 외함의 표면온도가 외부의 폭발성가스를 점화하지 않을 것

답 ②

068

인체가 감전되었을 때 그 위험성을 결정짓는 주요 인자와 거리가 먼 것은?

① 통전시간
② 통전전류의 크기
③ 감전전류가 흐르는 인체부위
④ 교류 전원의 종류

답 ④

069

교류 아크 용접기의 자동전격방지장치는 전격의 위험을 방지하기 위하여 아크 발생이 중단된 후 약 1초 이내에 출력측 무부하 전압을 자동적으로 몇V 이하로 저하시켜야 하는가?

① 85 ② 70 ③ 50 ④ 25

답 ④

070

고압 및 특고압의 전로에 시설하는 피뢰기의 접지저항은 몇 Ω 이하로 하여야 하는가?

① 10Ω 이하 ② 100Ω 이하
③ 10^6Ω 이하 ④ 1kΩ 이하

답 ①

071

인체의 전기저항을 0.5kΩ이라고 하면 심실세동을 일으키는 위험한계 에너지는 몇 J인가? (단, 심실세동전류값 $I = \frac{165}{\sqrt{T}} mA$, 통전시간은 1초이다.)

① 13.6 ② 12.6 ③ 11.6 ④ 10.6

해 $W = I^2Rt = (\frac{165}{\sqrt{1}} \cdot 10^{-3})^2 \cdot 500 \cdot 1 = 13.61J$

I : 심실세동전류(A) R : 저항(Ω)
t : 통전시간(s)

답 ①

072

전기설비기술기준에서 정의하는 전압의 구분으로 틀린 것은?

① 교류 저압 : 1,000V 이하
② 직류 저압 : 1,500V 이하
③ 직류 고압 : 1,500V 초과 7,000V 이하
④ 특고압 : 7,000V 이상

답 ④

073

전기기계·기구에 설치되어 있는 감전방지용 누전차단기의 정격감도전류 및 작동시간으로 옳은 것은? (단, 정격전부하전류가 50A 미만이다.)

① 15mA이하, 0.1초 이내
② 30mA이하, 0.03초 이내
③ 50mA이하, 0.5초 이내
④ 100mA이하, 0.05초 이내

답 ②

074

그림과 같은 설비에 누전되었을 때 인체가 접촉하여도 안전하도록 ELB를 설치하려고 한다. 누전차단기 동작전류 및 시간으로 가장 적당한 것은?

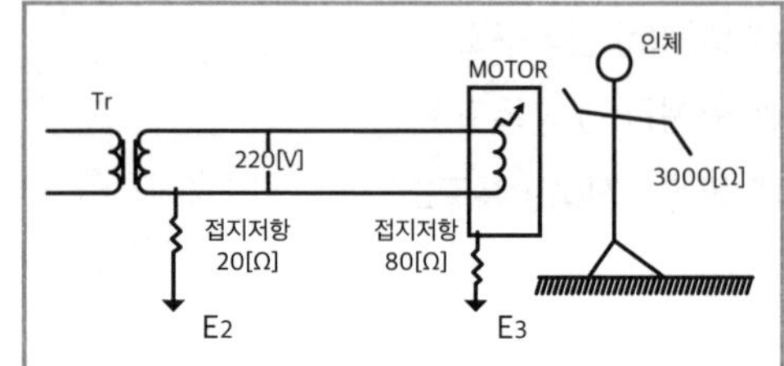

① 30mA, 0.1초 ② 60mA, 0.1초
③ 90mA, 0.1초 ④ 120mA, 0.1초

답 ①

075

인체 피부의 전기저항에 영향을 주는 주요인자와 가장 거리가 먼 것은?

① 접촉면적 ② 인가전압의 크기
③ 통전경로 ④ 인가시간

답 ③

076

인체가 현저하게 젖어있는 상태 또는 금속성의 전기기계 장치나 구조물에 인체의 일부가 상시 접속되어 있는 상태에서의 허용접촉전압은 일반적으로 몇 V 이하로 하고 있는가?

① 2.5V 이하 ② 25V 이하
③ 50V 이하 ④ 75V 이하

답 ②

077

대전서열을 올바르게 나열한 것은?
(단, (+) ~ (−)순)

① 폴리에틸렌 - 셀룰로이드 - 염화비닐 - 테프론
② 셀룰로이드 - 폴리에틸렌 - 염화비닐 - 테프론
③ 염화비닐 - 폴리에틸렌 - 셀룰로이드 - 테프론
④ 테프론 - 셀룰로이드 - 염화비닐 - 폴리에틸렌

답 ①

078

다음 (㉮), (㉯)에 들어갈 내용으로 알맞은 것은?

> 고압활선 근접작업에 있어서 근로자 신체 등이 충전전로에 대해 머리 위로의 거리가 (㉮) 이내거나 신체 또는 발 아래의 거리가 (㉯) 이내로 접근함으로 인해 감전 우려가 있을 때에는 당해 충전전로에 절연용 방호구를 설치해야 한다.

① ㉮ 10cm ㉯ 30cm ② ㉮ 30cm ㉯ 60cm
③ ㉮ 30cm ㉯ 90cm ④ ㉮ 60cm ㉯ 120cm

답 ②

079

정전유도를 받고 있는 접지되어 있지 않는 도전성 물체에 접촉한 경우 전격을 당하게 되는데 물체에 유도된 전압 V(V)를 옳게 나타낸 것은? (단, 송전선전압 E, 송전선과 물체사이의 정전용량을 C_1, 물체와 대지사이의 정전용량을 C_2, 물체와 대지사이의 저항을 무한대인 경우이다.)

① $V = \frac{C_1}{C_1+C_2} \cdot E$ ② $V = \frac{C_1+C_2}{C_1} \cdot E$
③ $V = \frac{C_2}{C_1+C_2} \cdot E$ ④ $V = \frac{C_1 \cdot C_2}{C_1} \cdot E$

해 C_1의 전압: $V = \frac{C_2}{C_1+C_2} \cdot E$
C_2의 전압: $V = \frac{C_1}{C_1+C_2} \cdot E$
물체에 유도된 전압은 C_2의 전압이다.
따라서 답은 $V = \frac{C_1}{C_1+C_2} \cdot E$

답 ①

080

누전된 전동기에 인체가 접촉하여 500mA의 누전전류가 흘렀고 정격감도전류 500mA인 누전차단기가 동작하였다. 이때 인체전류를 약 10mA로 제한하기 위해서는 전동기 외함에 설치할 접지저항의 크기는 약 몇Ω인가?(단, 인체저항은 500Ω이며, 다른 저항은 무시한다)

① 5 ② 10 ③ 50 ④ 100

해 인체저항 : R_h(500) 인체전류 : I_h
접지저항 : R_g 접지전류 : I_g
$I_g = 500(\text{누전전류}) - 10(\text{인체전류}) = 490mA$
$R_g \cdot I_g = R_h \cdot I_h \rightarrow R_g \cdot 490 = 500 \cdot 10$
$\rightarrow R_g = \frac{5,000}{490} = 10.2\Omega$

답 ②

5과목 | 화학설비 안전관리

081

건조설비를 사용하여 작업을 하는 경우에 폭발이나 화재를 예방하기 위하여 준수하여야 하는 사항으로 틀린 것은?

① 위험물 건조설비를 사용하는 경우에는 미리 내부를 청소하거나 환기 할 것
② 위험물 건조설비를 사용하여 가열건조하는 건조물은 쉽게 이탈되도록 할 것
③ 고온으로 가열건조한 인화성 액체는 발화의 위험이 없는 온도로 냉각한 후에 격납시킬 것
④ 바깥 면이 현저히 고온이 되는 건조설비에 가까운 장소에는 인화성 액체를 두지 않도록 할 것

답 ②

082

산업안전보건법령상 폭발성 물질을 취급하는 화학설비를 설치하는 경우에 단위공정설비로부터 다른 단위공정설비 사이의 안전거리는 설비 바깥 면으로부터 몇m 이상이어야 하는가?

① 10 ② 15 ③ 20 ④ 30

답 ①

083

다음 물질 중 인화점이 가장 낮은 물질은?

① 이황화탄소 ② 아세톤 ③ 크실렌 ④ 경유

답 ①

084

자동화재탐지설비의 감지기 종류 중 열감지기가 아닌 것은?

① 차동식 ② 정온식 ③ 보상식 ④ 광전식

답 ④

085

다음 중 분진의 폭발위험성을 증대시키는 조건에 해당하는 것은?

① 분진의 온도가 낮을수록
② 분위기 중 산소 농도가 작을수록
③ 분진 내의 수분농도가 작을수록
④ 분진의 표면적이 입자체적에 비교하여 작을수록

답 ③

086

헥산 1vol%, 메탄 2vol%, 에틸렌 2vol%, 공기 95vol%로 된 혼합가스의 폭발하한계 값(vol%)은 약 얼마인가? (단, 헥산, 메탄, 에틸렌의 폭발하한계 값은 각각 1.1, 5, 2.7vol%이다.)

① 2.44 ② 12.89 ③ 21.78 ④ 48.78

해 공기는 고려 X

$$LEL(\%) = \frac{\sum vol\%}{\sum \frac{vol\%}{LEL}} = \frac{1+2+2}{\frac{1}{1.1}+\frac{2}{5}+\frac{2}{2.7}} = 2.44\%$$

LEL : 폭발하한계(%)

답 ①

087

5% NaOH 수용액과 10% NaOH 수용액을 반응기에 혼합하여 6% 100kg의 NaOH 수용액을 만들려면 각각 몇 kg의 NaOH 수용액이 필요한가?

① 5% NaOH 수용액: 33.3
10% NaOH 수용액: 66.7
② 5% NaOH 수용액: 50
10% NaOH 수용액: 50
③ 5% NaOH 수용액: 66.7
10% NaOH 수용액: 33.3
④ 5% NaOH 수용액: 80
10% NaOH 수용액: 20

해 5% xkg10% (100 − x)kg이라면

$5x + 10(100 - x) = 600$

$5x + 1{,}000 - 10x = 600$

$-5x = -400$

$x = 80$

따라서, 5% NaOH 수용액: 80kg
10% NaOH 수용액: 20kg

답 ④

088

다음 중 관의 지름을 변경하는데 사용되는 관의 부속품으로 가장 적절한 것은?

① 엘보우(Elbow) ② 커플링(Coupling)
③ 유니온(Union) ④ 리듀서(Reducer)

답 ④

089

물이 관 속을 흐를 때 유동하는 물 속의 어느 부분의 정압이 그때의 물의 증기압보다 낮을 경우 물이 증발하여 부분적으로 증기가 발생되어 배관의 부식을 초래하는 경우가 있다. 이러한 현상을 무엇이라 하는가?

① 서징(surging)
② 공동현상(cavitation)
③ 비말동반(entrainment)
④ 수격작용(water hammering)

답 ②

090

다음 중 압축기 운전 시 토출압력이 갑자기 증가하는 이유로 가장 적절한 것은?

① 윤활유의 과다
② 피스톤 링의 가스 누설
③ 토출관 내에 저항 발생
④ 저장조 내 가스압의 감소

답 ③

091

분진폭발의 발생 순서로 옳은 것은?

① 비산→분산→퇴적분진→발화원→2차폭발→전면폭발
② 비산→퇴적분진→분산→발화원→2차폭발→전면폭발
③ 퇴적분진→발화원→분산→비산→전면폭발→2차폭발
④ 퇴적분진→비산→분산→발화원→전면폭발→2차폭발

답 ④

092

분진폭발의 특징에 관한 설명으로 옳은 것은?

① 가스폭발보다 발생에너지가 작다.
② 폭발압력과 연소속도는 가스폭발보다 크다.
③ 화염의 파급속도보다 압력의 파급속도가 크다.
④ 불완전연소로 인한 가스중독의 위험성이 적다.

답 ③

093

다음 중 분진폭발의 특징으로 옳은 것은?

① 가스폭발보다 연소시간이 짧고, 발생 에너지가 작다.
② 압력의 파급속도보다 화염의 파급속도가 빠르다.
③ 가스폭발에 비해 불완전연소가 적게 발생한다.
④ 주위의 분진에 의해 2차, 3차의 폭발로 파급될 수 있다.

답 ④

094

공업용 용기의 몸체 도색으로 가스명과 도색명의 연결이 옳은 것은?

① 산소-청색 ② 질소-백색
③ 수소-주황색 ④ 아세틸렌-회색

답 ③

095

열교환기의 열 교환 능률을 향상시키기 위한 방법이 아닌 것은?

① 유체의 유속을 적절하게 조절한다.
② 유체의 흐르는 방향을 병류로 한다.
③ 열교환하는 유체의 온도차를 크게 한다.
④ 열전도율이 높은 재료를 사용한다.

답 ②

096

다음 중 C급 화재에 해당하는 것은?

① 금속화재 ② 전기화재
③ 일반화재 ④ 유류화재

답 ②

097

다음 중 공기와 혼합 시 최소착화에너지 값이 가장 작은 것은?

① CH_4 ② C_3H_8 ③ C_6H_6 ④ H_2

답 ④

098

산업안전보건법령에서 규정하고 있는 위험물질의 종류 중 부식성 염기류로 분류되기 위하여 농도가 40% 이상이어야 하는 물질은?

① 염산 ② 아세트산 ③ 불산 ④ 수산화칼륨

답 ④

099

다음 중 산업안전보건법령상 공정안전보고서의 안전운전계획에 포함되지 않는 항목은?

① 안전작업허가
② 안전운전지침서
③ 가동 전 점검지침
④ 비상조치계획에 따른 교육계획

답 ④

100

다음 중 산업안전보건법령상 화학설비의 부속설비로만 이루어진 것은?

① 사이클론, 백필터, 전기집진기 등 분진처리설비
② 응축기, 냉각기, 가열기, 증발기 등 열교환기류
③ 고로 등 점화기를 직접 사용하는 열교환기류
④ 혼합기, 발포기, 압출기 등 화학제품 가공설비

답 ①

6과목 | 건설공사 안전관리

101

터널작업 시 자동경보장치에 대하여 당일의 작업 시작 전 점검하여야 할 사항으로 옳지 않은 것은?

① 검지부의 이상 유무
② 조명시설의 이상 유무
③ 경보장치의 작동 상태
④ 계기의 이상 유무

답 ②

102

크레인을 사용하여 작업을 할 때 작업시작 전에 점검하여야 하는 사항에 해당하지 않는 것은?

① 권과방지장치 · 브레이크 · 클러치 및 운전장치의 기능
② 주행로의 상측 및 트롤리가 횡행하는 레일 상태
③ 와이어로프가 통하고 있는 곳의 상태
④ 압력방출장치의 기능

답 ④

103

비계의 높이가 2m 이상인 작업장소에 설치하는 작업발판의 설치기준으로 옳지 않은 것은? (단, 달비계, 달대비계 및 말비계는 제외)

① 작업발판의 폭은 40cm 이상으로 한다.
② 작업발판 재료는 뒤집히거나 떨어지지 않도록 하나 셋 이상의 지지물에 연결하거나 고정시킨다.
③ 발판재료 간의 틈은 3cm 이하로 한다.
④ 작업발판의 지지물은 하중에 의하여 파괴될 우려가 없는 것을 사용한다.

답 ②

104

달비계의 구조에서 달비계 작업발판의 폭은 최소 얼마 이상이어야 하는가?

① 30cm ② 40cm ③ 50cm ④ 60cm

답 ②

105

중량물 운반할 때의 바른 자세로 옳은 것은?

① 허리를 구부리고 양손으로 들어 올린다.
② 중량은 보통 체중의 60%가 적당하다.
③ 물건은 최대한 몸에서 멀리 떼어서 들어 올린다.
④ 길이 긴 물건은 앞쪽을 높게 해 운반한다.

답 ④

106

철골작업에서의 승강로 설치기준 중 (   ) 안에 알맞은 것은?

> 사업주는 근로자가 수직방향으로 이동하는 철골부재에는 답단 간격이 (   ) 이내인 고정된 승강로를 설치하여야 한다.

① 20cm ② 30cm ③ 40cm ④ 50cm

답 ②

107

철골건립 준비를 할 때 준수하여야 할 사항과 가장 거리가 먼 것은?

① 지상 작업장에서 건립준비 및 기계기구를 배치할 경우에는 낙하물의 위험이 없는 평탄한 장소를 선정하여 정비하고 경사지에서 작업대나 임시발판 등을 설치하는 등 안전조치를 한 후 작업하여야 한다.
② 건립작업에 다소 지장이 있다 하더라도 수목은 제거하여서는 안된다.
③ 사용 전에 기계기구에 대한 정비 및 보수를 철저히 실시 하여야 한다.
④ 기계에 부착된 앵커 등 고정장치와 기초 구조 등을 확인하여야 한다.

답 ②

108

건물 외부에 낙하물 방지망을 설치할 경우 수평면과의 가장 적절한 각도는?

① 5° 이상, 10° 이하
② 10° 이상, 15° 이하
③ 15° 이상, 20° 이하
④ 20° 이상, 30° 이하

답 ④

109

근로자의 추락 등의 위험을 방지하기 위한 안전난간의 구조 및 설치요건에 관한 기준으로 옳지 않은 것은?

① 상부난간대는 바닥면 · 발판 또는 경사로의 표면으로부터 90cm 이상 지점에 설치할 것
② 발끝막이판은 바닥면 등으로부터 10cm 이상의 높이를 유지할 것
③ 난간대는 지름 1.5cm 이상의 금속제 파이프나 그 이상의 강도를 가진 재료일 것
④ 안전난간은 구조적으로 가장 취약한 지점에서 가장 취약한 방향으로 작용하는 100kg 이상의 하중에 견딜 수 있는 튼튼한 구조일 것

답 ③

110

가설통로를 설치하는 경우 준수하여야 할 기준으로 옳지 않은 것은?

① 경사는 30° 이하로 할 것
② 경사가 15°를 초과하는 경우에는 미끄러지지 아니하는 구조로 할 것
③ 수직갱에 가설된 통로의 길이가 15m 이상인 때에는 15m 이내마다 계단참을 설치할 것
④ 건설공사에 사용하는 높이 8m 이상의 비계다리에는 7m 이내마다 계단참을 설치할 것

답 ③

111

차량계 건설기계를 사용하여 작업 시 작업계획서에 포함되어야 할 사항에 해당되지 않는 것은?

① 사용하는 차량계 건설기계 종류 및 성능
② 차량계 건설기계의 운행경로
③ 차량계 건설기계에 의한 작업방법
④ 차량계 건설기계의 유지보수방법

답 ④

112

건설현장에 설치하는 사다리식 통로의 설치기준으로 옳지 않은 것은?

① 발판과 벽과의 사이는 15cm 이상의 간격을 유지할 것
② 발판의 간격은 일정하게 할 것
③ 사다리의 상단은 걸쳐놓은 지점으로부터 60cm 이상 올라가도록 할 것
④ 사다리식 통로의 길이가 10m 이상인 경우에는 3m 이내마다 계단참을 설치할 것

답 ④

113

다음은 산업안전보건법령에 따른 동바리로 사용하는 파이프 서포트에 관한 사항이다. (　　)안에 들어갈 내용을 순서대로 옳게 나타낸 것은?

> - 파이프 서포트를 (A) 이상 이어서 사용 하지 않도록 할 것
> - 파이프 서포트를 이어서 사용하는 경우에는 (B) 이상의 볼트 또는 전용철물을 사용하여 이을 것

① A : 2개, B : 2개　② A : 3개, B : 4개
③ A : 4개, B : 3개　④ A : 4개, B : 4개

답 ②

114

미리 작업장소의 지형 및 지반상태 등에 적합한 제한속도를 정하지 않아도 되는 차량계 건설기계의 속도 기준은?

① 최대 제한 속도가 10km/h 이하
② 최대 제한 속도가 20km/h 이하
③ 최대 제한 속도가 30km/h 이하
④ 최대 제한 속도가 40km/h 이하

답 ①

115

차량계 건설기계 작업 시 기계의 전도, 전락 등에 의한 근로자의 위험을 방지하기 위한 유의사항과 거리가 먼 것은?

① 변속기능의 유지 ② 갓길의 붕괴방지
③ 도로의 폭 유지 ④ 지반의 부동침하방지

답 ①

116

차량계 하역운반기계를 사용하는 작업을 할 때 그 기계가 넘어지거나 굴러떨어짐으로써 근로자에게 위험을 미칠 우려가 있는 경우에 우선적으로 조치하여야 할 사항과 가장 거리가 먼 것은?

① 해당 기계에 대한 유도자 배치
② 지반의 부동침하 방지 조치
③ 갓길 붕괴 방지 조치
④ 경보장치 설치

답 ④

117

차량계 하역운반기계등에 화물을 적재하는 경우에 준수하여야 할 사항으로 옳지 않은 것은?

① 하중이 한쪽으로 치우쳐서 효율적으로 적재되도록 할 것
② 구내운반차 또는 화물자동차의 경우 화물의 붕괴 또는 낙하에 의한 위험을 방지하기 위하여 화물에 로프를 거는 등 필요한 조치를 할 것
③ 운전자 시야를 가리지 않도록 화물을 석재할 것
④ 최대적재량을 초과하지 않도록 할 것

답 ①

118

산업안전보건법상 차량계 하역운반기계 등에 단위화물의 무게가 100kg 이상인 화물을 싣는 작업 또는 내리는 작업을 하는 경우에 해당 작업 지휘자가 준수하여야 할 사항과 가장 거리가 먼 것은?

① 작업순서 및 그 순서마다의 작업방법을 정하고 작업을 지휘할 것
② 기구와 공구를 점검하고 불량품을 제거할 것
③ 대피방법을 미리 교육할 것
④ 로프 풀기 작업 또는 덮개 벗기기 작업은 적재함의 화물이 떨어질 위험이 없음을 확인한 후에 하도록 할 것

답 ③

119

단관비계의 도괴 또는 전도를 방지하기 위하여 사용하는 벽이음의 간격기준으로 옳은 것은?

① 수직방향 5m 이하, 수평방향 5m 이하
② 수직방향 6m 이하, 수평방향 6m 이하
③ 수직방향 7m 이하, 수평방향 7m 이하
④ 수직방향 8m 이하, 수평방향 8m 이하

답 ①

120

강관비계의 설치 기준으로 옳은 것은?

① 비계기둥의 간격은 띠장방향에서는 1.5m 이상 1.8m 이하로 하고, 장선방향에서는 2.0m이하로 한다.
② 띠장 간격은 1.8m 이하로 설치하되, 첫 번째 띠장은 지상으로부터 2m 이하 위치에 설치한다.
③ 비계기둥 간의 적재하중은 400kg을 초과하지 않도록 한다.
④ 비계기둥의 제일 윗부분으로부터 21m되는 지점 밑부분의 비계기둥은 2개의 강관으로 묶어 세운다.

답 ③

MEMO

※ 이 책에 도움을 준 업체와 사람들

1. 안중섭
위치: 청주시
개요: 1인출판업이라 많이 힘든걸 알기에 도와주고 싶어서 그림과 디자인 제작 지원을 해주었다.

2025 [직8딴]
직접 8일 만에 딴 산업안전기사 필기

발행일 2025년 3월 1일(2쇄)
발행처 인성재단(지식오름)
발행인 조순자
편저자 김진태(EHS MASTER)
이메일 : ehs_master@naver.com
인스타 : @ehs_master(저자 소식 확인)
홈페이지 : www.ehs-master.com(회사/저자/책 정보, 책 구매)
카페 : cafe.naver.com/ehsmaster(정오표 확인)
유튜브 : '도비전문가' 검색

정가 38,000원 **ISBN** 979-11-94539-28-5